U0474702

重慶墓葬碑刻校釋

張海艷 毛遠明 主編
宋婷 季芳 副主編

西南大學出版社
國家一級出版社 全國百佳圖書出版單位

圖書在版編目(CIP)數據

重慶墓葬碑刻校釋 / 張海艷, 毛遠明主編. — 重慶: 西南大學出版社, 2022.9
(巴渝文庫)
ISBN 978-7-5697-1085-4

Ⅰ.①重… Ⅱ.①張…②毛… Ⅲ.①墓誌－研究－重慶②碑刻－研究－重慶 Ⅳ.①K877.45②K877.42

中國版本圖書館CIP數據核字(2021)第169788號

重慶墓葬碑刻校釋
CHONGQING MUZANG BEIKE JIAOSHI

主　　編　張海艷　毛遠明
副 主 編　宋　婷　季　芳
學術審稿　王曉暉　朱華忠　馬　瑞

責任編輯：段小佳　李浩强　李曉瑞
責任校對：黄　瑸
裝幀設計：王芳甜

西南大學出版社
國家一級出版社　全國百佳圖書出版單位
重慶市北碚區天生路2號　郵政編碼：400715　http://www.xdcbs.com
西南大學出版社製版
重慶美惠彩色印刷有限公司
西南大學出版社發行
郵購電話：023-68868624
全國新華書店經銷

開本：787mm×1092mm　1/16　印張：41　字數：655千字
2022年9月第1版　2022年9月第1次印刷
ISBN 978-7-5697-1085-4
定價：228.00元

如有印裝質量問題，請向本單位物流中心調換：023-68868824

版權所有　侵權必究

《巴渝文庫》編纂委員會

（以姓氏筆畫爲序）

主　　任　張　鳴

副 主 任　鄭向東

成　　員　任　競　米加德　李　鵬　吳玉榮　祝輕舟　陳昌明
　　　　　陳興蕪　張發鈞　程武彥　詹成志　劉　旗　劉文海
　　　　　潘　勇　饒幫華　龔建海

《巴渝文庫》專家委員會

（以姓氏筆畫爲序）

學術牽頭人　黎小龍　藍錫麟

成　　員　王志昆　王增恂　白九江　李禹階　李彭元　吳玉榮
　　　　　何　兵　周　勇　周安平　周曉風　胡道修　段　渝
　　　　　馬　強　唐潤明　曹文富　常雲平　張　文　張　瑾
　　　　　張守廣　張鳳琦　張榮祥　程地宇　傅德岷　舒大剛
　　　　　鄒後曦　曾代偉　溫相勇　楊恩芳　楊清明　熊　篤
　　　　　熊憲光　滕新才　劉明華　劉重來　劉興亮　潘　洵
　　　　　薛新力　藍　勇　韓雲波　龔義龍

《巴渝文庫》辦公室成員

（以姓氏筆畫爲序）

王志昆　艾智科　杜芝明　李遠毅　別必亮　金維賢　周安平

郎吉才　袁佳紅　陳曉陽　黄　璜　曹　璐　張　進　張　瑜

張永洋　張榮祥　温相勇　劉向東　聶昌紅

總序

藍錫麟

  兩百多萬字的《巴渝文獻總目》編成出版發行,一部七册,相當厚實。它標志着,歷經七年多的精準設計、切實論證和辛勤推進,業已納入《重慶市國民經濟和社會發展第十三個五年規劃綱要》的《巴渝文庫》編纂工程,取得了第一個碩重的成果。它也預示着,依托這部重慶歷史上前所未有的大書所摸清和呈顯的巴渝文獻的可靠家底,對巴渝文化的挖掘、闡釋、傳承和弘揚,都有可能進入一個嶄新的階段。

  《巴渝文庫》是一套以發掘梳理、編纂出版爲主軸,對巴渝歷史、巴渝人文、巴渝風物等進行廣泛匯通、深入探究和當代解讀,以供今人和後人充分了解巴渝文化、準確認知巴渝文化,有利於存史、傳箴、資治、揚德、勵志、育才的大型叢書。整套叢書都將遵循整理、研究、求實、適用的編纂方針,運用系統、發展、開放、創新的文化理念,力求能如宋人張載所倡導的爲天地立心,爲生民立命,爲往聖繼絶學,爲萬世開太平"那樣,對厘清巴渝文化文脉,光大巴渝文化精華,作出當代文化視野所能達致的應有貢獻。

  這其間有三個關鍵詞,亦即"巴渝"、"文化"和"巴渝文化"。

  "巴渝"稱謂由來甚早。西漢司馬相如的《上林賦》中,即有"巴俞(渝)宋蔡,淮南《於遮》"的表述,桓寬的《鹽鐵論·刺權篇》也有"鳴鼓巴俞(渝),交作於堂下"的説法。西晋郭璞曾爲《上林賦》作注,指認"巴西閬中有俞(渝)水,僚居其上,皆剛勇好舞。初,高祖募取,以平三秦,後使樂府習之。因名'巴俞(渝)舞'也"。從前後《漢書》到新舊《唐書》等正史,以及《三巴記》《華陽國志》等方志中,都能見到"巴渝樂""巴渝舞"的記載。據之不難判定,"巴渝"是一個得名頗久遠的地域歷史概念,它泛指的是先秦巴國、秦漢巴郡轄境所及,中有渝水貫注的廣大區域。當今重慶市,即爲其間一個至關重要的組成部分,并且堪稱主體部分。

關於"文化"的界說,古今中外逾百種,我們只取在當今中國學界比較通用的一種。馬克思在《1844年經濟學哲學手稿》裏指出:"動物只生產自己本身,而人則再生產整個自然界。"因此,"自然的人化",亦即人類超越本能的、有意識地作用於自然界和社會的一切創造性活動及其物質、精神產品,就是廣義的文化。在廣義涵蘊上,文化與文明大體上相當。廣義文化的技術體系和價值體系建構兩極,兩極又經由語言和社會結構組成文化統一體。其中的價值體系,即與特定族群的生產方式和生活方式相適應,構成以語言爲符號傳播的價值觀念和行爲準則,通常被稱爲觀念形態,就是狹義的文化。文字作爲語言的主要記載符號,纍代相積地記錄、傳播和保存、認證人類文明的各種成果,即形成跨時空的基本文獻。隨着人類文明的進步,文獻的生成形式日益增多,但任何別的形式都取代不了文字的文獻主體地位。以文字爲主體的文獻直屬於狹義文化,具有知識性特徵,同時也是廣義文化的價值結晶。《巴渝文庫》的"文"即專指以文字爲主體的文獻,整部叢書都將依循上述認知從文獻伸及文化。

將"巴渝"和"文化"兩個概念鏈接起來和合爲一,標舉出"巴渝文化"特指概念,乃是二十世紀中後期發生的事。肇其端,在於衛聚賢主編的《説文月刊》,1941年10月在上海,1942年8月在重慶,先後發表了他本人撰寫的《巴蜀文化》一文,并以"巴蜀文化專號"名義合計發表了25篇相關專題文章,破天荒揭櫫了巴蜀文化的基本內涵。繼其後,從五十年代到九十年代,以成渝兩地的學者群作爲學術研究主體,也吸引了全國學界一些專家的關注和參與,對巴蜀文化的創新探究逐步深化、豐富和拓展,并由"巴蜀文化"總體維度向"巴蜀文明""巴渝文化"兩個向度切分、提升和衍進。在此基礎上,以1989年11月重慶市博物館編輯、重慶出版社出版第一輯《巴渝文化》首樹旗幟,經1993年秋在渝召開"首屆全國巴渝文化學術研討會"激揚波瀾,到1999年間第四輯《巴渝文化》結集面世,確證了巴渝文化"這一地域歷史文化概念的提出和形成距今已達近三十年,且已獲得全國學界的廣泛認同。黎小龍所撰《"巴蜀文化""巴渝文化"概念及其基本內涵的形成與嬗變》一文,對其沿革、流變及因果考鏡翔實,梳理通達,足可供而今而後一切關注巴渝文化的人溯源知流,辨僞識真。

從中不難看出,巴蜀文化與巴渝文化不是并列關係,而是種屬關係,彼此間有同有异,可合可分。用系統論的觀點考察種屬,自古及今,巴蜀文化都是與荊楚文化、吳越文化同一層級的長江流域文化的一大組成部分,巴渝文化則是巴蜀文化的一個重要分支。自先秦迄於兩漢,巴渝文化幾近巴文化的同義語,與蜀文化共融而成巴蜀文化。魏晉南北朝以降,跟巴渝相對應的行政區劃迭有變更,僅言巴渝漸次不能遍及巴,但是,在巴渝文化的核心區、主體圈和輻射面以內,巴文化與蜀文化的兼容性和互補性,或者一言以蔽之曰同質性,仍然不可移易地扎根存在,任何時勢下都毋庸置疑。而與之同時,大自然的偉力所造就的巴渝山水地質地貌,又以不依任何人的個人意志爲轉移的超然勢能,對於生息其間的歷代住民的生產方式和生活方式施予重大影響,從而決定了巴人與蜀人的觀念取向和行爲取向不盡一致,各有特色。再加上巴渝地區周邊四向,除西之蜀外,東之楚、南之黔、北之秦以及更廣遠的中原地區,其文化都會與之相互交流、滲透和浸潤,其中楚文化與巴文化的相互作用尤其不可小覷,這就勢所必至地導致了巴渝文化之於巴蜀文化會有某些异質性。既具同質性,又有异質性,共生一體就構成了巴渝文化的特質性。以此爲根基,在尊重巴蜀文化對巴渝文化的統攝地位的前提下,將巴渝文化切分出來重新觀照,切實評價,既合乎邏輯,也大有可爲。

楚文化對於巴渝文化的深遠影響僅次於蜀文化,歷史文獻早有見證。《華陽國志·巴志》指出:"江州以東,濱江山險,其人半楚,姿態敦重。墊江以西,土地平敞,精敏輕疾。上下殊俗,情性不同。"這正是巴、楚兩種文化交相作用的生動寫照。就地緣結構和族群淵源而言,恰是長江三峽的自然連接和荆巴先民的人文交織,造成了巴、楚地域歷史文化密不可分。理當毫不含糊地説,巴渝文化地域恰是巴蜀文化圈與荆楚文化圈的邊緣交叉地帶。既邊緣,又交叉,正負兩端效應都有。正面的效應,主要體現在有利於生成巴渝文化的開放、包容、多元、廣譜結構走向上。而負面的效應,則集中反映在距離兩大文化圈的核心地區比較遠,在社會生産力和文化傳播力比較低下的古往年代,無論在廣義層面,還是在狹義層面,巴渝文化的演進發展都難免相對滯後。負面效應貫穿先秦以至魏晋南北朝時期,直至唐宋纔有根本的改觀。

　　地域歷史的客觀進程即是構建巴渝文化的學理基石。當第四輯《巴渝文化》出版面世時,全國學界已對巴渝文化概念及其基本内涵取得不少積極的研究成果,認爲巴渝文化是指以今重慶爲中心,輻射川東、鄂西、湘西、黔北這一廣大地區内,從夏商至明清乃至於近現代的物質文化和精神文化的總和,已然成爲趨近共識的地域歷史文化界説。《巴渝文庫》自設計伊始,便認同這一界説,并將其貫徹編纂全過程。但在時空界綫上略有調整,從有文物佐證和文字記載的商周之際開始,直至1949年9月30日爲止,舉凡曾對今重慶市以及周邊相關的歷代巴渝地區的歷史進程産生過影響,留下過印記,具備文獻價值,能够體現巴渝文化的基本内涵的各種信息記録,尤其是得到自古及今廣泛認同的著作乃至單篇,都在盡可能搜集、録入和整理、推介之列,當今學人對於巴渝歷史、巴渝人文、巴渝風物等的開掘、傳揚性研究著述也將與之相輔相成。一定意義上,它也可以叫《重慶文庫》,然而不忘文化淵源,不忘文化由來,還是命名《巴渝文庫》順理成章。

　　必須明確指出,《巴渝文庫》矚目的歷代文獻,并非一概出自巴渝本籍人士的手筆。因爲一切文化得以生成和發展,注定都是在其滋生的熱土上曾經生息過的所有人,包括歷代的本籍人和外籍人,有所發現、有所創造的纍積式的共生結果,不應當流於偏執和狹隘。對巴渝文化而言,珍重和恪守這理念尤關緊要。唐宋時期和抗戰時期,毫無疑義是巴渝文化最輝煌的兩大時段,抗戰時期尤其代表着當時中國的最高成就。在這兩大時段中,非巴渝籍人士確曾有的發現和創造,明顯超過了巴渝本籍人士,排斥他們便會自損巴渝文化。在其他的時段中,無分籍貫的共生共榮也是常態。所以我們對於文獻的收取原則,是不分彼此,一視同仁,尊重歷史,敬畏前賢。只不過,有懲於諸多發抉限制,時下文本還做不到應收盡收,祇能做到盡力而爲。拾遺補闕之功,容當俟諸後昆。

　　還需要強調一點,那就是作爲觀念形態的狹義的文化,在其生成和發展的過程中,必然會受到一定時空的自然條件和社會條件,尤其是後者中的經濟、政治等廣義文化要素的多層性多樣性的制約和支配。無論是共時態還是歷時態,都因之而決定,不同的地域文化會存在不平衡性和可變動性。但文化并不是經濟和政治的單相式僕從,它也有自身的構成品質和運行規律。一方面,文化的發展與經濟、政治的發展并不一定同步,通常呈現出相對滯後性和相對穩定性,而在特定的社會異動中又有可能凸顯超前,引領未來。另一方面,不管處於哪種狀態下,文化都對經濟、政治等等具有能動性的反作用,特別是反映優秀傳統或先進理念的價值觀念和行爲準則,對整個社會多維度的、廣場域的滲透影響十分巨大,不可阻遏。除此而外,任何文化強勢區域的產生和延續,決然都離不開文化賢良和學術精英富於創造性的引領和開拓。這一切,在巴渝文化三千多年的演進流程中都有長足的映現,而《巴渝文庫》所薈萃的歷代文獻正是巴渝文化行進路綫圖的歷史風貌長卷。

　　從這一長卷可以清晰地指認,巴渝文獻爲形,巴渝文化爲神,歷代先人所創造的巴渝地域歷史文化的確堪稱源遠流長,根深葉茂,絢麗多姿,歷久彌新。如果將殷商卜辭當中關於"巴方"的文字記載當作文獻起點,那麽,巴渝文獻累積進程已經有3200餘年。盡管文獻并不能够代替文物、風俗之類對於文化也具有的載記功能和傳揚作用,但它作爲最重要的傳承形態,載記功能和傳揚作用更是無可比擬的。《巴渝文獻總目》共收入著作文獻7212種,單篇文獻2949條,已經足以彰顯巴渝文化的行進路綫。特別是7212種著作文獻,從商周到六朝將近1800年爲24種,從隋唐至南宋將近700年爲136種,元明清三代600多年增至1347種,民國38年間則猛增到5705種,分明已經展示出了巴渝文化的四個行進階段。即便考慮到不同歷史階段確有不少文獻生存的不可比因素,這組統計數字也昭示人們,巴渝文化的發展曾經歷了一個怎樣的漫長過程。籠而統之地稱述巴渝文化博大精深未必切當,需要秉持實事求是的學理和心態,對之進行梳理和詮釋。

　　第一個階段,起自商武丁年間,結於南朝終止。在這將近1800年當中,前大半段恰爲上古巴國、秦漢巴郡的存在時期,因而正是巴渝文化的初始時期;後小半段則爲三國蜀漢以降,多族群的十幾個紛爭政權先後交替分治時期,因而從文化看衹是初始時期的遲緩延伸。巴國雖曾强盛過,却如《華陽國志·巴志》所記,在魯哀公十八年(前477)以後,即因"楚主夏盟,秦擅西土,巴國分遠,故於盟會希",淪落爲一個無足道的僻遠弱國。政治上的邊緣化,加之經濟上的山林漁獵文明、山地農耕文明相交錯,生產力低下,嚴重地桎梏了文化根苗茁壯生長。其間最大的亮點,在於巴、楚交流、共建而成的巫、神、辭、謠相融合的三峽文化,澤被後世,長久不衰。兩漢四百年大致延其續,在史志、詩文等層面上時見踪影,但表現得相當零散,遠不及以成都爲中心的蜀文化在辭賦、史傳等領域都蔚爲大觀。魏晉南北朝三百多年,巴渝地區社會大動蕩,生產大倒退,文化生態極爲惡劣,反倒陷入了裹足不前之狀。較之西向蜀文化和東向楚文化,這一階段的巴渝文化,明顯地處於後發展態勢。

　　第二個階段,涵蓋了隋唐、五代、兩宋,近七百年。其中的前三百餘年國家統一,驅動了巴渝地區經濟社會恢復性的良動發展,後三百多年雖然重現政治上的分合爭鬥,但文化開拓空前自覺,合起來都給巴渝文化注入了生機和活力。特別是科舉、仕宦、貶謫、游歷諸多因素,促成了包括李白、"三蘇"在內,尤其是杜甫、白居易、劉禹錫、黄庭堅、陸游、范成大等文學巨擘寓迹巴渝,直接催生出兩大輝煌。一是形成了以"夔州詩"爲品牌的詩歌勝境,流譽峽江,彪炳汗青,進入了唐宋兩代中華詩歌頂級殿堂。二是發掘出了巴渝本土始於齊梁的民歌"竹枝詞",創造性轉化爲文人"竹枝詞",由唐宋至於明清,不僅傳播到全中國的眾多民族和廣大地區,而且傳播到全世界五大洲,這一曠世奇迹實爲歷代中華民歌之獨一無二。與之相彷佛,宋代理學大師周敦頤、程頤先後流寓巴渝,也將經學、理學以及興學施教之風傳播到巴渝,迄及明清仍見光揚。在這兩大場域内,領受他們的雨露沾溉,漸次有了巴渝本土文人如李遠、馮時行、度正、陽枋等的身影和行迹。盡管這些本土文人并沒有躋身全國一流,但他們在局部範圍的异軍突起,卓爾不群,在巴渝文化史上終究有標志意義。就文化突破價值而言,絲毫不亞於1189年重慶升府得名,進而將原先祇有行政、軍事功能的本城建成一座兼具行政、軍事、經濟、文化、交通等多功能的城市。盡有理由説,這個階段顯示出巴渝文化振起突升,重新融入中華文化的大進程,并給自己確立了不可忽視的地位。

第三個階段,貫通元明清,六百多年。在這一時期,中華民族統一國家的族群結構和版圖結構最終底定,四川省内成渝之間的統屬格局趨於穩固,經濟社會發展進入了新的里程,巴渝文化也因之而拓寬領域沉穩地成長。特别是明清兩代大量移民由東、北、南三向進入巴渝地區,晚清重慶開埠,相繼帶來新技術和新思想,對促進經濟發展、社會開放和文化繁榮起了大作用。本地區文化名人應運而生,前驅後繼,文學如鄒智、張佳胤、傅作楫、周煌、李惺、李士棻、王汝璧、鍾雲舫,史學如張森楷,經學如來知德,佛學如破山海明,書畫如龔晴皋,成就和影響都超越了一時一地。特别是鄒容,其《革命軍》宣傳民主主義國民革命思想,更是領异於清末民初,標舉着那個時代先進政治學的制高點。外籍的文化名人,諸如楊慎、曹學佺、王士禛、王爾鑒、李調元、張問陶、趙熙等,亦有多向的不俗建樹。盡管除鄒容一響絶塵之外,缺少了足以與唐宋高標相比并的全國頂尖級的大師與巨擘,但在總體文化實力上確乎已經超越唐宋。這就好比按照地理學分類,巴渝境内的諸多雄峰尚屬中山,却已群聚成爲相對高地那樣,巴渝文化在這個階段也構築起了有體量的相對高地。

第四個階段,本應從1891年重慶開埠算起,延伸至今仍没有終結,但按

《巴渝文庫》文獻取舍的既定體例,只截取了從1912年中華民國成立開始,到1949年9月30日爲止的一段,共38年。雖然極短暫,社會歷史的風雲激蕩卻是亙古無二的,重慶在抗日戰爭時期成爲全中國的戰時首都更是空前絕後的。由辛亥革命到五四運動,重慶的思想、政治精英已經站在全川前列,家國情懷、革命意識已經在巴渝地區強勢貢張。至抗戰首都期間,數不勝數的、難以列舉的全國一流的文化賢良和學術精英匯聚到了當時重慶和周邊地區,勢所必至地全方位、大縱深地推動文化迅猛突進,從而將重慶打造成了那個時期全中國最大最高的文化高地,其間還聳立著不少全國性的文化高峰。其先其中其後,巴渝本籍的文化先進也競相奮起,各展風騷,如任鴻雋、盧作孚、劉雪庵就在他們所致力的文化領域高揚過旗幟,向楚、楊庶堪、潘大逵、吳芳吉、胡長清、張錫疇、何其芳、李壽民、楊明照等也聲逾夔門,成就不凡。毫無疑問,這是巴渝文化臻至鼎盛、最爲輝煌的一個階段,前無古人,後世也難以企及。包括大量文獻在內,它所留下的極其豐厚的思想、價值和精神遺產,永遠都是巴渝文化最珍貴的富集寶藏。

　　由文獻反觀文化,概略勾勒出巴渝文化的生成、流變、發展、壯大四個階段,當有助於今之巴渝住民和後之巴渝住民如實了解巴渝文化,切實增進對於本土文化的自知之明、自信之氣和自強之力,從而做到不忘本來,吸收外來,面嚮未來,更加自覺地傳承和弘揚巴渝文化,持續不懈地推動巴渝文化在新的語境中創造性轉化,創新性發展。對於本土以外關注巴渝文化的各界人士,同樣也具有認識意義。最先推出的《巴渝文獻總目》沒有按照這四個階段劃段分卷,而是依從學界通例分成"古代卷"和"民國卷",與如此分段並不相抵牾。四分著眼於細密,兩分著眼於大觀,各有所長,相得益彰。

　　《巴渝文獻總目》作爲《巴渝文庫》起始發凡的第一部大書,基本的編纂目的在於摸清文獻家底,這一個目的已然達到。但它展現的主要是數量。回溯到文化本體,文獻數量承載的多半還是文化總體的支撐基座的長度和寬度,而並不是足以代表那種文化的品格和力量的厚度和高度。文化的品格和力量蘊含在創造性發現和創新性發展中,浸透著質量,亦即思想、價值、精神的精華,任何文化形態均無所例外。因此,幾乎與編纂《巴渝文獻總目》同時起步,我們業已組織專業團隊,着手披沙揀金,精心遴選優秀文獻,分門別類,鈎玄提要,以期編纂出第二部大書《巴渝文獻要目提要》。兩三年以內,當《巴渝文獻要目提要》也編成出版以後,兩部大書合爲雙璧,就將對傳承和弘揚巴渝文化,歷久不衰地發出別的文化樣式所不可替代的指南工具書作用。即便只編成出版這樣兩部大書,《巴渝文庫》文化工程即建立了歷代前人未建之功,足可以便利當代,嘉惠後世,恒久存傳。

《巴渝文庫》的期成目標,遠非僅編成出版上述兩部大書而已。今後十年內外,還將以哲學宗教、政治法律、軍事、經濟、文化科學教育、語言文學藝術、歷史與地理、地球科學、醫藥衛生、交通運輸、市政與鄉村建設、名人名家文集、方志碑刻與報紙期刊等十三大類的架構形式,分三步走,繼續推進,力爭總體量達到300種左右。規劃明確的項目實施大致上安排啓動、主推、掃尾三個階段,前後貫連,有序推進。2018年至2020年爲啓動階段,着力做好《巴渝文庫》文化工程的實施規劃和項目發布兩項工作,並且形成10種有影響的示範性成果。2021年至2025年爲主推階段,全面展開《巴渝文庫》文化工程十三大類的項目攻關,努力完成200種左右文獻的搜集、整理、編纂和出版任務,基本呈現這一工程的社會影響。2026年至2028年爲掃尾階段,繼續落實《巴渝文庫》文化工程的各項規則,既爲前階段可能遺留的未盡項目按質結項,又再完成另外90種文獻的搜集、整理、編纂和出版任務,促成這一工程的綜合效應得到充分體現。如果屆時還不能如願掃尾,寧肯延長兩三年,多花些功夫,也要堅持責任至上,質量第一、慎始慎終,善始善終,確保圓滿實現各項既定目標。

應該進一步強調,《巴渝文庫》是重慶有史以來規模最大、歷時最長的綜合性文化工程,涉及先秦至民國幾乎所有的學科。與一般的文獻整理和課題研究不同,它所預計整理、出版的300種左右圖書,每種圖書根據實際文獻數量的多少,將分成單册與多册兼行,多册又將分成幾册、數十册乃至上百册不等,終極體量必將達到數千册,從而蔚成洋洋大觀。搜集、整理、編纂和出版如此多的文獻典籍，必須依靠多學科的專家、學者通力合作，接力建功，這其間必定會既出作品，又出人才，其社會效益注定將是難以估量的。

規劃已具輪廓，項目已然啟動，《巴渝文庫》文化工程正在路上。回顧來路差堪欣慰，展望前景倍覺任重。從今往後的十年內外，所有參與者都極需要切實做到有抱負，有擔當，攻堅克難，精益求精，前赴後繼地爲之不懈進取，不竟全功，決不止息。它也體現着黨委意向和政府行爲，對把重慶建設成爲長江上游的文化高地具有不容低估的深遠意義，因而也需要黨委和政府高屋建瓴，貫穿全程地給予更多關切和支持。它還具備了公益指向，因而盡可能地爭取社會各界關注和扶助，同樣不可或缺。事關立心鑄魂，必須不辱使命，前無愧怍於歷代先人，後無愧怍於次第來者。初心長在，同懷勉之！

2016 年 12 月 16 日初稿
2018 年 9 月 27 日改定

凡例

《巴渝文庫》是一套以發掘梳理、編纂出版巴渝文獻爲主軸，對巴渝歷史、巴渝人文、巴渝風物等進行廣泛匯通、深入探究和當代解讀，以供今人和後人充分了解巴渝文化、準確認知巴渝文化，有利於存史、傳箴、資治、揚德、勵志、育才的大型叢書。整套叢書都將遵循整理、研究、求實、適用的編纂方針，運用系統、發展、開放、創新的文化理念，力求能如宋人張載所倡導的"爲天地立心，爲生民立命，爲往聖繼絶學，爲萬世開太平"那樣，對厘清巴渝文化文脉，光大巴渝文化精華，作出當代文化視野所能達致的應有貢獻。

一、收録原則

1.内容範圍

①凡是與巴渝歷史文化直接相關的著作文獻，無論時代、地域，原則上都全面收録；

②其他著作之中若有完整章（節）内容涉及巴渝的，原則上也收入本《文庫》；全國性地理總志中的巴渝文獻，收入本《文庫》；

③巴渝籍人士（包括在巴渝出生的外籍人士）的著作，收入本《文庫》；

④寓居巴渝的人士所撰寫的其他代表性著作，按情况酌定收録，力求做到博觀約取、去蕪存菁。

2.地域範圍

古代，以秦漢時期的巴郡、晋《華陽國志》所載"三巴"爲限；

民國，原則上以重慶直轄（1997年）後的行政區劃爲基礎，参酌民國時期的行政建制適當張弛。

3.時間範圍

古代,原則上沿用中國傳統斷代,即上溯有文字記載、有文物佐证的先秦時期,下迄1911年12月31日;民國,收錄範圍爲1912年1月1日至1949年9月30日。

4.代表性與重點性

《巴渝文庫》以"代表性論著"爲主,即能反映巴渝地區歷史發展脉絡、對巴渝地區歷史進程産生過影響、能够體現地域文化基本内涵、得到古今廣泛認同且具有文獻價值的代表性論著。

《巴渝文庫》突出了巴渝地區歷史進程中的"重點",即重大歷史節點、重大歷史階段、重大歷史事件、重要歷史人物。就古代、民國兩個階段而言,結合巴渝地區歷史進程和歷史文獻實際,突出了民國特别是抗戰時期重慶的歷史地位。

二、收錄規模

爲了全面、系統展示巴渝文化,《巴渝文庫》初步收錄了哲學宗教、政治法律、軍事、經濟、文化科學教育、語言文學藝術、歷史與地理、地球科學、醫藥衛生、交通運輸、市政與鄉村建設、名人名家文集、方志碑刻報刊等方面論著約300餘種。

其中,古代與民國的數量大致相同。根據重要性、内容豐富程度與相關性等,"一種"可能是單獨一個項目,也可能是同"類"的幾個或多個項目,尤以民國體現最爲明顯。

三、整理原則

《巴渝文庫》體現"以人係文""以事係文"的整理原則,以整理、輯錄、點校爲主,原則上不影印出版,部分具有重要價值、十分珍貴、古今廣泛認同、流傳少的論著,酌情影印出版。

每一個項目有一個"前言"。"前言",包括文獻著者生平事迹、文獻主要内容與價值,陳述版本源流,說明底本、主校本、參校本的情況等。文獻内容重行編次的,有説明編排原則及有關情況介紹。

原序

一

　　重慶古屬巴國，具有悠久的歷史和光輝的文化傳統。重慶市原來歸屬於四川省，是中國最大的城市之一，也是我國重要的重工業城市之一。1997年重慶成爲直轄市，爲該地區的發展提供了一個大好的機遇。隨著改革開放的繼續發展和國家西部大開發的戰略布局，重慶作爲西部龍頭經濟區，得到前所未有的發展。隨著經濟的迅猛增長，文化建設也被提上議事日程。

　　特殊的地理位置與重要行政地位，重慶自古以來就是西南重鎮，這裏的人民創造了悠久燦爛的文明。研究重慶的過去，石刻是最好的原始材料之一。石刻屬於同時文獻，具有很強的真實性。它們或長期立在地面，或保存於山崖峭壁，或長埋地下，遇到偶然的機會，又重新面世，屬於出土文獻的範圍。

　　出土文獻原來被統稱爲金石，那是因爲早期出土的文獻材料主要是鐫刻在金器和石頭上的銘文。研究金石的學問被稱爲金石學。這門學問大約從宋代開始勃興，一直延續到現代，從未間斷，學者多所嗜好。有清一代，在強調實證、注重考據的時代風氣影響下，金石學被推上顯學的地位，備受學界青睞，著名的學者大都曾駐腳這個領域，產生出一批著名的金石學家。20世紀以來，隨著地下材料不斷大量發現，出土的資料日益豐富，考古學的巨大發展，研究理論的深入闡揚，研究手段和研究方法的不斷更新，學科研究領域不斷拓展，學科分支日趨細密，原來的金石學已經遠遠不能包容出土文獻的全部，尤其是一些重要的考古發現，帶來學科研究革命性的飛躍，促使新興學科的分離，於是在出土文獻領域中，甲骨學、簡牘學、碑版學、敦煌學相繼建立起來。

二

　　碑版學，又稱石刻學，簡稱碑學。就碑刻文獻本體研究而論，其主要任務是研究、考訂碑刻源流、製作時代、形體制式、碑拓真僞以及文字書體，并伴之以歷史考證等方面的内容。如果從碑刻文獻内容的發掘和材料的利用角度考察，從多學科的交叉融合，彼此支撐的高度來思考問題，其研究的領域應該更加寬廣。不過無論是哪方面的研究，材料的搜集整理是第一步，而且是十分關鍵的一步。那麼碑刻文獻搜集整理的歷史和現狀如何呢？其著錄和整理究竟主要有哪些樣式呢？

　　從現有資料來看，最早著錄我國碑刻文獻的是司馬遷，在《史記》中錄下了秦始皇和秦二世巡游天下時，命丞相李斯所刻的琅琊刻石、嶧山刻石等。這些刻石是十分珍貴的文獻史料，可是由於年代久遠，有的已經完全毁没，不見踪迹；有的雖然還保存遺物，但是長期風雨剝蝕，早已殘缺模糊，祇能見到一鱗半爪。還是司馬遷考察山川，搜訪歷史資料，撰寫《史記》時把它們著錄了下來，才得以基本完整地保存至今。當然，司馬遷本意并不是要著錄碑刻，而祇是作爲一種歷史資料，從一個方面記載秦王朝經歷的大小歷史事件而已，與文獻的著錄仍然不是一回事。因此，這種保存也祇是就其銘刻内容而言的，至於秦刻石形制面貌、行款、文字書體如何，并不曾涉及；而且即使司馬遷所記載的内容，也還不能完全保證在流傳過程中没有被人篡改，也不能保證在傳抄、翻刻過程中没有無意識地衍、脱、錯訛而失其本真。正是這個原因，秦刻石除了部分殘存文字而外，已經無法知其原貌。

　　東漢熹平年間，蔡邕在洛陽刻成石經，全國各地的太學生紛紛前往抄寫，用以校訂自己原有的讀本，這應該是過錄整本碑刻文獻的開始。不過，由於儒家經典有傳世抄本，這種過録本祇是同一書的不同版本而已，而且後世也没有過録本傳世，具體情况不明。

北魏酈道元著《水經注》，隨水系記録山川名勝，介紹了他所見到的各地所立漢代石刻一百餘通，叙述了立碑之地，碑刻形制，碑石留存情况，并摘録了一些碑刻銘文的字句，可惜没有過録全文。這些碑刻後世大多已經亡佚，僅能憑《水經注》略知一二，詳細情况則埋没無聞。《水經注》所録碑刻已具有文獻著録的影子，但仍然不是真正意義上的文獻著録。其記録碑銘的目的也祇是爲了廣見識，博异文，考地理，證古迹，省風俗而已。

從歷史經驗方面考察，當某種文獻材料發展到一定規模，自然會有人出來進行輯集、整理。據史傳記載，重視并搜集、整理、研究碑刻文獻，大致是從南北朝開始的。《四庫提要》於《集古録提要》曾提及"自梁元帝始集録碑刻之文，爲《碑英》一百二十卷"（其説不可靠。余嘉錫《四庫提要辨證》卷九已辨其非），梁元帝《金樓子》卷五《著書篇》載有《碑集》十帙，一百卷，《碑集》應該就是《碑英》，祇是書名、卷次略有出入。《碑集》應是我國第一部碑刻文獻資料，祇可惜此書早已失傳，其内容、體例、規模如何，已全然不知。《續高僧傳》卷三十載，隋僧法韵"誦諸碑志及古導文百有餘卷"，他所頌的碑志是否就是梁元帝所集的《碑集》呢？文獻不足，也無可考。

《隋書·經籍志》著録有《秦皇東巡會稽刻石文》一卷，一字石經《周易》《尚書》《魯詩》《儀禮》《春秋》等三十四卷，三字石經《尚書》《春秋》等十七卷，祇是到底是拓本，還是影寫本，甚至是過録本，語焉不詳，具體情况也不得而知。

現存最早著録碑刻的專書是宋代的歐陽修的《集古録》，此後代有新作，而且形式各异，體例紛呈，價值也各不相同。因爲有相關金石學史與自著《碑刻文獻學通論》等詳細著述，此不贅述。

三

在我國出土文獻寶庫中，碑刻産生的歷史十分悠久，數量特別龐大，内容極其豐富,體式最爲紛繁,反映的社會生活面非常廣闊,其材料的豐富性和文獻的真實性,使之具有十分重要的史料價值和研究價值,在史學、經學、文學、經濟學、宗教學、民族學、民俗學、書法學、美術學、語言文字學,以及天文、地理、測繪、水利、建築、醫藥等科學技術領域,都具有十分廣闊的、有待拓展的研究空間。特別是墓誌的誌文,在演變過程中逐漸形成固定格式:先叙姓名、籍貫、家世譜系,再記生平事迹和官職履歷,頌揚功德,最後記載卒葬年月和葬地,然後有銘辭,表達悼念哀思之情。墓誌中保存了大量的歷史、譜牒方面的信息。

例如,唐《樂善文墓誌》首題"唐故涪州永安縣令輕車都尉樂君墓誌銘"。考《舊唐書·地理志》:"渝州,隋之巴郡,武德元年置渝州,因開皇舊名,領江津、涪陵二縣,其年以涪陵屬涪州。"兩《唐書》不載涪州之永安縣,僅《元和郡縣志》卷十七在汾州"孝義縣"下載"貞觀元年,以縣名與涪州名同,改爲孝義縣",可知涪州有永安縣。誌文可補史傳之闕。

又如,《明玉珍玄宮碑》墓主明玉珍曾稱帝,成一方之割據政權。《明史》卷一百二十三有傳,又見錢謙益《國初群雄事略》卷五。碑、史記其事迹互有詳略,可考證之處頗多。如明玉珍的享年,史載"三十六",碑稱"三十八";其葬地,史載"永昌陵",碑稱"睿陵";其卒年丙午,史載"天統五年",碑稱"天統四年"等,一般來説,碑志是當時所記,應該更加可靠。

又如,清《姚履祥母張氏墓誌》記載:"父生於乾隆乙卯年六月初三同吉時,母生於嘉慶丙辰年七月廿七日吉時,同卒於道光庚戌年八月初七日亥時,地震告終",誌文記載道光三十年(1850)八月初七日亥時發生的一次大地震,墓主夫婦同時罹難。又如清咸豐十年(1860)三月七日《張延文母余氏墓碑》載碑主死於地震,"忽焉地動,墙倒喪命"。

墓誌最貼近於墓主的生活年代,準確地記錄了那個時代的文字,爲研究文字發展演變提供了寶貴的材料。不同時期墓誌相同的詞彙具有不同意義,爲詞彙學提供了素材。古文講究對仗押韵,尤其墓誌銘更是排列工整,讀起來鏗鏘悦耳,是語言學研究不可多得的材料。

特別是從墓葬人物看，既有達官顯貴，又有平民百姓，既有僧侶，也有農民起義軍的首領等，内容十分豐富。這樣從墓誌便可以窺見那一時期的社會面貌和人民的生活狀況。墓誌中很多人在史書中有傳，但是傳世文獻流傳過程中會產生很多錯誤，從而與事實真相偏離，墓誌的製作與墓主同時，所記載的内容大多數都是真實的，因此墓誌對於訂正史傳有巨大的作用；另外，對於史傳没有記載的也可以為之補正。

整理研究重慶碑刻，還可以幫助研究不同歷史時期重慶的社會生活習俗、禮儀制度、城鄉地理，考察社會政治狀況、經濟發展水平、思想文化特徵、書法藝術等衆多領域，可以補充和校正史書的錯誤。比如奉節出土的《隋金輪寺舍利塔銘》提到信州，可以知道奉節在仁壽二年（602）時仍叫信州，為奉節地理沿革提供了原始材料。并且，石刻因埋藏地下長期保存，不易為他人竄改，呈現出的是更為真實的第一手材料。

重慶碑刻中最重要的特色有三：一是保存了大量的水文、水利資料；二是石刻造像及其題記；三是出土了相當數量的墓誌。

關於重慶石刻，前代學者曾從不同角度進行過搜集、整理與研究，產生出一批研究成果，給後世留下了寶貴的中華文化財富。祇是過去的整理與研究也存在明顯的缺陷，比如缺乏系統性、條理性和科學性。具體表現在材料比較零散，文本釋讀不夠準確，解釋比較隨意，研究不夠深入，體例不盡完備。因此，嚴重制約了對該時期碑刻文獻的研究和有效利用，顯得十分可惜。

本項目在廣泛采納前人研究的成功經驗，吸收其成果的基礎上，對重慶碑刻文獻進行了初步的搜集、整理與研究。比較突出的工作主要表現在以下五個方面：

其一，搜集的材料比較豐富。資料搜集是一項頗費時間的基礎工作。通過查閱大量有關收集碑刻資料的專著，翻檢《文物》《考古》《考古學報》《考古與文物》《文博》《中國書法》《書法叢刊》等雜誌，走訪重要的石刻文物保護單位、圖書館、博物館，盡力所及地搜集了2010年以前所有已公布的或已出土而没有公布的重慶碑刻,包括碑碣、石闕、摩崖、畫像題記、地券、墓誌、鎮墓文、造像記等。第一次系統地反映了重慶石刻的大體面貌。

其二,體例比較完整。動筆之前,還曾全面調查歷代著録、整理碑刻文獻的著作,認真分析了各種成果在體例上的得失利弊,揚其長而避其短,確定了本書的體例。每通碑都有圖版、釋文、標點、資料來源,既便於查閱,又便於復核。每通碑都簡要介紹碑石刻立、出土的時間、地點,交待碑刻流傳、存佚、翻刻、摹録、椎拓等相關情况,說明碑刻的石質、形制、尺寸、書體、書法風格,提示與該碑刻相關的歷史人物和歷史事件等,爲利用碑刻做别項研究時提供更多的相關信息。每通碑都有比較詳細的校勘和扼要的注釋,爲閲讀和使用這批材料提供了方便。編輯也比較合理,各部分的内容井然有序。

其三,釋文比較認真。碑版釋讀困難的原因很多,而主要有兩個:一是由於石質材料的闕陷,碑面大都有不同程度的泐蝕殘損,文字模糊殘缺,不少字在疑似恍惚之間,甚難斷定;二是隸書發展到楷書的過程中,文字形體變化比較大,加上書手求新求奇,任意增减筆畫,改變構件,結果碑銘文字往往异體紛呈,俗訛滿目。本書所收碑刻,有的前人從未釋讀,則嚴格按照圖版,認真釋讀,首次公布釋文;有的碑文前人曾經釋讀,但仍不敢照録,而是對照碑版重新覆核,力求釋文准確,少出錯誤。

其四,校注比較細緻。爲了保證碑刻文獻文本的可靠性,在校勘方面花費了很大的精力。各種專著、期刊上已有的碑刻釋文,其質量參差不齊,有的比較精確,有的則錯誤很多,事實上没有哪一種成果能够保證其釋文没有錯誤。有鑒於此,本書堅持必須利用碑刻原物、拓本,并盡可能找到同一碑刻的多種拓本,與已有的部分碑刻録文、題跋、石刻文字彙編等資料,進行彼此互校,補充闕漏,訂正訛誤。歷代在碑刻文字釋讀方面存在衍、脱、錯、訛和顛倒篡亂、標點斷句失當闕失,本書在校注中一一予以訂正,成爲一個亮點。還對碑銘中的生難疑似之字、假借字、同形字、生難詞語、重要引語、典故、史事、异文、碑刻原文誤刻等問題擇要進行了簡單的校注和考辨。經過處理之後,重慶石刻文獻材料的價值大大提高了。

其五,碑刻文獻整理的理論提升。通過對碑刻文獻的具體整理,本項目將整理碑刻文獻中發現的問題進行梳理,歸納出碑刻文獻文本釋讀中存在的問題和碑刻銘文疑難字的解讀方法,通過大量的舉證,試圖從理論上揭示碑刻文獻整理的一些規律,以提高整理碑刻文獻的水平。該項工作的成果對於文獻學、漢語言文字學都有重要的參考價值。

從 2005 年立項以來正式啓動了這項工作,祇是由於工作頭緒多,精力難以完全集中,沒有按時完成。不過,經過多年的努力,在各方面的支持和幫助下,本項研究基本完成。整理之初,項目確立的目標是本著對歷史負責、對社會負責的科學精神,爭取爲學界提供一部資料齊備可靠,體例嚴整科學,便於釋讀、檢索和利用的區域性石刻文獻總彙。這個目標,目前算是基本達到了。

有的石刻材料本來很重要,但是有關單位根據文物保護法,不准椎拓,因此無法獲得資料;不少文化館、博物館,以及私人收藏者存有拓片,但是由於種種原因也無法得到;拓片收購價格又很高,項目經費祇有 1.2 萬元,完全無法支付;再加上體例的限制,必須有石刻原物的圖版或者拓片才予以收錄,故這次整理搜集的材料相當有限。祇好準備結題之後再利用其他經費做進一步搜集整理,爭取在結題之後,正式出版之前再做補充完善。其中甘苦,敬請專家理解。

總之,對這項研究雖然我們已經努力,但插架寡陋,學殖魯鈍,書中問題肯定不少,遺脱者有之,疏略者有之,錯訛者亦有之,不敢逃責。庶望方家教之,同志助之,讀者正之,是爲幸。

毛遠明

2012 年 5 月於西南大學

前言

本書承恩師毛遠明先生未嗣之業，在重慶市社科項目"重慶碑刻整理與研究"（批准文號：2005-yw03）成果基礎上增補修訂而成。

先生一生教書育人，立行立言。在碑刻文獻學領域成就斐然，先後主持國家重大文化工程項目"中華字庫"部分，以及國家社科基金項目多項，出版《漢魏六朝碑刻校注》（綫裝書局，2008）、《碑刻文獻學通論》（中華書局，2009）、《漢魏六朝碑刻異體字研究》（商務印書館，2012）、《漢魏六朝碑刻異體字典》（中華書局，2014）等多部重要著作，爲碑刻文獻學學科建設和理論體系構建奠定了堅實基礎，多項成果獲得教育部高校人文社科優秀成果獎等。惜天不與善，壽靡常期，偉業未竟，勞累成疾，不幸於2017年3月23日遽歸道山。

作爲原項目組成員，編者受先生諄諄教導之恩，工作後受命整理巴渝文庫中《巴渝文獻總目》碑刻文獻類，深感整理與研究重慶地區碑刻意義重大。特別是，重慶地區墓葬碑刻種類豐富，包括碑誌、塔銘、陰券及川渝地區地方的崖墓題刻等。目前除墓誌有初步圖版與録文成果——《新中國出土墓誌·重慶卷》之外，尚無系統整理成果將所有重慶墓葬類碑刻聯繫起來，揭示其重要學術價值與歷史意義。原項目在前賢成果基礎上，重點整理重慶與舊域所涉周邊縣市的墓誌類碑刻，校釋文字，梳理史實，對巴渝歷史上的人物——或位高名重,名列千秋;或隱而未仕,名不見經傳——的名諱、籍貫、家族譜系、歷官、重要史實等文本做出基本的、準確的梳理和研究。因爲只要有墓誌等相關墓葬碑刻存世,就能找到人物與史地、史實的蛛絲馬迹,系統整理墓葬類碑刻就是在整理重慶歷史人物的傳記,梳理重慶的歷史脉絡。

逝水流年,十年已過;逆水行舟,不進則退。本書在原結題成果基礎上,重新聯合原課題組成員,審定取捨原則,增補原書未收墓葬碑刻,删除所録現屬四川地區的相關條目,對每通墓葬碑刻的内容進行重新校釋、整理、研究,從而使重慶碑刻中的墓葬碑刻文獻得到系統開發,揭示其對重慶歷史文化的重要作用,并將先生对巴渝碑刻文化的一些總結呈現於學界。由此而言,本書符合《〈巴渝文庫〉編輯出版綱要》《〈巴渝文庫〉編輯出版方案》所述"《巴渝文庫》是一套以發掘、整理、編纂、出版巴渝文獻爲主軸,對巴渝歷史、人文、風物等進行廣泛融會、深入探究和當代解讀的大型叢書"的基本要求,因此能有幸列入重慶市大型出版工程《巴渝文庫》項目出版。藉此出版前言,向先生的前期勞苦表達深深的感謝,且緬懷先生仙逝六週年。

一、重慶碑刻文獻的研究脉絡與成果

碑刻文獻屬於出土文獻的一種。先生在《碑刻文獻通論》中指出,"出土文獻"是指文獻形成之後,在世面上存在一段時間,因種種原因被埋入地下,從而在世面上消失;又經過一定時期,才重新從地下再現於世的文獻。從嚴格意義上說,出土文獻祇有一種原形式,其他都是復製品,或者影寫本、拓本,或摹本。而出土文獻的時間性,就其產生的時間而言,是非常明顯的,而且是基本確定的;但其重新面世的時間,則會不一致。以碑碣、石壁等石質材料爲書寫載體,刻寫、雕鐫文字、圖案,或者宗教造像等,賦予其文化信息的石質載體謂之"碑刻",或稱"石刻"。以碑刻銘文等構成的所有文獻稱"碑刻文獻",它是出土文獻中十分重要的一種文獻。

對於碑刻文獻的研究方式也是各种各樣的,主要有主題研究、斷代研究、分區研究、綜合研究等,其中最具特色的要屬區域石刻著録與整理研究。大致是受地方史志體例的影響,金石學家按照碑刻產生的地域匯集編排石刻材料，從地域的角度研究碑刻文獻蔚然成風。葉昌熾《語石》卷二專門研究地域石刻，共列二十九目，分專論六十五題，明確提出"求碑宜因地"的原則，并進行專題研究。這種研究方式，有利於對我國碑刻文獻的分布情況、地域特徵進行全面的把握，加深其對地域歷史文化影響的深刻認識，更有效地利用碑刻文獻從事相關研究。特別是對於研究地域發展歷史，認識地域文化的特徵，研究政治、經濟、文化、風俗習慣，分析不同地域之間文化的差異與聯繫，探索形成地域文化的歷史原因等方面，具有十分重要的意義。

重慶，位於西南古巴國核心地帶，原隸四川，與之統稱"巴蜀"；1997年直轄後，以"渝"字别稱。因巴蜀不分家的習俗，追溯重慶碑刻史料需多方面的查詢，如北魏酈道元《水經注》中記載的蛛絲馬迹；宋代歐陽修《集古錄》、趙明誠《金石錄》、陳思《寶刻叢編》、佚名者《寶刻類編》、洪适《隸釋》《隸續》等歷代金石目錄；明清的金石學研究成果更多，僅《石刻史料新編·第三輯》目錄中輯錄的四川地方類文獻，就有幾十種。其中和重慶碑刻相關者主要有南宋王象之《蜀碑記》、清李調元《蜀碑記補》、清楊芳燦抽取嘉慶《四川通志》編的《四川古迹志》《四川金石志》等，對原四川地區的碑刻加以著錄考證，但所收碑不多。清劉喜海《三巴金石苑》（别名《三巴耆古志》《三巴漢石紀存》），按府縣著錄四川碑目附待訪，收錄漢至宋的碑刻頗豐。後周其懿編《三巴金石苑目錄》一卷（清刻本）。但所收多爲題刻類，集中收錄白鶴梁、龍脊石、靈石等處水文類刻石較多，少有墓誌。清錢保塘《涪州石魚題刻》《龍脊石題刻》、清姚覲元《涪州石魚文字所見錄》，也專收水文類碑刻。方志等傳世文獻也有篇章單獨收錄金石類，或穿插於古迹名勝、人物藝文中，如清馬慎修《永川碑碣附志》、王應元《涪州碑記目》、劉德銓《夔州金石志》、楊德坤《奉節金石志》、陳崑《雲陽金石志》、牟泰豐《開縣金石志》、陳藩恒《黔江金石志》，民國向楚《巴縣金石志》、程德音《江津金石志》。查考《中國地方志集成·重慶府縣志輯》《重慶歷代方志集成》等還能補充一些，如民國劉君錫《長壽縣志·金石志》、清王爾鑒《（乾隆）巴縣志》卷十七藝文志中有墓表、志銘等。從重慶碑刻存在形式看，一種是有原石或原石拓本、照片等存留或新出土的碑刻，一種是祇見於歷代著録中有目有録，或有目無録，祇有零星記載的傳世碑文；而且祇有少數有過跋尾、考證、校注等相關研究，其他還祇是初級整理形式，或還没有整理過的。因此，在運用前人成果時需要仔細區别，利用得當。

　　重慶歷代碑刻，從著録成果的數量上看，雖然不及四川地區多，但在源遠流長的巴蜀文化上的價值同樣也是不容小覷的。毛遠明先生在原項目序中總結道："重慶碑刻中最重要的特色有三：一是保存了大量的水文、水利資料；二是石刻造像及其題記；三是出土了相當數量的墓誌。"從特色上看，因重慶山水之地的特色，兩江匯集，不同於四川平原，在碑刻上反映出來的是石魚題刻、造像、摩崖等較多；巴蜀地區的特色崖墓也有所展現，但墓誌類的墓葬碑刻出土的遠没有記録的多。有學者説："重慶墓誌出土的很少，吴氏所載傳世墓誌祇5種，建國後四十年據《目録》載，也祇出土12種，這可能與自然、歷史條件有關。"①并列舉了包括崖墓、冉仁才墓誌、明玉珍墓誌等在内的12通代表者。但從考古實證看來，這一説法并不成立。

　　根據最早對重慶市文物古迹進行普查的成果——《四川省志·文物志》（四川省地方志編纂委員會，1999）第二篇古代文物部分的相關記載，當時重慶市古墓葬有11處，古迹有9處，摩崖造像等有18處，碑志券有20處，主要集中在大足石刻、白鶴梁題刻、白帝城碑、雲陽龍脊石等處，這些都是田野石刻。截至2019年，重慶市政府公布的第一至三批《重慶市文物保護單位的通知》統計，重慶市市級以上重要文物保護單位名録中可能存有碑刻相關的文物保護遺址約311處，其中有古墓葬29處，古建築有141處，石窟寺及石刻49處，還有約92處近現代遺址。因爲每處遺址均會有不同數量的碑刻存留，説明有原石可考的碑刻也爲數不少。《巴渝文獻總目·古代卷·單篇文獻》中收録的《碑刻文獻類》（任競等，2017，以下簡稱《總目·碑刻類》）是新時代第一部全面梳理巴渝碑刻文獻的目録，奠定了對重慶碑刻展開深入研究的基礎。編者在整理中主要參考了重慶碑刻相關研究成果、歷代方志中的金石史料，

---

① 徐自强、吴夢麟：《古代石刻通論》，紫禁城出版社，2003年，第388頁。

梳理出重慶碑刻大約在1285條,但這個數量還不完全準確,因爲大足石刻方面諸多系統的成果祇是重點收入,白鶴梁題刻也未完全收入。但即使數量不够準確,也能够爲後續研究巴渝地區的碑刻文獻提供較爲詳實的綫索。

目前,已經出土或發現的重慶碑刻作爲地域碑刻整理研究的對象,雖然最初都是經由考古發掘,公開發布與初步整理在《考古》《文物》《四川文物》《長江文明》等相關的期刊中,比較零散;但經由學術積澱,也有相對成系統的研究成果供研究使用。這些現代學術成果,爲本書的研究提供了重要支撐,它們主要可分爲以下幾類:

圖録彙編類:以地域分類的彙編成果,主要有《四川歷代碑刻》(高文等,1990,以下簡稱《四川碑刻》),收録目前重慶所屬區縣的碑刻36通。《中國西南地區歷代石刻彙編》(重慶市博物館等,1998,以下簡稱《西南石刻彙編·四川重慶》),在1998年就將重慶市博物館藏重慶與四川地區的拓本一并掃描圖録出版,其中有不少墓誌,但未有釋文;《新中國出土墓誌·重慶》(胡人朝等,2002,以下簡稱《重慶卷》),後出轉精,專門收録墓誌,有很多是新出土的,還附有完整的圖版釋文并簡短跋語。但没有對其内容進行過深入考釋,是其一遺憾。還有就是收録了許多重慶周邊四川省市縣的内容,與《新中國出土墓誌·重慶》的書名略有違和。除以地域分類外,或按時代先後彙編入《北京圖書館藏中國歷代石刻拓本彙編》(以下簡稱《北圖拓本彙編》)等全國歷代碑刻集成之中;或以斷代劃出,匯入如《漢魏六朝碑刻校注》《隋代墓誌銘彙考》《唐代墓誌彙編》《唐代墓誌彙編續集》《五代石刻校注》等諸多斷代彙編專著中。

專題研究:正如《碑刻文獻學通論》所記載的,碑刻文獻内容包羅萬象,各種類型各有千秋,每類均可以成爲一種專題供以研究,相關的研究成果數量也因研究熱點、難度、關注點等不盡一致。在重慶碑刻中較有特色的主要是大足區的造像題記類、白鶴梁的水文題刻、白帝城摩崖碑刻、雲陽龍脊石水文題記等類别,對此專題研究主要有:

水文類：如前文所述，最早在清代，重慶的水文、水利題記類石刻就引起錢保塘、姚覲元等學者的重視，出現了對涪陵區白鶴梁題刻、雲陽縣龍脊石的整理成果。目前最系統的就是《三峽國寶研究：白鶴梁題刻匯錄與考索》（曾超，2005），分正誤篇、輯佚篇、考證篇、求索篇和附錄篇，對白鶴梁題刻展開全面研究。《白鶴梁題刻文獻彙集校注》《白鶴梁題刻人物匯考》（王曉暉，2015&2017）兩書，對白鶴梁題刻文獻進行校注、人物考訂。《白鶴梁題刻整理與研究》（劉興亮，2017）則分整理篇、研究篇、附錄等部分內容，對白鶴梁題刻中的所有石魚題刻進行匯錄、釋讀，進行總結分析、文字考證，探索書法藝術及史學價值，以及相關數據上的統計。

摩崖類：三峽摩崖碑刻是重慶碑刻的又一大特色，其多出自名家手筆，現今多存於白帝城碑林。《白帝城歷代碑刻選》（魏靖宇，1996，後又收入《白帝城歷代碑刻》中，以下簡稱《白帝城碑選》）對奉節白帝城部分碑刻進行簡單的圖錄、釋文、注釋等，基本反映了白帝城碑刻的現狀；收錄了碑刻五十通，多為摩崖石刻，展示了白帝城的碑刻文化內涵。

造像類：主要是大足區石刻造像，因其歷史遠溯唐宋，又是著名的世界文化遺產，最早在20世紀四五十年代就展開了較系統的徵集與考證。目前從碑刻文獻角度系統的研究成果有：《大足石刻研究》《大足石刻內容總錄》（四川省社會科學院等，1985），以及後續的《大足石刻銘文錄》（重慶大足石刻藝術博物館等，1999）、《大足石刻研究文集》（郭相穎，1993）、《大足石刻考古與研究》（陳明光，2001）諸多較全面權威的著述。不僅對所有的大足石刻銘文進行了逐條的實地考察與詳細著錄，附有圖版，還進行了論文考證。可以說，重慶碑刻中祇有大足石刻是整理最系統和研究最集中的典範。

墓葬類：主要以墓碑、墓誌類為主，目前祇有《重慶卷》專門收集原重慶所轄27區、市、縣，並收集了四川省廣安、達川、南充、瀘州、自貢、凉山、成都、內江出土墓誌銘，附有完整的圖版釋文并有簡短跋語，但沒有深入考釋。還有《黔江文史第4輯·墓誌銘專輯》（重慶市黔江區政協學習文史委，2006），對重慶市黔江區內的相關墓誌，主要是各縣志中記載的傳世墓誌文進行了彙集録文,出土的爲少數。《重慶市志·文物志(1949—2012)》(重庆市文物局,2019,以下簡稱《重慶文物志1949—2012)公布各博物館、文管所於2012年之前收藏的可移動的石質文物,包括碑刻、墓誌銘、買地券等墓葬碑刻有部分收録,約69通,有簡介和録文。但考證類成果鮮見,對現有學術成果的梳理工作亦有待完成,圖版爲部分截圖。還有對重慶墓葬碑刻的一些研究論文等,如本書編者之一季芳,碩士學术論文《〈新中國出土墓誌·重慶〉校補及研究》(西南大學,2008),對重慶的墓誌进行了基礎整理;《〈新中國出土墓誌·重慶卷〉重慶地名整理與研究》(段卜華,重慶文理學院學報,2014),也圍繞《重慶卷》開展了相關研究。

各區專題雜録類:近年來在文化大發展大繁榮的帶動下,各區縣對碑刻文化較爲重視。如《重慶市少數民族碑刻楹聯》(代銀,2015),主要針對渝東南地區的黔江、酉陽、秀山、彭水、武隆、石柱等六個少數民族人口較多的區縣的碑刻、石刻兩大類進行了輯要,實際上收録的碑刻内容與少數民族關係不大。《長壽區碑刻拓片選》(林家義,2016)、《九龍坡區碑刻墓誌匾額拓本選編》(重慶巴人博物館,2018)、《龍多山碑刻選》(劉智,2019),重點選擇本地區的若干通碑刻簡單著録,不夠完整與深入。

統觀以上成果,除了個別的相對系統,還存在一些問題:即多數收集的不夠全面,圖版不甚清晰,録文也不十分準確,各地區對所收碑刻祇是做了淺層次的整理。從地域區劃上看,多集中研究一個地區的碑刻;從整理類型看,對水文類的石魚題刻類型研究較多;從整理形式上看,圖録等形式較多;研究墓葬碑刻或摘自各地方志中,史料準確性不高等。

二、重慶碑刻整理的問題與方向

毛遠明先生指出,歷來對碑刻文獻的研究成果表明:"研究的目光主要集中在字形學、書法學、歷史學等方面。其研究成果的形式有一部分是專著,而大部分是單篇論文、筆記雜録,甚至是隨興感發式的跋尾,點染一二。真正有分量的、有巨大影響的研究專著,事實上并不太多。其研究的廣深度和成果的社會影響,都不能與甲骨文、金文相比,甚至不能與簡帛文獻、敦煌文獻相比。"①"目前對碑刻文獻的整理研究還遠遠不夠,同出土的碑刻文獻數量、規模亦不相稱。碑刻文獻的價值還未得到全面深入發掘和充分利用。回顧碑刻文獻整理研究取得的成果和檢討存在的問題,總結前人經驗,吸取教訓,希望能爲今後碑刻文獻整理、碑刻文獻學學科建設及利用碑刻文獻從事多學科研究提供思路,將碑刻文獻的研究引向深入。"②

誠如先生所言,重慶碑刻整理與研究存在的問題主要有三點:1.材料散碎、原始,搜集、整理不夠。2.研究缺乏系統性與科學性。學術價值還未得到全面深入發掘和充分利用,相關的校注成果還沒有。3.語言研究存在很多空白。特別是碑刻文獻學理論和碑刻文獻學史的研究欠缺,史料價值與文化價值還未得到全面深入發掘和充分利用。而《碑刻文獻學通論》中指出碑刻文獻整理研究計有五種形式:1.公布拓片圖錄;2.公布拓片圖錄,并附考證;3.公布拓片圖錄,楷書錄文;4.公布拓片圖錄,楷書錄文,并有考證;5.公布拓片圖錄,楷書錄文,文史考證,并校注。特別是第五種,於碑石提要、圖錄、錄文、考證之外,增加"校注"一目,是對碑刻文獻的比較科學全面的整理形式。如能做到像《漢魏六朝碑刻校注》一書的體例:先提要介紹碑石的基本情況;然後公布拓片圖版,隸定錄文,現代標點,注明拓片來源;最後爲較詳細的校注,在辨僞、錄文、標點,注釋等基礎上,從文字學、語言詞彙學、歷史學、考古學等研究角度進行系統綜合的深度考釋,這樣一定會讓重慶碑刻文獻的價值得以最大發揮。

綜觀《碑刻文獻學通論》一書,以形制分類的墓誌及其他有哀誄紀念內容的碑刻,雖然因時代、對象、內容特殊,在名稱記載上表現不一,但實質完全無別。因此本書以"墓葬碑刻"統稱,細分爲墓碑、墓闕、墓表、靈表、阡表、神道碑等;墓誌、行狀記、行迹記、傳等;哀誄文刻石;哀册碑;塔銘、功德塔、浮屠記、方墳記、身塔記、龕記、龕銘、石室銘、浮圖銘、墳幢等;還有冢墓券契文書類的買地券、告地狀、柩銘、鎮墓文、墓石詔書、墓石誥命符、敕告文、華

---

①毛遠明:《碑刻文獻學通論》,中華書局,2009年,第537頁。
②毛遠明:《碑刻文獻整理研究回顧與前瞻》,《吉首大學學報》2017年第3期,第1頁。

蓋宫文、忌日刻石等,以及冢墓雜刻類的崖葬題字、黄腸題字、神座、墓道塞石刻字等。墓葬碑刻的整體數量在碑刻中占比較大,内容也較豐富。特别是墓葬碑刻中記録有墓主姓名、籍貫、譜系、履歷、壽年、卒葬年月、立碑時間、官階品級、生平事迹、子孫概况等相關内容,是了解歷史上人物史地的關鍵信息。這些信息,史書中多無記載,或記載有異。墓葬碑刻,作爲出土文獻具備的第一手文獻價值可以充分發揮,與史互證,并且彌補目前對重慶墓葬碑刻的研究尚缺乏統一調查和詳細考證、收録不全、多是圖録、引用不準等諸多缺憾。將墓葬碑刻形成一類專題研究的系統規模,進行校注、考證等深入的整理,一定會充分發掘每通墓葬碑刻的文獻價值、史料價值,梳理出巴渝歷史上的人物軌迹、相互關係、重大史實等等,對於整體了解地方的金石文獻全貌有重要意義。

原社科項目成果以"重慶石刻整理與研究"結題,但主要還是對《重慶卷》中的墓誌和一些漢晋到隋朝的石刻進行了釋文校勘釋讀、考證。因爲當時科研繁忙,衹能保證基本的文本,對於每通碑刻的校注部分做的不是特别完善,擱淺至今未得出版。在《巴渝文庫》項目不斷推進的積極影響下,有了《總目·碑刻類》作爲研究基礎,如能不斷搜集整理巴渝碑刻文獻條目,將重慶地區内有文字内容且有史料研究價值的碑刻文獻,無論是出土的,還是傳世的,收集編纂出一部《重慶全域歷代碑刻集釋》,會使重慶碑刻文獻與文化更加系統。這也正符合《巴渝文庫》收集在巴渝大地上産生的所有地方文獻,厘清巴渝文化脉絡的根本宗旨。不過現已失去恩師的指引,囿於時間與能力,在當下衹能先結合原項目主要内容,定以《重慶墓葬碑刻校釋》爲題,以期能對巴渝碑刻文化中的墓葬碑刻這一重點的專題類型進行系統整理與深度校釋。

正如《重慶市志·文物志(1949—2012)》中所言:"重慶地區古代的碑刻文字,可以在宋《輿地紀勝》、清《三巴金石苑》等書中找到一些,而近百年來出土的新碑刻材料却罕有出版物載録之。"[①]如,四川省博物館在1978年8月

[①] 重慶市文物局編纂:《重慶市志·文物志(1949—2012)》(下册),西南師範大學出版社,2019年,第637頁。

在萬縣駙馬公社發掘出土了《冉仁才墓誌》，諸書均未收錄，後收入《全唐文補編》（陳尚君，2005）中。墓葬碑刻因考古發掘本身就無法系統，祇能是先出土、收藏後再公布，有的根本未公布，更多是埋没未見發掘；還有祇見文集與方志中，無法確定是否有刻石；公布成果多散見於考古期刊中被遺漏等等。諸多問題讓原有的成果已經不能真實反映重慶墓葬碑刻的歷史面貌與發展變遷。在《西南石刻彙編·四川重慶》《重慶卷》等基礎上，再結合《重慶市志·文物志（1949—2012）》、考古文章等其他著述，不斷收録整理後發現，重慶墓葬碑刻在數量上愈見繁多，并有其獨特之處，具備重要的研究價值。

三、本書的整理特色與價值

本書將以毛遠明先生精益求精的精神爲砥礪，在原項目基礎上，以全、精、深三字爲準繩，進行整理研究。

1. 全面系統收録重慶地區的墓葬類型碑刻

地域範圍上，以2017年最新行政區劃38個區縣（以目前現有行政區域26個區，12個縣）爲準，非重慶地域出土，或無法明確爲重慶所有的，則不予收録。原項目内容中的"但是考慮到歷史的原因，現屬四川省廣安、南充、瀘州的一些地域與重慶的淵源很深，舊屬巴地者，也包括在内""爲了研究重慶歷史文化，凡碑墓主出生、死亡、埋葬在重慶市，或者曾經在重慶做官和長期在重慶市活動過，也予酌情收録"，這次均全部删除，不再收録，只收卒、葬於重慶的，或明確爲重慶籍貫的墓葬類碑刻，以保證在地域上不交叉重複。特别"在重慶做官"，因爲歷官有虚實問題；"長期在重慶市活動過"的是需所有歷官的多數在重慶纔有效，這些在範圍上不易把控的均删除。

類型範圍上，儘量收全與墓葬相關的碑刻，即除了幽埋於地下的墓誌、買地券中的陰券之外，地表上立石的墓碑、神道碑、紀念碑、墓表、塔銘，崖墓中發現的題記、題刻等具有文字文獻信息考證價值的均收録校釋。

時限上，爲更好地從抗戰大後方的角度來專門整理民國及抗戰時期的碑刻文獻，碑刻條目斷在卒葬年在清代（1911年）以前；又因有新的考古發掘成果公布，擴大了材料的收録下限至2020年6月底公布出版的。經過取捨後,在文獻數量上收錄有157條,且墓葬碑刻的主要類型也較爲均衡地包括其中。

2.以精煉準確保證文獻價值,可供文史工作者作爲學術資料參考引用

文獻內容上,精煉取捨,遵行一定要有原石,或雖無原石而有拓本、照片、摹本的基本收錄原則,對有圖版和釋文但未校注的、未成系統散見的,進行系統的收集、參校釋文、校釋;衹有圖版沒有釋文的,則對照圖版首先準確釋讀。現無拓本者或照片,原石過殘無法辨認者,銘刻文字太少者,一般未予收錄。對於傳世文獻中記載但尚無碑石存世的,根據是否與出土碑刻條目相關,如果有關就以附錄收錄參與校釋。

釋文準確度上,以原石圖版爲基本底本釋讀,對《四川碑刻》《重慶卷》等系統且較爲準確的釋讀成果重點參校,又參校其他零星成果,并且還將參校的出處括注在釋文下方,從而保證釋文成果非照搬他人,并且對參校釋文明確有誤的、釋讀可補充的地方進行修訂,對於存疑不確定的列出疑似角度,保證釋文更準確和有價值。

3.以深度校釋彙集對重慶墓葬碑刻的零散研究成果,訂正補充史實

本書在逐條校文字是非异同的基礎上,不僅提供了準確的釋文,盡力還原碑版當時的文字面貌,還彙集相關考證成果,對文本內容詳細深入地考證,開發其文字、辭彙、語法、歷史、文化、民族等多方面的研究價值,做到詳略突出,對重點人物、地理、史實等進行深度校釋。特別是對同一姓氏或夫妻關係聯繫而成的家族墓誌集中統一校釋,廣泛和深度繫聯,探索其他碑刻文獻與該條目的關係,發揮其作爲地方文獻爲地方文化服務的作用,從而讓散見的巴渝大地上的出土碑刻文獻中的人物活起來。

總之,期望本書的整理出版,一可以作爲重慶文史工作者或重慶歷史文化愛好者的檢索工具書,使用該書就能夠系統而科學地了解重慶的墓葬碑刻文獻;二可以與大足石刻、白鶴梁題刻等比較系統的研究成果互補,共同起到爲了解、整理、研究重慶地區碑刻提供重要參考價值的作用。三是將恩師毛遠明先生關於碑刻文獻學整理與研究的基本路徑、重慶碑刻史料的研

究方法等一并展示,佳惠學林。但也誠如先生原序所言:"對這項研究雖然我們已經努力,但插架寡陋,學殖魯鈍,書中問題肯定不少,遺脱者有之,疏略者有之,錯訛者亦有之,不敢逃責。庶望方家教之,同志助之,讀者正之,是爲幸。"僅附先生爲項目所作《原序》及其《石刻文獻釋讀研究》等於後,敬請方家指正。

張海艷

2020年9月記於重慶圖書館

本書凡例

一、本書收録重慶市範圍内出土的墓葬碑刻157通,其中包括:墓碑、墓表、神道碑、墓誌、塔銘;還有買地券、鎮墓券及崖葬題字等。傳世墓葬碑文因家族碑志中相關,附於其中,方便整理。非墓葬類的碑刻不予收録。

二、所收墓葬碑刻僅限古代,即墓主卒葬於1911年前(含1911年)。民國時期的墓葬碑刻另外單獨整理。徵集材料時間截至2020年6月底。

三、全書按漢魏六朝、隋唐五代、宋元、明、清五個時段分別排序;同時段按葬期先後排序,無葬期者按卒期爲序;年月無考者,放到相應的年代或時代後;因家族關係可以聯繫起來的墓誌不論朝代集中排序,并用"家族墓誌""其一""其二"注明,且目録僅上具體墓誌標題。

四、釋文著録與校釋細則:

1.標題爲自擬題名,由"墓主姓名+碑刻類型"構成。名諱不詳時,男子題爲"某君";女子題"某氏"。女子姓名前應冠以家庭人物關係,如"某某妻/女/母"。姓氏相同者,括注字號、籍貫等區別。無姓名者,用"□"代替。夫婦同墓是否著録爲合葬墓誌,以原題名中有無記載爲準。墓葬時間後,據實加"葬""改葬""卒""立石""建""刻"等屬性。

2.石刻題署者：包括撰文、書丹、刻立人等，姓名前後括注所屬朝代并著明題署方式。

3.簡介：簡要說明碑刻在重慶所屬的區縣、出土時地、現藏地點；流傳情況；石刻的形制、尺寸、書體、行款等；有無碑額、誌蓋在此說明。

4.文字及標點符號：釋文使用繁體字，現代標點及表示行款的回行符號"/"；原石中的空格、空行敬空的部分一般不再保留。

5.校勘符號：原石殘損泐蝕無法確認的闕字，用"□"表一字，"■"代表不能確定數量的多字；原刻脫字、衍字、倒文、訛誤，在有相關考證成果時，用"[ ]"補訂，并出校說明。

6.釋文：石刻尚存，利用石刻原物、拓本或照相圖版作爲底本，并參照較權威成果進行錄文；圖版不全或無圖版的傳世碑文，暫據已有錄文成果收錄，俟後修訂。釋文順序以碑陽—碑陰—碑側—相關題跋依次著錄。釋文下括注所引用圖版與重點參考錄文的出處。釋文著錄在儘量尊重原碑字形的基礎上，參考《巴渝文庫》總凡例部分，按以下三種情況具體處理：

（1）出校改字例：對於原刻中明顯誤刻的訛字、重文符號、脫字、衍字、倒文，或圖版不明或殘缺但有相關考證成果時，釋文中用"[ ]"儘量補訂，并出校說明；如表示朝代的"祐"改作"祐"、《揚量買山刻石》中"作業守"，"守"字圖版不明，據相關考釋補出，并出校。

（2）出校不改字例：對於原刻中存在的假借字、古體字，影響文意理解、有文字學史研究價值的异體字，以及武周新字等，照錄原碑字形，重復出現者在每通中第一次出現時出校說明，以後則照錄不再出校。如"間"與"閒"、"数"與"數"、"羍"與"擧"等。

（3）不出校徑改字例：對原刻中因筆畫簡省或增繁等產生微別、構件移位、行草書構件訛混等形成的异構字或异寫字，因不影響文意又缺少文字學史研究價值，徑改作規範繁體字。如"署"改"略"、"扵"改"於"、"巳"與"已"等。

7.簡跋：先對題名信息補充別名、通行名等；再彙集較早的、權威的出土信息等,以及整體介紹墓誌的價值、相關的研究成果、評價,列出爭議點;再對碑刻的題署者信息等進行集中梳理。

8.校釋:校釋的文字,直接引用原碑釋文的則照錄碑文;非直接引用的均改爲通行規範字。校釋原碑內容,重在訂正、補充原碑上明顯誤刻的訛字、闕字、衍字、倒文等;校釋相關考釋成果,重在參照碑版字形指出已有系統釋文成果中的闕字、誤釋、衍字、倒文、句讀有誤等現象。校釋附刻的題跋,梳理歷代相關的題刻與考證。校釋重在揭示重慶碑刻的史料價值,重點對人物名諱、籍貫、家族譜系、人物關係、重大史實等詞句進行必要的、詳略適中的校釋,對其補史證史的功用進行深度的發掘,以突出該通墓葬類碑刻對巴渝地區產生的歷史文化作用。

目録
CONTENTS

漢魏六朝 ◎ 1
　揚量買山刻石　西漢地節二年(前68)刻 ◎ 2
　索恩村崖墓題記　東漢延光元年(122)十一月十五日刻 ◎ 4
　雷劈石崖墓題記　東漢陽嘉二年(133)刻 ◎ 4
　陽嘉四年題記　東漢陽嘉四年(135)三月刻 ◎ 5
　七孔子崖墓題記　東漢永和四年(139)二月刻 ◎ 6
　永壽四年題記　東漢永壽四年(158)六月十七日刻 ◎ 7
　延熹二年崖墓題記　東漢延熹二年(159)二月二十七日刻 ◎ 8
　延熹三年崖墓題記　東漢延熹三年(160)八月二十四日刻 ◎ 9
　延熹五年崖墓題記　東漢延熹五年(162)十二月十九日刻 ◎ 9
　延熹八年崖墓題記　東漢延熹八年(165)四月十二日刻 ◎ 10
　柳敏墓碑　東漢建寧二年(169)七月二十四日立 ◎ 11
　景雲碑　東漢熹平二年(173)二月上旬刻 ◎ 16
　熹平二年崖墓題記　東漢熹平二年(173)十月八日刻 ◎ 23
　光和元年崖墓題記　東漢光和元年(178)刻 ◎ 24
　平路元崖墓題記　光和四年(181)三月二日刻 ◎ 25
　光和六年崖墓題記　東漢光和六年(183)三月十二日刻 ◎ 26
　中平四年崖墓題記　東漢中平四年(187)刻 ◎ 26
　建安六年題記　東漢建安六年(201)八月二十二日刻 ◎ 27
　陳元盛崖墓題記　東漢建安十五年(210)二月十日刻 ◎ 30

江州廟宮磚銘　漢(前206—220)刻 ◎ 31
　　楊氏神道柱　東晉隆安三年(399)十月十一日立 ◎ 33
　　泰始五年石柱　南朝宋泰始五年(469)立 ◎ 34

隋唐五代 ◎ 39
　　□質(龍山公)墓誌　隋開皇二十年(600)十二月四日立 ◎ 40
　　信州金輪寺舍利塔下銘　隋仁壽二年(602)四月八日立 ◎ 53
　　冉仁才墓誌　約唐永徽五年(654)葬 ◎ 61
　　冉仁才妻李氏墓誌　約唐永徽五年(654)葬 ◎ 72
　　冉祖求墓誌　武周天册萬歲元年(695)正月廿八日遷葬 ◎ 95
　　冉儀墓誌　明嘉靖十二年(1533)四月二十五日葬 ◎ 97
　　冉躍龍妻白氏墓誌　明崇禎五年(1632)十二月七日葬 ◎ 106
　　冉氏殘墓誌　約明崇禎十七年(1644)前 ◎ 112
　　長孫無忌墓誌　唐顯慶五年(660)卒 ◎ 113
　　田英墓誌　唐開成三年(838)四月二十日刻 ◎ 114
　　寒修行妻蘭氏墓誌　唐大中十二年(858)十月十五日葬 ◎ 119
　　許君妻戴氏墓誌　唐咸通六年(865)二月二十四日葬 ◎ 123

宋元 ◎ 129
　　高宏墓誌　北宋大中祥符六年(1013)十一月九日立 ◎ 130
　　幸光訓墓記　北宋乾興元年(1022)十一月十六日立 ◎ 131
　　蘇慶墓誌　北宋景祐元年(1034)三月十五日立 ◎ 133
　　解瑜墓誌　北宋嘉祐五年(1060)葬 ◎ 136
　　王氏壽堂志　北宋熙寧二年(1069)卒 ◎ 140
　　佚名塔銘　北宋元祐三年(1088)正月二十八日立 ◎ 142
　　杜氏墓誌　北宋元祐六年(1091)十月二十三日立 ◎ 142
　　趙瞻神道碑　北宋元祐七年(1092)五月二十五日立 ◎ 144
　　王滿堂香墓誌　北宋元祐九年(1094)二月二十二日立 ◎ 157
　　符世宣墓誌　北宋崇寧二年(1103)十二月一日立 ◎ 159

2

楊繹墓誌　北宋大觀元年(1107)八月十九日葬 ◎ 161

夏泰墓誌　北宋政和六年(1116)十二月初一日葬 ◎ 163

郭用成妻楊氏墓誌　北宋宣和六年(1124)葬 ◎ 169

牟永叔墓誌　北宋靖康元年(1126)十月二十九日葬 ◎ 172

李揆妻□氏墓誌　南宋紹興元年(1131)十二月十五日立 ◎ 177

李敏能墓誌　南宋紹興七年(1137)二月五日葬 ◎ 179

劉廣墓誌　南宋紹興十年(1140)十一月二日葬 ◎ 181

武思永母陳氏墓誌　南宋紹興十六年(1146)十月二十五日葬 ◎ 182

冉安奇妻文氏墓誌　南宋紹興十七年(1147)二月二十六日立 ◎ 187

向洋妻林十一娘墓誌　南宋紹興二十年(1150)八月十七日葬 ◎ 189

李驥妻劉道腴初葬墓誌　南宋紹興二十三年(1153)三月十三日葬 ◎ 191

李驥妻劉道腴再葬墓誌　南宋紹興二十五年(1155)正月二十五日葬 ◎ 192

李驥妾張淑真初葬墓誌　南宋紹興二十三年(1153)四月中旬葬 ◎ 192

李驥妾張淑真再葬墓誌　南宋紹興二十五年(1155)正月二十五日葬 ◎ 193

吳褒成墓誌　南宋紹興二十三年(1153)十月一日葬 ◎ 196

彭作妻劉氏墓誌　南宋紹興二十五年(1155)十一月葬 ◎ 198

張俁墓誌　南宋紹興二十五(1155)十月十七日葬 ◎ 202

冉師逵妻符氏墓誌　南宋紹興三十二年(1162)四月十一日立 ◎ 211

楊秉元墓誌　南宋乾道五年(1169)十一月九日葬 ◎ 213

龔耆年墓誌　南宋淳熙元年(1174)十一月二十三日葬 ◎ 216

鄧府君墓誌　南宋淳熙五年(1178)十二月十三日卒 ◎ 219

劉乘女劉氏墓誌　南宋淳熙十年(1183)十月二十三日葬 ◎ 221

冉隱君墓誌　南宋淳熙十一年(1184)四月葬 ◎ 223

王若妻徐守真墓誌　宋紹熙元年(1190)四月二日葬 ◎ 226

王若墓誌　宋嘉泰元年(1201)卒 ◎ 230

楊元甲墓誌　南宋嘉定年間(1208—1224)葬 ◎ 237

楊元甲妻景秀真墓誌　南宋紹定二年(1229)三月合葬 ◎ 241

袁夢彪墓券　元元貞三年(1297)三月初二日刻 ◎ 244

吳祖壽墓券　元至順三年(1332)七月刻 ◎ 245

何回娘墓券　元至元五年(1339)八月初六日葬 ◎ 248
明玉珍玄宮碑　大夏天統四年(1365)九月六日葬 ◎ 249

明 ◎ 261

李祥妻柯氏墓誌并蓋　明景泰六年(1455)正月六日卒 ◎ 262
李祥墓誌銘并蓋　明成化二年(1466)正月十三日卒 ◎ 268
李寶妻王好善墓誌　明嘉靖六年(1527)四月二十一日葬 ◎ 277
楊景昭妻高嚴貞墓誌　明成化元年(1465)十二月二十四日葬 ◎ 281
何公儉及妻程氏墓券　明成化十七年(1481)十二月十二日立 ◎ 285
何公儉及妻程氏墓誌　明成化十七年(1481)十二月二十一日刻 ◎ 286
何公儉孫何子□墓誌　明嘉靖二十三年(1544)正月二十九日刻 ◎ 289
陶進誠墓券　成化二十年(1484)十一月二日立 ◎ 293
賈奭繼妻王氏壽藏　明弘治三年(1490)三月二十六日記 ◎ 294
賈奭墓誌并蓋　明弘治七年(1494)十二月十七日葬 ◎ 295
徐添用墓券　明弘治九年(1496)正月初二日立 ◎ 301
陶永恕墓誌　明弘治十年(1497)二月二十一日葬 ◎ 301
劉福妻余氏墓誌并蓋　明弘治十六年(1503)十二月十二日葬 ◎ 306
劉福墓誌　明弘治十六年(1503)十二月十二日葬 ◎ 308
陶琢墓券　明正德二年(1507)十月初九日立 ◎ 320
高氏墓券　明正德六年(1511)十月二十六日立 ◎ 321
劉規墓表　明正德十二年(1517)立 ◎ 322
劉春墓誌并蓋　明嘉靖元年(1522)十一月三十日葬 ◎ 328
劉台妻蹇氏墓誌并蓋　明嘉靖二十二年(1543)十月十八日葬 ◎ 335
劉台墓誌并蓋　明嘉靖三十六年(1557)十二月十八日合葬 ◎ 339
蹇義神道碑　明宣德十年(1435)十二月葬 ◎ 348
辜氏墓券　明正德十六年(1521)十月二十五日立 ◎ 358
李永堅墓誌并蓋　明嘉靖二年(1523)立 ◎ 359
王氏買地券　明嘉靖七年(1528)正月二十七日立 ◎ 362

董欽墓券　嘉靖八年(1529)十月五日立 ◎ 363

任朝璉及妻張氏合葬墓誌并蓋　明嘉靖十五年(1536)閏十二月三日葬 ◎ 364

陳仲實及妻劉氏合葬墓誌并蓋　明嘉靖十六年(1537)十月十五日葬 ◎ 370

劉耕母陳氏墓誌并蓋　明嘉靖十六年(1537)十月十六日葬 ◎ 375

張格與妻石氏合葬墓誌　明嘉靖十八年(1539)二月二十日合葬 ◎ 378

張模墓誌并蓋　明嘉靖二十七年(1548)五月四日葬 ◎ 383

王彥奇墓誌并蓋　明嘉靖十八年(1539)四月十二日葬 ◎ 387

王孟昌墓誌　明萬曆元年(1573)十二月二十七日立 ◎ 389

向惠泉祖父向君墓誌　嘉靖十九年(1540)卒 ◎ 390

向惠泉墓誌　萬曆十五年(1587)九月一日葬 ◎ 394

童蒙亨墓誌并蓋　明嘉靖二十一年(1542)二月一日葬 ◎ 399

李第妻丁氏墓誌并蓋　明嘉靖二十九年(1550)九月十六日葬 ◎ 402

李第墓誌并蓋　明嘉靖三十二年(1553)九月十五日合葬 ◎ 406

張秉墓誌并蓋　明嘉靖三十二年(1553)八月十九日葬 ◎ 413

陳邦教妻王氏墓誌并蓋　明嘉靖三十三年(1554)九月八日葬 ◎ 415

陳邦教墓誌并蓋　明萬曆元年(1573)十月十六日葬 ◎ 418

張文錦墓誌并蓋　明嘉靖三十七年(1558)正二十九日葬 ◎ 423

張文錦暨妻沈氏合葬墓誌并蓋　明萬曆五年(1577)十二月二十日合葬 ◎ 426

張叔珮墓誌并蓋　明崇禎六年(1633)某月一日葬 ◎ 433

郭錄墓誌　明隆慶三年(1569)四月十八日葬 ◎ 451

李仕亨妻淳氏墓誌并蓋　明隆慶三年(1569)十二月十六日葬 ◎ 454

李仕亨母李氏墓誌并蓋　明隆慶三年(1569)十二月立 ◎ 457

襄氏買地券　明隆慶四年(1570)立 ◎ 461

孟養浩女榮姑墓誌　明隆慶六年(1572)十二月□二日立 ◎ 462

胡堯臣母朱氏墓誌并蓋　明萬曆元年(1573)十二月八日立 ◎ 464

楊氏買地券　明萬曆十八年(1590)八月立 ◎ 469

沈思恭墓誌　明萬曆四十六年(1618)五月九日立 ◎ 471

清 ◎ 473

 破山和尚塔銘　約清康熙五年(1666)立 ◎ 474

 破山和尚塔銘序　約清康熙五年(1666)立 ◎ 480

 破山大師壙碑并銘　約清康熙五年(1666)立 ◎ 484

 呂世千墓誌　清嘉慶十九年(1814)五月十二日後立 ◎ 486

 糜奇瑜墓誌　清道光七年(1827)十二月十四日葬 ◎ 489

 糜昌明家傳碑　清光緒(1875—1908)立 ◎ 491

 李貞人墓碑　清道光十一年(1831)二月上旬立 ◎ 497

 張文舉墓碑　清道光十六年(1836)五月葬 ◎ 499

 楊漢三妻張氏墓誌　清道光二十年(1840)十二月一日立 ◎ 504

 宋世玉妻徐大雙墓誌　清咸豐三年(1853)十月一日立 ◎ 506

 黃開基墓碑　清咸豐七年(1857)四月二十八日葬 ◎ 508

 黃麟元墓誌　清光緒二十七年(1901)八月四日葬 ◎ 509

 江含春墓誌　清咸豐七年(1857)六月七日葬 ◎ 512

 邱導岷墓誌　清咸豐八年(1858)九月立 ◎ 515

 余彥和墓誌　清咸豐十一年(1861)十月九日立 ◎ 520

 費志大等四人墓碑　清同治元年(1862)十二月二十日立 ◎ 521

 方氏墓誌　清同治二年(1863)四月二十八日卒 ◎ 522

 楊文穆墓誌　清同治七年(1868)四月下旬立 ◎ 523

 周朝琮墓誌　清同治十一年(1872)十一月十五日葬 ◎ 525

 周守正墓誌　清光緒三年(1877)正月十一日葬 ◎ 533

 周守誠墓誌　約清光緒七年(1881)卒 ◎ 537

 吴光模墓誌　清光緒六年(1880)葬 ◎ 541

 釋心順墓誌　清光緒九年(1883)六月二十五日立 ◎ 545

 何得龍母馮氏墓位　清光緒十六年(1890)九月立 ◎ 546

 李惺神道碑　清光緒十六年(1890)十月立 ◎ 549

 杜鍾媚墓表　清光緒二十三年(1897)十二月撰 ◎ 550

 竹禪和尚墓碑　清光緒二十七年(1901)二月一日立 ◎ 555

 鮑祖齡墓誌　清光緒二十九年(1903)三月四日立 ◎ 556

郭仿卿妻趙氏墓誌　清光緒三十三(1907)十一月九日葬 ◎ 559

蕭炳章及妻吳氏墓誌　清宣統元年(1909)二月刻 ◎ 561

程世模母秦氏墓碑　清宣統二年(1910)四月立 ◎ 561

碑刻文獻釋讀研究 ◎ 567

　第一章　碑刻文獻整理缺誤分析 ◎ 568

　　第一節　釋文闕字 ◎ 569

　　第二節　釋文誤讀 ◎ 574

　　第三節　標點錯誤分析 ◎ 577

　　第四節　文字誤衍 ◎ 584

　　第五節　石刻自身錯誤的處理 ◎ 584

　　第六節　疑難問題處理不當 ◎ 585

　第二章　碑刻文獻疑難字考釋方法 ◎ 585

參考文獻與簡稱 ◎ 595

後記 ◎ 603

重慶墓葬碑刻校釋

〈漢魏六朝〉

揚量買山刻石　西漢地節二年(前68)刻

渝中區。清道光年間出土於重慶府巴縣官廨(今重慶市渝中區解放路)之東。道光十一年(1831)被歸安錢安父攜至湖州，後歸平湖吳重光。清咸豐十年(1860)石毀。尺寸不詳。隸書，5行，行4至6字不等。

【釋文】

地節二年[1]十月，/巴州民揚量[2]/買山，直[3]錢千百。/作業[4]守。子孫/永保，其毋替[5]。/

(圖文：《漢魏六朝碑刻校注》第1册，第3—4頁①)

【簡跋】

又名《楊量買山刻石》《地節買山記》等。該刻石作爲至今所見年代最早的買地石券，是僅有的西漢十余種石刻之一。西漢石刻雖然在數量、内容、豐富程度上均無法與數百種的東漢石刻相比，但正是稀有性讓其價值重大。而關於其真僞問題一直是討論的焦點。最初有趙之謙《補寰宇訪碑録》、羅振玉認爲漢有"巴郡"，無巴州，故斷爲僞刻。雖然後世結合各種史料，特別是從出土地與碑刻文字界於篆隸之間的古樸筆法判斷此物不假②，但仍有不同觀點存在。所以《〈楊量買山地記〉研究綜述》③和《西漢〈楊量買山石刻〉的發現與研究》等文章④，通過梳理各家對碑石的發現和流傳記述的分歧，探討其性質、真僞、出土地、書法風格等，得出較爲接近歷史實際的結論，確定爲真。《中國古代買地券研究》因從前人疑是僞作而未收録，且認爲此刻石不屬於買地券的説法⑤，看來是不成立的。

"買山刻石"，從實際功用上看，確定爲買地券的一種。并且有東漢建初元年(76)《大吉買山地記》記載："昆弟六人，共買山地。建初元年，造此冡地，值三萬錢。"可作同

---

①毛遠明：《漢魏六朝碑刻校注》(第一册)，綫裝書局，2008年，第4頁。
②趙超：《中國古代石刻概論》，文物出版社，1997年，第85頁。
③徐海東：《〈楊量買山地記〉研究綜述》，《重慶書學》2010年第1期，第38—43頁。
④趙寵亮：《西漢〈楊量買山石刻〉的發現與研究》，《國學學刊》2015年4期，第135—141頁。
⑤魯西奇：《中國古代買地券研究》，廈門大學出版社，2014年，第25頁。

時物證,真實反映出當時民事契約,展示了買方於山地的所有權。此時的買地券,用文模拙質直,無虛飾之詞,未帶宗教色彩。但這是否證明家族墓地已經產生,也非常值得討論。《樂山崖墓和彭山崖墓》認爲,《楊量買山刻石》中買山地作家族墓地的現象,直接證明了墓地已經能自由買賣;而《姚立買石題記》:"章武三年七月十日,姚立從曾意買大父曾孝梁右一門,七十萬,畢。知者廖誠、杜六。葬姚胡(父)及母。"更是可以表明連崖墓一并交易,"曾家將墓地右部的崖墓賣給姚家去了"。①《重慶漢代碑刻輯考》從碑刻闕字導致文意不明,認爲《楊量買山刻石》不能成爲證明三峽地區早就有家族墓葬地的有力證據。②但不能否定的是,本通刻石是楊氏人物的一則買山地用于墓葬的碑刻。

【校釋】

[1]地節二年句:"茚",即"節"的異體字。"月"前一字泐,《十二硯齋金石過眼錄》《增補校碑隨筆》均作"正",《石經閣金石跋文》作"八",《碑帖收藏與研究》在考證前人成果基礎上認爲應是作"十"字③。今從"十"字說。

[2]揚量:"揚"與"楊"通用。《漢書·揚雄傳》稱其先出自有周伯僑者,以支庶食采於晉之揚,因氏焉。《左傳》作"楊"。量,圖版作▨,當是"量"字的異體。《石經閣金石跋文》作"董",謂"楊董當是二姓,合買一山作義冢也",恐非。羅振玉謂"漢有巴郡,無巴州",故斷爲僞刻。但文字渾樸蒼勁,屬西漢隸法,當爲西漢故物。"買",《石經閣金石跋文》作"置",不取。

[3]直:通"值",價值。

[4]作業句:"業",《石經閣金石跋文》作"叢",誤。"業"下一字,吳重光釋爲"守";《八瓊室金石補正》(以下簡稱《八瓊室》)"審之,不似也";又《四川碑刻》作"冢";今從《碑帖收藏與研究》,取"守"字,言將所購土地作爲永久的事業永遠相守。"保",《十二硯齋》卷一作"寶",非。

[5]毋替:《石經閣金石跋文》作"多福",非。"替",廢弃。《秦漢碑述》作"智",亦誤。

---

① 唐長壽:《樂山崖墓和彭山崖墓》,電子科技大學出版社,1994年,第24頁。
② 李偉鵬:《重慶漢代碑刻輯考》,《重慶書學》2010年第1期,第5—8頁。
③ 宗鳴安:《碑帖收藏與研究》,陝西人民美術出版社,2008年,第30頁。

索恩村崖墓題記　東漢延光元年(122)十一月十五日刻

綦江區。1987年出土於重慶市綦江縣(今綦江區)扶歡鄉索恩村。高75厘米,寬40厘米。隸書,4行,因殘缺,行字不等。

【釋文】

延光元年十一月十五日/,王子羊[1]蒼■/閔宗作石冢[2],/百姓明知也。

(圖文:《四川碑刻》第16頁)

【簡跋】

又名《延光元年題記》《王子羊墓石記》;因文字釋讀問題,又訛爲《王子年墓石記》。據《四川崖墓藝術》整理的"巴蜀區域有年號的東漢崖墓"①和《四川地區現存主要銘文石刻及其藝術特色》②記載,此崖墓爲重慶地區年代最早的崖墓。

【校釋】

[1]羊:圖版作 羊 ,同時期略晚十三年的《陽嘉四年題記》中"年"字圖版作 年 ,上部的區別特徵較明顯。

[2]石冢:《説文》:"冢,高墳也。"概因在高崖之中,故稱。

雷劈石崖墓題記　東漢陽嘉二年(133)刻

南川區。1987年文物普查時於南川縣太平鄉(今南川區太平鎮)沙河村發現。該地崖墓共13座,其中5號崖墓存有該題記,高95厘米,寬50厘米。隸書,4行,行2至3字不等。

---

① 范小平:《四川崖墓藝術》,巴蜀書社,2006年,第27頁。
② 謝凌:《四川地區現存主要銘文石刻及其藝術特色》,《四川文物》2000年第4期,第18—25頁。

【釋文】

陽嘉/二年/王阞/[1]作,直[2]/四萬。

(圖文:《四川碑刻》第17頁)

【簡跋】

又名《陽嘉二年崖墓題記》。《四川東漢崖墓題記研究》一書中收錄,并又收錄另一種相似拓本,題名爲《陽嘉三年崖墓題記》,未著明出土信息,但內容與本通崖墓高度相似,作"陽嘉/三年/南郡/王縣/王阞作/。"①特別是"阞"字完全相同。但從兩種拓本整體的文字藝術風格判斷,《陽嘉二年崖墓題記》更具有可靠性。

【校釋】

[1]王阞:"阞",《四川碑刻》釋作"師",且在前"釋文"部分出現連及衍文現象衍一"陽"字,注中則無。又《四川崖墓藝術》疑爲"沛"字。②三者對比,是"師"字異體更確,屬於异體構件訛混。

[2]直:《四川碑刻》誤釋爲"墓"。諦視圖版作 ，從字形上説不通;且字意上也與後文"四萬"違和。"作"後應斷句,《四川碑刻》未斷。

陽嘉四年題記　東漢陽嘉四年(135)三月刻

江北區。清光緒二十四年(1898)發現於巴縣(今江北區)龍王洞鄉崖墓内,後移置北京,石已毀,初拓本曾歸傅倫、柯昌泗、琉璃廠慶雲堂,現藏故宫博物院。隸書,3行,行4字。

【釋文】

陽嘉四年/三月造作/[1]延年石室[2]。

(圖文:《四川碑刻》第19頁)

---

①冷柏青:《四川東漢崖墓題記研究》,四川美術出版社,2017年,第70頁。
②范小平:《四川崖墓藝術》,巴蜀書社,2006年,第29頁。

【簡跋】

又名《延年石室題字》。

【校釋】

[1]造作：製造；製作。

[2]石室：利用岩洞造的墓室。《宋書·禮志二》："漢以後，天下送死奢靡，多作石室、石獸、碑銘等物。"此處指崖墓。

七孔子崖墓題記　東漢永和四年(139)二月刻

綦江區。1987年文物普查時發現於重慶市綦江縣福林鄉(今七孔子崖墓)2號墓後壁。高38厘米，寬14厘米。隸書，行字不清，殘存6字。

【釋文】

永和四年二月[1]■/

(圖文：《四川碑刻》第21頁)

【簡跋】

據《四川碑刻》注，綦江縣福林鄉七孔子有崖墓10座，其中2號崖墓後壁刻"永和四年二月"題記，6、7號崖墓門楣上刻人物、闕等圖案。其他應是無文字。綦江區是重慶發現東漢崖墓題記較多的地區，該區東溪鎮福林村、中峰鎮柏樹林村和鴛鴦村、扶歡鎮索恩村等地均有崖墓存在。如清道光六年(1826)《綦江縣志》卷九《古迹志》下記載："渝州遠近多七孔子，而綦似更多，恒於山巔，或河岸石壁上。每鑿必於石面寬廣處。其形方，其數七或九，深可六七尺，四旁可四五尺。洞口俱有石蓋，蓋均破落，亦間有完好者。去地甚高，須數十步長梯乃可上，人有窺之，內潔净乾燥，空無所有。"①崖墓名稱係與所鑿洞數相關，多以七孔為數。祇是現存有文字的不多見。

---

① [清]羅星纂，[清]楊銘等增刻：《綦江縣志》十二卷首一卷，道光六年刻，同治二年增刻本，載《中國地方志集成·重慶府縣志輯》第五輯，巴蜀書社，2017年，第497頁。

【校釋】

[1]二月:永和四年二月殘句後應是有題記人名的。

永壽四年題記　東漢永壽四年(158)六月十七日刻

沙坪壩區。1939年发現於重慶大學工學院前。隸書,2行,13字。

【釋文】

永壽四年[1]六月十七日/昭[2]作此冢。

(圖文:《四川碑刻》第24頁)

【簡跋】

此題記1939年發現於重慶大學工學院崖前。由任教于中央大學(時遷至陪都重慶)史學系的金毓黼、常任俠,發掘漢墓群時發現。《常任俠文集》記載:"中大史學系所掘漢代崖墓,在沙坪壩重慶大學之南,嘉陵江岸。此崖墓墓群,共計壙室有六,每室大小相若。墓門方三英尺,壙室內方七英尺。門皆三重,六墓由南而北,順序並列江岸。南起第一墓門外,上方舊有題識,隱見'熹平'二字,餘皆風化剝蝕,不能辨認。第四墓門外,上方有'永壽四年六月十七日□作此塚'題識13字,猶未殘毀。"①後有《益部漢隸集錄》雙鉤摹本將闕字隸定爲"昭"。②

【校釋】

[1]永壽四年:即延熹元年。《漢書·桓帝紀》:"永壽四年,六月戊寅改元延熹。"永壽四年(158)六月初一爲乙亥,戊寅爲初四,改元延熹。常任俠認爲:"推考崖墓之風習,或頗盛行於二世紀時,按158年爲漢桓延熹改元之歲。蓋至是年六月,川中仍用永壽紀年,沿而未改,猶之龜兹左將軍劉平國碑(一作劉平國開通道記)。在新疆作永壽四年八月甲戌朔十二日乙酉也。"③《劉

---

① 常任俠著;郭淑芬等編:《常任俠文集》,安徽教育出版社,2002年,第80頁。
② 鄧少琴:《益部漢隸集錄》,民國三十八年(1949)鉛印本。
③ 常任俠:《常任俠藝術考古論文選集》,文物出版社,1984年,第11頁。

平國刻石》早在清光緒五年(1879)發現於新疆拜城縣博扎克拉格溝口摩崖。二者互證因地域遠而至紀年沿用舊號之實。

[2]昭：暫據《四川碑刻》所釋。商承祚釋爲"胙"①。從圖版的字形判斷，與《漢開母廟石闕》作昭，《郭有道碑》作昭；《史晨前後碑》作，《漢開母廟石闕》作，均不太相同。備參。

延熹二年崖墓題記　東漢延熹二年(159)二月二十七日刻

江津區。1987年出土於江津縣沙河鄉水滸村(今重慶江津石坎東漢崖墓群)。隸書，1行，行12字。

【釋文】
延熹二年二月廿七日。謝王四/[1]。

(圖文：《四川碑刻》第26頁。)

【簡跋】
又名《謝王四題記》。1987年文物普查時發現5座崖墓，但有文字的崖墓共3座：1號崖墓門楣上綫刻建築及闕圖案，崖墓內左側綫刻馬形紋飾，右側題記即此條內容；2號崖墓爲中平四年(187)刻；3號崖墓延熹三年(160)刻，見後。較早著錄於《江津沙河發現東漢紀年崖墓》②。

【校釋】
[1]謝王四：應是崖墓石室的主人。

---

① 商志醰：《商承祚文集》，中山大學出版社，2004年，第136頁。
② 黄中幼，張榮華：《江津沙河發現東漢紀年崖墓》，《四川文物》1994年第4期，第65—66頁。

延熹三年崖墓題記　東漢延熹三年(160)八月二十四日刻

江津區。1987年文物普查時,同《謝王四題記》等另二種題記同時出土於江津沙河鄉水滸村長溝(今重慶江津石坎東漢崖墓群)。此爲第3號崖墓題記,隸書,2行,行4至6字不等。

【釋文】
延熹三年/八月廿日離安[1]。

(圖文:《四川碑刻》第26頁。)

【校釋】
[1]離安:"離",《四川碑刻》因闕字未釋,圖版字形作▨,與《武梁祠刻石》作▨,《曹全碑》作▨,字形完全相同。離安,史載不詳。離姓,《古今姓氏書辯證》卷三載:"離,出自古明目者離婁,亦曰離朱,黃帝時人。《風俗通》曰:漢有中庶子離常,後燕有離班。"①今爲罕見姓氏,但有分布規律,一般多在今河北蔚縣、山西忻州、四川成都、浙江上虞等地有分布。此通碑刻文獻可爲一證。

延熹五年崖墓題記　東漢延熹五年(162)十二月十九日刻

沙坪壩區。1939年商承祚於重慶大學工學院前的崖墓內,發現其與上文中的永壽四年(158)題記。隸書,2行,行4至6字不等。

---

①[宋]鄧名世撰;王力平點校:《古今姓氏書辯證》,江西人民出版社,2006年,第41頁。

【釋文】

延熹五年十二月十九日■。

(圖文:《商承祚全集》第136頁)

【簡跋】

《四川碑刻》未收,雙鈎圖版存十字,殘泐多少字尚不可知。根據前二種延熹題記,殘泐處應是有著録名諱。

延熹八年崖墓題記　東漢延熹八年(165)四月十二日刻

綦江區。1987年出土於綦江縣(今綦江區)中峰鄉柏樹林崖墓内。該題及四周刻有邊框,高55厘米,寬18厘米。隸書,2行,行20余字。

【釋文】

延熹八年四月十二日□□公□□□用廿八[1]大[2]■/■為子[3]□有獨自作,以十月十日□□□。

(圖文:《四川碑刻》第27頁)

【簡跋】

又名《柏樹林崖墓延熹題記》。2005年8月瀘州市博物館又在瀘州市龙馬潭區石洞鎮順江村發現一通《延熹八年崖墓題記》,分刻石棺兩側,因未見拓本,祇有原始照片,從文字看,其右側題記爲"延熹八年九月十五日"[①],與本通題記時間相當,且形制相似,也是一石分二列刻,有邊框紋飾。

---

① 鄒西丹:《瀘州市石洞鎮發現東漢"延熹八年"紀年畫像石棺》,《四川文物》2007年第6期,第100頁。

【校釋】

[1]廿八:《四川崖墓藝術》在引用時改爲"二十八"①,不妥。雖然文意相同,但引文最好如實照録。

[2]大:"大"字因碑版泐蝕嚴重,且漢隸書所占字符多有大小不一的現象,根據圖版判斷《四川碑刻》釋文中的闕字定量不準,故改用"■"代替。

[3]爲子:"爲子"後《四川碑刻》闕二字,諦視第二字圖版尚清晰作 ▦ ,疑爲"有"字。

柳敏墓碑　東漢建寧二年(169)七月二十四日立

(漢)趙臺立

黔江區。碑石原在黔江縣官廨(今重慶市黔江區)。碑廣寬約38厘米,高度不明,圭首,無額題,額刻朱雀,座刻玄武。碑陰刻六玉圖。隸書,14行,行26字。

【釋文】

故孝廉柳君[1],諱敏,字愚卿。其先蓋五行星仲廿八舍,柳宿之精也。放/像為用,縣設為道。□商家而禪,□□□而主。或聞生柳惠國大夫[2],而/溎俗稱焉。君父[3]以孝廉除郎中、□部府丞。君追[4]祖繼體,歷職五官功/曹守、宕渠令。本初元年,太守蜀郡□君,復察舉君,□命失年[5]。

君清節/儉約,厲風子孫。固窮守陋,不□□□。堂無文麗,墓無碑識。建寧元年[6],/縣長同歲犍為屬國趙臺公,憤然念素帛之義,其二年七月甲子[7],為/君立碑,傳于萬基。因勒銘歎之。厥辭曰[8]:/

惟斯柳君,天懫鯉□。髚祖□風,行無遺闕。授政股肱,諫爭匡弼。奮威/外梱,屬城震栗。宰守伯煩,垂名所立。表貢王庭,望極爵位。何辛穹倉,/官寵不遂。予惟三六,庶昔延季。建豎斯碑,傳于萬古。子孫繁昌,永不/潯滅。

---

①范小平編著:《四川崖墓藝術》,巴蜀書社,2006年,第29頁。

11

嗚呼懷哉,嗚呼懷哉!乳曰[9]:/

山陵玄室,□斯邦兮。先人惰質,尚約清兮。汶飭不雕,㘨霢臧兮。季子/信舊,帶挂松兮。僑俗追歿,激□揚兮。亡而像存,樂嘉㙫兮。宗子于集,/嗋其鳴兮。四祀烝嘗,不廢充兮。/

(圖文:《漢魏六朝碑刻校注》第1冊,第300—301頁)

【簡跋】

此碑最早著錄於《金石錄》卷十六跋尾中,僅記載柳姓淵源,并指出其説怪誕。《隸釋》卷八與《隸續》卷五從文字到碑圖均完整收錄。《善本碑帖錄》記載:"碑原在四川忠州,宋有著錄,後評爲僞造。見拓本爲淡墨細石花,隸書體不古,祇可作參考。"①其爲僞刻的出處不詳,原因不明。但後續研究表明其非僞刻。《增補校碑隨筆·夏承碑》中説夏承碑與柳敏碑諸多"皆無真本"②,是指後世所得拓本爲僞,非石刻爲僞刻。

且其形制獨特,圭首,無穿,裝飾甚爲考究。據《隸續·碑圖》記載:"右柳敏碑,十四行,行二十六字。凡碑廣一尺則此爲一寸,其崇亦如之。朱時爲首,龜蛇爲趺。"又説:"右柳敏碑陰,其上刻一禽若鳳,其下則麟也,中有牛首衘環,兩旁凡六玉:其右則瑁、圭、璧;其左則琮、璋、璜。"③"一尺"後衍"則此爲"三字。碑圖清晰可見,如同碑石原貌。

立碑人趙臺,見於墓誌文中,籍貫爲"犍爲屬國"(今四川省樂山市犍爲縣)。據2000年6月出土於四川省蘆山縣江城遺址的《趙儀碑》碑陰,隸書記載碑主"漢故屬國都尉犍爲屬[國]趙君,諱儀,字臺。公在官[清]亮,吏民謨念,爲立碑/頌。遭謝酉、張除反,[爰]傳碑在泥塗。建安十三[年]十一月廿日癸酉,試守/漢嘉長屬郡臨邛[張]河字起南,將主薄文堅、[主]記史邯伍、功曹向闓/、掾史許和、楊便、中部□度邑郭掾、盧餘、王貴[等],以家錢雇飯石工劉/盛復立,以示後賢/"。此碑出土時已被鑿成三塊,作爲城牆的建築石料。現藏雅安市博物館。從內容看,是後人因懷念趙儀功績捐資鐫刻。據記載,碑陽字迹漫漶,不易辨認,但明顯經過多次重刻,內容均與趙儀有關。碑陰因緊貼城牆夯土保存相當完好。據碑石及拓本圖版所見,方正古拙的隸書有如新刻

---

① 張彦生:《善本碑帖錄》,中華書局,1984年,第39頁。
② [清]方若著,王壯弘增補:《增補校碑隨筆》,上海書店出版社,2011年,第63頁。
③ [宋]洪适:《隸釋·隸續》,中華書局,2012年,第319—320頁。

一般,惜因斷裂爲三石,中間有殘損兩行字,但也能補讀大概。碑陽上最後一次刻有字徑約高12厘米,寬15厘米的"蜀郡屬國"四個大字,與《柳敏碑》中"趙臺"的籍貫相同;且《柳敏碑》的撰文時間"建寧二年(169)"與《趙儀碑》的刻立時間"建安十三年(208)"在撰寫年代上正好前後承接。由此二通碑刻可以繫聯確定,《柳敏墓碑》的立碑人與《趙儀碑》的碑主正好是同一人。

并且《趙儀碑》的石工"劉盛",也與同在蘆山出土的東漢建安十年(205)三月刻《樊敏碑》末行落款"建安十年石工劉盛、息悃書"的石工爲同一人。《樊敏碑》篆額陰文題"漢故領校巴郡太守樊府君碑",表明其是巴郡的父母官。三通碑刻相互繫聯後,將東漢時人物的關係呈現眼前。

而題署人見於墓誌文中而非首題之下,反映出東漢時期關於撰書人的題署方式尚未定型,位置有較大的隨意性。實際上,至唐代才逐漸約定俗成,將題署人署於首題之下。柯昌泗在《語石異同評》總結道:"石刻題撰書人名,漢晋六朝初無定式。或在文中,柳敏碑是也。或在文末,武班碑是也。或在夾注中,衡方碑是也。或在碑陰,西狹頌是也。或在碑側,北齊西門豹祠是也。或另刻於下方,劉平國造烏壘城記是也。至唐,始以分列標題之下,爲通行之式,以至近代。其有不用此式者,則爲异制。"[1]

關於題署的意義,《石刻文獻題署風氣的起源及完型》一文認爲:"這些題署中留下了題署者的姓名、郡望、官職等信息,有助於考察題署者的行實,糾正史傳記載的訛誤。"[2]這也是本書專門將據有墓葬碑刻涉及的題署者,如撰人、書丹人、篆額人、行狀人、刻工等,除立石人是墓主子嗣外,均單列於簡跋中梳理的意義所在。作爲本書收錄的第一位題署人,趙臺在立柳敏碑時爲"縣長",即一縣的行政長官。秦漢時人口萬户以上的稱"縣令",萬户以下的稱"縣長"。又稱與墓主柳敏"同歲",即漢時同一年被薦舉爲孝廉的人。但從文中記載,知立碑時間晚於墓主柳敏的卒年七十年。

【校釋】

[1]柳君句:柳敏,字愚卿。史傳不載。祖先源自柳宿成精,説法怪誕不經。"五行星仲廿八舍"的"仲"字,通"中"。《隸釋》洪跋:"碑云,敏之先乃二十八舍柳宿之精,頗類張姓連天之説,不典孰甚焉。碑以'星仲'爲'星中'。"《金

---

[1] [清]葉昌熾撰,柯昌泗評,陳公柔、張明善點校:《語石 語石異同評》,中華書局,1994年,第421頁。
[2] 孟國棟:《石刻文獻題署風氣的起源及完型》,載《華中國學·2016年秋之卷》,華中科技大學出版社,2017年,第32頁。

石文字記》"華山廟碑"條注"仲宗之世重使"云:"孝宣本號中宗,而此碑乃作仲宗。"蓋漢代"中""仲"互通常有。

關於姓氏源流,《金石録》跋:"碑云,君諱敏,其先蓋五行星仲,二十八舍柳宿之精也。其説亦可謂怪矣。自戰國以來,聖人不作,諸子百家、異端怪說紛然而起,其弊至東漢而極焉。自非豪傑之士,卓然不爲流俗所移,未有不從而惑者也。若此碑以柳君得姓出于柳宿,果何所據哉?""二十八舍",名出《史記·律書》,即二十八宿。《中國方術辭典》釋爲南宮朱雀七宿的第三宿。[1]此姓氏與星宿祗是依托關係,無實質聯繫。

[2]柳惠國大夫句:即柳下惠,約爲春秋時人。《論語·微子》記載柳下惠正道直行。《畫像孔子等題字》第二層第一段有榜題"柳惠"二字,畫像爲:一婦人仰卧於地,一人跪而撫之。背後一橫木,上挂衣裘,左旁一樹,上栖一鳥,右旁綴一獸。《漢碑集釋》引皮錫瑞《漢碑引經考》:"今據此畫象所刻,與高、郭二注正合。大木即柳下,木下救人,即柳下行惠也。蓋漢人相傳古義,有説柳下惠爲柳下行惠者。高、郭二注本於漢人,不得疑其無稽也。此云'柳惠',省'下'字者,《孝廉柳敏碑》云,'柳惠國大夫',亦省'下'字,蓋漢人稱謂如此。"考證結論爲謂此圖即覆寒女之事,"省稱'柳惠'後亦有之",如三國正始太康時有一首《幽憤詩》,中有"昔慚柳惠,今愧孫登"[2]。

"㳅",即"流"字的异體字。

[3]君父句:柳敏父未載名諱,歷官是以孝廉除郎中,任"□部府丞",因闕字不明。"孝廉"是漢武帝時設立的察舉制常科中最主要的科目,因孝順父母、辦事廉正而被舉薦所得。柳氏父子二人均舉薦爲孝廉,可見其孝順正直爲家傳之實。

[4]君追二句:柳敏歷職,五官功曹守、宕渠令。"曺",即"曹"字的异體。本初元年(146)"太守蜀郡□君"再次"舉薦"柳敏時,恰遇不幸。漢代選拔官吏的制度爲"察舉制",由官吏薦舉,經過考核,任以官職。

[5]失年:"失","失"字的异體。失年,猶言喪命。《四川碑刻》釋作"共年",

---

①古健青、張桂光等編:《中國方術辭典》,中山大學出版社,1991年,第254頁。
②高文:《漢碑集釋》,河南大學出版社,1997年,第137—138頁。

非。此句謂柳敏年壽不長,本初元年(146)即不幸去世。《隸釋》:"右孝廉柳君碑,今在蜀中。柳君名敏,歷五官功曹、宕渠令。碑以孝廉稱之。重其行也。其父亦因孝廉除郎中。碑字雖有漫滅,考其文意,蓋柳君以本初元年再爲郡守所舉,不幸而死。"

[6]建寧元年句:建寧元年(168)有縣長同歲犍爲屬國的趙臺,"憤然念素帛之義",在第二年(169)爲柳敏立碑。漢代爲同歲服喪、立碑行現象常見。《敦煌長史武斑碑》:"以永嘉元年□月□日,遭疾不□。哀哉!於是,金鄉長、河間高陽史史恢等,追維昔日同歲郎署……故□石銘碑,以旌德焉。"趙臺爲柳敏的"同歲孝廉",即同年察舉而形成的社會關係。"素帛之義",據《北堂書抄》所徵引的《傅子》:"漢武令郡國舉孝廉,末世合素帛,乃有釋親而恤同歲,云同登之歲記於素帛,垂之後胤,取諸此意也。"① 由"同登之歲記於素帛"一句可知,當時的"同歲"還要"合素帛",類似於後世"同年錄"。但建寧元年(168)距柳敏卒年本初元年(146)已過23年,此時趙臺才立碑,二人應是非同時被察舉,而是因同有補察舉的經歷而稱"同年"。

[7]二年七月甲子句:實際立碑的年月存在釋讀歧義。"月"前一字《金石錄》釋爲"六",《隸釋》釋爲"十"。但"六月""十月"均無"甲子"。《寶刻叢編》卷十九引《集古後錄》跋語:"孝廉柳敏碑,今在黔州。《隸釋》云……後二十三年縣令趙臺念其墓無碑識,故爲立石。時靈帝建寧二年也。余考之不然,其以孝廉除郎中者敏之父也;歷五官功曹、宕渠令者,敏也。其言建寧元年,趙臺念素白之義;其二年十月甲子,爲君立碑者,建寧三年也。按:范曄《漢記》'建寧二年十月庚子晦日有食之。'逆數而上,十月無甲子。趙德夫《金石錄》識于目錄之下,云'建寧二年六月'。然此碑其稍漫不可識者則十有四字,其可識者三百十字,而'十月甲子'又特全好,無昏舛,可信而不疑。況是年六月一日辛未,亦無甲子,惟建寧三年十月乃正得甲子朔。碑所謂其二年者,元年之後二年也。"② 又出現"建寧三年"一說。據《漢魏六朝碑刻校注》今釋爲"七"字,建寧二年(169)七月辛丑朔,甲子爲二十四日,刻碑立石之年月則爲

---

① [唐]虞世南輯:《北堂書抄》,清文淵閣四庫全書本。
② [宋]陳思纂次:《寶刻叢編》,商務印書館,民國二十六年鉛印本,第452頁。

七月二十四日。字形上"七"與"十"形似,也存在誤刻的可能性。

"基",通"朞"。萬朞,即萬年。《隸釋》洪跋:"'萬基'爲'萬朞'"。

[8] 厥辭句:憤,"賁"的加形異體字。"鯁"下一字泐,僅存右上角,《隸釋》已闕。據文意似應是"直"字,與"闕、弼、栗、立"等相押。

"龒",是"襲"的簡筆俗字,承襲,爲常語。《四川碑刻》釋文作"龍",誤。

"奮",即"奮"字,與"舊"字形相近易混。《四川碑刻》釋文作"舊","舊威"不辭,誤。"梱"通"閫"。外閫,朝廷之外。此句謂在外做地方官。

"延季",是延陵季子的省縮。這里用春秋時期吳延陵季子挂劍徐君墓的典故,以表示對柳敏的哀悼。《四川碑刻》釋文作"延年",義無所取,誤。下文"季子信舊,帶樹松兮",與此互相關照,意義甚明。

"㵙",《隸釋》中洪适校釋作"漫"的異體字。

[9] 亂曰句:悑,即"哀"的加形專字,後世未通行。

"乿",即"亂"字。《隸釋》讀作"辭",《四川碑刻》取之,均大誤。漢碑書例中,有"辭""亂"同篇之一體,均韵文,如《景君碑》。"亂",有的碑作"序",如《石門頌》,"序"與"亂"功用相同,是對全文的總結,乃《離騷》體之遺制。

"俢",即"脩"字,通"修"。修質,美好的品質。

"汶",通"文"。汶飾,即"文飾"。

"㝎",即"處"的俗字。陜處,僻居。

"靇","靈"的簡筆俗字。

"啫",同"喈"。

"宂",《隸釋》作"荒"的異體。廢荒,即荒廢。

景雲碑　東漢熹平二年(173)二月上旬刻

(漢)雍陟刊

雲陽縣。2004年3月於重慶市雲陽縣舊縣坪漢晉朐忍縣故城遺址出土,石現藏重慶中國三峽博物館。碑高182厘米,寬81厘米。四周鐫刻對稱花紋圖案。

額作細綫暈首,無題銘,左朱雀,右玉兔,中鐫婦人掩門圖。碑側浮雕青龍、白虎,製作精美。碑斷爲兩截,斷處文字損壞十一字,餘完好如新,甚可寶貴。隸書,13行,行約30字。

【釋文】

漢巴郡朐忍令廣漢[1]景雲гм于以永元十五手[2]季夏仲旬己亥卒。

君帝高陽之/苗裔,封兹楚熊[3]氏以國别。高祖龍興,婁敬畫計,遷諸關東豪族英傑,都于咸陽[4],/攘竟蕃蔽[5]。大業既定,鎮安海内。先人伯沇[6],匪志慷慨[7]。術禹石紐[8],汶川之會[9]。幛屋/甲帳[10],龜車笛遷[11]。家于梓潼[12],九族布列[13]。裳緓相龍[14],名右冠蓋。君其始仕,天憤明据[15],/典牧二城[16],朱紫有別。彊不淩弱[17],威不猛害。政化如神,烝民乃厲[18]。州郡立表,當亭/荷艾[19]。

大命顛霣,中手徂殁。如喪考妣,三載泣怛,退勿八音[20],百姓汧淚。魂靈既載,/麋夫惻結。行路撫涕,織婦暗咽。吏民懷慕,户有祠祭。烟火相望,四時不絶。深堅/曠澤[21],哀聲切切。追歌遺風,嘆績億世。刻石紀號,永永不滅。烏呼哀哉!烏呼哀哉!/

讚曰:皇靈[22]炳戲,郢令名矣。作民父母,化洽平矣。百工維時,品汧刑矣。善勸惡懼,/物咸寧矣。三考[23]絀敕,陟幽明矣。振華孤實[24],賜遐聲矣。/

重曰:皇靈禀氣,卓有純兮。惟汶降神,梃斯君兮。未升卿尹,中失手兮。汧名後載,/久而榮兮。勒銘金石,表績勳兮。冀勉來嗣,示後昆兮。/

熹平二手仲春上旬朐忍令梓潼雍君諱陟字伯哸[25]為景君刊斯銘兮。/

(圖文:《漢魏六朝碑刻校注》第1册,第344—346頁)

【簡跋】

又名《巴郡朐忍令景雲碑》。被譽爲"西南第一碑"①。

---

①叢文俊:《藝術與學術 叢文俊書法研究題跋文集》,人民美術出版社,2015年,第244頁。

最早在2005年5月《新發現漢巴郡朐忍令景雲碑考》一文①中公布圖版與研究,引起學界積極響應,後有多名專家學者對其出土遺址、文字史料等進行研究。如《讀三峽新出東漢景雲碑》(魏啓鵬,2006)分段進行文本釋讀與解讀②、《漢巴郡朐忍令景雲碑考釋》(程地宇,2006)逐條做了文本解讀③、《新出漢景雲碑及相關問題》(袁延勝,2007)④亦分段逐條解讀、《漢朐忍令景雲碑考釋補遺》(孫華,2008)對已有成果有釋讀有疑問的進行逐條補釋⑤、《從景雲碑看景氏起源及漢代以前的遷徙》⑥(李喬,2009)就其姓氏起源與遷徙考證、《漢巴郡朐忍故城遺址與"景雲碑"》(任桂園,2015)重點在史地考證⑦、《東漢景雲碑的圖像形式與視覺觀念》(王磊,2015)⑧對碑刻本身的圖像藝術進行探索。還有《羌族石刻文獻集成》(曾曉梅,2017)⑨等相對而言準確性較高的成果。其中,出土時間有誤爲2003年者。如《從東漢景雲碑看巴蜀古史新證》(李德書,2016)⑩引用時均誤,而且文字引用魏啓鵬釋文時也存在一些錯誤。

刊刻人雍陟,史傳不載,熹平二年任朐忍令。《華陽國志·漢中志》載梓潼縣有"四姓:文、景、雍、鄧者也。"碑主景雲與雍陟均是當地大家族之一。

朐忍縣,漢屬巴郡。《漢書·地理志》載:"朐忍,容毋水所出,南有橘官、鹽官。"師古注:朐,音劬。《晋書·地理志》用字不同,作"巴東郡有朐䏰縣。"《後漢書·吳漢傳》用字同《晋書》,注引《十三州志》述其得名之由"其地下濕多朐䏰蟲,因以名縣。"《説文新附》釋:"朐䏰,蟲名,漢中有朐䏰縣,地下多此蟲,因以爲名。"從邏輯上看循環互證,無法明確其來源。《秦漢碑述》綜合各家之説,得出朐䏰蟲實爲蚯蚓舊名,且朐䏰二字爲"朐忍"之訛。⑪從字發展角度看,"䏰"爲"忍"的異體類化字,因受前一字"朐"類化加偏旁而致。任乃强質疑舊説提出的新解,認爲"朐忍"即齊語中的溪水中的涌起的鹽泉之貌。此解釋與當時的巴蜀鹽業發達之實相符。因爲在先秦時代,歸屬巴郡朐忍縣地的今重

---

① 叢文俊:《新發現漢巴郡朐忍令景雲碑考》,《中國書法》2005年第5期,第27—34頁。
② 魏啓鵬:《讀三峽新出東漢景雲碑》,《四川文物》2006年第2期,第64—67頁。
③ 程地宇:《漢巴郡朐忍令景雲碑》考釋,《三峽大學學報》(人文社會科學版)2006年第5期,第5—15頁。
④ 袁延勝:《新出漢景雲碑及相關問題》,《中原文物》2007年第3期,第58—63頁。
⑤ 孫華:《漢朐忍令景雲碑考釋補遺》,《中國歷史文物》2008年第4期,第49—57頁。
⑥ 李喬:《從景雲碑看景氏起源及漢代以前的遷徙》,《中原文物》2009年第4期,第55—61頁。
⑦ 任桂園:《漢巴郡朐忍故城遺址與景雲碑》,《鹽業史研究》2015年第1期,第64—71頁。
⑧ 王磊:《東漢景雲碑的圖像形式與視覺觀念》,《榮寶齋》2015年第1期,第166—173頁。
⑨ 曾曉梅,吳明冉集解:《羌族石刻文獻集成》第1册,巴蜀書社,2017年,第70頁。
⑩ 李德書:《從東漢景雲碑看巴蜀古史新證》,載《全國第一二届禹羌文化學術研討會論文集》,2016年,第68—70頁。
⑪ 袁維春:《秦漢碑述》,北京工藝美術出版社,1990年,第538頁。

慶雲陽雲安場、開縣温湯峽谷以及萬州長灘等地均有鹽泉從溪中或溪側水畔滲涌不絕。任乃强認爲的因特産而得名的闡釋更較爲可信。①故城遺址,即雲陽舊縣坪遺址,位於重慶市雲陽縣以西約十五公里的雙江鎮建民村。正如1994—2005年持續考古發掘詳細考訂的結論,至少在東周晚期縣城就已經成形,發展出兩漢、六朝、宋元四個時期的文化堆積,其中兩漢六朝是最豐富的。它是三峽庫區迄今爲止唯一完整揭露的漢晋時期地方城址。②其中必須指出的是,漢巴郡朐忍縣絶不可能等同於今重慶雲陽縣。其時所轄地域甚寬,相當於今重慶雲陽、開縣、萬州及梁平,還有湖北利川等部分縣地。朐忍縣,作爲這一帶的政治、經濟、軍事、文化中心,人丁之多,繁榮之盛,綿延歷代。《舊唐書·地理志》載:"雲安,漢朐忍縣,屬巴郡。故城曰萬户城,縣西三十里。有鹽官。"據東漢中平二年(185)《曹全碑》記載:"君高祖父敏,舉孝廉,武威長史、巴郡朐忍令、張掖居延都尉。曾祖父述,孝廉,謁者、金城長史、夏陽令、蜀郡西部都尉。"説明在景云任朐忍縣令前,曾有曹全高祖曹敏任職于此地。

【校釋】

[1]廣漢景雲㭊于:"廣漢",即廣漢郡,漢初分蜀郡、巴郡置。郡治在梓潼縣。東漢移治雒縣。三國以後屢有析置。隋初廢。"景雲"爲姓與名,"㭊",即"叔"字的異體。"叔于"或爲字。《元和姓纂·梗》:"景,芈姓,楚公族也。漢初徙山東豪族於關中,今好畤、華陰諸景是也。"李喬探討了景氏起源,認爲無論是魏啓鵬據"氏以國别"的以地爲氏論,還是程地宇的否定以國爲氏,都没有清楚説明景氏得姓始祖;而他從傳世文獻與出土文獻"秦王鐘"來看,景雲之先出自芈姓,系以謚爲氏,爲楚景平王(謚號競坪,與"景平"通假)之後,先秦時期西遷入關中,西漢時期由關中南遷入蜀。

[2]秊:即"年"的異體。圖版作秊,較其他異體在省筆上有不同,與下一"季"字略相似。"季夏",夏季的最後一個月,即農曆六月。《禮記·月令》:"季夏之月,日在柳,昏火中,旦奎中。""仲",中間、居中。"己亥",核檢爲六月初五日。墓主景雲在東漢和帝永元十五年(103)六月初五卒,非中旬而卒,"仲旬"或非實指。繫聯最後落款時間熹平二年(173)刊刻石碑,已過去七十年。

---

① 四川大學考古專業編:《四川大學考古專業創建三十五周年紀念文集》,四川大學出版社,1998年,第423—424頁。
② 向渠奎:《三峽地區歷史時期考古發現與研究》,重慶出版社,2015年,第10—15頁。

[3]楚熊氏："楚"，即"楚"字。此處斷句有兩種：一是斷於"氏"後——"封兹楚熊氏，以國别"（叢文俊）；一是斷於"氏"前——"氏以國别"（其他多從此説）。從四字一句的體例看，以"氏以國别"爲準更佳。但此説法被李喬認爲只是一個概略性説法，更準確的是屬"以謚爲氏，爲楚景平王之後"。

[4]都于咸陽句：據《漢書·高帝紀》載，高祖六年"戍卒婁敬求見，説上曰：'陛下取天下與周異，而都雒陽，不便，不如入關據秦之固。'"九年"十一月，徙齊楚大族昭氏、屈氏、景氏、懷氏、田氏五姓關中，與利田宅。"《漢書·地理志》載："漢興，立都長安，徙齊諸田，楚昭、屈、景及諸功臣家於長陵。"

[5]攘竟蕃衞："竟"，通"境"。蕃，通"藩"。衞，"衞"的類化加"艹"的異體字。藩衞，屏藩保衞。

[6]伯沇："沇"，即"況"的異體。因爲構件口與厶混用不别。有釋爲況字（叢文俊、孫華），又有讀爲"杼"者（魏啟鵬），又有直接誤引爲"杼"者（李德書）。魏啟鵬認爲伯杼爲夏人的先王。在夏代歷史上從太康到夏桀諸帝，祇有帝杼（史籍亦稱爲伯杼、後予、帝寧，見《今本竹書紀年》、《帝王世紀》輯本、《路史》）一人被後世公認是遵循了大禹治國之道的君主，受到尊重和祭祀。

[7]匪志慷慨：叢文俊解釋"匪"，假借爲"斐"。《詩·衞風·淇奧》："有匪君子。"《禮記·大學》引作"斐"。魏啟鵬認爲"匪讀爲彼"，引《廣雅·釋言》曰："匪，彼也。"王念孫疏證："《詩》中匪字，多有作彼字用者。"袁延勝認爲"匪志"可能是"匪躬之志"的意思。"匪躬"，指爲盡忠而奮不顧身。"慷慨"，指意氣風發、情緒激昂之意。袁的説法更合理一些。"匪志慷慨"表現出了景伯沇作爲景雲先祖，回應政府的移民行動號召，從關中再次遷徙到邊遠的蜀地梓潼，是慷慨響應地參與其中，而非個人行爲。

[8]術禹石紐："術"，通"述"，《説文通訓定聲·履》："術，叚借爲述。"程地宇釋爲通述、傳述。述聖宣揚大禹生石紐之聖迹。魏啟鵬釋爲遵循、依照之意；李喬釋爲追尋之意。孫華認爲還是追尋之意更切合；追尋著大禹的足迹，由關中遷徙來到巴蜀。"石紐"，原屬汶川郡。相傳大禹出生於石紐。《史記·夏本紀》正義引《蜀王本紀》："禹本汶山郡廣柔縣人也，生於石紐。"《華陽國志·蜀志》："石紐，古汶山郡也。崇伯得有莘氏女，治水行天下，而生禹於石紐刳

20

兒坪。"《中國地名大詞典》注解在今四川省北川縣北石紐山下有石紐村①。《大禹志》中附錄部分據《景雲碑》指出,景雲縣令先人景伯允編史修志,早在古代就證實了"禹生石紐",確實是在四川省阿壩州汶川縣綿虒鎮高店村石紐山的事實。②

[9]汶川之會:魏啓鵬解釋爲"召集宗族各支盟會和盟誓",程地宇解釋爲"在汶川舉行的祭祀大禹的民族盛會",二者曲解過多。孫華照字面直接解釋爲"汶江諸水的匯合處",這一新説也較貼切,指追尋大禹足迹來到汶水諸水匯合之地。

[10]幃屋甲帳:"幃屋",通"帷幄",指帷幔、帳幕。《鹽鐵論·散不足》載:"今富者黼綉幃幄,塗屏錯趺。""甲帳"的"帳",圖版作"帳"。魏啓鵬釋爲异體"帳","甲帳"指奉神靈之所。對比"幃"字圖版"幃",右邊構件確實不同,應是碑版誤刻异體字。"甲帳",原名"甲乙帳",最早是由漢武帝所造的帳幕。飾琉璃珠、夜光珠等珍寶者爲甲帳,以居神;其次爲乙帳,以自居。見《漢書·西域傳贊》。但本文應是泛指一般的帳幕,屬於墓誌用詞華麗的誇張手法,形容當時移民人數之多,應與奉神靈無關。

[11]龜車留遷:叢文俊認爲,"龜""車"分爲二詞,古代官印以龜爲紐,因以龜指代官印。"留遷"指往來。孫華補釋指出袁延勝録作"隨車"有誤。魏啓鵬讀"留"爲"流"、釋"遷"爲"往"的解釋不如"停止前往"爲宜。但魏啓鵬引《周禮·春官·司常》所掌九旗之一的"龜蛇爲旐",證龜車爲"君王出行隊伍中懸龜蛇之旗的車騎",與程所釋作道書中的東北方道君所乘的插有繪有靈龜旗幟的"飛龜車"相似,且較符合當時文化背景。龜車,又名衣車,車蓋形似龜鱉的背甲,故又稱"鱉甲",是古代一種馬車的別稱。《禮記·曲禮正義》引何胤《禮記隱義》説:"衣車如鱉而長也。"因其周圍有墻、上罩弧形蓋,比較舒適,方便婦孺老幼乘坐。且有陝西臨潼秦始皇陵出土的兩輛銅馬車實物爲證,其中一輛就是車頂形如龜鱉背殼的馬車。此種以出土文物爲旁證的新解,可備一説。但魏啓鵬認爲"景雲的祖先在遷徙過程中,居住的是帳篷一類臨時房屋,因乘龜車的婦孺或老者希望停留,所以就不再繼續前行,在梓潼難

---

① 段木干主編:《中外地名大辭典》,人文出版社,1981年,第998頁。
② 祝世德原著,羅曉琳校注:《大禹志》,巴蜀書社,2012年,第143頁。

安了家"的説法證據不足。前文説到其係政府組織的移民行爲,非個人行爲,其安家地應是有計劃的。所以,"龜車"應是將帥之車,非普通人所乘。景氏家族因命令而定居梓潼,可能更符合當時實情。

[12]梓潼:古蜀國領地,秦時屬蜀郡,西漢元鼎元年(前116)置縣,屬廣漢郡。東漢建安二十二年(217)分廣漢郡置梓潼郡,治梓潼。故前文稱墓主景云爲廣漢人。

[13]九族:"九",《中國書法》因形似誤釋爲"六",程地宇同,均誤。其他釋文均作"九"。説明景氏家族之規模。

[14]裳絻相龍:"絻",通"冕",古禮冠《史記·禮書》:"郊之麻絻。"張守節正義:"絻音免,亦作'冕'"。裳冕,借指官吏、仕宦。龍,即"襲"的异體,圖版作𢅯,字形較少見。

[15]天憤明拮:形容景雲天性的用詞。"憤",爲"資"的加形專字。"拮",即"哲",魏啓鵬誤作"括"。又程地宇誤"天"爲"于"。

[16]典牧二城:《後漢書·郡國志》卷三十三"巴郡朐忍"注:"《巴漢志》曰'山有大小石城勢者'。"《華陽國志·巴志》卷一所載"朐忍縣……山有大小石城勢"説法同。叢文認爲以《巴漢志》所述山有大小石城,"二城,指先後任職於兩個縣",或言其初仕即任職於朐忍。程地宇認爲是,二城指其曾主治兩個城,一爲任職於朐忍,另一城無考。孫華認爲,景雲爲官經歷可能是先任小縣之長而後任大縣之令,儘管都是一城一地的小官,但也是一種升遷,故采用印綬顔色以區别官職。任桂園認爲,二城所指應是朐忍縣城和當時的雲安鹽場所在地。但需要指出朐忍縣城和當時的雲安還是有四十餘里距離的。本處應是用《巴漢志》所記載的"山有大小石城勢者"的"二城"借代朐忍一縣,文意上即與前文所述"始仕",及後文記載的在朐忍創立的政績相符。若真是任職兩個地方,應會在其首句職官記載和末尾的贊中有體現。

[17]淩弱:"淩",即"凌"的异體,圖版作𣲘。

[18]厲:振作,振奮。謂社會大治,民心振奮。

[19]當亨苻艾:"亨",實爲"享"的古字。祭祀;饗獻。"苻",雖然有時通"符"字,但此處非。"苻",本指一種莖似葛的蔓草。見《爾雅·釋草》。"艾",又名艾蒿,多年生草本。還引申指年長。《荀子·致士》:"耆艾而信,可以爲師。"楊倞

22

注:"五十曰艾,六十曰耆。""苻艾"同義連用,引申爲生命長久之意。從碑志行文上當享長久的年日來看,更講得通。程地宇誤釋"苻"爲符信、符節;釋"艾"爲印綬,稱指代"應該提拔升官,委以重任",不妥。

[20]追勿八音:"追",即"遏"的異體,圖版作迫,與後文的"追歌遺風"中"追"字的圖版追因隸書而微別。《尚書·舜典》:"三載,四海遏密八音。"孔傳:"遏,絶。密,静也。"

[21]深墅:"墅",即"墅",同"野"。指郊野外的墳墓。程地宇釋爲深山荒野,不妥。

[22]皇靈句:"䃺",即"璧"字。"炳",光明;明亮。《易·革》:"大人虎變,其文炳也。"孔穎達疏:"'其文炳'者,義取文章炳著也。""郢",通"盈"。"炳璧"與"郢令名"同意,指其英靈充滿墓壁,燭照美名。

[23]三考句:指經三次考核決定升降賞罰的官吏考績之制。《尚書·舜典》:"三載考績,三考,黜陟幽明。"孔穎達疏:"言帝命群官之後,經三載,乃考其功績;經三考則九載,黜陟幽明,明者升之,闇者退之。""絀",通"黜"。

[24]振華殹實:"殹",即"處"的異體,圖版作殹。"處實",猶務實。語本《老子》:"前識者,道之華,而愚之始。是以大丈夫處其厚不居其薄,處其實不居其華。"

[25]䀏:即"曼"字的異體,圖版作䀏,與《曹全碑》中的圖版䀏字形相同。

熹平二年崖墓題記　東漢熹平二年(173)十月八日刻

沙坪壩區。1939年金毓黼、常任俠二先生發現於重慶大學工學院前崖墓中,同時發現的還有《永壽四年題記》《延熹五年題記》兩種。隸書,1行,12字。

【釋文】

熹平二年十月十八日造此[冢][1]。

(圖文:《四川碑刻》第29頁)

【簡跋】

此題記祗有《益部漢隸集錄》雙鉤摹錄拓本,無原石圖版。著錄於《四川地區現存主要銘文石刻及其藝術特色》(《四川文物》2000年第4期)。

至此,三種重慶沙坪壩發現的漢代崖墓著錄完畢。《四川崖墓藝術·巴蜀區域有年號的東漢崖墓》一表記載此三種題記最初均發表於《金陵學報》上,但查證《中國考古學文獻目錄1900—1949》知并非如此。其中,商承祚《四川新津等地漢崖墓磚墓考略》,"1930"年5月發表於《金陵學報》"10/1—2:1—18";常任俠《重慶附近發現之漢代崖墓與石闕研究》,1940年5月發表於《說文月刊》"2/2:43—46",其又一種《重慶附近之漢代三種墓葬(崖墓、磚墓葬、石棺葬)》,1941年10月發表於"《說文月刊》3/4:77—81"。①祗有一種發在《金陵學報》上,另外兩種均發在《說文月刊》之上。又《中國考古學文獻目錄1900—1949》記載商承祚《四川新津等地漢崖墓磚墓考略》一文發表于"1930年"之說有誤。據《商承祚教授百年誕辰紀念文集》記載商承祚"在避難成都期間,當他知道重慶南岸及新津縣郊有多處東漢崖墓,鄉民不識其重要,私盜破壞嚴重時,立即趕赴崖墓考察、椎拓,寫成《四川新津漢崖墓磚墓考略》,載於1940年《金陵學報》第二卷第一、二合期上。"②明確記載爲"1940年",與史實相符;但刊物的期數又誤"十"爲"二"。後《商承祚文集》③有影印,訂正。

【校釋】

[1]冢:從摹錄拓本看無此字,或是《四川碑刻》圖版不全所致。

光和元年崖墓題記　東漢光和元年(178)刻

江北區。1940年發現於江北縣(今渝北區)溪江畔崖墓。隸書,1行,存4字。

---

① 北京大學考古系資料室編:《中國考古學文獻目錄1900—1949》,文物出版社,1991年,第134頁。
② 羅雨林:《緬懷商承祚教授對廣州文博事業的貢獻》,載《商承祚教授百年誕辰紀念文集》,文物出版社,2003年,第34頁。
③ 商志譚編:《商承祚文集》,中山大學出版社,2004年,第133—151頁。

【釋文】

光和元年■。

（圖文：《四川碑刻》第30頁）

【簡跋】

此題記所見爲《益部漢隸集錄》雙鉤摹錄拓本。從內容看，應是殘存四字，其後殘泐文字未雙鉤出來。又稱有天風閣初拓本，未見。《商承祚全集》記載："今年（1940）三月得金君信，謂在磐溪附近地名廟溪嘴的山腰，又尋獲熹平四年、光和元年兩墓。至今無法拓得拓本，令人不勝神往。"今祇有光和元年崖墓題記有記載，熹平四年可能爲無字款。

平路元崖墓題記　光和四年（181）三月二日刻

綦江區。1987年文物普查時于綦江縣（今綦江區）文龍鄉七拱嘴發現崖墓10座。其中第7號崖墓浮雕朱雀、青龍等神獸，在頂外的石包上刻有此題記。隸書，2行，行字不等。

【釋文】

光和四年三月二日/平路元[1]立作冢，［直］萬五千[2]。

（圖文：《四川碑刻》第33頁）

【簡跋】

又名《七拱咀崖墓題記》。《四川碑刻》所收圖版不全，"萬五千"三字未見。

【釋文】

[1]平路元句：是此通崖墓墓主。"立"，同"作""造"，設置；建立。《詩·大雅·綿》："乃召司空，乃召司徒：俾立室家。"《管子·輕重甲》："大夫無得繕冢墓，理宮室，立臺榭，築牆垣。"

[2]萬五千句：此句因圖版不全無法對照，但據"冢"下一字圖版作■形，與前

文《陽嘉二年題記》中的"直四萬"中"直"字的圖版▇字形相似,句型也相近,疑《四川碑刻》釋文脱一"直"字。

光和六年崖墓題記　東漢光和六年(183)三月十二日刻

綦江區。1987年文物普查時發現於重慶市綦江縣中峰鄉鴛鴦村崖墓内石壁上,崖墓内還有綫刻馬圖。隸書,2行,行字不等。

【釋文】

光和六年三月[1]十二日[2]□□為作石[3]/▇。

(圖文:《四川碑刻》第34頁)

【簡跋】

此題記右側還有數字,形似"光""真"等,但因未見成句,無法釋讀。

【校釋】

[1]月:刻在"三""十"中間的一旁,可能是在當時雕刻時遺漏,後補刻。

[2]日:"日"後闕二字,應是名諱。

[3]作石:"石"即"石冢"的省略。

中平四年崖墓題記　東漢中平四年(187)刻

江津區。1987年,與前《謝王四題記》《離安題記》同時發現於江津縣沙河鄉水滸村長溝第3號崖墓。隸書,1行,13字。

【釋文】

中平四年十二月廿四日李畫封/[1]。

(圖文:《四川碑刻》第26頁)

【簡跋】

較早著録於《江津沙河發現東漢紀年崖墓》(《四川文物》1994年第4期)。

【校釋】

[1]李畫封:"李畫",應是人名。"封",積土爲墳。《易·繫辭下》:"古之葬者,厚衣之以薪,葬之中野,不封不樹。"孔穎達疏:"不積土爲墳,是不封也。"

建安六年題記　東漢建安六年(201)八月二十二日刻

綦江區。清道光年間發現於綦江溱州堡吹角壩一古洞中。原石已佚。石呈方斗形,旁有兩耳,曾嵌入崖壁。隸書,8行,行約12字。

【釋文】

建安六年八月[1]丁丑朔廿二[日][2]/口山伏功守護[3]嚴子男[4][口]/[■威爲■]/路■/設■奮[口]/■安平■[七州][5]易■[口]/口口灾致祀[6]口口口口程[口]/■邑■永[到,][8]于今稱焉。

(文:《八瓊室》卷六第9册,第148頁下①;圖:《漢代刻石隸書》②第91頁。)

【簡跋】

又名《嚴季男刻石》《建安刻石》《建安殘石》《漢吹角壩摩崖題字》《建安六年巴郡摩崖題字》《夜郎碑》等。又有因釋讀訛誤,作《嚴李男碑》。誤作《盧豐碑》者,如《續遵

---

① [清]陸增祥:《八瓊室金石補正》,《歷代碑志叢書》第9册,江蘇古籍出版社,1998年,第148頁。
② 唐吟方,夏冰編著:《漢代刻石隸書》,知識出版社,1992年,第91頁。

義府志》著録。因爲對此物的鑒定有諸多疑問,在題名上不統一,以紀年題名較客觀,故本書定爲《建安六年題記》。石刻界在原牂牁之地。原漢江州轄地,宋爲南平軍之地,即今綦江縣趕水鎮對岸。此石實非真摩崖刻,係另刻石穿岩壁而龕置之。有拓本現藏於四川省博物館,又有北京大學圖書館藏柳風堂拓本。

此石在南宋王象之《輿地紀勝》"南平軍"碑記中最早記載:"吹角壩有古摩崖,風雨脧削,苔蘚侵蝕,惟識其一二,曰'建安',其他不可辨。在溱州堡,去軍四十里。"① 碑石後來歸鄭珍(1806—1864)。《八瓊室》卷六過録趙之謙《補寰宇訪碑録》記載:"吹角壩摩崖。建安六年二月丁丑朔廿二日。石歸遵義鄭珍,辨爲建安七年《盧豐碑》。今審拓本,石係斷缺,且首行明是'六年',次行有'嚴季男'名六行,有'以灾致祀'字。必非《盧碑》。仍依王象之《輿地碑目》書此。"② 但原碑最早爲道光二十六年劉燕庭(1793—1852)訪得。沈樹鏞《漢石經室題跋》:"王象之《輿地碑目·南平軍下》載,是石在溱州堡,風雨脧剥,苔蘚侵蝕,惟存建安年號云云。自宋迄今淹没又幾千年。道光二十六年,劉燕庭方伯在蜀中始訪得拓之。或作《盧豐碑》,恐誤。《盧碑》係建安七年,此'六年'二字甚明可證也。同治庚午八月,鄭齋。"③

本書根據《鄭珍巢經巢詩集校注》中收録的《臘月廿二日,遣子俞季弟之綦江吹角壩,取漢盧豐碑石,歌以送之》一詩所記判定爲《盧豐碑》原委④,知此詩編於前集卷八,在《子午山雜詠十八首并序》之前。詩序記載道光二十七年爲其父守墓於子午山。《鄭子尹年譜》記載《巢經巢詩抄前集》至道光三十年結束,道光二十六年其父卒,二十七年曾至黔西一游。《趙之謙集》明確記載道光二十六年(1846)劉燕庭在蜀中始訪得拓之,"或作《盧豐碑》,恐誤"應該應是指鄭珍的觀點有誤。説明應是先由劉燕庭訪得并椎拓,之後不久有拓本歸鄭氏。鄭氏考證認爲是宋婁機《漢隸字源》碑目中記載的:"江州夷邑長盧豐碑。建安七年立。蜀人謂之漢夜郎碑。"王懿榮指出:"初不名《盧豐碑》,石形亦確非碑,混用碑名自趙之謙的《續訪碑録》始。實則宋人所稱《吹角壩》一刻未必即此物。"⑤ 鄭珍之後有"遣子俞季弟之綦江吹角壩"取碑石一事,因遣力夫升碑,但不得出,才至同治十二年(1873)張之洞出任四川學政"督學到蜀",移置成都書院。此後錘

---

① [宋]王象之:《輿地紀勝》,中華書局,1992年,第4648頁。
② [清]陸增祥:《八瓊室金石補正》,《歷代碑志叢書》第9册,江蘇古籍出版社,1998年,第148頁。
③ [清]沈樹鏞著,柴志光,高貞杰編:《漢石經室題跋》,上海遠東出版社,2018年,第58頁。
④ [清]鄭珍撰;楊元楨注釋,貴州大學古典文學教研室校訂:《鄭珍巢經巢詩集校注》,貴州人民出版社,1992年,第341—345頁。
⑤ [清]王懿榮著;吕偉達主編:《王懿榮集》,齊魯社,1999年,第143頁。

拓不斷。所以,傳世拓本中有成都拓本。

《吴大澂書信四種》記載:"香濤訪得漢石,即《吹角壩摩崖》,有建安年號,蜀人俗呼《夜郎碑》,想尊處必有燕翁舊拓。香濤拓不精,而秘不示人,聞其遣工鑿取,异置學署,似未携歸滄州南皮間。"①"香濤",即張之洞(1837—1909);"燕翁",即劉喜海,字燕庭,尊稱燕翁。又《王懿榮集》書札類中有《與繆炎之》書信,記載也是劉燕庭訪得,不入《三巴漢石紀存》。

此碑《隸釋》《隸釋續》均未收録。《增補校碑隨筆》中增補《嚴季男刻石》條下稱"七行,行十一字"②與實際行數不符。《八瓊室》已較舊本多出"廿八字"③,《漢魏六朝碑刻校注》未收録。本書對照現有圖版與《八瓊室》摹録釋讀。然因拓本磨泐過甚,所補多疑似之字,誠如《八瓊室》所嘆:"安得精本一校勘之。"

【校釋】

[1]建安六年八月:"八",趙之謙《補寰宇訪碑録》作"二",誤。審視圖版作 ![字], 似"八"。《增補校碑隨筆》亦作"八"。

[2]廿二日:"日"字,《八瓊室》未録出,根據文意推定,且第二行首字圖版作 ![字], 與"日"不同。故"日"祇能是首行底部闕字。也符合趙之謙《補寰宇訪碑録》當時所見碑石斑駁磨泐,不可辨識,且有斷缺的説法。且全文底部均闕一字,需補釋出闕字符。

[3]護:《八瓊室》補出第二行"護"字,且前一字爲"守",圖版作 ![字],今從其説。再前一闕字《八瓊室》釋爲"夥"字,諦視圖版作 ![字],本文疑爲"伏"字。"伏"下闕字圖版作 ![字],疑爲"功"字。"伏"上闕字圖版作 ![字],應是"山"字。以上與《八瓊室》所釋有不合者,備考。

[4]嚴子男:"子"字,又疑爲"季",又疑爲"李",諦視圖版作 ![字],與《石門頌》中的圖版 ![李] 不相類。而"子男"爲爵位之名。"男"下爲底部一闕字。後兩行字,圖版不明,暫如《八瓊室》所釋。

---

① 吴大澂著;陸德富,張曉川整理:《吴大澂書信四種》,鳳凰出版社,2016年,第60頁。
② [清]方若原著,王壯弘增補:《增補校碑隨筆》,上海書店出版社,2011年,第85頁。
③ [清]陸增祥:《八瓊室金石補正》,《歷代碑志叢書》第9册,江蘇古籍出版社,1998年,第149頁。

[5]七州：《八瓊室》釋讀爲"州七"，但從圖版看，雖然有磨泐不清晰之處，但是順序還清晰，作"七州"正。《八瓊室》誤倒文。

[6]致祀："灾"前一字有"以"字説，《八瓊室》認爲"'以'字亦未甚確"，且行數在第七行。"祀"又釋爲"犯"者，圖版作 ▨，應是"祀"字無疑。

[7]永到："到"字圖版作 ▨，《八瓊室》只摹出"刂"，疑似"到"字。

陳元盛崖墓題記　東漢建安十五年（210）二月十日刻

綦江區。位于重慶市綦江縣（今綦江區）中峰鄉駕鶩村崖墓。隸書，2行，13字。

【釋文】

建安十五年二月十日／陳元盛塟[1]。

（圖文：《四川碑刻》第34頁）

【簡跋】

參見一起出土的《光和六年崖墓題記》。

【校釋】

[1]塟：《四川碑刻》釋爲"葬"，圖版作 ▨，知其構件"土""廾"有替換，形成異體。碑刻中"葬"字多寫作此異體。

江州廟宮磚銘　漢(前206—220)刻

渝中區。1976年在重慶市渝中區一號橋崖墓出土,石現藏重慶中國三峽博物館。磚長、寬均35厘米。四周有紋飾圖案。隸書,4字。

【釋文】

江州[1]廟宮[2]。

(圖文:《四川漢代地名磚考》,《四川文物》2007年第3期77—80頁)

【簡跋】

此磚祇有四字,從其考古出土地係崖墓,及其内容爲"廟宮"看,也屬於墓葬類刻石。《四川漢代地名磚考》①只對其形制、出土信息、作用等有簡略記載,對"江州"具體位置的探索這一至關重要的話題并未展開。

關於江州,《漢書·地理志》有簡略記載,巴郡所領十一縣中有江州、臨江、墊江、胸忍、魚復、涪陵等。晉《華陽國志》單列一卷《巴志》詳細記載,周慎王五年(前316)蜀王伐苴侯,秦惠文王遣張儀與司馬錯伐蜀救巴苴,滅蜀與巴苴,置巴、蜀及漢中郡。張儀城江州。至漢建安六年(201),魚復蹇胤白璋,爭巴名,改永寧爲巴郡,以固陵爲巴東,與巴西郡形成"三巴"分郡而治定。又明確江州地理位置是:"漢世郡治江州,巴水北,有柑橘官。今北府城是也,後乃還南城。劉先主初以江夏費觀爲太宗,領江州都督。後都護李嚴更城大城,周回十六里,欲穿城後山,自汶江通水入巴江,使城爲洲。求以五郡置巴州,丞相諸葛亮不許。"咸熙元年(264)怡思和爲太守,有二部守軍,又"江州縣,郡治。塗山有禹王祠及塗后祠。"②據《三國志·蜀書·後主傳》記載,三國建興四年(226)春纔有"都護李嚴自永安還住江州,築大城。"《水經注》卷三十三《江水》下詳記其地理等,稱:"江州縣,故巴子之都也。……漢世郡治江州,巴水北,北府城是也,後乃徙南城。""(江水)又東北至巴郡江州縣東,强水、涪水、漢水、白水、宕渠水,五水合南流注之。……庾仲雍所謂:江州縣對二水口,右則涪内水,左則蜀外水,即是水也。"③劉

---

①高文:《四川漢代地名磚考》,《四川文物》2007年第3期,第77—80頁。
②[晉]常璩撰,劉琳校注:《華陽國志校注》,巴蜀書社,1984年,第32—65頁。
③李勇先、高志剛主編:《水經注珍稀文獻集成》第2輯第2冊,巴蜀書社,2017年,第452頁。

琳校注《華陽國志》時指出"還南城"與"徙南城"的不同,"'還南城'各本均同,唯廖本作'遷南城'。南城在今重慶市中區,在嘉陵江南岸。……張儀舊城在今市區。西漢巴郡亦治此。"又校注:"江州縣,原巴國都,秦置縣,爲巴郡治。兩漢至南朝因之(北周始改爲巴縣)。治今重慶老城區,轄今重慶市區、巴縣、江北、江津、綦江、南川、璧山、永川等縣地。"并指出,《元和郡縣志》《太平寰宇記》的相關記載也表明"可見雖後漢一度移于江北。不久又仍還舊治,與《常志》'還南城'之說合"。是"還"字而非後世傳抄的"遷"字這一重要關鍵,表明北府城祇是暫時做過縣治之地。而沒有指出是"還"非"遷"的關鍵,導致以爲是縣治原設北府城在先,後才遷至南城的錯誤歷代相沿。道光《重慶府志》稱"江州故城,皆不詳其地。漢世郡治江州,巴水北北府城是也(在江北廳)。後徙南城(在府城江之南十里,故南平城是)。"①《重慶市志》記載:"綜合隋唐以前史籍考察,兩漢江州城位於今嘉陵江匯入長江處北岸的江北嘴(今重慶市江北區江北城)一帶。兩漢時期的江州,是一座較大的城邑,據現有的考古發掘材料推測,除嘉陵江北岸的江州城外,在今江北區劉家臺、香國寺、市中區兩江半島、南岸區塗山腳下一帶已有村莊。另外,今沙坪壩區嘉陵江沿岸的化龍橋、土灣、沙坪壩和九龍坡區的長江兩岸也有一些居民點。"②何耀光《江州考》一文旁徵博引各家史籍記載之後,指出後世典籍在傳抄上有方向上的訛誤,可以確定巴郡縣治原設在北岸,後有遷南岸之說,但因縣址不明仍無法解決現有爭論。③三種說法均是在這個由北遷南的錯誤框架下得出的結論。

實際上"江州"作爲縣治之城產生變遷是歷史的常律,"縣址不明"這一問題可根據出土文物的具體所在位置作出相關解釋。而據此墓磚,可知當時江州縣在最初所立的"南城"而非短暫移至的"北府城"。

【校釋】

[1]江州:漢代縣治所在地,從本墓磚出土地看,即今重慶市渝中區一帶。

[2]廟宮:據高文《四川漢代地名磚考》中的解釋,爲鬼神居住的地方,祖先死後的歸葬處。古人修廟宮是爲了崇尚祖先的容貌形象,使子孫後代永志不忘。

---

① 藍勇:《稀見重慶地方文獻匯點》下,重慶大學出版社,2014年,第437頁。
② 羅傳楠總纂,重慶市地方志編纂委員會總編輯室編:《重慶市志》,四川大學出版社,1992年,第726頁。
③ 江北縣縣志編纂委員會編纂,重慶市渝北區地方志辦公室整理:《江北縣志稿(溯源—1949)》,2015年,第411頁。

楊氏神道柱　東晉隆安三年(399)十月十一日立

渝北區。清代晚期出土於重慶巴縣洛磧鄉上壩村鹿北溪,石柱現藏故宮博物院。神道柱額題完整,柱身有瓦棱紋。柱高82厘米,寬44厘米。拓片高36.5厘米,寬41.5厘米。隸書,7行,計43字。

【釋文】

晋故巴郡察孝[1]、騎/都尉枳[2]楊府君之/神道[3]。/

君諱[4]陽,字世明,涪/陵太守之曾孫。/

隆安三年,歲在己/亥,十月十一日立。/

(圖文:《漢魏六朝碑刻校注》第3冊,第38頁)

【簡跋】

又名爲《楊府君神道柱》。神道柱,東漢時已出現,是樹立於祠堂、陵墓等建築物之前神道口處的石柱,因此也屬於墓葬碑刻類。神道柱的形制一般有三部分:一是下部基座,即柱礎。第二是中部柱身,柱身上部有長方形石額刻字,額下有的飾以浮雕;三是柱頂部圓形上蓋,蓋上往往立有雕刻成動物或人物形狀的墓鎮。下文的《泰始五年石柱》雖然名稱不同,但也是同樣功用。

【校釋】

[1]察孝:即"察孝廉"。漢制爲古代選拔人才的科目。東漢光和六年《朱龜碑》有同詞義的用法,"字伯靈,察孝廉,除郎中、尚書侍郎。以將事去官……"①。可知,碑文此處或因脫刻而成,或因省稱。

[2]枳:古縣名。戰國時期楚國有枳邑。《戰國策·燕策二》:"楚得枳而國亡。"漢代置枳縣屬巴郡。《漢書·地理志》載巴郡十一縣,與江州縣同時有枳縣。故地在今重慶市涪陵區。

[3]神道:謂神行之道。後指墓道。《後漢書·中山簡王焉傳》:"大爲修冢塋,開神道,平夷吏人冢墓以千數。"李賢校釋:"墓前開道,建石柱以爲標,謂之神道。"

---

①[宋]歐陽修:《歐陽修集編年箋注》第7冊,巴蜀書社,2007年,第387頁。

[4]君諱二句：楊陽，字世明，史載不詳，爲"涪陵太守之曾孫"。但不載其曾祖名諱，推測大概生活在西晉初期，約生於太康（280—289）之際。楊陽的官職爲騎都尉，《漢書·百官公卿表》有"令中郎將、騎都尉監羽林"，知其職能是做監軍使者。《兩漢騎都尉續考——以東漢騎都尉爲中心》專門探討了地方騎都尉類似於屬國都尉，數量很少，職能較單一化，早期軍事職能強，可兼任侍中參議朝政，後期朝着榮譽化、閑散化發展，最終成爲榮譽官號，無實職。①據此可知，東晉隆安三年時楊陽衹是具有虛職而已；但延續的貴族性，同樣可表明楊氏家族的權貴地位。

泰始五年石柱　南朝宋泰始五年（469）立

忠縣。2003年出土於重慶忠縣武陽鎮將軍村花垻河，現藏於重慶中國三峽博物館。石柱僅存一段柱身，兩端有榫卯，底座和頂蓋已佚，上有橫長方形的石表銘文。通高266厘米，柱身高237厘米，柱身下端寬25厘米，厚21厘米，上端寬21厘米，厚20厘米。銘文左行，隸書，10行，行9字不等，計85字。

【釋文】

晋故試[1]守江州令，文衛/尉適孫，諱觀[2]。長祖[3]梁水/令諱晃，二祖[4]平武令諱/聖，弟三祖[5]諱軌，弟四祖[6]/相國府參軍事諱桓，亡/父[7]試守江州令諱惠等/府君之神道。/

泰始[8]五年二月辛未朔/廿一日辛卯，江州主簿[9]/文之、□起、龍之等立。

（圖文：《重慶忠縣泰始五年石柱》，《文物》2006年第5期，第80—86頁）

【簡跋】

該石柱出土於三峽庫區忠縣花燈墳墓群黃葛樹包墓地，又稱將軍村墓群。它是重慶現存的唯一一件南朝石柱，從銘文內容中確定是神道石表銘文，也是已發現的石

---

① 張新超：《兩漢騎都尉續考——以東漢騎都尉爲中心》，《史林》2014年第5期，第18—30頁。

柱中銘文字數最多的一件。將軍村墓群還包括樅樹包、花二包、柴林包、花壩梁、吊嘴等其他五處墓葬群，統計有兩漢至六朝時期墓葬104座。重慶市文化遺產研究院宣稱："將軍村墓群是西南地區目前已發掘的規模最大、延續時間最長、涉及家族數量最多的漢晋時期家族墓群，同時又是墓地材料、地面石刻構件以及文獻記載結合最緊密的家族墓群。該墓群的發現對研究峽江乃至西南地區兩漢至六朝時期家族墓地的選址、墓地規劃，各個時期家族墓地的遷移，以及進一步研究家族制度的興衰具有十分重要的意義。同時，該墓群發現的石闕、石柱、石辟邪等石刻構件，填補了重慶地區漢至六朝時期石刻藝術的空白，具有極爲重要的文物價值和學術意義。"①考古發現的系列墓葬在時間上與石表的記載吻合，可與石表互爲印證。《重慶忠縣泰始五年石柱》一文確認此處應爲兩漢至兩晋時期忠縣的大姓望族——文氏家族墓地。自西漢文翁入川，歷經三國兩晋南北朝，文氏群賢蔚起，而未見其世系詳細。此石柱銘文可彌補文立家族部分成員名諱、年代、官職等昭穆世系，對比湖南湘鄉龍潭文氏族譜等譜書，對研究文氏家族史具有重要意義。

【校釋】

[1] 試：任用；使用。《説文解字》中"試"的本義即"用也。从言式聲。"《詩·小雅·大東》："私人之子，百僚是試。"毛傳："是試，用於百官也。""試"最早就有任用、使用、運用的本義，而非孫華認爲的"在試用期間"。

[2] 諱觀句：文觀，爲"文衛尉適孫"。孫華認爲，石柱銘文中的"文衛尉"儘管銘文中没有提到其名諱，但從時代、籍貫、官職三方面來看，很可能就是西晋初忠縣的著名人士文立。《華陽國志·巴志》記載，在江州臨江縣（即今忠縣），"嚴、甘、文、楊、杜爲大姓。晋初，文立實作常伯，納言左右"。據《晋書·儒林傳》《華陽國志·後賢志》等記載，文立（？—279），字廣休，巴郡臨江（今重慶忠縣）人。少時游於蜀國太學，專攻《毛詩》《三禮》，師事譙周，與李密、陳壽同窗。曾歷官衛尉、兼梁益二州大中正。咸寧末年（279）卒於官，葬於蜀。

"適"，同"嫡"。大子、長子。孫華稱"石柱銘文所列舉的文立家族及其旁支共經歷了文立、文某、文觀（以上爲文立直系），以及文晃、文聖、文軌、文恒、文惠（以上爲文立旁系）八代，如果以中國傳統的每代平均25年計算，八

---

① 李大地：《忠縣將軍村墓群》，《紅岩春秋》2014年第7期，第81頁。

代正好200年左右"。文觀的職官是"試守江州令",在漢至六朝碑記中,描述地方長官官職時,通常直接説"某某長""某某令",衹是沿用舊名。

"觀",據孫華不太確定的釋讀,既像"觀"字又像"視"字,暫釋作"觀"。諦視圖版作■,與《漢魏六朝碑刻異體字典》(以下簡稱《漢魏异體字典》)"觀"的异體字形0828-0-03-05相似,應是"觀"字。

[3]長祖句:"長祖",據《稱謂録》考證,《北史·周宣帝紀》稱其高祖爲長祖,曾祖爲次長祖。①按照周代以來的宗法制度,長祖是"五世則遷之宗"的第一祖,此爲北周時期的特殊用法。但從本石柱記載看,自長祖、二祖、三祖、四祖,至亡父,已經超出高祖,猶言第一祖,第二祖,即一世祖、二世祖等,是爲其家族世系。

"梁水",在今雲南開遠縣一帶。《晋書·王遜傳》:"(王遜)又遣子澄奉表勸進於元帝,帝嘉之……遜以地勢形便,上分牂牁爲平夷郡,分硃提爲南廣郡,分建寧爲夜郎郡,分永昌爲梁水郡,又改益州郡爲晋寧郡,事皆施行。"劉宋沿襲東晋梁水郡的設置。梁水郡領縣七,首縣爲梁水。《宋書·州郡志》:"梁水太守,晋成帝分興古立,領縣七……梁水令,與郡俱立。"

[4]二祖句:"聖",圖版作■。"平武"縣,三國時期爲陰平郡廣武縣,西晋太康元年取陰平與廣武縣名更名爲平武縣。在今四川省北部,綿陽市區北。

[5]弟三祖句:"弟",圖版作■,與"弟四祖"的"弟"相同,爲本字,次第。後用"第"區別。釋讀時最好照録原文,方可反映當時的文字基本面貌。孫華釋作"第"字不妥。

"軌"字,圖版作■,孫華認爲該字可能爲"軌""軏""輥"等,暫釋作"軌"字。

[6]弟四祖句:即祖父文桓,孫華釋其歷官爲"相國府參軍","相"字圖版作■。

[7]亡父句:父親文惠,爲江州令,史載不詳。"亡",孫華原文中記載前後不一,釋文中作"三",後文作"亡"。審核圖版作■,應是"亡"字异體字。"亡父"係從立石人角度的稱謂。

---

① [清]梁章鉅撰;馮惠民等點校:《稱謂録》,中華書局,1996年。

家族譜系叙述文氏家族遠祖文尉和近世高祖到父輩五世,表明此次祭祀父祖等六人。石柱中所提及的文晃等祖先,史籍均不載。

[8]泰始句:記載刻立時間。據孫華考證,"石柱銘文的第一個字標明爲'晉',其後'秦始'的年號之前又無朝代名,很容易將晉朝與泰始的年號直接聯繫起來,誤以爲該石柱是西晉武帝泰始五年之物。從曆日表來看,西晉泰始五年二月是壬戌朔,二十一日爲壬午,這與石柱銘文的曆日不合。祇有劉宋明帝泰始五年(469)二月辛未朔,二十一日恰爲辛卯。所以,該石柱的設立年代不是西晉泰始五年,而應當是南朝劉宋的泰始五年,這也恰與石柱本身的風格相符"。

[9]江州主簿句:記載刻石諸人。"簿",圖版作 ▨,屬於與"薄"共用一字的异體字形。也有"薄""簿"互爲异體字的説法。但直接釋作"簿"字更準確。"主"前二字磨泐不清,圖版作 ▨,孫華"從第二字殘存的整筆看,似乎是'州'字。該家族立柱時,最後一個死者的官位是江州令,因此,該主簿可能是江州主簿"。但諦視前文的兩次刊刻的"江州"二字圖版 ▨、▨,均不相類,暫如舊。

結合序文記載六位文氏"府君之神道"與石柱落款爲"江州主簿□之、□起、龍之等立",説明闕字應是"文"姓後裔。"之"前闕字圖版殘痕作 ▨,與前文中"文觀"的字形 ▨ 相似,應是"文"字。但"起"前闕字圖版作 ▨,從殘痕判斷與"文"字不類,闕如。

[10]等:孫華釋文誤作"并",復核圖版作 ▨,與前文"等府君"中的 ▨ 字形一致,且文意相符。

重慶墓葬碑刻校釋

隋唐五代

□質（龍山公）墓誌　隋開皇二十年（600）十二月四日立

奉節縣。清咸豐九年（1859）修夔州府城垣增建炮臺時於奉節縣城西出土。先缺一角，後又出右下殘石，誌始全。現藏奉節縣白帝城碑林。誌石高95.3厘米，寬49.7厘米。圓首方趺，如碑形式但略小。碑陽底部及左右兩邊均有後世小字題跋。額刻龍紋，四周爲花紋圖案，無字。誌文正書，13行，滿行30字。

【釋文】

大隋開府儀同三司龍山公墓誌。/

公諱[1]質，字弘直，青州樂安人也。蓋帝嚳之後，司徒公[2]/倉之苗裔。隨宦[3]巴庸，即此民濅[4]人矣。祖齊[5]巴州刺史。/父梁[6]授巴東、建平二郡太守。

公世値艱危，早失庭訓，/志性尠毅[7]，諒直淵深。周朝[8]授大都督。龍門公，選補兼/儀同。領鄉團[9]五佰人，守隘三硤。大象二年，蒙授龍山縣開國公。開/皇九年[10]，從元帥越國公平陳，第一勳，蒙授開府儀同三司，增邑肆佰戶，粟帛/五千叚。非夫志氣，孰能屬危亂之間，成功如斯之盛者乎！

且譽善無徵，昊/天不弔，歲在[11]戊午七月廿日，遘疾薨于家，春秋六十七。今啓葬豆蒼之陽，鐫石/頌德。其辭云爾：

咄哉君子，宗家之睦。迺武迺[文][12]，如鴻在陸。志/懷慷慨，少闕過庭。衝冠臨敵，吳越廓清。積世惟公，三巴豪傑。似玉/之暉，如淵之徹。如何不弔，遽奄[13]春陽。酸辛悲慟，灑淚千行。/

開皇廿年歲次庚申十二月丙辰朔四日己未立/

（《重慶卷》圖1/文197）

【附題記】

1.下右題記：張尚浴咸豐九年（1859）十二月初一題記

浴自建平[1]攝篆魚復，太守羅公/命浴補築城池。工興[2]之日，掘得/此碑，拭而讀之,隋物也。考其年/歲,已曆弍千三百有弍十叄矣。/此城之築不始於浴,此碑之出,/乃於太守之命浴,而浴之補築/也,其欣幸當如何哉？時在[3]/大清咸豐己未十弍月丙申朔,知/彭水縣事、山右張尚浴跋。男豫桐[4]、毓岩侍觀□□/。

(文:《白帝城龍山公墓誌考論》,《重慶三峽學院學報》2021年第1期1—15頁)

2. 下左題記:羅升桮咸豐九年(1859)十二月十六日題記

咸豐[1]癸丑,桮權篆夔門,閱視[2]城垣/多有傾圮,因捐廉倡修;至甲寅再/權斯篆,城工始竣。越戊午[3],奉命守/是郡。己未秋,滇匪闌入叙府,上游/多事。與代辦奉節縣張君尚浴[4]商/議戰守之具,擬於城東、西、北三隅/增建炮臺,其倒塌處更修築之。掘/土[5]獲此碑,缺一角。張君多方購覓/之,始得完璧。惜不詳其姓氏,其/祖、父名諱亦闕略不可考。而字跡遒/勁,宛似鍾太傅。因移置考院廳側,/以俟好古者考證焉。/

咸豐九年歲在己未十二月既望,/知夔州府事嶺南羅升桮識。

署重慶鎮總兵官傅崐觀[6]。/夔州通判瑞思觀,男文芳侍。/奉節縣典史凌雲觀。/夔州府教授唐兆扶觀。

(文:《八瓊室》卷二十六第9冊,第456頁下,《白帝城龍山公墓誌考論》)

3. 右側上第一段題記:吳夔梅咸豐十年(1860)題記①

咸豐庚申[1]梅奉檄來夔,適張鐵華[2]年丈補築城垣,獲此碑,略無剝蝕,真希世珍也。惟不書其姓氏。按志載[3],臧熹之子臧質,父子俱巴/東、建平二郡太守,或即其人歟？亟請於太尊,而藏諸考院壁間,以俟博雅君子鑒定焉。權知奉節縣事中州古蓼吳夔梅識。/

(文:《八瓊室》卷二十六)

4. 右側上第二段觀記:吕煇及何鼎元同治九年(1870)題記

同治九年[1]六月十九日,大水爲災,高於城五丈,此碑被淹。中州吕煇[2]來權奉節令,重拭裝。典史何鼎元[3]同觀記/。

---

①劉傳喜、彭興林編著:《中國名碑全集》卷十一,山東美術出版社,2013年,第163頁。

5.右下觀記:李化南等觀記

奉節縣教諭李化南[1]觀。宰江南道監察御史、綿上白恩佑[2]/翰林院庶吉士、工部主事、太原張方泳[3]/同觀。/

6.左下觀記:曹奎林等觀記

蓮峰書院主講曹奎林[1]觀。/督工[2]紳士王濟、陳沛澤、□□同觀。

(以上三條,見《白帝城龍山公墓誌考論》)

【簡跋】

又名《龍山公墓誌》,與下一則《信州金輪寺舍利塔銘》同爲現存最早的隋朝碑刻,是對巴渝文化影響最重要的碑刻之一。

關於墓主身份。因文中無姓,只存"諱質,字玅直",無法確定題名,已有考證成果中有姓臧(吴虁梅説)、楊(陸增祥説)、張(趙萬里説)、司徒(魏靖宇説)[1]諸説,皆不足憑,故題爲《□質(龍山公)墓誌》,而不采用《隋代墓誌銘匯考》《魯迅輯校石刻手稿墓誌》仍舊使用沿誤已久的"臧質墓誌"。

墓誌的出土情況,記載不一。《四川碑刻》與《中國名碑全集》等記載爲咸豐三年(1853)出土;《中國書法大辭典》稱咸豐八年(1858)出土[2];今以《四川省志·文物志》咸豐九年(1859)爲準。碑刻尺寸記載也不一,《四川省志·文物志》載"高95.3厘米,寬49.7厘米"[3],《巴蜀歷史考察研究》記録爲"石高106厘米、寬70厘米"。今根據《碑帖收藏與研究》一書可知,差异主要在於是記録拓本還是刻石本身。《碑帖收藏與研究》所見初拓本高約97厘米,寬約47厘米。可見《四川省志·文物志》更準確。

關於題跋問題。《重慶卷》簡跋記載"周邊有清人張尚[浴]、羅升棓、吕輝、李化南、唐兆扶、何鼎元、白恩[佑]、張方泳、曹[奎]林、陳沛鋒等題跋,本書未收。"儘管文字上有錯誤,但將題跋者記載全了。《咸豐間出土〈隋·龍山公墓誌〉》一文指出,《集古求真》記載"此墓誌初拓本無跋",後有羅升棓及張尚浴各題一跋,至庚申年又有吴虁梅及李化南各題一跋,同治九年有一則吕輝與何鼎元跋,共有五則題跋。[4]漏記了左側下曹

---

① 雷庭軍,胡黎明:《白帝城龍山公墓誌考論》,《重慶三峽學院學報》2021年第1期,第1—15頁。
② 梁披雲主編:《中國書法大辭典》,香港書譜出版社、廣東人民出版社,1984年,第1557頁。
③ 四川省地方志編纂委員會編:《四川省志·文物志》,四川人民出版社,1999年,第306頁。
④ 李將分:《咸豐間出土〈隋·龍山公墓誌〉》,載書譜編委會編:《書譜珍藏本》,上海辭書出版社,2017年,第14頁。

氏的題跋。這些題跋，或對墓誌做了初步考證，或反映了當時的階級鬥爭、自然灾害、官署職稱方面的情況，也記錄了長江上游洪水水位，還有咸豐九年的戰事，等等，對於考察歷史很有價值[①]。《巴蜀歷史考察研究》《白帝城碑選》等在傳抄上多有錯誤。今據《八瓊室》與《白帝城龍山公墓誌考論》的清晰圖版等補充修訂完整，依時間著錄爲六則，一并附于正文校釋後予以簡要校釋。

關於拓本問題。《碑帖收藏與研究》認爲墓誌在清咸豐九年(1859)出土，最初殘缺了右下角大半，故"此時拓本右下有木刻張尚浴，羅[升]棓二人題跋，及吴茂青等人的觀款，并以朱砂色拓出。有此朱砂題者應爲初出土時拓本。稍後不久，此石右下角又尋得，於是各家題跋又被轉刻到墓誌石上，而張尚浴石上題跋與木刻上題跋文字上略有增減。墓誌右邊又增刻吴夔梅題跋三行，下方又增刻李化南、曹奎林等人的觀款。"所以，初拓本清晰指明了有木刻題跋本和石刻題跋本兩種；且有一點文字上的區別，即非當時即將題跋刻於墓誌之上，而是由木刻轉石刻時略有增減。從拓本的考據點上看，《碑帖收藏與研究》所見的是清咸豐年間初拓本，六行首字"儀"、"鄉團"之"團"，均完好無損；"儀同三司"的"司"右下角損，但中間"口"字構件完好。至清末拓本則三個考據點均有泐蝕，且清咸豐十年(1860)時，吴夔梅將此墓誌右邊草花磨去，刻上自己的題跋。仲威在《碑帖鑒定概論》中指出，可依據碑帖有無題刻來定名，區分拓本進行鑒定，如"《龍山公墓誌》清咸豐十年(1860)吴夔梅將墓誌右側花邊磨去，改刻題記兩行。清同治九年(1870)在墓誌首行右側又加刻吕輝題跋，故拓本可分花邊本(即無跋本)、吴跋本、吕跋本等"[②]。又有《〈隋開府儀同三司龍山公墓誌〉原石版本談》，從上海圖書館所藏卷軸裝的最早的原石整拓本中發現，上下部分墨色不同，拓工也區别較大，應是有鑲壁前拓和鑲壁後拓兩類[③]。此文對深入瞭解《龍山公墓誌》的拓本版本問題裨益良多。上海圖書館所藏拓本即較早的汪大燮藏卷軸的濃淡拼合初拓本，有張尚裕印及潘暢孫題識，汪大燮題跋。[④]

此墓誌除了具有較高的文物與文獻史料價值外，在書法藝術上的價值也十分重要。雖爲正書，但帶有漢隸遺蘊，筆法從容嫻雅。康有《廣藝舟雙楫·取隋第十一》評論："《臧質》古厚而寬博，猶有《龍顔》《暉福》遺風……《龍山公》爲虞、顔先聲"，《臧質》

[①] 胡昭曦:《巴蜀歷史考察研究》，巴蜀書社，2007年，第124頁。
[②] 仲威:《碑帖鑒定概論》，上海古籍出版社，2014年，第45頁。
[③] 仲威:《隋開府儀同三司龍山公墓誌原石版本談》，《歷史文獻》2004年第6期，第261—269頁。
[④] 上海市圖書館歷史文獻研究所編:《隋墓誌選粹》，湖北美術出版社，2001年，第55頁。

《龍山公》一物二名,能和《龍藏寺碑》《寧贊碑》三足鼎立,堪稱承前啓後的佳作,與《董美人墓誌》等名碑一同代表整個隋朝楷書風神疏朗的風貌。①此墓誌作爲巴渝少有的隋代碑刻之一,對於巴渝文化的影響也是至關重要的。

【校釋】

[1]公諱句:墓主諱質,字弘直,圖版爲構件混用的异體字形▢。籍貫爲"青州樂安",儘管《隋書·地理志》記載的北周時期眉山郡曾改稱青州,後又改爲嘉州,隋大業二年又改曰眉州,與墓誌出土於蜀地最相關;但《八瓊室》考證,蜀地祇有樂鄉、安鄉,而無"樂安",帶著不解斷定"此所稱者非蜀之青州……或是郡望耳"。墓誌述其姓出五帝"盖帝嚳之後","青州樂安"虚指郡望,即隋朝的博昌,今山東博興縣,應是。

[2]司徒公句:遠祖"司徒公倉",無法確定姓氏。前賢已有臧(吳榮梅説)、楊(陸增祥説)、張(趙萬里説)三説,《隋開府儀同三司龍山公墓誌原石版本談》一文已經總結前人觀點,并予以推翻。宗鳴安在《碑帖收藏與研究》中説到:"近世,個別介紹碑帖的書籍中,仍有人稱此墓誌爲《臧質墓誌》,可見吳氏輕率之言貽害後人不淺。"②如《六朝墓誌檢要》沿誤舊説③。

近來,又增姓"司徒"之説,從《白帝城碑選》注釋而來。該書首條即此碑刻,因有"司徒公倉之苗裔"就直接注釋"姓司徒,名質,字弘直",并説"周朝派遣大都督司徒質守隘三峽"等④。《跋〈龍山公墓誌〉》指出:"碑文中的'司徒',既可視爲姓氏,也可視爲官名,但視爲官名的理由較爲充分。因爲,從墓誌行文來看,作者有的祇書官銜而不直書姓名的習慣,如墓主質被龍門公王長述選補兼任儀同,而碑文只作'龍門公'而不寫出王長述之姓名;墓主的祖、父,文中也只録其官職而不出現名字。把'司徒'視爲官名完全符合作者使用的稱謂習慣。這種只寫出官銜而不書姓氏的情況,在唐碑中多有所見,是一種古人常用的稱謂模式。"⑤《白帝城碑選》的其他文字錯誤,特别是記録

---

① 祝嘉:《廣藝舟雙楫疏證》,中華書局,1979年,第120頁。
② 宗鳴安:《碑帖收藏與研究》,陝西人民美術出版社,2008年,第402頁。
③ 王壯弘、馬成名編纂:《六朝墓誌檢要》,上海書畫出版社,1985年,第301頁。
④ 魏靖宇主編:《白帝城歷代碑刻選》,中國三峽出版社,1996年,第9頁。
⑤ 何汝泉:《跋〈龍山公墓誌〉》,《西南師範大學學報》2002年第2期,第118—123頁。

題跋人名訛誤的更多,與《四川碑刻》注釋部分如出一轍,如誤"刺史"爲"刺使""羅升棓"爲"羅什棓""吳羹梅"脱爲"吳羹"等等,應是照録失查;注釋也多簡略不明。還有《白帝城龍山公墓誌考論》一文至今仍認同姓"司徒"一説,"尤需注意的是,司徒作爲姓氏,是漢族以官職命名的複姓。唐代林寶《元和姓纂》引《帝王世紀》曰:'舜爲堯司徒,支孫氏焉。'……隋代立碑,大書墓主姓氏,乃是通例。龍山公既是帝嚳之後,司徒源於姬姓,尋根源祖,立碑昭示子孫,如果只言其名而不傳其姓,恐非樹碑者本意。故筆者以爲將'司徒'二字釋爲姓氏而非官爵,其采信度相對説來更大一些"①。雖然《帝王世紀》確實記載有姓司徒者多人,漢有安平相司徒肅,中謁者司徒發等②,但"司徒公"非出現在記載墓主姓氏處,與《大隋故上開府徐州總管爾朱公墓誌》等并不相同,而以"姓氏+公+名"的通行規律來表示姓名的做法應是較晚纔有的。故本書仍將墓主家族姓氏做闕如處理。

[3]隨宦句:"宦"字,《重慶卷》及諸家多誤釋爲"官"。諦視圖版作⬛,應是如《四川碑刻》所正,爲"宦"字。《碑帖收藏與研究》雖然指出了文字異體上的不同,"'官'字上部此處從'穴',如此字形古今書中多未見載。但在六朝碑刻文字中,'宀'與'穴'常見有互換的現象"。言盡於此,仍未正確釋讀爲"宦"字。實際上《敦煌俗字典》已經收録,北魏景明四年《張整墓誌》同字圖版作⬛,字形完全相同。

[4]民復:"復"字,圖版作⬛,屬構件混用異體。"民復",即"魚復",即墓誌所在地信州的古縣名。春秋時,爲庸國魚邑,秦惠文王置的魚復縣,三國蜀漢劉備又改名爲永安。晉復舊名。至西魏改民復,南北朝、隋、唐又先後爲三巴校尉、巴州、信州總管府、夔州都督府治所。《華陽國志校注》"魚復縣"校注條引《左傳·文公十六年》:"楚師伐庸,裨、鯈、魚人逐楚師。"杜預注:"裨、鯈、魚,庸三邑。魚,魚復縣。"又引《逸周書·王會》:"其西魚復〈獻〉鼓鐘、鐘牛。"以證魚復早在先秦即已立縣。王仲犖《北周地理志》卷四山南上信州永安郡條以《龍山公墓誌》證《隋書》中的"人復"在西魏、周、隋作"民復","人復"當

---

① 雷庭軍、胡黎明:《白帝城龍山公墓誌考論》,《重慶三峽學院學報》2021年第1期,第1—15頁。
② [宋]鄭樵撰:《四庫家藏通志略》,山東畫報出版社,2004年,第138頁。

是唐修志時避諱追改。① 可見,此地歷代稱謂雖不一,但墓誌出土地所屬古今之地完全相符。

[5]祖齊句:關於"齊""梁"二字的解釋,存在不同說法。《跋〈龍山公墓誌〉》認爲二字非指父祖的名諱,而是指其歷官的朝代;如果視爲名諱,則"沒有施授的主體,不合一般語法。正是祖、父在齊、梁以來都在今奉節、巫山地區做官,因此這個家族才堪稱'三巴豪杰',成爲此地的豪門大族"。如此,則只知墓主的遠祖名"倉",祖與父反而不載名諱,也無敬空。若按此解,《重慶卷》的標點則有誤,今刪除。

墓主祖父任齊巴州刺史。《跋〈龍山公墓誌〉》指出《白帝城碑選》中"巴州"的注解爲"四川巴中縣"有誤,應該"祇能是南齊的巴州,不可能是隋朝的巴州"。據《南齊書·高帝本紀下》記載建元元年"二月丁卯,虜寇壽陽,豫州刺史垣崇祖破走之。置巴州。壬申,以三巴校尉明慧昭爲巴州刺史"。《南齊書·蘇侃傳》記載:"建元中爲假節督,巴州軍事、巴州刺史、巴東太守、寧朔將軍如故。永明中,至平西司馬、陳留太守,卒官。"且《跋龍山公墓誌》指出"南齊所置巴州,至永明元年(483)省。那麼,墓主祖父任巴州刺史的時間,祇能是建元二年(480)至永明元年(483)之間,而且是在首任巴州刺史明慧昭之後"。

[6]父梁句:墓主父親,在南朝梁時授巴東、建平二郡太守。"二"字,《四川碑刻》《白帝城碑選》釋文"郡"前均脫。"巴東郡",東漢初平六年(195),益州牧劉璋分巴郡置固陵郡,郡治魚復縣(今重慶奉節),建安六年(201)更名巴東郡。"建平郡",《宋書·州郡志》載爲建平太守吳孫休永安三年分宜都立建平郡。《華陽國志·巴志》記載與巴東郡接壤。②

《白帝城龍山公墓誌考論》指出其父祖係在南北朝反覆征戰中相繼南遷的人口,墓主"極有可能出生於其父巴東郡任上,青州樂安當是其祖籍所在。否則,'世值艱危,早失庭訓',以孤苦伶仃之幼弱,兵荒馬亂中背井離鄉隻身飄流到三峽,完全不合常理"。

[7]剛毅:"毅",圖版作 ![字], 《碑帖收藏與研究》據字形釋讀爲"㲋",但文字意

---

① 王仲犖:《北周地理志》,載《二十四史研究資料叢刊》,中華書局,1980年,第372頁。
② [晉]常璩:《華陽國志校注》修訂版,劉琳校注,成都時代出版社,2007年,第33頁。

義完全不合。狻,本指猛獸,與描述墓主志性品格"諒直淵深"不符;且北魏正平二年至六年間立石的《劉賢墓誌》用字有相似,作毅。

[8]周朝二句:墓主生梁武帝中大通四年(532),北周(557—581)初期正好是年輕有爲,出仕任職的時機。但"周朝授大都督龍門公選補儀同"一句,卻讓諸家百思而不解。

"龍門公"與後文的"龍山縣開國公"若同爲墓主仕北周時所歷官職,則存在前後不一致。《咸豐間出土〈隋·龍山公墓誌〉》因無法明確"龍門""龍山"之地,祇能解釋爲"以陝西龍門大都督的軍職,帶□□□三峽"。《跋龍山公墓誌》引用《北周·地理志》提出新解,認爲前一個"龍門公"所指非墓主官爵,而是指"選補"這個動作的施動者信州大總管龍門公——王長述,"謂信州總管龍門公王長述選補賢爲儀同也"。而"選補"一詞,謂官吏有缺額,選人遞補。《後漢書·郭伋傳》:"伋言選補衆職,當簡天下賢俊。"做動詞解釋的話,此說相對合理可通;若爲名詞,"選補儀同"則不可解。且《寶刻叢編》卷十九《夔州》存目中有唐長慶二年(822)劉禹錫《夔州刺史廳壁記》記載:"夔在春秋爲子國,楚併爲楚九縣之一,秦爲魚復,漢爲固陵,蜀爲巴東,梁爲信州。初城於瀼西,後周大總管龍門拓王公述登白帝。"證明王長述確實來過白帝城。《隋書》卷五十四有詳細記載。墓主在龍門公——王長述選補時"兼儀同"。"儀同"爲"儀同三司"省稱,此時爲選補的身份,非正式的。至大象二年(580)蒙授"龍山縣開國公",至隋開皇九年(589)才蒙授正式的開府儀同三司。如此,則《重慶卷》斷句有誤,《白帝城龍山公墓誌考論》前後矛盾。

[9]鄉團句:北周大象二年(580)左右,墓主招募鄉民組織團練五百人守三峽,後因戰功蒙授爵位。"硤"爲"峽"的異體。具體的戰事,據《跋龍山公墓誌》所稱,是在信州總管龍門公王長述的帶領下,征討部內未曾賓服的夷獠之事。《周書·静帝紀》:"大象二年九月辛丑,分潼州管内新遂普合及瀘州管内瀘戎六州,并隸信州總管府。"《舊唐書·地理志》有"周宣政元年,信州總管龍門公裕招慰生獠,乃置費州"。"裕"爲訛字。王長述任職信州總管的時間,記載不一:《舊唐書》爲宣政元年(578),《太平寰宇記》引用此説;《周書》爲大象二年(580);《隋書·王長述傳》祇記載"及高祖爲丞相,授信州總管。部内

夷僚猶有未賓,長述討平之",無確切時間。《北史》同。但據《隋書·高祖本紀》記載隋高祖楊堅任大丞相在大象二年九月,也是爲大象二年説。二説前後相差兩年,當有一誤。從本墓誌所判斷,應是《舊唐書》誤;否則在前文叙述王長述官職時應該記載其信州總管一職,而不應衹記載"龍門公"。王長述的龍門公一職早在北周以前就已賜封,入周後又增加封邑。《隋書》本傳記載其早在祖熙亡殁後就"免喪,襲封扶風郡公,邑三千户。除中書舍人,修起居注,改封龍門郡公。從于謹平江陵有功,增邑五百户。周受禪,又增邑,通前四千七百户。拜賓部大夫,出爲晋州刺史,轉玉壁總管長史"。墓誌與《周書》《隋書》所記接近。

墓主因守隘三峽有功,在北周大象二年(580)被授於龍山縣開國公。史籍所載歷代以"龍山"命名之地非常多,無法確指。《八瓊室》補正認爲"龍山"是隋襄城郡之郏城的舊稱,開皇初改名汝南,十八年又改名輔城。據墓誌出土地及其誌文所述史實,應是在與巴渝地相近之地更確。即今地處湖南省北部與鄂、渝兩省市交界的龍山縣,漢爲酉陽縣地,南朝梁爲大鄉縣地之説。①無法確定隋唐情況。備考。

[10]開皇九年句:墓主在開皇九年從元帥越國公楊素參與平陳事件,因戰功第一勳,蒙授正式的開府儀同三司。《夔州刺史廳壁記》同樣記載"隋初,楊素以越公領總管,又張大之"。楊素,字處道,弘農華陰(今屬陝西)人。《隋書》卷四十八有詳傳。隋文帝滅陳時,楊素率水軍從三峽東下,因功封越國公。後參與宫廷陰謀擁立煬帝,封楚國公。其任信州總管約在開皇八年。《北史·李安傳》校勘記:"按本書卷四一《楊素傳》,楊素擊突厥是在開皇十八年。開皇八年楊素在信州(今重慶奉節縣),無出擊突厥事。這裏叙安從楊素擊突厥於平陳之後,亦可證此事不在九年之前(平陳在開皇九年)。"墓誌與校勘記合。《隋書》楊素本傳中詳實地記載了其任信州總管時曾居永安(即當時夔州治所永安郡),造五牙大艦,率巴蠻兵攻陳,大敗敵兵,以至"巴陵以東,無人敢據守"。墓主正是此時參與其中,時年五十八歲。

但戰功之後所賜官爵"開府儀同三司""龍山公"均爲虚職。《晋書·職官志》:"開府儀同三司。漢官也。殤帝延平元年,鄧騭爲車騎將軍儀同三司,

---

① 牛汝辰編:《中國地名掌故詞典》,中國社會出版社,2016年,第272頁。

儀同之名,始自此也。及魏黃權以車騎將軍開府儀同三司,開府之名,起於此也。"北周分置上開府儀同三司、開府儀同三司、上儀同三司、儀同三司等散官號,以酬勛勞。隋初沿襲,品秩不同,分別爲三品、正四品、從四品、正五品。至隋煬帝改開府儀同三司爲從一品文散官階,餘均罷廢。開皇九年是開府儀同三司還是正四品《白帝城龍山公墓誌考論》從《梁書·禮儀志三》中對於碑碣形制的規定中側面證明,該墓誌圓首方趺是碣而非碑,也隋代葬制官階四品以下立碣的規定相符。而《跋龍山公墓誌》認爲墓主家族是累世居於蠻區的漢人,"特殊情况下可以如墓主祖父那樣,被授予專門爲鎮壓蠻人設置的巴州刺史,而一般情况下,如墓主賈却很難擔任有實際職務和職權的執事官,不能與中原地區漢人以平等資格參與國家的政治生活",是"古代階級社會的民族歧視從種族觀念延伸到地域觀念的實例"的説法多推測成份,可參考。

[11]歲在二句:墓主開皇十八年(598)七月卒,春秋六十七,生年在梁武帝中大通四年(532)。其葬地"豆蒼山",無法查證。卒後兩年,至開皇二十年(600)庚申十二月丙辰朔四日己未才立石,干支紀年準確無誤。延後入葬在古代是較常見的現象,也不一定是屬於"奉節喪葬禮俗"。

[12]逎武逎文:逎通乃,"逎"下一字,因碑版磨泐《重慶卷》未補出。"逎……逎……"在墓誌中是种常見格式。搜尋漢魏六朝碑刻可見"逎神逎傑""逎貞逎潔""逎疆逎理""逎皇逎帝""逎蕃逎牧""逎祖逎父"等詞,中心詞一般詞性相同、意義相同或相近。其中宣政元年(578)《獨孤藏墓誌》"爲孝爲慈,遵斯二樹;逎文逎武,洞此三端"與本墓誌相隔僅二十餘年。語言習慣,甚至墓誌的措辭應該基本無明顯變化。"文"與"武"對舉,疑爲"文"字,今補。

[13]遽奄:"遽"即"遽",匆忙、倉猝。"奄",忽然、驟然。

【題記校釋】

從碑石完整拓本看,羅升梧題記與傅崐等觀款、張尚浴題記均位於墓誌正文下方,依右、中、左排列行文,且羅、張二人落款時間有先後,但觀款應是附於主題識人之後,且從行款敬空一字判斷,祇能是附於羅氏題記之後,今觀款合入羅氏題記條,而張氏題記分列。另外,吳薁梅識、呂輝題記前後相距十年。右下與左下的兩則觀款,應是後人觀看時所題,非同前題跋相附,故單列。

1.張尚浴咸豐九年(1859)十二月初一題記【校釋】

[1]浴自建平句:張尚浴,號鐵華,山右人(即山西人),彭水知縣。史籍記載不多,祇有咸豐十一年(1861)没收土豪財産,建設城南義渡之事。題跋中記載"自建平攝篆魚復","建平",即今巫山縣。"太守羅公",即羅升梧。

[2]工興諸句:張尚浴掘得此碑後定爲隋物,考其年歲已有一千三百二十年。"弌""弍""季"爲古字。

[3]時在句:表明題跋時間爲咸豐十二年十月,"二"用古字形"弍","丙申朔"即十二月初一。説明此題跋早於咸豐九年(1859)十二月十六日羅升梧的題跋。

[4]男豫桐句:張尚浴有男至少二人:張豫桐、張毓岩,和其同時觀此墓誌出土過程。

2.羅升梧咸豐九年(1859)十二月十六日題記【校釋】

[1]咸豐句:"梧",即羅升梧(1793—1819),字宣琳,號次桓,嶺南人(今廣東省陽江市陽春縣人)。"權篆",謂權且署理某一官職。篆,官印。據自題係清咸豐三年(1853)癸丑來夔門,代理夔州知府。關於羅氏任職夔州一事,《中華羅氏通譜》記載其先重慶府知府,後因奉旨督辦治理黄河,偵破大案等功績卓著,"誥封特授四川夔州知府,欽命儘先補用道加四級,誥授朝議大夫,賞戴花翎,隨帶軍功一級"①。

[2]閲視二句:羅升梧在任時因城墻多有傾圮而增修,至咸豐四年(1854)才竣工,但至此時墓誌尚未出土。"閲視城垣",《巴蜀歷史考察研究》誤釋爲"問于□□"。"捐廉",舊謂官吏捐獻除正俸之外的養廉銀。

[3]越戊午二句:即至咸豐八年戊午(1858)正式"奉命守是郡",九年(1859)九月,據民國《筠連縣志》記載,有滇匪李永和入縣,攻占了長江上游各縣。"叙府"即今四川宜賓一帶。《蜀燹死事者略傳》等也多有記載李永和、藍朝鼎起義戰亂之事,可互參。羅升梧與當時的代辦奉節縣知縣張尚浴商議戰守,在增建炮臺,修築城墻,此時才掘獲此碑。最初缺一角,但之後多方購覓得到了殘石,可拼綴爲完璧。所以,初拓本有殘石本和拼綴完璧本兩種。

[4]張君尚浴:張尚浴的"浴"字,《巴蜀歷史考察研究》誤釋爲"洺",又誤爲"烙"。

---

①中華羅氏通譜編纂委員會編:《中華羅氏通譜》第2册,中國文史出版社,2007年,第1198頁。

[5]掘土句：記載本墓誌出土過程。當時羅氏評價碑刻"字跡遒勁，宛似鍾太傅"，但因不詳其姓氏，祖、父名諱亦闕略，不可考，而移置"考院廳側"，移置後所拓的大概即是仲威所説的鑲壁後本。"考院"即考棚，爲考試生員的場所。光緒《奉節縣志》卷六公署條記載"考棚系雍正十三年崔郡守邑俊詳請，建立于縣治東門内"。《龍山公墓誌論考》指出墓誌出土後，尋覓完整，又擬定題跋等等，"府縣兩級高度重視，當即移至奉節東門内考棚正廳旁妥善置藏"。

[6]傅崑觀句：傅崑，署重慶鎮總兵官。重慶鎮，有總兵官一人，統轄鎮標三營，兼轄夔州、綏寧二協及忠州等營。①向楚主編《巴縣志》記載，康熙十八年（1679）移重、夔鎮總兵於重慶，爲重慶鎮。

瑞恩，"恩"有誤爲"思"者，夔州通判，有一男名文芳。瑞恩應是滿族官員，史載不詳。

凌雲，奉節縣典史，史載不詳。

唐兆扶，原姓張，從先祖改姓唐，字鹿崖，綿竹人，唐樂宇第五子，嘉慶六年（1801）舉人。官蒼溪教諭，選敘州府教授，福建古田知縣，後任題跋時的職官"夔州府教授"②。其父唐樂宇與李調元等爲同窗好友。《四川通志》《綿竹縣志》有傳。因考證不詳，如《萬首清人絶句》誤"鹿崖"爲"鹿岸"，籠統記爲"嘉慶間舉人"③。

3.吴虁梅咸豐十年（1860）題記【校釋】

[1]咸豐庚申句：咸豐十年（1860），吴虁梅任職夔州。吴虁梅，自題爲"中州古蓼"人，即河南人。古蓼國有二，一在今河南固始縣東，一在今河南唐河縣南。史稱之爲"東蓼""西蓼"。光緒《遂寧縣志》記載，吴虁梅爲河南光州監生，同治十年（1871）任遂寧知縣。有《宜園記》一首④。光州，即屬固始所在的東蓼。

[2]張鐵華："鐵"，訛誤爲"銕"。據《隋開府儀同三司龍山公墓誌原石版本

---

① 劉子揚編著：《清代地方官制考》，紫禁城出版社，1988年，第218頁。
② 唐學鏞：《遂寧黑柏溝張氏家族的重要分支——綿竹唐氏家族源流世系探考》，載《張問陶研究文集》，團結出版社，2015年，第335頁。
③ 楊子才編：《萬首清人絶句》第2卷，崑崙出版社，2011年，第397頁。
④ 楊世洪主編：《遂寧縣志校注》，巴蜀書社，2019年，第675頁。

談》所見卷軸裝初原拓本有三方印章:"鐵華手拓印信""張尚浴印""號曰鐵華"。"年丈",猶年伯。

[3]按志載句:此志書指《宋書》,卷七十四記載臧質及其父臧熹,"父子俱巴東、建平二郡太守"。但從史實發生的時間判斷,臧姓一說不符史實。吳氏的"按志載,臧熹之子臧質,父子俱巴東、建平二郡太守,或即其人歟"?也不過是沒有實證的隨口之語,貽誤後人。

4.呂煇及何鼎元同治九年(1870)題記【校釋】

[1]同治九年句:同治九年(1870)六月十九日夔州府遭遇水災,此碑被淹後重裝。

[2]呂煇:字扉表,號宋郡,中州(河南永城)人。光緒《奉節縣志》有載。"煇"多釋爲"輝"字,但按下文的《信州舍利塔銘》中圖版作"煇"更符合當時用字。呂煇有《重修白帝城》等詩作多首。

[3]何鼎元:史載不詳。"典史"明清時爲知縣下掌管緝捕、監獄的屬官,如無縣丞、主簿,則典史兼領其職。

5.李化南等觀記【校釋】

[1]李化南:奉節縣教諭。今有《商邑楊家崗弟子敬之神碑》有廩生李化南撰文,落款爲"大清光緒貳年"①。或是同人。

[2]白恩佑:字叔啓,號蘭岩,綿上(山西介休)人。道光二十七年(1847)進士,曾任翰林院庶吉士、軍機處章京戶部給事中及湖南學政等職。題跋時官江南道監察御史。

[3]張方泳:太原人,翰林院庶吉士、工部主事。《明清進士題名碑錄》收錄於咸豐二年(1852)壬子恩科第二甲名錄中。②萬榮縣博物館有咸豐七年(1857)十二月葬《尋偉卿墓誌》爲其撰文。③

6.曹奎林等觀記【校釋】

[1]曹奎林:夔州卧龍山蓮峰書院主講。據道光《夔州府志》卷十七記載的《蓮峰書院章程碑記》,書院捐建於乾隆三十三年(1768),此觀款時間應在之後。

---

① 王興亞編:《清代河南碑刻資料》第八册,商務印書館,2016年,第137頁。
② 朱保炯等:《明清進士題名碑錄索引》,上海古籍出版社,1980年,第2810頁。
③ 張正明、王勇紅等主編:《明清山西碑刻資料選·續一》,山西古籍出版社,2007年,第285頁。

[2]督工句:有紳士王濟、陳沛澤,又《重慶卷》簡跋作"周邊有唐兆扶、白恩、張方泳、曹套林、陳沛鋒等題跋",其中"白恩"後脱一字,"曹套林"誤,"沛鋒"與"沛澤"不同,備參。

信州金輪寺舍利塔下銘　隋仁壽二年(602)四月八日立

奉節縣。清同治十二年(1873)奉節縣夔府舊城垣出土,石現存奉節縣白帝城東碑林。同時还出土石佛1尊、五株錢72枚。銘長52厘米,寬52厘米。碑陽分欄,石面殘泐嚴重。銘文正書,11行,行4至13字不等。

【釋文】

維大隋[1]仁壽二年歲次壬戌/四月戊申朔八日乙卯,/皇帝[2]普為一切法界幽顯生靈,/謹於信州[3]金輪寺[4]奉安[5]舍利,敬造靈塔,願/太祖[6]武元皇帝、元明皇太后、皇/帝、皇后、皇太子、諸王子孫等,并[内]外/群官[7],爰及[8]民庶,六道三塗,人非人/等,生生世世,值佛聞法[9],脱離苦空[10],/同昇妙果。/

大隋皇帝舍利寶塔下銘[11]。/

(《重慶卷》圖2/文197)

【附題記】

碑側刻同治十二年(1873)十月六日吕煇題記

同治癸酉[1]監修夔城,十月六日,掘土獲石佛一,妙相莊嚴。越日[2],復得石[弍]方,縱橫廣二尺許,中底/平凹,刻正書十一行,四邊凸寬寸餘,周列[3]小五銖錢七十二枚。上覆石内貯銅方盒,嵌木,安放金瓶[4],凝/松脂封固。匠氏[5]誤啟之,洩赤水熒熒,一粒如豆飛去,剔碑[6]諦視,乃"隋仁壽年金輪寺舍利塔下銘"也。字/兼唐初人筆法[7]。爰移置[8]白帝城廟壁,而供佛于龕。署奉節縣事永城吕煇[9]記,萬縣劉家薹[10]書。/

【簡跋】

　　這是本書收録的第一通塔銘類墓葬碑刻。《碑刻文獻通論》塔銘類記載："佛教僧侶埋葬，多建塔其上，主要用於供奉舍利、瘞埋僧人遺骨。唐代僧侶尸骸要焚燒，故又稱'焚身塔'；因塔爲方形，故又稱'方墳'；因塔上有龕，故又稱'龕坐'；因用石頭建造，故又稱'石室'，稱謂紛繁。將志銘嵌置於塔壁，或置於塔内，稱之爲'塔銘'，或稱'功德塔''浮屠銘''浮屠記'等。塔銘也是志墓之文。"《語石》説："釋氏之葬，起塔而系之銘，猶世法之有墓誌也。"因此，塔銘，在地表與碑同，在地下與墓誌同。

　　舍利塔是存放舍利子和經書的塔。"舍利塔銘"祇是塔銘中的一種。"舍利"主要有法身舍利和生身舍利二種：一即佛教經典；二即遺體火葬後固體結晶狀的特殊物質。通常所説的舍利子指第二種，泛指尊者高僧火化後的遺骨。禮拜舍利寶塔是人們表達對諸佛皈依和感恩的方式。

　　因此，瞭解建立信州塔銘的重要背景，是解讀本碑刻的關鍵。《隋唐佛教史稿》等有歷史層面的梳理，認爲"隋代佛史上之最大事件有二：一關中興佛法，一舍利塔之建立。"[①]而楊效俊的《隋唐舍利塔銘的内容與風格研究》《隋仁壽舍利塔形制試探》《隋唐舍利瘞埋制度的形成原因及特點》等文，詳細描述了隋唐舍利塔的全面概況。[②]《隋仁壽年間敕建舍利塔綜述》則詳細梳理了隋仁壽元年、二年、四年三次在全國諸州敕建舍利塔的記載，將其時代背景、建造詳情以及相關問題清晰説明。隋代大興佛教是由前期武周禁佛，而隋帝楊堅幼年成長於佛寺，政權更替後，在其主導下的復興佛教的盛大行動。《廣弘明集》卷十七收録仁壽元年六月十三日隋高祖《立舍利塔詔》、著作王劭《舍利感應記》、安德王雄等《慶舍利感應表》等。《舍利感應記》記載："皇帝昔在潛龍，有婆羅門沙門來詣宅，出舍利一裹……於是始作七寶箱以置之……皇帝以仁壽元年六月十三日……親以七寶箱奉三十舍利，自内而出，置於御座之案，與諸沙門燒香禮拜……乃取金瓶琉璃各三十，以琉璃盛金瓶，置舍利於其内，薫陸香爲泥，塗其蓋而印之。三十州同刻，十月十五日正午入於銅函、石函，一時起塔。"[③]《隋仁壽年間敕建舍利塔綜述》統計隋仁壽年間奉安舍利敕建靈塔有111處，現發現的塔銘均爲塔下銘，已有11處之

[①] 湯用彤：《隋唐佛教史稿》，中華書局，1982年，第7頁。
[②] 杜文玉主編：《唐史論叢》第14輯，三秦出版社，2012年，第12頁；杜文玉主編：《唐史論叢》第25輯2017年，第23頁；王雙懷、王宏海主編：《西安唐代歷史文化研究》，陝西人民出版社，2018年，第606頁。
[③] (唐釋)道宣：《廣弘明集》，《四部叢刊》影印明汪道昆本。

多。信州舍利塔,正是在北周滅佛、隋代興佛的歷史大背景下,列于仁壽二年第二批所刻立的五十一州塔銘之一。

結合出土信息與前人成果中出土塔銘的確切數據可知,目前出土的第一批塔銘是最多的,有雍、岐、同、青、交五州。其中交州塔銘是《隋仁壽年間敕建舍利塔綜述》中未提到的,2004年出土于越南北寧省順城縣知果鄉春官村,現藏越南北寧省博物館。① 第二批中目前祇有信州和潞州已經出土且可信度高,鄧州、與濟州二寺塔銘則有待再考證。第三批中出土的有宜州、廉州、梓州。按地域分布的話,四川重慶各有一州塔銘出土,占原本敕建州的五分之二。

其中第一批詔建的仁壽元年(601)六月十三日三十處之一《雍州仙游寺舍利塔下銘》,1998年10月在西安市鄠屋縣仙游寺法王塔出土,十枚仁壽佛舍利也燦然現世。此塔銘的特殊之處在於將隋唐再代的塔銘兩種合刻一石,正面爲隋仁壽元年(601)十月十五日塔銘,陰面爲唐開元四年地宫舍利重出,寺僧敬玄舍資重修靈塔,再刻銘文於背面而置於地宫的開元十三年十二月十五日的塔銘。二種前後相距一百一十五年。② 《全隋文補遺》録文爲:

"[舍利塔下銘/。]維大隋仁壽元年歲次辛酉/十月辛亥朔十五日乙丑/,皇帝普爲一切法靈,幽顯生/靈,謹於雍州鄠屋縣仙游寺/奉安舍利,敬造靈塔,願/太祖武元皇帝、[元][明]皇后,皇/帝、皇后,皇太子、諸王子孫等/,并内外群官,爰及民庶,六道/三塗,人非人等,生生世世,值/佛聞法,永離苦空,同昇妙果/。"③

"乙丑",《仙游寺法王塔的時代風格及地宫瘞埋舍利制度》《奉節最早發現佛舍利踪迹——信州金輪寺大隋皇帝舍利寶塔下銘出土記》④均誤釋爲"丁丑"。據《碑帖學基礎》⑤中圖版作 ,確作"乙"字。同一批現存的《青州勝福寺舍利塔下銘》⑥《鄧州大

---

① 王承文:《越南新出隋朝舍利塔銘及相關問題考釋》,載《饒學與華學第二届饒宗頤與華學暨香港大學饒宗頤學術館成立十周年慶典國際學術研討會論文集》,上海辭書出版社,2016年,第524—531頁。
② 林通雁:《仙游寺法王塔的時代風格及地宫瘞埋舍利制度》,載陝西歷史博物館刊編輯部編:《陝西歷史博物館館刊》第6輯,陝西人民教育出版社,1999年,第196—199頁。
③ 韓理洲輯校編年:《全隋文補遺》,三秦出版社,2004年,第425頁。注:此書首題有改動,"明元"實爲原碑誤刻,此書照録。今補充修訂。
④ 李江:《奉節最早發現佛舍利踪迹——信州金輪寺大隋皇帝舍利寶塔下銘出土記》,載《奉節文史資料選輯》第8輯,2001年,第88—91頁。
⑤ 喻蘭編著:《碑帖學基礎》,人民教育出版社,2011年,第30頁。
⑥ 王華慶主編;青州博物館編:《青州博物館》,文物出版社,2003年,第207—210頁。

興國寺舍利塔下銘》①《岐州鳳泉寺舍利塔下銘》②《交州禪衆寺舍利塔下銘》時間均爲"乙丑"。

《交州禪衆寺舍利塔下銘》釋文：

"舍利塔銘/。維大隋仁壽元年歲次辛酉十月/辛亥朔十五日乙丑/，皇帝普爲一切法界幽順生靈，謹/於交州龍編縣禪衆寺奉安舍利/，敬造靈塔，願/太祖武元皇帝、元明皇后、皇帝、皇/後、皇太子、諸王子孫等，并內外群/官，爰及民庶，六道三塗，人非人等/，生生世世，值佛聞法，永離苦空，同/昇妙界。/敕使大德慧雅法師、吏部羽騎尉/姜徽送舍利於此起塔。/"對此第一批塔銘中的"雍州""交州"二種可以發現，除了地點、寺院名稱等具體不同，在時間、用語上均一致，均是首題製文。

第二批，目前已經有《潞州梵境寺舍利塔下銘》清代光緒五年在長治出土後散佚，只著錄於《山右石刻叢編》卷三與《長治金石志》卷四等中。魯迅藏的六種摹本中正好有其摹錄，釋文：

[舍利塔下銘。]維大隋仁壽二年歲次壬戌四月戊申朔八日乙卯，皇帝普爲一切法界幽顯生靈，於潞州壺關縣梵境寺奉安舍利，敬造靈塔，願太祖武元皇帝、元明皇太后、皇帝、皇后、皇太子、諸王子孫等，并內外群官，爰及民庶，六道三塗，人非人等，生生世世，值佛聞法，永離苦空，同昇妙果。大隋皇帝舍利寶塔下銘。③

這是目前所見與《信州塔銘》同一批次出土的塔銘中最相似的，塔銘同爲尾題"大隋皇帝舍利寶塔下銘"，與第一批的首題完全不同。《潞州梵境寺舍利塔下銘》對於《信州塔銘》的文字釋讀問題裨益很多。除此之外，還有銘文相差較大的仁壽二年《鄧州大興國寺舍利塔銘》以及另一則不明的《舍利寶塔銘》拓本傳世，還有《栖岩道場舍利塔碑》可作爲同時文獻參考。④而仁壽四年第三批中還有《梓州舍利塔下銘》⑤，清晰拓本見藏於海外⑥，作爲巴蜀金石文化中僅存的另一通隋代舍利塔銘，內容形制均可參考。

《八瓊室》卷二十六對《信州塔銘》作了簡略考證，後繆荃孫《藝風堂文集》卷六有較詳細的《隋信州舍利塔下銘跋》。但繆荃孫誤稱第一次在"仁壽元年六月十二日"，提

---

① 隋代碑志編選組編：《隋代碑志百品》，新時代出版社，2002年，第160頁。
② 丁明夷：《佛教新出碑志集萃》，東方出版社，2016年，第59—64頁。
③ 李新宇、周海嬰主編：《魯迅大全集》24《學術編·魯迅輯校石刻手稿·碑銘》（下），長江文藝出版社，2011年，第320頁。
④ 駱兆平、謝典勛編著：《天一閣碑帖目錄彙編》，上海辭書出版社，2012年，第323頁。
⑤ 四川省地方志編纂委員會編：《四川省志·文物志》（上），四川人民出版社，1999年，第295頁。
⑥ 周欣平主編，柏克萊加州大學東亞圖書館編：《柏克萊加州大學東亞圖書館藏碑帖上圖錄》，上海古籍出版社，2008年。

前了一天①,且其當時所見存世者"唯同州、青州、鄧州與此而已"之説數量記載已經變化。但此銘的珍貴性無疑,畢竟現存者寥寥可數。今互參進行校釋。

【校釋】

[1]維大隋句:"維大隋仁壽二年歲次壬戌乙卯朔四月八日",是下舍利入函的時間。《慶舍利感應表》記載"仁壽二年正月二十三日,復分布五十一州建立靈塔,令總管、刺史已下,縣尉已上,廢常務七日,請僧行進教化打刹,施錢十文,一如前式。期用四月八日午時,合國化内同下舍利,封入石函。"

[2]皇帝句:"皇帝",指隋高祖楊堅。建塔銘之初心是"普爲一切法界幽顯生靈",比仁壽元年六月十三日《立舍利塔詔》中的"朕皈依三寶,重興聖教。思與四海之内一切人民俱發菩提,共修福業。使當今見在,爰及來世,永作善因,同登妙果。"更加簡明。

[3]信州:《隋書·地理志》:"巴東郡,梁置信州,後周置總管府,大業元年府廢。統縣十。……人復(縣),舊置巴東郡縣曰魚復,西魏改曰人復,隋開皇初郡廢,大業初置巴東郡。有鹽井、白鹽山。"人復縣治所在地即今白帝城,當時爲信州州治。

[4]金輪寺:此碑在縣城南地區發現,信州金輪寺當在這一帶。據《奉節最早發現佛舍利踪迹——信州金輪寺大隋皇帝舍利寶塔下銘出土記》一文稱:"城南原有光孝寺,晉時名鐵佛寺,隋唐名金輪寺,宋改爲光孝報恩寺,位置大概在今清净庵、福音堂一帶。"②

[5]奉安句:"奉安舍利,敬造靈塔","敬"與"奉"同義對文,但《重慶卷》誤釋"敬"爲"放",結合《仙游寺仁壽佛舍利塔下銘》《潞州梵境寺舍利塔下銘》等同句,確爲"敬"無疑。

[6]願太祖句:此處發願文言辭一般都是統一的。在祈願的家族人物上,可據《隋書·高祖本紀》記載:"(開皇元年二月)乙丑,追尊皇考爲武元皇帝,廟號太祖;皇妣爲元明皇后。遣八使巡省風俗。景寅修廟社。立王後獨孤氏爲皇后,王太子勇爲皇太子。"確定"皇帝、皇后、皇太子、諸王子孫等"爲隋文帝楊堅及獨孤皇后、太子楊勇等皇室人員。

---

① 繆荃孫著,張延銀、朱玉麒主編:《繆荃孫全集詩文》第1册,鳳凰出版社,2014年,第177頁。
② 李江:《奉節最早發現佛舍利踪迹》,載《奉節文史資料選輯》第8輯,2001年,第90頁。

[7]群官句：在《雍州仙游寺舍利塔下銘》《交州禪衆寺舍利塔下銘》等作"并内外群官"處，《信州塔銘》有泐蝕，《重慶卷》釋爲"并外郡官"。審核"并"字圖版作■，無疑，其後没有"内"字，直接爲"外"字。應是有漏刻，今補。"群"字，圖版作■，與"郡"在右部構件上形似易誤，應是同其他塔銘用語相同的"群"字，今正之。

[8]爰及句："爰"字，《八瓊室》《四川碑刻》闕，《重慶卷》補出，但句讀未斷。《奉節最早發現佛舍利踪迹》斷爲"六道三途，人、非人等"有誤。《佛教新出碑志集萃》注釋爲："'六道'，爲佛教所説衆生根據生前善惡行爲的六種輪回轉生的趨向，即地獄、餓鬼、畜生、阿修羅、人、天。'三途'指衆生死後墮入火途（地獄道）、血途（畜生道）、刀途（餓鬼道），也稱爲三惡趣、三惡道。'人非人'，歌舞天神似人而頭上生角，亦譯作人。"①也不太確切。據《普門品》中所説的觀世音菩薩有三十三化身，其中有"摩睺羅伽、人非人等身得度者"等等②，應是佛教中專用的一詞，不能拆分。

[9]值佛聞法："值"，《重慶卷》誤釋爲"俱"，圖版作■，應是"值"無疑。"聞"，圖版作■，《仙游寺舍利塔下銘》有的釋作"值佛問法"，"問"應是"聞"之誤。"值佛聞法"爲佛教常用語。河南龍門石窟蓮花洞《法恩造釋迦文佛像記》載："魏孝昌三年四月，法恩仰爲七世父母、所生父母、□養因緣眷屬，造釋迦文佛一區，願生生世世，值佛聞法，願願從心。"③又隋開皇十六年（596）《張元像造像記》有"值佛聞法，五道蒙恩"一句，圖版作■，可證。④

[10]脱離苦空："脱"字，圖版作■，《八瓊室》作"永"，《仙游寺舍利塔下銘》同作■；《四川碑刻》又作"衆"。從字形判斷，應是"脱"字，與《敦煌俗字典》相似。"空"，《重慶卷》釋"因"，誤。諦視圖版作■，上部構件一點尚存，與《仙游寺舍利塔下銘》"苦空"的■形似。不過，因石花干擾，一點若看爲石

---

① 丁明夷：《佛教新出碑志集萃》，東方出版社，2016年，第63頁。
② 董群釋譯，星雲大師總監修：《法華經》，東方出版社，2018年，第309頁。
③ 賀玉萍：《北魏洛陽石窟文化研究》，河南大學出版社，2010年，第169頁。
④ 辛茂順、張永强編：《蓬萊金石書法家集粹》，西泠印社出版社，2017年，第50頁。

花,則成"因"字,"苦因"與"苦空"又均爲佛學常見辭彙,一指肉體或思想上持續痛苦或失望(如疾病或損失)的原因;一謂人世間一切皆苦,凡事俱空。南朝·梁武帝《摩訶般若懺文》:"觀夫常樂我净,蓋真常之妙本,無常苦空,乃世祖之累法。"

[11]大隋句:"大隋皇帝舍利寶塔下銘"爲尾題,較《仙游寺舍利塔下銘》的首題"舍利塔下銘"更加完善。第一批的《青州勝福寺舍利塔下銘》還落款了敕使的"大德"以及一些官吏,有"孟弼書"題署,計有9人。從目前已出土的12件仁壽塔銘的銘文形制看,這樣的尾題不多見,多是不載敕使人物,有的如《交州塔銘》,祇記載了2人:"敕使大德慧雅法師、吏部羽騎尉/姜徽送舍利於此起塔"。應是因各州情況不一,儀式隊伍配制也不相同。

【附題記校釋】

同治十二年(1873)十月六日吕煇題記【校釋】

[1]同治癸酉句:該塔銘出土於同治十二年十月六日。"十",《八瓊室》《四川碑刻》作"七",圖版作 ![十], 從字形上看,"十"字更確,但也存在筆劃未剔出的可能,"七"也可疑。祇能根據其他史料確定,幸好有石佛同時出土,其底座有題記:"此隋金輪寺内石佛像也,不知何歲淹没。同治十二年十月六日掘地出土。爰商之邑宰吕公,供置白帝城廟内之文昌殿。時同觀者蒯君德同、薛君鏞,郭君全仁,張君夔廷,祁君明元。合肥孫昭烈記、李樹書。"確定是"同治十二年十月六日掘地出土","十"字無誤。"同時出土的石佛,現存白帝城西碑林,可惜頭手被毀,從服飾上看,刻工綫條簡煉、流暢大方。"①説明石佛的妙相莊嚴已經不存。

[2]越日句:"復得石式方"中"式",《八瓊室》《四川碑刻》作"一",應是包括了下文中説到的"上覆石,内貯銅方盒,嵌木"上的那方,從形制上看即入舍利的石函及其蓋,據塔銘高寬均約70厘米,即正方形石函,題跋中所記形制是"縱橫廣二尺許,中底平凹",刻正書"十一",《重慶卷》誤釋爲"十二",《八瓊室》《四川碑刻》均作"十一",且根據碑版細數也無疑是十一行。又"式"爲"二"的古字形,碑版訛爲別字作"式",今正之。

---

① 李江:《奉節最早發現佛舍利踪迹》,載《奉節文史資料選輯》第8輯,2001年,第90頁。

[3]周列:除石佛外,寬出之地還有"小五銖錢七十二枚"擺列其上,還有銅方盒、金瓶各一。

[4]金瓶句:"金瓶"中"金",《四川碑刻》《八瓊室》誤作"一"。金瓶外用凝松脂封固。

[5]匠氏句:"誤",《八瓊室》《四川碑刻》闕文,《重慶卷》據圖版補。"洩",《重慶卷》釋文作"泄",異體關係,但應如實照錄。"一粒如豆"即舍利子。"去",《八瓊室》作"去"、《重慶卷》作"上"、《四川碑刻》作"击",圖版明作,明顯"上"字下面的"厶"還在,《説文》:",去,人相違也。从大聲。凡去之屬皆从去。"且從下面的"厶"和字體比例看都絕非"飛上",應是"去"的異體字。且"飛上"不辭,"飛去"更合解。

[6]剔碑句:"剔",剪除;去除。剔碑對於碑刻學來説是訪碑中的重要一項。

[7]筆法:"唐初人筆法"中"人""筆"二字,《八瓊室》《四川碑刻》闕,從圖版看,"人"字清晰可見,"筆"字有石花干擾。

[8]移置句:信州塔銘在出土後被安置在"白帝城廟壁",今仍嵌在白帝城東碑林墻壁上。石佛當時即"供佛于龕",後遭到部分毀壞。

[9]呂煇:《八瓊室》作"煇",《重慶卷》釋爲"輝",異體關係。據圖版,應是"火"字旁更確。即《□質墓誌》同治九年(1870)的題跋者。

[10]劉家謩:"謩",爲"謨"的異體字,如"峯"與"峰"、"羣"與"群"等。劉家謨,字紀三,萬縣人。同治六年(1867)丁卯科解元。擅書,精金石篆刻,同治十三年(1874)成《漢印臨存》四卷。此題記爲其所書,正合。

冉氏家族墓誌

冉氏家族,據考古公布,有冉土司官陵墓群,又稱濯水官陵,位於重慶市黔江區土家族苗族自治縣濯水鎮蒲花社區12組筒車垻半山坡。1981年第二次全國文物普查時,尚有71座橢圓形封土堆等龐大規模的墓群,存有墓葬10座,多無墓碑,有字的碑文由於年代久遠,風雨侵蝕,也無法辨認。作爲目前發現的唯一可信的冉土司家族墓地群,對研究土司歷史、文化和葬俗有重要的考古價值[①]。由墓葬數量可知冉氏家族墓葬類碑刻本應衆多,惜現存者寥寥。現將自唐《冉仁才墓誌》至明代冉氏土司家族人物的六通墓葬碑刻集中校釋,繫聯史傳、文集、家譜等相關史料,對碑刻內容進行整理。

其一:

冉仁才墓誌　約唐永徽五年(654)葬

萬州區。1978年在萬縣東駙馬公社黃家山發掘出土,現藏四川省博物館。墓誌因長期水土浸蝕,誌文漫漶,泐蝕嚴重。墓主身份在考證後定爲唐冉仁才與其妻李氏。《冉仁才妻李氏墓誌》見下文。誌石青灰色,石灰岩質,無雕飾。長73厘米,寬68厘米,厚14厘米。誌蓋佚。志面有界格,陰刻。誌石正書,殘存約22行。

【釋文】

■/■王、南郡太守[1]。虹□□□□□□□[巴東郡公]■/■[巴]郡太守[2]、胡州刺史、開府儀同□□□□,隋[旭]州[刺]史■,/■隋漁陽郡丞[3]。皇朝上柱國、蜀[國公],■[信]州[刺]史■/■樂知歸。庇王塗於鄴梓[4]。收□是□□□□□君■/■排軒。闕里聞琴,贊天機於孔肆;□□□□。□□境於■/■之權□□輕輎□宏□於節□□□□□技於□□屬■/■勁草■/■聖毫社[5],遷岐[州刺史]■、[通議]大夫、巫山[公]■/■陽雲積蘖,召飛■於白帝。君精窮■/■詔封天水郡公[6]。尚漢南縣主[7]□□□□□□□□社寵擅穠華飛■/■月□而先鳴,彩鷁□庭騏雁驚■之勛。□上柱國■而警■/■仁於□閣。靜宿□於分帕。■於莊公■/■絕虎口。八年[8],起復本任。俄而鳳律襄周■五讓用■/。■貞觀[9]六年,除澧州刺史。十一年,遷袁州刺史■/■勝斯在。循良是寄。君弘茲簡約。載其■居/■賞溢,因感心疾。逮乎暮齒。服闕[10],除陵州

---
① 陳彤:《遇見灕水》,西南交通大學出版社,2017年,第6頁。

刺史■/■遷永州刺史。氾林[11]遐鎮，靈丘奧壤。川陸殷■/■劍君繩督禁暴。化行風偃。威駭三湘[12]，聲馳七■。/■[□□□□，□]展銜蘆之恩；陟屺風枝，遽動皋魚之疾。以■/■深輟相[□]。璽書弔賻[13]，事優恆典。太常■/■而神交。喻萬夫而翹首■/■。

（文：《全唐文補編》卷一百五十，第1828頁；圖：《四川地方窯研究論文選》第239頁）

【簡跋】

該墓誌的考古發掘成果内容以《四川萬縣唐墓》爲題，首先發佈於《考古學報》1980年第4期上，後又更新爲彩圖版收錄在《四川地方窯研究論文選》①，但釋文不夠完整。相對完整的祇有後出轉精的《全唐文補編》，釋讀出較多文字。《重慶卷》未收錄。據《全唐文補編》記載，"此志誌主，《考古學報》刊四川省博物館文，據《夔州志》，考定爲永徽三年去世之永州刺史冉仁才，可信。兹據擬題。"②

冉仁才除了出土墓誌，還有一《唐永州刺史冉仁才碑》，在《寶刻叢編》卷十九《萬州》引《復齊碑錄》中有存目："唐張昌齡序，李崇真行書，弟子恂書名，龍朔三年二月十二日立。"此墓碑是該支冉氏家族最早的碑石，惜碑石在立後不久就亡佚。又有冉仁才季子《冉寔神道碑文》，原名爲《唐河州刺史冉府君神道碑》，未見出土，只載於《文苑英華》卷九百二十和四庫全書本《張燕公集》卷十九，後《全唐文》卷二百二十八亦收錄此文。碑文是否刻石尚不明確，在傳抄中有訛"冉"爲"册"之誤。又明嘉靖二十年(1541)酉陽宣撫司冉元重修冉仁才墓時所立墓碑，也未見拓本與碑石，但存《重修冉仁才碑文》，由高公韶撰文，部分内容節略記載於道光《夔州府志》，民國《萬縣志》等。由此可知，冉仁才至少有三通墓葬碑刻：一是19世紀80年代和妻李氏一起出土的墓誌，刻立年代應在其永徽三年(652)九月下葬之際，考古報告誤稱是"永徽五年"；一是有刻石，但較早亡佚的冉仁才碑，龍朔三年(663)二月十二日立於墓前；一是後代子孫冉玄爲其重修的墓碑，明嘉靖二十五年(1546)因前碑亡佚而重修，立于墓前。

除此之外，還有其子孫後代的墓誌，有傳世記載的，有已經出土的。但祇有出土墓誌係第一手文獻，傳世碑刻文獻與家譜史料中的記載存在衆多差異，需相互參校考

---

① 四川博物院編：《四川地方窯研究論文選》，巴蜀書社，2015年，第234—244頁。
② 陳尚君輯校：《全唐文補編》，中華書局，2005年，第1828頁。

證。特別是冉氏家譜有多種，內容有的地方相互牴牾。據《石柱冉氏家譜》梳理，冉氏家譜有百余種，其中最早的家譜是明萬曆十六年(1588)冉維屏、冉維功合纂的《冉氏忠孝譜》，簡稱"萬曆酉譜"，此後還有三種①。而此種又被記載稱《咸豐冉氏家譜》二卷，"由咸豐縣冉維屏撰寫于清道光二年(1822)。記述酉陽、咸豐冉氏土家族源流世系"，原件藏湖北咸豐縣檔案館②。又《萬曆冉氏族譜》無全譜傳世，僅有譜序及忠孝世家傳等爲乾隆時所修《忠孝譜》抄録"③。由此可知，"冉維屏"有"明萬曆十六年冉維屏"和"清道光二年咸豐縣冉維屏"二說，必有一誤。而"乾隆酉譜"，全稱是《酉陽土家族冉土司家譜》，據稱有乾隆五十五年(1790)刻本。但目前所見，與《四川省檔案館館藏族譜輯要》所收兩種冉氏族譜對較：一是2007年由渝黔冉氏宗親編纂委員會修訂的《冉氏族譜》二册④；一是1990年由冉隆衡翻録的《酉陽土家族冉土司家族忠孝譜》，此種即"乾隆酉譜"的複製本。《四川省檔案館館藏族譜輯要》中《冉氏族譜》二册條下稱，此支入川始祖爲"冉彩鸞"。但從"氏族源流""氏族重要人物"中判斷，"冉彩鸞"即冉仁才；又稱有明萬曆十四年(1586)冉朝安《冉氏族譜》、清乾隆二十三年(1758)冉成崑續編族譜，還有民國二十六年、三十一年兩次編纂的族譜，共經歷四次修訂。其中"明萬曆十四年(1586)冉朝安《冉氏族譜》"與前文記載的"明萬曆十六年(1588)冉維屏、冉維功合纂的《冉氏忠孝譜》"又出現時間相近但題署人不同，必有一誤。《酉陽土家族冉土司家族忠孝譜》條下則記載，乾隆五十五年(1790)修撰的《乾隆酉譜》係據乾隆元年(1736)氏族末代土司之子所携官譜而成，其時已經改土歸流，"此譜帶有民間色彩"，但又稱均"與官譜無异"，有些矛盾；并稱在《乾隆酉譜》之前有明萬曆十六年(1588)《忠孝譜·萬曆酉譜》，由來知德作序；還有清康熙六十一年(1722)《忠孝譜·康熙酉譜》，由劉之益作序。除此之外，《巴渝文獻總目》還收録冉崇文纂《同治冉氏家譜》十二卷，有同治年間木刻本，原藏酉陽冉光大家，現藏酉陽縣圖書館。另《奉節縣志》記載，還有冉自昌編《光緒奉節冉氏族譜》，清光緒六年成書。可見，僅清代以前的冉氏族譜種類就非常雜蕪，舊譜的真實性問題也未有考證。此後各書在引用時，因無法見到文獻原本，文字錯誤百出。因此，對於家譜中記載的信息，使用時需要注意辨别。

---

① 重慶市石柱冉氏族譜續修委員會編印：《石柱冉氏族譜》，2008年，第5頁。
② 王平：《咸豐冉氏家譜》，載《土家族傳統文化小百科》，岳麓書社，2007年，第34頁。
③ 冉文，段超：《明故明威將軍酉陽宣撫司宣撫使冉君(儀)墓誌銘疏證》，《三峽論壇》2020年第1期，第86—101頁。
④ 徐宏主編：《四川省檔案館館藏族譜輯要》，西南交通大學出版社，2016年，第66—75頁。

對於《冉仁才墓誌》的梳理與考證，在《四川萬縣唐墓》這一考古公布基礎上，有《也談四川萬縣唐冉仁才墓》[1]《對冉仁才生平的幾點認識》[2]等補充考證較多，史料逐漸清晰，但各文對殘泐墓誌的補闕還不足，考證結果也尚有可商榷之處。本書對各種相關文獻彼此發明，以期考證更加準確詳實，提供全面準確的冉氏家族碑刻整理成果。

墓主冉仁才，名諱均缺，歷官也祇是斷斷續續略有記載。《重修冉仁才碑文》載"公諱仁才，字徵文，資性英勇。"《冉氏族譜》記載氏族源流時，提到有"冉彩鸞是比較明確的先祖。彩鸞爲唐岐州刺史，武德四年，因敕入川，加授渝州刺史、榮祿大夫。冉彩鸞孫冉渝峰，唐上元間岐州刺使。"[3]從歷官判斷，"彩鸞"即是冉仁才無疑，不知是否爲其小名。又《冉仁才墓誌》中有"彩鶮■庭騏雁鷟■之動"句，"彩鶮"與彩鸞形似。今存疑。又陳尚君《馬冉與冉仁才》考證，有"馬冉"爲冉仁才訛誤之名。《全唐詩》卷七百二十七據《方輿勝覽》卷五十九"岑公巖"條收錄唐刺史馬冉詩："南溪有仙澗，咫尺非人間。冷冷松風下，日暮空蒼山。"《輿地紀勝》卷一百七十七也收此詩，且"人間"下多出二句，作"龍向葛陂去，鶴從遼海還。"岑公岩，即萬州岑公洞。《方輿勝覽》卷五十九記載其"在大江之南，廣六十餘丈，深四十餘丈。石巖盤結若華蓋，左右方池，有泉涌出，岩檐遇盛夏注水如簾，松篁藤蘿，蓊蔚葱翠，真神仙窟。"詩作是否完整難以判斷，但其名諱則十分重要。《唐音統籤》卷八百五十八、《全唐詩》卷七百二十七稱，馬冉爲唐末萬州刺史。陳尚君認爲此事"唐末未見確證，《全五代詩》卷五十九錄作後蜀卞震詩，大誤"。"又有跋云'既曰馬冉仁才，故又謂曰馬仁才。按《思州圖經》，有招慰使冉安昌，則周時有，唐亦有人姓冉，不可謂姓馬也。'"故二名實爲一人，即"冉仁才，萬州人，太宗至高宗初人"[4]。本書認爲此判斷更準確。

【校釋】

[1] 南郡太守句：因墓誌殘泐闕文較多，但從文意判斷，前部分應是介紹墓主名諱籍貫和家族譜系中先祖名諱與歷官。祇有結合比勘傳世文集記載的《冉寔神道碑文》和明代《重修冉仁才碑文》中的對應信息，才能將泐蝕嚴重的《冉仁才墓誌》文獻補充完整，對比表如下：

---

[1] 蒙默：《也談四川萬縣唐冉仁才墓》，《四川文物》1989年第1期，第3—6頁。
[2] 陳劍：《對冉仁才生平的幾點認識》，《四川文物》1990年第4期，第64—69頁。
[3] 徐宏主編：《四川省檔案館館藏族譜輯要》，西南交通大學出版社，2016年，第67頁。
[4] 陳尚君：《馬冉與冉仁才》，《中華文史論叢》2018年第3期，第92頁。

《冉仁才墓誌》	《重修冉仁才碑文》	《冉寔神道碑文》
	粵唯冉氏本高辛氏之裔，遠有代序，歷周漢魏分散，扶疏鄒魯、河南不一厥居。自公鼻祖諱道周，尚齊南康公主，封睢陽公，假節鉞都督信州軍事，遂家信州。信州，今夔府也。	五代祖睢陽公諱道周，尚齊南康公主，位平南將軍、散騎常侍、荊州刺史、信州都督。
■/■王、南郡太守。虹□□□□□□□[巴東郡公]■/	曾祖諱軫，仕梁太子左內率，荊州刺史，巴東郡公，有善政。	高祖諱軫，仕梁太子左內率、荊州刺史。齊梁之間，荊巫重鎮，世善其職，江漢宜之。
/■[巴]郡太守、胡州刺史、開府儀同□□□□，隋[旭]州[刺史]■/	祖義城公諱黎，在梁假節鉞、雲麾將軍，巴東郡公。入周，拜驃騎開府儀同；至隋，為旭州刺史。	曾大父義城公諱黎，在梁雲摩將軍、[胡]州刺史，入周拜驃騎開府儀同，至隋開皇中為旭州刺史。
/■隋漁陽郡丞。皇朝上柱國、蜀[國公]，■[信]州[刺]史■/樂知歸。	考諱安昌，開府儀同三司，平城縣開國公、漁陽郡丞，隋末據保巴東，入唐封上柱國公、蜀國公，兼管山南道大行軍總管，後改封黃，綬(授)信州刺史。奉命招慰黔州生獠，奏置婺川，通羊舸，築防城，開拓思夷等州，肇基世業，卒，贈都督十八州諸軍事，諡莊肅。	大父黃國莊公諱安昌，隋啓平城，祚之穀壁；唐分蜀國，瑞以桓珪。其後改封於黃，授信州刺史，歷潭州總管，贈夔州都督。

　　由《冉仁才墓誌》殘留文字有兩個隋代職官相連倒推確定身份，中間"/■[巴]郡太守、胡州刺史、開府儀同，□□□□，隋[旭]州[刺史]、■/"一行至少四個官職名稱連成一體，應是一個祖先的歷官，有仕隋前後的區別。後面"/■隋漁陽郡丞。皇朝上柱國、蜀[國公]，■[信]州[刺]史■/"，又為另一祖先仕隋與入唐的歷官。除此之外，前部分應是至少還有一位祖先名諱與歷官。對比表格後，確定是第三人為冉仁才父冉安昌，第二人為祖父冉黎，第一人為曾祖冉軫。

曾祖冉軫,歷官"南郡太守",即"荆州刺史"。"南郡",據《漢書·地理志》記載,南郡,秦置,王莽時曰南順,屬荆州(今湖北荆州)。至唐,更名爲江陵郡,後爲江陵府。而《全唐文補編》釋文的"郎分"應是"郡公"的訛誤,前二闕字應是"巴東",無疑。

[2]巴郡太守句:"■郡太守"前可補出一闕字是"巴"字,冉黎爲"巴東郡公",且又定居信州,應是。"胡州刺史",《冉寔神道碑文》作"湖州刺史",二者祇有一個正確。考"湖州"在江南一帶,而冉氏先祖自冉道周起遂家信州;三位先祖的歷官也幾乎均在偏遠之地,無處江南之説,應是"胡"更確切。文集記載中用字多有錯誤。而"胡州刺史"的"胡"所指州縣不明,正史中記載至唐才正式建置有"六胡州",是專門管理粟特人(昭武九姓胡人)移民的魯、麗、塞、含、依、契六州的統稱。説明此"胡州"祇是泛指少數民族聚居的州縣,非特指。祖父冉黎先仕梁,再仕周,後入隋。

祖父冉黎,仕梁爲假節鉞、雲麾將軍,巴東郡公;入周,拜驃騎開府儀同;至隋,爲旭州刺史。《冉仁才墓誌》"儀同"後二闕字可根據職官稱謂補出"三司"二字,也可能與其他二碑文同無"三司"二字。中間五個闕字應是另一仕周的官職,今仍闕如。其後"隋[旭]州[刺史]■/",對比二碑文後補充。"旭",《全唐文補編》釋爲"恒",覆核圖版作,釋爲"旭"字,右部構件也相合。"旭州",北周所置,即今甘肅碌曲一帶。《周書·武帝紀》載,建德六年(577)六月,於河州雞鳴坊置旭州。《隋書·地理志》亦載:"洮源,後周置,曰金城,并立旭州。"

[3]隋漁陽郡丞句:據傳世碑文知,冉仁才父冉安昌,仕隋任漁陽郡丞,仕唐封爲上柱國公、蜀國公,後改封黃,授信州刺史。因此,墓誌"皇朝上柱國"下可補充爲"蜀[國公],■[信]州[刺]史■/","史"前闕一字,可補爲"刺","信州刺史",同上述職官用法。"漁陽郡",古冀州地,唐代曾將原薊州地改曰漁陽郡。

[4]庀王塗句:由此句開始重點對墓主冉仁才叙述。初仕"庀王塗於鄠梓",應是仕隋時。"王塗"亦作"王途",本指天子殿陛,後借喻仕途。"鄠",故地在今陝西省户縣北。"梓",在今四川省三臺縣一帶。之後的歷官因闕字不完

整,但通過對比傳世碑文和家譜等史料,可以確定大概的歷官時間與具體職官名稱。

《冉仁才墓誌》	《重修冉仁才碑文》	《冉寔神道碑文》
■	公諱仁才,字徵文,資性英勇。	烈考天水郡果公,諱仁才。
遷岐[州刺史]■、[通議]大夫、巫山[公]■	大業末,以功授通議大夫。義寧二年,平綠郎有功,秩金紫光祿大夫、荊(涇)州刺史、封巫山公。	秩金紫光祿大夫,婚皇室漢南縣主,經(涇)、浦、澧、袁、江(江陵)、永,凡六州刺史。
/■陽雲積孽,召飛■於白帝。君精窮■/■詔封天水郡公。……□上柱國■而警■/仁於□閣。	唐武德二年,詔加前開國食邑,持節浦州諸軍事、浦州刺史。武德四年克定偽亂,拓土聚民,功勳頗著。	
八年,起復本任。俄而鳳律襄周■五讓用■/。	丁外艱,有詔起任。	
■貞觀六年,除澧州刺史。十一年。遷袁州刺史■/■勝斯在。	貞觀六年遷澧州。十三年改袁州,內艱,闋除江州。	
服闋,除陵州刺史■/■遷永州刺史。	永徽二年入朝,優詔遷使,持節永州刺史。	
■	……三年九月四日薨於永州。得年五十有八(年五十六)。訃聞,賻贈有加,太常考行節惠,諡曰果,五年歸葬萬州南浦之萬輔山。舊有龍朔碑,《一統志》可考也。	

[5]毫社句:"岐"後可補"州刺史"三字;"大夫"前補出"通議";"巫山"後爲"公"。"岐州",即隋扶風郡,舊置岐州,以境內有岐山而得名,後周名三龍縣,隋開皇十六年(596)改名岐山縣。《漢書·地理志》載:"岐山,在扶風美陽縣西

北。""通議大夫",文散官名。隋始置。唐爲文官第七階,正四品下。"巫山公"爲封爵,與後文的"/■陽雲積孽,召飛■於白帝。君精窮■/"中以"白帝"代稱今重慶奉節巫山一帶相呼應。

《重修冉仁才碑文》記載,義寧二年(618)冉仁才因平綠郎有功,秩金紫光禄大夫、涇州刺史、封巫山公。義寧二年即唐武德元年,此年三月隋煬帝被縊殺,史稱"江都事變",五月隋恭帝禪位給唐高祖李淵,改元。"平綠郎有功",戰事不明。而冉仁才所刺州名在傳世碑文中也存異說。"涇州",在《石柱冉氏族譜》所梳理的《重修冉仁才碑文》中作"荆州",《冉寔神道碑文》作"涇、浦、澧、袁、江、永,凡六州刺史",但也有異文:《文苑英華》卷九百二十①、《全唐文》卷二百二十八本均作"涇";四庫全書本《張燕公集》卷十九"涇"作"經",又"江"作"江陵"。②"荆州"明確有誤,"涇州"正確,又形似訛誤爲"經州"。《冉仁才墓誌》闕字補充後,確定冉仁才曾封爵巫山公。因此,《對冉仁才生平的幾點認識》認爲:"生前曾受封'巫山公'、'巫山開國公'的,就絶非冉仁才,而應是冉安昌。這些封爵係隋朝時事,唐是不會繼續承認的。依'父死子繼'的爵位繼承制度,冉仁才也不可能承襲這些爵號。因此,可以認定,明高公韶《冉公墓誌銘》和民國《萬縣志》所記冉仁才生平事迹中的爵秩,是基本不實的。"③這一說法有誤并且據後文考證知,明代高公韶撰寫的不是"墓誌銘",而是墓碑;并且是冉玄請來撰寫的,所據應是有明代的譜牒爲證,不會全然有誤。

[6]天水郡公句:天水郡公,晋始置,亦稱開國郡公,歷代因之。《重修冉仁才碑文》載:"唐武德二年,詔加前開國食邑,持節浦州諸軍事、浦州刺史。武德四年克定僞亂,拓土聚民,功勛頗著。""前開國"即墓誌中的天水郡開國公食邑;"持節浦州諸軍事、浦州刺史"是墓誌中殘缺部分。武德四年(621)冉仁才"克定僞亂",指平定王世充,因功詔封天水郡公。開國食邑,即北魏在吸收兩漢魏晋政治制度後建立起一套頗有特色的封爵食邑制度。除王外,另有公、侯、伯、子、男五等爵位。《魏書》卷一百一十三記載天賜元年(404)道武

---

① [宋]李昉等:《文苑英華》,中華書局,1982年,第4845頁。
② [唐]張說:《張燕公集》,載《四庫唐人文集叢刊》,上海古籍出版社,1992年,第155頁。
③ 陳劍:《對冉仁才生平的幾點認識》,《四川文物》1990年第4期,第63頁。

帝依爵號賞賜臣吏，"十二月詔始賜王公侯子國臣吏，大郡王二百人，次郡王、上郡公百人，次郡公五十人，侯二十五人，子十二人，皆立典師，職比家丞，總統群隸。"墓誌所載"天水郡公"即"唐武德二年詔加前開國食邑"之時所賜。

《冉寔神道碑文》中記載歷官爲"烈考天水郡果公"，比出土墓誌多出一"果"字，據《重修冉仁才碑文》知其卒後，"訃聞，賻贈有加，太常考行節惠，諡曰果"，"果"是諡號。

[7]尚漢南縣主："尚"，專指娶公主等宗室女子爲妻。東漢時，帝女皆封縣公主。隋唐以來，諸王之女亦封縣主。"漢南縣主"後被《重修冉仁才碑文》訛爲"郡主"，稱"夫人漢南郡主，居人至今相傳爲冉駙馬墳云，從俗稱也。"《冉氏族譜》也本此説。但"郡主""縣主"在唐代還是略有差別。《舊唐書·職官一》載，從第五品下階有駙馬都尉，武散官，唯尚公主者授之。"《舊唐書·職官二》載："凡外命婦之制，皇之姑封大長公主，皇姊妹封長公主，皇女封公主，皆視正一品；皇太子之女封郡主，視從一品；王之女封縣主，視正二品。"若唐制太子之女爲郡主，縣主爲親王之女，那麼"天水郡公尚漢南縣主"即表明冉仁才娶了皇家親王之女，非公主李氏。但出現這種"冉仁才真正的官位爵秩就較高公韶和《萬縣志》所記低多，《冉公墓誌銘》和《萬縣志》實有不少不實之説。"也是後世子孫提高家族地位的常見現象。婚配時間，據《重修冉仁才碑文》載武德四年(621)之後有"丁外艱，有詔起任"。由此確定是武德五年有其母亡歿守孝之事，三年後官復原職。又據《重修冉仁才碑文》載："唐武德二年詔加前開國食邑，持節浦州諸軍事、浦州刺史。"其婚嫁之時也在此時後不久。

[8]八年句：此"八年"係武德八年(625)，正好下接"貞觀六年"紀年。

[9]貞觀句：冉仁才進入貞觀後歷官有"■貞觀六年，除澧州刺史。十一年，遷袁州刺史■/■勝斯在。"《重修冉仁才碑文》載"貞觀六年遷澧州。十三年改袁州。"在貞觀六年(632)任澧州刺史一職上記載一致，但在遷袁州刺史上時間記載相差二年，"一""三"形近，因圖版磨泐，無法確定。

據《冊府元龜》卷一百一十七《帝王部》記載，貞觀十八年(644)唐太宗征遼海一戰中有歷官爲開州刺史、汾州刺史的冉仁德參與其中。《新唐書·高麗傳》中也記載冉仁德和江夏王李道宗同時爲伍。《東北地方民族史證》"冉仁德"條，先疑冉仁德爲冉仁才之兄，又認爲："從《姓纂》、張説《唐河州刺史冉府君神道碑》《太平御覽》等古籍中鈎稽出其身世大概來，知其爲唐初冉安昌之子。冉仁德先祖冉伽珍在陳已爲南康太守、巴東王，或疑其久已漢化，按凡例所定蕃將標準，且冉仁德是以汾州刺史身分從征高句麗的，似已脱離部落，當目爲漢人。予以其父在唐初保據一地，所據之地又爲蠻族聚居地，冉仁德又曾任開州刺史；唐太宗親征之役，水軍多將領用南方人，即以其諳水戰，且能領鄉兵作戰，冉仁德的部下，相信也和龐孝泰一樣，有部分鄉兵，故仍列入蕃將内。……"①雖然有《新唐書》《册府元龜》等簡略記載冉仁德，但其是否爲冉仁才兄長，冉安昌之子，并無明確記載。從目前《冉仁才墓誌》看，其中未記載其兄長之事，也無刺開州、汾州之事，基本排除了是"冉仁才"名諱訛誤的可能。但具體是家族人物，還是同一姓氏，無法確定。

[10] 服闋句："服闋"指守喪期滿除服。之後《冉仁才墓誌》記載刺"陵州"，但據《重修冉仁才碑文》載，貞觀十三年(639)袁州刺史後，"内艱，闋，除江州。永徽二年(651)入朝，優詔遷使，持節永州刺史"。在刺永州任上，墓誌與傳世碑文記載一致。"陵州"與"江州"，還有四庫全書本《張燕公集》卷十九的異文"江陵州"，三者必祇有一個準確答案。"江州"，隋唐時爲九江(今江西九江)，與巴縣的漢代舊稱"江州"所指不同；而"江陵"，前身爲楚國國都"郢"，漢朝起長期作爲荊州的治所。本書認爲應是以墓誌爲準。即《冉寔神道碑文》記載冉仁才先後統任六州應改爲"涇、浦、澧、袁、陵、永，凡六州刺史"。現將幾州的具體位置，根據《讀史方輿紀要》梳理如下：

"涇州"，今甘肅涇川地。漢曰安定郡，北魏置州，隋、唐因之，亦曰安定郡，領安定等縣五。

"浦州"，爲萬州舊名，即重慶萬州區。漢巴郡地，唐武德二年(619)置南浦州，八年曰浦州，貞觀八年(634)曰萬州，亦曰南浦郡，領南浦等縣三。天寶又改爲南浦郡。②此地正是《方輿勝覽》卷五十九冉仁才賦詩的"岑公

---

① 姜維東、劉矩：《東北地方民族史證》，吉林大學出版社，2005年，第224頁。
② [元]劉應李原編；詹有諒改編；郭聲波整理：《大元混一方輿勝覽》，四川大學出版社，2003年，第290頁。

巖"所在地。"浦",文苑本《冉寔神道碑文》同,但《張燕公集》本作"蒲",誤。"蒲州",治今山西臨猗縣臨晉鎮。

"澧州",今湖南常德澧縣地。漢武陵郡地,隋曰澧州,唐因之,亦曰澧陽郡,領澧陽等縣五。

"袁州",今江西省宜春市。漢豫章郡地,隋置袁州,唐因之,亦曰宜春郡,領宜春等縣三。唐武德五年(622)復改宜春郡爲袁州。

"陵州",今四川省仁壽縣境。北周孝閔帝元年(557)始置陵州,隋改隆山郡,唐武德元年改爲陵州。

"永州",治今湖南省永州市零陵區。漢曰零陵郡,隋曰永州,唐因之,亦曰零陵郡,領零陵等縣三。唐武德四年(621)廢零陵郡,分置永州、營州。

[11]氾林句:"氾林遐鎮,靈丘粵壤。"指較遠之地。"氾林",廣布的森林。《山海經·海內北經》:"昆侖虛南所,有氾林方三百里。"袁珂校注:"蓋亦以'林木泛濫布衍'(《海外南經》郭璞注)而得名,其義則氾林也。""君繩愆禁暴,化行風偃。"指墓主冉仁才公正嚴明,有教化蠻夷令其歸順之功。"繩",指糾正;彈劾。《書·冏命》:"繩愆糾謬,格其非心,俾克紹先烈。"孔穎達疏:"木不正者,以繩正之,繩謂彈正。""風偃",比喻臣服,順從。

[12]威駭三湘句:此處斷句與闕字可明確數量。"三湘"泛指湘江流域及洞庭湖地區。與冉仁才生活時代大概一致的李白有《江夏使君叔席上贈史郎中》詩:"昔放三湘去,今還萬死餘。""銜蘆",本指口含蘆草,是大雁用以自衛的一種本能。"皋魚",人名,用作人子不及養親的典故。

[13]璽書弔賻句:墓誌載冉仁纔在遷永州刺史後,關鍵信息全缺失。但從所接"以■/■深輟相[□]。璽書弔賻,事優恒典……"等判斷,闕文處即卒年信息,卒後有官葬。冉仁才的卒葬時地,見下文《重修冉仁才碑文》校釋。

其二：

冉仁才妻李氏墓誌　約唐永徽五年(654)葬

萬州區。1978年在萬縣東駙馬公社黃家山發掘出土。誌石和誌蓋均爲正方形，長73厘米，厚14厘米。誌面也爲方格楷書，誌文殘留僅十餘字。

【釋文】

■[萬]州南浦縣萬[1]輔山■/

■而□□蘭堂有僾[2]□□■/

■□□徽於景末□□■/

■□皇姬□■/

【簡跋】

《全唐文補編》稱"另出一石，應爲冉仁才夫人漢南縣主志。僅存'州南浦縣萬輔蘭堂有僾、徽於景末、皇姬'等字，不另錄"①。但通過考釋可以確定文字是有葬地信息的，今簡要校釋。

【校釋】

[1]南浦縣：墓誌殘存部分大致是卒葬信息後的序文與銘文內容。殘存字形，結合《重修冉仁才碑文》作"歸葬萬州南浦之萬輔山"，應是葬地信息"萬輔山"無疑。蜀漢建興八年(230)撤銷羊渠縣改置南浦縣(治今萬州區南岸)。大業三年(607)省，并入巴東郡。武德二年(619)置南浦州，八年(628)改爲浦州。貞觀八年(634)又改爲萬州。據此可補"州"前闕字爲"萬"字。

[2]蘭堂：芳潔的廳堂。廳堂的美稱。是指稱女性品性的詞彙。

---

① 陳尚君輯校：《全唐文補編》，中華書局，2005年，第2882頁。

附：

冉仁才碑　唐龍朔三年(663)二月十二日立

(唐)張昌齡序,李崇真行書,弟子恟書名

(《寶刻叢編》引《復齋碑錄》存目)

【簡跋】

張昌齡(？—666),冀州南宮(今河北南宮縣)人。進士。歷任長安縣尉、襄州司戶,位終北門修撰。《舊唐書·文苑傳》有傳。

李崇真,生平不詳。《太平御覽》卷八載《廣古今五行記》曰:"唐光宅中,李崇真任益州刺史,後爲兵所殺。"光宅元年(684)任職益州,與此碑刻立相距二十年。

"弟子恟",所指不明。

附：

重修冉仁才碑文　明嘉靖二十五年(1546)三月立

(明)高公韶撰文,劉仕元篆額,夏國孝書丹

【録文】

唐金紫光禄大夫、天水郡開國公、果冉公之碑

重修唐金紫光禄大夫、天水郡開國公、食邑三千户、永州刺史、謚果冉公神道碑

賜進士第、通議大夫、户部右侍郎、前都察院右副都御史,奉敕巡撫江西等處地方、内江三峰高公韶撰

賜進士第、嘉議大夫、都察院右副都御史、奉敕巡撫貴州等處地方、古彭丹崖劉仕元篆

賜進士第、南京户部、福建司員外郎、涪陵冠山夏國孝書

嘉靖十九年[1]庚子八月，酉陽司宣撫冉玄既奉詔，重修其三十五世祖唐金紫光禄大夫、天水郡開國公、食邑三千户、持節永州刺史果公之墓。遣其屬吏持狀，因内地前鄉進士寅[2]來謁，余時[3]省斂山中，兼葺掃先侍郎公松楸，辭不暇。進士重為之言[4]：宗易高祖冉廷輔公嗣時，先王父京兆府君適在垣，與講親族，自時厥後，敦睦有加。酉陽之人到内江，内江之人到酉陽，必留止，叙家人情，禮道於今不替，先生所知也。矧其讀書好禮，嘗刲股以療父疾，采木克供公需，人稱其孝。監司將以精忠，要非世禄可概者乎？余以外氏誼不可峻據，使再至乃受其狀而按之。

粵唯冉氏本高辛氏[5]之裔，遠有代序，歷周漢魏分散，扶疏鄒魯、河南不一厥居。自公鼻祖[6]諱道周，尚齊南康公主，封睢陽公，假節鉞、都督信州軍事，遂家信州。信州，今夔府也。曾祖[7]諱軫，仕梁太子左内率、荊州刺史、巴東郡公，有善政。祖[8]義城公諱黎，在梁假節鉞、雲麾將軍，巴東郡公；入周，拜驃騎，開府儀同；至隋，為旭州刺史。考諱[9]安昌，開府儀同三司，平城縣開國公、漁陽郡丞，隋末據保巴東，入唐封上柱國公、蜀國公，兼管山南道大行軍總管，後改封黄，[授]信州刺史。奉命[10]招慰黔州生獠，奏置婺川，通牂牁，築防城，開拓思夷等州，肇基世業，卒，贈都督十八州諸軍事，謚莊肅。

公諱[11]仁才，字徵文，資性英勇。大業末，以功授通議大夫。義寧二年，平緑郎有功，秩金紫光禄大夫、涇州刺史、封巫山公。唐武德二年，詔加前開國食邑，持節浦州諸軍事、浦州刺史。武德四年，克定偽亂，拓土聚民，功勛頗著。丁外艱，有詔起任。貞觀六年，遷澧州。十三年，改袁州。內艱，闋除江州。永徽二年，入朝，優詔遷使，持節永州刺史。三年[12]，九月四日薨於永州。得年五十有八。訃聞，賻贈有加，太常考行節惠，謚曰果。五年[13]歸葬萬州南浦之萬輔山。舊有[14]龍朔間碑載，在《一統志》可考也。距今將千年矣。憾斷泐無存。夫人漢南郡主[15]，居人至今相傳為冉駙馬墳云，從俗稱也。子諱實[16]，河州刺史，象賢濟美。夫人金城郡君[17]，合葬河南定鼎[18]。原張燕公説題具[19]墓文今存。其後子孫多官夔萬。

五代時[20]，孟昶據蜀，乃隱而不仕，而其家指事產，自為川東著姓。宋初復仕。至十六世孫諱守忠[21]，宣和間授郎官。建策開湄[22]，戎辰沅土，接納豪雄，聚姓可九十餘族，遂以兵馬使同田思州[23]，招徠酉陽諸蠻，善於撫字，民懷其德，屢平寇賊，授閣門[24]宣贊舍人、知制誥、總制御前兵馬使，管領諸洞苗獠，因以酉陽封之，俾世襲焉。世業於是為大，四傳改寨為州[25]。至元間[26]加安撫，至正間[27]升沿邊溪洞軍民宣慰司宣慰使。國朝[28]洪武初嗣孫諱如虓，歸附，仍為州，善治土獠，夷風丕化。七年，升為宣撫司，世襲宣撫。永樂初[29]，嗣孫諱興邦，建學校，以教其士子弟之俊秀。景泰初[30]，嗣孫諱廷輔。成化間[31]，嗣孫諱雲。弘治間[32]，嗣孫諱舜臣。正德間[33]，嗣孫諱儀，是為玄顯考。相繼襲繩，蟄世守又百有六十餘年於茲。

以及於玄[34]，居常務，撫綏南獠，為邊國保障調征，每嚴蕆，有眾毋剽掠，庸立勳閥。至於果公之基，世遺子姓，恭修歲事，第以舊所營繕，出於賜予重改作，乃今戊戌冬抄荷。蒙皇上郊禮覃恩[35]，詔及前代大臣敕葬墳塋荒穢不治者，有司即與修理，僉丁看護。玄伏讀嵩呼，不勝歡抃，竊幸我果公宅兆可以指飭。越明年[36]乙亥乃得請與當塗，凡土石工費，一切出酉陽，不敢以煩萬知縣、龍雲、王武輩，用不遐外，咸相成之。凡周歲，工乃訖。基崇於前，逾有展，拜有臺，侍從有儀，表章有門，言言奕奕，謹如制式。石砦前路凡若干丈，樹以松檜，例復遠族，一力以守。非敢奢舊觀也，聊以畢吾父祖素志焉而已。獨惟微名櫟筆，一為揄揚，曷詔來裔？

嗚呼！美於前乃能傳於後，盛於後乃能章於前。果公之功美矣。苟非其子孫篤忠貞以保其土其人，何能歷世如是之遠耶？又非得玄若人為之，云孫不忘孝，思遙遙於其先之所自，亦何能有斯舉以追其遠耶？然皆賴我祖宗列聖馭人之善，報功之隆，遠及諸裔。今聖天子仁孝，敷治大度，布濩無間遐邇，用克臻茲多休。為之臣若子若孫，其何能忘之哉！其何能忘之哉！

[銘曰：

冉氏之先，代稱有人。系序既遠，孰為疏親。至於睢陽，信州是因。

梁有內率，雲虺世臣。以及於隋，開國平城。招諭黔州，思夷功成。

封守振業,莊肅易名。乃誕賢允,英武且明。綠郎糾聚,俟如烏蟻。

唾手剿平,進秩金紫。出領涇州[37],諸將刺史。迨於有唐,五州馴理。

優詔遷永,持節獨荷。勞勩既豐,專城嘯坐。將星忽隕,物故出叵。

太常考行[38],節惠諡果。恤典有加[39],賜葬南浦。亦有豐碑,照熠[40]萬輔。

中遭蜀難,毀於風雨。子姓世傳,幽居隱處[41]。承家之喜,河洲流芳[42]。

瓜綿[43]十六,發於酉陽。歷宋迄今,永保封疆。吁嗟果公,德厚流光[44]。

我明龍興,覃此隆恩。起千載廢,有此令孫。忠孝大節,垂裕後昆。

作此銘章,表於墓門。]

[巡撫四川御史朱徵題。]

[嘉靖二十五年辛丑歲孟春之吉酉陽宣撫使嗣孫冉元立。]

(文:《石柱冉氏族譜》第99—104頁,序文+《中國地方志集成·重慶府縣志輯·27·道光夔州府志·二》第239頁,銘文部分)

【簡跋】

　　本碑文尚無碑石拓本等圖版,所見文字祇有道光《夔州府志》有節略記錄,其中銘文部分最完整。還有《石柱冉氏族譜》收錄舊家譜中的碑文內容,但形式與碑文原貌不同。《石柱冉氏族譜》在重修時搜集到各地冉氏家譜100多部,屬於在民國修譜六十余年後重新開修的重要之作,本應是後出轉精者,但在引用文獻上因歷代傳抄不一,導致文字訛誤現象比較嚴重,將實際上同一撰文人撰寫的、本應是一通重修碑刻的碑文,分別錄爲兩條:一是碑文,有首題《載大宗圖冉玄重修駙馬墳碑文碑記》,高公韶等三位題署人信息、相對完整的序文,止於"其何能忘之哉"句,無銘文部分;另一個是《墓誌銘》,無首題、題署人等信息,只是將"《夔州府志》載:内江高公韶撰志銘云……"本就是節略式的內容全部抄錄,節錄的部分序文祇有年份與歷官,銘文部分完整,但無落款。從《石柱冉氏族譜》按語"以志所載,與予家舊譜校對,官伐事迹尚多不詳。又年五十八年作五十六而薨,以九月初四甲寅日,亦未書,蓋修志者節略之耳。又《舊譜志》前有緣起……",可知,編家譜者已經判斷出道光《夔州府志》係節略,但因所征引的各家譜文獻中的記載也是拆開的、不完整的,所以將同是高公韶撰的内容分爲碑文與墓誌兩條録文。而且冉元當時除了重修墓碑,還有墓表、牌坊等其他碑刻雜件,見録於家譜等文獻資料中,所以出現"又考:高公韶所撰者,惟墓誌,其銘詞係巡按御史朱徵題。"將雜刻内容與碑文内容部分混淆。

本書將《石柱冉氏族譜》中"墓誌"收録的銘文内容,與"碑文"中收録的序文内容合并爲一體,又根據《石柱冉氏族譜》按語中的"碑式""地形附記"等,確定落款與雜刻等内容,對碑文進行大體復原與校釋。同時指出《石柱冉氏族譜》引用道光《夔州府志》的文字記載與原府志的差异,但因不確定原始來源與準確用字,只能暫列備考。

重修碑的主持人冉元,原名冉玄,字宗易,號月坡,是冉儀長子。明嘉靖年間襲職,是爲十八世酉陽土司。

撰文人高公韶(1480—1564),字太和,號三峰,内江(今内江市)人。弘治十八年(1505)進士,官至户部右侍郎。有《内江志補遺》《讀史鈔》《高氏家訓》《聖水寺藏經樓碑》等文筆之作。《四川通志》有傳。墓誌中用"余以外氏,誼不可峻據"指稱,因其元配爲冉氏,繼配爲羅氏,説明冉夫人來自酉陽冉氏家族。

篆額人劉仕元,字丹崖,古彭人,即徐州籍。進士,歷官嘉議大夫、都察院右副都御史,巡撫貴州。

書丹人夏國孝,號冠山,涪州(今重慶涪陵區)人。"夏"字,《石柱冉氏族譜》訛爲"關";"冠山",《涪陵地區書畫名人録》誤作"冠三"[1],《明清進士題名録碑録索引》列入嘉靖二年(1523)三甲名下。歷任湖廣羅田縣令、開州知府、南京户部員外郎。據此碑還可補其歷官福建司員外郎。曾纂修《涪州志》。

【校釋】

[1]嘉靖十九年句:介紹墓誌的請銘背景。明嘉靖十九年(1540)八月酉陽十八世宣撫冉元奉詔爲其三十五世祖冉仁才重修墓地,原因是"舊有龍朔碑,《一統志》可考也。距今將千年矣。憾斷泐無存"。"龍朔碑"即唐龍朔三年(663)二月十二日立張昌齡作序的《冉仁才碑》,碑石與碑文均不見,衹在《寶刻叢編》所引《復齋碑録》中有存目,説明明代以前碑石就已亡佚。

---

[1]黄森榮編:《涪陵地區書畫名人録》,1986年,第13頁。

[2]進士寅句：冉元當時通過中間人"內地前鄉進士寅"，請銘於高公韶。□寅，不知姓氏，進士。"內地"，也不明所指，或與後文的"山中"對舉，或是"內江"之訛。"來"字，《石柱冉氏族譜》錄文時被誤記爲"東"字，其後的"按語"中正確錄爲"來"字。

[3]余時句：指高公韶忙於政務和私事，先推辭撰寫一事。"秋斂"，語出《孟子·梁惠王下》："春省耕而補不足，秋省斂而助不給。"此處指作爲治理官員巡視。"松楸"，本義爲松樹與楸樹。因墓地多植，以代稱墳墓。"先侍郎公"，指高公韶父高齊南，《四川通志》載其曾任岳州府通判，後以子貴贈户部侍郎。

[4]重爲之言句：指進士□寅向高公韶講起"宗易高祖冉廷輔公嗣時，先王父京兆府君適垣，與講親族，自時厥後，敦睦有加"，拉進高氏家族與冉氏家族的關係。冉宗易即冉元，高祖冉廷輔在明景泰初在司治東建酉陽宣撫司公署。"嗣"，指繼承土司職位。"先王父京兆府君"，指高公韶的祖父高友恭，貢生，官至浙江江山縣(今浙江江山市)知縣。"垣"是官署的代稱。可見冉氏與高氏聯姻早已有之。由此推測中間人□寅，或姓高，與高公韶爲同祖兄弟。

[5]高辛氏句：闡明冉氏族源，爲高辛氏的後裔，後分散在山東鄒魯等和河南之地。"扶疏"，枝葉繁茂分披貌。關於冉氏的族屬是漢族還是少數民族的問題，歷來爭議不休，本書暫不做討論，只就文獻本身解釋。

[6]鼻祖句：冉仁才"鼻祖"爲冉道周，據《冉寔神道碑文》載"五代祖睢陽公諱道周，尚齊南康公主，位平南將軍、散騎常侍、荊州刺史、信州都督。"冉道周實爲冉仁才高祖。據《石柱冉氏族譜》記載，道周爲冉季載之下61代，爲由河南入川的始祖。墓誌載冉道周"尚齊國南康公主"，説明仕南朝齊。封爵爲睢陽公，歷官平南將軍、散騎常侍、荊州刺史、假節鉞都督信州軍事等，遂家信州。信州，在明代改稱夔州府。銘文載"至於睢陽，信州是因"相呼應。

[7]曾祖句：冉仁才曾祖冉軫，碑文載其仕梁，歷官太子左內率，荊州刺史。太子左右內率，爲隋文帝置，有左右內率、副率，率正四品，副率從四品。《石柱冉氏族譜》記載爲"左衛將軍"，略不同。封巴東郡公，《冉寔神道碑文》未載。荊州刺史，即《冉仁才墓誌》中的"南郡太守"一職，可參《冉仁才墓誌》的考證部分。與銘文"梁有內率"相呼應。

[8]祖句：冉仁才祖父冉黎，封爵爲義城公，仕梁、隋二朝。在梁爲假節鉞、雲麾將軍、襲巴東郡公。據《冉仁才墓誌》知，還任巴郡太守、胡州刺史二職。入隋，爲驃騎開府儀同、旭州刺史。與銘文"雲麾世臣"相呼應。

[9]考諱句：冉仁才父冉安昌，《冉寔神道碑文》簡略帶過，不如本碑文詳細。冉安昌，隋初任職開府儀同三司，封爵爲平城縣開國公，任漁陽郡丞，隋末據保巴東；即《冉寔神道碑文》有"隋啟平城"。本碑文載冉安昌"入唐封上柱國公、蜀國公、兼管山南道大行軍總管，後改封黄，[授]信州刺史。"即《冉寔神道碑文》的"唐分蜀國"。冉安昌"改封於黄"，應是先封爲"黄國公"，後因"諡莊肅"加了"莊"字，《冉寔神道碑文》記載改爲"黄國莊公"。"黄"，指黄州，南朝梁大同元年(535)析宋壽縣西南沿海地置，治所在安平縣城(今防城港市境内)。隋改稱玉州，後并入寧越郡。唐復置。與下文的"築防城"所轄地區一致。"授"字，《族譜》誤作"綬"。

[10]奉命句：本碑文還詳細記載冉安昌"奉命招慰黔州生獠，奏置婺川，通牂牁，築防城，開拓思夷等州"諸多細節貢獻。冉崇文纂《同治冉氏家譜》中引《貴州通志·思南府名宦》載："冉安昌，武德時爲宣慰使。四年，以務川當牂牁要衝，請置郡守之，乃立爲州。其後，思夷等州土地之開辟，苗民之附，皆自此始。""婺川"，即"務川"(今務川仡佬族苗族自治縣)。秦屬巴郡，漢歸涪陵，西晋永嘉元年(307)以後没於夷獠。隋開皇十九年(599)置務川縣；唐武德四年(621)置務川郡於縣治，領務川、涪川、扶陽三縣，旋即改爲務州；貞觀四年(630)改爲思州。元至元年間，改"務"爲"婺"，即婺川縣，屬思州軍民安撫司。本碑文因刻立時代爲明代而使用當時的用詞"婺川"，而非隋唐的"務川"。《明一統志》因"川"與"州"形似，又誤爲"婺州"，載"冉安昌，唐高祖武德時，爲宣慰使，以婺州當牂牁要衝，請置郡守之，乃立爲州。其後思、夷等州土地之辟，苗民之附，皆自此始。""婺州"，隋置，治金華，相隔萬里。而據《新唐書·高祖本紀》載："煬帝末，冉安昌據巴東。武德五年四月，冉安昌降。"冉安昌在唐武德五年(622)才降唐受封，與本碑記載的其子冉仁才歷官有衝突，也與《貴州通志》不同，紀年應是有誤。

"通牂牁，築防城"，"牂牁"，西漢元鼎六年平且蘭置郡，遺址位於今貴州省東南的黔東南自治州最西北的黄平縣的舊州鎮。南朝梁以後廢。隋代又

置。唐高祖武德三年(620)置牂州,貞觀元年(627)改置郎州,轄六縣。"防城",即上文的"黄國公"的轄地黄州。冉安昌開拓了思州,還有"夷州"之地。"夷州",治所在綏陽縣(今貴州鳳岡縣),五代後廢。《冉寔神道碑文》記載為"授信州刺史,歷潭州總管,贈夔州都督。""潭州",隋朝開皇九年(589)以地有昭潭而名,改湘州為潭州,設立潭州總管府。隋煬帝時廢除潭州,改立為長沙郡,唐武德三年(620)復改為潭州。潭州總管一職應是對本碑文的"開拓思夷等州"概括。"贈夔州都督"與本碑文"贈都督十八州諸軍事"不同。到底贈都督是夔州等"十八州"還是衹有"夔州"一個州?因管理少數民族地區的贈官一般有多個相連,很可能夔州衹是十八州之一。序文歷官過程與碑文銘文載"以及於隋,開國平城。詔諭黔州,思夷功成。封守整業,莊肅易名。"相呼應。

[11]公諱句:冉仁才,字徵文。仕隋,大業末任通議大夫。義寧二年(618),平緣郎有功,秩金紫光禄大夫、荆州刺史,封巫山公。仕唐,則有唐武德二年,詔封天水郡開國公,食邑三千户,持節浦州諸軍事、刺浦州。武德四年(621),克定偽亂,拓土聚民。貞觀六年(632)刺澧州、十三年(639)刺袁州,後又刺陵州。永徽二年(651)入朝,優詔遷使持節永州刺史。在歷官上,與出土的《冉仁才墓誌》記載相似,或《石柱冉氏族譜》在《世家傳》中基本引用照搬。詳細的考證見《冉仁才墓誌》校釋部分。

[12]三年句:指永徽三年(652)九月四日冉仁才薨於永州。此碑文與《冉仁才墓誌》記載卒年一致。《石柱冉氏族譜》記載冉仁才享齡"五十有八",但《夔州府志》此處作"年五十六";《冉仁才墓誌》缺失。不知家譜與府志誰誤。今仍族譜記載。而《酉陽州志》轉引《太平寰宇記》:"黄巢之亂,酉陽蠻叛,駙馬冉仁才征之,有功,留守其地。五代時,中國無主,冉氏遂據有之。"將亡殁於唐初的冉仁才記載到唐晚期的黄巢起義之時,明顯有誤。此時參與戰事的衹能是冉仁才孫子輩之後的人物。

[13]五年句:永徽五年(654)冉仁才歸葬萬州南浦之萬輔山。正德《夔州府志》卷七陵墓門萬縣條下記載有"冉仁才墓,在縣西廢武寧縣之東十二里。仁才,唐浦州刺史。墓有龍朔間所立表。"①《輿地紀勝·古迹》作"在武寧縣東

---

① [明]吴潜修、[明]傅汝舟纂:正德《夔州府志》,載《中國地方志集成·重慶府縣志輯25》,巴蜀書社,2017年,第416頁。

十三里。俗謂之駙馬窑,有龍朔二年所立表。"①但《冉氏家譜》轉引《輿地紀勝》時則引用載"冉仁才碑,見沿革門,南浦州下,是也"②。至清雍正《四川通志》卷二十九陵墓條下則記載爲"冉仁才墓,在萬縣東三十里。"③《石柱冉氏族譜》載:"永徽五年,歸葬萬州萬輔山,今之夔州府萬縣威鳳山是也。""冉仁才,唐駙馬,葬萬縣大周里九甲。"④南浦縣今爲重慶市萬州區。萬輔山,明屬夔州,改稱威鳳山,在縣治東十三里。即今墓誌出土地黃家山。

[14]舊有句:龍朔碑,記載於《明一統志》中。但永徽五年(654)葬,至龍朔三年(663)才立碑,相距十年之因不明。關鍵點是冉仁才與妻李氏出土墓誌中的卒葬時間殘泐。《冉寔神道碑文》未記載其父冉仁才卒年,但通過冉寔生卒年信息可以推測大概時間。《冉寔神道碑文》載"公即果公季子……弱冠太學生,進士擢弟。遭家不造,府君捐館,五日絶漿,三年泣血。服闋,調并州大都督府參軍事。丁太夫人憂,過衰終喪,有如前制"。而冉寔是"享年七十有一,證聖元年二月十日寢疾,終官舍"。可知,冉寔生於武德八年(625),弱冠之年在貞觀十九年(645),但何年中進士則不明。永徽三年(652)遇父冉仁才亡殁,守孝三年後,即永徽五年後任并州大都督府參軍事,之後又遇其母亡殁。本書推測,正因爲其母李氏爲縣主,卒年或在龍朔三年(663),才有龍朔三年(663)二月十二日立碑石,由張昌齡撰文之事。《四川萬縣唐墓》將李氏卒年定於"唐永徽五年",即李氏卒于冉仁才葬年,但這樣與冉寔調任并州參軍衝突。若李氏卒年在龍朔三年(663),則其會有墓誌和墓碑同立。暫備此說待考。

[15]漢南郡主句:本碑文記載"夫人漢南郡主",對比《冉仁才墓誌》中的"縣主"身份,與《冉仁才妻李氏墓誌》的不足二十字的殘字,確定李氏實爲"縣主"身份,出自哪一王室不甚清楚,但"冉駙馬墳"爲拔高無疑。有一說爲"漢南王之女"⑤,備參。又《族譜》中《世家傳》記爲:"及考《一統志》,川東東志墓在縣東十三里,尚唐高祖之姊圭玉公主,卒葬河南定鼎縣。至今相傳冉駙馬

---

① [宋]王象之編著;趙一生點校:《輿地紀勝》第11册,浙江古籍出版社,2012年,第3645頁。
② 四川黔江地區民族事務委員會:《川東南少數民族史料輯》,四川民族出版社,1996年,第296頁。
③《四庫提要著録叢書》編纂委員會編:《四庫提要著録叢書·史部239》,北京出版社,2010年,第507頁。
④ 四川黔江地區民族事務委員會:《川東南少數民族史料輯》,四川民族出版社,1996年,第269頁。
⑤ 四川省文物志編輯部編:《四川省文物志徵求意見稿》第二集,1986年,第38頁。

公主墳云。""川東東志墓"即指《重修冉仁才碑》,"高祖之姊圭玉公主"即同書所載説"冉仁才祖妣李夫人玉圭公主","圭玉""玉圭"倒文,因史料不足,無法明確。

[16]子諱寔句:據《冉寔神道碑文》爲"寔","實""寔"二字异體,應是"寔"字爲準。冉寔爲冉仁才季子,歷官河州刺史,有傳世碑文爲證。

[17]金城郡君句:冉寔妻爲金城郡君,據《冉寔神道碑文》記載,爲"江夏王道宗之女"。李道宗(602—653),字承範,隴西成紀(今甘肅省秦安縣)人。唐太祖李虎曾孫,北周梁州刺史李璋之孫,東平王(追封)李韶之子,唐高祖李淵堂侄。貞觀十一年(637)遷禮部尚書,改封江夏郡王,同時被封的還有河間郡王李孝恭。其女李氏,封金城郡君。

[18]河南定鼎:冉寔與夫人金城郡君李氏合葬於河南定鼎,此爲其祖墳之一,但與其父母卒葬地完全不同。河南定鼎山墓葬地爲冉氏家族的代表性墳塋之一,是冉氏早期活動的地區,位於河南洛陽市;又有一説爲今中牟縣①。《石柱冉氏族譜》載:"孤死悲丘,落葉歸根。故南遷後,有幾位祖公、祖婆歸葬回來,如冉仁才祖妣李夫人玉圭公主,敕葬河南洛陽縣定鼎山。冉寔與妻李氏金城郡君也合葬洛陽定鼎山。"但此處《石柱冉氏族譜》誤記爲"茂實公及祖妣李氏金城郡君",祖妣是祖母,《冉仁文重修碑文》明確金城郡君是冉寔的妻子,非祖母。今正之。

[19]題具句:"原張燕公説題具墓文今存",即明代也祇有唐張説撰《唐河州刺史冉府君神道碑》一文傳世,只説"墓文今存",表明此碑文未刻碑。"具",記載;收録。

[20]五代時句:因孟昶據蜀,冉氏子嗣隱而不仕。孟昶(919—965),後蜀高祖孟知祥之子,以末代皇帝(934—965)占據蜀國之地。此處即銘文的"中遭蜀難,毁於風雨。子姓世傳,幽居隱處。"在隱居時,冉氏家族"家指事產",即從事生產,使家族經濟得以積累,成爲川東著姓。

[21]守忠句:十六世孫冉守忠,初名萬要,平叛苗後,敕改守忠,是酉陽冉氏土司世襲制度的開創者。雲陽《冉氏家譜》記載:"顯宗公後十六世,至守忠公爲官酉之始祖。中間世系舊譜殘缺失載。"另據酉陽《冉氏家譜》記載:"顯

---

① 鄒明星主編:《酉陽土司》,西南師範大學出版社,2008年,第7頁。

宗以捍禦本境,功授夔州都督。其後天寶之亂,子孫皆高隱不仕,世遂無聞焉。及宋宣和間,而守忠公建績酉陽,去顯宗公時,則十有四世矣。"《酉陽直隸州總志·土官》載:"其先有冉守忠者,宋建炎三年叛賊金頭和尚洗劫思南及涪渝等州縣,守忠率酉陽諸寨獠夷助剿有功,授御前兵馬使,仍命鎮守諸寨獠夷,便宜行事,於是改寨為州,世有其地。"本碑文所載與《酉陽直隸州總志》可互補。碑文載先授冉守忠"郎官"一職,即侍郎、郎中等職。執掌護衛陪從、隨時建議等。

[22]建策開滬句:"滬",原文訛作"濾"。指冉氏家族勢力擴張,吞并周邊地區。"策",驅趕騾馬役畜的鞭棒。"滬",捕魚的竹栅。"辰",指辰州(今湖南沅陵);沅,指沅州。《廣湖南考古略》考證,唐景雲二年(711)置辰州都督府,後府廢。宋時曰辰州盧溪郡,屬荊湖北路。宋熙寧初章惇平田元猛時建有沅州府城。①冉氏家族擴張後,達到"聚姓可九十餘族"的龐大規模。

[23]田思州句:宋朝為拉籠勢力,授冉守忠官職、領地。"兵馬使"一職,為唐中後期方鎮使府軍將,是重要的武職僚佐之一,總兵權,有都知兵馬使、左右廂兵馬使、前中後軍兵馬使、宅內兵馬使等名目。肅宗以後,都知兵馬使多為藩鎮儲帥。五代因之。"田",為動詞,指古代統治者賜給親屬臣僚的領地。"思州"即前文考釋的務州等地,即酉陽之地。

[24]閤門:"閤",《族譜》誤錄為形近字"閣"。"閤門宣贊舍人",即屬閤門司的通事舍人,政和六年(1116)改名為宣贊舍人。《宋史·職官志六》:"東、西上閤門。東上閤門、西上閤門使各三人,副使各二人,宣贊舍人十人。""管領諸洞苗獠","洞"即"峒"的異體字。唐宋時期實行羈縻州政策,在土州以下設峒、寨等基層組織,後泛指南方少數民族。元明清時期,有"九溪十八峒起義",又名"九溪十八洞起義"或"苗民起義"。冉氏家族在冉守忠這一代,因助宋朝平定少數民族起義中有功,以酉陽賜封,使家族世襲。

[25]改寨為州句:據《石柱冉氏族譜》梳理,從第一世土司冉守忠以下,依次有冉文炳、冉世昌、冉勝宗、冉為義、冉貴遷、冉思通、冉萬友、冉載朝,至明有冉如彪以下諸土司世襲。從冉守忠以下"四傳"應是為冉為義任宣撫期間。關於酉陽設州的具體時間各說不一。正德《四川志》卷二十三《酉陽宣撫司·

---

① 同德齋主人編:《湖湘文庫(甲編)·廣湖南考古略1》,湖南教育出版社,2010年,第78頁。

沿革》載:"宋政和六年於婺川縣置思州,酉陽寨隸焉,後升爲州。"同治《增修酉陽直隸州總志》載:"南宋時冉氏改寨爲州,紹興元年功封守酉陽,孝宗淳熙初改爲酉陽州,光宗紹熙改酉陽安撫司,寧宗慶元二年廢司稱酉陽州。"《酉陽縣地名録》歸納爲:1129至1131年冉守忠封爲酉陽知寨;酉陽寨,地在今酉陽土家族苗族自治縣南甘龍河西岸李溪鎮螞蝗井官壩;1131年改寨爲羈縻州,1197年移至官潭,即今縣西南銅鼓鄉銅鼓潭;宋末移治忠孝壩今鐘多鎮,即今重慶酉陽治地。《宋代夔州路砦堡地理考》據以上記載得出酉陽寨其存在於1129年至1174年,此後即爲酉陽州的結論。①較"宋高宗紹興元年(1131)酉陽設州"一說和酉陽改寨爲州在冉守忠時的錯誤説法②詳細準確很多,可從。

[26]至元間句:元代有兩個至元,此處所指應是世宗忽必烈至元(1264—1294)年號,而非順帝至元(1335—1340)。同治《冉氏家譜·萬友公傳》載:"宋亡,元世祖至元初,公納地請爲齊民,有詔命如舊,并授武略將軍,知酉陽,勸農事。八年思南安撫使田慎南者,恃强大,以卒萬餘,猝壓境,奪州治小河五堆之地,公率兵禦之。"《續修酉陽州志稿》載:"元至元間,以州隸懷德府,仍以爲義曾孫萬友知州事。"

[27]至正間句:元末時期順帝至正間(1341—1368),冉氏家族升沿邊溪洞軍民宣慰司宣慰使。《續修酉陽州志稿》又載"延祐七年,萬友子載朝入貢,賞賚甚厚,封宣武將軍"。此事同治《冉氏家譜·載朝公傳》記載:"仁宗延祐七年正月,帝崩,皇太子立,公率大小石堤諸酋目入貢,具表賀即位。上以遠道納貢,忠蓋可嘉,敕授宣武將軍、酉陽等處軍民宣慰使司宣慰使。"説明元代自延祐七年(1320)至元末至正二十八年(1368)結束,大概均爲冉載朝的執政期。由此可知,元世祖至元時爲冉萬友執政期。冉氏在元代的史料多簡略記載於各家譜中,本碑文記載可互證補充。

[28]國朝句:明朝洪武(1368—1398)初年有冉如彪,歸附明朝,仍爲州制。洪武七年(1374)升爲宣撫司,世襲宣撫。與《明史·土司傳》:"洪武五年(1372)酉陽軍民宣慰使冉如彪遣弟如喜來朝貢,置酉陽州,以如彪爲知州。

---

① 裴洞毫:《宋代夔州路砦堡地理考》,載《西南史地》第2輯,巴蜀書社,2013年,第192頁。
② 冉敬林:《"酉陽"考略》,載《酉陽文史資料選輯》第1輯,1983年,第7頁。

八年改爲宣撫司,仍以冉如彪爲使。"時間差一年,應是以碑文爲準。《同治冉氏家譜·如彪公傳》載:"元順帝至正五年,以邊功稱最,仍加酉陽宣慰使司宣慰使職。世襲罔替。會元運將終,群雄競起,至正十五年,明玉珍破蜀,二十年據重慶,僭國號大夏,改元天統。僞官齎令至酉陽,改酉陽沿邊溪洞軍民宣慰司。公以兵力不敵,未敢拒之,遥受其命而已。"

[29]永樂初句:永樂年間(1403—1424)初有冉興邦(?—1410),冉守忠第十二世孫,有文武才,明洪武二十七年(1394)襲酉陽宣撫使,是年朝於京師,酉陽宣撫司改隸渝州。碑文載其興建學校,以教子弟。

[30]景泰初句:景泰年間(1450—1456)有冉廷輔,據《石柱冉氏族譜》載,成化十六年(1480)二月十五日《四川酉陽宣撫司宣撫使冉廷輔誥命》,世襲酉陽司宣撫使。

[31]成化間句:成化(1465—1487)有冉雲,據《石柱冉氏族譜》載,成化十六年(1480)一月十六日《四川酉陽宣撫司宣撫冉雲誥命》。但同年父子二人同爲宣撫使,恐不確①。

[32]弘治間句:弘治年間(1488—1505)有冉舜臣,據《石柱冉氏族譜》載正德元年(1506)三月初九日《四川酉陽宣撫司宣撫冉舜臣誥命》,世襲酉陽司宣撫使。

[33]正德間句:正德年間(1506—1521)有冉儀,據《石柱冉氏族譜》載,正德十年(1515)五月初八日《四川酉陽宣撫司冉儀誥命》,世襲酉陽司宣撫使。後有出土墓誌爲證,也是冉氏家族中第二個有明確出土碑刻的。碑文稱"世守又百有六十餘年於茲",係以冉如彪起至冉玄止。

[34]以及於玄句:立碑主持人冉玄,據《石柱冉氏族譜》載,嘉靖二十七年(1548)八月初一日《四川東路酉陽宣撫司宣撫冉元誥命》,世襲酉陽司宣撫使。

[35]覃恩句:"皇上",即明世宗。《明史》卷五十一載明世宗爲父加獻皇帝廟號,改爲成祖,十一月朔"帝詣南郊,恭進册表"之事。嘉靖十七年(1538)冬,覃恩廣澤百官,有官修祖墳、光宗耀祖的機會。

---

① 四川黔江地區民族事務委員會編:《川東南少數民族史料輯》,四川民族出版社,1996年,第305頁。

[36]越明年諸句：即嘉靖十八年(1539)允許。酉陽土司府自己出錢重修冉仁才墓。"當塗"，執政；掌權。"酉陽"，指土司府，非官府。"不敢以煩萬知縣、龍雲、王武輩"，此"萬知縣"應是墓側雜件中題名者"調萬縣知縣龍文"，非《石柱冉氏族譜》中的"龍雲"。"王武"亦誤，應是雜件中題名者"重慶府知府唐武"。

[37]出領涇州："涇"，《石柱冉氏族譜》本誤作"荊"，見《冉仁才墓誌》相關考釋。

[38]太常考行：《夔州府志》本此處作"好力勁勇"，與下"節惠謚果"文意不連，應是《石柱冉氏族譜》正確。

[39]恤典有加："加"，《夔州府志》本作"功"，今仍從《石柱冉氏族譜》本。

[40]照熠："熠"，《夔州府志》本作"耀"，今仍從《石柱冉氏族譜》本。

[41]幽居隱處：《夔州府志》本作"是信家譜"，與前"子姓世傳"文意不連，今仍從《石柱冉氏族譜》。

[42]河洲流芳："流"，《夔州府志》本作"騰"，今仍從《石柱冉氏族譜》本。

[43]瓜綿：《夔州府志》本作"傳世"，今仍從《石柱冉氏族譜》本。"綿"亦作"緜"，"瓜綿"，喻子孫昌盛。語出《詩·大雅·綿》："綿綿瓜瓞，民之初生，自土沮漆。"

[44]德厚流光："光"字，《石柱冉氏族譜》本誤作"芳"。語出《穀梁傳·僖公十五年》："天子七廟，諸侯五，大夫三，士二，故德厚者流光，德薄者流卑。"且前文有"河洲流芳"，也確定了不會重復用"芳"字。

【附其他雜刻】

據舊照片顯示墓葬地前原爲牌坊一座，《石柱冉氏族譜》中"碑式"部分記載各種雜刻，順序不明。今大概梳理如下，以俟後考。

牌坊額橫隸書：潛德重光

左右碑聯正書：奕采懋唐聲萬古，姻聯帝室蔭千枝。

碑聯左書題名：持授四川夔州府知萬縣事加一級蔡邦佐題。

墓碑左右題名：

左：分巡川東左參議劉采，重慶府知府唐武，同知松詳縣訓導楊章。

右:欽差巡撫四川等處地方都察院右副都御史李欽,左布政使李山,右布政使林豫,按察使司劉大謨,夔州府知府潘恩,推官羅一清,主薄劉廷玉,調萬縣知縣龍文,本司督工儒學教授張文。

又稱塋外另有碑,中刻:大明酉陽宣撫冉氏先塋,後刻:萬縣知縣蔡邦佐立。

又長江邊牌坊,六字:唐冉果公神道。

【簡跋】

雜刻内容僅據《石柱冉氏族譜》"碑式"與"地形附記"梳理。"地形附記"記載的"墓前額曰:業懋大唐,工隆昌運。姻聯帝室,嗣守明朝。聲傳萬古,乘蔭千枝。"即牌坊左右碑聯内容錯位。

蔡邦佐,據《貴州通志》記載,爲明嘉靖十年(1531)進士,父蔡琳。

劉采(1500—1573),字汝質,號安峰,麻城人(今湖北麻城市東北)。嘉靖八年(1529)進士。先授宿州知縣,後遷户部員外郎,尋晉郎中,歷四川、雲南布政使、廣西按察使、廣東右布政使、山東巡撫,累官至南京户部尚書。

附:

冉寔神道碑文　唐證聖二年(696)正月合葬

(唐)張說撰

【錄文】

唐河州刺史冉府君神道碑

昔者[1]堯、舜既没,文、武將墜,天縱孔聖,誕敷皇極,於是乎恢六藝而正王道,舉十哲而闡微言:雍也爲德行之目,求也爲政事之首。吾見乎龍翰鳳雛,百代而共貫[2];虎符犀節,重世而增華。明德之後,知其必大。

公諱[3]寔,字茂實,其先魯國鄒人也。古天子有相氏,宅於相土,實曰冉姓,蓋氏族之興舊矣,不常厥所,今爲河南人焉。

五代祖[4]睢陽公諱道周,尚齊南康公主,位平南將軍、散騎常侍、荆州刺史、信州都督。高祖[5]諱軫,仕梁太子左内率、荆州刺史。齊梁之間,荆巫重鎮,世善其職,江漢宜之。曾大父[6]義城公諱黎,在梁雲摩將軍、[胡]州刺史,入周拜驃騎開府儀同,至隋開皇中為旭州刺史。大父[7]黄國莊公諱安昌,隋啟平城,祚之穀壁;唐分蜀國,瑞以桓珪。其後改封於黄,授信州刺史,歷潭州總管,贈夔州都督。烈考[8]天水郡果公,諱仁才,秩金紫光禄大夫,婚皇室漢南縣主,涇、浦、澧、袁、江陵、永,凡六州刺史。偉矣哉!承家善慶,歷代名臣,風流載於史官,勛業藏於王府。

公即[9]果公季子,天王自出,内禀胎教,混成之姿,外被門風,式瞻之訓。從容合度,次造皆法。生而知之孝悌也,學而知之禮樂也。德義如山,文章如泉,縉紳之士,仰焉宗焉。弱冠[10]太學生,進士擢弟。遭家不造[11],府君捐館,五日絕漿,三年泣血,雖麻葛就禮,而欒棘加人。服闋[12],調并州大都督府參軍事。丁太夫人憂,過衰終喪,有如前制。應八科[13]舉,策問高第,授綿州司户參軍,轉揚州大都督倉曹參軍。又舉四科[14],敷言簡帝,除益州導江縣令。鴻漸二鎮,翰飛三蜀,府中[15]之孫子荆,郡内之岑公孝。用能據淮距海[16],我庾如坻,岷山導江,入境先嘆。加朝散大夫,除鄜州[17]長史,仍加關内道支度使。去青城之洞府,來白帝之鄜祠。命服有輝,使車何重。除婺川[18]司馬。入謝[19]於武成殿,主上是以邊庭有事,喜問陳湯;宣室清言,思逢賈誼。公召對醞籍[20],謀慮深長,眷甚前席,恩加後命。因改恒州[21]長史。於時四鎮[22]未復,二蕃猶梗,屯田繞塞,戎馬生郊。代郡藏符,臨冀北而誡重;漢家張掖,比西河而還輕。乃徙拜[23]凉州都督府長史,仍知赤水軍兵馬、河西諸軍節度使。地壯伏龍,城雄飛鳥。位居半刺[24],史總全邊。公仍利溝洫,戀薦蓑,庤茭槁,積糗糧,均轉輸,程力役,寬御悦,使授方任。能人胥忘其久勞,兵不遠其長道。雖金方氣映、風雨不交之地,磧路沙霾、草木不植之所,莫不豐滯穗於垌牧,厭甘瓜於戍時。朝廷賴之,遷使持節河州[25]諸軍事、河州刺史,仍知營田使。崆峒[26]連五郡之壤,積石控九河之源。公夙奉皇華,政聞行路,高車未至,闔境相歡。既見君子,温其如玉,率性仁愛,由衷易簡,推是心也,物感斯應。睹恭肅而無競,見禮義而興行。不言而庶事熙,非教而群下順。故得大田多稼,人知歲豐,餉軍廩師,處勤餘裕。計偕入朝[27],侍宴於長壽殿,上謂公曰："河州軍鎮要衛,屯田最多,卿以足食為心,朕無西顧之憂矣。"侑以彩幣[28],錫以文袞。及公還州也,璽書勞勉,王人相繼。國家[29]徑流沙,梁弱水,收西域,護南庭。連百萬之兵,以濟事於外,不一日而乏者,則公之力也。無駭[30]入極,可謂費庉父勝之;杜預平吳,蓋知羊叔子功爾。宜登元老,作貳大朝[31],止於邊服,實孤人望。享年[32]七十有一,證聖元年二月十日寢疾,終官舍,天子悼焉。凶費[33]喪歸,悉命官給。是日,河湟耆老,山谷羌夷,反首勢面,號奔州邑。雖國亡子產,吏哭祭遵,豈云過也?愷悌之化,人之父母。及其沒也,哀亦如之。信矣夫!

夫人[34]金城郡君隴西李氏,江夏王道宗之女也。宜此象服,爛其盈門,嗣先姑之徽音,立庶姬之範則。蕣華前落,蒿瘞城隅,以證聖二年正月合葬於河南之定鼎原[35],禮也。天使[36]馬悲,啟滕公之室;人看鶴舞,閉王母之墳。松柏接於邙山,丘陵對於伊闕。石麟將門,華表何年?

有子[37]曰祖雍,景龍初擢給事中,兼侍御史、內供奉。追惟皇考,孝於奉親[38],忠於事君,恭於立身,惠於臨人。總是四行[39],旁通具美,貽厥孫謀,以燕翼子。故老之口既絕,竹帛之文又滅,揚名兮奈何?刊石兮來裔。其詞曰[40]:

倬哉冉氏,世有仲弓。鐵冠繡服,給事於中。克昭遺懿,樹之家風。於皇嚴考,高明有融。德罔不尊,藝何不涉?嗣武先正,思文載葉。建旗千里,逮君六葉。龜顧印房,蛇盤綬篋。官以勤積,業因時峻。宰號神明,掾稱親信。驥足既展,熊軒亦韌[41]。邦國海康,京師河潤。出車西域,我君謨之[42]。屯田北假,我君護之。六軍有饋,其誰度之?一人無憂,其誰樂之?猛獸避德,均遷所蒞。靈鳥依仁,霸升執事。以今視古,名齊績類。天不憖遺,山頹此位[43]。隴首回望,秦川斷腸。吏人攀紼[42],哀屬隨喪。虛靈奠野,行臨帷堂。廟立邊郡,魂歸故鄉。王姬祔葬,禮之終也。水合蛟龍,墳同石馬。地積霜露,烟攢松檟。千載九原,高碑淚下。

(文:《張燕公集》第155頁)

【簡跋】

張説(667—730),字道濟,一字説之,范陽方城(今河北省固安縣)人。前後三度

任宰相,掌文學之任三十年。文風實用,風骨剛健,朝廷重要文誥多出其手,尤長於文碑墓誌。

本碑題爲《唐河州刺史冉府君神道碑》,主要記載仁才季子冉寔生平,與《冉仁才墓誌》出土殘石也大體相合。後世傳抄中有訛"冉"爲"册"之誤。《張説集校注》①收録此篇,可詳細了解不同版本中文字异文情況。但《石柱冉氏家譜》在引用此碑文上的文字問題不少,特别需要指出,以期在文獻使用中更加準確。在指出其文字錯誤的同時,對冉寔生平等重要信息進行梳理。

【校釋】

[1]昔者二句:張説文筆恢弘,首句即追述堯、舜既没,引出孔門十哲中的冉雍(前522—?),字仲弓,曾任季氏宰;冉求(前522—?),字子有,又稱"冉有"。二人同是春秋時魯國人。本書將其作爲冉氏先祖,難免有高攀之嫌。

[2]共貫:"共",貫通、連貫。"百代而共貫""重世而增華"對舉行文。《石柱冉氏家譜》誤爲"其"。

[3]公諱句:冉寔,字茂實,其遠祖先人爲魯國鄹人,後徙地,爲河南人。定籍貫爲河南,由冉寔碑開始。《重修冉仁才碑文》所載一致。

[4]五代祖句:冉道周,仕齊,婚配與歷官與《重修冉仁才碑文》均同,有摘抄之嫌。

[5]高祖句:冉軫,仕梁"仕",《石柱冉氏家譜》誤作"仁"。

[6]曾大父句:曾祖冉黎,仕梁。原"湖"字爲"胡"的訛誤。前文已考。

[7]大父句:祖父冉安昌,仕隋。"祚之穀壁"中"穀",《石柱冉氏家譜》誤作"穀"。"穀"即官俸。古人常以穀物計禄。

[8]烈考句:父冉仁才,見前《冉仁才墓誌》部分考證。"漢南縣主"中"縣",《石柱冉氏家譜》誤爲"郡"。

[9]公即句:冉寔爲冉仁才季子。"式瞻",敬仰,景慕。

[10]弱冠句:冉寔二十歲爲太學生,後中進士,具體時間不明,但在永徽三年(652)之前。

[11]不造:即不幸。《詩·周頌·閔予小子》:"閔予小子,遭家不造。"馬瑞辰《通

---

① [唐]張説著,熊飛校注:《張説集校注》第1册,中華書局,2013年,第794頁。

釋》:"不,爲語詞。造與戚一聲之轉,古通用。則《詩》云'遭家不造',猶云遭家戚,即後世所謂丁家艱也。""府君"中"府",《石柱冉氏家譜》誤爲"腐"。"捐館",爲"捐館舍"的省稱,指抛弃館舍。常用爲死亡的婉辭。冉寔遇父亡殁,據《重修冉仁才碑文》在永徽三年(652)。

[12]服閡:冉寔爲父守孝三年,服閡後,調并州大都督府參軍事。後又"丁太夫人憂",即其母親縣君李氏亡殁。

[13]八科句:即指諸科中的八種。唐代取士科目甚多,有秀才、明經、開元禮、三傳、史、進士、明法、書學、算學及童子等科。由此説明冉寔才學深厚,升職授綿州司户參軍,轉揚州大都督倉曹參軍。

[14]四科句:即唐高宗時舉薦人才的四條標準。即孝悌力行、經史儒術、藻思詞鋒、廉平强直。見宋王應麟《小學紺珠·制度·四科》。指冉寔符合人才舉薦標準,除益州導江縣令。"益州導江縣",即今都江堰市。蜀漢置都安縣,在導江縣故縣東,屬汶山郡,晋移縣於灌口鎮,後周廢縣。唐武德初置盤龍縣,尋改導江,初屬益州,尋屬濛州,貞觀二年州廢,仍屬益州,又改縣曰灌亭。垂拱初屬彭州,開元中復曰導江縣。①

[15]府中句:用典。"孫子荆",名楚,字子荆,西晋時太原中都(今山西平遥)人。才藻卓絶,年四十餘始參鎮東軍事,遷著作郎。參石苞驃騎軍事。恃才傲物,遂構嫌隙,致湮廢積年。後扶風王司馬駿與楚舊好,起爲參軍。官終馮翊太守。"岑公孝",即岑晊,通群經。東漢桓帝時成瑨出任南陽太守,聘岑晊字公孝爲功曹,委以政事,制裁豪强,因功曹得力,民間遂有"弘農成瑨但坐嘯"語。詳見《後漢書·黨錮傳》。孫楚、岑晊,皆爲府、郡長官得力佐吏,擘劃政事,故府主政績卓著,此處張説用以説明冉寔選賢任能,領導有方。

[16]據淮距海句:《尚書·禹貢》:"淮海惟揚州。"孔傳:"北據淮,南距海。"原指揚州形勝,此處以益州之地類比。"庚",露天穀堆。"坻",泛指山。穀堆如山。岷山導江,爲其任職之地。

[17]鄜州:即今陝西富縣。唐武德元年(618)改隋上郡(鄜城郡)爲鄜州,三年,鄜州領洛川、三川、洛交、直羅、伏陸五縣。天寶元年(742)改鄜州爲洛交郡。乾元元年(758)又改爲鄜州。

---

① [清]顧祖禹:《讀史方輿紀要》卷六十七,中華書局,2005年,第3151頁。

[18]婺川:《石柱冉氏家譜》誤作"婺州"。據《重修冉仁才碑文》考證,應是"務川"舊名"婺川"的形似訛誤,"州"實爲"川"。冉寔與其父冉仁才所歷官地點一致,才符合史實。

[19]入謝句:接連升職的冉寔入謝於武成殿,"主上是以邊庭有事,喜問陳湯;宣室清言,思逢賈誼",用典。"陳湯"即成湯,商朝的開國之君。與"賈誼"對舉。"宣室",爲殷代宮名,後泛指帝王所居的之室。

[20]召對醖籍:"醖",指對答寬和有涵容。《石柱冉氏家譜》作"蘊",异體。"後命",與"前席"對文,指續發的命令。《左傳·僖公九年》:"齊侯將下拜,孔曰:'且有後命。'"《石柱冉氏家譜》誤"後"爲"俊"。

[21]恒州:有二地同名,一指唐高祖李淵武德六年(623)置北恒州(今山西省大同市);一是北周宣政元年(578)析定州置恒州(治今河北正定縣正定鎮)。唐武德四年(621)恒州治遷還"真定",即正定。本文應指第二種。

[22]四鎮句:"四鎮",唐代稱朔方、涇原、隴右、河東四節度爲四鎮。見《新唐書·陸贄傳》;又以龜茲、于闐、疏勒、碎葉爲西境四鎮。見《新唐書·王孝杰傳》。此應指第一種。"二蕃",是爲西突厥和吐蕃。《文苑》誤作"三番"。

[23]徙拜句:在唐朝外患不斷的背景下,冉寔又徙拜涼州都督府長史,仍知赤水軍兵馬、河西諸軍節度使等要職。"涼州都督府",是河西涼州地區的最高行政機構,地在今甘肅武威地區。與其他都督府相同,由唐前期總管府改置而來,是唐代重要的行政建制單位;但又別其普通都督府,地處軍事要位,東面唐中央政權,西臨西域政權,北接突厥、黨項羌、胡等少數民族部落,南依吐蕃等民族政權,因此唐中央政權往往以"中都督府""大都督府"等提高其行政級別,加派皇室子孫及朝官重臣赴任涼州都督府的辦法安撫西北邊疆,以求取得政權統一、穩固。赤水軍,正置在涼州。《唐會要》卷七十八:"赤水軍,置在涼州西城,本赤烏鎮。有泉水赤,因以爲名。武德二年七月,安修仁以其地來降,遂置軍焉。軍之大者,莫過於此。"《新唐書·地理志》中也有記載。

[24]半刺:指州郡長官下屬的官吏,如長史、別駕、通判等。此處指"任居刺史之半"的長史之職。

[25]河州句:"河州",十六國前涼分涼州置,治枹罕(今甘肅臨夏東北)。隋

大業三年(607)改爲枹罕郡。唐初復置河州,天寶元年(742)改爲安鄉郡。冉寔又遷使持節河州諸軍事、河州刺史,仍知營田使。《唐刺史考全編》卷三十三河州條下據本墓誌收錄,約長壽中至證聖元年(?—695)冉寔刺河州。

[26]崆峒:崆峒山,在今甘肅平涼市西。積石山,即阿尼瑪卿山。在青海省東南部,延伸至甘肅省南部邊境。爲昆侖山脉中支,黄河繞流東南側。《尚書·禹貢》:"導河積石,至於龍門。""控"字,《石柱冉氏家譜》誤爲"按"。"九河"形容多,非實指。意指河州地的重要性,是"崆峒連五郡之壤,積石控九河之源"。

[27]計偕入朝句:指冉寔第二次覲見君王被封賞。"計偕",此處指赴京。《史記·儒林列傳序》有"當與計偕,詣太常",司馬貞索隱:"計,計吏也。偕,俱也。謂令與計吏俱詣太常也。"

[28]侑以彩幣句:"侑",酬答;酬報。"彩幣",指賞賜的財帛。"文衮"中"衮",《文苑》作"袍",《石柱冉氏家譜》誤爲"枹"。

[29]國家句:指唐朝對外征戰,所達之地廣闊。"徑""梁""收""護"等均爲動詞。"梁",本義爲河堤,堤堰。此處名詞動用。"流沙",指西域地區。"弱水",异地同名者多。《新唐書·北狄傳·奚》載:"以奚阿會部爲弱水州。"當在今內蒙古東境。應是張說所指。

[30]無駭句:用典。《左傳·隱公二年》記載:"司空無駭入極,費庈父勝之。"無駭(?—前715),春秋時期魯國政治人物,姬姓,展氏,名無駭。官至司空。前721年,司空無駭帶兵進入極國,派費庈父滅亡了極國。"羊叔子",即羊祜(221—278),字叔子,泰山郡南城縣人。西晉時期作爲征吴大將的羊祜於臨終前特別向晋武帝司馬炎舉薦杜預繼任。杜預(222—285),字元凱,京兆杜陵(今陝西西安)人。著作有《春秋經傳集解》等。生平最大功績是滅東吴統一中國,功封當陽侯。"吴",《石柱冉氏家譜》誤爲"吾"。

[31]作貳大朝句:"貳",副手;副職。"大",《石柱冉氏家譜》誤爲"天"。《後漢書·禮儀志中》:"每歲首正月,爲大朝受賀。""邊服",邊,邊地;服,要服。指離開王畿極遠的地方。"于",《石柱冉氏家譜》誤爲"千"。稱頌冉寔一生功績非凡。

[32]享年句:在衆望高升的情境下,冉寔在證聖元年(695)二月十日不幸亡歿,享年七十一歲。"終"後,《石柱冉氏家譜》沂一"于"字,不知是否爲碑文傳抄時脱,從文意完整性看有"于"字會更好。

[33]凶費:"凶費",喪葬費。"凶"字,《石柱冉氏家譜》誤爲"惱"。

[34]夫人句:冉寔夫人爲金城郡君隴西李氏,江夏王李道宗之女。又有將冉寔妻訛作冉仁才妻者,如《唐東征將士事迹考》"冉仁德"條,張冠李戴地認爲"冉仁才之婦,即所謂漢南縣主者,實爲江夏王李道宗之女。"①可見,對冉氏家族碑刻材料缺乏梳理,引用傳世史料隻言片語的記載又矛盾重重,令研究結論與事實不符。

[35]定鼎原句:冉寔與妻李氏以證聖二年(695)正月合葬於河南定鼎山。《漢宫殿疏》記載洛陽有定鼎門②。河南定鼎原與其父冉仁才南浦州的墓葬地相隔千里。雲陽《冉氏族譜》:"吾族源於陝西京兆,發於河南定鼎。""證聖二年"係沿用舊年號。公元695年有多次改元,此年一月改元證聖,九月又改元天册萬歲,十二月又改元萬歲登封,下一年三月又改元萬歲通天。所以可以將"證聖二年"理解爲"天册萬歲元年",根據下一則冉寔子《冉祖求墓誌》記"爰因宅兆,重啓幽埏。以大周天册萬歲元年正月廿八日壬申,遷祔於定鼎原之大塋,禮也。"先于其父母亡歿的冉祖求,在大周天册萬歲元年(695)正月廿八日遷葬,應是借其父母合葬之機,同時安葬。

[36]天使句:用典。"滕公之室",指西漢夏侯嬰墓地。夏侯嬰,見《史記·樊酈滕灌列傳》。滕將軍、滕公均是其封號。有"馬立葬騰公"的傳説,西漢夏侯嬰生前曾掘地得銘,銘文有"佳城鬱鬱""騰公居此室"等語,夏侯氏死後遂葬於此地。"王母",《文苑》作"玉女",《石柱冉氏家譜》誤爲"王女"。"王母"較"玉女"更準確一些。

[37]有子句:冉寔與妻李氏有一子冉祖雍,本碑文載"景龍初擢給事中,兼侍御史、内供奉",歷官大概從景龍年間(707—710)開始。下文收錄其爲兄冉祖求撰文的墓誌銘,墓誌已經出土,可證其不偏。但也説明冉寔非祇有一子,而是多個子嗣。

---

① 姜維東:《唐東征將士事迹考》,吉林文史出版社,2003年,第129頁。
② 周博琪主編:《永樂大典》第3册,中國戲劇出版社,2008年,第1314頁。

[38]總是四行句:"四行",指仁、義、禮、智四種德行。或指孝、忠、信、悌四種德行。"孫謀",即"遜謀",指順應天下人心的謀略。語出《詩·大雅·文王有聲》:"詒厥孫謀,以燕翼子。"鄭玄箋:"孫,順也……傳其所以順天下之謀,以安其敬事之子孫。"

[39]熊軒亦靷句:用典。漢制,公與列侯之車以伏熊爲軾,後用作咏公卿及地方長官。典出《後漢書·輿服志》。"亦",《文苑》誤作"即"。

[40]謨之:"謨",計謀、策略。春秋戰國以前的公文體制,臣下爲君主就國家大事進行謀劃稱之曰"謨"。《石柱冉氏家譜》誤爲"謀"。

[41]山頹此位句:"頹",碑文本誤作"憼",前後使用同字。今從《石柱冉氏家譜》正爲"頹"。"山頹",作爲逝世的婉詞。典出《禮記·檀弓上》,記載孔子死前七日,早起,反手曳杖,逍遙於門,歌曰:"泰山其頹乎?梁木其壞乎?哲人其萎乎?"

[42]吏人攀綍句:"綍",同"紼"。引棺的大繩索。《周禮·地官·遂人》:"及葬,帥而屬六綍及窆。"鄭玄注:"綍,舉棺索也。"

其三:

冉祖求墓誌　武周天册萬歲元年(695)正月廿八日遷葬

(武周)冉祖雍撰

1999年前河南省洛陽出土,現藏洛陽市文物考古研究院。有河南省洛陽市文物工作隊藏拓片。誌石尺寸不明。誌文正書,11行,行26字。

【釋文】

大周故河州刺史冉府君長子墓誌

弟祖雍文/

兄祖求[1],字義,家本魯人,唐永州刺史天水果公之次孫,大周河州刺史/先

府君之長子。弱不好弄,寬厚容物。堅心寡詞,終歲無喜愠之狀。六歲受詩禮,遂/潛思儒墨;殆將弱冠,涉獵經史,靡不該博,彌留心太史書,常自許以管仲、樂毅,而/每歎幼未見識。善草隸,尤工詩筆。年十八[2]郡方舉孝廉,亡於洛州之淳化里。暨乎/夭喪,慟結友生,白馬青芻,莫非時彦。以唐永淳二年八㋡十一㋒葬於合宮縣之/龍門原[3]。代歷兩朝[4],年逾一紀。墳荒隧古,歲往年來。亦幽魂之永畢矣。

祖雍以霜露/負釁,風樹罹咎。南喬北梓。循陔罔極。山烏原鴒,陟崗何恃。爰因宅兆,重啓幽埏。以/大周天冊萬歲元季㋡廿八㋒壬申,遷祔於定鼎原[5]之大塋,禮也。移達於仁/,入故鄉之阡陌;依墳侍隴,成孝子之丘墟。嗚呼!三荆已分,百身何贖?援筆摧慟,哽/咽何言?敬叙徽猷,以旌幽邃。/

(文:《全唐文補遺 第6輯》第31頁;圖:《洛陽市文物考古研究院藏石集粹》①)

【簡跋】

本墓誌早在1999年前就已經出土,録文最早有《全唐文補遺》收録,後《全唐文新編》《唐代墓誌彙編續集》也收録。但圖版最近才公布於《洛陽市文物考古研究院藏石集粹·墓誌篇》第42條中,且有重大失誤:"冉"訛作"那",首題爲"大周故河州刺史那府君長子(祖求)墓誌",且配了一個"周故阿史那君墓誌銘"的墓誌蓋。而且,冉氏各族譜中并未見引用過此墓誌。墓誌首題"大周故河州刺史冉府君長子墓誌",這種題名也不常見,或因其與父母同時安葬,又係其兄弟撰文,有所簡化而致。從圖版看,祇有右半部刻字,且刻字不多,與唐墓誌通篇洋洋灑灑的常例不符。但從行文内容中所述的人物關係,與文字使用武周新字等其他方面看,又具備很高的真實性。本書只就墓誌本身重要的史料信息做相關校釋。

撰文人爲墓主冉祖求之弟冉祖雍,《全唐文新編》根據本墓誌推測,只稱爲武後時人。其實,《舊唐書·武三思傳》中有載:"侍御史周利用、冉祖雍,太僕丞李悛,光禄丞宋之遜,監察御史姚紹之等五人,常爲其耳目,時人呼爲'三思五狗'。"《新唐書》同。又《新唐書·文藝傳》記載其與宋之問同時坐罪賜死,後宋之問得詔,而冉祖雍洗沐就死。

---

① 洛陽市文物考古研究院編:《洛陽市文物考古研究院藏石集粹·墓誌篇》,中州古籍出版社,2020年,第42頁。

從生活大概時代看,應是撰文人。《冉寔神道碑文》記載冉寔有子冉祖雍,"景龍初擢給事中,兼侍御史、内供奉",可補充歷官。

【校釋】

[1]兄祖求句:冉祖求,字義,本墓誌定籍爲山東,同於《張燕公文集》所述高攀冉求等孔門十哲爲遠祖。冉祖求即冉仁才次孫,冉寔長子。

[2]年十八句:冉祖求年十八郡方舉孝廉,不久即英年早逝。其居住城坊"淳化里",《洛陽出土墓誌卒葬地資料彙編》收錄在東京外廓城里坊下定鼎六街東第一街條下,衹有本墓誌爲證,後遷葬地定鼎原也一并著錄。①

[3]龍門原句:在遷葬之前冉祖求先在唐永淳二年(683)八月十一日葬於合宫縣之龍門原。"月""日"二字碑刻使用武周新字形,下文中遷葬時的"正月"中又多出一"正"的武周新字形。這與其卒葬時期的文字面貌相符合,也是其墓誌真實性的一項重要證明。"合宫縣",爲唐永昌元年(689)改河南縣置,治所在今河南洛陽市西郊。

[4]兩朝句:"兩朝"即李唐王朝和武周王朝;"一紀",指十二年。墓主冉祖求年十八歲就亡殁,只比"一紀"長六年而已。若亡殁之年即下葬,則其生年在乾封元年(666)。

[5]定鼎原句:其弟冉祖雍在其下葬三十餘年後,在大周天册萬歲元年(695)正月廿八日將其遷祔於定鼎原之大塋,歸葬祖墳。繫聯《冉寔神道碑文》,即在其父母冉寔和李氏合葬的同一時間歸葬祖墳。

其四:

冉儀墓誌　明嘉靖十二年(1533)四月二十五日葬

(明)夏邦謨撰文,安邦書丹,曹勒篆蓋

酉陽土家族苗族自治縣。1950年間出土于酉陽板溪鎮扎營村,石現藏酉陽縣文物管理所。誌石高70厘米,寬60厘米;誌文正書,29行,滿行40字。

---

① 余扶危,張劍主編:《洛陽出土墓誌卒葬地資料彙編》,北京圖書館出版社,2002年,第93、441頁。

【釋文】

明故明威將軍、酉陽宣撫司宣撫使冉君墓誌銘。/

賜進士出身、中憲大夫、浙江按察司副使、前吏部稽勳司員外郎、涪陵夏邦謨撰文。/

賜進士出身、徵仕郎、吏科給事中、前翰林院庶給士、古渝安邦書丹。/

賜進士出身、奉政大夫、尚書刑部員外郎、古渝曹勅篆蓋。/

酉陽宣撫冉使君松坡卒,其孤玄具狀走使來請銘。丁亥[1]及辛卯之秋,使君兩以戎事經涪,邦謨俱/以憂居,始獲再接容止,而歎其風度才畧有過人者。嗚呼！孰意其甫踰半載,而遽淪謝耶。

君諱[2]儀,字/公表,其先出自高辛氏,三季而下,譜系無考。有為唐駙馬[3]都尉曰寔者,征武陵夷,策勳世守酉土。七/世祖[4]曰如彪者,元季授酉陽宣慰都元帥。/皇明開基,如彪籍土歸附,/太祖嘉悅,授酉陽宣撫使。曾祖[5]諱廷甫,祖諱雲,考諱舜臣,世效忠藎。正德四年[6],君方九歲,以父疾替職。東/達寇起[7],/詔以君同父領兵,窮追寇黨至陝西西鄉小□河,俘獲甚衆。尋自備糗糧,攻戰纍月,斬獲萬級。又合湖兵,/共擒元惡三人,地方遂平。貴州[8]鎮筸苗賊倡亂,君脅兵攻破賊寨四十餘所,斬首三百餘級。遭父喪[9],/欲援禮守制。不允。復征平浪、凱口蠻夷,所獲級數如前,為魁者降服。清平苗[10]弗靖,據險絕官道,師久/弗克。君監軍登香爐山,破其堅壁,移兵分剿,其□十五寨□豪就執,斬獲無算。茂州番夷[11]犯邊,君分/兵四攻,縛其尤者十數人,餘黨悉散。十五年[12],陞授明威將軍,引疾致仕。以子玄嗣,鎮維新□。復□□/府夷民[13]不安其政,以□□起,君會兵征之,夷賊竊隘關口,糧餉不繼,軍中震恐,乃督銳兵斬關,獲數/十級,賊懼,獻其酋長,道遂通。無何,復令討真州逆賊[14]。賊憑高豎柵以自固,衆莫能取。君擇驍卒夜登,斷其柵,徑□其□□□下,餘衆俘斬殆盡。君結髮提兵,親冒矢石,屢立戰勳,/朝廷迭加旌賞,以示□勸。嘉靖十一年[15]五月二十五日,以疾卒,春秋三十有二。以明年四月廿五日葬/於平定壩高原[16]。君體貌[17]豐偉,襟懷軒豁,談論叠叠有條序。自少穎敏,率庭訓,為孝友。追念考妣早卒,/立祠刻象,時祀不怠。尤力學,涉獵經史,惟好詩賦,工琴書。重毫素,雖音樂技藝,亦精其術。

又樂山水/[18]之勝,於銅鼓潭、仙人崖等處,皆建亭臺,以供登眺。興至輒題咏,以見志性。善飲多而不亂,待賓客溫/恭愛下[19],四方名士多與之游。馭士卒賞罰明信,故人樂於效死。其卒[20]哉也,士大夫咸器重之,至有許/其可萬古名將者。没之日,遠近嗟悼,夷民呱呱而泣下,上溪谷者有餘哀焉。所遺有《松坡遺稿》若干/卷。

配彭氏[21],封恭人,湖廣永順宣慰使世麒女,肅雍静淑,壺彝著稱。子男五人[22],長即玄,次曰亨、曰亶、曰爽、曰京。玄、亶彭出,餘俱側室出。女五人,俱幼。銘曰:

維古為將有失得,廣迹失利明再比。倚歟公表/時□持,謀勇淵宏少自植。乘時屢出芟群慝,百戰不摧氣愈力。允忠且孝徇家國,畀以多才資智/□。□□不永咸攸惻[23],勒績貞珉長不蝕。/

(《重慶卷》圖63/文249)

【簡跋】

墓主冉儀,字公表,號松坡,冉舜臣嫡長子,冉玄之父,明武宗正德二年(1507)襲酉陽宣撫司宣撫使,是為十七世四川酉陽土司。據《石柱冉氏族譜》載明正德十年五月初八日《四川酉陽宣撫司冉儀誥命》,世襲酉陽司宣撫使。《重慶卷》簡跋記載:"志記其曾祖冉廷甫、祖冉雲、考冉舜臣",見《明史》卷三百一十二《四川土司二·酉陽宣撫司傳》。但《明史》記載過於簡略。墓誌歷數冉儀奉調從征,卓著勳勞;性好道術,又好詩賦,還留下《松坡遺稿》若干卷,現已佚,唯存詩五首,如《大酉洞》《桃澗》《題雲城》等①,均可校補正史。

今有《明故明威將軍酉陽宣撫司宣撫使冉君(儀)墓誌銘疏證》一文(下文簡稱《冉儀疏證》),對墓誌進行了校讀、誌文疏證,分析了誌主的儒士形象等,認為本墓誌"是研究酉陽冉氏土司的第一手資料,具有較高的文獻價值。"②對本墓誌的出土時間與出土地點,提出了新的觀點,認為其"二十世紀五十年代出土於酉陽板溪鎮扎營村",并且曾經被村民當做洗衣板,八十年代初才收入酉陽縣文物所得到有效保護。此說比《重慶

---

① 湖南省少數民族古籍辦公室主編;彭勃等輯錄:《歷代土家族文人詩選》,岳麓書社,1991年,第3頁。
② 冉文、段超:《明故明威將軍酉陽宣撫司宣撫使冉君(儀)墓誌銘疏證》,《三峽論壇》2020年第1期,第86—91頁。

卷》作"1981年11月在酉陽縣鐘南鄉出土"更詳細可據。

撰文人夏邦謨(1485—1566),涪州人,字舜俞,號松泉。正德進士,授户部主事。歷任廣西、貴州布政使、進右副都御史、巡撫應天、户部尚書、吏部尚書。嘉靖三十年(1551)致仕。

書丹人安邦,據墓誌知其歷官:賜進士出身、徵仕郎、吏科給事中、前翰林院庶[吉]士。"吉",圖版作 ,應是因"吏科給事中"連帶而誤刻作"給"。"庶吉士",纔是正確職官名稱。亦稱庶常。名稱源自《書經·立政》"庶常吉士"。

篆蓋人曹勑(1470—?),字嘉正,重慶府巴縣人,墓誌自稱"古渝"。《四川通志》卷三十四簡略記載爲壬戌科進士,歷員外。即弘治十五年(1502)中壬戌科三甲第四十七名進士。據墓誌補其歷官:奉政大夫、尚書刑部員外郎。

【校釋】

[1]丁亥句:墓誌在"酉陽宣撫冉使君松坡卒",其子冉玄來向夏邦謨請銘的背景中插敘往事。"丁亥及辛卯之秋"繫聯下文的"孰意其甫逾半載,而遽淪謝耶",再根據後文"嘉靖十一年五月二十五日,以疾卒"在壬辰歲(1532),"丁亥"衹能爲嘉靖六年(1527),"辛卯"爲十年(1531)。據《冉儀疏證》梳理,"結合史料及《墓誌》看,自周天星等猖亂起至其餘黨被撲滅止應該在嘉靖六年(1527,丁亥)至十年(1531,辛卯)之間。《墓誌》篇首云'丁亥及辛卯之秋,使君兩以戎事經涪'即云冉儀於嘉靖丁亥年、辛卯年兩次奉調出征經過涪陵"。

[2]君諱句:冉儀,字公表,號松坡,又稱職官宣撫使名"冉使君"。家族遠攀至"其先出自高辛氏",與《重修冉仁才碑文》所述一致。

[3]唐駙馬句:家族先祖,本墓誌追至冉寔,但冉氏後人稱爲"唐駙馬"的最早是冉寔父親冉仁才。《重修冉仁才碑文》中記載:"夫人漢南郡主,居人至今相傳爲冉附馬墳云,從俗稱也。子諱寔,河州刺史,象賢濟美。夫人金城郡君,合葬河南定鼎,原張燕公説題具,墓文今存。"後人或認爲父子均娶"郡君"等王室女爲妻,同爲駙馬;經出土墓誌考證後知,冉仁才所娶實爲"縣主",而其子冉寔所娶爲"郡君",寔的職官明顯要高于其父冉仁才,因此本墓誌首稱先祖爲冉寔。

《冉儀疏證》認爲:"乾隆時所修《忠孝譜》抄錄《萬曆冉氏族譜》的《忠孝世家傳》稱'仁才生實,字茂實,擢進士第,調并州大都府參軍,歷縣令、長史、司馬,遷使持節河州諸軍事,河州刺史,知營田使,證聖元年(695)卒'。《忠孝世家傳》與《墓誌》抵捂,不能言明酉陽冉氏土司家族與唐冉實一族的直接關系,祇能側面反映他們之間可能存在一定的淵源。"此結論否認了冉仁才、冉寔等和明清時期酉陽冉氏土司家族的直系血緣關係,可備一說。因家族世繫本來就相當複雜,傳世史料多只記載於家譜中,但中間的關聯史料記載比較缺乏,也不能否認家譜、墓誌等因自高門第而攀附唐駙馬冉仁才、冉寔等之嫌。

[4]七世祖句:七世祖冉如彪,《明史》記載:"洪武五年,酉陽軍民宣慰司冉如彪遣弟如喜來朝貢。置酉陽州,以如彪爲知州。八年改爲宣撫司,仍以冉如彪爲使。"《冉仁才重修碑》記載:"國朝洪武初嗣孫諱如彪,歸附,仍爲州,善治土獠,夷風丕化。七年升爲宣撫司,世襲宣撫。"本墓誌可補冉如彪在元代的歷官"酉陽宣慰都元帥"。"宣慰都元帥"是元朝設置的"宣慰使司都元帥府"的簡稱,是設於沿海及邊疆地區的軍政機關,承行中書省或宣政院之命統轄區軍民之務。明方孔照《全邊略記》卷七有蜀滇黔略,通過纂輯部中簿籍而得到的邊防地域發生的軍事事件較爲真實詳細。其中記載:"四川布政司領宣慰司一,宣撫司二,安撫司三,長官司十二。都司領宣撫司二,招討司一,安撫司四,長官司二十二。行都司領長官司五。"其中"都司領石砫、酉陽爲二宣撫。"①由此反映出元代酉陽的軍事地位就比較高,至明代不減。

[5]曾祖句:曾祖冉廷甫,祖冉雲,考冉舜臣,見前文《冉仁才墓誌》等條。"忠藎",猶忠誠。

[6]正德四年句:冉儀九歲時,因其父冉舜臣有病而襲職,爲父解憂分擔。《明史》載:"正德八年,宣撫冉元獻大木二十,乞免男維翰襲職赴京,從之。二十年,元再獻大木二十,詔量加服色酬賞。"《冉儀疏證》認爲,此句與《明史》所記時間上抵捂,"正德八年,冉儀襲職四年,年十三歲;按常理尚未生育,即使已育,有子玄,亦未代職,不得以宣撫相稱,元更不會有子維翰。元"乞免男

---

① [明]方孔照著,王雄點校:《全邊略記》,載《明代蒙古漢籍史料彙編》第3輯,內蒙古大學出版社,2006年,第10頁。

維翰襲職赴京"更謬。"從"正德八年""二十年"連續記錄而言,應是《明史》脱一"十"字,應是正德十八年、二十年先後上貢,情理才通順。

[7]東達寇起句:冉儀小小年紀同父冉舜臣領兵出戰,征討川東達寇。《明史·洪鐘傳》記載:"(正德)五年春,湖廣歲饑盜起,命鐘以本官總制軍務,陝西、河南、四川亦隸焉……時保寧賊藍廷瑞自稱順天王,鄢本恕自稱刮地王,其黨廖惠稱掃地王,衆十萬餘,置四十八總管,延蔓陝西、湖廣之境。廷瑞與惠謀據保寧、本恕謀據漢中,取鄖陽,由荆、襄東下……乃檄陝西、湖廣、河南兵分道進,湖廣兵先追及於陝西石泉。"《見素集》卷三將此事記于正德四年十二月辛亥條,大概是最初發生之時。① 藍廷瑞、鄢本恕、廖惠三人即是墓誌後文所説的"元惡三人"。"陝西西鄉",即今陝西漢中市西鄉縣。"小□河",中間闕字圖版作 ▨,不易識別,但具體地點應是《明史》中的陝西石泉無疑。"湖兵"是湖廣軍。年紀尚幼的冉儀親自同父出戰,自備糧餉,攻戰纍月,斬獲萬級。但史書却不載此事,祇在此墓誌中有記録;《冉氏族譜》中的相關記載也重在强調軍隊紀律,不如墓誌内容多。《冉儀疏證》認爲:"從《明史》的記叙看,此次叛亂規模宏大,影響惡劣,以永順土司彭世麟爲是役首功,并未提及冉氏父子名諱,但所記事件時間、地點、人物、總制名諱等與《冉氏族譜》所記相仿,可佐譜牒所記不謬。"②

[8]貴州句:墓誌記載的"貴州鎮筸苗賊倡亂",與《明史》記載正德八年"四月,鎮筸苗起事數年,至是敗散"。至嘉靖二十二年(1543)仍有"貴州銅仁平頭苗人酋長龍子賢、鎮筸苗人酋長龍桑科等起事,攻麻陽等處"的史實互參,證明是平定鎮筸苗亂一事。鎮筸苗,是指苗族支係中的一種。"筸",《重慶卷》闕文,《冉儀疏證》補出,諦視圖版作 ▨,無疑。

[9]遭父喪諸句:據此判斷,冉舜臣卒年大約是在正德八年(1513)平定了鎮筸苗之際。冉儀"欲援禮守制。不允。"可見戰事緊張,連守孝三年之制也不得,祇能繼續征戰。在鎮筸苗之後又出現平浪凱口蠻夷之亂。"復征"中"征"

---

① 張萬東:《正德初年川東南土司軍事徵調活動粗疏》,《樂山師範學院學報》2012年第9期,第90—92頁。
② 冉文、段超:《明故明威將軍酉陽宣撫司宣撫使冉君(儀)墓誌銘疏證》,《三峽論壇》2020年第1期,第86—91頁。

字,《重慶卷》誤釋爲"徂",《冉儀疏證》糾正,圖版作 ▨ ,文意也是"征"字爲確。"平浪凱口蠻夷",《重慶卷》中間未斷句,《冉儀疏證》中間斷開,是并列關係。"凱口",元代爲"凱口囤",後又爲都勻衛、都勻安撫司地置,設地在今凱口鎮凱陽山;現與平浪鎮等爲并列關係。《明史·平浪長官司》記載,在都勻府西,洪武十六年(1383)置,西南有凱陽山,上有滅苗鎮,即故平浪土司所轄——凱口囤。説明曾經是隸屬關係,中間不斷句更準確。凱口有爛土苗,即"蠻夷"二字的實指。

[10]清平苗諸句:此時鎮箪苗、凱口爛土苗等各地苗民均有起義之事。冉儀平定凱口後,又討"清平苗"。"清平苗"即同屬都勻府的清平縣苗民阿旁起義。"阿旁",又譯爲"阿傍"。此次起義持續較長。據《明史·鄒文盛傳》記載,正德十一年(1516),原貴州右參議鄒文盛"以右副都御史巡撫貴州。清平苗阿旁、阿階、阿革稱王,巡撫曹祥調永順、保靖土兵討之,尋被劫罷。阿旁等據香爐山,興隆、偏橋、平越、新添、龍里諸衛咸被其患。文盛至,檄川、湖兵協剿,以貴州兵搗炮木寨,擒阿革。川、湖兵至,抵山下。山壁立,惟小徑五,賊皆樹柵。仰攻不能克,乃制戰樓與崖齊,乘夜雨附崖登,拔柵焚廬舍。賊奔後山,據絶頂。官軍乘間梯滕木以上,遂擒阿旁,餘賊盡平。移師討平龍頭、都黎、都蘭、都蓬、密西、大支、馬羅諸寨黑苗,先後斬降無算。録功,增俸一等,蔭子錦衣,世百户,力辭免"。與墓誌中前後記載的"湖兵""平浪凱口蠻夷""登香爐山"等均合。《明武宗實録》記載,正德十二年(1517)平浪苗夷阿向等構亂,巡撫都御史曹祥"調永、保、酉陽、鎮綏土兵進剿。"此時正當酉陽宣撫司冉儀當政,曹祥所在這次進剿行動中所調撥的酉陽土兵當爲冉氏土司府兵。《鴻猷録》卷十三記載更確切的時間在正德十二年(1517),"九月十一日,指揮滿弼、王言、金章等率游兵巡徼,遇賊衆三百餘人自香爐山突出,至大岐坡,弼等四面邀擊,殺賊五十餘人,賊退,奔據白崖亡。何副總兵、李瑾帥湖廣兵至。貴州程番、安順諸路及四川、播州、酉陽兵俱先後至"。酉陽兵即冉儀之兵,但各種史料在記載冉氏功績上均不直接點名。

冉儀所登香爐山,今位於貴州省凱里市,四面石崖絶壁,形如香爐。"移兵分剿"中"分",《重慶卷》闕字,《冉儀疏證》補,核圖版作 ▨ ,應是。"其囗十

三寨"，"十"後一字，圖版 [image]，《冉儀疏證》作"五"，從字形看還是"三"字，今仍從《重慶卷》"十三寨"。

[11]茂州番夷句："茂州"，明洪武十一年（1378）置茂州衛，屬四川都司，治今四川茂縣。《冉儀疏證》引用《國朝獻徵錄》卷八十八考證，正德十年（1515）彭傑因平夷有功由四川左參政升按察使，在彭傑官四川左參政期間，"四川十八寨僰夷叛，（彭傑）先生以參政督餉，出險道，師賴以捷歸。至叙州，宣慰使冉儀所部妄有所掠。按察僉事郭公某廉其首，答之，儀部下鼓噪且叛，城門晝閉。先生適至，行其營，呼儀曰：若與吾非征僰夷來乎，奈何復以身家效僰夷？儀感悟，復爲畫計謝。郭得全軍歸"。且有《彭傑墓誌》出土，據履歷推算，"茂州番夷之亂"即"四川十八寨僰夷叛"，約在正德十年（1515）至正德十六年（1521）之間持續。

[12]十五年句：即正德十五年（1520），冉儀升明威將軍後不久，"引疾致仕"，讓位於其子冉玄。戰功屢屢的冉儀，升職爲武散官階正四品的明威將軍，却在才二十歲之年辭去官職，原因不明。"以子玄嗣"，前後闕文較多，無法補出。此處斷句從《冉儀疏證》。文意大概是冉玄繼承父職，"鎮維新□"，即履行新政。

[13]府夷民諸句：應是非前文的茂州，説明冉儀又征討另一地。"斬關"指砍斷門閂，泛指攻破城門。語本《左傳·襄公二十三年》："臧紇斬鹿門之關以出，奔邾。""酋長"，《冉儀疏證》誤作"猶長"。

[14]真州逆賊句："真"字，《重慶卷》誤爲"滇"，《冉儀疏證》正之。滇州歷來有西南夷的一支。《史記·西南夷列傳》："西南夷君長以什數，夜郎最大；其西靡莫之屬以什數，滇最大。"但與戰事史實不符。據《冉儀疏證》所考證，真州即今貴州省正安縣，與務川、鳳岡、湄潭、綏陽、桐梓及南川諸縣比鄰。《明世宗實錄》卷一百三十一記載："（嘉靖十年十月）四川真州盜周天星、王打魚、張東陽等皆藍鄢餘孽，有衆數萬剽掠真播，轉攻南川。守臣舊降之，不聽，巡撫都御史宋滄乃督都指揮丘岌、參議林豫等調兵剿之，斬天星等，賊黨悉平。"此事與家譜中記載相同。

[15]嘉靖十一年諸句：明確記載冉儀於明嘉靖十一年（1532）五月二十五日以疾卒，《重慶卷》闕文作"春秋□十有二"，《冉儀疏證》補爲"三"，諦視圖版

作□,應是三十二歲。與前文所述正德四年(1509)冉儀方九歲以父疾替職,生年即弘治十四年(1501)相合。又"春秋"二字,《冉儀疏證》脱"春"字。

[16]平定垻高原句:記載嘉靖十二年(1533)四月廿五日冉儀葬於平定垻高原。"垻",《重慶卷》釋爲"鎮",《冉儀疏證》闕文,版作□,應是"土"部構件。

[17]體貌句:"豐偉",《冉儀疏證》作"俊偉",圖版作□,字形更近"豐"字;又"豐偉"爲常用詞,形容人身體豐滿魁梧。"談論□□",《重慶卷》闕文二字,《冉儀疏證》補爲"叠叠",圖版作□,也與後文"有條序"意合,應是。

[18]樂山水句:冉儀品性忠孝,經史詩賦,琴書毫素無不嗜好,可謂文武雙全。因心向道教,樂游山水,在銅鼓潭、仙人崖等處建亭臺,求仙煉丹。"崖",《重慶卷》誤作"屋",圖版作□,應是"崖"字爲準。都勻城南的武勝關有仙人崖,因酷似仙人張三豐的人影而得名,明人郭子章在其旁刻有"神留宇宙"四字。銅鼓潭,即今重慶酉陽土家族苗族自治縣西南銅鼓鄉。《酉陽直隸州總志》載:"銅鼓潭,在州西三十里。潭形如鼓,水激石上,鼕鼕有聲。廣七八丈,深不可測。相傳明代土司曾置銅鼓於中,故名爲八景之一。"據記載,"冉儀其人性好道教,淡泊官場,常與江湖道士過從甚密,自命鐵鶴海陽真人,於司衙南(鐘南)建栖鶴庵,常居其中齋戒習靜,又於銅鼓潭海陽峰煉丹,最後無疾而終。"[①]留下遺作有《松坡遺稿》若干卷,現不存,只存詩五首,見《重慶少數民族詩選》[②]。其中三首較早收錄在清馮世瀛的《二酉英華》[③]中。

[19]温恭愛下:"温恭"下《重慶卷》闕一字,《冉儀疏證》釋作"能",諦視圖版作□,實爲"愛"字。

[20]其卒:"卒"字後,《重慶卷》《冉儀疏證》均闕一字,圖版作□,應是"哉"字,語氣助詞。

[21]配彭氏句:冉儀妻彭氏,封恭人,爲湖廣永順宣慰使彭世麒女。彭世麒,字天祥,別號思齋。明永順人,弘治五年(1492)襲宣慰使職,征貴州苗及米

[①]鄒明星主編:《酉陽土司》,西南師範大學出版社,2008年,第16頁。
[②]白新民,張玉林等編:《重慶少數民族詩選》,重慶出版社,2002年,第1頁。
[③]曾超:《〈二酉英華〉土司史影稽考》,《長江師範學院學報》2017年第3期,第7-12頁。

魯有功,進階昭勇將軍。事見《明史·湖廣土司·永順軍民宣慰使司傳》。今湖南永順老司城尚存,彭氏溪州土司的治所出土的《彭世麒墓誌》,首題爲《明故永順宣慰使彭思齋墓誌銘》,墓誌中記載:"女一十七人,一適保靖宣慰彭九霄,二適酉陽宣撫冉儀、舍人冉值。一適散毛宣撫覃斌……"又有明嘉靖十年(1531)五月三十日《彭世麒妻劉氏墓誌》載:"享年六十。生子男一,曰明御,冠帶舍人,娶向氏。女二,長適酉陽宣撫冉儀,次適上峒峒長向友旺。"①證明"武陵山區各大土司爲了加強和穩固自己的勢力,有意識地進行聯姻以達到形成一種戰略上的聯盟關係,從而更好地防範和克制敵手,成爲了一種較爲普遍的現象。在這樣一個大體的認識中,其間所蘊含的彼此之間相還往赴的關係則遠要比人們想象的複雜得多"②。

[22]子男五人諸句:冉儀子嗣,據墓誌記載有男五人,長冉玄,次冉亨、冉亶、冉爽、冉京。其中衹有冉玄、冉亶爲彭氏出。冉玄世襲土司宣撫使。"餘俱側室出",《重慶卷》脱"俱"字,《冉儀疏證》已補。五女尚幼,無婚配。

[23]攸惻:"惻",《冉儀疏證》作"側",誤。"攸惻",憂傷、悲痛。

其五:

冉躍龍妻白氏墓誌　明崇禎五年(1632)十二月七日葬

(清)戴可彦撰

黔江區。1964年6月在黔江縣正誼鄉魚灘村出土,石現藏黔江區文物管理所。誌石高45厘米,寬40厘米,厚7厘米;石面剝泐嚴重,文字有殘損。誌文正書,19行,滿行27字。

【釋文】

白太夫人[1],酉陽大江里白三槐之長女也。生而敏聰,異諸姑。/五齡[2]受先□宣撫眉坡公[3]聘,配/欽陞中軍都府都督冉公諱躍龍[4]號上乾者。時值家難,遲

---

① 魯衛東:《永順縣民族文化系列叢書·永順土司金石錄》,岳麓書社,2015年,第67、102頁。
② 龍京沙、張小河等主編:《老司城遺址周邊遺存調查報告》,岳麓書社,2013年,第162頁。

其于歸。事/誥封楊□太夫人[5]，恪盡婦道，佐理上乾公幹國勤王。荷/神宗皇帝恩，鑄宣慰印，光大千年世爵矣。

上乾公[6]即世，夫人屆四旬，/君仁子立，夫人當危□之際，調和舍地，偕長公子力持司務。已，請/襲定位，選婚求補，禮以睦鄰，策以禦苗[7]，而川東之藩益固者，/夫人之力也。□□以其勞上聞[8]，蒙撫院劉獎曰：撫嬰著節。□/兵部李公獎曰：忠□□□。嗟夫，忠節兩字，今之士大夫能全者有幾？/夫人兼有之，其垂不朽，者多矣。矧得吉壤瘞玉，其福蔭寧有□□□。/

夫人生三子[9]：長天育，恩世子，選功授游擊將軍，配董氏、孔氏，男□女/一，孫女三。長女[10]許配登洞宣撫向彤廷。仲子[11]天嗣，本司學廩生，□□□/□□□配鄭氏，生男四、女一。季子[12]天德，附學生。

夫人内寢[13]，即崇禎四年/四月廿五之吉旦，距出生萬曆戊子六月初八午時，享年四十四。今十二月[14]初/七葬于萬潭。吉穴艮龍，癸山丁向。距余治甚近。

余密子長公知夫人□甚/悉，長公□因魏生之琦請予誌石，予愧不敏，以質言係之。銘曰：/

惟功婦德，惟忠惟迹。坤盛乾剛，仁柔義烈。拓爾世勛，流無盡澤。/報念春秋，名□□□。/

崇禎五年季月□□□文林郎知黔江縣事浙遂昌戴可彥撰。/

（《重慶卷》圖101/文293）

【附】

又一錄文：記載爲"黔江縣馮家垻漁灘村修電站時挖出，現藏黔江文管所""文林郎知黔江縣事戴可彥撰"即與上一釋文爲同一作者撰文、同一時間出土。但釋文內容却完全不同，而且相當完整，沒有任何闕字現象。

【録文】

冉土司白夫人墓誌

白氏生於明萬曆十五年,卒於明崇禎四年,享年四十四歲,酉陽大江里人。父母早卒,幼依於异母兄嫂以居。兄嫂厭之,使職井臼漿洗。及長,學緘帯,偵知兄會射,默然潜習,不露聲色,工夫嫺熟。年及笄,逢十九世土司冉眉坡下令為子躍龍選婚。相人到宅,兄嫂令夫人勿出,則盛裝己女姊妹供相,未中,嘆息怏怏,留相人宴。飲宴之間,夫人偶出廂門。相人見之,驚呼其貌,譽蓋世之才。兄嫂驚恐,復着裝引出,相人看中而去。未幾,夫人被聘入署,進出以恭,談吐温雅,公婆寵愛,夫君歡喜,原配夫人舒氏高興。明萬曆四十七年援遼之役,夫弟見龍領兵以行。夫人率女兵殿其後。見龍戰死渾河,夫人獲勝回鄉。天啓二年,奢崇明、安邦彥叛亂,明廷危急。白氏奉令率卒,與秦良玉部同赴征討。奢、安兵敗,白氏因軍功授封夫人,初謙辭不受。天啓元年,冉躍龍因東西赴調,效令有功,襲授酉陽土司二十世宣慰使司職。白夫人仍助夫練兵習武。躍龍薨,長子天麟襲職,時年九歲。夫人輔佐柄政,助子定位,選婚承祧,司政清明。

(文:《川東南少數民族史料輯》第443頁)

【簡跋】

墓誌的出土信息、現存地較明確,但釋文出現不同版本。《黔江文史·墓誌銘專輯》[1]《烏江流域民族地區歷代碑刻選輯》[2]均是從《川東南少數民族史料輯》[3]轉録。從文字内容判斷,同是一人撰文兩通墓誌的可能性不大;且第二種釋文較第一種出土墓誌碑文不太合乎體例規範,如無卒葬信息、撰文人落款不全、內容也不完整,有節略之嫌。本書疑爲非原始墓誌銘文,係後人整合其他信息後所改。

墓主白氏,墓誌不載名諱,藏於酉陽後溪鄉白長培家的《南陽氏族譜》中有白氏族譜等史料記載號白大姑,名爲白再香;又一説名白果,爲白三槐之長女,還有妹妹白再英,號白二姑;白再筠,號白三姑。叔父白邦銘,爲酉陽土司衙門總管。其他記載均有民間色彩,無法確證。

---

[1] 重慶市黔江區政協學習文史委編:《黔江文史·墓誌銘專輯》,2006年,第6頁。
[2] 彭福榮、李良品等主編:《烏江流域民族地區歷代碑刻選輯》,重慶出版社,2007年,第399頁。
[3] 四川黔江地區民族事務委員會編:《川東南少數民族史料輯》,四川民族出版社,1996年,第324頁。

其夫冉躍龍,天啓元年(1621)授襲酉陽土司二十世宣慰使司。見《明史》卷三百一十二《四川土司二·酉陽宣撫司傳》。

撰人戴可彦,浙江遂昌(今浙江省麗水市轄縣)人。晋武帝太康元年(280)更名稱遂昌。明時屬浙江承宣布政使司處州府。下葬及撰墓誌文較卒年"崇禎四年四月"略晚一年,在"崇禎五年季月□□□"。據墓誌文中記載,戴可彦此時知黔江縣事,文林郎。墓誌交待請銘背景,其中"魏生之琦"即《遵義府志》卷二十七中記載的碑刻題名人物,時官"道鎮中軍旗鼓都司守備"。

【校釋】

[1]白太夫人句:墓主爲酉陽大江里白三槐長女,"白三槐",又一説爲"白玉槐"。覆核圖版作 ,字形尚清晰,應據墓誌正傳世文獻之不足。"酉陽大江里",即其居住地今酉陽土家族苗族自治縣後溪鎮。

[2]五齡:"五齡"前,《重慶卷》無闕字符號,從碑版石花看,也不似有字;但從文意判斷,如果非自幼定婚,五歲婚配之説文意難通。聯繫後文"時值家難,遲其于歸",説明白氏沒有進門的原因,即家譜中所言白氏幼年父母早亡之事。那麽,幼年婚配也可通。但另一釋文版本則記載爲:"年及笄,逢十九世土司冉眉坡下令爲子躍龍選婚。"笄年,即十五歲,如此則碑版必有一闕字"十"字。概另一版釋文因不合文意而改動。

[3]眉坡公:即冉元次子冉維屏,字逸卿,號眉坡。明代四川酉陽土司宣撫使、封懷遠將軍。萬曆二十四年(1596)去世。《四川通志》載:"明懷遠將軍宣撫使冉維屏墓,在(酉陽)州鐘靈山。"冉維屏有長兄冉維翰,《明史》記載在萬曆十七年(1589)宣撫冉維屏獻大木之事。至萬曆四十六年(1618)又"調酉陽兵四千,命宣撫冉躍龍將之援遼",説明此時冉躍龍已經襲宣撫職。

冉維屏有長子冉御龍,《中國民族政策史》載其曾在冉躍龍前"襲宣撫職"[①],《明史》在石柱土司條下記載,萬曆二十三年(1595)楊應龍反播州,石柱宣撫馬千乘應調,與酉陽冉躍龍同征之事。雖未稱是襲職宣撫,但根據長子世襲制,且其時間在萬曆四十六年(1618)前,應無疑。

[4]躍龍:即冉躍龍,爲冉維翰次子,字上乾,號海門。據稱有碑,但未見。本

---

① 龔蔭:《中國民族政策史》,雲南人民出版社,2014年,第1119頁。

墓誌記載其先任職於中軍督府,爲明朝五軍都督府之一,天啓元年(1621)授襲酉陽土司二十世宣慰使司。

[5]楊□太夫人:即墓主白氏之母楊氏,據《冉氏家譜》載,爲指揮使楊勝業女。據稱官陵墓群的1號墓爲明代酉陽土司十九世、敕封懷遠將軍(從三品)亞中大夫冉維屏妻楊氏墓,誥命爲一品太夫人,但今未見碑版。

[6]上乾公句:冉躍龍死於天啓四年(1624),此時白再香應是三十七歲。"君仁子立,夫人當危□之際,調和舍地,偕長公子,力持司務。"《冉氏族譜》記載:"冉天麒襲職年才九歲,其母親先躍龍一年死。經朝廷允許,庶母白太夫人柄國政,庶長兄天育總理朝政。"《明史》記載:"天啓元年(1621)授躍龍宣慰使,并妻舒氏,皆給誥命,仍恤陣亡千七百餘家。"由原配舒氏確定白再香爲庶妻。"調和"下及"務"前,《重慶卷》均闕字,審核圖版,"調"下作 ▨▨,疑爲"舍地";"務"後一字,圖版作 ▨,應是"司"字,即本土司的事務。按嫡長子世襲製,先由舒氏子冉天麒襲職(年才九歲),白氏扶持長公子,力持土司事務,實權在握,如墓誌所言"川東之藩益固者,夫人之力也"。

[7]禦苗句:指白氏領導下的冉氏土司,通過和睦周邊四鄰、抵禦苗民叛亂而鞏固地位。但本墓誌記載白再香生平戰事過於簡略。《冉氏族譜》記載其戰功赫赫,與秦良玉同名天下。先是在萬曆四十六年(1618)有"援遼功",天啓二年(1622)再率諸子統兵出征,與石柱都督金事總兵秦良玉合力,奉調征剿四川永寧(今四川敘永)宣撫使奢崇明叛亂,平息"奢安之亂"。①本墓誌無詳細記載。

[8]上聞二句:白氏因戰功績績而獲得明廷認可,蒙撫院劉公與兵部李公獎語。"撫院"的"院"字,圖版作 ▨,爲明清時巡撫例兼都察院右副都御史或右僉都御史銜的故稱。《重慶卷》誤作"撫按"。劉撫院與兵部李公,尚無法確定人選。

[9]生三子句:白氏生三子,長子冉天育,"育"字,圖版作 ▨,《重慶卷》因形似誤釋作"有"字,與家譜記載不同。"恩世子",即待遇同土司的嫡長子。冉躍龍之後,先有嫡長子冉天麒崇禎時襲宣慰職;還有庶子冉天育,即白氏之

---

① 重慶酉陽冉氏族譜續修委員會編:《冉氏族譜·總譜》,2007年,第228頁。

子,崇禎時襲宣慰職。後冉天育長子冉奇鑛,襲宣慰職。冉天育曾選功授"游擊將軍",職位爲明朝鎮戍軍中置,位在參將之下,率游兵往來防禦。婚配董氏、孔氏二妻,其下有男數人女一人,闕字不明。冉天育還有孫女三人。

[10]長女句:即白氏之女。許配"登洞宣撫向彤廷",即史書中記載的向氏土司"向同廷"。"同""彤"二字必有一誤。向氏土司屬於湖廣施州衛土司,位於今湖北省來鳳縣百福司鎮。元朝及明朝末期之前稱爲"盤順安撫司",明末之後改名"卯峒安撫司",簡稱"卯峒土司"。明嘉靖《卯洞集》、清康熙《卯峒司志》記載詳實。向彤廷父向位,萬曆三十六年(1608)親政。向彤廷,崇禎年間承襲,順治九年(1652)去世。

[11]仲子句:白氏仲子冉天嗣,爲"本司學廩生"。"本司學"即酉陽宣撫司學署。此司學由其先祖冉興邦創立。《明史·土官傳》記載:"永樂五年,酉陽宣撫使冉興邦遣部長龔俊貢文物,并謝立儒學恩。"顧炎武《天下郡國利病書》中也記載。據《清末酉陽直隸州學署書院開辦始末》一文考證,自明永樂六年(1408)建成,此學署一直沿用至清代光緒三十三年(1907)改制後停辦,前後歷時五百七十餘年。①"廩生",指明清兩代稱由公家給以膳食的生員。又稱廩膳生。明初生員有定額,皆食廩。其後名額增多,因謂初設食廩者爲廩膳生員,省稱"廩生",增多者謂之"增廣生員",省稱"增生"。又於額外增取,附於諸生之末,謂之"附學生員",省稱"附生"。後凡初入學者皆謂之附生,其歲、科兩試等第高者可補爲增生、廩生。廩生中食廩年深者可充歲貢。冉天嗣官職因闕字不明。配鄭氏,生四男一女,不載名諱,概尚幼小。

[12]季子句:冉天德,"德"字圖版作[圖],爲附學生,即初入學者,年紀尚幼。

[13]夫人内寢句:白氏於崇禎四年(1631)四月廿五日卒,生於萬曆十五年(1587)六月初八午時,享年四十四歲。"吉旦",《重慶卷》闕"旦"字。但此詞爲明清墓誌文中常用詞彙,今補。

[14]今十二月句:即崇禎四年(1631)十二月初七葬於萬潭。"初"字後《重慶卷》闕文二字,疑爲"七""葬"。"萬潭",即葬地鎮夷鄉(今重慶黔江區馮家街道)阿蓬江邊的官墳堡(今重慶黔江區漁灘居委會)。

---

① 孫達松:《清末酉陽直隸州學署書院開辦始末》,載《酉陽文史資料選輯》第3輯,1984年,第37頁。

其六：

冉氏殘墓誌　約明崇禎十七年(1644)前

酉陽土家族苗族自治縣。1981年4月在酉陽縣鐘南鄉出土，石現藏於酉陽縣文物管理所。誌石殘毀，僅存右下角一半，高67厘米；寬34厘米，厚12厘米。誌文正書，存4行，行13字。

【釋文】

中題：□夫人墓/

■□□□土司之署，授內堂提調把縂[1]/■諸家國，溫辭灑處，繼挾三軍，賞罰/■河，樹德人寰，謳歌海宇。然世遠年/■山巽向。

公德配冉氏，乃土司駙/[馬]■[2]

(《重慶卷》圖105/文300)

【簡跋】

《重慶卷》認爲是"左側豎刻一行，各殘半字"，諦視圖版，又根據明清墓誌多係中題，"豎刻一行"應是中題"■夫人墓"。從中題和文內"公德配冉氏"，暫定墓主爲"冉氏"。《重慶卷》簡跋認爲："本志紀年殘缺。據內容及形制，應屬明朝後期至清前期。暫繫於一六四四年前後。誌文記載酉陽土司事。文雖簡，但對於研究土家族土司制度有重要的史料價值。"

【校釋】

[1]內堂提調把縂："內堂"，指代帝王陵墓中內進的墓室。"縂"爲"總"異體。"提調把縂"，爲武官職。明代的武官可分爲兩類：一類是與五府及都司衛所有關的武職官系統，另一類是營伍及守城系統。操守、把總、提調和備禦等爲後一系統中的官職，主要負責守城之類。

[2]土司駙馬："駙"下根據文意可補釋出"馬"字，爲夫人冉氏之先祖，即指冉仁才或其子冉寔等曾做過駙馬的家族重要人物。

長孫無忌墓誌　唐顯慶五年(660)卒

彭水縣。1996年夏在彭水縣漢葭鎮東門坡統井關出土，石現藏彭水縣文物管理所。石高89厘米，上寬56厘米，下寬59厘米。誌石和蓋石各一塊，蓋石無字，誌石完整。誌文正書，2行，行13字。

【釋文】

大唐顯慶五年歲次庚申七月庚/子[1]朔十日己酉故長孫無忌墓誌。

(圖文：《重慶市志·文物志(1949—2012)》第662頁)

【簡跋】

長孫無忌(？—659)，字輔機，河南洛陽人，鮮卑族。唐太宗摯友與輔臣，又是文德皇后同母兄。最初參與策劃玄武門之變。貞觀年間，歷任左武侯大將軍，領吏部尚書、右僕射，遷司空、司徒兼侍中、檢校中書令，襲封趙國公。唐高宗即位，授太尉、同中書門下三品。顯慶四年(659)七月，因反對高宗立武則天爲皇后，被武則天同黨禮部尚書許敬宗等人誣以謀反，放逐黔州。途經江口，逼令自縊，葬薄刀嶺(今江口烏江村)。上元元年(760)獲昭雪，追復官爵，遷遺骨于陝西昭陵側，巴渝大地留下其衣冠冢。據乾隆《涪州志》記載，有清舒國珍《題長孫無忌墓》："滾竹坡高吊昔賢，孤墳斷碣瀉寒泉……"說明在重慶武隆確有其墓，但未見墓葬碑刻。本通墓誌爲彭水縣出土，文字簡略，爲其卒後某朝代彭水地方官或民衆爲其所修，非當時墓葬碑刻。

【校釋】

[1]庚子朔："庚"字，顯慶五年(660)七月朔爲庚子，十日爲己酉，干支皆無誤，當非僞刻。關於長孫無忌卒年，《新唐書》《舊唐書》《資治通鑑》等，皆作"顯慶四年"，而誌文作"顯慶五年"，相差一年。

田英墓誌　唐開成三年(838)四月二十日刻

(唐)宇文坤撰并書;(唐)奉和鐫

彭水縣。重慶市彭水縣出土。據《彭水縣志》記載,民國二十九年(1940)移至漢葭公園,後佚。存拓片,長74厘米,寬63厘米。誌文正書,24行,行28字。

【釋文】

故銀青光禄大夫使持節、溪州諸軍事、守溪州刺史、雁門縣開國男、食邑三百户、上柱國、賜紫金魚袋田公志銘并序。/

經略、隨軍、將仕郎、試太子通事舍人、後周介公玄孫太陽子撰。/

噫!四時有代[謝][1],人情有始終,貴賤榮枯有生有咸者也。然哲有忠貞者仕/主之令名,有節行者為人臣之遠格[2]。夫處人天之極,唯忠孝焉:忠於事主,/可建邦家,揚于王庭,可為人傑,一而遂之,則故田使君之能事矣。/

使君公[3]諱英,字英,雁門人也,安平君之苗裔也。其先祖[4]枌榆京鎬,僑寄/黔中,冠冕聯綿,朱紫不絕。烈考[5]玉諱寅字,官任黔州洪杜縣令,袟滿□/奏授光州司馬、上柱國、賞緋魚袋。詢訪耆舊/,稱文詞絢練,翰墨芳馨;道贊/邊城,化毗方岳。挹王祥[6]之美化,得羅含之風者哉。太妣[7]蘇[姓]也,武功之貴族也。母儀/有則,貞淑可觀。德充[8]趙括之親,賢可王陵之母。然古今有隔,節行不殊者哉。/

公禀精粹之氣,岌然天姿,氣魄稜稜[9],事君竭節。能展熊羆[10]之任,肅著爪牙之/威,機變權謀,人具瞻仰。又位分[11]符竹,宣贊六條,政術多方,化洽封部。不苟不擾,/愍恤惸嫠[12]。布政[13]五溪,譽傳巴楚。

嗚呼![享]年[14]六十有四。良圖未展,厚禄初沾,自/守郡城,纔經二稔,天道恍惚[15],時事多端,悔悋[16]吉凶,陰陽莫測,無何遘疾,業力無施,/運命兩乖,奄歸真宅[17],冰容[18]忽逝,永弃明時,一代生涯,千春已畢,楊朱[19]益泣,墨子重/悲。

114

以開成二年[20]丁巳歲暮春之杪二旬有八日,終於酉陽官舍,至冬十二月旬有三日壬寅,葬于府城西南隅虎牙峰高原,禮也。

粤有節婦[21]張夫人者,則南陽張[府]君仙尉之女也。芳閨令淑,婉娩貞明,秦晉合儀,調如琴瑟,節偕杞婦,賢頗鴻閨者歟。且鬻其服用,資贍送終,喪盡其哀,祭盡其敬。一女[22]特達,立節忘軀,大義克崇,婦道之本也。有善不旌,有節不錄,何以激人倫而彰化本也?或廬山回谷圮,或市或朝,主嗣莫分,命余述志。余學識淺劣,承乏操文,不揆管窺,叨陳梗概。銘曰:

偉哉田侯,禮樂鏘鏘。敦經閱史[23],為人紀綆。公心翼翼,為棟為梁。位分符竹,惠化封壃。亢龍有悔,悲哉夕陽。千秋萬歲,委骨郊荒。

巨唐開成三年四月廿日匠京兆奉和鐫,宇文坤述文并書。

(文:《唐代墓誌彙編》第2177—2178頁)

【簡跋】

《八瓊室》卷七十三收錄并簡要校釋,并稱"字學河南,而書刻草率,未免訛誤",但從内容與"愍、虎、括三字皆避諱缺筆"看,其真實性無疑。

墓主田英,史籍疏略。墓誌首題載爲溪州刺史等。"溪州",爲武周天授二年(691)置,天寶元年(742)曾改爲靈溪郡,乾元元年(758)復改爲"溪州"。轄大鄉、三亭二縣,據《新唐書·地理志》載三亭縣有大酉山。《八瓊室》推測或因在酉山之陽而得名。《唐刺史考全編》據本墓誌補入"溪州刺史"下,屬於八名刺史之一,任職時間約爲開成元年至二年(836—837)[①]。

題署人名諱中,繫聯前題和後題兩處不同的記載,撰人"後周介公玄孫太陽子"即"述文并書人宇文坤"。"玄",在清代避諱,改爲"元"字。《八瓊室》作"元孫",并認爲此"署衔不署名,志尾復題"的特殊之例,可補清王芑孫的《碑版廣例》;又說"志銘分刻三石,亦碑例所未有"。但從拓本看,本墓誌完整刻在一塊碑石上。

宇文坤,史籍疏略。據《八瓊室》考證:"後周介公者宇文洛也。文帝叔虞公阿頭之孫、興之子,隋封介公。《宰相世系表》自洛至庭立并襲介公,而離惑之下,庭立之上闕

---

① 鬱賢皓:《唐刺史考全編》,安徽大學出版社,2000年,第2541—2542頁。

佚兩世系,名字亦無坤名。此稱介公元孫,則似非襲爵者。雖于離惑爲子行,既非離惑之子,即未必爲庭立之祖也?"本墓誌載其歷官爲經略、隨軍、將仕郎、試太子通事舍人。

鐫人奉和,史籍疏略。本墓誌載其籍貫爲陝西京兆(今陝西省西安市)。

【校釋】

[1]代謝:"謝"原刻圖版作 ▨,屬於形旁"木"與"扌"訛混。《八瓊室》摹録作"榭",指出"榭,古作謝,此反以榭爲謝"。《唐代墓誌彙編》録作"謝"字。"代謝"是指新舊更迭,交替。與後文的"人情有始終,貴賤榮枯有生有咸"同義并列。"咸","滅"的古字,滅亡、熄滅。

[2]遠格:"遠格"對"令名","格"爲名詞,指格人、至道之人、有識之人。《尚書·西伯戡黎》:"天既訖我殷命,格人元龜,罔敢知吉。"孔穎達疏:"格訓爲至,至人謂至道之人,有所識解者也。"晋陸機《漢高祖功臣頌》:"格人乃謝,楚翼實摧。"

[3]使君公句:墓主田英,字諱相同,籍貫爲雁門郡(今山西北部),原爲戰國趙地,秦置郡。遠祖追爲"安平君",即戰國時期齊國名將田單。

[4]先祖句:述墓主先祖籍貫變遷,仕途綿延。"枌榆京鎬"與"僑寄黔中"對舉,指田姓先祖原籍貫在陝西,後遷徙至唐代分江南道所置的黔中道,治黔州(今重慶彭水)。"枌榆",指漢高祖即位後於秦故驪邑移置的新豐縣枌榆社,後借指帝鄉或皇宮。"京鎬",同義并用,即"鎬京",原指西周國都(今陝西省西安市西南灃水東岸),後常借指京都。"冠冕"與"朱紫"對舉。"冠冕",指古代帝王、官員所帶的帽子;"朱紫",指古代高級官員的服色或服飾。謂朱衣紫綬,即紅色官服,紫色綬帶。"僑"字,《全唐文新編》誤作"德"。

[5]烈考句:墓主父田玉,"玉諱寅字"即諱玉字寅,先任黔州洪杜縣令。洪杜縣,爲黔中郡所轄縣,唐武德二年析置,因洪杜山爲名。"袟",通"秩",指官職;品位。"滿"字後闕一字,無法補讀。後又授光州司馬。"光州",南朝梁置,治光城縣(今河南縣光山縣),隋改爲弋陽郡。唐太極元年(712)移治定城縣(今潢川縣)。

[6]王祥句:用典,稱墓主忠孝而有才學。"挹",指吸收。"王祥",爲古代二十四孝子之一,字休徵,晋琅邪臨沂(今屬山東)人。值漢末世亂,隱居三十餘

年。後累遷大司農,功封萬歲亭侯,拜司空轉太尉;晋代魏,官至太保。事後母朱氏以孝著稱,有爲後母卧冰求鯉的故事。"羅含",字君章,東晋桂陽郡(今湖南耒陽市)人。祖父羅彦,曾官臨海太守。父羅綏,官至榮陽太守。《晋史》有傳。其才學甚高,被晋主桓温稱爲"江左之秀,荆楚之材"。

[7]太妣句:"太妣",尊稱已經死去的母親。"蘇姓也,武功之貴族也。""姓",原刻作"性",圖版作[性],屬於形旁訛混而誤刻。《八瓊室》《唐代墓誌彙編》均照録。且"武"字爲小字,旁注于"也""功"之間,應是漏刻後補刻。墓主母親蘇氏籍貫爲武功縣(今陝西省咸陽市所轄),此地蘇姓著名人物有西漢出使匈奴的蘇武等。

[8]德充句:贊譽墓主母親蘇氏,有戰國時期趙國名將趙括母親的德行;又有西漢開國功臣、楚國沛縣(今江蘇沛縣)人王陵母親的賢能。

[9]稜稜:第二個"稜"字原刻作重文符號[乀],上接第一個"稜"字圖版[稜]。形容氣魄威嚴的樣子。銘文中的"禮樂鏘鏘""公心翼翼"第二個重字均同樣的重文符號。本文以圖版録文。

[10]熊羆句:同義并舉,贊譽墓主有勇有謀。"熊羆"以猛獸喻勇士或雄師勁旅。"爪牙",原指動物的尖爪和利牙,後喻勇士、衛士。"任",《八瓊室》《唐代墓誌彙編》同誤録作"仕",據圖版作[任],明晰可證其誤。"肅"即"肅",圖版作異體[肅]。"機",《八瓊室》《唐代墓誌彙編》誤録作"幾",圖版明晰作[機]。《全唐文新編》修訂。"機變",指機智權變。

[11]位分句:形容墓主任職期間忠於職守,體恤民情。"符竹"指郡守職權。"宣贊",是宣贊舍人的省稱,後亦用以稱呼貴官子弟。"六條",指考察官吏的職務和職權。源於漢制,刺史班行六條詔書,以考察官吏。見於《漢書·百官公卿表上》顔師古注。"化洽",教化普沾。此處與銘文中的"位分符竹,惠化封壃"用語相似。"壃",爲"疆"的异體。

[12]惸嫠:嫠,即"嫠"。"惸嫠",本指無兄弟與無丈夫的人,此處泛指孤苦無依的百姓。

[13]布政句:"五溪"與"巴楚"同義并列,指代同一地黔州。唐李白《聞王昌齡左遷龍標遥有此寄》詩"聞道龍標過五溪"楊齊賢注:"武陵有五溪,曰雄溪、蒲溪、酉溪、沅溪、辰溪。"

[14]享年:"享",原刻誤作"亨"字。《八瓊室》疑"獨不避肅宗名諱,豈以音讀不同歟?"應是墓誌刻的比較草率所致,否則與其他避諱字均有缺筆避諱衝突。

[15]恍惚:即指難以捉摸,又可指倏忽,瞬息之間。接前文的"纔經二稔","稔"即年,喻天道無常,瞬息萬變。

[16]悔悋:也作"悔吝",指災禍。《周易·繫辭上》:"悔吝者,憂虞之象也。"

[17]真宅:謂人死後的真正歸宿。《列子·天瑞》:"鬼,歸也,歸其真宅。"

[18]氷容:"氷"即"冰",謂潔白純净的面容。

[19]楊朱句:指墓主亡歿之可惜,讓人悲泣不已。典出三國·魏·阮籍《詠懷》之二十三:"楊朱泣歧路,墨子悲染絲。"《荀子·王霸》載:"楊朱哭衢途曰:'此夫過舉蹞步而覺跌千里者夫!'哀哭之。"《淮南子·説林訓》:"墨子見練絲而泣之,爲其可以黄可以黑。"

[20]開成二年句:墓主享年前文稱"六十有四",在開成二年(837)三月二十八日亡於黔中郡的酉陽官舍,至冬十二月十三日壬寅葬於酉陽官府西南的虎牙峰。其生年則在大曆九年(774),立墓誌時間在開成三年(838)四月。"暮春",即農曆三月;"杪",樹木末端,樹梢。

[21]節婦句:即墓主之妻張氏,籍貫爲河南南陽,其父爲張仙尉。"君"前一字,圖版作 ▨,上部泐蝕,從底部殘存字形與字意判斷,應是"府"字。

[22]一女:應是墓主與張氏之女,不載名諱,應是守寡之婦。墓誌稱其"特達,立節忘軀,大義克崇,婦道之本也",贊其獨特突出,遵守婦節婦道。此處斷句《唐代墓誌彙編》有誤,《全唐文新編》更準確。

[23]閲史:"史",《唐代墓誌彙編》誤釋作"文",諦視圖版明作 ▨,與後文的"爲人紀綱"爲承接關係。"綱",即"綱"字,圖版作 ▨,异體字。

蹇修行妻藺氏墓誌　唐大中十二年(858)十月十五日葬

(唐)惠權撰

武隆區。1994年12月武隆縣江口鎮羅州壩出土,石現藏於武隆區文物管理所。誌石高、寬均38厘米,厚6厘米。原石上下均有殘缺,各約一字,故碑陽拓本四周文字均有缺失。誌文正書,20行,滿行19字。

【釋文】

[■][□]州刺史蹇公夫人西河藺氏墓誌銘并序/

公諱[1]脩行,涪州武龍人。祖誠[2],武龍令。父逸,涪州司□/賜緋魚袋。夫人年十六適蹇氏,丏育[3]男女各七人。長/女[4]適郭氏,再期而夫歿,終于家。其長子[5]曰楚朋、次曰/漢朋、越、亞、汝、燕、堯等,皆以朋為名。雖出自侄娣,□/□子之。是以螽斯化行,臻則[6]百之,美哉。為德備□□/□之風[5]。事父母舅姑,以孝敬謹慎聞于六親[7]。振□□/,垂休內範,□以動遵慈訓,非法不□,每在公□,□/□□□,人懷凜懼,中外稱譽,無愧于心。異祥未□,□/□不永[8],享年[9]五十有四,以大中十年九月七日□于/涪陵府渚宮鄉九思里之私第,權窆松滋別業。大中/十二年戊寅歲[10]十月十二日改卜于黔州信寧縣[11]□□□/八月十五日壬寅[12]祔于夫人□先塋。

時蹇公[13]刺□□□/□,分秩未幾[14],凡喪事,自初八日□,孀女洞然躬執器□/□率盡彝□,雖叔先、曹娥[15]不是過也。將行[16]髽髮卉服□/□涕見[17]父□瑯琊惠權請□其墓,權以夫人□□□□/□皆丈人行[18]也,不敢有讓。乃銘曰[19]:

肅雍和鳴,克嗣克昌/。躑躅貞姿,如玉如金。有子七人,實慰母心。孀女蓬□/,[□]□□故。林亭苑原,樹以松榎。寒月沉影,滄江之下。/

□□□書。

(《重慶卷》圖5/文199)

【簡跋】

墓誌首題，《重慶卷》釋作"黔州刺史蹇公夫人西河蘭氏墓誌并序"，諦視圖版，殘存筆劃不似"黔"字。《全唐文補遺》首題作"□州刺史蹇公夫人西河蘭氏墓誌并序"[①]，將《重慶卷》訛誤的"黔"字作闕字處理，又將墓主姓氏釋爲"蘭"氏，并且將題署人定爲惠權，但對文中闕字未補釋。據後文《冉隱君墓誌》知涪州有蘭市的地名，今仍從"蘭"字。"西河"，《元和郡縣志》卷十三指汾州的隰城，上元元年(760)改爲西河縣。且據首題行文模式前面尚有闕字不明，應釋爲"[■]州刺史"更準確。

惠權，本墓誌載爲琅琊人，史載不詳。最後落款的書丹人，因闕字不明。

【校釋】

[1]公諱脩：墓主蹇脩行，籍貫爲涪州武龍人，"武龍"，西周、春秋時期爲巴國屬地，戰國爲枳縣所屬。秦漢時期，爲枳縣管轄，隸屬巴郡。蜀漢，置漢平縣，隸屬涪陵郡。隋開皇十三年(593)，改名涪陵縣，隸屬巴郡。唐武德二年(619)涪陵縣分置武龍縣才得名，治今重慶市武隆縣土坎鎮。明洪武十年(1377)并入彭水縣，十三年(1380)復置，改"龍"爲"隆"，更名武隆縣，隸屬涪州。

[2]祖誠句："祖"後闕字，圖版作 ，疑似"誠"字。暫補。父逸，歷官"涪州司□"下闕字，圖版正爲底部殘一字，無法確知。蹇誠，武龍令。蹇逸，涪州司任職。"賜緋魚袋"，是反映職官品秩的象徵，"緋"指官袍顏色，"魚袋"是官吏所佩盛放魚符的袋。"魚符"是隋唐時朝廷頒發的符信。雕木或鑄銅爲魚形，刻書其上，剖而分執之，以備符合爲憑信，謂之"魚符"，亦名魚契。隋開皇九年(589)，始頒木魚符於總管、刺史，雌一雄一。唐用銅魚符，所以起軍旅，易官長；又有隨身魚符，以金、銀、銅爲之，分別給親王及五品以上官員，所以明貴賤，應征召。《舊唐書·輿服志》有記載。

[3]丐育："育"前一字，《重慶卷》釋爲"孕"，圖版作 ，因上部殘泐無法明確。但下部構件非"子"無疑。聯繫下文"雖出自侄娣□■/□子之""是以螽斯化行"，若爲"孕育"，則"男女各七人"均爲蹇夫人自出纔是；但是"侄娣"指

---

① 吳鋼主編：《全唐文補遺》第8輯，三秦出版社，2005年，第196頁。

古代諸侯貴族之女出嫁以侄女和妹妹從嫁爲媵妾者,且"子之"爲動賓結構。《詩序》:"《螽斯》,后妃子孫衆多也。言若螽斯不妒忌,則子孫衆多也。"這兩處充分説明,這麽多子女非蹇夫人一人所出。疑爲"丏育",收養之意,指夫人將蹇修行其他妻妾子女視如已出進行養育。唐孫棨《北里志·海論三曲中事》:"諸女自幼丏育,或傭其下里貧家。"

[4]長女句:"適郭氏"前,《重慶卷》闕二字,但第二字圖版作▨,底部存兩點,與前文"男女"中的"女"字圖版▨,底部完全相同,應是"女"字無疑。補爲"長女"二字。長女適郭氏,"再期而夫殁,終于家","再"下,《重慶卷》本闕一字,但審核圖版作▨,應是"朞"字。"朞"即"期"字的異體,指一周年。再期,即兩周年。

[5]長子句:前面先介紹的是夫人長女情況,後面介紹七個兒子。"曰楚朋"前闕二字,圖版作▨,第二字爲"子",結合文意,第一字作"長",字形基本相符。但"漢朋"前二字,《重慶卷》釋爲"曰□"。諦視"曰"字圖版作▨,從殘存的上部字形看明顯與上一"曰"字圖版▨不類,且後還有底部一闕字,闕字應是"曰"字的位置,實爲"次"字。其後文"越、亞、汝、燕、堯等,皆以朋爲名","朋",圖版作▨,是"朋"的俗字。

[6]臻則:"則"前闕字圖版作▨,應是"臻","臻則百之,美哉"與下文"爲德備□□/□之風"文意相承。

[7]六親:"親"前,《重慶卷》闕一字,圖版作▨,疑似"六"字。"聞于六親"爲墓誌中的常用之語,表達夫人品性美好,親朋廣知。此處應斷句。之後《重慶卷》闕文作"振□■/□垂休内範","振"下只缺底部二字,及次行首字。《重慶卷》闕字符號有誤。"垂休内範"作爲一個固定詞組,應與前面斷句。

[8]不永:謂壽命不長久。

[9]享年句:藺氏大中十年九月七日卒於涪陵府渚宫鄉九思里,權窆松滋别業,享年五十四歲。"涪陵府"前第二闕字應是介詞"于"字,第一闕字殘泐尚存一點,圖版作▨,疑爲"卒"。藺氏生年約在貞元十九年(803)。"涪陵府渚

宫鄉九思里",可補巴渝古代地名。"渚宫",爲水邊或小洲。又"松滋別業",即在本宅之外風景優美的地方,所建供遊憩的園林房舍。

[10]戊寅歲:蘭氏葬年信息,《重慶卷》釋文闕文較多,根據卒年在大中十年(856),其後衹有大中十二年(858)歲次戊寅。按照墓誌行文慣例以及下文的内容,可以推斷出"二"前的兩字應爲"以十"。《重慶卷》附簡跋作"志載墓主於大中十二年十月十五日壬寅祔葬。據陳垣《二十史朔閏表》,是年十月朔爲乙丑,十五日爲癸卯,二者有一日之差"。或爲撰文人誤寫。

[11]信寧縣句:"十二日"後闕三個字,圖版作 ,應是"改卜于"三字。"黔州"之下磨泐不識,但《重慶卷》釋作"信守縣"。據《重慶歷史地圖集》第一卷,知隋大業十二年在涪陵區置有信安縣,唐武德二年(619)置武龍縣,并改"信安縣"爲"信寧縣"。① "信寧"正確,與出土墓誌地點相合。

[12]壬寅句:"信寧縣",《重慶卷》釋作"信守縣□■/月十五日壬寅祔于夫□□□塋",與碑版完全不合。首先"信寧縣"下本行應是有兩個闕字,次行有一個闕字;又"夫"下一字圖版作 ,明顯非"塞"字。後文明言"時寨公刺□□□□,分秩……",當時寨公尚在世,因其刺史職務繁忙,夫人喪葬由其孀女負責。

[13]寨公句:夫人葬於黔州,其喪事因寨修行不在由其女負責,所以寨修行非刺黔州。且"刺"下二闕字,從首題中"州"前一字圖版作 ,與墓誌中"黔"字的圖版 ,構件上不一致。當時寨修行刺何州不明,但可以確定的是,《重慶卷》釋讀的首題"黔州刺史寨公夫人西河蘭氏墓誌并序"有誤。"秩"前一闕字,圖版作 ,疑爲"分"字,意爲其公事繁忙,沒有分身的時間。

[14]未幾句:"未幾",《淺析蘭氏》脱"幾"字,又誤"喪事"爲"發事"。但"初"下,《重慶卷》闕字補爲"八日"二字,"八"從圖版 看,備參。

[15]叔先曹娥句:用典。據《廿二史札記》古有孝女蜀中叔先雄、會稽曹娥二人,均因父溺亡而投江負尸而出盡孝。②《重慶卷》此處因闕文也未斷句,今訂正。

①《重慶歷史地圖集》編纂委員會編:《重慶歷史地圖集·第1卷·古地圖》,中國地圖出版社,2013年,第224頁。
②[清]趙翼:《廿二史札記》,鳳凰出版社,2008年,第62頁。

[16]將行句:"髽髪卉服",《重慶卷》作"髽髪卉眼■",未能明確闕字。"髽髪",指古代婦人喪髻,以麻綫束髪。"服",圖版作[圖],左構件是"月",《重慶卷》誤爲"眼","卉眼"不辭。"卉服",指絺葛做的衣服。髽髪、卉服,是指守喪時儀容、頭髪和衣服,均爲喪儀。

[17]涕見句:"父"下《重慶卷》闕字,圖版作[圖],疑爲其父名諱字。因文字殘泐,難解文意,大概是其父蘭□爲女請銘墓誌。"權"字,《重慶卷》誤釋兩次,均爲"懽",但圖版作[圖],應是構件訛混。《全唐文補遺》作"瑯琊惠權"。《重慶卷》又將"墓"誤釋爲"莫",圖版作[圖],底部應是有"土"字。"請"下一闕字應是"志"或"銘"之類,圖版泐蝕不可確定。

[18]丈人行:猶言父輩、長輩。語出《史記·匈奴列傳》。

[19]銘曰句:銘文部分,《重慶卷》《全唐文補遺》均闕文較多,今補出若干。如,"肅"字,圖版作[圖],有石花干擾,《重慶卷》誤釋爲"蕭"。"蕭雍和鳴"不解。肅雍,即肅雝,莊嚴雍容,整齊和諧。形容祭祀時的氣氛和樂聲。《重慶卷》"蓬"字後闕字不明,但實際只闕四字。

許君妻戴氏墓誌　唐咸通六年(865)二月二十四日葬

雲陽縣。《重慶卷》稱具體出土時間、地點不詳,石現藏於雲陽縣文化館。誌石高89厘米,寬47厘米。石面泐損嚴重。誌文正書,左行,15行,滿行27字。

【精拓本釋文】
唐高陽許公夫人譙郡戴氏墓誌銘并序/

夫人之族也,戴武宣穆,昭于前史。王父[1]諱昇,皇考諱文哲。/夫人天垂伊婺,神降兹容,四德夙成,六姻馳譽。才擅楊花之妙,詩明□木之姿。蘋藻既芳,德禮兼著。高陽公[2]太夫人即夫人之嫡姑也。/太夫人[3]鑒逾叔向之親,識叶子輿之母。以夫人之淑德,乃百兩[4]而迓/之,鄉里姻屬,莫不榮慕。夫人克修婦道,輯睦閨庭。內則之名,鹺敬[5]之義。俾鴻室倒屣,郄偶望塵,侔諸古人,此無慚德。繇是,琴瑟吻契[6],絲蘿載/春。謂齊眉之永嘆,曷解珮而淪迹。以咸通六年[7]春二月二十有四日卒,享/年二十有三。育一女,即以其年夏四月二十日葬于三角山之陽。於戲!/大魂茫茫[8],載之以形。鼠肝蟲臂[9],孰固其生;蟪蛄朝菌,孰究其情。天何言/哉,愍茲凋隕。泉扃黯恨[10],魂迷破鏡之前;芳樹銜悲[11],吟斷晴窗之哀。誠安/仁[12]之苦思,匪莊生之奧詞。幽顯俄然,古今永矣。劙琢[13]貞石,謬請為銘。/銘曰:/

朝雲散兮露言晞,香奩去兮魂不歸,魂兮魂兮何處。/念素壁[14]之遺挂,痛錦字之閑機。嗚呼哀哉,終古依依。/

(圖:《重慶卷》第6頁;文:《唐代墓誌彙編》第2408頁)

附:

另兩種釋文對比

唐高陽夫人墓誌

【右行錯誤釋文】
念■。/朝雲散兮露言晞,香奩去兮魂不歸,魂兮魂兮何處■。/

銘曰:/

仁之苦思,匪□□之,□□幽顯,俄然古今。永矣雕琢貞石,謬請為銘■/哉,潜□凋隕。衆□□恨,魂迷破鏡之前;芳樹銜悲,吟斷情窓之里。誠■/大魂茫茫,□□□□。□□蟲臂,孰固其生;蟪蛄朝菌,孰究其情。天何■/年二十有三,□□□□□其年夏四月二十日葬於三角山之陽。於戲!■/□■疊為之永嘆,曷解珮而淪迹。以咸通六年春二月二十有四日■/義俾□室側□□□望塵俾諳古人,此無慚德。繇是琴瑟吻契,■/之鄉里姻屬,莫不榮慕。

124

夫人克修婦道,輯睦閨庭。内則之名□敬■/太夫人鑒逾叔向之親,議葉子輿之母。以夫人之淑德,乃百兩而■/木之姿。蘋藻既芳,德禮兼著。高陽公太夫人即夫人之嫡姑,■/夫人天垂□婺,□降兹家,四德夙成,六姻馳譽。才擅楊花之■/■/

(《重慶卷》圖6/文200照録)

□氏(高陽公妻嫡侄女)墓銘

【左行殘缺釋文】

(上闕)父諱□(下闕)/夫人天垂□婺,□降兹家,四德夙成,六姻馳譽。才擅楊花之□,□□□/木之姿。蘋藻既芳,德禮兼著。高陽公太夫人即夫人之嫡姑。/太夫人鑒逾叔向之親,識叶子輿之母。以夫人之淑德,乃百兩而□/之。鄉里姻屬,莫不榮慕。夫人克修婦道,輯睦閨庭。内則之名,□敬□/義,俾□室側,□□□望塵,俾諸古人,此無慚德。繇是琴瑟吻契,綫蘿□/□。□齊眉之永嘆,曷解珮而淪迹。以咸通六年春二月二十有四日,□/年二十有三,□□□□□其年夏四月二十日葬于三角山之陽。於戲!/大魂茫茫,□之以。□□蟲臂,孰固其生;蟪蛄朝菌,孰究其情。天何言/哉,愍兹凋隕。衆□□恨,魂迷破鏡之前;芳樹銜悲,吟斷情窗之衷。誠□/仁之若思,匪□□之幾許。幽顯俄然,古今永矣。雕琢貞石,謬請為銘。/銘曰:/

朝雲散兮露言晞,香奩去兮魂不歸,魂兮魂兮何處□。/念(下闕)

(文:《全唐文補遺》第八輯,第418頁照録)

【簡跋】

關於墓誌出土地,有三種說法:《四川碑刻》稱1949年以後出土於四川省達縣,《重慶卷》稱具體出土時間、地點不詳,石現藏於雲陽縣文化館。又《雲陽縣志》記載:"《許夫人戴氏墓碑》碑高92厘米,寬48厘米,刻於唐咸通六年(865)。首行'唐高陽許公夫人譙郡戴氏墓誌銘'字略大;正文直行,從左至右書寫,共327字,在古代書法中所罕見。碑文中'昇''哲'字缺筆,想是避諱所致。碑原没於縣城西天師泉後亂墳之中,

縣人張大義掃墓時得之,愛其字書法端勁,文亦腴雅,遂收藏。現存張桓侯廟。"[1]説明縣志所見拓本爲完整拓片。又有北京大學圖書館藏完整拓片,尺寸爲88×48厘米,簽題"四川達縣"。[2]現將二説并存,以俟後考。

該墓誌是一種特殊的左行碑刻代表,因此而導致《重慶卷》在碑文釋讀上存在嚴重的倒文現象;且又因爲墓誌周圍磨泐而未釋讀出左側首題與撰書人,所題《唐高陽夫人墓誌》語義不明,又因碑石最底部磨泐闕字不明,多用闕字符號表示,未釋讀文字較多;但從全文文意判斷,底部闕字具體數量可以確定和補讀。實際上,早在2002年《重慶卷》出版之前,已有1997年出版的《全唐文補遺》第八輯錄文指出"此墓銘石泐甚,行文左起",并做出相關補釋;但更早在1992年《唐代墓誌彙編》就有周紹良藏精拓本完整釋文著錄,文字較爲準確。之後釋文又收錄於其另一著作,即2000年出版的《全唐文新編》第五部第五册第15493頁。但因諸家所見拓本不同,導致釋讀出現不同的準確度。精拓本、初拓本釋文闕字最少,對理解全文也是最關鍵的保障,這也是研究碑刻文獻時需要優先選擇精拓本、初拓本的重要原因。本書將三種釋文一并列出,并以最準確的《唐代墓誌彙編》釋文參校碎版圖片,進行校釋,以期釋文更加準確,相關史實也更加清晰。

【校釋】

[1]王父句:墓主戴氏祖父戴昇,父戴文哲,史載疏略。《全唐文補遺》因所見拓本不佳,將此處闕字釋爲"■父諱□■",闕字較多;又將"神降茲容"中"容"誤作"家"。

[2]高陽公句:據墓誌首題"唐高陽許公",即墓主之夫許君,高陽公或爲世襲封號;或是用地名"高陽"加"公"字代指其夫家;也説明戴氏的婆婆爲其姑姑。

[3]太夫人句:用典。"鑒",指照察審辨的能力。"叔向"即羊舌肸,字叔向,又字叔譽,春秋後期晉國賢臣、政治家、外交家。孔子稱贊叔向"治國制刑,不隱於親"。"子輿之母"即孟母。孟子名軻,字子輿。

[4]百兩句:即出嫁於許君。語出《詩·召南·鵲巢》:"之子於歸,百兩御之。"

---

[1] 雲陽縣志編纂委員會編纂:《雲陽縣志》,四川人民出版社,1999年,第954頁。
[2] 北京大學圖書館金石組胡海帆、湯燕、陶誠:《北京大學圖書館藏歷代墓誌拓片目錄·上》,上海古籍出版社,2013年,第742頁。

毛傳：“百兩，百乘也，諸侯之子嫁於諸侯，送御者皆百乘。”“迓”，迎接。《左傳·成公十三年》：“迓晉侯於新楚。”杜預注：“迓，迎也。”

[5]饁敬句：“饁”，本指往田野送飯。《詩·豳風·七月》：“同我婦子，饁彼南畝。”朱熹集傳：“饁，餉田也。”本書指夫妻相敬如賓。“倒屣”，本義爲急於出迎，把鞋倒穿。後因以形容熱情迎客。典出《三國志·魏志·王粲傳》。

[6]琴瑟脗契句：“脗契”，吻合、契合。“絲”字，《補遺》誤作“綫”，復核圖版作 ，《彙編》準確無疑。“絲蘿”，出自《樂府詩集·冉冉孤竹生》中“與君爲新婚，菟絲附女蘿”一句，與“琴瑟”對舉。又“歎”，《彙編》訛爲“歡”。“永嘆”，長久嘆息。

[7]咸通六年諸句：墓主戴氏在咸通六年（865）春二月二十有四日卒，享年二十三歲。育有一女。即以其年夏四月二十日葬於“三角山之陽”，因各地命名多有相同者，無法明確所指。

[8]大魂茫茫：《彙編》作“大塊茫茫”，文意不辭；《補遺》釋作“魂”。諦視圖版作 ，應是“魂”字更確。

[9]鼠肝蟲臂句：用典，慨嘆生命渺小。語出《莊子·大宗師》：“偉哉造化，又將奚以汝爲？將奚以汝適？以汝爲鼠肝乎？以汝爲蟲臂乎？”“蟪蛄”，蟬的一種。《莊子·逍遙游》：“朝菌不知晦朔，蟪蛄不知春秋，此小年也。”

[10]泉扃黯恨句：“泉”，《重慶卷》誤作“衆”，其後一字圖版 ，從字形判斷是“扃”字，而非《彙編》所釋的“臺”字。“泉扃”，指墓門，爲墓誌文例中常用語。

[11]芳樹銜悲句：“樹”字，《彙編》本作“榭”，《補遺》釋作“樹”，復核圖版作 ，磨泐不別。但“芳樹”爲常用詞，是漢代鼓吹鐃歌十八曲之一的曲名。《樂府解題》曰：“古詞中有云：‘妒人之子愁殺人，君有他心，樂不可禁。’若齊王融‘相思早春日’，謝朓‘早玩華池陰’，但言時暮，衆芳歇絕而已。”[1]又“含”字，《補遺》釋作“銜”，諦視圖版作 ，確爲“銜”字。“晴窗”二字，《補遺》釋作“情窗”，《重慶卷》誤作“情空”，復核圖版作 ，應是“晴窗”二字，亦作

---

[1] ［宋］郭茂倩編撰：《樂府詩集》，上海古籍出版社，2016年，第227頁。

"晴牕",即明亮的窗户。唐杜牧《閨情》詩:"暗砌匀檀粉,晴窗畫夾衣。""哀",《補遺》誤作"衷"。

[12]安仁句:用典。安仁,即潘安,本名潘岳,字安仁,鄭州中牟(今河南鄭州市中牟縣)人。其才思敏捷,善於苦思,主要作品有爲其亡婦而作的《悼亡詩》,以及《哀辭》《秋興賦》等。莊生,即莊子。"苦",《重慶卷》釋讀正確,《補遺》誤作"若"。"匪",通"非",指墓誌文不深奧。

[13]劌琢句:"劌",《補遺》作"彫",圖版作[字],從字形結構看應是《彙編》正確。"劌",削,切。

[14]念素壁句:這部分銘文《補遺》《重慶卷》等均未釋,《彙編》因精拓本文字價值較高。"素壁"即山壁、石壁。

重慶墓葬碑刻校釋

宋元

高宏墓誌　北宋大中祥符六年(1013)十一月九日立

奉節縣。1994年出土於重慶奉節縣塔坪村,石現藏於重慶奉節縣文物管理所。誌石長79厘米,寬50厘米。周邊爲捲雲紋。誌文正書,14行,滿行21字。

【釋文】

廣陵郡府君高諱宏墓誌。/

夫四序推移,屢革寒暄之候;五行迅變,至逮榮/榭之期。是故樂極則哀,泰過必否。粵本廣陵郡[1]奉節/縣知路里高厚進之子也,母冉氏。公厚直為人,溫溫賦/性。在閭里則惟謙惟讓,於親□則是□是恭。故合□/長亨茲壽算。何期[2]疾瘵忽變,憂■以臺俾/傷眷屬。公年弱冠時,娶隴右李氏。■嗚呼/公于時[3]春秋五十有一,於大中祥符六年癸丑歲■孟/秋之月廿一日下世[4],遂卜于此安厝於■葬。尤/慮歲華淳遠,草樹滋深,故勒貞瑉,永為記矣。

大中/祥符六年十一月九日立。/

長男[5]高文晟,新婦張氏;孫子會事娘、二香娘、三奴兒。

次男[6]高文貴,次男高文慶。/次男高四哥兒。/

(《重慶卷》圖181/文360)

【校釋】

[1]廣陵郡:本指江蘇揚州一帶,但後文緊接"奉節縣知路里"幾字表詳細地理,墓誌又出土於奉節縣塔坪村,可見此"廣陵郡奉節縣"應爲西南地區無疑。"廣"字圖版不誤,但文意與實際意思不符,疑是"江陵"的誤刻。①《夔州地區行政區劃的演變》記載,唐武德二年(619)改隋巴東郡爲夔州,設江陵郡,奉節屬江陵郡。宋沿用。②墓主爲高厚進之子,其父高厚進,史籍疏略。"母"下《重慶卷》闕字,圖版作■,疑爲"冉"字。

[2]何期句:"忽"下《重慶卷》闕字,諦視圖版作■,疑爲"變"字。墓主本有

---

①梁允麟:《三國地理志》,廣東人民出版社,2004年,第361頁。
②熊茂松:《明清〈夔州府志〉與夔州社會文化史研究》,四川大學出版社,2018年,第22頁。

"疾瘵",即廢疾、殘疾,忽然間產生變化,病重亡殁,也符合文意。"憂"字,《重慶卷》作"與",審視圖版作▨,"憂"更確。後文因碑石磨泐嚴重闕字較多,無法釋讀。

[3]于時:"于"字,《重慶卷》作"子"。"公子"連用,承上"嗚呼"一詞,看似可通。但諦視圖版,"于"字作▨,與下文中的"遂卜于"的"于"圖版▨,字形相同;與上文中"之子"的"子"字圖版▨,不相似。本墓誌"于""於"同用,如"於大中祥符"中的"於"圖版作▨,"安厝於"圖版作▨。對於形近字的區分爲碑刻文獻釋讀的難點,此處"于"是,而"子"非。

[4]下世句:"下世"即去世。爲墓誌表達死亡的直白用語。"癸丑歲▨/秋之月","歲"下《重慶卷》闕字不明,但按行文應是約三個字,祇有第一字有殘痕作▨,疑爲"孟"字。"孟秋"即九月。其後可能是石花(空缺),無闕文。高宏在大中祥符六年(1013)九月二十一日死亡,享年五十一歲,在同年十一月九日立墓誌,則其生於北宋建隆二年(961)。

[5]長男諸句:高宏子嗣有男六人,長男高文晟,已經婚配并育子女三人:會事娘、二香娘、三奴兒。"孫子"係從墓主角度而言。

[6]次男句:次男高文貴。第三男闕後一字,圖版作▨,疑爲"慶"字。最小的名高四哥兒,應是年幼者。從宋代墓誌對子嗣稱謂用詞看,語言發展日趨白話化。

幸光訓墓記　北宋乾興元年(1022)十一月十六日立

奉節縣。1993年3月奉節縣幸福鄉魚腹村出土,石現藏於奉節縣文物管理所。誌石長72厘米,寬43厘米,厚10厘米。誌文正書,12行,滿行26字。

【釋文】

雁門郡府君幸光訓墓記。/

伏以日月：運度[1]克備，舉止無虧，生負淳和之姓，尤從灰劫[2]/之期。兩曜循環，尚奄薄融之數，乃人之生也。稟混成[3]而立，脩/短推遷之玘在躬矣，寔其孰之謂乎？光訓[4]，丁未生，七十有六歲/亡靈。為人重德，立姓孤高。將謂/高堂受樂，供保歲寒，不其[5]於今年正月十二日壽終。用當月十五日/安葬在祥雲寺。畢尤慮林木長成，恐子孫無酌奠之憑，故立/貞石焉。

時以乹興元年歲次壬戌十一月丁卯朔十六日壬午建立。/

長男[6]幸懷礼、新婦向氏、長孫女幸姑。/

次男[7]幸懷貴、新婦閻氏、次孫男幸仁富、女孫披[8]、女孫□。/

次女[9]杜郎婦幸氏、女孫楊家得。/

次女馮郎婦、女孫子。/

(《重慶卷》圖10/文203)

【簡跋】

從墓主碑文內容與葬地判斷，應是佛教俗家子弟。雁門郡，戰國時間趙置，秦因之。地在今山西舊代州寧武之北部。此應是墓主籍貫，但何時來巴渝未記載。

【校釋】

[1]運度：指日月星辰運行的躔度。
[2]灰劫：佛教語。指大三災中火劫後的餘灰。杜甫《寄峽州劉伯華使君四十韻》："藥囊親道士，灰劫問胡僧。"首句即表明了墓主的信仰狀況，應是佛家俗弟子。
[3]混成句："混成"，渾然一體，自然形成。語出《老子》："有物混成，先天地生。""脩短"，即長短。指人的壽命。"推遷"，即推移變遷。用自然規律中的生死存亡來預兆墓主的亡歿。"熟"，同"孰"。
[4]光訓句：《重慶卷》此句作"光訓，丁未生，七十有六歲。亡靈爲人重德，立姓孤高"，讀之不順。"亡靈"，指死者的靈魂，也可代指死亡。斷句應是歸上。"丁未"，據卒年推算，即五代後漢天福元年(936)。

[5]不其句:此處"其"通"期","不期",指不意、不料。墓主幸光訓在乾興元年(1022)正月十二日壽終,當月十五日安葬在祥雲寺,十一月丁卯朔十六日壬午建立墓誌,説明下葬時間略晚。祥雲寺,其時位於奉節縣東的東屯。《四川通志》卷四十、道光《夔州府志》卷三十五記載,有宋高宗紹興戊辰年(1148)劉昉撰《祥雲寺記》,稱:"紹興戊辰正月中浣,勸耕至東屯,因落少陵故居祠堂之成,聞祥雲寺之後有瑞石,歸路就往觀之。"①劉昉,廣東潮陽縣人,宋紹興中知夔州事。所記正好可與墓誌互證。墓主葬於寺廟,與疑爲俗家子弟的身份相符。

[6]長男句:墓主長子名幸懷礼、新婦向氏、長孫女幸姑。"礼",碑版用字爲簡化字,《重慶卷》釋讀時用繁體,需改回。

[7]次男句:墓主次子幸懷貴,娶新婦闇氏,生次孫多人,其中男孫名幸仁富。

[8]女孫披句:此處應斷句和補一闕字,爲"女孫披、女孫□",是指墓主有兩個孫女。因前文都是先説輩分然後説名字,第二個"女孫"下面應該也有個名字,但碑的下方正殘缺一大塊,應是殘缺或者漏刻,需補出闕字符號。

[9]次女句:墓主次女嫁於杜郎,有"女孫楊家得",白話口語,指一外孫女嫁於楊家。又一次女爲馮郎婦。"婦"前,《重慶卷》本闕二字,圖版尚存殘劃作 ,第一個闕字可見右半邊爲"馬",左半邊磨泐,此字應爲姓氏"馮"字;第二個闕字祇見右半邊,結合前文"杜郎"的圖版清晰作 ,兩者行文與意義相同,可補"馮郎"二字。

蘇慶墓誌　北宋景祐元年(1034)三月十五日立

(宋)吕皓撰

巫溪縣。1986年4月15日巫溪縣城西出土,石現藏於巫溪縣文物管理處。四周祥雲圖案。誌石長70厘米,寬55厘米,厚4厘米。誌文正書,14行,滿行26字。

---

① 龍顯昭主編:《巴蜀佛教碑文集成》,巴蜀書社,2004年,第171頁。

【釋文】

銀青光禄大夫、檢校國子祭酒、兼監察御史、雲騎尉教練使蘇慶志。/

故祖先翁承訓蓋闍,阻河東注,空聞鳴噎之聲;落日西垂,寧保斯須/之色。出自方圓之内,五帝三皇;傳于今古之間,七賢十哲。處世者[1]/如風燈石火,寧□求久之功;幻焰浮漚,豈有常存之德。故銀/青光禄大夫、檢校國子祭酒、兼監察御史、雲騎尉、教練使/蘇慶,緣以本監[2]人也,由是姓焉。祖宗於監衙公宦,洎後乃/子孫資榮。官蓋有輔國之名,於鄉閭準規繩之則。何圖致斯/凶禍,泰去否來,於明道二年[3]七月八日身亡,傷慘骨肉。公乃/婚娶[4]張氏為妻,連繼男女四人。長男[5]元亨,使院人吏,娶潘/氏為妻。長女仕與使院人吏舟謂。次女[6]仕井上張長史孫張利/亨。小女[7]社娘所為亡父教使。睹鳳皇山[8]之秀異,三峰迥對/於岩巒;昌湲[9]水清,萬傾空聞於沸渭。遂乃卜其宅址,安/葬就于都塲蹇君山林。恐有歲遠年深,時移事昧,故立斯/記。

時以景祐元年三月十五日建立墓誌[10]

寫人呂皓。/

(《重慶卷》圖11/文203)

【簡跋】

墓誌出土時間,《全宋文》條校中第一條記載:"據湯緒澤同志云,此墓誌於一九八六農曆年出土,墓址在巫溪縣城廂鎮西門口。"①

墓主蘇慶,首題以"蘇慶志"命名,可以看作是唐代"墓誌銘并序"簡化而來,也是由唐入宋墓誌不再如前繁榮的一個表現。關於墓誌銘的名稱反映興衰的問題,程章燦曾以《唐代墓誌彙編》的統計發現,"儘管都是墓誌,標題的名目却是多種多樣。除了最常見的墓誌、墓誌銘、墓誌銘并序(叙)三種之外,還有墓、墓銘(并序)、墓表、墓記(并序)、墓誌文(并序)、墓銘(并序)、墓誌銘(并序)、墓誌之銘(并序)、墓誌銘文、墓誌之文銘,志(并序)、志銘(并序)、誌文(并序)、誌石、誌石文、銘(并序)、銘志、銘文(并序)等

---

① 曾棗莊、劉琳主編;四川大學古籍整理研究所編:《全宋文》第10册,巴蜀書社,1990年,第457頁。

名目,不一而足。墓、志、銘、序四個字的組合,有很大的靈活性和隨意性。"①唐代墓誌名目或許自由靈活,但宋代墓誌無論從數量和製作的形制上確實多了一點單薄的意味。

蘇慶歷官銀青光禄大夫、檢校國子祭酒、兼監察御史、雲騎尉、教練使等,其中最高的官職是"檢校國子祭酒",屬於國子監。

寫人呂皓,史籍疏略。"寫人"即"書丹人""書人"。

【校釋】

[1]處世者句:對仗工整。"風燈",原是有罩能防風的燈,後比喻生命短促,人事無常。"石火",即以石敲擊迸發出的火花,其閃現極爲短暫。"浮漚",即水面上的泡沫。因其易生易滅,常比喻變化無常的世事和短暫的生命。因時幻滅,故需立貞石以求不朽。"寧求久之功",《重慶卷》脱一字,與下文的"豈有常存之德"在文字上不對舉。《全宋文》認爲"寧"下當缺一字,又將"求"誤作"永",與碑文圖版作求,明顯不符。本書認爲從文意上"寧求""豈有"相對,應是"久"前脱一字未刻,疑爲"長"字,即"長久之功"與"常存之德"相對。《鬼谷子》中有:"鬼谷子與蘇秦、張儀書曰:二足下功名赫赫,但春華至秋,不得久茂。今二子好初露之榮,忽長久之功。"②

[2]本監句:即指國子監。後文稱"緣以本監人也,由是姓焉",説明其本姓非"蘇"姓,而是改姓而來。又稱"祖宗於監銜公室,洎後乃子孫資榮",説明其養父祖輩均在國子監任職。

[3]明道二年句:墓主於宋仁宗明道二年(1033)年七月八日身亡,"傷慘骨肉",此作爲宋代死亡類委婉語,尚没有收録入各委婉語詞典。

[4]婚娶句:墓主因婚娶張氏,育子嗣男女四人。"連繼",應是張氏爲其生育延續後代之意。

[5]長男句:長子蘇元亨與長女所嫁某君名"舟謂",均官"使院人吏",即節度使留後的官吏。

[6]次女句:次女仕井上張長史孫張利亨。"井上"應是某鹽井所在地名,墓誌

---

①程章燦:《墓誌銘的結構與名目——以唐代墓誌銘爲例》,《古籍整理研究學刊》1997年第6期,第44—46頁。
②洪邁:《容齋隨筆》插圖本,萬卷出版公司,2014年,第323頁。

出土地"巫溪縣城西"附近有大寧鹽場。本墓誌也可證宋仁宗朝巫溪鹽業已經十分發達。

[7]小女句:小女蘇社娘,爲"亡父教使",不解其意,從文章推測應是夭折,"亡父教使"大概有冥間引路作用。

[8]鳳皇山:聯繫後文墓主安葬於"都場寋君山林",則"鳳皇山"應是鄰近之地,具體地點不知。"皇"爲"鳳"的古字。"都場",宋代又專指官茶鹽專賣機構的營業處所。

[9]昌溪:"湲",《全宋文》解釋:"疑當作'溪',昌溪即今大寧河。"衹是文字圖版作 ![字], 非"溪"字。"湲湲",在《漢語大詞典》中解釋爲顛倒貌、紛錯貌。可能俗稱流水爲"湲"而已,不必非用"溪"字。"沸渭",水翻騰貌。

[10]建立墓誌:墓主卒年與葬年差二年,以景祐元年(1034)三月十五日建立墓誌。"建立墓誌"的説法在唐代墓誌中少見,也是一例反映白話傾向的詞彙。

解瑜墓誌　北宋嘉祐五年(1060)葬

(宋)汝孝恭撰

大足區。民國年間出土於大足縣玉龍鄉東興村四組,石現藏於大足石刻博物館。誌石高100厘米,寬60厘米,厚11厘米。額橫刻篆書"宋故太廟齋郎解君墓誌"1行,10字。誌文正書,22行,行25至28字不等。

【釋文】

宋故太廟齋郎解君忠叔墓誌銘

普州鄉貢進士汝孝恭撰

太廟齋郎[1]解君,諱瑜,字忠叔。姓系原本爛然[2]史牒,此不復具。九世祖[3]琬,魏/州人也。仕則天朝[4],有御戎安邊之效,官至右武衛大將軍。子孫蕃息,遂家/長安。高祖[5]達,隨僖宗幸蜀,因家于昌[6]。曾祖[7]昌遠,志度恢廓,智思深遠,占田/萬頃,優為素封之業[8]。家富執足[9],目指氣使。有餘輒散,義聲洽聞。/至宋定蜀[10],藝祖召署昌遠楚州馬步軍副虞侯,固辭不就,非其好也。/祖廷翰[11],隱居不仕。父靖,多學術工筆札,家資萬億,豪冠兩蜀。剛毅[12]寡合,施/與不妄;志意相得,百金不吝。趣尚乖忤,一毫半菽弗與也。有古游俠尚氣/之風焉。

忠叔[13]即靖之第三子也。生而秀异,長而俊敏,開帙暫閱,永能記誦,/下筆立就,鬱有文采。治生計,有機數,注錯規畫[14],出於衆意之外。斷棋完鞠,/動皆有法;竹頭木屑,舉無弃物。性復愷悌[15],篤於孝愛。父嘗[16]為鄉豪構陷,謫/居白帝。忠叔時年尚未冠,泣血奔走京輦,號訴於有力者,大弃財/賂以雪其冤。卒得父令,終於牖下。忠叔之力也。應進士舉,不遂,偕計乃入/資求仕,授太廟齋郎。方圖效官奮迹,以希卜式黃霸之用[17]。不幸[18]天奪其壽,/卒然遘疾,以嘉祐四年十二月二十三日卒于家,享年三十有七。

忠叔娶/普州馮氏[19],生一女,曰佛娘。鍾愛尤篤,疾亟會親屬,議立猶子為嗣,曰三師。/伯俊族人謂忠叔真能以義割愛也。忠叔沒後,復生一子,曰五師。議者謂:/天不絕忠叔之嗣,以其篤於承祀之計也。天從人欲,豈誣也哉。以嘉祐庚/子歲十二月二十八日葬于大足縣順化里。銘曰:/

學而[20]進榮名不振,資而官降年弗延。才耶命耶莫叩其端。/鬱鬱佳城,蕭蕭古原。歸全于考妣,流慶于子孫。

(圖文:《大足石刻銘文錄》第477—478頁。)

【簡跋】

該墓誌民國年間出土,民國《大足縣志》收錄,但錄文有誤。據《〈宋太廟齋郎解瑜墓〉簡介》(下文簡稱《解瑜墓簡介》)知,"墓室形制保存完好,規模宏大,雕刻精美,是大足宋墓中最好的典型之一。""墓室用大條石砌成,分前、後室,高270厘米,寬300厘米,通深720厘米。墓室係宋式斗拱式建築,兩壁有寬0.5米的10根方石柱撑頂,墓頂

有藻井和精美花卉雕刻。後室底壁刻有雙扇半開門,門縫中有一立像(頭已殘)倚門外望。墓前有一塊半團形的封門石,半露於泥土外。"①《解瑜墓簡介》中有錄文,無圖版,文字與後出的《大足石刻銘文錄》②有個別差異。兩種錄文均爲簡體字,衹是《大足石刻銘文錄》在錄文上保留敬空等更精準。如《解瑜墓簡介》所言:"記述了唐廣明元年(880)黃巢農民起義,中和元年(881)唐僖宗逃奔四川避難,解瑜高祖隨僖宗入蜀,避地昌州,定居大足等史實,對研究大足歷史,是一塊重要的史料碑。"《碑林集刊》2016年第1期收錄了王曉暉《宋〈解瑜墓誌〉研究》一文,有較深整理。本書選用《大足石刻銘文錄》錄文爲參照,據碑版照實著錄與校釋。

撰文人汝孝恭,普州(今四川安岳)人,鄉貢進士。《宋史》卷八十九《地理志五》載:"普州……安岳郡,軍事。乾德五年,廢崇龕、普慈二縣。端平三年,兵亂。淳祐三年,據險置治。寶祐以後廢。"《宋登科記考》考證,嘉祐八年(1063)癸卯科進士有許將等一百二十七人及第,其中進士名錄有汝孝恭、安緯、杜昱、李昭遠等在列。③《通志·氏族略》汝氏條下記載,宋朝汝孝恭登進士第,又有汝孝隆、汝日休,并普州人,望出渤海。

【校釋】

[1]太廟齋郎句:墓主解瑜,字忠叔。官"太廟齋郎",三國魏始置,隸太常,屬太廟令,八品,掌郊廟祭祀雜務。唐宋沿制。解瑜"應進士舉,不遂,偕計乃入資求仕",説明宋代的買官之制。

[2]爛然:破碎、破爛。即"史牒此不復具"的原因。《解瑜墓簡介》脱"此"字。

[3]九世祖句:九世祖解琬,籍貫爲"魏州",即今河北邯鄲市大名縣。北周大象二年(580)分相州置。隋大業三年(607),改爲武陽郡。隋末,李密改稱魏州。唐武德四年(621),復爲魏州置總管府,尋改爲都督府。宋仍稱魏州,亦曰魏郡。《舊唐書》卷一百與《新唐書》卷一百三十均有《解琬傳》,巴渝大地能存其後裔的墓誌,可與史互證。

[4]仕則天朝句:指解琬仕武周時期,官至禁軍將領右武衛大將軍,定居長

---

① 重慶大足石刻藝術博物館、大足縣文物保管所編;郭相穎主編:《大足石刻研究文集》,重慶出版社,1993年,第149—150頁。
② 重慶大足石刻藝術博物館、重慶市社會科學院大足石刻藝術研究所編:《大足石刻銘文錄》,重慶出版社,1999年,第477—478頁。
③ 諸葛憶兵編:《宋代科舉資料長編·北宋卷上》,鳳凰出版社,2017年,第588頁。

安。"武"字,《大足石刻銘文録》誤作"開"字。《解瑜墓簡介》準確。

[5]高祖句:高祖解達,隨唐僖宗李儇(862—888)"幸蜀",所指即王仙芝、黄巢爲代表的唐末農民大起義聲勢浩大,威逼長安,廣明元年(880),唐僖宗帶隨從宦官田令孜等倉皇逃奔四川之事。據民國《遂寧縣志》記載,還有孫樵,字可之,也從僖宗幸蜀,應是同行人①。

[6]家于昌:即解氏家族遷徙至昌州定居。"昌"指昌州,古昌州轄永川、大足、昌元(今榮昌縣)、静南四縣。最早出自南宋王象之《輿地紀勝》里的《静南志》:"昌居萬山間,地獨宜海棠,邦人以其有香,頗敬重之,號海棠香國。"

[7]志度恢廓:即氣度宏大。"恢廓",寬宏、寬闊。"廓",《大足石刻銘文録》誤作"廊",《宋〈解瑜墓誌〉研究》沿誤;《解瑜墓簡介》準確。

[8]素封之業:"素封",無官爵封邑而富比封君的人。

[9]家富執足句:指曾祖解昌遠時期家族殷富,常散財相助,有義聲洽聞。"執",圖版作𫝂,《解瑜墓簡介》釋作"勢"。"家富勢足"的詞意也可通,但與文字不符。又"執"有朋友、至交之意。范仲淹《滕公夫人刁氏墓誌銘》:"某於祠部,同年之執也。"或指家庭富足,朋友衆多。因此纔有後文的常散財於朋友之間的美德名聲。"目指氣使",本義爲用眼神和气色示意以支使别人,後多用來形容態度驕横。但從本墓誌看應是中性用法,非貶義。

[10]定蜀句:"藝祖",即宋朝人對宋太祖趙匡胤的稱呼。《宋史·陳亮傳》:"藝祖皇帝一興,而四方次第平定,藩鎮拱手以趨約束,使列郡各得自達於京師。"解昌遠被授官楚州馬步軍副虞侯,但未去。"楚州",非西楚州,而是指北周所改的楚州,治所在巴縣(今重慶市)。轄境相當今重慶江北以南、江津以東、涪陵以西地區。原爲南朝梁大寶元年(550)置,西魏大統末改巴州,隋開皇初改渝州。

[11]祖廷翰二句:墓主祖父解廷翰,父解靖,均史籍疏略。但墓誌稱其時"豪冠兩蜀",《宋〈解瑜墓誌〉研究》稱"兩蜀"即"兩川",爲唐代至德二年(757)分劍南道所置東川、西川兩節度使的簡稱。

[12]剛毅句:此處對文。《大足石刻銘文録》標點有誤。"施與",亦作"施予"。

---

① 楊世洪主編:《遂寧縣志校注》民國十八年本,巴蜀書社,2019年,第533頁。

給予,以財物周濟人。《解瑜墓簡介》誤作形近字"輿";後"一毫半菽弗與也",同誤作"輿"。"半菽",指少許之物。《文選·劉孝標〈廣絶交論〉》:"視若游塵,遇同土梗,莫肯費其半菽,罕有落其一毛。"呂延濟注:"澆薄之人視之如游塵,土梗,莫肯以半豆一毛而濟之。""一毫半菽"即"半豆一毛"之同義異詞。

[13]忠叔句:即墓主解瑜爲解靖的第三子。生而秀异,長而俊敏,善記誦,有文采,有謀略。

[14]注錯規畫:即安排處置與籌劃謀劃。同義并列。

[15]愷悌:和樂平易。《左傳·僖公十二年》:"《詩》曰:'愷悌君子,神所勞矣。'"杜預注:"愷,樂也;悌,易也。"

[16]父嘗句:記載墓主父親解靖因鄉豪構陷而"謫居白帝",即白帝城。墓主年幼爲父奔走京城,以雪其冤,請得父歸,爲其養老送終。其孝敬之義盡現。"牖下",本義窗下,亦借指壽終正寢。

[17]黃霸之用:用典。黃霸(前130—前51),字次公,淮陽陽夏(今河南太康縣)人。西漢時期名臣,官至丞相。

[18]不幸句:墓主在北宋嘉祐四年(1059)十二月二十三日卒於家,享年三十七歲,嘉祐五年(1060)庚子歲十二月二十八日葬於大足縣順化里。兩個"祐"字,《大足石刻銘文錄》均誤作"佑"。"大足縣順化里",可補古地名。

[19]馮氏諸句:記載墓主婚配馮氏,本地人,生一女,名佛娘。因墓主死前無子,以侄子爲嗣,取名解三師;"猶子",即侄子。解瑜沒後馮氏又生一子,名解五師。

[20]學而句:"資",有官職、職位之意,還可指官階、級別。《解瑜墓簡介》誤作"貲"。

王氏壽堂志　北宋熙寧二年(1069)卒

大足區。1979年出土於大足縣龍崗鎮,石現藏於大足石刻博物館。誌石高80厘米,寬60厘米,厚7厘米。右上角殘缺,左右綫刻花卉圖案。誌文正書,菱形刻,4行,殘存49字。

【釋文】

■己酉歲[1]劍南道梓州/路昌州大足縣綏安里[2]居住女弟子/王氏[3]，造壘壽堂[4]一所，居止南山下[5]，/□年二月二十八日功畢[6]，富貴吉■/

(圖文：《大足石刻銘文錄》479頁)

【校釋】

[1]己酉歲：一爲真宗大中祥符二年(1009)，二爲神宗熙寧二年(1069)。因爲闕字無法明確，故暫定其時代屬後，而下文的"□年二月二十八日"是入葬時間。

[2]劍南道句："劍南道梓州路昌州大足縣綏安里"，係完整地表述行政區劃：道—路—州—縣—里的用語。宋初在全國實行道制，同時又實行路制。乾德(963—968)之後，分全國爲十三道，其中有劍南東道、劍南西道。淳化四年(993)合併爲十道，五年(994)正式廢除道制，全國采用路制。其實早在宋太祖時期即置有路，但暫未能全部考證。其中西川路爲乾德三年(965)置，峽西路爲開寶六年(973)析西川路置。路是直轄於中央并高於府、州、軍、監的一級監察區。至道三年(997)定全國爲十五路，其中有西川路、峽西路。咸平四年(1001)分置西川路爲益州、梓州二路，分峽西路爲利州、夔州二路。重和元年(1118)梓州路又改爲潼川府路。地方政府機構則實行州(府、軍、監)、縣二級制。本墓誌仍稱"劍南道梓州路"，說明了宋初道、路并行的行政區劃方法雖然官方已經正式廢除，但民間表述時仍會沿用舊稱。"昌州大足縣綏安里"可補古地名。

[3]女弟子：即女性的徒弟、學生。多有佛教或道教等宗教信仰。

[4]壽堂：猶壽穴。《漢魏南北朝墓誌集釋·元悰墓誌》："行遵長薄，將歸壽堂。"

[5]南山：具體位置應與墓主居住地大足縣綏安里相近，即墓誌出土地舊名。

[6]功畢：指工程宣告完成。"功"，圖版作 ，《大足石刻銘文錄》作"切"，因碑版刻字爲菱形設計，又有石花干擾而訛誤。

佚名塔銘　北宋元祐三年(1088)正月二十八日立

北碚區。1983年9月發現,石現存於重慶市北碚區縉雲山。高30厘米,寬29厘米。銘文正書,4行,滿行9字。

【釋文】

大宋元祐三年歲次戊/辰,正月二十八日,建此/壽塔[1],以作歸骨之所。/住持沙門[2]□範誌。/

(《重慶卷》圖12/文204)

【簡跋】

本塔銘建於元祐三年(1088)宋哲宗趙煦在位時。

【校釋】

[1]壽塔:即佛塔,爲埋葬佛教僧侶骨灰而建。但從現存文字"以作歸骨之所"看,非死後建,而是生前建,以備亡歿時用。

[2]住持沙門:此處《重慶卷》殘泐字數不明。從文意看,是當時主持建造塔銘的人,也是此塔銘未來的墓主,其名諱據碑版殘痕,作▨▨▨,最後一字是"誌"無疑,第二字疑爲"範"。

杜氏墓誌　北宋元祐六年(1091)十月二十三日立

奉節縣。1963年3月奉節縣幸福鄉魚腹村出土,石現藏於奉節縣文物管理所。四圍祥雲花紋。原石四圍略有殘斷,文字稍損。誌石高76厘米,寬50厘米,厚8厘米。誌文正書,13行,滿行22字。

【釋文】

故京兆杜氏墓誌。/

蓋聞[1]天地陰陽之本,陰陽衆生之源。人世區區,陵遷谷變,/興衰時之,卒至杳亡者,人之異[2]□□。未之生,而焉知死。/其昔之往矣。

斯有婦人者杜氏[3],乃本府人耶。賦性淑德,動/習稽和。其内省於夫族之厚,其外究[4]於□侶之優。所揩事/及分異類,乃制作出于衆殊。孝眷之□□□首太炎。伺幼/值父早亡,孤立而已。賴以[5]祖父適于□里孔亨□之為婦。/繼于二女[6]。長曰天尊保,次曰至娘子,皆出懷抱之際也。不/幸[7]杜氏於元祐二年六月十二日,忽惹□極,傷□大恨,歸/于泉游之間,哀何終。庶乃卜三白日遷葬於卧龍山祖塋/側,擇其地而安之。於後乃子孫而祭之,夫□□能辨才略,/命工而立于銘志,[8]於元祐六年十月二十三日戊寅建立,/以俟异日聊紀于一二焉。/

(《重慶卷》圖13/文204)

【校釋】

[1]蓋聞句:"陰陽",概念抽象,所指廣泛,可泛指宇宙間貫通物質和人事的兩大對立面,也可特指天地間化生萬物的二氣。"本",本原,原始。第二個"陰陽"後,《重慶卷》闕文四字,諦視圖版,劃痕輪廓尚存。第一個闕字圖版作▣,上半部"血"可辨,與第6行"及分異類,乃制作出於衆殊"的▣形近。第二個闕字圖版作▣,與《向洋妻林十一娘墓誌》第5行"生兒女數人"的▣,《吳襃成墓誌》第3行"爲鄉先生"的▣,字形相同。第三個闕字圖版作▣,是"之"字。第四個闕字疑爲"源"字。"天地陰陽之本,陰陽衆生之源",文意可通。

[2]人之異句:"異"下,《重慶卷》釋文闕三個字,前兩個字磨泐難辨,第三字圖版作▣,應是"未"字,與《楊繹墓誌》第4行"終未若生而知之"中▣;《勾龍中慶墓誌》第7行"墓碑未有"中▣,形似。且"未之生而焉知死"出自《論語·先進第十一》。"死"下《重慶卷》釋作"其,其昔之注矣",疑原碑衍刻一"其"字,斷句有誤。且"注"字圖版作▣,根據《漢魏異體字典》"往"字下收錄的異體字形0715-014-15▣、1164-1-17-12▣判斷,應是"往"字,而非"注"字。

[3]杜氏句：標明墓主籍貫爲"本府人"，但首題稱"京兆杜氏"，反應出墓誌文易攀附郡望之風。因爲後文記載墓主卒葬地在奉節縣，屬夔州府，且從文意看，其所嫁應是相近的同里之人，所以應是夔州府籍更確。

[4]外究句："外究於"下，《重慶卷》闕文二字，第二字圖版作 ▨，字形上應是"侶"字。從文意"内省於夫族""外究於□[侶]"，正對舉。與"之厚"相對舉的二字，《重慶卷》釋作"之後"，"後"疑有誤，覆核圖版作 ▨，疑爲"優"字。"優厚"同義并列，作"後"字則文意不通。

[5]賴以句：此處表述杜氏出嫁，但"適於"後《重慶卷》釋文闕文較多，文意難解。第二個闕字圖版作 ▨，明爲"里"字。第三個闕字作 ▨，左右結構，左邊"子"可見，右邊還存留一些痕迹，與"乚"相似。從字形輪廓看，與《冉躍龍妻白氏墓誌》"配董氏、孔氏"中"孔"字圖版作 ▨；《符世宣墓銘》"侄宣讀孔目官諲"作 ▨，基本一致。第三個闕字作 ▨，上半部"亩"清晰可見，下半部"亅"可見，應是"亨"字。"爲"下一個闕字磨泐不別，但是根據文意應是祖父將杜氏嫁與孔亨爲妻，或是"婦"字。

[6]二女句：墓主育有二女，長女天尊保，次至娘子，皆幼小。

[7]不幸句：墓主因染疾亡於宋哲宗元祐二年（1087）六月十二日，"三白日"表明擇日遷葬的習俗，死後三日葬於卧龍山祖塋。"卧龍山"應是奉節縣之山，具體不詳。《滿堂香墓誌》也做"以葬禮安於卧龍山之下，從外祖段二郎墳之側"。

[8]銘志：即"墓誌銘"，可補充又一异名詞語。墓誌於元祐六年（1091）十月二十三日戊寅建立，卒後四年才補立的原因不明。

趙瞻神道碑　北宋元祐七年（1092）五月二十五日立

（宋）范祖禹撰；（宋）蔡京行書并篆額

大足區。與《古文孝經碑》同刻於重慶市大足區北山佛灣北段南端104號龕壁，龕頂呈"∧"形，此碑刻于龕後壁正中，《孝經碑》分刻於此碑左右内外壁的石岩上。今收藏於大足石刻博物館。龕高395厘米，寬374厘米，深206厘米。摩崖碑石高370厘米，寬137厘米，厚3厘米。拓本高218厘米，寬123厘米。剝蝕嚴重。碑首有額，篆書2行，行3字，題"懿簡公神道碑"。碑文行書，38行，行84字不等。

【釋文】

宋中大夫、同知樞密院事、上柱國、天水郡開國侯、食邑一千二百戶、食實封三百戶、贈右銀青光祿大夫、諡懿簡、趙公神道碑銘并序/

左朝散郎、試尚書禮部侍郎兼侍講范祖禹撰/

左朝散郎、龍圖閣待制，知永興軍府事蔡京書并篆額/

元祐三年[1]四月，登進輔臣以尚書戶部侍郎趙公為樞密直學士，簽書樞密院事。明年六月，拜中大夫，同知院事。五年三月丙寅，薨于位，年七十有二。訃聞，皇帝、太皇太后震悼，趣[2]駕臨奠哭之，哀輟視朝/二日，賻襚加等，贈右銀青光祿大夫。諸孤奉喪歸盩屋[3]，詔遣使護之。其年九月壬午，葬孟兆社先塋。中書侍郎傅堯俞誄公行而銘諸墓。其孤又以狀請于太史氏，將刻之碑。祖禹竊惟，元祐之初，太皇太后保佑/皇帝功格[4]于天，眷求老成[5]，經緯萬事。凡所建置，必視祖宗之舊，與吾民之所欲。是以海內歡欣[6]震動，頌詠聖德，如祖宗時。豈有他哉？由用得其人也。當是時，公召自滄州，不三歲登右府，人不以為速。既在位/，天下想聞其風，所言於上。前者人不得而悉知，其所可見者，寬厚清靜，息兵省刑，民無勞役，四方安枕。公既沒，而人皆嘆恨，以為未盡其用也。然則，宜以是銘于碑。

公諱瞻，字大觀，其先亳州永城人。曾祖[7]，贈太子太保/，諱翰；曾祖妣，昌國夫人，王氏。祖，供備庫使，贈司徒，諱彬；祖妣，岐國夫人，李氏。考，太子賓客，贈太尉，諱剛；妣，慶國夫人，張氏。自太尉始徙鳳翔，今為盩屋人。

公少力學，以行義高鄉里。登慶曆六年進士第。初仕為/孟州司戶參軍，移河中府萬泉令。以圭田[8]修學校，鄰邑之士裹糧[9]而至。改秘書省著作佐郎。知

陕州夏县,作八监堂,书古贤令长治迹[10]以自为监,不烦刑罚,而狱讼理。父老至今称诵[11]之。以秘书丞知彭州永昌县,筑六堰均灌溉,以/绝水讼。民以比召、杜[12]。改太常博士,知威州[13]。公以威、茂杂夷獠,险甚而难守,不若合之而建郡于汶川。因条著其详,为《西山别录》。及熙宁中[14],朝廷经略西南,就公取其书考焉。迁尚书屯田员外郎。英宗治平元年/,自都官员外郎除侍御史。上疏请揽威柄,慎赏罚,广聪明[14],更积弊。帝嘉纳,对垂拱殿,称善。久之,诏遣内侍王昭明[15]等四人使陕西,招抚蕃部。公言,唐用宦者,为观军容、宣慰等使,后世以为至戒。宜追还使者,责/成守臣。章三上,甚激切。会文彦博、孙沔经略西鄙,又遣冯京安抚诸路。公请罢京使,专委宿将。夏人入寇王官,庆[16]帅孙长卿不能御,会长卿加集贤院学士。公言,长卿当黜,赏罚倒置。京东盗贼[17]数起,公请易置曹、濮守臣之/不才者,未报。乃求对,力言乞追还昭明等,不则受黜逐。帝为改容,纳之。

二年秋,京师大水,诏百官言事,多留中[18]。公请"悉出章疏,付两省官详择以闻。"帝从之。先是[19],以六月诏,议追尊濮安懿王典/礼。公首上疏,论"称亲非是,愿与建议之臣对辨,以定邪正。"章七上。又与吕诲等合十余疏。既而,皇太后手书[20]:"尊濮王为皇,三夫人并为后"。公杜门请罪。翌日,诏令速赴台,公怀侍御史敕告,纳帝前/,乞去职,诏还其敕告,公又上疏以死争之,劾"议臣与中人交搆[21],惑母后降手书,[反]欲归过至尊,自揜其恶。"其十月,假太常少卿,接契丹贺正[22]使,入对延和殿。帝问濮园议,公曰:"陛下为/仁宗子,而濮王称皇考,即二父,非典礼。"帝曰:"卿尝见朕言欲皇考濮王乎?"公曰:"此乃大臣之议[23],陛下未尝自言也。"帝曰:"此中书过议,朕自数岁,先帝养以为子,岂敢称濮王为皇考耶?"公曰:"臣/请退谕中书,作诏以晓天下之疑。"是时,连日阴晦,帝指天色示公曰:"天道如此,安敢更褒尊濮王乎?朕意已决,亦无庸宣谕。"公曰:"陛下祗畏[24]天戒,不以私妨公,甚盛德,非臣愚所及。"帝重违[25]大臣,又嘉/台官敢直言,不决者久之。会建议者言于帝,以为难与言者并立,于是吕诲等皆罢。公使还,待罪,乞与诲等同贬,不报阁门[26]。趣公入对,复恳请。帝曰:"卿欲就[27]龙逢、比干谏争之名乎?孰若学伊尹、傅说,留以辅/朕之不逮?"公惶恐退,上疏曰:"臣何敢拟伦前贤,亦终不敢奉诏,使朝廷有同罪异罚之讥。"章又十一上。遂出,通判汾州。自是公名重天下。神宗即位，遷尚書、司封員外郎，知商州，就除提點陝西刑獄。熙寧三年，入為開封府判官，奉使契丹。因奏事，帝問曰："卿為監司久，當知青苗法[28]便也？"公曰："青苗法，唐行之於季世擾攘中，掊民財，誠便；今陛下欲為長久計，愛百姓，誠不便。"時用事者[29]，以公有人望可藉，以為重欲公助已。使其徒陰諭公，曰當以御史知雜奉待。公不應，由是不得留京師，出為陝西路轉運副使。同列欲更置運事，與公議異，除公知涇州。後公之言頗與事酬，復以公為轉運副使，改永興軍路轉運使。以親老請便郡，得知同州。七年，朝廷患錢重，欲置交子[30]以權之，命公制置。公以謂："交子恃本錢，法乃可行，如多出空券，是罔民也。"轉運使皮公彌[31]議不合章，交上。朝廷方以事委公，彌移公京西南路轉運使。以親老不行。十年，差知陝州。未幾，請還鄉里，除提舉鳳翔府太平宮。丁太尉憂，服除，易朝請大夫，知滄州。

今天子[32]嗣位，轉朝議大夫，召為太常少卿，拜戶部侍郎。元祐三年，請老優詔，不允。其四月，遂輔政，封開國侯。因進對，言："機政所急，人才而已。今臣選武臣難遽盡知，請詔諸路安撫、轉運使舉使臣，科別其才，第為三等，籍之以備選任。"自元豐中[33]，河決小吳，北注界河，東入于海。先帝詔曰："東流故道淤高[34]，理不可回，其勿復塞。乃開大吳以護北都。"至是，水官請還河故道，下執政議，公曰："開河役夫三十萬，用梢木二千萬。自河決已八年，未有定論。而遽興此大役，臣竊憂之。今朝廷方遣使相視，果以東流未便，宜亟從之；若以為可回，宜為數歲之計，以緩民力。"議者又謂："河入界河而北，則失中國之險。澶淵之役，非河為限，則虜寇[35]不止。"公曰："王者恃德不恃險。昔堯、舜都蒲、冀，周、漢都咸、鎬，皆歷年數百，不聞以河障戎狄。澶淵之役，蓋廟社之靈，章聖之德，將相之智勇，故邊虜授首，豈獨河之力哉？"後，使者以東流非便，而水官復請塞北流。公固爭之，卒詔罷夫役，如公所議。

洮、河諸戎以青唐首領[36]寖弱可制，欲倚中國兵威以廢之。邊臣亟請用師。公曰："不可。御戎狄，以大信為本。朝廷既爵命之矣。彼雖失眾心，而無犯王略之罪，何詞而伐之？若其不克，則兵端自此復起矣。"乃止。又乞廢渠陽軍[37]，紓荊湖之力。詔諭西夏使歸永樂遺民，夏人聽命。

公既屬疾,猶以邊防為憂。及薨,太皇太后/諭輔臣曰:"惜哉！忠厚君子也。"公寬仁愛人,惟恐傷之色;温而氣和,人望之知其長者也。其在朝廷,義所當為勇。若賁育[38]守之不變。事君與人,一以至誠表裏,洞澈如見肺腑。故面引廷爭[39],而人主益知其/忠,未嘗為同;而僚友莫之,或怨其誠,心素信於人也。

娶劉氏[40],尚書駕部郎中晃之女。賢淑孝敬,配德君子。治家有法度。先公十六年歿,追贈益昌郡夫人。

子四人[41]:孝謐,瀛州錄事參軍;嘗舉賢良方正。獻誠,知唐城縣事;某。早卒/;彦詒,太康主簿,三舉進士。皆强學力行,是似是宜。孫男六人[42]:基,郊社齋郎;垂,假承務郎;堅,右承務郎;壁,幼卒;墾、堅,未仕。孫女六人[43]:長,適渭州華亭縣尉司馬桂;次,適潞州司理參軍穆京/;次,先公二年卒;次,■。曾孫男二人:戟、戡。

公所著[44]《春秋論》三十卷、《史記牴牾論》五卷、《唐春秋》五十卷、《奏議》十卷、《文集》二十卷、《西山別錄》一卷。惟公[45]在仁宗之世為循吏,事英宗為爭臣/,神宗朝出處,以義二聖,從民所望,遂大用之。而居位未幾,功業不究。然其著見之效已暴[46]於天下,炳於後世,列於太常,藏之史官。考公行事所至可紀,今掇其大者揭之神道,以詔于無窮。銘曰/:

挺挺趙公,惇德有容,遺我後嗣,實自祖宗。在仁宗時,公始試吏。民曰父母,來予攸墍。簡于英宗,正色匪躬。帝欽良臣/,曰惟汝忠。爰暨神考,公心如一。言有違從,不撓其直。二聖曰咨,汝惟舊臣。亟其就位,翊我樞鈞。元祐之政,惟天是若/。天聽于民,惟民是諾。公在廟堂,四鄙戢兵。靡有內外,皆吾孩嬰。天嚮仁人,錫公壽考。方終相之,不憖一老。南山有巋/,公名永垂。過者必式[47],忠厚之碑/。

元祐七年[48]五月癸未朔二十五日丁未建/京[兆]□[魏]敏鐫/

(圖文:《關于宋趙懿簡公神道碑拓本的鑒定》;文:又《名臣碑傳琬琰之集上》卷二十七,四庫全書本)

【簡跋】

　　此碑又名《趙懿簡公神道碑》《蔡京碑》。《范太史集》卷四十一和宋杜大珪《名臣碑傳琬琰之集》卷二十七等傳世文獻記載碑文,但不載出處,且有異文(以下分別簡稱《范集本·趙碑文》《琬琰集本·趙碑文》)。清嘉慶等歷代《大足縣志》錄其碑文,也不明出處,且有訛脱。道光年間,劉喜海任四川按察使訪得此碑,據其所拓的道光拓本錄文,摹錄於《金石苑》中,惜後來道光拓本不見踪迹。目前所見最早的拓本,據《關於宋趙懿簡公神道碑拓本的鑒定》①(以下簡稱《趙碑拓本鑒定》)一文對比的14件現藏拓本,以咸豐初拓本爲最早,且據咸豐拓本的文字面貌指出《大足石刻銘文錄》②中收錄的陳明光所據的1994年拓本以及史志中錄文整理校補後的釋文有殘泐衆多的不足,并標出《范集本·趙碑文》的異文。本書在以上成果的基礎上,結合拓本與傳世碑文對照補釋釋文,并做出相關校釋。

　　關於碑刻的版刻確實屬於翻刻的問題,前賢學者多有考證。南宋王象之《輿地碑目》只著有神道碑同龕摩崖而刻的《古文孝經碑》,未收此碑,原因不明。至明趙涵《石墨鐫華》卷五記載,陝西省周至縣城南四里有同邑人趙瞻的墓地,原碑立於墓前,但已經"碑撲而泐,僅有數十字可辨。觀其書法勁健,知書撰人并非没没者,惜先達爲蔽邑志不收其文,遂無可考"。從現存拓本的落款時間"元祐七年五月"判斷出原碑石時間。據著名金石學家馬衡《大足石刻〈古文孝經〉校釋》一文考證,《孝經碑》中的碑文避諱用字反映其刻於宋孝宗時(1163—1189),而此《趙瞻神道碑》爲晚於原刻的翻刻碑,具體刻石時間不晚於《孝經》的上石年。清張澍《古文孝經碑考》中據所見《孝經碑》末的跋語:"江對老人陳公□□□□人趙范得其本于□□并鑿之北山上",認爲趙范爲鑿龕刻碑人。陳習刪《大足石刻志略》考證,宋孝宗時,正值趙瞻曾孫趙范在昌州(今重慶市大足區),因光大祖先之德,以碑石原拓本與古文孝經一起在北佛灣翻刻③。又有鄧之金《趙懿簡公神道碑刻在大足的年代和由來考》④、陳明光《大足懿簡公神道碑考略》⑤等文不斷考證;而虞雲國《大足趙懿簡公神道碑考》認爲,此碑是元祐四年蔡京出任成都

---

① 胡昌健:《關於宋趙懿簡公神道碑拓本的鑒定》,《長江文明》,2015年第2期,第47—54頁。
② 重慶大足石刻藝術博物館、重慶市社會科學院大足石刻藝術研究所編:《大足石刻銘文錄》,重慶出版社,1999年,第43—45頁。
③ 劉長久、胡文和、李永魁:《大足石刻研究》,四川省社會科學院,1985年,第211—215頁。
④ 鄧之金、草萊:《趙懿簡公神道碑刻在大足的年代和由來考》,《四川文物》,1986年第1期,第30—32頁。
⑤ 陳明光:《大足懿簡公神道碑考略》,《考古與文物》,1986年第4期,第93—95頁。

府時,因討好諫官范祖禹而在七年親自赴其領屬地昌州樹立刻書,或其依附者建立的獨特説法①,又可備一説。趙黨軍《趙懿簡公神道碑考》②則對其內容做出相關考證。

撰文人范祖禹(1041—1098),字淳甫,成都府華陽縣(今四川省成都市)人。跟隨司馬光修撰《資治通鑑》,專唐史部分,自撰《唐鑑》二十四卷。《宋史》卷三百三十七有傳。本神道碑記載其歷官爲:左朝散郎、試尚書禮部侍郎兼侍講。

書并篆額人蔡京(1047—1126),字元長,興化軍仙游縣慈孝里(今福建莆田仙游人)。熙寧三年(1070)進士。曾任龍圖閣待制、知開封府、右僕射兼門下侍郎,後官至太師等。北宋末,太學生陳東上書,稱之爲"六賊之首"。但其書法豪健沉著,獨具風格,爲海內所崇尚。《東都事略》卷一百一十、《宋史》卷四百七十二有傳。本神道碑記載其歷官爲:左朝散郎、龍圖閣待制、知永興軍府事,與史相合。

碑主趙瞻(1019—1090),鳳翔府盩厔(今陝西省周至縣)人。北宋慶曆六年(1046)進士,授孟州司户參軍。任職於萬泉、夏縣,皆有善政。卒謚懿簡。《宋史》卷三百四十一有傳。《范太史集》卷四十一不載首題,略題作《同知樞密院趙公神道碑銘》;《名臣碑傳琬琰之集》卷二十七也僅略題爲《趙樞密瞻神道碑》。本神道碑載其首題,歷官經補釋後作:中大夫、同知樞密院事、上柱國、天水郡開國侯、食邑一千二百户、食實封三百户、贈右銀青光禄大夫。

【校釋】

[1]元祐三年句:記載墓主趙瞻在元祐三年(1088)四月官遷至尚書、户部侍郎、樞密直學士,簽書樞密院事;四年(1089)六月,拜中大夫,同知院事;五年(1090)三月丙寅亡殁,享年七十二歲,可推知其生年爲天禧三年(1019)。

[2]趣:趕快,從速。與後文的"趣公入對"中的催促之意相似。

[3]盩厔:即"周至"的古字。《大足石刻銘文録》"以碑今存字爲底本",但改用今字,與碑版不符。下文載趙瞻後占籍爲盩厔人,《大足石刻銘文録》均作"周至"。

[4]功恪:"功"爲"恭"的避諱用字。"格"通"恪","恭恪",恭敬謹慎。

---

① 虞雲國:《大足趙懿簡公神道碑考》,《宋史研究通訊》1987年第1期;虞雲國:《兩宋歷史文化叢稿》,上海人民出版社,2011年,第468—478頁。
② 趙黨軍:《趙懿簡公神道碑考》,《碑林集刊》,2011年,第79—83頁。

[5]老成:指舊臣,老臣。宋黃庭堅《司馬文正公挽詞》之一:"元祐開皇極,功歸用老成。"正與本文表述相似。

[6]歡欣:"欣"字,《趙碑拓本鑒定》與《范集本·趙碑文》同録作"忻",與碑版不合。

[7]曾祖諸句:趙瞻字諱籍貫等均與《宋史》本傳相合,但《宋史》中不載其曾祖與祖父兩輩的信息,神道碑記載的家族譜系可補史傳不足。趙瞻曾祖趙翰,贈官太子太保;曾祖母王氏,爲昌國夫人。祖父趙彬,官供備庫使,贈司徒;祖母李氏,封岐國夫人。其父趙剛,官至太子賓客,《宋史》只載名諱官職,而贈官太尉與其母張氏封慶國夫人等不載。

[8]圭田:古代卿、大夫、士供祭祀用的田地。《禮記·王制》:"夫圭田無征。"《孟子·滕文公上》:"卿以下必有圭田,圭田五十畝。"趙岐注:"古者卿以下至於士皆受圭田五十畝,所以供祭祀也。圭,潔也。"

[9]裹糧:即"裹餱糧",謂携帶熟食幹糧,以備出征或遠行。語出《詩·大雅·公劉》:"迺裹餱糧,於橐於囊。"朱熹集傳:"餱,食。糧,糗也。"

[10]治迹:即政績,施政的事迹。"迹",《大足石刻銘文録》作"逑",形近而訛。趙瞻在陝州夏縣(今屬山西省)建立八監堂,并用古時好縣令的政績來監督和激勵自己。

[11]稱誦:《大足石刻銘文録》《趙碑拓本鑒定》均作"稱頌",兩種《集本趙碑文》作"稱誦"。諦視圖版左部爲"言"字構件。"誦",通"頌"。

[12]召杜:即"召父杜母"的用典簡稱。借西漢召信臣和東漢杜詩均任過南陽太守,且有善政,得百姓贊頌爲"父母",來喻墓主功績,是爲頌揚地方官政績的套語。具體指趙瞻以秘書丞任彭州永昌縣(今四川郫縣西北唐昌鎮),以築堤堰,均灌溉,絶水訟等利民政績,讓百姓頌贊。

[13]知威州句:"威州"與"茂州""汶川郡"作爲古地名,所指之地大致相同。汶川郡最早於晉時建立,後經興廢。《通典》卷一百七十六記"茂州"條下載:"漢武帝開其地,屬蜀郡,後漢因之。晉屬汶川郡,宋齊皆因之。梁置繩州。後周改爲汶山郡。隋初改汶州曰蜀州,尋復爲會。煬帝初州廢,置汶山郡。大唐初爲南會州,後改爲茂州,或爲通化郡。領縣四:汶山、石泉、汶川、通化。"北宋仁宗末年,趙瞻認爲威、茂二州是少數民族混雜之地應該合建汶川

郡,并著《西山别録》一書條著其詳上奏。"西山",指今汶川、茂縣到北川的龍門山山脉。汶川郡在宋仁宗末年未載重新恢復舊名一事,或祇是趙瞻當時的建議之策。後接"及熙寧中"之事,爲後話前置,表明北宋熙寧中(1068—1077)治理西南時曾參考了趙瞻的《西山别録》一書,説明其意義重大。

[14]聰明:猶言視聽;聽到的和看到的。"廣聰明,更積弊"對舉,指廣泛聽取民衆信息,革除舊的弊病。這段詳細的上疏内容原話在《宋史》本傳中有詳細記載,可以互參。

[15]王昭明諸句:指宋英宗時曾詔遣宦官王昭明、李若愚、梁寔、韓則順四人出使陝西,招撫蕃兵各部。"蕃",通"番",指宋代在邊境地區招募少數民族組成的邊境守軍。《宋史·兵志五》:"蕃兵者,具籍塞下内屬諸部落,團結以爲藩籬之兵也。"《續資治通鑑長編》卷二百零三據《實録》記載,治平年間有殿前馬步軍司奏:"内侍省押班文思副使王昭明爲環慶路駐泊兵馬鈐轄,專管勾本路,兼管勾鄜延路蕃部公事;慶州駐札供備庫副使帶御器械李若愚,爲原涇路權駐泊兵馬鈐轄,專管勾本路,兼權管勾秦鳳路蕃部公事……後數日,又以西京左藏庫副使梁寔,領秦鳳;内殿承制韓則順,領鄜延;而令昭明、若愚專領本路。"因"前世以宦人豫邊事,將不得盡其用。及有是命,人不以爲便也。"此舉被衆臣反對。《續資治通鑑長編》記載有"諫官呂誨言……'所謂鈐轄四人者,臣欲乞朝廷罷之。精擇帥臣凡事一切付委,庶幾閫外之權專制則於體重矣。'御史傅堯俞、趙瞻皆有論列。瞻又因入對力請追還昭明等,否則願受顯逐。訖。不從。瞻,盩厔人也。王昭明等至,召蕃部酋領,稱詔犒勞賞……",本碑又記載"會文彥博、孫沔經略西鄙,又遣馮京安撫諸路",馮京也是宦官,趙瞻連着一起請罷,多次激切諫言,但衆臣諫言當時均無效。"西鄙",即西夏,後文用"夏人"代指。

[16]慶:即慶州,隋開皇十六年(596)升合川鎮置,治合水縣(今甘肅省慶城縣)。宋於北境分置環州、定邊軍,轄境縮小,屬永興軍路。慶曆元年(1041)後爲環慶路經略安撫使治。政和七年(1117)改爲慶陽軍。即前文考證的,《續資治通鑑長編》卷二百零三記載王昭明被任命爲環慶路駐泊兵馬鈐轄管制之地,也是後來趙瞻被貶任"改永興軍路轉運使"之處。孫長卿,字次公,揚州(今屬江蘇)人。以蔭爲秘書省校書郎,歷任河南府通判、知州、

益州、慶州等多職。此時因不能抵禦西夏入侵,被趙瞻反對加集賢院學士。

[17]京東盜賊:指宋朝統治下,因不斷强化王權,過度剥削和壓迫農民而日益嚴重的盜賊犯罪。至宋英宗年間愈演愈烈。宋蘇軾撰有《論河北京東盜賊狀》,説明北宋當時的内憂外患,矛盾重重。

[18]留中:指將臣子上的奏章留置宫禁之中,不交辦。

[19]先是諸句:詳細記載了宋英宗治平二年(1065)六月,因詔議追尊濮安懿王典禮而引發的持續18個月的論戰,史稱"濮議",此碑後文稱爲"濮園議"。趙瞻與吕誨等意見一致,合十餘疏上奏,以死相争,請封濮王"皇伯"而非"皇考"。

[20]手書句:指曹太后之後下懿旨,竟然同意了宋英宗的主張,尊其生父濮王爲"皇","三夫人并爲后",即譙國夫人王氏、襄國夫人韓氏、仙游縣君任氏(英宗生母)并稱爲"后"。然而因宋英宗在位僅四年就駕崩,未及給父母上謚號,此事也不了了之,謚號仍爲"王""王夫人"。

[21]交構句:"構",兩種《集本趙碑文》又作"結"字,勾結之意同,但用字則不同,是爲集本有同音避諱改字。本書照録原碑。但"反欲歸過至尊"中"反"字,原碑誤刻作形似字"及"。兩種《集本趙碑文》作"反",正確。從文意看,此句是趙瞻直言反對議臣等令曹太后下詔,將罪過歸於宋英宗一事。"母后",泛稱太皇太后、皇太后、皇后。《三國志·魏志·后妃傳序》:"漢制,帝祖母曰太皇太后,帝母曰皇太后,帝妃曰皇后,其餘内官十有四等。魏因漢法,母后之號,皆如舊制。"

[22]賀正:指唐宋時歲首元旦之日,群臣朝賀之禮節。宋英宗治平二年(1065)十月,趙瞻代理太常少卿一職,接待契丹賀正使,此時入對延和殿,與宋英宗對談。

[23]大臣之議:即中書韓琦、歐陽修等則主張稱濮王爲皇考的建議。與後文的"建議者"相同。趙瞻與侍御史吕誨、范純仁、吕大防及司馬光、賈黯等力主稱仁宗爲皇考,濮王爲皇伯,與歐陽修等的意見不合。後宋英宗將吕誨等皆罷外出,趙瞻出使回來後力争請求一起同貶。

[24]祗畏:敬畏。《書·金縢》:"用能定爾子孫於下地,四方之民,罔不祗畏。"

[25]重違:猶難違。

[26]閤門：指宋代負責官員朝參、宴飲、禮儀等事宜的機關。

[27]欲就句：指宋英宗用商周時以死諫君的忠臣關龍逢、比干等諫争以求名傳天下來比喻趙瞻力争罷官一事，更期待他能學輔佐商湯的伊尹、傅説等，留下來輔政。但趙瞻以不能"使朝廷有同罪异罰之譏"之由，堅持要求與吕誨等一起被貶，最終外貶通判汾州。此事也讓其名重天下。

[28]青苗法句："便"，適合；適宜。指宋神宗即位後重用趙瞻，後曾當面向趙詢問時王安時變法中的重要一項——青苗法是否適合。趙瞻回答公允，最終如其所言，青苗法在實施過程中出現了一系列問題，元豐八年(1085)神宗去世後廢止。此事也爲之後趙瞻、王安石二人的衝突埋下伏筆。"掊"，搜括；斂取。

[29]用事者句："用事"，執政；當權。暗指宰相王安石。王安石變法執政之初，曾建議提拔趙瞻任"侍御史知雜事"，總管御史臺庶務的要職，以鞏固變法，但被趙瞻拒絶。"人望"，即聲望、威望。"不應"，《趙碑拓本鑒定》作"不聽"，《大足石刻銘文録》闕字。"聽""應"在字形上因"心"字的底部構件有相近，且碑版有磨泐干擾，應從文意判斷。趙瞻在職位上略低於王安石，不聽從别人意見的不如不答應更符合當時背景。兩種《集本趙碑文》與《宋史》本傳均作"不應"，更準確。趙瞻因不答應王安石的利誘，衹能外貶任職，出爲陝西路轉運副使。

[30]交子：宋金時期使用的紙幣名稱。北宋初年，從四川開始用以代替銅錢的"交子"；迄神宗熙寧初年時，將僞造交子等同於僞造官方文書，正式由官方所承認。本碑記載，北宋熙寧七年(1074)，朝廷因財政缺乏越來越嚴重，欲置交子紙幣，委趙瞻處理此事。趙瞻提出意見又與朝廷不合，但其忠君愛民之心可見一斑。

[31]皮公弼：字憲臣，河南(今河南洛陽)人。英宗治平元年(1064)，知東明縣，權發遣度支判官，後知袁州。神宗熙寧間歷江淮、陝西、永興軍路轉運使，制置解鹽使。元豐二年(1079)卒。趙瞻因提出不合上意的意見被皮公弼上奏，又被移出外任，本擬外任京西南路轉運使，因父母老邁未成行。後熙寧十年(1077)任於陝州，晚年又曾任家鄉鳳翔府太平宫提舉官。

[32]今天子:指宋哲宗。宋哲宗即位後,將爲父丁憂三年後以朝請大夫外任滄州的趙瞻升職爲朝議大夫,召爲太常少卿,拜户部侍郎。元祐三年(1088)四月,封開國侯。

[33]自元豐中諸句:插敘宋神宗元豐年間黃河決口改道一事。《宋史·河渠志》載:"元豐三年七月,澶州孫村、陳埽及大吳、小吳埽決,詔外監丞司速修閉。……四年四月,小吳埽復大決,自澶注入御河,恩州危甚。""澶州",本漢頓丘縣地,唐武德四年(621)分魏州之頓丘、觀城二縣,置澶州,因澶水爲名,治澶水(今河南省濮陽市)。黃河在縣南三十五里。趙瞻就黃河決口後朝廷想勞民役以恢復黃河故道一事,與宋神宗爭論,陳述利弊,終於使朝廷下詔罷役。

[34]淤高:"淤",指黃河東流的舊道因淤積而增高。圖版明晰。《大足石刻銘文錄》誤作"于"。

[35]虜寇:《范集本·趙碑文》作"契丹不止",且下文的"以河障戎狄""禦戎狄"中的"戎狄"也均作"契丹";"邊虜授首","虜"又作"帥";《琬琰集本·趙碑文》作"敵寇不止""以河障北人""敵帥授首""御敵國"也不同;與《宋史》本傳的"北兵不止""以河障外國""敵帥授首""御外國"也不相同。疑爲傳抄所誤。今從拓本錄文。"授首",謂投降或被殺。

[36]青唐首領:青唐,吐蕃城名,故址在今青海西寧市。原有唃厮囉(997—1065),吐蕃王朝贊普後裔,在宋代爲青唐吐蕃首領。在與西夏交戰中,數破強敵。"洮、河諸戎",指黃河上游和河北一帶的少數民族。他們想借助宋兵將其青唐吐蕃廢掉,邊臣也極力請朝廷興師,趙瞻反對興師,意見被采納。

[37]渠陽軍:宋軍事轄區。元祐二年(1087)改誠州(今湖南省懷化市靖州苗族侗族自治縣東)置,設置西州兵馬及守禦民丁。崇寧(1102—1106)初,改誠州爲靖州。其地有苗、瑶、侗等民族雜居。趙瞻主張廢渠陽,但神道碑不載其議具體內容。據《續編資治通鑑長編》卷四百一十五考證:"趙瞻墓誌、神道碑并稱廢渠陽用瞻議,但不見其議云何。《舊錄》云:'先帝經略溪峒,撫納諸蠻,置渠陽軍,今委弃之,冀以息兵,終至用兵也。'《新錄》辨云:'熙、豐間章惇察訪湖南,開溪峒邊隙,以疲一方。先帝末年,因西師之衄,頗有悔用兵意,若湖湘事,顧以左遠未暇革爾。凡元祐休兵息民之舉,皆所以奉承

先帝之德意。'今乃曰委弃先朝所撫納,冀以息兵,終至用兵,何其言之誣也!并合刪去。"①

[38]賁育:用典,指戰國時勇士孟賁和夏育的并稱。《韓非子·守道》:"戰士出死,而願爲賁育。"説明趙瞻卒後,自曹太后至百官、民衆均對其人忠厚至誠讚嘆不止。

[39]面引廷争:"引",争。同義詞語并舉。其下"人主""僚友"的態度對舉。"莫",通"慕",貪慕。"素信於人"中"素"前一字,《大足石刻銘文録》闕字,《趙碑拓本鑒定》作"心",兩種《集本·趙碑文》均作"愨",恭謹、樸實之意。從字意上"愨"更準確。拓本或誤刻作"心"。

[40]娶劉氏:趙瞻妻劉氏,爲尚書駕部郎中劉晃女。先趙瞻十六年殁,則卒年在熙寧七年(1074),追贈益昌郡夫人。

[41]子四人句:此碑載趙瞻有四子,長子趙孝諶,瀛州録事參軍,舉賢良方正科;次子趙獻誠,知唐城縣事;第三子未載名諱,稱"某",早卒;第四子趙彦詒,太康主簿,三舉進士。"嘗舉賢良方正""三舉進士"等字,兩種《集本·趙碑文》均脱,或因傳抄所致。《趙碑拓本鑒定》脱"方正"二字。

[42]孫男六人:此處兩種《集本趙碑文》均有脱文。據拓本圖版,趙瞻有六位孫子:趙基,郊社齋郎;趙垂,假承務郎;趙堅,右承務郎;趙壁,幼卒。"卒",《大足石刻銘文録》誤作"率"。還有二孫趙塈,趙堅,未仕。

[43]孫女六人:"六",兩種《集本趙碑文》均作"五",且其後名諱等均脱文。據拓本可補。長孫女,適渭州華亭縣尉司馬桂;次,適潞州司理參軍參軍穆京;次,先墓主二年卒;第四孫女,僅存一"次"字,因碑版殘泐闕字不明,應是還有二孫女的相關文字。此處《趙碑拓本鑒定》"卒"作"出",出下有十個闕字符。另外,趙瞻還有曾孫男二人:趙戩、趙戡。兩種《集本趙碑文》所載相同。

[44]公所著句:趙瞻著述六種:《春秋論》三十卷、《史記牴牾論》五卷、《唐春秋》五十卷、《奏議》十卷、《文集》二十卷、《西山别録》一卷。《范太史文集》收録部分。

---

① [宋]李燾撰,上海師範大學古籍整理研究所華東師範大學古籍整理研究所點校:《續資治通鑑長編》,中華書局,2004年,第10076頁。

[45]惟公句:贊譽墓主趙瞻歷仕多朝的功績。"爭臣",能直言諍諫的大臣。爭,通"諍"。"出處",謂出仕和隱退。"二聖",指濮議之爭中宋英宗的兩位父親。

[46]暴:顯露;暴露。

[47]式:楷模,榜樣。

[48]元祐七年:最後的落款時間,兩種《集本趙碑文》均無。據拓本可補全時間爲元祐七年(1092)五月二十五日建,晚於趙瞻卒年二年。最後還有鐫刻人信息,據《趙碑拓本鑒定》可補,爲"□□敏",應是"京兆"人。據《石刻刻工研究》知時代最近者有紹聖元年(1094)五月五日刻《宋新修唐太宗廟碑陰題字》的魏敏①,或是此人。

王滿堂香墓誌　北宋元祐九年(1094)二月二十二日立

(宋)李抃撰,李抃、冉法真立石

奉節縣。1993年奉節縣幸福鄉魚腹村出土,石現存奉節縣文物管理所。四周爲祥雲花紋。誌石高98厘米,寬68厘米,厚6厘米。誌文正書,12行,滿行25字。

【釋文】

長女滿堂香墓誌。/

大姊[1]滿堂香,乃王族苗裔,州里人。冉大郎之女,夔之大族,初/適王家之所出也。母以故再歸[2]于李,都院男教練使李抃。/二女尚稚,亦隨母焉。鴻漸長成,而子和順溫柔,凡女工之事,/皆不學而能。於親愛閨門中,雍雍然甚爲父母之所愛。/冉氏自歸李族之後,不育嗣息。父曰:我雖未有子,得此/二女奉養,亦足爲紹[3]後矣。本望養生送死,敬[4]老懷幼,恭承/祭祀。何期前定[5]無差,於

---

①程章燦:《石刻刻工研究》,上海古籍出版社,2008年,第251頁。

元祐五年十一月十八日夭殂[6]。以葬禮安/于卧龍山之下,從外祖段二郎墳之側。恐年月深遠,草木遷/革,於元祐九年甲戌歲二月癸卯朔二十二日甲子,繼父教練/使李抃、母冉法真立石。/

(《重慶卷》圖14/文204)

【簡跋】

據首題爲"長女",首句"大姊滿堂香"及最後記載本墓誌元祐九年(1094)二月二十二日立,由繼父李抃與母冉法真立石可知,該墓誌是從墓主母親冉法真的角度,爲冉氏與其前夫王君所出的長女滿堂香立石志墓,墓誌撰文者也應是其繼父。故應補墓主姓氏"王"字,三字名應是小名。

【校釋】

[1]大姊句:"姊"即"姊"的异體。名"滿堂香",墓主爲"王族苗裔",即指明姓氏爲王氏。"州里人",即夔州人,北宋時奉節名"夔州",表明籍貫。其母親是夔州大族冉氏,冉大郎之女。冉大郎,俗名,可能是酉陽土司冉氏家族或同宗之人。冉氏初嫁於王家,生長女滿堂香,即墓主。還有一妹,故後文稱:"二女尚稚,亦隨母焉。"

[2]再歸句:墓主母親冉氏,因故再改嫁都院男教練使李抃。"李都院男教練使",作爲職官解釋不通,應是"李"字後斷句。"都院男教練使","男"指爵位,"都院教練使"是唐朝時期設置的武官職,屬於節度使下屬職位,非朝廷正式官階,主要從事軍事教練。宋代沿用舊稱。李抃,同名者多,不可確指。

[3]紹:承繼。因爲冉氏改嫁於李君後沒有再生育,李君視二女如同己出。

[4]敬:圖版作⿰苟力,缺筆避諱,反映出宋代避諱極嚴格。因宋太祖趙匡胤祖父名敬,宋代古籍凡遇到"敬"字均缺筆避諱。金石中避諱也需要遵守統一規則。如《元豐陶塔史略》記載,福州鼓山涌泉寺門前有北宋元豐五年(1082)陶塔二座,均爲"匠人高成"所鑱且二塔銘題識中也避諱"敬"字。作者認爲:"金石題刻,凡遇須避諱之字,可以改變,非若刻書之必一依原文也,(宋版書籍,"敬"字皆避諱缺筆,降至元代,猶復相沿其習。)是以題刻中甚少避諱缺筆之字。此兩塔之題識,敬字皆缺筆,頗不多觏;益證其爲宋代舊物

無疑。"并認爲是"金石避諱罕見之例",其實"罕見"①祇是因金石用字頻率不如古籍之多造成,本墓誌也可做一補充例證。

[5]前定:宿命論説法,謂凡事均爲命中注定。

[6]夭殂句:墓主在北宋元祐五年(1090)十一月十八日不幸夭亡,葬於卧龍山下外祖段二郎墳之側。其母爲冉大郎之女,繼父李抃,但"外祖"即"外公"的輩分關係其姓氏應是"冉氏"才正確,這與文中的"段二郎"姓氏抵牾,存疑待考。

符世宣墓誌　北宋崇寧二年(1103)十二月一日立

(宋)苟完文,符詔書丹

奉節縣。1994年在奉節縣幸福鄉魚腹村塔坪出土,石現藏於奉節縣文物管理所。誌石高43厘米,寬65厘米。誌文正書,25行,滿行18字。

【釋文】

宋故京兆符君墓銘并序。

男詔書丹/

君諱[1]世宣,字潤祖,姓符氏,夔人也。曾祖[2]紹成,祖/父光藝,父惟慶,母勾龍氏之次男也,世爲里豪/族。

君以崇寧改元壬午四月二十日卒于家[3]。/卒後一年,其子詔以十二月初一日歸君之/喪於窀穸。乃狀君平昔所爲,求余爲埋銘。余/君之表侄婿[4],知君最深,故不敢却,乃直筆焉。/

公爲人多智計,治家有法度,貲財日愈富庶,未/嘗以此驕人。待親族無内外小大,一接以禮。聞/人善,若己有之,往往喜形容色。好施予,不少鄙/吝。喜儒術,樂與吾輩游,所識不雜下流,平居交/往多鄉黨聞人。至於聞講解之音,賦咏

---

① 鄭麗生:《元豐陶塔史略》,《福州文史資料選輯》第11輯,1992年,第179頁。

之樂,咨/嗟嘆美,不啻若有遭遇。觀其好賢從善、和柔自/處者如此。

公娶[5]同里任全義女三娘子,生一/男一女:男曰詔,應進士舉;女曰二娘子,年將及/笄,未嫁。噫!公以仁厚之德爲鄉黨所喜慕,未/嘗服進士業而好儒若此。然而壽不克永,莫能/睹其卒,未好事之懷。公今已矣,後人必能嗣/公所為,以光大其門。亦天之所以福我儒術,大/賚善人之報也焉。為銘焉:/

嗜利忘義,世俗所為;公曰鄙哉,我其嗤之。/薄視儒雅,世俗所然;公曰吁哉,我何敢焉。/孝悌處己,和柔提身;公之美行,抑亦可稱。/大江之北[6],龍山之南;公之所宗,永保千年。/

兄世寧,侄宣讀孔目官諲,侄孫習進士,持授貢士苟完文。/

(《重慶卷》圖182/文361)

【校釋】

[1]君諱句:墓主符世宣,字潤祖,夔州人,再結合首題"京兆符君",應是郡望爲京兆人。

[2]曾祖句:墓主曾祖符紹成,祖符光藝,父符惟慶,家族人物直系三代,但均不見於史籍。母勾龍氏,爲復姓。鄭樵《通志·氏族略》注:"共工氏之後,勾龍爲土正,今社神也。紹興御史中丞勾龍如淵。"屬於以名爲姓。"之次男"說明墓主排行第二,後文有"兄世寧,侄宣讀孔目官諲",確定其有長兄名符世寧與侄子宣讀孔目官符諲。宣讀孔目官,即掌宣講事宜的高級官吏。"孔目"原指檔案目錄。至唐代州、鎮中設"孔目官"掌六書、獄訟、賬目、遣發等事務,成爲官府衙門裏的高級吏人。

[3]卒于家句:墓主在崇寧元年(1102)壬午歲四月二十日卒,二年(1103)十二月初一日其子符詔將其歸葬。"窀穸",也作"窀夕"。《左傳·襄公十三年》杜預注:"窀,厚也;穸,夜也。厚夜猶長夜。"即謂葬埋。

[4]表侄婿句:表明了撰文者與墓主的關係,又據墓誌落款知,撰文者爲苟完,係墓主侄孫輩。其身份前被《重慶卷》點作"習進士持授",不確。"習",應是本義的學習之意。"習進士"應是宋代常見的稱謂。《中國古代職官大辭典》

有廣文博士一職,領國子監習進士業學生。《楊億入闕試神童》中稱:楊大年年十一,建州送入闕下,太宗親試一賦一詩,頃刻而就,令中人送中書,俾宰臣再試。時參政李至狀:"臣等今月某日入内,都知王仁睿傳聖旨,押送建州十一歲習進士楊億到中書。""持授"一般在職官之前,"持授貢生"表明其被賜於貢士同等,與正式的鄉貢進士不太相同。唐、宋時,以州(府)、縣科舉考試(鄉貢、鄉舉)中試者稱鄉貢士。這就說明苟完未中進士而被破例等同。據《中國科舉制席通史·宋代卷》《宋會要》等考證,認爲"大概崇寧二年以後,以諸科登第者就寥寥無幾了"[1],正好與墓主的時代相同。

[5]公娶句:墓主婚配同里任氏,爲任全義女,名三娘子。任全義,史籍疏略。育有一男一女,男符詔,應進士舉,但并非考中進士。女曰二娘子,年幼未嫁。

[6]大江之北句:明確葬地所在,應是在長江北側,"龍山"南側之間。龍山與卧龍山或爲同一地。

楊繹墓誌　北宋大觀元年(1107)八月十九日葬

(宋)譚度撰

奉節縣。1988年3月奉節縣永安鎮出土,石現藏奉節縣文物管理所。誌石高82厘米,寬67厘米。誌文正書,22行,滿行28字。

【釋文】

虢略楊君思道墓誌銘。/

友人鄉貢進士譚度。/

楊君[1]諱繹,字思道。父遷,母康氏,生二子,長曰純,次即思道也。

思道/方童稚而父喪,幼孤無怙,而孝友之德,出於天性,事母事兄,閨門之

---

[1] 張希清、毛佩琦等主編:《中國科舉制度通史·宋代卷上》,上海人民出版社,2017年,第859頁。

内,雍/雍如也。夫人之德行,有學而成之者,有勉强而行之者,終未若生而知之,/出於天性之自若也。蓋學而成之,勉强而行之,或有時而倦,或有時而輟。/而生而知之、出於天性者,動静居處,進退周旋,咸在是矣,無時而倦,無時/而輟也。觀思道之孝友,信其然矣。

思道事母至孝,晨昏定省,承顔悦/色,靡有怠違。母食即食,母飲即飲,母有憂色則悵然不離其側,及母憂解,/然後亦復初也。及母以壽終,則哀毀過度,水漿不入口者纍日。此思道/之孝出於天性者然也。

思道事兄至謹,禀訓受令,出告反面,勞苦之事/則争而先,饒樂之事則遜而避。恭順之節,出於誠信,非止於聲音笑貌之/間。此思道之友出於天性者然也。

夫以公之孝友,出於自然,則其於/脩身接人,其所養抑可知矣。觀公之學,宏博深浩,而持之以謙冲,養之/以卑晦,真得古人爲己之道焉。其於朋友之交,忠信足以結人,禮貌足以/得衆,是非毀譽,未嘗一出於口。非所養之厚,曷能至於是哉!

公娶[2]王氏,/生二子。長曰庭傑,次曰庭矗,皆才性俊敏,此君子以爲有後之報也。公享/年四十,不幸[3]於崇寧丙戌孟夏念五日得疾而卒。卜吉[4]次年八月十九日,/葬于龍興觀之側。

其二子以予平昔思道交游,深知其行實,固請文以/志,因直書云。繼爲銘曰:/德性醇淑兮禀之自天,孝友于家兮出於自然。/持心近厚兮本乎所養,待人接物兮粹然恭謙。/人雖逝兮實不可没,姑爲銘兮以永其傳。/

大觀改元丁亥歲秋八月/十有九日隨葬。/

(《重慶卷》圖15/文205)

【簡跋】

《西南石刻彙編·四川重慶》據"字思道"題名爲《楊思道墓誌》,應改爲以諱題名。

撰文人譚度,墓誌稱"其二子以予平昔思道交游,深知其行實,固請文以志,因直書云",説明是墓主的友人,鄉貢進士。

【校釋】

[1]楊君句：墓主楊繹，字思道。據首題知其郡望爲"虢略"，在今河南嵩縣西北。父楊暹，母康氏，兄楊純。楊繹排行第二，事父孝母，友於兄長，一生未仕。

[2]公娶句：墓主楊繹娶王氏，生二子：楊庭傑、楊庭嚞。"嚞"字，《重慶卷》誤作"喜"，圖版作 ▨，明爲"哲"的异體字。查《漢魏异體字典》0570-018-12 經收録，且至宋代此异體仍然使用。

[3]不幸句：楊繹享年四十歲，在崇寧五年(1106)歲次丙戌孟夏九月念五日得疾而卒。《重慶卷》因碑版磨泐脱"享"字。"念"字圖版作 ▨，是"二十"的俗稱，非誤刻。五代丘光庭《兼明書》卷五："今人呼菘爲蔓菁……魏武之父諱嵩，故北人呼蔓菁，而江南不爲之諱也。亦由吴主之女名二十，而江南人呼二十爲念，而北人不爲之避也。"清顧炎武《金石文字記》卷三："[開業寺碑]碑陰多宋人題名，有曰：'……元祐辛未陽月念五日題。'以廿爲念，始見於此。"可見"念"字的用法是宋代時期的特殊用法，體現出南北不同風俗。今多寫作"廿"。

[4]卜吉句：墓主卜葬在大觀元年(1107)，即落款的"大觀改元丁亥歲秋八月十有九日"。葬地在龍興觀之側，而"龍興觀"同名者頗多，最有名的是易州龍興觀。本墓誌所指是出土地奉節縣地的龍興觀，或是其他寺觀改名的稱謂。

夏泰墓誌　北宋政和六年(1116)十二月初一日葬

(宋)史元撰志叙，李恬撰行狀，夏炳書

九龍坡區。1981年9月10日在重慶市石坪橋出土，石現藏於重慶中國三峽博物館。誌蓋缺。誌石高82厘米，寬54厘米。誌文正書，20行，滿行36字。

【釋文】

宋故夏府君墓銘并序。

將仕郎、權恭州、壁山□□、管句學事史元撰志叙。/

將仕郎、前雲安軍雲安縣尉、管句學事李恬撰行狀。/

夏君[1]諱泰,字伯通,系出彭城劉氏,世為恭州巴邑歸義鄉人。父慶[2],幼孤,自襁褓從母句氏適果/□□先。夏氏諱榮,即府君之繼祖也。母任氏,生府君。府君少穎悟,傑然有大志。一日,抗節[3]告于/□云:大丈夫不名即利。若蛙于坎井,安能高于門富崇户哉?於是操盈資,游江湖,乘時射利,貨/□巨萬,艫舳銜尾而進,人目之為夏轉運[4]者,謂其經畫善而貨羨餘也。初卜居[5]藍溪,後徙居石/門,得平坦之地,別建新館。嘗語客曰:吾鉢盂錫杖駐此耳。又嘗誦古語曰:遺子黃金滿籯,不如/教子一經。吾辛苦立門户,而子孫恬不知教,其愚也哉。故闢宇為塾,延納儒士。未幾,二子[6]嶷嶷/成材,迭預賓興,兹府君之志矣。府君喜釋教,嘗於所居嚴列尊像,純以金飾;又於寶輪[7]別創大/殿,環列羅漢,其費無慮數萬緡。府君素質直,為人謀必盡其忠,交賄利必損乎己。聞某氏子□/秀于鄉,或登于仕,每嘆慕之。見貧窶老弱,或解裘以衣之,或輟哺以食之。其樂善惻怛如此。娶/妻[8]原王氏。三子:曰通,析居治産;曰炎,入太學,升內舍;曰炳,豫鄉貢。政和六年[9]丙申,炎者復升貢/生,□□次府君感疾不起,九月初二日卒于寢,享年六十七。女二人[10]:長適鄉士袁融,季適合陽/□□□。□孫六人[11]:大均、大方、大信、大定、袞彦、亢繼,為州縣學生。府君臨終告其子曰:他日登第,/□□□□,以正吾宗,不可忘本。又曰:唯儒術足以保身,忠孝足以傳家。汝能念此,吾瞑目無慮/□。□□□年十二月初一日庚申,卜葬[12]于遷善鄉化俗里石門山之原。以狀[13]□予誌。予與府君/□□□□庠友,義不可辭,謹為之銘。銘曰:/

□□□人兮有大志,不名即利兮崇户比。能述家訓兮以義方,元將仲將兮歸二子。復劉氏/□□□觀,動作賢兮霜隕蘭。白露□□歲將殘,銀釭[14]曖兮蕙帳寒。悲感新阡兮涕潸然,會葬/□□兮白楊間。

■立石炳書丹，勾刻字。/

(《重慶卷》圖16/文206)

【簡跋】

　　本墓誌由史元撰"志叙"，說明在宋代《志叙》也是一類文體。黄璞撰《陳岩墓誌》載："今將葬矣，合作志銘，以備陵遷。夫志者，識也，但書其爵里宅兆，鎸之於石，藏之於幽，識之於後，故其詞不縷矣。"鄭嗣恭撰《唐故盧氏夫人墓誌銘》載："志所以紀年月也，銘所以紀德行也，故請述作者若不以文業光稱，則以能彰美叙事者爲之。"程千帆據上兩條考證，認爲"墓誌銘通常可以分爲志和銘兩大部分。這兩部分有相對的獨立性、自足性。因此，有時候，如果一篇墓誌需要由兩個人合作撰成，一般的分工就是一個人撰誌文(序？)，另一個人作銘文。……志就是前面記載墓主家世、生平行事的部分，一般爲散體。志者，識也，有作標識以備查考、防遺忘之意。"同時又有記載、記録之意，故又稱"記"，如墓記、玄堂記、幽壤記、陰堂記等名目中的"記"，就是從"志"的這個解釋引申出來的；并得出"序"，其實就是指前面的叙事記述部分，也就是通常稱爲"志"的那一部分。又寫做"叙"，或易爲突出了它的叙事傾向的"述"。并懷疑至少從北魏開始對墓誌和墓誌銘的意思就有些誤解。"要麼認爲墓誌祇是特指某種形制、用途的石刻，與誌石相近；要麼認爲墓誌或墓誌銘只是指最後的那段銘文，因此纔有必要給前面的散文體叙事部分另起一個名稱——序，好像是銘文的一個引子。……於是，不少人不暇細究，就把墓誌中的韵文部分認爲銘或志銘，而稱前面的叙事部分爲序；或者以爲在韵文的銘文、散體的誌文之前，更有一段序文(如徐師曾《文體明辨序説》就説：'曰墓誌銘并序，有志、有銘、而又先有序者，是也。')并由此在學者間引發了一場爭論。"[①]所以，本墓誌中出現的"志叙"這一新的名目，更可以作爲新的例證。

　　而又一題署者李恬，撰"行狀"，文體名，也稱"狀""行述"，專指記述死者世系、籍貫、生卒年月和生平概略的文章。可以説，行狀是墓誌銘的底本，在此基礎上進行刪減創作而成墓誌銘。聯繫後文有"以狀□予志。予與府君□□□□庠友，義不可辭，謹爲之銘"，説明先由李恬撰好行狀後，再去請史元撰"志叙"，無疑。

　　史元歷官"將仕郎、權恭州壁山□□、管句學事"，李恬歷官"將仕郎、前雲安軍雲安縣尉、管句學事"，有相似之處。"將仕郎""權"均表示其職官爲寄禄官。宋初，鑒唐末

[①] 程章燦：《墓誌銘的結構與名目——以唐代墓誌銘爲例》，《古籍整理研究學刊》1997年第6期，第45頁。

之弊,不以階官或散官爲重,三師、三公及三省、六部與寺、監之官,非特旨不領本職,僅爲銓叙、升遷資級,同時寄托官品,如別無差遣或所任差遣未入《禄令》,即領本官俸,因稱寄禄官。有《禄令》《寄禄新格》、選人寄禄七階等政令,至政和二年(1112)又定武臣寄禄階官等。通過不斷的增改,寄禄之制始臻完備。①寄禄官有官階而無實際職事,官前加上"行""守""試"等字,高一品以上爲行;低一品爲守;低二品以下爲試,品同則否。詳見《宋史·職官志》。有寄禄官職者可另以差遣作其他的職事官,"管句學事"就是其在所屬地方州、軍上的實際職務。"管句"亦作"管勾","句"爲"勾"的古字。《漢魏異體字典》中,"勾"與"句"的异體字形相混。傳世文獻中也多用"管句"一詞表管理之意,後接具體職位"學事""臺事""陵廟""軍府事"等等。"學事"應是縣學之務。

史元又任"權恭州璧山□□",二闕字不明。"恭州",於崇寧元年(1102)六月壬子日改"渝州"而得名,至南宋淳熙十六年(1189)八月甲午日又升恭州爲重慶府。重慶有"恭州"之稱至少78年。

李恬任"前雲安軍雲安縣尉"。"雲安軍",即雲陽縣舊治。《宋史·地理志》記載:"雲安軍,同下州。開寶六年,以夔州雲安縣建爲軍。建炎三年爲軍使。元豐户一萬一千七十五。貢絹。縣一:雲安。監一:雲安。"《續資治通鑑長編》《宋會要》《元豐九域志》均同此説。

銘文後還有立石人因闕字不明;又"炳書丹,勾刻字",爲其子夏炳,勾氏留空。

【校釋】

[1]夏君句:墓主夏泰,字伯通,歸郡望於彭城劉氏,定籍貫爲恭州巴邑歸義鄉人。彭城,即今江蘇省徐州市,是漢高祖劉邦和楚元王劉交的故鄉,又稱"帝王之鄉"。彭城劉姓爲皇室國姓,如何與夏氏關聯?根據後文可知,墓主姓夏是其繼祖之姓,劉姓纔是本姓。籍貫爲"恭州巴邑歸義鄉","巴邑"即巴縣;"歸義鄉"具體位置不明。

[2]父慶句:介紹墓主改姓過程,夏泰父親原名劉慶,"自襁褓從母句氏適果□□先",因闕字不明,但劉慶自幼從其母句氏改嫁,無疑。夏榮,爲墓主繼祖父,即墓主的祖母句氏改嫁夏榮,劉慶改爲夏慶,成爲其家族改姓夏之始。墓主父親夏慶娶任氏,生夏泰,不載巨細。

---

① 張政烺:《中國古代職官大辭典》,河南人民出版社,1990年,第934頁。

[3]抗節句:"抗節",即堅守節操。"抗節告於□□"下,《重慶卷》闕二字,除第一字無法識別外,第二闕字圖版裂殘痕作 ▨ ,疑爲"云"字。下接夏泰所説内容,符合文意。

[4]夏轉運句:"轉運"原指運輸,後泛指經商。夏泰善於經商,而得之俗稱。"經畫",經營籌劃。"羡餘"即盈餘、剩餘。

[5]初卜居句:藍溪、石門二地,本不可考,結合後文"卜葬於遷善鄉化俗里石門山之原",知在遷善鄉化俗里有石門,可補古舊地名。墓主在石門別建新家,並立下誓言,"嘗語客曰句"是代指自己安定在此地之意,又結合後文"府君喜釋教"、"吾鉢盂錫杖駐此耳"也是雙關,即表明定居心志,又表明信仰釋教。"鉢盂錫杖",本爲佛道教常用語,皆道具之名。鉢盂,即應量器;錫杖,振作錫聲。據稱有降龍鉢、解虎錫之類。

[6]二子句:"嶷嶷",幼小聰慧貌。《詩·大雅·生民》"克岐克嶷",漢鄭玄箋:"嶷,識也。其貌嶷嶷然,有所識别也。""賓興",出自《周禮·地官·大司徒》:"以鄉三物教萬民而賓興之。"鄭玄注:"興,猶舉也。民三事教成,鄉大夫舉其賢者能者,以飲酒之禮賓客之。既則獻其書於王矣。"在周代爲舉賢之法,鄉大夫自鄉小學薦舉賢能而賓禮之,以升入國學;後科舉時代,有地方官設宴招待應舉之士,可代指鄉試。此處是墓主二子逐漸成材,中了鄉試,是墓主"闢宇爲塾,延納儒士"的最好的效果。

[7]寶輪:即寶輪寺,不明所指。

[8]娶妻句:墓主夏泰原配王氏,前有二子,此處更爲具體,指明有三子:長子夏通,分家後經商;次子夏炎,"入太學,升內舍"。據《續資治通鑑》記載,宋神宗熙寧四年(1071)"(十月)戊辰立太學生三舍法",符合宋代太學的級別升級規則:入學時爲外舍,成績合格升入內舍,再由內舍升入上舍。第三子夏炳,"豫鄉貢",在準備鄉貢考試。

[9]政和六年句:政和六年(1116)夏炎又由太學升貢生,符合宋三舍之法,以太學生充貢,於時貢士一出於學。故"貢"下可補一字爲"生"字;另二字因左上角殘泐無法補讀。同年墓主感疾不起,即政和六年(1116)九月初二日卒,享年六十七歲,則生年在皇祐二年(1050)。

[10]女二人句:"長適鄉士袁融","鄉"字,《重慶卷》闕,復核圖版作▨,疑爲"鄉"字。與南宋紹興十六年(1146)十月二十五日《武思永母陳氏墓誌》第11行"念鄉里隔絶"中作▨,第14行"退居鄉里"中作▨;《吳襃成墓誌》"以俟他日扶護歸葬故鄉"中作▨,字形結構相似。"鄉士",猶鄉紳。從字形與文意兩方面看,完全可以確定此字爲"鄉"。季女適合陽某氏,名諱不知。"合陽",即宋時合州下的合陽城。南宋紹興七年(1137)合州知州何麒所作的《映書軒記》和《北岩轉輪藏記》,前記有言:"合陽治舍西北隅,大葛二本,皆十圍許",後記"距合陽城五百弓地,有天支提,號濮岩寺"。約在淳熙初年(1174),知州黄鐸《重建雄威廟記》有"合陽城之西,有漢車騎將軍司隸校尉、西鄉亭侯張公廟"。①

[11]孫六人句:記載墓主夏泰有孫子夏大均、夏大方、夏大信、夏大定、夏衮彦、夏亢繼,均爲州縣學生。"孫"前闕字應是"有"之類,因殘泐無法確定。

[12]卜葬句:墓主卒年在政和六年(1116)九月初二日,葬年因殘泐無法補出,但據文意"十二月初一日",應是同年埋葬。葬地在遷善鄉化俗里石門山之原,應是墓誌出土地舊名。

[13]以狀句:《重慶卷》誤釋"誌"爲"語",又因闕文過多標點有誤,應該在"以狀□予誌"後斷句,"誌"字圖版作▨,與首題"誌叙"圖版▨在字形上也相似,與"語客"的圖版▨則不甚相類,但因磨泐字形形似而致誤。

[14]銀釭句:"曖",《重慶卷》釋作"暖"。諦視圖版作▨,字形清晰,應是"曖",與"暖"形似容易致誤。"曖",昏暗、朦朧。"銀釭",銀白色的燈盞、燭臺。"蕙帳",帳的美稱。前句對舉"白露□□歲將殘",雖然句子不全,但是凄凉的氣氛還是可以感受得到,昏暗的燭光摇曳映照空的紗帳,凄寒的感覺呼之欲出。"銀釭暖"的温暖之意與文句不合。

————————
① 池開智編:《合川歷史文化綱要》,重慶出版社,2009年,第276頁。

郭用成妻楊氏墓誌　北宋宣和六年(1124)葬

(宋)□平撰,郭述讀,郭惇書

涪陵區。2001年涪陵區博物館在涪陵藺市徵集,石現藏涪陵區博物館。誌石高104厘米,寬65厘米。誌文正書,23行,行36字。

【釋文】

楊氏墓誌銘

昌黎□平撰

楊氏[1],其先乃宕渠人也。祖洪,父世寧,始習儒業,終為巨商。大丈夫之志,不名則利。何所歉哉。世寧有二女,楊氏乃次女也,生最厚重,偏為父母愛惜,年十八,娉於邦人郭用成[2]。郭公世系,本太原府汾陽人也,祖潛官[3],至借職任蓬州商稅。有二子[4],長居鄉里,治田園;以次子、季子隨侍。因病卒於官舍,次子遂為蓬民。季子乂本,因作客徙居宕渠,有一子,用成乃其子也。

楊氏既從於[5]郭,生一男,名亮。楊氏以禮事舅姑,及舅姑卒,葬亦如禮。其後,郭公困於客途,遂卜居[6]涪凌。治來涪,綿歷艱難,無所不為,楊氏勤勞內助,以葺以修,家道方興。其夫感疾而卒,楊氏同其子亮力辦後事,無不周悉。癸未[7]九月十五日,卜葬於芊池清愛里鐵匱山之下,於時楊氏亦築墳於夫之側,足以見其死生無二志也。

楊氏曾訓其子曰:葺持家道,孝順父母,人子之職也。其子服母之訓,游歷江湖,干運貨賄,不數年,創置田園,別建農宅,遂為涪陵甲戶[8]。丙戌歲[9],楊氏年七十二,其子告其母曰:願一游山,與母乞壽。於是,促裝而往,舍大法財作大良,因游峨眉,睹光相,如期而歸。恐□□□□之奉,乙未歲[10],又躬率鄉人好事者講華嚴、蘭盆之會,每會近千僧。郭子一一親拜,□□願生身慈母增福壽。其子創置之如此,事親之如彼,乃母氏之訓也。

楊氏性恬淡,寡嗜欲,惟獨於好善,每見僧、道,瞻禮布施,略不□煩。享年雖高,精力康强,日與家事無不□肅。癸卯歲[11],年九十一,身無疾恙,冬十月晦日□□香水就浴,浴訖,端裳而坐,謂其子曰:"母之歸期,定在冬至前十一月十二日大雪□□□□終。計□日前冬至半月也。

嗚呼！楊氏享年如此之長,及其終也,又前期而知□□□累豈□淺□□□。有三孫[12],長孫惇,次孫迪,皆守衙職。季孫述,應進士舉。甲辰正月[13]十一日,子□□□附葬於夫□右。其於一日携□作狀,號泣謂予曰:"亮父,公之鄰,願丐一□字,以記老母之實。"予喟然嘆曰:楊氏,雖族系不顯以考,其所以享壽,所以善□,□不可多得、於是勉嚼為之銘曰:

洪農楊氏,敦節守義。長於好善,積而能施。□□□□,天之所□。精力康强,日與家□。十月晦日,遺言可志。香水就浴,□□□□。母□□明,近於冬至。建□□□,一旬有二。四體無恙,俄去如寐。

□□□□□□□□甲辰宣和六年□□□□郭述讀,郭惇書。

(文:《重慶市志·文物志(1949—2012)》,第664頁照錄)

【簡跋】

此墓誌爲新出土墓誌,因所見圖版祇有部分截圖,校釋僅據《重慶市志》錄文梳理。

撰文人□平,昌黎人。

讀人郭述,"讀人"應是製作墓誌時讀撰文人所寫墓誌文的責任人。此用法較少見。

書人郭惇,即墓誌的書丹人。郭述與郭惇均爲墓主之孫。

【校釋】

[1]楊氏句:墓主楊氏,祖先爲"宕渠人",即宕渠縣人,今合川城關鎮。祖父楊洪,父楊世寧,由儒轉商。楊氏排行第二。

[2]郭用成句:墓主楊氏十八歲娉於邦人郭用成。郭君家族世系,早先是太原府汾陽人,即宋行政區劃中的河東路所轄十七州之一的汾州,也即今山西汾陽市。

[3]祖潛官句:指郭用成祖父郭潛官,至借職任蓬州商稅。"借職",僅有虛銜而非實授的官職。《夢溪筆談·譏謔》:"石曼卿初登科,有人訟科場,覆考落數人……次日,被黜者皆授三班借職。"

[4]有二子句:指郭潛官有二子,但"二"字應是釋文有誤,與下文記載有三子之實不符。因無圖版可復核,暫存疑。長子名諱不載,從事農業;次子與季子隨侍蓬州,其中"因病卒於官舍"的次子籍貫爲蓬州人;季子名郭乂本,即墓主之夫郭用成的父親,因"作客,徙居宕渠",故籍貫爲宕渠人。"作客",謂寄居異地。

[5]從於句:即楊氏嫁於郭用成,生一子郭亮。

[6]卜居句:"卜居",即擇地居住。郭用成因"因於客途"而卜居於涪陵,説明在宕渠也不盡如意;後歷盡艱難,來涪辛苦經營,後家道方興。

[7]癸未句:"癸未"紀年需根據最後落款的"甲辰宣和六年"殘字確定,崇寧二年(1103)歲次癸未,墓主之夫郭用成卒,九月十五日卜葬於"芋池清愛里鐵匱山之下",應是涪陵舊地名。墓主楊氏當時即築墳在其夫墳塋之側,表明死後歸葬之地。

[8]甲戶:古時戶口編制以十戶爲一甲,因稱戶爲甲戶。側面説明家族興旺,人口眾多,經濟雄厚。宋陳襄《州縣提綱·户長拈號給册》:"甲戶力厚,則囑吏以樂輸。"

[9]丙戌歲句:即崇寧五年(1106)楊氏七十二歲,其生年爲景祐二年(1035)。其子郭亮爲楊氏祈福請壽,倉促而行,與母同游峨眉山。"舍大法財作大良"語意或因斷句有誤而費解。"大法",應是佛教語,謂大乘佛法。

[10]乙未歲句:即政和五年(1115),郭亮邀請鄉人中擅長講"華嚴"和"蘭盆之會"者,又請近千僧人,一一親拜,爲生母增福壽。"華嚴",即《大方廣佛華嚴經》的簡稱。"蘭盆之會",即盂蘭盆會,爲梵語音譯。佛教徒於農曆七月十五日爲追祭亡靈而舉行的一種儀式。

[11]癸卯歲句:在母慈子孝的家庭氛圍下,墓主楊氏在宣和五年(1123)九十一高壽時,身無疾恙,選擇於"冬十月晦日□□香水就浴",親自告訴子嗣自己歸期不遠,"定在冬至前十一月十二日大雪□□□□□終"的説法有預言色彩,實際爲其卒年日期而已。

[12]有三孫句:墓主楊氏有孫子三人:長孫郭悼,次孫郭迪,二人爲守衛;季孫郭述,爲應進士舉的學生。

[13]甲辰正月句:即宣和六年(1124)正月十一日,"子□□□附葬於夫□右"有闕四字,但文意可知爲其子郭亮將其母與葬於其父墳右側。請銘時所言"亮父,公之鄰","亮"後一闕字,《重慶市志·文物志(1949—2012)》補爲"父"字。

牟永叔墓誌　北宋靖康元年(1126)十月二十九日葬

(宋)勾龍試撰,鄭韓書

江北區。1984年7月15日在重慶市江北織布廠出土,石現藏於重慶中國三峽博物館。誌石高75厘米,寬105厘米,厚20厘米。誌文正書,42行,滿行36字。

【釋文】

宋故紫芝先生牟永叔墓誌銘。/

從政郎、前昌州大足縣令、管勾勸農公事勾龍試撰。/

政和[1]七年,余客過恭,始識恭之江北諸牟。諸牟中又最譽永叔父子及其從弟公美,□/□樽酒論文,篇章聯屬,寔一時清勝游也。後一年,余官于榮,聞永叔冢嗣死。後數月,/復□公美死。又一年,永叔亦死矣。嗚呼!天奪吾善友若是!其亟古江州遺址[2],山川英秀之氣,/不□者幾何。會余[3]復來是□,距初至時裁八九年,昔之交游零落殆盡。過江北拜永叔之/□□□□□□□惻心酸鼻。少定,有西嚮揖客,言文氣渾,昂岸偉傑,若鷄群中鶴,典/刑□可見□□文伯在也,不則江北幾爲墟矣。文伯,永叔次子也。即語余曰:我不幸,吾父不待/終養。□□□□□,風樹興悲,此心何極。將以歲冬歸柩幽壤。惟父執友中,無如子之厚,敢以銘為請。/余曰:固宜,第憂才不及稱,且蕪冗浮誇,事辭不無□□□□礙。諛墓中人,素不喜為也。倘不是責,/將□所命。文伯曰:若是足矣。遂為書之。

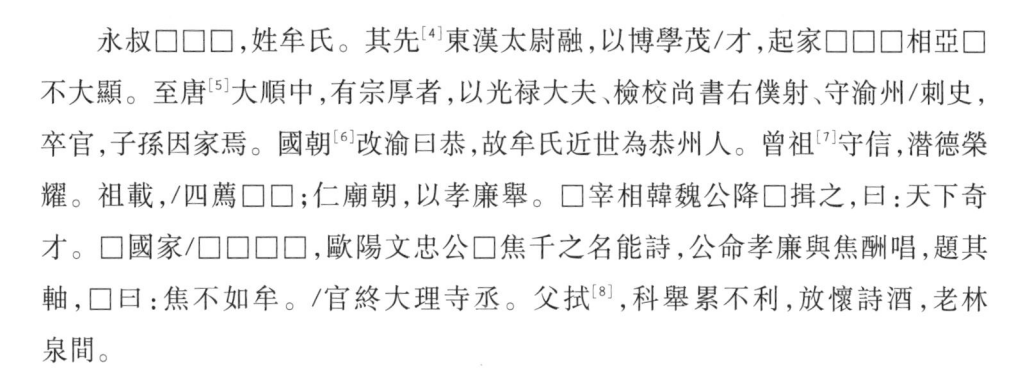

永叔□□,姓牟氏。其先[4]東漢太尉融,以博學茂/才,起家□□□相亞□不大顯。至唐[5]大順中,有宗厚者,以光禄大夫、檢校尚書右僕射、守渝州/刺史,卒官,子孫因家焉。國朝[6]改渝曰恭,故牟氏近世為恭州人。曾祖[7]守信,潛德榮耀。祖載,/四薦□□;仁廟朝,以孝廉舉。□宰相韓魏公降□揖之,曰:天下奇才。□國家/□□□□,歐陽文忠公□焦千之名能詩,公命孝廉與焦酬唱,題其軸,□曰:焦不如牟。/官終大理寺丞。父拭[8],科舉累不利,放懷詩酒,老林泉間。

永叔資穎悟,敦尚氣節,器/局坦夷,□有□□。然才豪語險[9],不喜作場屋軟熟文,用是不求合有司程度。而其能獨見於/詩,□得少陵風格,嘗語人曰:凡作詩,擬拾得老杜一言一意,正如靈藥,點鐵成金也。識者謂然。/家□圖書,篤於教子,延公美[10]于門,使師事之。又率同里學者館置之,從者歲五六十輩。課試講答,永叔參預其事。久之,□學法[11]盛行,□二□就焉。月占上游,歲有優校。公美首預/賓興。繼又以/行舉,昔之學者,相次升貢,多出其門。每貢必歸德公美。公美曰:此吾/永叔兄昔日延勸成就使爾也,我何力之有哉;則又見永叔,如公美之言。永叔曰:此吾公美□/平昔教率漸磨使爾也,我何力之有哉!益見友恭之相推如此。

永叔喜客樂義,賙人急,/雜四方。士大夫[12]行□巴峽者,多求識面,與之游,賓閣文幃,殆無俗客。凡守長[13]莅官于此,必抗禮/相接,□□咏好,雖其去後,往往音驛不繼。亦足以見永叔取重當世也。永叔治產/有方,□□自豐,計惟以賑之不少靳,族人吉凶養葬者多推資焉,未易□□退之也。至若以己所有,□□□□□歸推□之□以豐幼弟之產,恤孤甥之貧,□訓育之,□族子之弱而婚媾之。/有衣冠□若者,偶遭火災之□,乃挈舟往救,而又居廬之。有銅鬻[14]貳職者,或乘通衢之後,/□□金助償之,又經營之。皆永叔所當為之。餘事亦非近名釣譽者比也。/

永叔年少時,闊略[15]往事,有方士誘之曰:我有黃石奇術,必欲驟富,且將授君。永叔正色/訓之曰:殆有術不能自富,而欲富我,是誣我也。就使有之特幻術,詭道□天與人,矧吾□□/復□□信永富耶?子□□無汙我。噫!是亦賢矣哉！宜其良疇甲第，□大前構[16]，仁施義□。故/□□□□□□□□福之也耶。

永叔家素禮法，閨門輯睦，天屬之恩，益稱□□/和□□祥。□□生於庭□，守令往觀，賦詩紀咏，因題曰紫芝先生[17]。而永叔亦自□紫/芝翁云。重和三年[18]三月二日，以疾終於正寢，春秋五十八。娶毛氏[9]。賢淑婉順，真君子配。生二子二女。長曰/□□□□雖□□□好學樂善，喜議論，年甫壯，已若老成人，是終當有立者。女長嫁何暐，次嫁□/之□□士人，□將以靖康元年[20]十月二十九日舉其先人之喪葬於義陽山之原，而□槐柏焉。貢士/□□□□永叔爲從侄，文伯携□老之狀來索銘。銘曰：/

太尉之裔，朝吏之門。孝廉之孫，曰惟紫芝。/紹□襲美，不墜餘芬。匪祿而富，匪位而榮。/有仁義存，嗚呼已矣。死而不亡，將繫斯文。/

□□□前黎州州學教授鄭韓書。/

(《重慶卷》圖19/文209)

【簡跋】

墓誌原石雖然完整，但因有石花泐蝕，影響釋讀。本書暫如《重慶卷》所錄。

撰文人勾龍試，據墓誌後文記載"貢士□□□□□永叔爲從侄，文伯携□老之狀來索銘。銘曰……"，《重慶卷》中此處因磨泐而闕文五字，從文意看，"貢士"即撰墓誌銘的勾龍試，與墓主牟永叔爲從侄關係，被同輩兄弟即牟永叔次子牟文伯請求撰寫墓誌銘。勾龍爲復姓，《宋史》有勾龍如淵。本書《符世宣墓誌》中其母爲勾龍氏。勾龍試歷官從政郎、前昌州大足縣令、管勾勸農公事等，這些均爲其前期官職，目前的官職是攝職榮縣。據《中國古代職官大辭典》，從政郎是宋代纔有的選人階官，政和六年(1116)由通仕郎改置，秩從八品。管勾，即管句，即管理勸農公事一職的官員。"昌州大足縣"，據《讀史方輿紀要》卷六十九記載，在"(重慶)府西二百八十里。東北至合州二百八十里，西至潼川州安岳縣百七十五里。本合州巴川縣地，唐乾元二年置大足縣，屬昌州，光啓初移昌州治此，宋因之"。光啓元年(885)徙治大足(即今重慶大足區)後，領大足、靜南、昌元、永川四縣。宋承舊制。"永川"，《唐刺史考全編》誤作"永州"。①

---

① 郁賢皓：《唐刺史考全編》，安徽大學出版社，2000年，第3485頁。

书人鄭韓,最後落款"□□□前黎州州學教授",有三闕字不可補讀。"黎州",即成都府下轄黎州(今四川省雅安市漢源縣),宋至道三年(997)定天下爲十五路,其中西川路,治益州,下有益州、眉州、蜀州、簡州、黎州、合州、榮州、昌州等。

【校釋】

[1]政和諸句:撰文人勾龍試陳述撰文背景:北宋政和七年(1117)第一次路過恭州(時重慶)結識江北諸牟姓人物,其中最譽美名的爲牟永叔父子及其從弟牟公美,交游甚歡。後一年,即政和八年(1118),勾龍試官於榮(今四川榮縣)時,聽説永叔長子牟某、從弟牟公美相繼而死;又一年,即重和二年(1119)又接到牟永叔死的噩耗。"冢嗣",即其長子牟某,因其先亡殁,請撰墓誌銘的人爲"文伯,永叔次子也"。

[2]古江州遺址:宋政和年間重慶時名"恭州",舊名"江州",戰國秦張儀來巴蜀後分地設置縣并築江州城。

[3]會余句:説明撰墓誌時已是八九年後勾龍試再來恭州拜謁墓地,祭奠牟氏,此時有牟永叔次子牟文伯求墓誌撰文一事。結合墓誌後文的遷葬時間"靖康元年(1126)十月二十九日",倒推九年正值政和七年(1117),與前文所述與牟永叔相識之年重合無誤。

[4]其先句:追溯先祖至東漢太尉牟融,因闕文不明其意。《重慶卷》簡跋稱:"墓主遠祖牟融,北海安丘人,《後漢書》卷二十六有傳,但所記與志不全相似。""相亞",相似、相當。

[5]至唐句:唐昭宗大順朝有先祖牟宗厚,以光禄大夫、檢校尚書右僕射、守渝州刺史,卒官於渝州。這是牟氏家族定居於渝州的起始點。據《蜀鑒》卷七、《通鑒紀事本末》等記載,唐高祖武德元年(618)復改巴郡爲渝州,天寶元年(724)又改渝州爲南平郡,乾元元年(758)又改回,至乾寧四年(897)王建遣兵馬使王宗侃取渝州,有刺史牟宗厚降,渝州遂屬前蜀。

[6]國朝句:即宋朝淳熙十六年(1189)改"渝州"曰"恭州",故牟氏家族後來的籍貫均稱爲恭州人。具體地點據首句稱"恭之江北諸牟",知其在江北縣,墓誌出土地江北織布廠即是舊縣遺址。

[7]曾祖諸句:此句記載墓主直系三代,曾祖牟守信,無官職;祖父牟載,在宋仁宗時期(1023—1063)舉孝廉,官終大理寺丞。祖父牟載官職最高,曾受

到宰相韓魏公韓琦的稱贊,被譽爲"天下奇才";又得到歐陽文忠公歐陽修的高度讚譽,認爲學生焦千與牟載在酬唱詩作上的較量是"焦不如牟"。《重慶卷》簡跋稱:"志記牟載與韓琦、歐陽修結識,爲史籍所不載,較有價值。"這也是本墓誌的亮點。

[8]父拭諸句:父牟拭,因科舉不利,縱意詩酒山水之中,未有官職。

[9]才豪語險諸句:墓主牟永叔天資穎悟,頗有文采但不喜撰寫"場屋軟熟文",即客套官腔之文,因此不求合乎官方的標準。"程度",此處指法度、標准。如此才能在詩作中呈現出"少陵風格",即有杜甫的寫實風格,在作詩用詞表意時,多尊崇杜詩之風。"正如靈藥,點鐵成金",比喻修改文章,化腐朽爲神奇。黃庭堅《答洪駒父書》:"古之能爲文章者,真能陶冶萬物,雖取古人之陳言入於翰墨,如靈丹一粒,點鐵成金也。"

[10]公美:即墓主的從弟牟公美。墓主牟永叔與父性情相似,不喜官場,在家聚書教子,延聘從弟牟公美一起,讓子嗣師事之。後又在鄉里創立私塾,有學徒五六十人,爲其課試講答。此間書院之名,墓誌未載。但與宋代書院盛行之風相合。

[11]學法句:因闕字文意不明,但"月占上游,歲有優校"諸句說明牟氏家族書院的教學效果不錯,不僅教師牟公美"首預賓興",即第一個鄉試中舉,後繼的鄉試中有其學生相繼升爲貢生等。"優校",宋代太學分外舍、內舍、上舍三等。內舍生考校成績獲得優等,稱優校。優校生經舍試即可任官。

[12]士大夫句:士大夫行經此地者多慕名拜謁牟永叔,與之交游;牟家的廳堂之地也爲文人墨客所居,幾乎無俗人入室。"巴峽"指巴縣以東江面的石洞峽、銅鑼峽、明月峽,即《華陽國志·巴志》所稱的"巴郡三峽"。"賓閣",亦作"賔閣",指安置賓客的樓閣;"文幨"即接待文人的帷帳。

[13]守長句:"守長",即郡守縣令等地方長官的統稱。"抗禮",行對等之禮;以平等的禮節相待。説明牟永叔得到官方與民間的雙重認可與重視,其死後還能收到官方來往的書信。

[14]銅㲲句:"銅㲲",不解。因碑版磨泐、石花干擾,疑非此二字。"貳職",即副職。"經營",此處指周旋、往來。牟永叔爲身累多職者相助,周旋人際關係之意。

[15]闊略：粗疏地、大概。

[16]前構：謂前人的事業。

[17]紫芝先生：牟永叔又名紫芝先生，得名之因，墓誌中多闕字，大體即天生祥瑞，故又自稱紫芝翁。

[18]重和三年句：《重慶卷》記載墓主牟永叔於"政和三年（1113）三月二日，以疾終於正寢，春秋五十八"，但前文已經考證，應是重和二年（1119）牟永叔死，核對"和"前一字圖版作 ，磨泐不清，故暫如文意修訂釋文爲"重"字。享年五十八歲，則生年在嘉祐七年（1062）。

[19]娶毛氏句：記載墓主牟永叔婚配毛氏，生二子二女。長子名諱及次子信息因闕五字不明。據前文知次子名諱即牟文伯，"雖□□□好學……"從文意判斷，均指次子。長女嫁何暐；次女因闕文不明。

[20]靖康元年句：記載墓主在靖康元年（1126）十月二十九日遷葬"義陽山之原"。《輿地廣記》"恩陽縣"條下載："東漢漢昌縣地。梁置義陽縣。隋屬巴州，開皇末改曰恩陽。唐貞觀十七年省，萬歲通天元年復置。二蜀因之……有義陽山、清水。"①今屬四川巴中市轄地。但墓誌出土地在江北縣地，與巴中相距較遠，應是恭州有同名之山。

李撨妻□氏墓誌　南宋紹興元年（1131）十二月十五日立

（宋）李撨立

雲陽縣。1949年以後出土，具體出土時間、地點不詳，石現藏於雲陽縣文物管理所。誌石高102厘米，寬78厘米，厚7厘米。石右上角殘缺。額正書，橫題"□□□氏大娘子墓誌"。誌文正書，17行，滿行22字。

---

①［宋］歐陽忞：《輿地廣記》，四川大學出版社，2003年，第960頁。

【釋文】

　　　　　　　　　　男二女[1]／■／　　　　　　　　　　字守道。有四男：長曰琦定，／　　　　　　　娘子為親，未娶而卒。次曰監郎，亦不／　　　　　　三師姑、次曰四師姑，皆年幼未識矣。／　　　　慈順有節[2]，勤儉有方，居家則孝養父母，及嫁／　　　　親。方其[3]良人為郡吏，嘗切諫言而不失於患難，／則使之全身遠害故也。娘子方當[4]協力營求，而將至／於豐富，奈何有疾，不幸而早殀耳。由是觀之，則有同心協／力之能，而無鶴壽龜年之永耶。於紹興元年[5]辛亥歲九月／十三日忽染疾正寢于家，時年三十九。越三日，禮葬于五／峰祖塋之側也。／

銘曰：／

賢婦為人，孝慈仍舊。尊婆在堂，焉離左右。／賑貧恤孤，嗟老念幼。若論女工，裁縷[6]與綉。／豈務奢華，安居側陋。紹祖田蘭，使人耘耨。／嘆彼一生，有福無壽。葬于丘林，祖塋前後。／

當年十二月十五日夫壻李揆命匠刻字立石。／

(《重慶卷》圖23／文214)

【簡跋】

　　墓主姓氏，因墓誌右上角殘斷闕文較多，碑額也闕文三字，信息不明，只存俗稱"大娘子"但從銘文後落款"夫婿李揆命匠刻字立石"知墓主是李揆妻。本書依照墓主夫妻關係擬題名，不同於《重慶卷》的"□□氏大娘子墓誌"，并對《重慶卷》以闕文不明標注之處，推算出具體闕字數量。

【校釋】

　　[1]□男二女句：聯繫下文"字守道。有四男……"等，知應是墓主李揆妻□氏爲李揆生四男二女。長子李琦定，婚配信息闕文；次子李監郎，未娶而卒。還有二子闕文。二女名字爲三師姑、四師姑，尚幼。

　　[2]慈順有節：《重慶卷》原本闕"慈"字，考圖版尚見左部半殘痕作 ，疑爲

"慈"字,與"勤儉有方"對文。

[3]方其句:指出李揆曾爲郡吏,此時重慶名"恭州",淳熙十六年(1189)升爲重慶府,墓誌出土於雲陽,應是沿用舊名"巴郡""南平郡"等。夫人曾諫言李揆而使其"不失於患難,則使之全身遠害",所指應是金軍南下導致北宋滅亡的靖康之難。

[4]方當:猶將要,會當。

[5]紹興元年句:墓主在紹興元年(1131)辛亥歲九月十三日卒,享年三十九歲,生年則在元祐八年(1093)。卒後三日後安葬,葬於"五峰山"的祖塋,具體地名不知。最後落款爲"當年十二月十五日……刻字立石",反映出卒葬與立碑誌時間非統一關係。

[6]裁縫:"縫",即"縫"字,圖版作 ,异體寫法,與《漢魏异體字典》中的 1154-0-10-23字形相同。後文中"薗",是"園"的加形异體;"壻"爲"婿"的換形异體。《重慶卷》均用正體字,今還原异體面貌。

李敏能墓誌　南宋紹興七年(1137)二月五日葬

(宋)李士臨記

涪陵區。1973年在涪陵地區出土,石現藏於重慶中國三峽博物館。誌石高64厘米,寬48厘米,厚9厘米。誌文正書,9行,滿行10字。

【釋文】

宋故[1]右奉直大夫、知忠州/軍州事、賜紫金魚袋李公/諱敏能,字成之,本貫[2]開封/府。紹興丙辰[3]十二月二十/一日,因疾歿於忠州公宇/正寢。丁巳[4]二月初五日,葬/于涪陵千福寺東南吉地,/埋銘以紀姓氏云。

族叔右/從政郎士臨謹記。/

(《重慶卷》圖24/文225)

【簡跋】

墓主李敏能除了有本墓誌外,還在其他史料中被提及。《三峽國寶研究:白鶴梁題刻匯録與考索》收録,白鶴梁題刻中《蔡惇題記》:"紹興壬子開歲十有四日涪陵郡守平陽王擇仁智甫招雲臺奉祠夷門李敏能成之、郡丞開封李置元輔、太平散吏東萊蔡惇元道,過飲公堂,酒罷,再集江上,泛舟中流,登石梁觀瑞魚。《古記》:邦人以見魚,爲有年之兆。惟□□善政,民已懷之。桑麥之歌,□載道,是以隱於數季而見,□□□,故惇喜爲之記。"①此題記又名爲《王擇仁題記》,其中有李能敏與王擇仁、李置、蔡惇等同僚觀石魚的記載。因爲正月纔開歲,所以題記落款時間正在紹興二年(1132)壬子正月十四日。當時李能敏官"雲臺奉祠",是祠禄官,主管祭祀。此"雲臺"寺觀,全國同名者多,此處應是在巴渝地區的。白鶴梁石魚題刻與墓誌互證,兩則史料可使李敏能在巴渝大地的歷史行踪更加清晰。

撰文人李士臨,史籍疏略。落款爲"族叔右從政郎",係墓主遠親。

【校釋】

[1]宋故句:墓主李敏能,字成之,歷官爲右奉直大夫、知忠州軍州事、賜紫金魚袋。"右奉直大夫",爲大觀初所增置,有奉至、奉訓、奉議、奉直大夫四階。據《宋史·職官志一》記載:"大觀初,又增宣奉至奉直大夫四階。""忠州軍州事",即忠州所設置軍事的官職。據《讀史方輿紀要》卷五唐代州域形勢記載:"忠州,漢巴郡地,後周曰臨州,唐貞觀八年曰忠州,亦曰南賓郡,領臨江等縣五。今屬重慶府。"至宋因之,咸淳初升爲咸淳府,領臨江等縣三。《全宋文》卷一千八百四十七有《題漢都尉丁房雙石闕陰》,記載有紹聖四年(1097)相同官職的王闐之等人題名,稱"紹聖丁丑五月戊午,知忠州軍州事齊國王闐之、軍事推官荆南李鑒……"。"賜紫金魚袋",前文校釋中已有提及賜魚袋與魚符始自隋代,興於唐代,至宋代以後則無魚符,但仍佩魚袋。據《宋代服飾制度研究》一書記載,賜魚袋事最早見於宋太宗(976—997)初年,且起初只給品位高的,其後逐漸擴大到品卑者也賜給②。此説不準確,應是此制度自隋代已起,唐宋相沿。《宋史》卷一百四十九《輿服五》載,太宗"雍熙元年南郊後,大赦,内出魚袋以賜近臣,自是内外升朝文武皆佩魚。凡服

---

① 曾超:《三峽國寶研究:白鶴梁題刻匯録與考索》,中國文史出版社,2005年,第70頁。
② 王雪莉:《宋代服飾制度研究》,杭州出版社,2007年,第124頁。

紫者,飾以金;服緋者,飾以銀。廷賜紫,則給金塗銀者;賜緋亦有特給者。京朝官、幕職州縣官賜緋紫者亦佩,親王、武官、内職將校皆不帶"。

[2]本貫句:墓誌記載李敏能籍貫爲開封府人,《白鶴梁題刻人物匯考》著録李能敏是夷門人①,實爲異名同表。"夷門"是戰國時期魏都大梁的東門,後常以夷門代指大梁(開封)。

[3]紹興丙辰句:即南宋紹興六年(1136)丙辰十二月二十一日李能敏卒於忠州官府中,未記載享年。

[4]丁巳句:紹興七年(1137)丁巳二月初五日葬於涪陵千福寺。千福寺,同名者衆多,據此知巴渝地區有一所。

劉廙墓誌　南宋紹興十年(1140)十一月二日葬

奉節縣。1992年在奉節縣幸福鄉魚腹村寶塔坪出土,石現藏於奉節縣文物管理所。誌石高55厘米,寬45厘米,厚5厘米。誌文正書,9行,滿行12字。

【釋文】

宋故[1]通判、靖州軍州事眉山劉/公諱權,字君常。有子[2]曰席,字正/叔,後更名廙,而字欽甫。紹興八/年[3],以右迪功郎監夔州税。十年/七月辛未,以疾卒於官。其孤[4]世/英以其年十一月壬寅寓葬於/州之東祥雲寺門西北七步汾/陽郝師莊。為書其族世、名字、死/與窆之日,刻石而納諸其墓云。/

(《重慶卷》圖25/文215)

【簡跋】

本墓誌連續出現了劉權、劉席、劉世英三人姓名,確定墓主是後更名的劉廙,原名劉席,字欽甫。其父爲劉權,其子名劉世英。《西南石刻彙編·四川重慶》誤作《劉權墓誌》,《巴渝文獻總目·碑刻文獻類》也沿誤,今訂正。

---

① 王曉暉:《白鶴梁題刻人物匯考》,天津古籍出版社,2017年,第92頁。

【校釋】

[1]宋故句：首句介紹墓主劉廙之父劉權，字君常，籍貫爲眉山人，歷官最高至通判、靖州軍州事。"靖州"，崇寧二年(1103)改誠州置，治所在今湖南靖縣。"通判"，爲"通判省事"簡稱。據《舊五代史職官表》記載，有"掌判、總判、通判省事"等官名。宋因舊制。

[2]有子句：墓主爲劉權之子，原名劉席，字正叔，後改名劉廙，字欽甫。

[3]紹興八年句：劉廙在紹興八年(1138)以右迪功郎身份監管夔州稅務，十年(1140)七月二十九日以疾卒。"迪功郎"，宋徽宗政和六年(1116)改原將仕郎置。《宋史·職官志八》："迪功郎……爲從九品。"《職官志九》："《元豐寄祿格》以階易官，自開府至迪功凡三十七階。"清俞正燮《癸巳存稿·碧雲岩題名跋》："[宋]諸州上中下縣簿、尉，俱從九品迪功郎。"亦省作"迪功"。可知劉廙實爲寄祿官，即只居官位，有一定俸祿和品秩，并不到任視事的階官。

[4]其孤句：劉廙子劉世英，在劉廙卒後四個月，即十一月二日，將其寓葬於夔州東祥雲寺門西北七步汾陽郝師莊。"郝師"應是人名，籍貫汾陽。劉世英將其父暫時寓葬郝師所屬的莊園，以期將其遷葬回其籍貫地眉山，但未果，墓誌出土於奉節可證。

武思永母陳氏墓誌　南宋紹興十六年(1146)十月二十五日葬

(宋)趙棠撰文，龔道申篆額

綦江區。1994年5月29日在重慶市萬盛區萬東鎮新民村磚廠出土，石現藏於重慶市綦江區萬東鎮文化站。誌石高88厘米，寬58厘米，厚10厘米。額題4行，行2字，陰文篆書，題"宋太夫人陳氏墓誌銘"。誌文正書，27行，滿行28字。

【釋文】

宋太夫人陳氏墓誌銘。/

濬州免解進士趙棠撰。/

永興軍鄉貢、進士龔道申篆額。/

河北磁州[1]進士武思永,避靖康之亂,迎侍南來,飄寓南平榮懿[2]。居貧侍親,/力田讀書,甘旨之外,雖屢空,晏如也。好事,喜賓客,門多長者車轍。適舍於/通衢之側,經從士大夫飯秣宿寄,往往在焉。一日,因館客夜飲,隨行獠奴[3]/不解虞慎,因火其家,倉困囊橐,蕩然泯焉。生理[4]方蕭索,不幸相繼,其母捐/館,人皆憐悼之。居喪,哀思毀瘠,殆至滅性。竭力襄事,於棺椁衣衾之具,追/修祭祀之儀,儉於用而足於禮,凡往弔者,莫不嘆悅。

其友人趙棠因過其/廬,乃扶杖匍匐號泣,而拜於前,曰:"思永九歲而孤,撫養訓誨,皆母也。今不/幸至此。念鄉里隔絕,親戚星分,訃音未卜通塞,行將葬焉,顧衰絰[5]不可跣,/詣於左右,欲乞銘以寄其哀,敢請。"棠曰:"君孝而知禮,敢不諾而銘諸?況以/枌榆[6]之故,嘗獲升堂致拜。其碩德懿行,前所未見者,願悉聞之。"思永曰:"亡/母[7]年二十一而歸于先君承議,實佐中饋。先君未衰而致政,退居鄉里,日與朝野鉅賢過從,饌羞游宴,夜以繼日,少不精緻,必不豫於色。亡母順承/之,逮二十年,始終無倦。暨晚歲卧病弃祿,醫藥送終之禮,既勤且厚,鄉里/稱之。聚族五百指,尊其長而撫其幼,內外無間言。教子愛以公,嚴於義方,/嘗謂思永曰:'汝父祖皆以儒齒搢紳,汝忍惰家聲邪?'因選擇師傅訓誨之。/及避地遷徙,不罹兵火,無溝壑之患者,母之力也。居家唯尚儉素,性重寡/言笑,不事華靡。廉於奉己,而厚於賓客;輕於財利,而重于祭祀。晚年尤喜/佛書,頻事齋戒,不飲酒茹葷,澹然若有所得。於啓手足前數日,唯口念[8]:心/不顛倒、心不散亂之語。

不期[9]以微疾告終,享年六十有八,實紹興十六年/七月三十日也。其先[10]磁州二祖鎮人,曾祖延福,祖孝立,父朝宗,皆隱晦不/仕。所生二子[11]:長思永,次蚤世。孫男四人:承慶、承嗣,習進士舉;寶珪、承作,尚/幼。孫女一人。

以是年十月二十五日,卜吉葬於[12]榮懿寨之南八面山下溪/橋之側。棠忝有通家之好,知之為詳。

銘曰：／

儉而足於禮，静而通於教。有子承之，宜篤於孝。吾以是爲銘，不畔於道。／

(《重慶卷》圖26/文215)

【簡跋】

墓主宋太夫人陳氏，爲河北磁州進士武思永之母。靖康二年(1127)北宋滅亡，墓主在戰亂之際避難南來，飄寓於渝。本墓誌可以反映出中原北方地區人避戰亂南遷的歷史事實。

墓誌出土地爲銅匠灣宋代墓群，位於重慶市萬盛經開區青年鎮"新民村"。《重慶卷》誤作"新明村"。當時的出土信息，記載爲："1994年5月29日，萬盛鄉(今萬東鎮)新民村境北魚田河畔一磚瓦窑的磚工挖翻泥土時，在一小路田坎下，發現一座墓穴，長約2.3米，寬約1米，高約1.2米。内有銅鏡、瓦罐、瓷碟、土碗等生活用具之類陪葬物品。"[①]與《萬盛文史資料》中的"1994年5月從萬東鎮新民村境内的八面山東麓出土"[②]出處一致。2019年1月至3月，重慶市文化遺產研究院又開展了銅匠灣墓群考古發掘工作，共發掘南宋石室墓13座，出土器物40件，收集石刻29件。[③]但有字墓誌應是衹有此一通。

《重慶市南桐礦區志》第六節文物古迹中有收録，但其中標點錯誤較多，又多文字脱訛，重要的有"濬州"脱"濬"、"甘旨之外"脱"旨"字，"因火其家倉，囊蕩然泯焉"標點誤，又脱"困""橐"，"枌榆"誤作"木分榆"，"寶珪"脱"珪"，"宜篤"脱"宜"字等等[④]，影響文意解讀。除此之外，該書録有同姓墓誌二通，無圖版，文字可繫聯校釋。

撰文人趙棠，籍貫爲濬州(今河南省浚縣)，北宋政和五年(1115)置，治黎陽縣(今河南浚縣東)，屬河北西路。《重慶市南桐礦區志》脱"濬"字，作"州免解進士"，容易誤解爲墓主葬地"南平州"。"免解進士"，即舉人獲准不經解試(薦名於朝廷的地方考試)，直接參加禮部試的方式。《宋史·選舉志三》："舊，太學遇覃恩無免解法，孝宗始創行之。"宋趙昇《朝野類要·舉業》："(十歲以下)若能通五經以上，則可以州官薦入於朝廷，而必

[①]《石林萬盛》編輯委員會：《石林萬盛》，重慶出版社，2009年，第236頁。
[②]政協重慶市萬盛區委員會：《萬盛文史資料》，第115頁。
[③]陳東：《重慶萬盛發現南宋墓群》，據重慶考古·工作動態：http://www.cqkaogu.com/gzdt/3720.jhtml。
[④]重慶市萬盛區人民政府地方志辦公室：《重慶市南桐礦區志》，重慶出版社，2002年，第682—684頁。

送中書省覆試,中,則可免解。"趙棠作爲免解進士,其學識非凡,惜史籍疏略。

篆額人龔道申,爲"永興軍鄉貢進士",史籍疏略。永興軍,係宋熙寧五年(1072)分陝西路東部置,治京兆府(今陝西西安市)。

【校釋】

[1]磁州:河北磁縣的古稱,隋開皇十年(590)置慈州,以縣西九十里有磁山産磁石而得名,領滏陽、臨水二縣。之後兩廢一置。永泰元年(765)復置礠州,加石字旁,以與河東慈州相區别。天祐三年(906)因與河東慈州音同,改爲惠州。後梁復爲礠州。宋政和三年(1113),礠州改爲磁州。

[2]南平榮懿:即南平軍榮懿寨。唐太宗貞觀十六年(642)在南平僚人主要居住地置羈縻州溱州,轄榮懿、扶歡、樂來三縣。咸亨元年(670)撤樂來并入榮懿縣,熙寧三年(1070)宋軍平定原溱州南平僚三族叛亂後改榮懿縣爲寨,熙寧七年(1074)宋軍再次征討南平僚叛亂,在銅佛垻(今綦江趕水鎮)設置南平軍,轄榮懿、扶歡等寨。

[3]獠奴:"獠"又作"僚"。《周書·异域傳上·獠》:"獠者,蓋南蠻之别種,自漢中達於邛筰,川洞之間,在所皆有之。""獠奴"即作爲家奴的僚人,説明此時其勢力微弱,地位相對低下。墓主居於南平,應是南平僚。《宋史·蠻夷四》記載:"渝州蠻者,古板楯七姓蠻,唐南平獠也。其地西南接烏蠻、昆明、哥蠻、大小播州,部族數十居之。"《太平寰宇記》誤混"南詔蠻"與"南平蠻",後《校勘記》更正。南平僚歷史久遠,據考證,綦江區東溪鎮太平橋左側50米處有四塊漢南平僚古碑,爲生活在綦江一帶的古老民族"南平僚"的文字碑。間距1米餘,每塊碑高2.4米,寬1.2米。雖碑文已經嚴重風化,僅存少數符號,但歷經兩千餘年而不倒。①

[4]生理:指産業、財富。

[5]衰絰句:衰、絰兩者是喪服的主要部分。古人喪服胸前當心處綴有長六寸、廣四寸的麻布,名衰,因名此衣爲衰;圍在頭上的散麻繩爲首絰,纏在腰間的爲腰絰。"跣",本義爲赤脚,後引申爲光着,没有之意。韓愈《河南少尹

---

①道堅法師:《佛在南州——綦江古劍山佛教遺址碑拓輯錄》,四川大學出版社,2013年,第208頁。

李公墓誌銘》:"少尹將以某月日葬,宜有銘。其不肖嗣道敏,杖而執事,不敢違次,不得跽以請。"因此,此處指居喪禮節中的墓誌銘尚無,故有請銘一事。

[6]枌榆:《説文·木部》:"枌,榆也。"段玉裁注:"各本少'枌',淺人以爲復字而誤刪之。枌榆者,榆之一種。"代指故鄉。墓誌首題處記載"滋州免解進士趙棠撰",墓誌撰正文者趙棠與河北磁州進士武思永爲同鄉,説明均是來自北方。

[7]亡母句:此句《重慶卷》標點有誤,"承議"應是人名,是墓主之夫武承議,其後需斷句。《重慶市南桐礦區志》所釋更準確。陳氏二十一歲嫁於武承議。"實佐中饋",指幫助家中供膳諸事。《易·家人》:"無攸遂,在中饋。"孔穎達疏:"婦人之道……其所職,主在於家中饋食供祭而已。"

[8]口念句:"念"下,《重慶卷》下闕一字,據全句"□不顛倒、心不散亂之語"的文意,與圖版殘劃作 ,疑爲"心"字。《重慶市南桐礦區志》釋爲"心",故補。

[9]不期句:墓主陳氏因病不幸卒於紹興十六年(1146)七月三十日,享年六十八歲,其生年在元豐二年(1079)。

[10]其先句:陳氏祖先籍貫爲磁州二祖鎮,約在河北磁縣東北五十里。陳氏曾祖陳延福,祖陳孝立,父陳朝宗,皆隱晦不仕,史無記載。

[11]二子句:陳氏子嗣二人:長子武思永,次子早亡。有孫男四人:武承慶、武承嗣,習進士舉,還有武寶珪、武承作,尚幼;還有孫女一人。

[12]葬於句:墓主在紹興十六年(1146)十月二十五日卜葬在榮懿寨之南,八面山下溪橋之側。"之南",《重慶卷》倒文,誤作"南之"。"榮懿寨"與前文的考證正合,此地有八面山,即墓誌出土地萬東鎮新民村所在。《榮懿縣(寨)治所·南平僚——略論萬盛歷史中的兩個問題》指出,唐太宗貞觀十六年(642)始建榮懿縣,隸溱州。北宋神宗熙寧三年(1070)改縣爲寨,熙寧八年(1075)隸屬南平軍,泯於南宋末。"榮懿縣、寨,曆時共600餘年,而其治所(即駐地)究在現何處,史志界持有不同見解。"根據本墓誌,認爲宋朝榮懿寨,作爲低於縣的政權機構,隸屬於南平軍,治所在陳氏墓地背面約七華里的萬盛場,而非青羊區。①

---

① 政協重慶市萬盛區委員會編:《萬盛文史資料》,第100—101頁。

冉安奇妻文氏墓誌　南宋紹興十七年(1147)二月二十六日立

(宋)黎惇立石,康京書

奉節縣。1993年3月在奉節縣幸福鄉魚腹村出土。石現藏於奉節縣文物管理所。誌石高90厘米,寬70厘米,厚10厘米。額橫題1行"宋故文氏墓誌",陰文正書。誌文正書,19行,滿行19字。

【釋文】

文氏[1],世恭州江津縣伏市人也。父諱利明之女也。/幼警悟,篤於慈孝,自為童稚,不喜嬉戲,於女工之/事最為精敏。母親嘗謂曰:是兒志趣不群,當擇良/配。逮宣和間[2],/朝廷置廉訪使,檢察一路巡按屬郡。時/冉公安奇[3],字子美,以刀筆執役于司,後經歷恭南,/遂娶/文氏。善主中饋,家用有成。不幸/冉公早世。文氏長育諸孤,皆畢嫁娶,里閈[4]咨賞。/

文氏於紹興十四年[5]五月二十五日,比微恙殞于/寢,越三日葬于瀼東,享年五十二歲。/文氏生二女:長曰隨母大娘子,嫁于轉運司手分/康京[6];次曰三娘子,納奉節縣黎都錄男黎惇[7]為舍/居婿。因丐予作銘,輒為之辭曰:/

婦有令德,藹然馳譽。/特立獨行,畢其嫁娶。/天不假年,偶先朝露。/刻在蒼珉,傳之千古。/

長女孫男[8]康□。/

次女鳳孫娘□。/

紹興十七年二月二十六日婿黎惇立石康京書/

(《重慶卷》圖27/文216)

【簡跋】

墓誌題名,《重慶卷》作"宋故文氏墓誌",本書據文中婚配信息補全,修改著錄。書人康京,立石人黎惇,均爲墓主女婿。

【校釋】

[1]文氏二句:墓主文氏籍貫爲"江津縣伏市",據《元豐九域志》卷八夔州路下轄三十縣,其中江津縣在州南一百二十里,有七鄉十四鎮,如漢東、伏市、白沙等,地處白君山、岷江。父文利明,史籍疏略。

[2]宣和間句:《重慶卷》簡跋:"志載宣和間,朝廷置廉訪使,檢察一路巡按屬郡。《宋史》卷二十二《徽宗紀四》宣和二年(1120)八月乙未載詔云:'監司所舉守令非其人,或廢法不舉,令廉訪使者劾之'。志、史可以印證。"《宋史·職官志七》記載有"走馬承受"一職,諸路各一員,隸經略安撫總管司。政和六年(1116)七月改爲"廉訪使者",後改回。

[3]冉公安奇句:冉安奇,字子美,任職於經略安撫總管司下。"刀筆",爲"刀筆吏"的省稱,指掌文案的官吏。冉安奇在隨廉訪使者巡按各地時,經過恭州南部,遂娶墓主文氏。

[4]里閈:本指里門,此處代指鄉里。"咨賞",嘆賞、贊嘆。

[5]紹興十四年句:文氏在南宋紹興十四年(1144)五月二十五日病亡,享年五十二歲。"比",即副詞連續、頻頻之意。根據卒年,推測墓主生年是元祐七年(1092)。葬地"瀼東",應是冉君與文氏後來定居的奉節縣瀼水東部,入葬時間爲紹興十七年(1147)二月二十六日,晚於卒年三年。

[6]康京句:文氏長女曰隨母大娘子,嫁於轉運司手分康京。"轉運司",亦稱"轉運使司"。宋代諸道(路)皆置,均調一道(路)租稅以供國用,以轉運使、副使主其事。兼分巡所部,監察官吏。"手分",是宋時州縣雇募的一種差役。蘇轍《論衙前後諸役人不便札子》中有"吳蜀等處,家習書算,故小民願充州縣手分,不待招募,人爭爲之""且民間諳習書算行遣之人,除投充手分之外,其實亦無他業,不爲手分亦將何爲?"由此可見,康京的職位較低。

[7]黎惇句:文氏次女曰三娘子,納奉節縣黎都錄男黎惇爲舍居婿。黎惇,屬於上門女婿,其父名爲黎某,名諱不詳。"都錄"爲職官名,據《宋大詔令集》卷

二百四十四知,係宋代道官最高一等"都道録"的省稱,政和八年(1118)改爲左、右街道録院事。

[8]長女孫男句:有孫子輩二人,長女孫男康□,即長女與康京之子;次女鳳孫娘□,即次女生一女。名諱均因闕字不明。

向洋妻林十一娘墓誌　南宋紹興二十年(1150)八月十七日葬

(宋)向洋記

大足區。1979年1月在大足縣城西佛耳岩出土,石現藏於大足區藝術博物館。誌石高58厘米,寬56厘米。誌文正書,9行,滿行15字。

【釋文】

大宋[1]故右朝議大夫、直秘閣、提舉台州/崇道觀、賜紫金魚袋林迁,福州人,驚移[2]/入川,寓居普州。有女[3]一人十一娘,適右從政/郎、前懷安軍録參向洋,開封府人。隨其/夫十七年,享年[4]三十三歲。生兒女數人,/皆幼不育。于紹興十八年閏八月十七日壽終。今紹興二十年八月十七日,歸葬[5]昌/州延恩寺側,并女一人向四十娘同之/一穴。

紹興二十年八月十七日夫向洋謹記。/

(《重慶卷》圖28/文217)

【簡跋】

關於題名,《西南石刻彙編·四川重慶》作《宋故右朝議大夫直秘閣提舉林迁墓誌銘》,實際爲林迁之女林十一娘的墓誌,今訂正。

關於出土信息,《重慶卷》著録的"1979年8月13日""佛兒岩",與《大足石刻銘文録》的記載不同。"佛兒岩"應是"佛耳岩"之誤。

撰文人向洋,爲墓主之夫。

【校釋】

[1]大宋句:介紹墓主家族譜系。其父林迁,歷官右朝議大夫、直秘閣、提舉台州崇道觀。"林迁",《大足石刻銘文錄》作"林适"①,圖版作迂,明顯與後文其女"適右從政郎"不同。"提舉",即掌管。熙寧年間設置祠祿官,管理寺廟道觀等。《宋史·職官志》一〇《宮觀》:"宋制,設祠祿之官,以佚老優賢。先時員數絕少,熙寧以後乃增置焉。……又有提舉、提點、主管。"崇道觀,在台州。徐度《却掃篇》卷下:"在外州府宮觀,舊惟西京崇福宮、南京鴻慶宮、舒州靈仙觀、鳳翔府上清太平宮、兗州仙源縣景靈太極觀,皆有提舉、管勾官。熙寧初,始詔杭州洞霄宮、永康軍丈人觀、亳州明道宮、華州雲臺觀、建州武夷觀、台州崇道觀、成都府玉局觀、建昌軍仙都觀、江州太平觀、洪州玉隆觀、五岳廟、太原府興安王廟皆置。"

[2]驚移句:即墓主父林迁在北宋二帝被擄之際,受到驚擾南下,寓居"普州",即今四川安岳。

[3]有女句:墓主林十一娘,嫁開封府人向洋,其夫歷官右從政郎、前懷安軍從七品錄事參軍事。"懷安軍",據《中外地名大辭典》記載,爲宋置,屬潼川府路。是宋於乾德三年(965)滅後蜀,五年(967)立懷安軍,故城在今四川省金堂縣東南五十里。

[4]享年句:墓主出嫁隨夫十七年,於紹興十八年(1148)閏八月十七日卒,享年三十三歲,則其生年在政和六年(1116)。

[5]歸葬句:墓主在卒後兩年,即紹興二十年(1150)八月十七日才歸葬昌州延恩寺側,與早夭的女兒向四十娘同穴入葬,由其夫向洋當日記述。"昌州",即宋因唐舊制而設,治大足縣(今重慶市大足區)。延恩寺,《大足縣志》記載,位於佛耳岩附近,又名趕場坡,在佛灣西南面,此處有豐富的佛教造像。②

---

① 重慶大足石刻藝術博物館、重慶市社會科學院大足石刻藝術研究所編:《大足石刻銘文錄》,重慶出版社,1999年,第480頁。
② 李傳授總編輯,大足縣縣志編修委員會編纂:《大足縣志》,方志出版社,1996年,第812頁。

李驥家族墓誌四通

收録《劉道腴墓誌》《張淑真墓誌》各兩通,分別刻於初葬與再葬時。四通墓誌均與李驥相關,其中劉道腴身份爲李驥的"孺人",即正妻;張淑真爲李驥之妾。李驥的妻妾先後而亡并初葬:劉道腴初葬於紹興二十三年(1153)三月十三日,張淑真初葬於同年(1153)四月中旬。後二人又同時以紹興二十五年(1155)正月二十五日再葬。四通墓誌大約同時出土,必須繫聯校釋才能全面理解文意,也可以從中了解巴渝家族文化中最核心的一面。

其一:

李驥妻劉道腴初葬墓誌　南宋紹興二十三年(1153)三月十三日葬

奉節縣。1992年在奉節縣幸福鄉魚腹村出土,石現藏奉節縣文物管理所。誌石高44厘米,寬32厘米,厚8厘米。誌文正書,9行,滿行14字。

【釋文】

右通直郎、新通判利州、權四川總屬/河南李驥之孺人劉氏[1],諱道腴,字粹/遠,小字道寧,濮州人,贈太師諱玉之/元孫。父大年,母張氏。年十九[2]歸于驥,/凡十八年。以紹興二十三年[3]三月八/日得疾,終于總屬之公寢,享年三十/六。一男[4],千英。二女:長適右承直郎郭永祖,次在襁褓。其月十三日權葬[5]明/教廨院母張氏墓次,俟他時遷祔云。/

(《重慶卷》圖30/文219)

其二：

李驥妻劉道腴再葬墓誌　南宋紹興二十五年（1155）正月二十五日葬

（宋）李大川書

奉節縣。1993年3月在奉節縣幸福鄉魚腹村寶塔坪出土，石現藏奉節縣文物管理所。誌石高72厘米，寬48厘米，厚8厘米。誌文正書，11行，滿行14字。

【釋文】

有宋右奉議郎、通義太守李驥之妻/宜人劉氏，諱道腴，字粹遠，太尉劉公/之元孫也。先是太守公娶于薛，薛氏/之亡故，以劉氏再聘。後十八年，以疾/終于益昌，享年三十有六。以夫官封/孺人。有子一人，千英。有女二人：長馥，/適右承直郎郭永祖；次馨，尚幼。初夫/人之死□□□南禪院。今其子千英，/奉夫人之喪□太守以葬夔之瀼東[6]/焉。其詳誌文具載。

紹興二十五年正/月二十五日。

李大川書。/

（《重慶卷》圖34/文220）

其三：

李驥妾張淑真初葬墓誌　南宋紹興二十三年（1153）四月中旬葬

奉節縣。1992年在奉節縣幸福鄉魚腹村寶塔坪出土，石現藏奉節縣文物管理所。誌石高39厘米，寬26厘米，厚8厘米。誌文正書，5行，滿行8字。

【釋文】

宋李氏之子夔老[7],生/二十有八日,而其所/生張氏[8],名淑真,小名/妙奴,以疾卒之三日/丙辰[9],四月中旬葬焉。/

(《重慶卷》圖33/文220)

其四：

李驥妾張淑真再葬墓誌　南宋紹興二十五年(1155)正月二十五日葬

(宋)李大川書

奉節縣。1993年3月在奉節縣幸福鄉魚腹村寶塔坪出土,石現藏奉節縣文物管理所。誌石高68厘米,寬48厘米,厚10厘米。誌文正書,8行,滿行11字。

【釋文】

夫人姓張氏,諱淑真,潁昌人,/通義郡將李公之妾也。初死/于古渝,殯護國院。有子千英,/孤而獨立。會太守公[10]之亡,謹/以夫人之喪祔葬于夔。異日,/千英之貴也,始知夫人為賢/矣。其詳具在誌文。

紹興二十/五年正月二十五日。

李大川書。/

(《重慶卷》圖35/文221)

【簡跋】

李驥,河南人。作為墓主二人的夫君,官位較高。據妻《劉道腴初葬墓誌》載其歷官"右通直郎、新通判利州、權四川總屬",妻《劉道腴再葬墓誌》載其歷官"右奉議郎、通義太守",妾《張淑真再葬墓誌》載其歷官"通義郡將",說明兩年之後官職有變化。右通直郎,為宋代改制後的正八品寄祿官。"新通判",又稱監州。宋初始於諸州府設置,即

共同處理政務之意。地位略次於州府長官,但握有連署州府公事和監察官吏的實權。"利州",即今四川廣元地,原爲漢廣漢郡地,西魏曰利州,隋、唐因之,亦曰益昌郡,領綿穀等縣六。至宋統興元府一府;利、金、巴、劍、成等十四州;天水、大安二軍。"四川總屬",作爲職官,應是縮略語,在墓誌中較少出現,宋嘉泰四年(1204)十月《謝燁墓誌》中有"漕使陳公達善辟攝四川總屬",可作同時證據①。宋代筆記小説《夷堅支戌》中有"董漢州孫女",記載"其子震亨柬老攝四川總屬,受檄來成都"②,《全宋筆記》第9編校勘記稱"四川總屬"在涵芬樓本注中有呂本作"總幹屬"③。"通義太守"即"通義郡將",由原"通直郎"改爲"奉議郎"。

二通初葬墓誌未記載撰書人,二通再葬墓誌均爲"李大川書"。李大川應是與李驥爲親屬關係。此時李驥已經亡殁,應是同時爲三人撰書墓誌,其中爲二位夫人撰書的墓誌内容不太詳細,且多有相似。《劉道腴再葬墓誌》有"其詳誌文具載",《張淑真再葬墓誌》有"其詳具在誌文",應是指各自的《初葬墓誌》的記載也應在《李驥墓誌》中有詳細記載,可惜李驥墓誌未見出土,或是散佚不見。

【校釋】

[1]劉氏:墓主劉道腴,字粹遠,小名爲道寧,籍貫爲河南濮州人。身份爲李驥"孺人",即正妻,宋代用爲通直郎等官員母親或妻子的封號。而且劉道腴家族顯赫,是"贈太師"劉玉的"元孫",即長孫女。父名劉大年,母張氏。史籍均疏略。

　　在用詞上,墓主劉道腴的初葬墓誌與再葬墓誌略有不同。"孺人"在再葬墓誌中改稱爲"宜人","太師"也改爲"太尉"。"宜人",爲古時婦女因丈夫或子孫而得的一種封號,宋代政和年間始有此制。文官自朝奉大夫以上至朝議大夫,其母或妻封宜人;武官官階相當者同。宋蔡絛《鐵圍山叢談》卷一:"是後因又改郡縣號爲七等:郡君者,爲淑人、碩人、令人、恭人;縣君者,室人、安人、孺人。俄又避太室人之目,因又改曰宜人。其制今猶存。"説明再葬時品秩升二級。"太師",源於《書·周官》:"立太師、太傅、太保。"至宋代,據《宋史職官志》中"三師三公"條,宋沿唐制,仍是"三師"之最尊者,作爲最高榮典以示恩寵,并無實職。"太尉",爲"三公"之首,同太師用法相同,也是虛

---

① 馬曙明、任林豪主編:《臨海墓誌集録》,宗教文化出版社,2002年,第16頁。
② 李宏主編:《夷堅誌文白對照全譯本》,大象出版社,1997年,第2142頁。
③ 朱易安、傅璇琮、周常林主編:《全宋筆記》第9編,大象出版社,2018年,第479頁。

職。用字不同或因撰文者不同所致。

[2]年十九句：劉道腴婚配年齡在十九歲，婚齡十八年。《再葬墓誌》稱"先是太守公娶于薛，薛氏之亡故，以劉氏再聘"，説明劉道腴爲繼妻。

[3]紹興二十三年句：墓主劉道腴以紹興二十三年(1153)三月八日亡於"總屬之公寢"，《再葬墓誌》中稱"以疾終于益昌"，據《舊唐書·地理志》，益昌屬山南西隨利州，即今四川省廣元市利州區。墓主卒年三十六歲，則生於政和八年(1118)。

[4]一男句：墓主劉道腴育有子嗣，一男二女。長子爲李千英，《再葬墓誌》所載相同，祇是《重慶卷》闕"一"字，今補。長女適右承直郎郭永祖，《再葬墓誌》記載"長馥，適右承直郎郭永祖"，知長女名李馥，《再葬墓誌》中的闕字可據《初葬墓誌》補全。次女，在墓主初葬時未載姓名，尚在襁褓；兩年後已經取名爲李馨，尚幼，應是三歲。

[5]權葬句：説明墓主劉道腴在紹興二十三年(1153)三月十三日暫時葬在明教廨院母張氏墓旁。"明教廨院"，即修明教育的官舍。《商君書·賞刑》："夫明賞不費，明刑不戮，明教不變。"廨，指官舍、官署，泛指官府營建的物品，如"廨田"即公廨田，"廨錢"指官府用以放債收息的公款，"廨宇"即官舍等。繫聯《再葬墓誌》，記載劉道腴死時的權葬地爲"初夫人之死□□□南禪院"，二地異名同表。"南禪院"前三個闕字因碑版此處泐蝕嚴重，具體地點不明。

[6]瀼東：劉道腴再葬地改至"瀼東"。杜甫在唐大曆年間創作的《夔州歌十絶句·其四》有一句"瀼東瀼西一萬家"。《集韵·漾韵》："瀼，水名，在蜀。"《正字通·水部》："瀼，夔州澗水横通山谷間，市人謂之瀼，居人分其左右謂之瀼東、瀼西。"

[7]夔老句："夔老"或是李驥之字。"宋李氏之子夔老"的叙述角度説明非本人爲其妾撰文墓誌。"生二十有八日，而其所生張氏"，不辭。或表示二人生日一致。

[8]張氏句：墓主張淑真，小名妙奴，根據再葬墓誌中稱"夫人姓張氏，諱淑真，潁昌人"，知其籍貫爲河南潁昌府(今許昌市)。

[9]三日丙辰句：張淑真"以疾卒之三日丙辰，四月中旬葬"，紀年不明，《重慶卷》暫放在紹興二十三年(1153)。初葬地聯繫《再葬墓誌》中"初死於古渝，殯護國院"，應是在渝州護國院。

[10]太守公句：繫聯四通墓誌，知李驥祇有一子李千英，張淑真無子嗣，紹興二十三年(1153)三月八日劉道腴得疾而亡，後張淑真也亡殁，到紹興二十五年(1155)正月二十五日再葬的原因是"會太守公之亡，謹以夫人之喪祔葬於夔"，《劉道腴再葬墓誌》也説"奉夫人之喪□太守以葬夔之瀼東"，説明李驥葬於紹興二十五年(1155)正月二十五日，祇是未見墓誌出土。三人均葬在瀼東，即瀼水之東，今爲奉節縣地。"夔"字，碑版作异體字形㚆，較《漢魏异體字典》中的字形更加簡化。

吴褒成墓誌　南宋紹興二十三年(1153)十月一日葬

(宋)吴康年撰

九龍坡區。1981年在重慶市出土，石現藏於重慶中國三峽博物館。誌石高57厘米，寬41厘米，厚6厘米。誌文正書，12行，滿行17字。

【釋文】

宋故[1]右修職郎、恭州司法參軍吴公，諱褒成，/字頌聖，世爲江陵府公安縣人。曾祖[2]璿，祖澄，/潛德不仕。父傑，業儒，爲鄉先生，有詩行于世。/公兩預鄉薦。宣和七年，唱第[3]授登仕郎，准/告授迪功郎、開州[4]司户曹事，任内改録事參/軍。該覃恩[5]，循修職郎，歷梁山軍司理、恭州/司法。娶宋氏[6]，有婦道。子三人：曰元中，改名康/年；曰季忠；曰元直。女三人。孫女一人。

紹興五/年[7]四月二十九日，卒于恭州，享年六十有五。/二十三年十月一日，藁葬[8]于恭之巴縣德義鄉寨山之麓，以俟他日扶護歸葬故鄉。未及/丐銘，輒書于石，以紀歲月云。

康年泣血謹識。/

(《重慶卷》圖31/文219)

【校釋】

[1]宋故句:介紹墓主吴褒成的歷官與籍貫,"右修職郎、恭州司法參軍"表明其官職不高。《宋史·職官志》卷七記載其掌議法斷刑。宋孫逢吉《職官分紀》卷四十《總州牧》:"國朝上州(户滿四萬以上)司法參軍事一人,從七品下。中州(户二萬以上)司法參軍事一人,正八品下。下州(户不滿二萬)司法參軍一人,從八品下。"而"恭州"在宋代爲上州,由原渝州改稱而來,後升重慶府。籍貫江陵府公安縣(今屬湖北公安),漢代爲南郡地,西魏置江陵總管府,隋復稱南郡,唐升爲江陵府,宋曰江陵府江陵郡。

[2]曾祖諸句:介紹墓主家世,曾祖吴璿,祖父吴澄,父吴傑,三代均無顯官,或潛德不仕。父親只做過鄉學先生,有詩作。

[3]唱第句:"唱第",指科舉考試後宣唱及第進士的名次,也泛指進士及第。從文意判斷,墓主在宣和七年(1125)中進士,原本應是授予"登仕郎",後來更改成"准告授迪功郎",是由高給低。因爲政和六年(1116)改將仕郎置迪功郎,爲從九品;改登仕郎爲修職郎,爲從八品寄祿官。墓主此時實職爲開州司户曹事及錄事參軍。

[4]開州:漢巴郡地,唐武德初置開州,亦曰盛山郡,領盛山等三縣。後屬夔州府開縣。宋因舊制,領開江等縣。

[5]覃恩句:"覃恩"即廣施恩澤。舊時多用以稱帝王對臣民的封賞、赦免等。墓主當時中舉後的實際初授官職低一品,此時纔又給予增加一品,到了八品修職郎,即登仕郎。後面又依次爲梁山軍司理、恭州司法。作爲上州(户滿四萬以上)司法參軍事一人,位至從七品下。

[6]宋氏句:記墓主婚娶宋氏,子嗣三人:長子名吴元中,又改名吴康年;次子名吴季忠;三子名吴元直;女三人及孫女一人,未記載名諱。本墓誌由長子撰文。

[7]紹興五年句:記載墓主吴褒成於紹興五年(1135)四月二十九日卒於恭州,享年六十五歲,但葬年則晚至紹興二十三年(1153)十月一日,時隔約二十年才安葬,反映出宋金之亂帶給百姓的顛沛流離之痛。

[8]藳葬句:"藳葬",即草草埋葬。墓主暫時葬在"恭之巴縣德義鄉寨山之麓","以俟他日扶護歸葬故鄉"。巴縣德義鄉寨,與下文《彭作妻劉氏墓誌》

的葬地"巴縣德義鄉漁溪之原"應是相近;與《夏泰墓誌》中的"恭州巴邑歸義鄉"應是相距不遠。《彭作妻劉氏墓誌》的出土信息記載爲"在重慶市石坪橋出土",本墓誌的出土地也應是此處。

彭作妻劉氏墓誌　南宋紹興二十五年(1155)十一月葬

(宋)蒲瑛撰文,趙汝梠書丹,桑叔倫題額

九龍坡區。1959年2月在重慶市石坪橋出土,石現藏於重慶中國三峽博物館。誌石高140厘米,寬73厘米,厚9.8厘米。額陰文隸書,題"宋故劉氏夫人墓銘"。誌文正書,27行,滿行39字。

【釋文】

宋故劉氏夫人墓誌銘/

左從政郎、恭州壁山縣令、主管學事勸農公事蒲瑛撰。/

右通直郎、新通判南平軍、主管學事賜緋魚袋趙汝梠書。/

右迪功郎、忠州塾江縣令、主管學事勸農公事桑叔倫隸額。/

紹興甲戌[1]五月戊辰,廬陵彭君作之夫人劉氏卒于恭南,春秋七十有八。卒之明年十一月甲寅葬于/巴縣德義鄉漁溪之原,距彭君墓三十里而不祔,從治命[2]也。夫人無子[3],有女二人:長適承信郎王綸,次/適進士夏大方。王君爲漢東酒官,前卒。有子[4]曰令德,以外孫事夫人,孝謹甚。夫人之亡也,比小斂至大/斂,則令德與其母夫人及夏君夫婦參主之,其葬也亦然。葬之前一月,令德自恭南持教授趙君所狀/夫人之行,謁予銘。予曰:夫人之行,審如趙君言,不可使無傳也。顧予不足以稱而辭不獲命則諾而/銘之。

惟夫人[5]實中山靖王之裔,其先自唐末避地,家于普慈;再徙于遂寧者,以夫人之高祖始,故今為遂寧人。曾大皇考[6]繼安、大皇考惟能、皇考處厚,皆以學行知名於鄉。而皇考君尤俊偉自喜。弱冠登乙科,以文林郎卒于夔路常平幕官。

夫人生於良族,嶷然殊异,事親迎得其徽意。父母賢而愛之擇所宜歸,而歸于廬陵彭氏。彭君力學,忼慨喜功名,佳士也。識者謂宜為夫人之配矣。居無何,彭君卒,夫人嫠居。比彭君[7]喪除,年裁二十有六。所親憐之,或勸之更嫁者。夫人曰:不踐二庭[8],婦之常也。吾詎敢有它志。遂自誓不嫁,期老彭氏。方是時,舅姑在堂,夫人奉事惟謹,凡衣服飲食之奉,可以娛老者,志致之興,與彭君存時亡异。已而舅姑殁,夫人尤子立經營,生理勤甚,喪葬嫁娶一一自手,豐儉中禮,族黨稱之。春秋祭祀,未嘗不追慕涕洟,而悲彭氏門戶之不幸也。彭氏之不絕如縷,繫夫人是賴焉。夫人性端方,不妄語笑,躬儉約而好施資,嚴察而實慈。撫二女,育諸孫,最有恩意,而尤鍾愛令德。人亦孰無外家?而令德之厚於夫人如此,亦由夫人慈愛使之然。自彭君之亡,夫人珠玉文綉皆斥去,不却幽居,獨處僅[9]六十年,凛然如一日。親戚姻婭慕其節行,視為婦師[10]。鄉鄰有為不善者,必自愧曰:豈可使劉夫人聞之耶?其死也,咸為之哀。至有出涕者。嗚呼!可以為賢矣。非耶?嘗觀孔氏之刪《詩》,婦人女子[11]如《召南》大夫之妻,《汝墳》君子之婦,宋襄之母,東宮之妹,孟姜之洵美,仲氏之塞淵,片善[12]可取,皆錯列於《國風》之間。至叙[13]《鄘風》千篇,首冠《柏舟》之章,而末繫《載馳》之什,何哉?豈非《載馳》許穆夫人之義易激發於一時,而《柏舟》共姜之節難持循於終世耶?觀聖人去取之意,則夫人之德之懿尤不可尚已是,宜銘。銘曰:

有美一人渝之濱,喪所天[14]兮當青春,幽居[15]守寡不出門,豈無一庭不重行。山可磨兮海可塵,凛然一節無(磝)磷[16],昔有共姜今斯人,《柏舟》之詩繼其聲,高風所激澆訛[17]醇。悍妻[18]和桑傲婦馴,歿而無子迺有孫,力圖不朽揚厥芬,天之報施尚可憑,誰其不信視予銘。

(《重慶卷》圖37/文222)

【簡跋】

墓誌題名據墓誌銘首句所言"廬陵彭君作之夫人劉氏"應是《彭作妻劉氏墓誌》，《重慶卷》據首題作"宋故劉氏夫人墓誌銘"，不妥；又因采用圖版不清，闕字較多，今均訂正。

撰文人蒲瑛，因磨泐《重慶卷》未釋，復核圖版作 ，爲"瑛"字。蒲瑛，史載疏略，墓誌載其官秩爲從八品左從政郎，實際職務爲恭州璧山縣令、主管學事、勸農公事。

書丹人趙汝楫，見於淳熙二年(1175)四月的進士名録，名列《宋史》卷三十四記載的"乙卯（四日），賜禮部進士詹騤以下四百二十有六人及第、出身"；又慶元五年(1199)進士名録也收録。① 墓誌載其歷官右通直郎，爲正八品寄禄官；新通判南平軍、主管學事、賜緋魚袋等。

碑額隸書人桑叔倫，史載疏略，墓誌載其歷官右迪功郎、忠州墊江縣令、主管學事、勸農公事等。

【校釋】

[1]紹興甲戌句：墓主彭作妻劉氏，在紹興二十四年(1154)五月戊辰卒於恭州南某地，享年七十八歲。次年十一月葬於巴縣德義鄉漁溪原，距彭君墓三十里，未與其夫祔葬。彭作郡望爲"廬陵"，即今江西吉安，秦始置廬陵縣。東漢興平元年(194)，孫策分豫章郡置廬陵郡。南宋紹興年間(1131—1162)，領廬陵、吉水等八縣。墓主葬地在巴縣德義鄉漁溪原，與前一通《吳褒成墓誌》所記"槁葬於恭之巴縣德義鄉寨山之麓"相近，又知其夫君彭作有墓，但未見墓誌出土。

[2]治命：指人死前神志清醒時的遺囑。與"亂命"相對。後亦泛指生前遺言。陸游《傅正議墓誌銘》："公亡恙時，自發書卜葬於白石之南，雖月日莫不有治命。至歿，悉遵用焉。"

[3]夫人無子句：表明夫人祇有二女，長女嫁承信郎王綸，即後文所説的"王君"。《重慶卷》未釋出其名，僅釋其歷官"漢東酒官，前卒"，知長女所嫁王君先亡，次女所嫁爲進士夏大方。

[4]有子諸句：即墓主的長女與王綸之子王令德。祖孫二人情感深厚，後文

---

① 諸葛憶兵編：《宋代科舉資料長編·南宋卷下》，鳳凰出版社，2017年，第469、719頁。

稱"外家"中王令德忠厚於墓主劉氏。"外家",即"外戚",所以墓主下葬之事均是王令德與其母彭氏及夏大方夫婦主持操辦。

[5]惟夫人句:墓主劉氏家族譜系高攀遠祖至中山靖王劉勝。其先祖唐末避地先遷至普慈,再徙於遂寧,定籍"普慈",即《舊唐書·地理志六》中屬於劍南道的普州安岳郡下所轄六縣之一。"遂寧",宋時應是管轄普慈縣的上級區劃,原設有遂州、遂寧郡。

[6]曾大皇考句:"皇考"可指祖父,也可指對亡父的尊稱,也可泛指父祖。此處從文意判斷是:父劉處厚、祖父劉惟能、曾祖劉繼安。《楚辭·離騷》:"帝高陽之苗裔兮,朕皇考曰伯庸。"王注:"皇,美也;父死稱考。"其父劉處厚考取功名,中了進士乙科,獲散官文林郎官爵,卒於所任的夔州路常平倉幕僚職位上。《續資治通鑑長編》記載,宋代的常平倉始設於淳化二年(991)六月底,時值"京畿大穰,物價至賤",於是"分遣使臣於京城四門置場,增價以糴,令有司虛近倉以貯之,命曰常平,以常參官領之。俟歲饑,即減價糶與貧民,遂爲永制"。① 後常平倉法推行於京畿外諸路,天禧四年(1020)八月,詔益、梓、利、夔、湖南北、廣南東西路并置常平倉。② 墓主之父劉處厚,實職爲官庫的一名低微官員。

[7]比彭君句:"比",副詞。先前,以前。指先前墓主之夫彭作亡歿時,墓主劉氏才二十六歲。"裁",通"纔",僅僅。據夫人在紹興二十四年(1154)五月戊辰卒,享年七十八歲,生年在熙寧十年(1077),由此也可以推出彭作卒年在崇寧二年(1103)。

[8]二庭:第二家門庭,即再嫁。《舊唐書·列女傳序》:"共姜之誓,不踐二庭。"

[9]僅:範圍副詞。幾乎、接近。《晉書·趙王倫傳》:"自兵興六十餘日,戰所殺害僅十萬人。"

[10]婦師:婦女的師表。

[11]婦人女子句:墓誌用墓主劉氏品行與《詩經》國風中記載的婦人德行相譬美。"召南",即《詩經·召南》;"汝墳",即《詩經·周南·汝墳》。均屬於十五國風中的篇什。具體所涉的人物有春秋五霸之一的宋襄公之母,其小女兒

---

① [宋]李燾編:《續資治通鑑長編》,中華書局,1992年,第737頁。
② 魏天安:《關於常平法的幾個問題》,載《宋史研究論叢》(第8輯),河北大學出版社,2007年,第46頁。

即許穆公之妻,《載馳》中的許穆夫人。"東宫之妹",語出《衛風·碩人》,"齊侯之子,衛侯之妻,東宫之妹,邢侯之姨,譚公維私。""孟姜",《詩·鄭風·有女同車》:"彼美孟姜,洵美且都。"鄭玄箋:"洵,信也。""洵",誠然;實在。仲氏,即戴媯。《燕燕》有:"仲氏任只,其心塞淵。終温且惠。淑慎其身。"

[12]片善:微小的優點。鮑照《代放歌行》:"一言分珪爵,片善辭章萊。"

[13]至叙句:"叙",次序、次第。設問指明《詩經》中《鄘風》次序安排有特殊意義,即首冠《柏舟》,末係《載馳》,用節、義貫穿一生一時的婦德。

[14]所天:舊稱所依靠的人。指丈夫。潘岳《寡婦賦》:"少喪父母,適人而所天又殞。"

[15]幽居:即深居。語出《漢書·蒯通傳》:"婦人有夫死三日而嫁者,有幽居守寡不出門者。"此句對舉行文,"庭"前一字圖版作▨,疑似"一"。與前文"再庭"對比。

[16]磁磷:即"淄磷",是"涅而不淄"與"磨而不磷"的略語。謂染而不黑,磨而不薄。喻操守堅貞。謝靈運《過始寧墅》詩:"淄磷謝清曠,波蔿慚貞堅。"

[17]澆訛:浮薄詐偽。《後漢書·黨錮傳序》:"叔末澆訛,王道陵缺。"

[18]悍妻句:與"傲婦"同義并列,爲古代家訓《顏氏家訓·治家》"傲婦擅室"句中的反面婦人形象。在本墓誌中用以説明其經墓主懿行所馴化全然改變。

張俣墓誌　南宋紹興二十五(1155)十月十七日葬

(宋)劉望之撰文,張宗元書并篆蓋,何誼刊刻

南川區。1987年2月在南川縣隆化鎮人民醫院出土,石現藏南川區文物管理所。誌石高128厘米,寬102厘米,厚20厘米。四周鐫刻回形幾何圖案。誌文正書,30行,滿行42字。

【釋文】

宋故武功大夫、永康府君張公墓誌。/

左迪功郎、權夔州路提點刑獄司、幹辦公事劉望之撰。/

左朝散郎、直敷文閣添差、兩浙西路安撫司參議官、賜紫金魚袋張宗元書并篆。/

張氏[1]代為潞州潞城人。君諱[2]俣,字子碩。曾祖儀,祖誠,父衍,隱德不仕。君生而峻茂[3],誦百家言,皆上口記;性沈鷙,/便弓馬。年甫壯[4],謂其父曰:"大人無异,俣不強於書,以為如是發身遲也。請從徑路。"即去[5]隸所謂子弟所者,出其/技,驚一所人。未幾,/天子幸西太一宮[6];還,詔試其曹,命以官[7]。君在選中,補披帶班祇應,充鄜延路經略使司指使。會討[8]僞攔漢/軍,破西賊之援,策功甚偉。明季[9],王師出塞,君以偏卒從戰,戰殊力,自晝歷晡,斬獲首虜。轉一官,陞隊將。平/燕[10]之後,選戍燕山府,護築薊州玉田縣。兵後盜起,日數十發。中貴人[11]梁方平制置河北、京東,治累年,不能下。君/隸[12]方平軍,至密州,遇盜出襲,方平勢危蹙。君徐出,一戰斃其酋,賊退,縱兵大擊,餘黨潰去。上奇功為奇,轉四官。/還本任[13]王城守,從經略司勤/王。會/上龍飛南都,即朝/行在所。御營統制[14]張公俊辟准備差使,從捕賊陳、蔡。又從[15]張公縛叛者徐明,平秀州,誅馬進,復江淮,多出方略/之助,不但以力也。差秦州[16]兵馬監押,本路經制司准備差使,/御營前軍准備將領,主管龍州涪水關。大臣言[17]:"君才任治郡。"差知南平軍,繼除珍州,又除威州,未赴,再知珍州。/又除黔州,繼改差知永康軍。以父憂去官。君為政[18]大氐用抑強豪、殖善良為務,時有所不恤,故亦能賈怨。遷成/都府[19]路兵馬鈐轄,未赴,卒。累官武功大夫。得年[20]六十八。紹興二十五年四月十八日也。其年十月十七日葬南/平隆化縣之流金鄉。

君以[21]恩封父武經郎。始兵亂,武經君留居其鄉,不肯去。君陞官大夫,典方州,握軍符,每進/輒思,悲不自禁。訃聞,即日奏願終喪,不用邊制。/上憐而許之。故太師[22]循王於君為高祖祧。王微時識器已不凡,君事之惟謹。王亦曰:子碩遇我厚,不翅同/產。洎王通顯,思振奮,君意無限。君自□□,以滿招覆也。

嗚呼！知此易得也哉！君雖嚴重[23]難近，至遇賓親，極有/恩意。知人急難，赴義不擇水火。世恨其自以□，不盡其材云。

娶劉氏[24]，封安人，先君卒。子男三：璘、瑛皆任承節郎。/珇以□循王恩補登仕郎，尚能克君之家者。二女：長嫁右迪功郎趙築，季㱱死。孫男女四人。三子曰[25]：君於吾父/嘗有裹言，志矣可辭，則為之銘。銘曰[26]：/

人不己量，□□斯舉。至□不勝，家壞國愈。□□至言，存在帝所。如食宜饇，/如酌孔取。大哉斯言，□□之龜。彼覆巢子，□□是葵。張君偉人，材何弗堪。/力挽不前，誇者其甄。人謂不貪，我謂不欺。道至不欺，嗚呼庶幾。帝執巨籌，/與汝時稽。維贏不足，卒用降躋。君三鳳兒，五色毶毶。食君之餘，毋怠後來。/

本邑何誼刊/

（《重慶卷》圖36/文221）

【簡跋】

墓主張俣，史書無傳，墓誌記其歷官最高至武功大夫，爲正七品武階官。政和二年（1112）重定武臣官名，由皇城使改置而來。張俣曾參加宣和年間北宋對西夏及收復燕雲等戰爭；靖康之變後轉戰江淮平定叛亂；紹興二十五年（1155）終於南平軍，一生戰功纍纍。墓誌出土後四年，《南川縣志》收錄并撰寫了詳細的《宋張俣墓誌考釋》（以下簡稱《南川縣志考釋》）①，特別是對墓主戰事戰功的考釋比較詳盡，還列出了基本年譜，點出了墓誌隱藏的人際關係、民族氣節等問題，考評精當。又有《宋故武功大夫永康府君張公墓誌考釋》②（以下簡稱《張俣考釋》）一文，認爲墓誌內容可補充《宋史》傳記之不足，豐富兩宋之際的軍事史、移民史，爲深入理解兩宋之際的社會背景提供了有益的資料，具有一定的史料價值。二者可資參考。從文字上比較，《重慶卷》的闕文比二者多出很多，這應該和《重慶卷》當時整理所用的拓片圖版不如縣文管所的實物清晰度高有關係；或者是因拓片確實存在磨泐多處，《重慶卷》整理時沒有據理據補

---

① 張遠東：《宋張俣墓誌考釋》，載《南川縣志》，四川人民出版社，1991年，第759—769頁。
② 張廷良：《〈宋故武功大夫永康府君張公墓誌〉考釋》，《重慶師範大學學報》（社會科學版）2018年第1期，第42—47頁。

釋。而因未理解句意而產生的斷句問題,在三種釋文中均存在。《張俁考釋》中所述史實與時間也有不甚相合之處。本書在文字與斷句上根據已有成果均做了詳細的修訂補充,并做出考釋。

撰文人劉望之,字夷叔,號觀堂。南寧瀘州(今屬四川瀘州)人。紹興十二年(1142)進士。歷官左文林郎、達州州學教授,行國子正,官至左奉議郎、秘書省正字。有《觀堂集》。墓誌載其歷官:左迪功郎、權夔州路提點刑獄司、幹辦公事。"迪功郎",爲從九品寄祿官。"夔州路",北宋咸平四年(1001)分峽路置,爲川峽四路之一,治夔州(今重慶市奉節縣),元初廢。"提點刑獄司",宋時掌所部獄訟,平其曲直,舉刺官吏等。"幹辦公事",宋朝置,簡稱幹辦官、幹辦、幹官。舊稱勾當公事,後避宋高宗趙構名諱改。爲制置使、總領、安撫使、鎮撫使、轉運使、提點刑獄公事、都大提舉茶馬、都大提舉坑冶等屬官,分掌有關具體事務。

書人張宗元,歷官左朝散郎、直敷文閣添差、兩浙西路安撫司、參議官、賜紫金魚袋。"朝散郎",隋文帝開皇三年(583)始置,爲散官八郎之一,從七品上。北宋沿置。神宗元豐三年(1080)廢文散官,遂爲新寄祿官,正七品,取代舊寄祿官中行員外郎、起居舍人。"敷文閣",南宋高宗紹興十年(1140)建,收藏徽宗御製文集等,置學士、直學士、待制爲貼職。"添差",指宋朝於定員以外,額外加派官員主管或處理某事的官吏。"兩浙西路",宋熙寧七年(1074)分爲兩浙路(路治杭州)爲東西路,後合分不定。建炎三年(1129)南渡後,復分兩浙東路、兩浙西路。"安撫司",南宋時諸路設安撫使、安撫大使或主管安撫司公事爲長官。"參議官",爲軍事幕職名,亦稱參議軍事。宋代御營使、宣撫使、宣撫處置使、招討使、制置大使、制置使、經略安撫使、總管、鈐轄、宣諭使、招撫使、鎮招使等所屬,掌參預軍事謀劃。"紫金魚袋"是官階未及三品以上(元豐元年後四品)以上,而特許改服色,換紫,配金魚袋,稱"賜紫金魚袋",官銜中須帶此名。

刻石人何誼,落款爲本邑人,據葬地在"南平隆化縣之流金鄉",知爲南平人。

【校釋】

[1]張氏句:記載墓主籍貫爲潞州潞城人。"代"下,《重慶卷》因碑版磨泐闕一字,根據文意補爲"爲"字,下接籍貫地。"潞州",即今山西長治等地。因潞水而得名,戰國時爲韓上黨,秦置上黨郡,北周置潞州,北宋崇寧三年(1104)升爲隆德府,後改稱爲潞州。

[2]君諱二句:墓主張俣,字子碩。曾祖張儀,祖父張誠,父張衍,均隱德不仕。

[3]生而峻茂句:此句《重慶卷》因不明文意而誤斷作"君生而峻茂,誦百家言,皆上口。記性沈鷙,便弓馬"。"沈鷙",亦作"沉鷙",深沉勇猛。"便",擅長、善於。"弓馬",即騎射,泛指武事。"記性沈鷙",從詞意前後搭配上看,不太相合;從文字節奏上,前爲四字結構,後爲三字結構,也不合宜。應斷於"記"字後。"誦百家言,皆上口記"指其文韜;"性沈鷙,便弓馬"贊其武略。《南川縣志考釋》與《考釋》一文均改正。

[4]年甫壯句:即《南川縣志考釋》所釋"年屆三十"。根據後文墓主卒年在紹興二十五年(1155),享年六十八歲,則其生於元祐三年(1088),年壯之際則是重和元年(1118)。墓主與其父的對話:"大人無異,俣不強於書,以爲如是,發身遲也。請從徑路。"表明自己不擅長讀書,以之爲仕途,就會成名晚,有礙發展,還是讓自己選擇走別的道路。"發身",指成名、起家。

[5]即去句:墓主張俣到京師"隸所謂子弟所者",即《宋史·孝宗本紀》記載的於乾道六年(1170)七月復置的御前弓馬子弟所,隸樞密院。《宋史·王彥傳》記載南宋抗金名將王彥(1090—1139),早年"性豪縱,喜讀韜略。父奇之,使詣京師,隸弓馬子弟所。從時間上看,子弟所初置時間最晚應是在宋徽宗(1101—1127)初年已有設置。墓主的生卒時間(1087—1155)與王彥相當,起官也多有相似之處。此句《張俣考釋》一文因不明官署稱謂斷句有誤。"鷙"下《重慶卷》二闕文,《南川縣志考釋》《張俣考釋》均釋爲"一所",從殘存的圖版作 ▉,字形筆劃上判斷,無疑。

[6]西太一宮:太一宮即太乙宮。"太一";語本《莊子·天下》:"建之以常無有,主之以太一。"後被道家借稱指"道",故太一宮爲道觀。西太一宮建造於北宋仁宗天聖六年(1028),爲皇帝御用的祀神宮觀。《宋史·禮志》引《政和五禮新儀》謂:"立春日祀東太一宮,立秋日祀西太一宮,立冬日祀中太一宮。"東太一宮,在汴京東南蘇村;西太一宮,在汴京西南八角鎮(即今河南開封八角鎮)。墓誌中的"天子幸西太一宮"一事,指的應是宋徽宗,《宋史·徽宗本紀》不載其幸西太一宮之事。

[7]命以官句:即後文的"補披帶班祗應,充鄜延路經略使司"等官職。"祗

應",據《宋會要輯稿·職官》載,政和六年(1116)"殿侍"更名爲"祗應";"披帶班",屬於殿前司。"殿前司供到東西班管下班殿侍、祗應稱呼人數下項:一,東第一、第二、第三、第四、第五班係披帶班,見管共九百四十人,内二百八十八人差出。諸軍揀填到人,不許外注差遣,并係殿庭應奉人數,作殿侍稱呼;時暫差出,却作祗應稱呼。諸色武藝呈試及保甲等補授之人差出外任,作披帶祗應稱呼;如在班差使,却作殿侍稱呼。"[①]墓主任"披帶祗應"與其差出外任鄜延路經略使司有關。"鄜延路",宋慶曆元年(1041)析陝西路沿邊地置,治延州(後升延安府,今陝西延安市)。"經略安撫使",又稱經略使司或經略安撫使司,又簡稱"經略使司"。作爲沿邊諸路掌軍務和治安的長官,常由直秘閣以上官充任,兼任駐在地的知州或知府,并兼馬步都總管,常置於陝西、河東、廣南等路。據《南川縣志考釋》推斷,張俣充指揮使在政和七年(1117),此年本路經略使據吴延燮《北宋經撫年表》爲張深。此處《重慶卷》斷句有誤,因爲"指使"是宋代將領或州縣官屬下供差遣的低級軍官。在其後斷句,這樣歷官職務才完整。二種考釋的釋文準確。

[8]會討句:"討",《重慶卷》釋作"計",諦視圖版作 討 ,明爲"討"字,表示懲治有罪、征討。關於"僞攔漢軍",《南川縣志考釋》認爲應是遼國知宋、金海上之盟後成立的抗禦軍事組織名,取擋阻宋軍之意。《張俣考釋》一文認爲此詞正史不載,推測是"西夏所命之地名",地理位置在今陝西延安的西北方向。北宋方面在史志中記述時均在西夏所命之名前冠一"僞"字,"攔漢軍"與成德軍、治安城、洪夏軍一樣,是西夏攻占了北宋之地所更之名。兩種説法不一,本書今從第一種説法。"破西賊之援",指攻破西夏入侵鄜延路北境。《宋史·徽宗本紀四》記載宣和元年(1119)四月童貫以鄜延、環慶兵大破夏人,平其三城。五月丙辰,敗夏人於震武。六月乙亥夏國遣使納款,詔六路罷兵。《南川縣志考釋》推測此時張俣三十四歲,隨鄜延路經略安撫使賈炎出兵抗擊,立下戰功。《張俣考釋》一文推測提前至王安中所撰《初寮集·定功繼伐碑》記載的政和七年(1117),認爲是"濟義堡及佛口谷一戰",還是與其最初歷官同年的時間,恐誤。

[①] 劉琳、刁忠民、舒大剛等校點:《宋會要輯稿》6,上海古籍出版社,2014年,第3816頁。

[9]明季句:"季"爲"年"的异體。"王師出塞"指宣和四年(1122)宋徽宗命童貫與蔡攸出兵攻打遼國。"偏卒",本指戰車與兵卒,引申爲副佐。"殊力",指突出的功勞。"自晝歷晡","晡"泛指傍晚、夜晚。"轉一官",即升遷一階。《重慶卷》闕"一"字。

[10]平燕句:"平燕"在宋史中有多次。《宋史·童貫傳》記其政和元年(1111)隨鄭允中使於遼後,"造平燕之謀",之後戰事頻繁。墓誌前文説"王師出塞"即是其一。墓主本次正式參與平燕之戰,且因功"選戍燕山府",燕山府置於宣和四年(1122),由遼析津府改置,治所在析津、宛平二縣(今北京城西南隅)。"薊州玉田縣",治所即今河北玉田縣。武周萬歲通天元年(696)改無終縣置,屬幽州,後屬薊州。

[11]中貴人句:"中貴人",即帝王所寵信的宦官,此處指梁方平。"制置河北、京東",即《宋史·徽宗本紀四》記載的宣和六年(1124)"河北、山東盜起,命內侍梁方平討之"。

[12]君隸句:指墓主參與在梁方平所帥軍伍之中,出戰密州。密州,治所在東武縣(後改諸城縣,即今山東諸城市),隋開皇五年(585)改膠州置,後又改稱高密郡。墓誌中詳細記載墓主戰功,不過《重慶卷》此處斷句有誤。因戰功連升四級。《南平縣志考釋》據《政和武階官表》認爲應是"忠翊郎"或"忠訓郎"。

[13]還本任句:墓主戰功稱奇、官升四階後,"還本任王城守",即返原任築守薊州玉田縣。"從經略司勤王"一事,指宣和七年(1125)金兵大舉進攻,宋王室危在旦夕。靖康元年(1126),金兵圍攻京城開封;二年(1127)夏四月,徽宗與宋欽宗被擄走,至此北宋滅亡。《宋史紀事本末·高宗嗣統》下記載宗澤帥兵欲"據金人歸路邀還二帝,而勤王之兵卒無至者,遂不果"。本墓誌也説明墓主勤王一事失敗。"會上龍飛南都",指宋高宗在二帝被擄後趕赴應天府(即南京,今河南商丘市)即帝位,改元建炎,之後又遷至臨安府(今浙江杭州市)建都。但墓誌中的"南都"應是指宋朝當時的應天府——河南商丘。墓主隨即到宋高宗行宮所在地任職。"即",《張俁考釋》一文誤作"集"。

[14]御營統制句:"御營統制",設於御營使司,秉承御營使、副使的意旨統領

208

軍隊。張俊(1086—1154),字伯英,鳳翔府成紀(今甘肅省天水市)人。南宋初年名將,與岳飛、韓世忠、劉光世并稱南宋"中興四將"。《宋史紀事本末·高宗嗣統》記載張俊原任後軍統制,高宗即位後因各路兵馬不一,置御營使司,當時張俊改任前軍統制。墓主在張俊手下被辟准備差使,跟隨平河南地區的群盜。"陳"即河南淮陽等地舊稱,"蔡",即河南汝南縣舊稱。

[15]又從句:指建炎二年(1128)墓主平定徐明在秀州的判亂。秀州爲五代晋天福三年(938)吴越國置,治所在嘉興縣(今浙江嘉興市)。"誅馬進,復江淮"一戰則是張俊爲招討使,岳飛爲副使,二帥同力討伐河北京東捉殺使李成的叛亂,馬進爲李成部將,兵敗後逃向南康軍(今江西南康縣)。墓主參與平定江淮之役,"多出方略之助,不但以力也",説明墓主文武兼備。

[16]差秦州句:墓主屢立戰功,官職變遷:先是秦州兵馬監押、秦鳳路經制司准備差使、御營前軍准備將領,後又主管龍州涪水關。"秦州",即今甘肅省天水市,"本路"是秦鳳路的省稱。"涪水關"是軍事要隘,唐置,屬江油縣,宋時稱"龍州",在今四川平武縣東南南壩鎮東。但此時墓主的官職總體還是不高的,主管關防事務。

[17]大臣言諸句:因大臣推薦墓主才幹可治理州郡,這時才被差知"南平軍",時屬夔州路,領南川(今重慶綦江區)、隆化(今重慶南川區)二縣。此時墓主來到巴渝任職,結束了戎馬生涯,當上了地方官,輾轉在多地任職。有同屬夔州路的"珍州",即今湖北宣恩縣。北宋景祐三年(1036)改維州而置的"威州",即今四川理縣地;同屬夔州路的"黔州",治今重慶市彭水苗族土家族自治縣;成都府路的"永康軍",即今四川灌縣。最終"以父憂去官",指《南川縣志考釋》中推算的約紹興二十二年(1152)因遭父喪而去官。

[18]君爲政句:"大氐",即大抵、大都。"氐"圖版作 ,"賈怨",招致怨恨。此處爲後面序文與銘文隱藏説明的内容奠定基礎。

[19]遷成都府句:墓主在守喪後起復官職,本應任成都府路兵馬鈐轄,治所在成都府成都縣(今成都市青羊區、武侯區);兵馬鈐轄,簡稱"鈐轄"。北宋前期,選朝官及諸司使以上官充任,官高資深者爲都鈐轄,官卑資淺者爲鈐轄。領一州、一路或數路兵馬之事。多以知州兼本州鈐轄、安撫使兼本路鈐

轄。但墓主還未赴任而卒,故最終官職是知永康軍,累官武功大夫,屬武階官的第二十七階,正七品秩之首。

[20]得年句:墓主在紹興二十五年(1155)四月十八日卒,享年六十八歲,生年在元祐三年(1088)。同年十月十七日葬南平隆化縣流金鄉。隆化縣治即今南川區。隆化縣是唐貞觀十一年(637)置,屬涪州;北宋熙寧三年(1070)改爲賓化寨,四年(1071)復置隆化縣,七年(1074)屬南平軍。

[21]君以句:指墓主父親張衍,即墓誌前文的"大人",因墓主功勳而追封爲"武經郎"。武經郎爲從七品武階官,是北宋徽宗政和二年(1112)重定武臣官名時改西京左藏庫副使置,屬大使臣。"始兵亂"是插敘,追述其父一直留居鄉里,不肯去之因。

[22]故太師句:"高祖"二字下,《重慶卷》留爲敬空;《南川縣志考釋》碑文部分補出一字"桃",從磨泐的圖版上無法判斷。根據《南川縣志考釋》的詳細梳理,知此"故太師循王"是指墓主前文所跟隨的原御營統制張俊,非指其家族譜系中的高祖。碑版作敬空處理容易致誤。《重慶卷》簡跋稱:"志中循王即張俊,《宋史》卷三六九有傳。志載平燕之後盜起,中貴人梁方平主持討伐事,與《宋史》卷二二《徽宗本紀四》宣和六年所記'是歲,河北、山東盜起,命內侍梁方平討之',可以印證。"張俊一生功過參半,特別是助秦檜殺岳飛一事令人生憤。墓主在後期未與之同流合污,導致仕途不佳,但留下清名。

[23]嚴重:嚴肅穩重。《張俟考釋》斷句作"君雖嚴,重難近",誤。

[24]娶劉氏二句:述墓主婚姻子嗣。娶妻劉氏,封安人,先卒。有子三人:張璘、張琜,皆任承節郎,宋政和二年(1112)改三班奉職置,從九品;張琄,因張俊的關係,補登仕郎,從八品。有女二人;長女嫁右迪功郎趙築,次女早死。孫子輩四人,未載名諱。

[25]三子曰句:此處《重慶卷》闕文四字,《南川縣志考釋》補全三字,應是所見拓本優於《重慶卷》。今暫如其所錄補全。"裏言","裏"圖版殘泐作;此詞用典,語出《左傳·莊公十四年》:"且寡人出,伯父無裏言。"指撰文人劉望之與墓主有深交。

[26]銘曰句:《重慶卷》的銘文部分闕字較多,今參考兩種考釋補出一些,有

争議的釋文也一并列出備考。"人不已量"的"人","張君"的"君",《南川縣志考釋》釋文與《張俁考釋》均補出;"存",僅《南川縣志考釋》釋文補。"斯舉"的"舉",《張俁考釋》釋作"埜"。"饇",飽。語出《詩·小雅·角弓》:"如食宜饇,如酌孔取。"毛傳:"饇,飽也。"《南川縣志考釋》釋文誤作"恆"。如此,則"食"前一闕字應是"如"字。《南川縣志考釋》釋文補爲"宜",今改。"稽",治理。《書·梓材》:"若稽田,既勤敷菑。"蔡沈集傳:"稽,治也。"《南川縣志考釋》釋文與《張俁考釋》均訂正;《重慶卷》誤作"穚"。"毰毸",形容羽毛披散。《張俁考釋》未釋"毰"字。

冉師逵妻符氏墓誌　南宋紹興三十二年(1162)四月十一日立

(宋)冉舜武立石

雲陽縣。1949年以後出土,具體出土時間、地點不詳,石現藏於雲陽縣文物管理所。誌石高74厘米,寬63厘米。誌文正書,4行,滿行26字。中題2行,大字,行4字;邊左右各題2行,小字,字數不等。

【釋文】

中題:埇武都鄉符氏墓誌。/

右題:斯人[1]仕冉師逵。繼男[2]舜武,娶牟大郎之女孫女大娘。太婆[3]年六十九歲,/

左接:於紹興[4]三十二年二月初一日卒。當年四月十一日,男冉舜武立石。/

(《重慶卷》圖38/文223)

【簡跋】

本通墓誌體例變化較大：首題變爲中題、墓誌文簡略，整體風格與明清時的簡單墓誌相似。因《重慶卷》中圖版存在曲折重叠，導致中題第1行文字只存部分，其中"埽"是"歸"的异體字。"武"下《重慶卷》闕二字，諦視圖版作，疑爲"都鄉"二字。武都鄉，或即今四川江油市武都鎮，應是墓主籍貫地名。

撰文人未載，從墓誌行文語氣"斯人""継男"等判斷應是另有其人。立石人爲墓主孫子冉舜武。

【校釋】

[1]斯人句：此人。《論語·雍也》："斯人也，而有斯疾也。"指代中題中的"符氏"。"仕冉師逵"，是指其婚配冉府君，"仕"，無婚配之意，或是"適"字的誤刻。

[2]継男句："継"，指延續，使之不絶。"継男"，非繼子，應是服喪事中的特殊用法。清俞樾《茶香室叢鈔·爲人後者不入》："此與喪服所言爲人後者不同，猶言爲他人子耳。以今言之，乃養子，非繼子也。"結合後文"太婆"一詞，應是指孫子，名爲冉舜武，"娶牟大郎之女孫女大娘"，此處疑"孫"衍文後一"女"字，"女孫"即孫女。墓主孫男冉舜武所娶爲牟大郎孫女，名大娘。

[3]太婆："太婆"，舊稱指祖母。宋孔平仲《代小子廣孫寄翁翁》詩："太婆八十五，寢膳近何似。"清以來俗稱曾祖母。《稱謂錄》卷一："古有稱母曰婆者，故稱祖母曰太婆；今俗則稱祖母曰婆，而曾祖母曰太婆矣。"落款又稱"男冉舜武立石"，從文意上前後有矛盾。此處或簡稱，或脱"継"字，才與文意相符。

[4]紹興句：指墓主符氏享年六十九歲，於紹興三十二年（1162）二月初一卒，四月十一日葬。

楊秉元墓誌　南宋乾道五年(1169)十一月九日葬

(宋)黃汝舟撰

彭水縣。1990年3月在彭水縣漢葭鎮河堡出土,石現藏於彭水縣文物管理所。誌石高105厘米、寬58厘米、厚18厘米。碑版左下、右下均有殘斷,闕文若干。額陰文篆書"宋故黔州免解進士楊秉元墓誌銘",7行,行2字。誌文正書,19行,滿行34字。

【釋文】

宋故黔州免解進士楊秉元墓誌銘/

左從政郎、就差黔州州學教授、兼權通判軍州事黃汝舟■/

汝舟[1]承乏黔之學官,至則訪行藝士,欲有以表。諸儒皆曰:賢而裕於學,無易[2]吾楊□□□/者。問:何如？曰:君為人慷慨,尚氣節,世以財雄邊,其先君嘉士樂施[3],逮君尤急義百□,□□/夫至斯庶。奔謁屨滿門者,不缺日。率餉所欲,出必豐贄。遇所當出力,傾倒無一毫悋。間□/困未及振,如戚在己。勉勉誨人,或犯理道,悍不自反,必折厲之,雖忤不屑也。兄鑑[4]亡,邮□/子女,恩逾已息。嘗謂儒、釋無殊致,均明化之本。會郡[5]將葺學宮,君不待諭,亟挽材佐成。其/先君嘗有志建剎摩圍之麓,未克也。君捐[6]數百金就,輪奐榜咸寧者是耳。其所為傑不倫/俗,大抵若此。敏緻於文,聚書盈萬卷,以是能博古。嘗以鄉賢書試禮部,不售[7]有司,不復遂/進取意。益新池館,娛賓以酬咏,浩然自得也。汝舟既聞君之賢,則思一見,問其居,曰:拒郡/數舍。曰:來乎？曰:未可知。

俄數月,則以易簀[8]告矣。襄事[9]有期,其子桂以鄉先生李□狀□之/行,來泣請銘。讀之,知前譽君者皆然。嗚呼！不獲見秉元,而徒見其遺鑠,可悲也。已□有异/俗之操,弗間於仕與否,位之崇卑,皆宜銘。君諱鈞,秉元字。其先[10]自簡池來黔中。曾祖、祖、父/之諱,曰廷獻,曰克文,曰拱之。母曰馮氏。

君年[11]六十有二,以疾終於其居,實乾道戊子□□/一月二十三日。初娶[12]

同郡文氏;再室龐氏,太府寺丞信孺之仲女。二子[13]:桂其長,□□□,□/勵學。桂亦尚氣。嘗游荊楚,欲東下見巨公名卿,求試其才,為親之光。聞親疾□。□□□。□/適進士李榮宗;季未行。君以己丑仲冬初九日,厝于摩圍山之陽,思水[14]之■:/

視義泰山,視財一塵。今人與居,其志古□。/娛文對賓,□□□身。不知其賢,考此□□。■/

(《重慶卷》圖39/文224)

【簡跋】

出土信息在《彭水縣志》也有簡略的記載:"70年代,長江水利委員會所屬第四勘測隊在縣城西岸壺頭山麓掘得"①,這與《重慶卷》"1990年3月在彭水縣漢葭鎮河堡出土"時間、地點均不太相同。或時間、地點上有一誤;或是一地兩表,參照物不同。壺頭山,亦名大插旗山,在今重慶彭水苗族土家族自治縣西二里。《太平寰宇記》卷一百二十記載,彭水縣有壺頭山,"山形似壺。馬援曾戰於此"。

墓主楊秉元,爲黔州免解進士。前有溶州免解進士趙棠,同是州官舉薦直接參加禮部試,說明其才華過人,纔有此榮。黔州,即今重慶彭水縣地。《讀史方輿紀要》記載:"唐末武泰軍治此,宋仍曰黔州,亦曰武泰軍,紹定初升爲紹慶府,領彭水等縣二,羈縻州四十九。"

黃汝舟,因闕字未知責任方式,從文意判斷,應是撰文人。歷官左從政郎,從八品;任黔州州學教授、兼權通判軍州事。

【校釋】

[1]汝舟句:"承乏",指暫任某職的謙稱。語出《左傳·成公二年》:"敢告不敏,攝官承乏。""學官",指黃汝舟任黔州州學教授。職務之餘訪行"藝士",即有才幹的人,以推薦上表。

[2]無易:從文意判斷是沒有人能替代墓主楊秉元。"吾楊"下,闕三字,疑爲"公秉元",因圖版殘斷,無法確定。

---

① 彭水縣志編纂委員會編纂:《彭水縣志》,四川人民出版社,1998年,第690頁。

[3]憙士樂施:"憙",圖版作 ![img], 同"喜", 喜悅。《荀子·堯問》:"楚莊王以憂,而君以憙!"其父樂施,墓主更重義氣,故稱"逮君尤急義","義"字下闕字四個,第一闕字疑爲"百",其下三字無法補讀。其家族的好善樂施與急人之所急的助人爲樂精神,用後文"率賙所欲,出必豐賷。遇所當出力,傾倒無一毫恪"即可印證。"賙",周濟、救濟。"賷",遣送、送。"傾倒",大量付出。宋叶適《朝請大夫陳公墓誌銘》:"辛巳之役,只勞師一項,傾倒經費,遺患至今。"

[4]兄鑑:即兄長名楊鑑,後文有"君諱鈞,秉元字",兄弟二人以同義單字爲名。

[5]會郡二句:指夔州郡要修學官,墓主自發運輸材料幫助建造之事。"輓",車運、運輸。"成"後,《重慶卷》闕一字,圖版作 ![img],審核文意,闕字應屬下,即與"先君"連,疑爲嘗"其"字。前有"其先君憙士樂施",圖版作 ![img],字形相似。"其先君"即楊秉元父楊拱之,本打算"建刹摩圍之麓",即在摩圍山建寺觀,但未成。其子楊秉元,繼承父遺志,爲之捐款乃成。摩圍山,在彭水縣西南隔江四里。《輿地紀勝》記載:"獠人呼天曰圍,言此山摩天,故名。"唐白居易《酬嚴中丞晚眺黔江見寄》一詩稱贊:"摩圍山下色,明月峽中聲。"摩圍山及烏江峽谷的風光,使其成爲宗教場所的洞天福地。

[6]君捐句:"就",使成就。"輪奐",形容屋宇高大衆多。"榜",屋棟。宋李誡《營造法式·總釋下·棟》:"屋棟謂之甍。"原注:"今謂之榑,亦謂之檁,又謂之榜。""不倫俗",即與俗不同。

[7]不售:指科舉考試不中。

[8]易簀:簀,華美的竹席。"易簀",即更換寢席,借代指人病重將死。語出《禮記·檀弓上》,曾子寢疾,按古時禮制,未曾爲大夫不當用"簀",而命更換。

[9]襄事句:"襄事",原指成事,後可專指下葬。"其子桂"即墓主子名楊桂,"以鄉先生李□狀□之行"闕文二字,但確定撰行狀者爲另一人,非黃汝舟。

[10]其先句:述墓主家族籍貫與譜系。"簡池",今陝西鎮巴縣西南。墓主曾祖楊廷獻、祖父楊克文、父楊拱之。"祖"下,《重慶卷》闕一字,雖然原拓殘缺,但是根據上下文應補爲"父"字。

[11]君年句:"戊子",即乾道四年(1168),其下闕二字,不可補,或是"歲十"

二字。墓主卒年在乾道四年(1168),享年六十二歲,葬年據後文"己丑仲冬初九日",知晚一年,即乾道五年(1169)十一月初九日葬於摩圍山的北面。

[12]初娶句:墓主婚配二妻,一爲黔州郡文氏;二爲龐氏,爲"太府寺丞信孺之仲女"。龐信孺,官太守寺丞。自北齊太府寺有丞,爲卿的佐官,其地位僅次於少卿。隋唐宋沿置。

[13]二子句:知長子楊桂,嘗游荆楚。次子名諱均闕。還有女至少二人:一女適進士李榮宗,《宋代登科總録》未收;季女"未行",即没有出嫁。

[14]思水句:"思水",應是長江一支系名,其下闕字應是表方位的詞,還有"銘曰"之類用語。"一"字,《重慶卷》闕,復核圖版作 ,應是"一"無疑。"視義泰山,視財一塵"爲墓主義輕利之品性對舉。

龔耆年墓誌　南宋淳熙元年(1174)十一月二十三日葬

(宋)張桴撰文,王贊書篆額

綦江區。1981年8月在重慶市南桐礦區關壩出土,石現藏於重慶中國三峽博物館。誌石爲青砂石,高106厘米,寬56厘米。額陰文篆書横1行,"宋故秀才龔君墓誌"。誌文正書,21行,滿行33字。

【釋文】

宋故秀才龔君墓誌銘。/

進士張桴撰。/

保義郎、前萬州梁山軍忠州墊江縣巡轄馬鋪王贊書篆。/

進士[1]龔政將以淳熙元年十一月丙午,葬其父於蔣池山,丐銘於予。予謂士隱淪間,以/丁節一行能自表,然人地寒薄,不獲登太史氏之庭者,當得銘若龔君之至行可書者/耶。

君諱[2]耆年,字元老。孝愛純篤,根於天性。始齠齔,父卒,已能哀慕呱呱,日夜不絕聲,執/喪禮如成人,宗族稱嘆。事母夫人承順顏色,所欲必竭力以具。每訪師,束書[3]將行,必念/母無兼侍,戀戀不忍去。旬朔不見,言必泣下。逮母夫人病,衣不解帶者纍月,將革君刲/股[4]膳以進,病忽少間,里閈驚異。既而母夫人竟不幸,君痛自咎責,謂不孝不誠,弗祐于/天,使母氏酷罰至此,因一慟絕而復蘇。或以[5]毀傷遺體,取韓子鄒人對之說以議。予觀[6]/世俗,父子異廬,溫清晨昏之奉,已乖於禮,間以飲食衣衾之遺,至有德色,甚者厚妻子,/獨靳嗇於其親,視飢寒不一顧。矧痛切於肌膚者,肯割為親之遺耶?則君之所能行者,/蓋出於中心[7]之誠,可以矯激世之衰薄矣,尚忍議之云。

君少警敏,能屬文,可觀。既永感[8],/遂絕進取意,藝種樹嘯歌自適。卉木經其手植者,常有連理雙萼之瑞,里人以為孝感/之應。

謹按龔氏世為南州[9]著姓。君之曾祖[10]則,不仕。祖詔,成忠郎。父武,進武校尉。君娶[11]王氏,/生二子:曰轍,曰政。女四人。其卒[12]以乾道四年五月二十五日,享年四十有一。

君吾母氏/之甥也,母以孤露,最憐之,且嘗稱其孝敬以訓桴。欲辭銘,不忍違吾母氏之遺意。銘曰:/

冠冕百行孝獨尊,人惟載是宜永存。/揭諸風教古所敦,旌表代不闕里門。/吁君至行泯不聞,善之弗揚薄俗薰。/我發其潛銘幽扃,庶幾千載托斯文。/

(《重慶卷》圖40/文225)

【簡跋】

關於出土信息,《重慶卷》記載較簡略,《石林萬盛》記載:"1992年秋,關壩鎮上壩村(今雙壩村)學堂靖社一村民在蔣池山承包地里挖紅苕時,泥土下陷,突現一墓穴,內有墓誌銘石碑一塊。"之後有墓穴被毀一事。

撰文人張桴，進士，史籍疏略。與墓主爲表兄弟，墓誌後文稱"君，吾母氏之甥也，母以孤露，最憐之，且嘗稱其孝敬以訓桴"。"孤露"，即孤單無所蔭庇，指喪父、喪母，或父母雙亡。

篆書人王贊，歷官"保義郎"，爲武職官階五十三階中的第五十階，舊稱右班殿直，職位較低。"前萬州梁山軍忠州墊江縣巡轄馬鋪"，梁山軍爲宋元時期的二級行政區劃名，隸屬夔州路，治梁山縣(今重慶市梁平區)。馬鋪，即驛站。

【校釋】

[1]進士句：龔政，爲墓主之子，進士，淳熙元年(1174)十一月二十三是將其父葬於"蔣池山"，即今雙埧村的蔣池山，歷史舊名從宋沿用至今。

[2]君諱句：墓主龔耆年，字元老，早年喪父，後事母至孝。"齠齔"，指孩童垂髫換齒之時，借指孩童。

[3]束書：猶負籍。借指求學或求職。

[4]刲股：指割大腿肉。割股療親，古以爲孝行。"膳"，名詞動用，當作膳食。"少間"，謂病好了一些。

[5]或以句：指有人用韓愈《鄠人對》議論其事母愚孝，曾割股療親，毀傷自己的身體，表示反對這種孝道行爲。"遺體"，舊謂子女的身體爲父母所生，因稱子女的身體爲父母的"遺體"。《禮記·祭義》："身也者，父母之遺體也。"

[6]予觀句：從文意看，將墓主孝行與世俗不孝之風對比。世俗中對父母孝敬不足，有多種表現：分家已經違背禮儀，還有偶爾纔給父母送食物衣物的，更甚者有娶妻後厚妻子而薄父母，不管不顧的，遑論要割自己肌膚給父母治病盡孝。墓主於世俗中獨孝至爲親割肉，其孝天成，非比尋常。"德色"，自以爲對人有恩德而表現出來的神色。"靳嗇"，吝嗇。

[7]中心：即心中。《詩·王風·黍離》："行邁靡靡，中心搖搖。""矯激"，猶詭激。奇異偏激，違逆常情。蘇軾《應制舉上兩制書》："東漢之衰也，時人莫不矯激而奮厲，故賢不肖不相容，以至於亂。"

[8]永感：謂父母雙亡，終生感傷。舊時應試或入仕，填寫履歷，父母雙亡者，即書永感項下。清俞樾《茶香室叢鈔·咸淳七年同年小錄》："每人之下載本貫某州縣，曾祖某、祖某、父某、年若干歲，某月某日某時生，或具慶下、或永感下，略如今制。"

[9]南州：龔氏籍貫地唐武德年間的舊名，宋時所指即熙寧時所置之"南平軍"，轄南川縣、隆化縣。皇祐五年(1053)廢南州、南川、榮懿、扶歡縣同隸屬渝州；嘉熙三年(1239)南平軍遷隆化縣。《輿地廣記》卷三十三"南平軍"條下有詳細記載。《輿地碑目記》卷四"南平軍碑記"條下有《南州石像頌》："南鎮下三里，崖上有石佛像，近歲有碑出於下，云《南州城門前石岸石像頌并序》，司法參軍員外郎置同正靳豫撰，開元十八年十二月丙戌，中大夫使持節南州諸軍事守南州刺史上柱國晉昌唐虞景所造盧舍那石像也。"地點即在今南川區。

[10]曾祖句：曾祖名龔則，不仕。祖父龔詔，成忠郎，爲武臣官階中的第四十九階，宋徽宗政和(1111—1117)中改名，代舊官"左班殿直"。父龔武，進武校尉，爲宋代所置無品武階官名，原名"三班差使"，政和二年(1112)重定武臣官名改。位從九品承信郎下，進義校尉上。

[11]君娶句：墓主婚配王氏，有二子：龔輒，龔政，有四女。

[12]其卒句：墓主於乾道四年(1168)五月二十五日卒，享年四十一歲，生年則在建炎二年(1128)。

鄧府君墓誌　南宋淳熙五年(1178)十二月十三日卒

合川區。2009年在合川太平門打綫壩出土，現藏合川區文管所。誌石高90厘米，寬48厘米。泐蝕嚴重。篆額題"宋故鄧府君墓誌銘"。誌文正書，20行，滿行34字。

【釋文】

宋故鄧府君墓誌銘

淳熙三年，歲□□□□□□□□□□□□□□□□□□□□□□□□□□□/與語和易名□□□□□□□□□□□□□□□□□□□□□□□□□/里人驗其言，皆中道[1]□□□□□□□□□□□大義□□□□□□□/□可喜，文字相往來，卒以爲常。間出其九□□□□□□迹人□□□

□□□□□□/訓告之意,因以想望薾[2]□之高□□知詩□之□□□□□□□□□□□□□□/疾以歸,病不起[3],實五年十二月十二日也。後□十二月十三日□□□□□□□□/先。

先以安岳年君□之狀來索銘。以所見□□□於是為□□□□□□□/□□□□□間□□組□□以善人稱□□□□紹聖四年進士[4],先是,有□□□□□□/之祥□□所為□□龍軒也,官至[5]朝奉郎,□□以朝奉郎官至從政郎□□□□□□□/處訥,幼穎悟,長克苦[6]力學,□□不渝,詩書□求其本旨,不為無□人□□□□□□/引筆立就成篇,不易一字,以□□聲譽連□鄉□□廿,薦於□□□□□□□□□□/恃怙[7]時尚幼,□能盡子道,哀毀□心□□□□□□目恩□□□□□□□□/家聲怡人無閑言,士□鄉□為□賙人人□恤人之□□□□/喜聞惡必怒事之利害必見其□□□□□而□然所經所學方將間修□□□□/於世,得年四十有八■,以死天□有□□□□□□處訥[8]■□雍□家聞有元公之□□□□/□□□先二女皆嫁為□□□□□□□銘曰■

（《重慶市志·文物志(1949—2012)》,第667頁）

【簡跋】

此爲新出土墓誌,只載於《重慶市文物志》,据其提供部分圖版與釋文大概斷定行款。校釋不足之處,待圖版正式公布後再補。

墓主鄧君,名諱闕。

撰文人闕。行狀人年君,安岳人。據墓誌文中所述"先以安岳年君□之狀來索銘"知,與撰文人非同一人。

【校釋】

[1]中道:合乎道義。《禮記·中庸》:"誠者,不勉而中,不思而得,從容中道,聖人也。"孔穎達疏:"從容閒暇而自中乎道。"

[2]薾:"締"的被通假字。"締句繪章",即雕琢文辭,修飾章句。承接"訓告之意,因以想望薾之高□□知詩□之□",因闕字不明文意。

[3]病不起句:墓誌殘文起首有"淳熙三年",此處接時間爲"實五年十二月十

二日也。後□十二月十三日”，是爲淳熙五年(1178)十二月十三日卒。後文記載“得年四十有八”，由此知生年在紹興元年(1131)。

[4]進士：雖然墓誌有殘泐，但中舉在紹聖四年(1097)的人定非墓主。因爲後文有“處訥幼穎悟，長克苦力學”，此句才指墓主鄧君所言，前文中進士有歷官的應是墓主之父。

[5]官至句：朝奉郎，屬正七品寄祿官；又改爲從政郎，從八品。此二官均爲墓主之父官職。

[6]克苦：刻苦。宋曾鞏《司徒員外郎蔡公墓誌銘》：“初公年十三，喪父，家貧，尤自克苦。”

[7]恃怙句：此處《重慶卷》斷句有誤，應是連接成句。“恃怙時尚幼”，指父母亡歿之時尚幼。“恃怙”，《詩·小雅·蓼莪》：“無父何怙，無母何恃。”後因以“恃怙”爲母親、父親的代稱。“早失恃怙”爲常用句。

[8]處訥：從上半部分圖版判斷，“處訥”後的文字釋讀部分闕文符號不甚準確，多有缺略，斷句也有諸多問題。故補“處訥”後爲闕字不明的符號，文末做相同處理，其他闕如。

劉乘女劉氏墓誌　南宋淳熙十年(1183)十月二十三日葬

大足區。1970年9月在大足縣城西八村出土，石現藏大足區文物管理所。誌石上殘缺，殘高57厘米，寬39厘米。誌文正書，殘存6行，行12字。

【釋文】

　　□□□/劉氏[1]，開封人。考諱乘，朝奉郎，前/□□□州。母李氏，封安人。大宋[2]崇寧三/年□月初八日酉時生，適簡州[3]通判向/□□。淳熙九年[4]四月初二日終，明年十/月二十三日葬。子男[5]四：士恭、士寬、士/□、□□。孫男：公茂、公華、公邁、公蔯。/

(《重慶卷》圖42/文226)

221

【簡跋】

根據墓誌起首與家族譜系,知墓主爲劉氏,劉乘之女,母親爲李氏,嫁於簡州通判向君。題名應是《劉乘女劉氏墓誌》,《重慶卷》誤題爲《宋安人李氏墓誌》。

出土信息,《大足銘文錄》詳細記載爲"位於縣城北2公里佛耳岩摩崖造像右半坡間林十一娘墓下邊。1979年農民興修水利掘土時與林墓同時發現。"①墓誌殘缺字數,《重慶卷》根據文意補爲每行缺三字,較《大足銘文錄》更加準確。

【校釋】

[1]劉氏句:墓主劉氏,籍貫爲河南開封人。父劉乘,歷官爲正七品朝奉郎。官某州,因墓誌殘泐闕文三字。母李氏,被封爲"安人",宋代自朝奉郎以上有此封。

[2]大宋句:"崇寧"下,《重慶卷》闕文,《大足銘文錄》補一字"三",諦視圖版作 ▨ ,釋讀爲"三"應是,其後面的闕字,據後方有"淳熙九年四月初二日終",從年月日的文例看,應是"年"和某月,即崇寧三年(1104)某月初八日酉時生。

[3]簡州句:爲墓主婚配對象的籍貫。"簡州",隋文帝仁壽三年(603)始置,隸益州總管府。之後廢置不定。宋乾德五年(967)於金水縣立懷安軍,劃出簡州。簡州只轄陽安、平泉二縣,屬成都府路管轄。墓主夫君"通判向□□","向"字圖版作 ▨ ,《大足銘文錄》未釋讀此姓氏。從字形看,《重慶卷》所釋無誤。後面二闕字,爲府君名諱。

[4]淳熙九年句:"熙"前闕三字,據前文爲崇寧三年(1104)生,之後年號帶"熙"者有三個,分別是淳熙、紹熙和嘉熙。其中淳熙(1174—1189),前後十五年;紹熙(1190—1194),前後五年;嘉熙(1237—1240),前後四年。僅"淳熙"符合九年以上之條件。可以確補爲"淳熙九年四月初二日終","明年十"下,《重慶卷》闕文三字,據時間推算也能補爲"月二十",此時下葬。《大足銘文錄》認爲"李氏從北宋崇寧年間到南宋淳熙九年(1182),享年在77—82歲之間,故將此句補全爲'淳熙九年四月初二日終'。"據前文可明確推知,墓

---

① 重慶大足石刻藝術博物館、重慶市社會科學院大足石刻藝術研究所編:《大足石刻銘文錄》,重慶出版社,1999年,第480頁。

主崇寧三年(1104)某月初八日酉時生,淳熙九年(1182)四月初二日終,享年定爲七十八歲。

[5]子男句:介紹墓主子嗣,有男四人:向士恭、向士寬,其他二人因闕字不知名諱。孫男也是四人:向公茂、向公華、向公邁、向公蓀。

冉隱君墓誌　南宋淳熙十一年(1184)四月葬

(宋)鄧仲才撰文,尹好問書,尹莘篆額

涪陵區。1997年在涪陵藺市出土,現藏涪陵區博物館。誌石高98.8厘米,寬67.5厘米。篆額書"宋故冉隱君墓誌銘"。誌文正書,18行,行26字。

【釋文】

宋故冉隱君墓誌銘

南陽鄧仲才撰

進士尹好問書

從政郎、新黔州州學教授尹莘篆額

里人冉熙志,自弱冠刻意於學,劌心[1]於文,生產資用,淡然不嬰[2]於懷。予取其志,與之交久矣。一日,走書[3]以隱君行狀來請,曰:"兄弟不天[4],今且孤,卜葬有日,其可無詞?以貴[5]不朽,請子寫銘。"予於□,執友[6]也,隱君□乎好禮肅之義,竊嘗聞之。其和而無愠,溫而多愛,□於厚者歟?□念人之□即惆然,接物篤於敬諸歟?人之困樂於施者歟?謹序而銘。

君先世[7]居梁山。曾祖□□□,父□□,皆晦跡不仕。君諱[8]□□,字純道,嘗侍其伯父公朝,任江津薄[9],因家邑中,□徙於涪之藺市。妻牟氏[10]。五子。長少亡,次□□前一年亡,次□□熙志,學□□。二女,長適牟慶先,次適房宗閱。

君淳熙十一年[11]正月十一日辛丑卒,享年七十二。是歲四月癸酉,葬於藺市南山之址。君一意爲善[12],以善□□□,鄉閭有稱焉。杖履林泉,徜徉終日,或十數年,足迹不一履市闤[13]。至焚香盥手,誦浮圖書[14],則一日不釋卷也。頗有定悟[15],間祭其□戒諸子,謂:人能於一切起慈心,則幾矣。卒前之五日,識定□曰:"庚子辛丑,當爲齋沐。且吾其逝矣。"於是端念不移,至期而卒。嗚呼哀哉!是可以書銘曰:

其義振振,其性溫溫[16]。窣□足於,巧惟有餘。於□□□,□□身欲。賁其子孫。相千萬年,有考斯銘。

(文:《重慶市志·文物志(1949—2012)》,第668頁;圖文:《宋故冉隱君墓誌銘研究》,《長江師範學院學報》2017年第3期,第68頁)

【簡跋】

本墓誌出土於1997年,相對較早,但《重慶卷》漏收。有《宋故冉隱君墓誌銘研究》(以下簡稱《冉隱君研究》)①一文考證,有録文,惜錯訛、缺漏較多,還將題署人信息位置在釋讀時由首題下改動至落款處,與碑石原刻不符。碑石雖有整體圖版,但模糊不清。《重慶市志》釋文後出轉精,但圖版仍爲碑石圖版的截圖。推測此碑或暫無拓本。本書結合二釋文,細加校釋。

撰文人鄧仲才,河南南陽人。

書丹人尹好問,進士。

篆額人尹莘,官秩爲從八品的從政郎,實職爲新任黔州州學教授。

【校釋】

[1]刳心:摒棄雜念。《莊子·天地》:"夫子曰:'夫道,覆載萬物者也,洋洋乎大哉!君子不可以不刳心焉。'"郭象注:"有心則累其自然,故當刳而去之。"成玄英疏:"刳,去也,洗也。"

[2]不嬰:"嬰",糾纏;羈絆。

[3]走書句:去信;來信。"行狀",《冉隱君研究》訛爲"形狀"。

---

① 劉東:《宋故冉隱君墓誌銘研究》,《長江師範學院學報》2017第3期,第66—71頁。

[4]不天：不爲天所護佑。指不幸遭父親之喪。

[5]賁：賁卦，爲《易》六十四卦之一。離下艮上。《易·賁》："賁。亨。小利有攸往。"高亨注："賁，卦名也。亨，即享字。古人舉行享祀，曾筮遇此卦，故記之曰亨。"意爲請寫墓誌銘，用金石以享不朽之意。"子"，《冉隱君研究》作"吾"，但文意爲直引，"子"是，"吾"非。

[6]執友句："執"，本義就有朋友、至交之意。非是"摯"的假借之類。《重慶文物志（1949—2012）》中括注爲"摯"的修訂非必要。《冉隱君研究》釋作"摯"，誤。又"乎"前釋讀爲"俯"，不知確否。其他訛誤頗多，如"竊"，誤作"窮"；"悮"誤作"誤"；"因"誤作"閑"；"施"誤作"族"；斷句又錯誤連連，令文意費解。

[7]先世句：明確墓主籍貫與家族譜系。"梁山"，即梁山軍，宋元時期爲二級行政區劃，隸屬夔州路，領梁山縣，縣治約爲今重慶市梁平縣。墓主家族譜系，因泐蝕嚴重，曾祖、祖父、父親名諱均闕，且祖先"皆晦跡不仕"，説明非顯宦之家。此句《冉隱君研究》也闕字與錯誤衆多，"跡"，誤作"蹟"。

[8]君諱句：墓主冉隱君，名諱下正好闕二字，不知是否爲"隱君"二字，字純道。"嘗侍其伯父公朝"，説明其父亡殁後曾寄養於伯父冉公朝名下。此句《冉隱君研究》"伯父"誤作"與人"。

[9]任江津簿：墓主冉隱君曾任江津主簿。"江津"，南齊武帝永明五年（487）建江州縣。後改稱江陽縣，兼置七門郡。隋文帝開皇十八年（598），因縣城地處長江之要津而改稱江津縣，隸屬於渝州。"主簿"，在唐宋時指初事之官，職位較低。"因家邑中，□徙於涪之藺市"，"徙"前一闕字或是"後"字。"藺市"，地域在漢時屬巴郡枳縣黎鄉；宋時屬涪州涪陵縣臨江鎮。《大清一統志》記載，藺市"在涪州西六十里。宋開慶元年（1259），元兵攻合州，其將樾塎造浮橋於涪州藺市，以杜援兵，即此。明置藺市驛"。《冉隱君研究》訛誤與斷句訛誤作"任江津，簿田，家邑中□，徙於涪之藺市"不辭。

[10]妻牟氏句：墓主婚配牟氏，有五子子女：長子早亡，次子應是于前一年亡，還有一子，即冉熙志，爲此墓誌銘的請銘人。還有二女：長女適牟慶先，次女適房宗閔，史志不載。《冉隱君研究》闕冉熙志等信息。

[11]淳熙十一年：即墓主在宋淳熙十一年（1184）正月十一日辛丑卒，享年

七十二歲,同年"四月癸酉"葬在蘭市南山,干支紀年爲四月十五日。

[12]爲善句:"爲善"後文字,《冉隱君研究》所釋與《重慶市志》區別較大,作"以義交州子,鄉間有稱焉"。"間"字必誤,但"以義交州子",不知是否準確,今存疑待考。

[13]市闠:本指市場的門,後泛指市場,市區。《冉隱君研究》誤作"市門",又漏"一"字。

[14]浮圖書諸句:"浮圖書"即佛經。"浮圖",也作"浮屠",爲梵語音譯,指佛陀、佛。《後漢書·西域傳·天竺》:"其人弱於月氏,脩浮圖道,不殺伐,遂以成俗。"李賢注:"浮圖,即佛也。"

[15]定悟諸句:《冉隱君研究》中,"定",誤作"適";但補出"祭"字,又"戒諸子"比《重慶市志》所釋"我諸子"更合文意。"切",又誤作"劫"。"一劫",雖爲佛家語,指天地的一成一敗,亦泛指一段很長的時間,但與文意不符。"識定",《冉隐君研究》作"論家",不知孰是,暫備一説。"嗚呼哀哉",《冉隐君研究》訛作"鳴□,异哉"。"可以"前,《冉隱君研究》補釋出一"是"字,今從。

[16]溫溫句:"溫溫",《冉隱君研究》闕,之後斷句與釋讀均有誤,作"足於巧,惟有餘於真□,薔□此身,欲貴其子孫,相千萬年,有考思銘"。

王若家族墓誌

其一:

王若妻徐守真墓誌　宋紹熙元年(1190)四月二日葬

(宋)耿望之撰

大足區。2014年7月重慶市大足區龍崗街道觀音岩村9組龍神灣出土,石現藏大足石刻研究院。誌石長81厘米,寬48厘米,厚7厘米。誌文正書,17行,滿行32字。

【釋文】

徐安人墓誌銘

婿文林郎、宣就差瀘州録事參軍耿望之撰。

安人[1]姓徐氏,諱守真,懷安金堂之古城鎮人。少篤於孝敬,父母愛之。選所宜歸[2],年二十,以適昌之王氏故太中大夫、文安縣開國男璠之冢婦,今朝奉郎、新權知石泉軍/若之妻也。安人天資柔静以和,不見喜慍,篋縷巧飾,敻出輩類,理家有矩矱,字孤周/急不少靳,睦内外無間言。宗黨愛敬之。偕夫侍舅[3],宰安仁,倅南平,守渠利蜀三州、持/節益利夔三路。承順惟謹,深得公姑歡,躬祭祀賓客之奉禮無違。文安公曰:得婦資/吾無恨矣。從石泉君宦游,凡市所需或錙銖加,必笑曰:隸敢爾?酌其餘歸之。君以廉/聞,内實有助焉。嗜浮屠書[4],雖事劇,不去手。及病革[5],神色不亂,語家人曰:母慟,以溷我/。似有得於死生之說。卒年[6]五十一,實淳熙九年六月十六日也。時毒暑,雨舍外。訃其/昆弟來視殮故未即蓋棺,咸憂之,翌日爽甚,無他,衆驚異,或曰此誦法華經之應也/。

曾祖[7]光播,祖文照,父熙邈、承節郎、前漢州德陽監稅,母沈氏。男五人[8],女三人,安人撫/養均一。長男曰迪,次竺僧,次麟孫,次順孫,次未名;女長適鄉貢進士馮椿,後五年卒/,次歸望之。内外孫男女十人。以君升朝,贈孺人。卜以[9]紹熙元年四月二日葬於大足/縣西山之南。

君前期[10]屬望之志其實以詔後。嗚呼,尚忍言之耶!其生也不及拜于堂/,其葬也不得哭於墓,惟聞其德與言與功,尤加詳是宜銘。銘曰/:

德全其天,胡嗇其年?勒銘其堅,以永其傳!/

(圖文:《宋代巴蜀清官王璠考略及其他》,《長江文明》2017年第2期,第42—51頁)

【簡跋】

本墓誌與《王若墓誌》同時出土,爲夫妻墓誌。首見於發掘簡報①記載,錄文與圖

---

① 夏明等:《重慶市大足區龍神灣南宋王若夫婦墓發掘簡報》,《四川文物》2015年第4期,第27—39頁。

版見於《宋代巴蜀清官王璠考略及其他》①(以下簡稱《王璠考略》)一文。從卒葬時間上，徐守真墓誌早於王若墓誌，故放前。校釋時內容互參。

首題爲"徐安人墓誌"，但墓誌後文稱"以君升朝，贈孺人"，題名還是以人名爲準，故改爲《王若妻徐守真墓誌》。

撰文人耿望之，爲墓主之婿，官文林郎，"宣就差瀘州錄事參軍"，說明尚未正式出任。

【校釋】

[1]安人句：墓主徐守真，籍貫爲宋懷安軍所轄金堂縣古城鎮人。"懷安軍"，宋乾德五年(967)滅後蜀置於金水縣，隸屬西川路，管轄金水、金堂二縣。宋咸平四年(1001)改隸梓州路。金堂縣，從漢州劃入懷安軍，宋嘉祐二年(1057)因原縣城被洪水冲毀，縣治遷往原白牟縣治所城厢鎮(今成都市青白江區)。宋重和元年(1118)梓州路升爲潼川府路，懷安軍仍爲其轄地。而"白牟縣"即"古城鎮"，北周時曾廢白牟改稱古城鎮，後屢有更替。宋代漸多以金堂縣名代鎮名。《王若墓誌》也稱："妻宜人徐氏，古城人也。"

[2]宜歸句：指徐氏年二十嫁入昌州王璠家爲"冢婦"，即嫡長子之妻。《禮記·內則》："冢婦所祭祀賓客，每事必請於姑。"王璠歷官在本墓誌中記載爲"故太中大夫、文安縣開國男"，後又稱爲"文安公"。太中大夫，舊制稱左右諫議大夫，元豐改稱，定爲文官第十一階。據《大足銘文錄》知，宋淳祐七年(1247)《何光震餞郡守王夢應記碑》中有"昌鄰於合，舊號東州道院，文物彬彬，久稔聞見。人品有楊賢良、王文安之清"之語，"王文安"即王璠，與楊甲齊名。再廣泛查證，知《全宋文》卷四千七百六十五有汪應辰撰《再奏蜀旱歉》，記載其"又得利路轉運判官王璠書，云已差官檢踏本州灾傷，俟見合減放數目……"，又卷五千六百八十六有《承務郎李公墓誌銘》記載："乾道六年，成都府路轉運判官、權安撫司事趙公說、知漢州事餘時言，共以州人李君之行義聞於朝，未報，而四川宣撫使王炎、安撫使薛良朋、轉運副使王璠、判官趙不愚相繼表上，孝宗皇帝聞而嘉之，乃九年閏正月丁酉制曰……"，其中的利路轉運判官、轉運副使王璠，即墓主之父。王璠嫡長子王若，時爲朝奉

---

① 趙輝志：《宋代巴蜀清官王璠考略及其他》，《長江文明》2017年第2期，第42—51頁。

郎、新權知石泉軍。《王若墓誌》同時出土，見下條詳細校釋。

[3]偕夫侍舅句：墓主隨從與輔助夫君一家輾轉各地：治理安仁、副佐南平、守渠州、利州、蜀州三州；持節益州路、利州路、夔州路三路。"安仁"，今成都大邑縣安仁古鎮地。唐武德三年（620）建，隸屬於劍南道邛州。宋時屬成都府路。"南平"，即夔州路南平軍，治南川。王若家族的歷官反映了宋代行政管理由縣、州府軍監、路，三級升遷之路。《王璠考略》梳理爲"建炎二年入仕後，曾先後任成都府路邛州安仁縣令（約1151年後），夔州路南平軍通判，渠州（1162年前）、利州、蜀州（崇慶軍）知州（軍），益州路（成都府路）、利州路、夔州路'帥漕憲'一類監司官員，最後任職爲成都府路轉運副使（漕司副職，掌路財賦、監察所轄州縣官吏等），封爵爲文安縣開國男，贈正議大夫。"

[4]浮屠書：指佛教典籍。表明夫人信仰佛教。聯繫後文，有墓主死後得以福報之事：下葬前原本暑熱加暴雨的天氣，在下葬當天却天清氣朗，讓其弟與衆人驚异，感嘆是夫人"誦法華經之應也"。

[5]病革句：指其病重之際，安慰家人，視死如生。"革"，此處爲革除之意。《易·革》："水火相息，二女同居，其志不相得，曰革。"原釋文"母"，爲"毋"的古字，無，不要。"涸"，即打擾。

[6]卒年句：墓主享年五十一歲，卒於宋孝宗淳熙九年（1182）六月十六日。

[7]曾祖句：叙述墓主徐氏家族譜系：曾祖徐光播，祖父徐文照，父徐熙遜，母沈氏。徐熙遜歷官爲從九品承節郎，前漢州德陽監税。"德陽"，秦時屬蜀郡。唐武德三年（620）始析雒縣、綿竹縣部分地區置德陽縣（今德陽市旌陽區），屬益州。宋嘉祐四年（1059）升爲成都府路。南宋時，仍置漢州，領德陽等四縣。"監税"，即管理税務的官職。

[8]男五人句：叙述夫人子嗣，有男五人：王迪，王竺僧，王麟孫，王順孫，還有一個没有名字。女三人：長適鄉貢進士馮椿，後五年卒；次女爲墓誌撰文人耿望之妻。還有"内外孫男女十人"。較《王若墓誌》中記載的"五子，迪、逢、近、逮、逸。女，□□免解進士、普慈馮椿；次嫁奉議郎、懷安耿望之；季幼。徐氏及已嫁長女先公卒矣。内外孫男女十六人。"在子嗣名諱上記載不一。原因是自宋淳熙九年（1182）徐氏亡殁至宋嘉泰元年（1201）王若亡殁間隔近二十年，子孫均已長成，對於已有子嗣的名諱，或有名字、小名等同人異名

現象。"內外孫男女"多出"六"人。"徐氏及已嫁長女先公卒",長女應是晚於其母徐氏而亡。

[9]卜以句:墓主在宋紹熙元年(1190)四月二日才葬於大足縣西山之南,即墓誌出土地"大足區龍崗街道觀音岩村9組龍神灣"。

[10]君前期句:"君",指當時尚在的墓主之夫王若。"望之",即撰文人耿望之,《王璠考略》誤斷句作"君前期屬望之志,其實以詔後",文意斷裂。"志"圖版作"志",寫夫人生平之實以志,詔告後代。從後文"其生也不及拜于堂……"説明此時耿君與徐氏之女尚未正式成婚。

其二:

王若墓誌　宋嘉泰元年(1201)卒

(宋)劉光祖撰文,陳剛篆蓋

大足區。2014年7月重慶市大足區龍崗街道觀音岩村9組龍神灣出土,石現藏於大足石刻研究院。碑石爲兩塊,東西放置,雙面刻。西側碑石長97厘米,寬53厘米,厚9厘米。東側碑石長99厘米,寬53厘米,厚9厘米。每面正書,25行,行13字。第一面上部殘泐約6字,碑版有石花干擾。

【釋文】

第一截:

■朝散大夫、知合州,王公墓誌銘/

■直秘閣劉光祖撰/

■書、禮部侍郎、兼■修撰,兼侍講提■/

■遣簡州軍州、兼/■借紫陳剛篆蓋/

第一面：

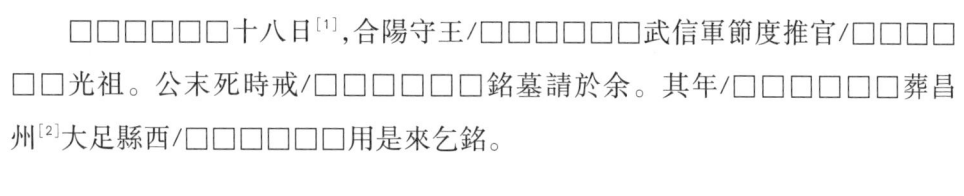

□□□□□十八日[1]，合陽守王/□□□□□武信軍節度推官/□□□□□光祖。公末死時戒/□□□□□銘墓請於余。其年/□□□□□葬昌州[2]大足縣西/□□□□□用是來乞銘。

公廉/□□□□□一金之直，有窺/□□□□□人曰：公雖薄物/□□□□□廉其寧？新繁[3]去為/□□□□□不得志，於公[4]教/□□□□□曰：嗟□我舊令之/□□□□□邑中之水與菜耳。/□□□□□所質於縣帑[5]者/□□□□□之哉。公之去新/繁□□□□曹，行年七十，其廉/□□□□□人耳。嘗為普州/□□□□□官因治文書見前/□□□□□酒於務，獨公不/

第二面：

以升龠[6]市歸私室。仕宦[7]四十年，年/七十，以廉終。公七歲[8]知為詩，嘗賦/《汲泉詩》，有"瓦瓶擔曉月，歸路逐清/風"之句。其以廉終，蓋兆於幼時語/也。

公諱[9]若，其先河南人。□宋八世/祖尚恭，避亂徙蜀居昌。曾祖[10]諱良/獻，贈朝散大夫，妣袁氏、馮氏，皆宜/人。祖諱[11]登，擢紹聖初進士第，任/朝散大夫，贈正奉大夫。妣□氏、周氏，皆碩人。考之生荀氏，封恭人。考/諱[12]璠，擢建炎第，任朝議大夫，成/都路轉運副使，食采文安縣，贈正/議大夫。妣黃氏，碩人。文安質厚有/古□□□清約[13]。公年十七，徒步萬/里，□□□闕，凡文安食飲服御，公/□□之。文安守宕渠/，孝宗嗣位[14]，公捧表入賀，補將仕郎/、調陽安縣主簿。以治[15]《春秋》，鎖其廳/試為自選，後三年又薦，不第。公在[16]/陽安勾稽甚悉，平泉久不治，州遣/攝其邑事，浹月而治。仕於普[17]，酒政/修。總漕[18]皆名人，以京秩薦，去佐西/和幕。又稱厥官[19]，改宣教郎。連丁[20]考/妣憂，服闋，令新繁。率畫漏[21]下五十/刻乃退食，其勤始終不渝。繁，大邑/。

第三面：

灌口堰溉縣田三十六萬畝，吏調/夫役，歲歲為奸利。公料民秋輸米/多寡均調。舊弊一時絕去,池園之/利悉罷。曰:毋以是□我。倅鳳[22]嘗攝/守,一以法律裁,兵民兩當。縣胥魏/敏素暴戾,公因事杖其脊;又流黥/卒二人,以肅軍伍。□堡諸倉宿蠹/,公根穴除之。秋潦[23]敗民田,以白諸/臺:三年然後理其租營,田租輸及/十七。白各免輸。於是,部使者察公/廉平可任。成州民[24]許裔、許翔訟產/,翔賂吏有年,裔理□得伸,委公究/之。公閉閣三日,閱文案、鈎得其情/,奪翔三十年所欺占裔產,以畀裔/,裔冤始白。翔詣省訴,卒不能易也/。制置使[25]趙公以為可守邊,辟黔州/,會已有守臣;趙公薦之丞相周公/,公得知石泉軍。臨以寬靜[26],簡其□/目它縣民輸米□□率苦重費,公/至,戢□□□□,其餘以歸。新作/貢院□待士,士□登科皆德公。歲/壬子[27],龍安水夜至,漂沒無數。公矜/勞振乏絕、蠲田賦,民大感悦,有/詔獎諭。石泉滿,適趙公當國,以/為合陽守[28]。合陽比歲不稔,民生艱。/

第四面:

公除其□□,曰:吾□是迫吾民,州/粗不乏□□□。公死數日,郡官有/滿,去,吏□例作樂送之。有賣□□/哭于市曰:我州父母死,誰忍為此/聲乎?!□歸道旁,田父泣下,士哭以/送數百人。公□人無親疏,一□□/誠□□不為□□□俸入以恤親/□□於興,而廉其取,故仕雖久,貧/□□初。積官朝散大夫[29]。

妻宜人徐/氏,古城人也。五子,迪、逢、近、逮、逸。女/,□□免解進士、普慈馮椿;次嫁奉/議郎、懷安耿望之;季幼。徐氏及已/嫁長女[30]先公卒矣。內外孫男女十/六人。噫,余何以銘似之,似之欲得/余銘□曰:/

吏□而商,勢得揚揚。民愚諭公,竊/□以傷。下民之傷,為世之耻。有詡/其清,文安之子。清匪求聞,人播其/芬。□播其芬,毋毁其墳。/

(圖文:《宋代巴蜀清官王璠考略及其他》,《長江文明》總第26期,第42—51頁)

【簡跋】

王若墓誌與其妻墓誌形制不同,屬於四截刻。第一截上部泐蝕約半,據其他三截刻知,墓誌正文每截刻為滿行13字,第一截闕字約為6字不等。墓誌的題署人部分因為有提行和敬空等存在,闕字數無法確定是否為6字。《王璠考略》釋文已對部分闕字進行補釋，有個别闕誤，本書據圖版訂補。

墓主王若，據首題知最終歷官是文官第十二階朝散大夫，從五品上。"朝散大"三字原本殘缺，《王璠考略》根據墓誌文中"積官朝散大夫"而補。"知合州"，爲實職，《輿地廣記》卷三十一"昌州"條下記載，"唐屬資、普、瀘、合四州。乾元二年析置昌州。大曆六年州、縣廢，其地各還故屬。十年復置，後曰昌元郡。皇朝因之。今縣三：上大足縣，本合州巴川縣地，唐置，屬昌州。光啓元年州徙治焉。及以普州普康縣地置靜南縣，屬昌州，後省入。"説明此"合州"指宋時的大足縣，與墓誌今出土地一致。

撰文人劉光祖，字德修，簡州陽安人。曾任侍御史、起居舍人，知眉州，將漕利州路，進直寶謨閣，潼川路提刑、知遂寧府、潼川府等，嘉定十五年(1222)卒。曾撰《涪州學記》。《宋史》卷三百九十七有傳。墓誌首題處官職殘缺，只存"直秘閣"三字，舊稱"進直寶謨閣"三字，屬宋端拱元年(988)在崇文院中堂所建秘閣，用以收藏三館書籍真本及宫廷古畫墨迹等，有直秘閣、秘閣校理等官。宋嘉泰二年(1202)置寶謨閣，置學士、直學士、待制等官。墓誌序文中記載其爲"武信軍節度推官"，即本傳記載的知遂寧府時期官職，唐於遂州置武信軍。

書丹人因殘缺無名諱，衹有官職"■書禮部侍郎、兼■修撰，兼侍講提■"。

篆蓋人陳剛，殘缺的官職中有"■遣簡州軍州、兼■借紫"，"借紫"指官員的服色，三品以上服紫，未至三品者特許服紫。宋王溥《唐會要·内外官章服》"四年二月二十三日詔"注："天授二年八月二十日，左羽林大將軍建昌王攸寧，賜紫金帶。九月二十六日，除納言，依舊著紫帶金龜。借紫自此始也。"

【校釋】

[1]十八日句：此第一截刻因上半截泐約六字，使得墓主的卒年時間只存"十八日"，具體紀年不明。"合陽守王□"，即墓主王若。

[2]葬昌州：即指合葬於夫人徐氏的葬地"大足縣西山之南"。

[3]新繁：《王璠考略》未釋，本書根據圖版補釋，因後文有"公之去新繁""服闋，令新繁"相呼應。本書補出"之去"，"去"字，《王璠考略》作"云"字，誤。

[4]於公："公"下一闕字，據圖版字形疑爲"教"字。聯繫前文"人曰"諸句，應是百姓對墓主王若評價之語，其清廉之名深受百姓稱贊。

[5]縣帑：即縣里藏金帛的府庫。

[6]升龠：均爲古量器名，後作容量單位。龠爲合的二分之一。劉向《説苑·

辨物》：“千二百黍爲一龠，十龠爲一合。”十合爲一升，十升爲一斗。

[7]仕宦句：墓主王若歷官四十年，“年七十，以廉終”與前文的“行年七十”呼應。行年，即經歷的年歲，即墓主享年。

[8]七歲句：墓主年幼時天賦秉異，七歲作《汲泉詩》，有“瓦瓶擔曉月，歸路逐清風”之句，一語成其爲官終身清廉的前兆。“時”前，補出“幼”字，與文意合。後文有“公年十七，徒步萬里”孝敬父親之事，發生在孝宗即位之前。

[9]公諱二句：此處詳細記述墓主的籍貫與家族譜系。王若家族籍貫爲河南人，“八世祖王尚恭”前闕二字，從字形判斷，第二字爲“宋”字，前一字不明。“避亂徙蜀居昌”，指其家族移居昌州的原因。

[10]曾祖句：曾祖王良獻，贈官爲朝散大夫，從五品上。“妣袁氏、馮氏，皆宜人”，文官自朝奉大夫以上至朝議大夫其母或妻而有此封。

[11]祖諱句：祖父王登，紹聖（1094—1098）初進士，任朝散大夫，贈正三品正奉大夫。“正奉大夫”，大觀二年（1108）改右光祿大夫置，爲正三品文臣寄祿官。王登妻三人：□氏、周氏，二人封碩人；又一妻爲苟氏，封恭人，即王若的祖母。

[12]考諱句：父親王璠，建炎（1127—1130）年間進士，《宋登科記考》記載登建炎二年（1128）李易榜。先任正六品“朝議大夫”，即左朝議大夫，元豐三年（1080）新寄祿官，正六品，取代舊寄祿官九寺少卿及左、右司郎中；元祐三年（1088）分爲左、右兩階；大觀二年（1108）將左朝議大夫去左字，右改奉直大夫。王璠後又升任成都路轉運副使，食采文安縣，贈從三品“正議大夫”，元豐三年（1080）新寄祿官，取代舊寄祿官六部侍郎，從三品；元祐三年（1088）分爲左、右二階；大觀二年（1108）又以左正議大夫爲正議大夫，改右爲通奉大夫。後文的“文安”均代指王若父王璠。王璠妻黃氏，爲碩人。《王若妻徐守真墓誌》載其“偕夫侍舅，宰安仁，倅南平，守渠利蜀三州、持節益利夔三路”，其中歷官多爲王璠所經歷。

[13]清約：清廉節儉。“古”下三闕字不明。《王璠考略》認爲“其父王登、其子王若，祖孫三代均爲清官而清廉名氣之大、社會和歷史影響之深遠，尤以王璠爲著。”

[14]孝宗嗣位句：記載墓主入仕在孝宗嗣位之際，即紹興三十二年（1162）

六月之後。起官爲"補將仕郎、調陽安縣主簿"。《考略》據此年爲仕宦四十年的起點,七十而卒時則在嘉泰元年(1201),生年在紹興二年(1132)。[①]據此,可推測出上文中的"年十七"在紹興十九年(1149),彼時王璠應是還未任守宕渠。王若入仕起從九品的將仕郎,後調任"陽安縣",即今四川簡陽縣。唐天寶元年(742)改簡州置陽安郡;宋時屬成都府路簡州陽安郡,治陽安、平泉二縣,治所在陽安縣。

[15]以治句:指王若以攻讀《春秋》的優勢,參加科舉考試。"鎖其廳試爲自選"中《考略》釋文闕"爲自"二字,本書根據圖版補讀。"鎖其廳試"即現任官員參加貢舉考試,以鎖其官廳而赴試,題目自選。可惜王若連續兩次均不中舉。

[16]公在句:指王若因在陽安任上考核不錯,之後官運通暢。"勾稽",即考核。"平泉",即今簡陽市西南五十里,隋開皇十八年(598)改婆閏縣置。與"陽安"在宋屬上、下縣的關係。"浹月",補讀出"月"字,指一兩個月,短期。

[17]仕於普句:"普"指普州。第一截刻中的"嘗爲普州□"中的官職應是與此處的"酒政修"相關的官職,專門負責釀酒、買賣及稅收等方面的政令。

[18]總漕句:"總漕",在宋代合指"總領所"與"轉運司",與明清時的職官不同。《皇宋中興兩朝聖政輯校》記載,淳熙七年(1180)七月二十四日左司郎中杜民上表,乞罷總領漕司營運,孝宗深表認同,降詔兩淮、湖廣、四川總領所,兩浙、四川轉運司營運一起廢置。"皆名人",所指不明。當時王若被"以京秩薦去佐西和幕","西和",即西和州,原名岷州,紹興十二年(1142)與金人和好之地,因犯金太祖嫌名而改稱西和州。《宋川陝大郡守臣易替考》記載:"本州自熙寧六年至紹興元年、自紹興十二年至紹定四年有守臣在焉。"[②]

[19]厥官:表示官職序進,此詞常用在制誥當中。宋•曾鞏《胡援杜紘刑部郎中制》:"尚思明慎,以稱厥官。"指王若由任西和州的幕僚改任正七品"宣教郎",政和四年(1114)改宣德郎置。

[20]連丁句:約紹興末年王若父母先後亡歿,服闋後出任新繁令。新繁,約在今四川省成都市西北,宋屬成都府路成都府,爲重要的大邑。

---

① 趙輝志:《宋代巴蜀清官王璠考略及其他》,《長江文明》2017年第2期,第44頁。
② 李之亮:《宋川陝大郡守臣易替考》,巴蜀書社,2001年,第224頁。

[21]晝漏句:王若政務繁忙,大概每天都要晝漏至"五十刻"才能休息。"漏刻",即古計時的器具漏壺,共有一百刻,分"晝漏"與"夜漏"二種。"其"下,《王璠考略》闕一字,據右部爲"力"字構件,應是"勤"字。

[22]倅鳳句:"鳳"指陝西秦鳳路,後又屬利州西路的鳳州。"倅",副、輔助。"攝守",即掌管。王若治理有方:整治暴戾的縣胥魏敏、流黥卒以肅軍伍、清理"□堡諸倉宿蠹"等貪污之吏。"胥",指官府小吏。"黥卒",宋時在士兵臉上刺字,以防逃跑,故稱。

[23]秋潦:即秋季水災。潦,雨水大貌,亦指雨後的大水。

[24]成州民句:詳細記載王若公平審理許裔、許翔二人之訟,與前文除暴"縣胥魏敏",共同勾勒出一個爲民除害、秉公執法的清官形象。正如《王璠考略》所言,三代清官,家族之風。"閣",古代官署的門,亦借指官署。"畀",給予;付與。《詩·小雅·巷伯》:"取彼譖人,投畀豺虎。"高亨注:"畀,給予。"

[25]制置使句:"趙公",即時四川制置使兼成都知府趙汝愚。後文有王若任職石泉軍滿秩後,"適趙公當國",即趙汝愚後任右丞相。趙汝愚推薦王若任黔州守,未成行;又推薦給丞相"周公",即周必大,自淳熙十四年(1187)二月擔任右丞相。在趙汝愚和周必大的幫助下,王若得知石泉軍,隸屬成都府路,政和七年(1117)割綿州轄之神泉、龍安兩縣與茂州轄之石泉縣設置,治地今四川北川縣治城鎮。

[26]寬靜句:據圖版,"臨"下,補"以";"簡"下與"餘"前均補"其";"以"下補"歸"字。記載了王若寬以待民,輕徭役,重人才等功績。

[27]歲壬子句:"歲壬子",即紹熙三年(1192)。"龍安"爲石泉軍所轄三縣之一,龍安水災,《王璠考略》考證實際發生在紹熙二年(1191)五月。《宋史·五行志》記載,紹熙二年"三月庚午,利州東江溢,壞堤田廬舍。辛未,潼川府東南江溢,六月戊寅又溢,再壞堤橋,水入城,沒廬舍七百四十餘家。栖、涪、射洪,通泉縣匯田爲江者千餘畝。"說明涪江上游和整個川北普遍受水災。"漂沒",《王璠考略》在錄文時誤錄爲"湮没"。

[28]合陽守:即宋合州轄合陽城的父母官。此處多闕字,文意爲墓主王璠治理有方,深受民衆愛戴。

[29]積官:謂纍積官銜和爵位。"朝散大夫"爲文散官官階,從五品上。實際官職仍是其最終的"合陽守",即首題的"知合州"。

[30]長女:二字爲補釋,從文意判斷應是"長女",即免解進士普慈馮樁之妻。普慈縣,隋開皇十三年(593年)以多業縣改置,治今四川省樂至縣東北,屬資陽郡。北宋乾德五年(967年)廢。應是後又復置。

楊元甲家族墓誌

其一:

楊元甲墓誌　南宋嘉定年間(1208—1224)葬

北碚區。2013年出土於北碚澄江鎮澄江村塘溝社苦塘溝旁坡上,石現藏於北碚區博物館。誌石高44厘米,寬108厘米。誌文正書,20行,滿行8字。底部一字均損。

【釋文】

巴岳先生[1],姓楊諱元甲,/字春卿,濮國之南山/人。文學行義,為世所/宗[2],英風義概,照映簮/笏[3]。嘗從軍[4]陝右,拊接/有恩,關表軍民,仰之/若父母,人以是知其/有弘濟之略。嘉定初[5],/以四川宣撫司歲薦,/擢利路將漕屬官,繼/任南充、江津二縣令,/未幾[6],改除夔路帥漕,/卒于治所,年六十有/三,官至從政郎。有《巴/岳文集》行于世。孤子[7]/端靖、端揆敬奉靈骨,藏于/縉雲之側。粗紀要略,/瘞諸玄宫/。九峰聯青,一水憑綠/,煉化丹陵,兹焉瘞玉/。

(圖文:《重慶市志1949—2012》,第670頁)

附:

右壁龕題刻《楞嚴咒》

刻石爲長方形,高43厘米,寬63厘米。正書10行,滿行7字。

【釋文】

佛頂光聚悉怛/多般怛羅,秘密/伽陁微妙章句。/

跢姪他,唵,阿那隸,毗舍提,/鞞囉跋闍囉陁唎,/槃陁槃陁你,跋/闍囉謗尼泮,虎/昕都嚧甕泮莎婆/訶。

墓券刻《鎮墓文》:
墓石呈外方内圓形,内圓直徑55厘米,四角陰刻捲雲狀紋,圈内陰刻鎮墓文,篆書,10行,滿行10字,計90字。

【釋文】

天帝告土下冢中王/氣五方諸神趙公明等:江/津縣令[9]楊元甲,年六十三/歲,生值清真之氣,死歸神/宮,翳身[10]冥鄉,潜寄冲虛,辟斥諸禁諸忌,不得妄爲害/氣。當令子孫昌熾,文咏九/功,武備七德,世世貴王,與/天地無窮。一如土下九天/律令。

壁龕題刻:
後壁龕雙層門楣,内層刻區,篆書"巴嶽歸隱"四字,每字高約15厘米。

(圖文:《重慶市北碚區苦塘溝南宋楊元甲夫婦墓的發現與研究》,《四川文物》2015年第6期,第56—67頁)

【簡跋】

《楊元甲墓誌》與《楊元甲妻景秀真墓誌》雖同時出土,但從"諸子舉夫人之喪,合葬於縉雲先考之兆"知楊元甲先卒,景秀真卒後合葬一地。如最早公布考古成果的《重慶市北碚區苦塘溝南宋楊元甲夫婦墓的發現與研究》①(以下簡稱《楊元甲夫婦墓研究》)所言,是"同墳异穴合葬墓",且夫妻二人同壽爲六十三歲,楊元甲比妻先逝,生卒年月不如妻景氏明確。《楊元甲夫婦墓研究》詳細的考古報告,將圖版與釋文全部公布,且做出考釋,認爲"出土的墓誌揭示了楊元甲生平,對研究南宋川陝地區宋金對峙歷史

---

① 白九江等:《重慶市北碚區苦塘溝南宋楊元甲夫婦墓的發現與研究》,《四川文物》2015年第6期,第56—67頁、第100—101頁。

背景下的政治鬥爭、職官制度、薦舉制度、財賦政策有一定意義。題刻中的地名涉獵較多,有助於我們了解宋代合州的地理情況與古今地名變化。墓中有關佛、道二教的葬術題文,應爲民間鎮墓習俗的遺留,一定程度上反映了四川盆地宋代宗教在民間的發展情況及其與世俗社會的關係。"從出土報告中可知,出土墓葬中除了墓誌外還有鎮墓文與其他題刻。

墓主楊元甲,宋代史籍疏略,明代府志中略記其嘉泰二年(1202)曾中進士,爲墓誌所闕失;而且墓誌中的卒年信息也不明,祇能繫聯其妻墓誌大致推斷,約生活於南宋中期,卒於嘉定年間(1208—1224)。

【校釋】

[1]巴岳先生句:墓主楊元甲,字春卿,號巴岳先生。"元甲"前《重慶市志》衍一"未"字。籍貫爲"濮國之南山人",《白鶴梁題刻人物彙考》中有同籍貫的黃仲武,於紹興十八年(1148)知涪州軍州事,認爲濮國即今重慶合川一帶。①《楊元甲夫婦墓研究》考釋認爲,宋時的合州指今重慶市合川區、銅梁區和四川省武勝縣一帶,楊元甲爲此地的南山人。明萬曆《重慶府志》卷三十二"又梁椿、陳用康、楊元甲俱鄉舉,銅梁人"。明萬曆《合州志》記前朝有"陳用庚、張之邛、楊元甲"等七人"俱嘉泰壬戌傅行簡榜。"《宋登科記考》嘉泰二年(1202)據此收録。但墓誌未記載其進士出身之事,只載其"文學行義,爲世所宗"。墓誌作爲第一手材料,其真實性較高,錯誤性較少。由此《楊元甲夫婦墓研究》考釋繫聯其入仕只從最低一等的"從軍"開始,指出其原因是《宋會要輯稿·職官》記載的"五千石與出身"的賣官特授科舉出身,非正式及第。

[2]所宗:"所"字,碑版略磨泐,《重慶市志》誤釋爲"仰",與約定俗成的用法不符。《楊元甲夫婦墓研究》釋爲"所",今從。

[3]簪笏:冠簪和手版。古代仕宦所用。比喻官員或官職。

[4]從軍句:指明墓主入仕與功績。"陝右",即陝西。古代取面嚮南,右則爲西。"拊接",即安撫接納。"關表",即前文的"陝右"一帶,與關中爲表裏關係而得名。"陝右"與"關表"异名同表。

---

① 王曉暉:《白鶴梁題刻人物彙考》,天津古籍出版社,2017年,第74頁。

[5]嘉定初句：據《楊元甲夫婦墓研究》考釋，"四川宣撫司"在宋寧宗嘉定(1208—1224)時期只存在了一年零八個月，隨後即嘉定二年(1209)八月因宋金達成"嘉定和議"而罷四川宣撫司，恢復四川制置司。楊元甲當在嘉定元年(1208)被"歲薦"。其被推薦的原因，考釋疑爲與楊元甲參與開禧北伐"吳曦之亂"有一定關係。開禧三年(1207)初，正值宋金戰事再起之時，四川宣撫副使吳曦反叛，"僭號建官，稱臣於金"，四川宣撫司轉運使安丙等假傳聖詔，誅曦平叛，後被封爲四川制置大使。墓主楊元甲後又"擢利路將漕屬官"，應與安丙知興州安撫使兼四川宣撫副使，利州路將漕主要負責漕運有關，或爲安丙的直系下屬。楊元甲後連續任職爲南充與江津二縣的縣令。

[6]未幾句：楊元甲後歷官職"夔路帥漕"，二釋文均因碑版底部泐蝕一行而闕字，從圖版殘劃作 ▨，與"漕"字上部筆劃相似；又《建炎以來繫年要錄》卷九十九下有"至是，制置大使席益言，夔路帥漕皆非其才。""漕"，在宋元時爲漕運司及漕司的簡稱。《宋史·選舉志二》："紹興元年，當祀明堂，復詔諸道類試，擇憲、漕或帥守中文學之人總其事，使精選考官。"

[7]卒于句：楊元甲卒時享年六十三歲，官至從政郎，遺留有《巴岳文集》行世，未見史志記載。

[8]孤子句：指明墓主楊元甲有二子：楊端靖與楊端揆，將其父葬於"縉雲之側"，即縉雲山脈，墓誌的出土地北碚澄江鎮澄江村塘溝社苦塘溝正位於縉雲山下。

[9]江津縣令：鎮墓文中楊元甲的身份爲江津縣令，繫聯墓誌文中的"繼任南充、江津二縣令，未幾，改除夔路帥漕，卒于治所"，《楊元甲夫婦墓研究》認爲是在南充縣令任上較長，在江津縣令上較短並逝於江津治所。

[10]瘞身："瘞"通"瘞"，指埋葬。圖版作 ▨，篆書，但下部構件爲"羽"字無疑。《楊元甲夫婦墓研究》誤釋爲"醫"。因其妻《景秀真墓誌》所附鎮墓文與《楊元甲墓誌》相同，本書一並訂正。

240

其二：

楊元甲妻景秀真墓誌　南宋紹定二年(1229)三月合葬

　　北碚區。2013年出土於北碚澄江鎮澄江村塘溝社苦塘溝旁坡上，石現藏於北碚區博物館。誌石高45厘米，寬34厘米。誌文正書，11行，行16—18字不等。部分文字泐蝕。

【釋文】

　　笕[1]夫人景氏[2]，諱秀真，龍多先生西仲之長女，生有□/質，龍多遴選名士，歸于巴嶽先生楊元甲。□□□□/□□□之正。事[3]舅姑，既其孝；處族黨，既其□。馭下/□，恩□□□法。處身勤儉，庭闈肅然。光輔夫□□/□仕路，巴嶽以直道不合於時，終老選調。既歿，家/徒四壁，夫人理後事，訓諸[4]子女，尚崇儉，經理有方/略，無戚嗟之色。紹定二年[5]二月□日，卒于南峰鄉/之祖居，年六十。有二子初孫[6]、夢孫，女□人。是歲之三月/，諸子舉夫人之喪，合葬于縉雲先考之兆。謹泣血/著銘，為千載華表[7]之證。其辭曰/：

　　縉雲儲祥，石紐[8]流光。被母之蛻[9]，百世其昌。

（圖文：《重慶市志·文物志(1949—2012)，第670頁》）

附：

右壁龕刻《楞嚴咒》

　　刻石為長方形，高43厘米，寬63厘米。正書10行，滿行7字，計55字。

【釋文】

　　佛頂光聚悉怛/多般怛羅，秘密/伽陁微妙章句。/

跢姪他,唵,阿那隸,毗舍提,/鞞囉跋闍囉陀唎,/槃陀槃陀你,跋/闍囉謗尼泮,虎/昕都嚧甕泮莎婆/訶。

墓券刻《鎮墓文》：
墓石高40厘米,寬106厘米。篆書,滿行6字,從右到左,共16行,計95字,其中損1字。

【釋文】
天帝告土下冢中王/氣五方諸神趙公明等:江/津縣令楊元甲室人景氏,年六十三/歲,生值清真之氣,死歸神/宮,翳身冥鄉,潛寄冲虛,辟斥諸禁諸忌,不得妄為害/氣。當令子孫昌熾,文咏九/功,武備七德,世世貴王,與/天地無窮。一如土下九天/律令。

壁龕題刻：
後壁龕雙層門楣,內層刻區,篆書"大椿壽墓[10]"四字,每字高約15厘米。

【簡跋】
　　《楊元甲妻景秀真墓誌》所附鎮墓文等題刻與其夫楊元甲基本相同,衹在"楊元甲"後多出"室人景氏"四個字,本書參照後錄文,但因相似度而真偽難辨。

【校釋】
[1]笵:同"篷"或"蓬"。"蓬",一爲草名。秋枯根拔,遇風飛旋,故又名"飛蓬"。《詩·召南·騶虞》:"彼茁者蓬,壹發五豵。"圖版作 ,字形相似,但文意不解。或隱喻夫人之生命如飛蓬消逝。
[2]景氏句:墓主景秀真,爲龍多先生景西仲長女,後嫁於楊元甲。《楊元甲夫婦墓研究》考釋"景西仲",見於四川省閬中市錦屏山大佛寺所刻《宋大佛寺景西仲題名》,有"慶元庚申(1200)五月既望,游城南,觀大象,訪陳氏書岩,想文物之餘芳,攬江山之嘉會。龍多景西仲公佐偕來涪國……",其後接"前

游者"十二人、"從游者"五十七人之名,從游者中有"遂寧蒲顯孫□元甲","□元甲"當爲本文所考墓主楊元甲。景西仲時爲名士,"龍多先生"之號當源於合州西北之名山——龍多山。

[3]正事句:此句因闕字較多,斷句有不同。"正事"前《重慶市志》作闕九字,斷句爲"□□□□□□□□正,事舅姑,既其孝,處族黨,既□□,馭下□,恩□□□法。處身勤儉,庭閒肅然。"《楊元甲夫婦墓研究》作闕八字,後斷句爲"正事舅姑,既其孝處,族當既□□馭下□恩□□□法。處身勤儉,庭圍肅然。"諦視碑版,闕字應是八字無疑;且最後一字圖版作 ▉,疑爲"之"字。"庭"後一字圖版作 ▉,無論是《重慶市志》所釋的"閒"字,還是《研究》中所釋的"圍"字,均與文意不符。今疑爲"闈"字。"庭闈",即内舍,多指父母居住處。斷句應是"之正"屬上,"事舅姑,既其孝;處族黨,既其□"對文,《楊元甲夫婦墓研究》將"黨"字訛爲"當",圖版作 ▉,因下部磨泐不清而致誤。

[4]訓諸句:此句斷句有异。《楊元甲夫婦墓研究》有闕字,且斷爲"夫人理後事、訓諸子、□□崇儉、經理有方,略□戚嗟之色。"《重慶市志》多釋出"女""尚""無"三字,諦視圖版均無疑,且斷句較《楊元甲夫婦墓研究》更準確。

[5]紹定二年句:墓主景氏卒年爲紹定二年(1229)二月某日,享年六十。卒地南峰鄉,應是合川舊地。三月入葬,與楊元甲合葬於縉雲山下。

[6]子初孫句:此句《楊元甲夫婦墓研究》斷句誤作"子、初孫、夢孫,女□人",實際上"初孫、夢孫"應是《楊元甲墓誌》中的二子"端靖、端揆"的幼名。女兒人數因闕字不明。

[7]華表:墓表。古代設在橋梁、宫殿、城垣或陵墓等前兼作裝飾用的巨大柱子。

[8]石紐:古地名。相傳爲夏禹出生地。在今四川省汶川縣境。《史記·夏本紀》:"夏禹,名曰文命。"張守節正義引漢揚雄《蜀王本紀》:"禹本汶山郡廣柔縣人也,生於石紐。"

[9]被母之蛻:"被",《重慶市志》釋作"衲",圖版作 ▉,從殘存字形看,應是《楊元甲夫婦墓研究》所釋的"被"字更準確。"蛻",道家、佛家謂人死爲解脱。晋葛洪《抱樸子·論仙》:"下士先死後蛻,謂之尸解仙。"唐王適《潘尊師碣》:"翌日,師曰:'吾其蛻矣。'"此處指母親葬於此地。

[10]大椿壽墓:"大椿",指古寓言中的木名,以一萬六千歲爲一年。《莊子·逍遥游》:"上古有大椿者,以八千歲爲春,以八千歲爲秋。"後用以喻指父親。"大椿壽墓"雖然位於景氏墓誌的後壁龕門楣上,但非指母親而言,而是與《楊元甲墓誌》後壁龕門楣上的"巴岳歸隱"同指其父親。因男性地位在封建禮制時期還是遠高於女性。

袁夢彪墓券　元元貞三年(1297)三月初二日刻

北碚區。1954年3月20日出土於北碚,現藏重慶中國三峽博物館。券石長37厘米,寬29厘米。券文正書,9行,行多至22字。

【釋文】

大元合州石照縣人氏寓重慶府歿故知郡袁夢彪[1],奉護/元命[2]戊戌[3]正月上七日午時生,享年五十七歲,甲午年[4]十月二十七/日辰時告終,今卜[5]乾/坤山未穴子,癸水/入,寅水出,爲安厝/之地,庶使後昆/昌熾,一如/女青盟文律令/。

太歲丁酉元貞三年三月壬午日艮時告下/。

(圖文:《中國道教考古》,第1070頁)

【簡跋】

"墓券"之名,係參考《重慶、四川成都和湖北秭歸新發現的河圖洛書遺迹》①(下文簡稱《河圖洛書遺迹》)而改。《西南石刻匯編·四川重慶》題爲"買地券"。

【校釋】

[1]袁夢彪句:墓主袁夢彪爲重慶府知郡,又稱知府、知州。其籍貫爲大元合州石照縣人。《元史·地理志三》"四川南道宣慰司重慶路合州條"下記載:"唐爲合州,又改巴川郡,又仍爲合州。宋因之。元至元十五年,宋安撫使王立以城降,二十年爲散郡,并録事司、赤水入石照縣,二十二年,改爲州,隸重慶

---

① 張勛燎:《重慶、四川成都和湖北秭歸新發現的河圖洛書遺迹》,載《長江文明》第1輯,重慶出版社,2008年,第13頁。

路。"領銅梁、定遠、石照三縣。石照縣,即今合川區,又名石鏡縣,明洪武初廢。

[2]元命:"元命",前有一詞"奉護",圖版作 ▢ ,《中國道教考古》釋作"泰議",與後文"元命"文意不連。"奉護元命"即守護的生命。"元命",原指天之大命。《書·多士》:"惟時天罔念聞,厥惟廢元命,降致罰。"孔傳:"其惟廢其天命,下致天罰。"後引申爲生命、長壽之義。《中國道教考古》誤釋作"本命",與清晰的圖版字形不符。

[3]戊戌句:"戊戌"紀年的具體時間,由落款的"太歲丁酉元貞三年三月壬子日艮時告下"和"享年五十七歲"推算,即窩闊臺汗十一年(1239)歲次戊戌。"正月上七日午時生","上七日"即正月初七日,又曰人生日。《中國道教考古》誤解作"十七日"的誤刻,并脫了"享年五十七歲"一句。

[4]甲午年句:墓主於"丁酉元貞三年"之前的"甲午年""告終",即元世祖至元三十一年(1294)歲次甲午。如此,墓主卒年在元世祖至元三十一年(1294)十月二十七日辰時,墓券刻石晚三年。

[5]今卜句:"乾"字圖版作 ▢ ,右部構件尚清楚可辨。《中國道教考古》誤釋爲"此"。

吳祖壽墓券　元至順三年(1332)七月刻

合川區。1985年6月在沙坪鄉盤龍村(原四川省水產校合川校區)元墓中出土,現藏合川區文管所。刻石長31厘米,寬24厘米,厚3.5厘米。券文正書,9行,行18字。

【釋文】

天地有敕,告下土塚[1]明堂,五方諸神,八卦[2]大神/,大元國蜀川[3]合州在廓仁壽坊居歿故吳祖壽[4]/,存係[5]辛卯正月二十三日巳時生,年享四十二歲,不/幸[6]於壬申年四月十八日申時在居/身亡,骨殖火化,卜築本州[7]石照縣/祝壽鄉南北保蘇煉番旁,乾山/甲水[8]入丁水出吉穴之原為安厝地,庶使後世/子孫大富大貴,一如[9]女青盟文律令/。

至順三年七月戊辰朔二十九日丙申丙時告下/。

(文:《合川縣文化藝術志》,第378頁;圖:《西南石刻彙編·四川重慶》,第98頁)

【簡跋】

"墓券"之名,係參考《河圖洛書遺迹》而改。《合川縣文化藝術志》收錄釋文,無圖版和詳細題名。《西南石刻彙編·四川重慶》收錄拓本,也無詳細題名,只作"元至順三年買地券",且出土信息記載爲"1983年出土于合川縣水產學校",年份或有誤。

從墓券的形制刻畫的河圖洛書遺迹與文字内容看,除個別詞語不一致,與下一通《何回娘墓券》幾乎完全相同,但時間晚六十餘年。兩通墓券可互校。特別是兩通墓券均作"大元國蜀川重慶路合州在廓仁壽坊",這種"國—川—路—州—廓—坊"的行政區劃次序與《元史》卷六十"四川南道宣慰司"記載的:"重慶路,唐渝州,宋更名恭州,又升重慶府。元至元十六年立重慶路總管府,二十一年升爲上路,割中、涪二州爲屬郡;二十二年又割瀘、合來屬,省璧山入巴縣,廢南平軍入南川縣,爲屬邑,置錄事司。"相似。"蜀川"即"四川"的曾用名。據《元代四川行省設置路府城市錄事司探討》一文梳理,至元三年(1266),"詔改四川行樞密院爲行中書省,以賽典赤、也速帶兒等金行中書省事",這應該是四川建省之始。至元二十七年(1290)年三月,"四川行省舊移重慶,成都之民苦於供給,詔復徙治成都",四川行省的建置終於穩定了下來,四川行省下屬路府州縣形成了省、路府、州、縣四級地方政區。在《元史·地理志》中,在路府之下,首先領有錄事司,其次是附郭縣,縣及州或府。① 至元五年(1268)時"大元國蜀川重慶路"的說法,可補已有史料的不足。

【校釋】

[1]土塚:"塚",《合川縣文化藝術志》誤釋作"壕"。

[2]八卦大神:"五方諸神,八卦大神"對文。《合川縣文化藝術志》脫"卦"字。

[3]蜀川:《中國道教考古》誤釋作"四川",復核圖版作 ![蜀], 無疑。"蜀川"一詞唐代以來就使用,泛指四川地區。《舊唐書·肅宗本紀》記載唐玄宗在安史之

---

① 韓光輝:《燕園史地隨筆》,中國國際廣播出版社,2019年,第350頁。

亂中避難之語,即"今寇逆亂常,毒流函谷,主上倦勤大位,移幸蜀川,江山阻險,奏請路絕……"。後也專指蜀川縣。《太平寰宇記》卷七十四記載,"蜀川縣,在川中心。《輿地志》云:後漢安帝置易州、廣漢、嘉州,是爲三蜀,嘉州見在川中,故名蜀川。"本書認爲,元代時的"蜀川"或是四川行省的俗稱。

[4] 吴祖壽:《合川縣文化藝術志》釋作"异得壽","异得"二字圖版作 ![img], "得"字明爲"祖"之誤。《河圖洛書遺迹》題名作"吴祖壽",應是。

[5] 存係:"存係"句與《何回娘墓券》"存係辛未九月二十三日子時生"相似,"係"字,《合川縣文化藝術志》誤釋作"保"。又誤將"年享四十二歲"中"二"作"三"。繫聯落款的"至順三年七月戊辰朔二十九日丙申丙時告下"準確的紀年,倒推生年在至元二十八年(1291)歲次辛卯,"辛卯正月二十三日巳時生"紀年無疑,但"巳時",《合川縣文化藝術志》誤釋作"己時"。《中國道教考古》已訂正。

[6] 不幸句:墓主不幸於至順三年(1332)歲次壬申四月十八日申時"在居身亡,骨殖火化","八"前《合川縣文化藝術志》脱"十"字。諦視圖版,"十八"二字作 ![img],因泐蝕而殘缺,但應是兩個字符無疑。且"火化"之語,較《何回娘墓券》"在居因疾壽終"更詳細一步。"殖"前一字,圖版作 ![img],有石花干擾,疑爲"骨"。"骨"即尸骨;骨灰。《中國道教考古》正釋爲"骨"。《合川縣文化藝術志》闕文。

[7] 本州句:《合川縣文化藝術志》釋作"卜□□本州",與《何回娘墓券》作"棺柩卜到本州"不同,且闕字處圖版作 ![img],疑爲一個"築"字,與"到"意思相同。《中國道教考古》正補爲"筑",選用字形與圖版尚差下部"木"字構件。

[8] 甲水句:"本州"後接"石照縣祝壽鄉南北保蘇煉番旁乾山甲水入丁水出吉穴之原"與《何回娘墓券》的"石照縣祝壽鄉南北保阿韓旁甲山乾水二坤水出吉穴"相似。《中國道教考古》"南"字下用闕字不明符號代替,實際圖版作 ![img],《何回娘墓券》圖版作 ![img],均釋爲"北"字。"蘇煉番"中"蘇"字,圖版作 ![img],《中國道教考古》作"孫",或是"蓀"的簡化字。從字形判斷,今仍以"蘇"爲準。"甲"字,《中國道教考古》釋作"申",復核圖版作 ![img],而《何回娘

墓券》所釋"甲"字圖版作 ,二者應是相同用語,祇是《吳祖壽墓券》中"甲"字有石花干擾,誤認爲是"申"字。今仍從《合川縣文化藝術志》。但"丁"字,《合川縣文化藝術志》誤作"了",又誤"水"爲"永",不如《中國道教考古》準確。

[9]一如句:《合川縣文化藝術志》闕"女""盟文"三字,據圖版與《何回娘墓券》中的"保佑後世子孫大富大貴,一如女青盟文律令"可補。

何回娘墓券　元至元五年(1339)八月初六日葬

合川區。1984年合川縣合陽鎮三塊石出土,石現藏合川區文管所。誌石高31厘米,寬24.4厘米、厚2.7厘米。周飾刻連綫圈紋,中部刻一圓圈,圈內刻五星連紋,并有正書"元亨利貞"四字。碑陰正書"女青券令"四字。券文正書,10行,行18字。

【釋文】

天帝有敕告下,土冢明堂,五方諸神,八卦大神[1]將/,大元國蜀川重慶路合州在廓仁壽坊居殁故/亡人何氏回娘[2],存係[3]辛未九月二十三日子時生,年享/六十九歲,不幸於今年八月初三日子時在/居因疾壽終,棺柩[4]卜到本州石照縣/祝壽鄉,南北保阿韓旁,甲山乾水二/坤水出吉穴為安厝地,庶使幽堂清静/,故氣潛消,保佑後世子孫大富大貴,一如/女青盟文律令/。

至元五年太歲己卯八月丁亥朔初六日壬辰吉時告下/。

(圖文:《重慶市志1949—2012》,第694頁)

【簡跋】

《西南石刻匯編·四川重慶》又名《元何氏買地券》。"墓券"之名,係參考《中國道教考古·河圖洛書材料及其類型》給出理由而改,其認爲"石文未涉及土地買賣內容,《匯編》將之訂名爲'元何氏買地券',是不恰當的,應更名爲'元至元五年何四娘墓券'。"①

---

① 張勛燎、白彬:《中國道教考古》,綫裝書局,2006年,第1068頁。

本墓券較早著録圖文於合川縣文化局編《合川縣文化藝術志》①,但釋文不如《重慶市志》完整,有闕二字。

【校釋】

[1]大神:"大神"後,《重慶市志》脱一字,圖版作⬛,明爲"將"字。《中國道教考古》已補釋。

[2]何氏回娘:墓主何回娘,其名諱在《中國道教考古》中誤作"四",與《河圖洛書遺迹》同。諦視圖版作⬛,字形作"回"字,無疑。"何"前有"亡人"二字,《重慶市志》誤作一字"女",《中國道教考古》已修訂。

[3]存係句:"存",即生。斷句應是在"生"字後。墓主"存係辛未九月二十三日子時生",聯繫"年享六十九歲""至元五年太歲己卯八月丁亥朔初六日壬辰吉時告下"判斷,葬年的"至元"年號非元世祖時期,而是元順帝時期。《中國道教考古》中正是因未區別元代前後有兩個"至元"年號而致誤判斷"紀年錯亂"。若卒年的"今年"即葬年的至元五年(1339),倒推墓主生年則在前一個至元八年(1271),正好歲次辛未,紀年無誤。

[4]棺柩句:墓主的葬地"棺柩卜到本州石照縣祝壽鄉南北保阿韓旁甲山","本州石照縣"即當時合州所轄三縣之一的石照縣。"二",圖版作⬛,又《中國道教考古》釋作"入",從文意上更符合,但與碑版字形不一致,疑碑石誤刻。

明玉珍玄宫碑　大夏天統四年(1365)九月六日葬

(大夏)戴壽填諱,劉楨撰文并書丹,向大亨篆額

江北區。1982年3月在重慶江北區洗布塘街(又一説爲上横街)原織布廠境内出土,石現藏於重慶中國三峽博物館。誌石爲砂青石質,高145厘米,寬57厘米,厚25厘米。額呈八角形,居中陰文篆書,題"玄宫之碑",左右各綫刻一盤龍,

---
①合川縣文化局編:《合川縣文化藝術志》,第378頁。

二龍相向,兩側邊框鐫刻卷葉蔓草紋飾。因出土後保護不善被破壞致右角殘缺,一龍只存底部。碑文正書,24行,滿行47字。

【釋文】

大夏太祖欽文昭武皇帝玄宮碑。/

金紫光禄大夫太傅中書左丞相録軍國重事臣戴壽填諱。/

金紫光禄大夫少傅中書右丞相録軍國重事監脩國史臣劉楨撰文書丹。/

榮禄大夫知樞密院事臣向大亨篆額。/

太祖[1],隨州隨縣梅丘人,姓明氏,御諱玉珍。為人英武有大志,不嗜聲色貨利,善騎射。元末天下大亂,英雄崛起,生民無所依/賴。歲庚寅[2],淮人立徐主稱皇帝于蘄陽,頒萬壽曆,建元治平,國號宋。明年,太祖杖劍從之,戰功懋甚。越八年[3],官至奉國上將/軍、統軍都元帥。天啓三年[4]二月,宋主命平西。時西土勁敵暴橫,群生塗炭。太祖既入蜀,軍律嚴整,所至不獨用武,惟以拯救/為尚,遠近聞風,相繼款附,如赤子之慕父母。/其年[5]定夔、萬,四月抵渝。其城蜀根本也,故元攻之四十三年,因其內變而始附。/太祖一鼓而下,擒參政哈林都[6],送之朝。瀘州降。冬,剋叙南,拜廣西兩江道宣慰使。明年六月,擊亳人李仲賢[7]於普州,敗還成/都,班師,拜隴蜀四川行省參政。值陳友諒[8]謀為不軌,驅除異己,上表斥其罪狀。已而,友諒遣刺客陳亨等潛謀圖害,卒不得/近,乘太祖征廣安,亨殺員外鮑玉等七人而遁。明年春[9],李仲賢、王虎、郭成奔平元,數十萬兵一朝解散。友諒又要致王爵,即/封,還其詔書,請皇太子監國,皆不報。拜驃騎衛上將軍、隴蜀行省左丞。夏,擒李君誠[10]於五面山,襲舒家寨,田成、傅德錯愕敗/走。友諒使來,宋主崩弒外間[11],乃斬使焚書,三軍縞素,為宋主發喪,拊膺哀悼,殆不堪忍。冬十一月[12],進圍九頂山,至明年夏四/月,擒完者禿、趙成以歸。平成都、大慶、潼川,剋向壽福於鐵檠城[13]。自是議討友諒,移檄四方,會兵三峽[14]。父老豪傑告留曰:生民/無主,欲將何之?峻辭固讓者再四。諸將遂立誓推戴曰:臣等不股肱王室,鬼神殛之。始允衆志,以其年[15]十月望日即國王位/

250

于重慶之行邸,不易國號,不改元,謚宋主曰應天啓運獻武皇帝,廟號世宗,猶舜之宗堯也。逾月[16],平播南,剋巴州,俘熊文弼/於牛頭寨,剋長寧州。十一月,郊望[17]。癸卯歲[18]正月朔旦,受皇帝璽綬,國號大夏,改元天統,曆曰先天。禮樂刑政,紀網法度,卓然/有緒。

立太廟[19],追謚顯考郎曰欽憲,顯考妣魯氏曰衍慶,皇考子成曰莊惠,皇考妣郭氏曰恭懿,王考如海曰昭順,王考妣朱/氏曰慈寧,考學文曰宣武,妣趙氏曰貞淑,皆追王曰皇帝、皇后,祀以天子禮樂,與郊社并隆。仁孝誠敬,蓋天性也。越明年[20],典/後、立東宮。蓋仁心愛人,而人慕之;人心所歸,即天命所在。故四年而西土悉平。惜乎大統垂集,一旦疾革,傳位/皇太子,詔皇后同處分,俾維持以正大統,亦天下之大義也。可謂烈主矣。

生于[21]己巳九月九日,崩于丙午二月六日,謚曰/欽文昭武皇帝,廟號太祖。壽三十八歲,在位六年,以九月初六日葬叡陵。爰命詞臣述功德而碑刻之玄宮云。/

大夏[22]天統四年　月　日

中書省左丞臣孫天祐,右丞臣劉仁,參知政事臣江儼、徐汪,臣明從叡、明從哲,臣馬文敬,/樞密院同知臣王元泰、朱輔,副使臣鄧立、沈友才、劉銘、明從政、明從德,簽院臣李聚、竇文秀、周景榮、田繼坤立石。/

(《重慶卷》圖46/文229)

【簡跋】

玄宮,即地下宮殿,專指帝王的陵寢,又稱爲"玄寢"。此玄宮碑即相當於墓誌。

墓主明玉珍(1331—1366),作爲元末農民起義軍的著名領袖,在重慶建立大夏政權。據《明玉珍墓尋踪》評價:"巴人在重慶(古稱江州)建都近兩千年後,在重慶歷史上,稱帝并建都於此的王朝是明玉珍及其建立的大夏國政權。"與重慶作爲抗戰時期的陪都一樣,是重慶在中國政治歷史上的重大盛事。①《明史實錄》《明史》等正史中的相

---

① 張仲:《明玉珍墓尋踪》,《重慶與世界》2012年第5期,第80—83頁。

關記載,同時期的筆記史料等也較多。據《明玉珍玄宫之碑初析》①(以下簡稱《玄宫碑初析》)知,明玉珍墓誌發掘當年即公開發布於《重慶日報》第三版(1982年5月30日)。後來相關的考證資料頗多,僅知網上收錄的論文就有三十余篇,重點就墓誌進行考證的有《明玉珍及其墓葬研究》②(1984)論文集,以及論文《重慶明玉珍墓出土〈玄宫之碑〉》(1984)③,專業的考古報告《四川重慶明玉珍墓》(1986)④,逐條考釋的《釋明玉珍叡陵玄宫之碑》⑤(1986)、《重慶江北明玉珍墓爲衣冠冢考析》⑥(1993),對大夏政權的詳細梳理的《明玉珍及其大夏國本末》(2000)⑦(以下簡稱《大夏國本末》)等,這些文章均可參考。又《明玉珍傳》⑧整合各種史料進行廣泛的梳理,所收錄的《明玉珍研究綜述》等也有重要的史料價值。

據《明玉珍及其墓葬研究》中收錄的《關於叡陵的幾個問題》(1984)、《明玉珍墓爲衣冠冢》(1990)及《重慶江北明玉珍墓爲衣冠冢考析》等文可知,此墓中未發現有遺骨與頭髮等,應不是實際墓地,而是衣冠冢。如此,也可以解釋墓誌文中的細節與史不符之因。《重慶卷》簡跋稱:"墓主明玉珍,《明史》卷一二三有傳,又見錢謙益《國初群雄事略》卷五等書。碑、史記其事迹互有詳略,可考證之處亦頗多。如其享年,史載'三十六',碑稱'三十八';其葬地,史載'永昌陵',碑稱'叡陵';其卒年丙午,史載'天統五年',碑稱'天統四年'等。碑中所載陳友諒、徐壽輝,《明史》卷一二三分別有傳。撰文、書丹者劉楨,見《明史》卷一二三《明玉珍傳》"。這些問題在已有成果的考證中多有涉及,但也仍有一些没有解決。

填諱,即子孫爲祖先撰寫行狀碑志等文字,請人代寫祖先名號。唐代稱題諱。填諱人戴壽(?—1371),爲明玉珍政權的重臣。至正二十二年(1362),與劉楨等進勸明玉珍稱帝,建大夏國,被任爲宰相。《新元史》卷二百二十六記載:"(至正)二十二年三月戊辰……仿周制,設六官,以戴壽爲冢宰……二十四年,更六卿爲中書省、樞密院,以戴壽、萬勝爲左、右丞相。"墓誌載其歷官金紫光禄大夫、太傅、中書左丞相、録軍國重事。

---

① 胡昭曦:《明玉珍玄宫之碑初析》,《四川大學學報》(哲學社會科學版)1982年第3期,第58—63頁。
② 重慶市博物館編:《明玉珍及其墓葬研究》,重慶地方史資料組,1982年。
③ 胡人朝:《重慶明玉珍墓出土〈玄宫之碑〉》,《考古與文物》1984年第4期,第37—38頁。
④ 董其祥,徐文彬等:《四川重慶明玉珍墓》,《考古》1986年第9期,第827—833,872頁。
⑤ 徐文彬:《釋明玉珍叡陵〈玄宫之碑〉》,《考古》1986年第9期,第849—851頁。
⑥ 胡人·文翰:《重慶江北明玉珍墓爲衣冠冢考析》,《四川文物》1993年第5期,第60—61頁。
⑦ 滕新才:《明玉珍及其大夏國本末》,《重慶三峽學院學報》2000年第4期,第51—56頁;第5期,第59—63頁。
⑧ 程衛國、樊友剛、吕雄輝編:《明玉珍傳》,團結出版社,2018年。

"録軍國重事"爲遼代時所置職官名,同唐睿宗時置的"平章軍國重事"職官名,指商量處理軍國大事的年高望重的大臣,位在宰相之上。

撰文并書丹人同是劉楨,字維周,昌州人(今重慶市大足區人),元末進士。與戴壽同爲宰相。墓誌載其歷官爲金紫光禄大夫、少傅、中書右丞相、録軍國重事、監修國史。

篆額人向大亨,《新元史》卷二百二十六記載:"(至正)二十二年三月戊辰……向大亨、莫仁壽爲司寇……二十四年,更六卿爲中書省、樞密院……向大亨、張文炳知樞密院。"墓誌記載爲榮禄大夫、知樞密院事。

還有諸多立石人列於後:中書省左丞孫天祐,右丞劉仁,參知政事江儼、徐汪、明從叡、明從哲、馬文敬,樞密院同知王元泰、朱輔,副使鄧立、沈友才、劉銘、明從政、明從德,簽院李聚、竇文秀、周景榮、田繼坤等18人。其中明從叡、明從哲、明從政、明從德四人,應是宗室人物,或賜改姓的明氏,原姓氏不知。這些官職反映了大夏政權改制後的機構與職官稱謂。

【校釋】

[1] 太祖句:墓主明玉珍,廟號爲太祖,籍貫"隨州隨縣梅丘人",即今湖北省北部隨州市隨縣。西魏大統元年(535)首置隨州,但隨縣建制至明代仍長期保留。明洪武初以州治隨縣省入,又改州爲縣,十三年復置隨州。《讀史方輿紀要》卷七十七記載"州西北九十里有梅丘鎮",即明玉珍故鄉。今有隨縣明玉珍故里紀念園。明玉珍的名諱,此文中只提及"姓明氏,御諱玉珍",未提及改姓之事。《明史》卷一百二十三亦不載[①]。《釋明玉珍叡陵玄宫之碑》據《平夏録》《罪惟録》等指出,原姓名爲"旻珍",因信仰明教而改姓;萬勝又叫"明二"等,立石人中的明氏也是改姓而來。又一説,原名爲"旻瑞"。"瑞""珍"二字可能因形似而誤,以"珍"爲確。

[2] 歲庚寅句:"淮人立徐主稱皇帝於蘄陽","徐主"即徐壽輝,稱帝於"蘄陽",又名蘄春、蘄水、齊昌等,屬湖廣淮水地區。但徐壽輝稱帝時間"庚寅",即元順帝至正十年(1350),要早於諸書記載的"至正十一年";而據墓誌時間推算,下一句的"明年"即元至正十一年(1351)。此時明玉珍投誠徐壽

---

① [清]張廷玉等修:《明史》,中華書局,1974年,第3701頁。

輝,戰功豐懋。《明玉珍碑初析》認爲碑文存在誤記,將起義於"辛卯歲"誤作"庚寅歲","明年"應是至正十二年。《大夏國本末》認爲碑文關於起義和稱帝於辛卯歲,誤作"庚寅歲"是此碑唯一的錯誤;"明年"的至正十一年爲明玉珍歸附徐壽輝的時間則無疑,且能證諸説矛盾之不足。因墓誌早於史書記載,且爲其親信大臣所撰書,應該更準確,本文仍"歲庚寅"照録,不改。

"頒萬壽曆,建元治平",是徐壽輝的首個年號。"國號宋"與史載的"天完"不同。宋濂撰《故懷遠大將軍同知鷹揚衛親軍指揮司于君(□光)墓誌銘》中説:"會元政大亂,天下兵動,江東、西化爲盜區,分寧徐壽輝建僞號曰宋,都九江。"①墓誌後文還有"宋主命平西""宋主崩弑外間""爲宋主發喪""謚宋主曰應天啓運獻武皇帝"等,均稱徐壽輝爲"宋主"。《明玉珍碑初析》認爲是兩個年號均用,先"宋",後改爲"天完",認同史樹青的説法,是通過改變字形,寓意宋覆元朝之意。本文認史志矛盾之處,以墓誌記載爲準,推測之説可備參考。但年號時限有爭議的,因墓誌多用"其年""明年"也不能確指,暫存疑。

[3]越八年句:即元至正十一年(1351)之後的八年後,即至正十九年(1359),插叙後來結果,即明玉珍在徐主麾下"官至奉國上將軍、統軍都元帥",與《明史》本傳記載的"以元帥守沔陽"相合。

[4]天啓三年句:"天啓"作爲徐壽輝的年號,史料記載祇有二年,無三年,且年限不確定所指。《中國歷代年號考》定天啓有二年(1358年8月—1359年3月),又附其他二説:一郭若愚認爲,天啓起於至正十九年(1359)十二月;又劉孔伏與薛新力認爲,自至正十五年(1355)改年號治平爲天啓②。根據墓誌前後文與史傳記載,"天啓三年"與"越八年"時間上不能相承,天啓起於至正十五年(1355),三年即至正十七年(1357)的説法更準確。根據墓誌後文知明玉珍受命平西、入蜀等一系列戰事,與《明史》記載明玉珍在至正十七年(1357)經歷襲重慶,擒哈麻禿獻徐壽輝,被封爲"隴蜀行省右丞"一致。《大夏國本末》認爲,《元史·順帝紀》《明太祖實録》《明史》等均誤,并且數量差异不重要,有天啓三年,説明史書記載不及墓誌準確;或無天啓三年,墓誌

---

① [明]宋濂撰:《宋學士文集》卷三,四部叢刊初編本。
② 李崇智編:《中國歷代年號考》,中華書局,1981年,第200頁。

中有此説,表明了明玉珍忠於"宋主"徐壽,也不算嚴重錯誤。本書認爲墓誌圖版清晰,所載無誤,史傳因有壓縮,記録不明,具體時間衝突等問題可參考劉孔伏的《明玉珍生年考訂》①。又"遠近",《重慶卷》誤作"遠邇",諦視圖版作迊,無疑。

[5]其年諸句:據文意"其年"是元至正十八年(1358),"定夔、萬,四月抵渝",即平定夔州、萬州,四月到達重慶城。重慶軍事地位重大,一度是元朝四川行省駐節的要地,墓誌稱是"其城蜀根本也"。"元攻之四十三年,因其内變而始附",據《宋季三朝政要》卷一記載:"(端平三年,1236)十二月,韃靼國兵入普州、順慶、潼川府,破成都府,掠眉州,一月五十四州俱陷破,獨夔州一路及瀘、果、合數州僅存。"蒙元以宋端宗景炎三年(1278)二月攻陷重慶,"城中糧盡。趙安以書説珏降,不聽",趙安遂"開鎮西門降",張珏仍率兵死戰,"内變",應指趙安投降。從1236年至1278年,重慶一地抗元,前後計四十三年。史志相合。

[6]哈林都二句:即《明史》的哈麻秃。"瀘州降",即明玉珍攻重慶時取道瀘州,此時隱居瀘州的劉楨歸向明玉珍,爲其出謀劃策。"叙南",即元朝所設"叙南等處蠻夷宣撫司",治所在叙州,即今四川宜賓市。"拜廣西兩江道宣慰使",本傳不載。《元史·成宗本紀》載,元貞元年(1295)六月,"并左右兩江宣慰司都元帥府宣撫司爲廣西兩江道宣慰司都元帥府,以靖江爲治所,仍分司邕州。"邕州,即廣西南寧。

[7]李仲賢句:即至正十九年(1359)明玉珍在普州(今四川安岳)與亳人李仲賢激戰。《明玉珍及其墓葬研究》考證,李仲賢是青巾軍首領,又有多個名字,如李喜喜、李二等。此時明玉珍"敗還成都,班師,拜隴蜀四川行省參政"。"隴"字的異體作𨺅。前文中《吴祖壽石墓券》中考證所引《元代四川行省設置路府城市録事司探討》一文梳理,忽必烈汗中統元年(1260)八月有立"秦蜀行中書省",將四川地區合并陝西建省;至元三年(1266)"詔改四川行樞密院爲行中書省"四川行省的第一次獨立出現。之後根據戰爭情況,分合不定。本玄宮碑中的"隴蜀四川行省",或表明此時是合爲一省。

---

① 劉孔伏:《明玉珍生年考訂》,《中國史研究》1983年第4期,第106頁。

[8]陳友諒句:明玉珍知陳友諒謀爲不軌而上表斥其罪狀之事,時間應該在至正十九年(1359)。"已而",因形似碑版常誤刻作▊。後陳友諒遣刺客陳亨等刺殺明玉珍不果,趕上明玉珍"征廣安",不在重慶,只殺了正七品的員外郎鮑玉等七人。但由此知,明玉珍與陳友諒勢如水火不容。

[9]明年春句:即至正二十年(1360),徐壽輝的宋國命運内憂外患。外有李仲賢、王虎、郭成等青巾軍作亂,幸好有明玉珍爲其征戰,令李仲賢等敗奔"平元";内有陳友諒要謀反,"友諒又要致王爵",明玉珍則堅決反對,"即封還其詔書,請皇太子監國,皆不報"。"不報",不批復;不答復。説明此時徐壽輝的權力已經被陳友諒控制。在外征戰的明玉珍,官職略進爲驃騎衛上將軍、隴蜀行省左丞,而不是《明史》本傳中所封的"右丞"。

"王虎",爲青巾軍的部將。《大明一統志》載:"侯彦直,雅州人,仕爲忠翊校尉副千户。至正間。王虎寇州。彦直引兵力戰於名山縣二日,兵少力弱,爲賊所擒。義不屈,罵不絕口,爲賊所殺。""平元",《釋玄宫碑》解釋爲興元(今陝西漢中市);又一説推測是廣元(今四川廣元市);又一説爲"平武"的誤刻。西魏爲龍州,隋朝改平武郡,宋仍改爲龍州,治江油縣(今平武縣南壩)。此地位於古陰平道上,青巾軍當初入蜀時曾經過此地。隴蜀通道既是李喜喜入川的生命綫,此刻退守到該部所能控制的範圍之内,是情理之中的。

[10]擒李君誠句:至正二十年(1360)夏,明玉珍先是"擒李君誠於五面山"。《明一統志》卷五十一載,"五面山,在貴溪縣西南五里,東連三峰山,南一峰屹立削成五面。元趙孟頫詩:洞中即仙境,洞口是桃源。何殊五陵路,鷄犬自成村。"即在《四川通志》卷二十五的射洪縣下。又"襲舒家寨,田成、傅德錯愕敗走。""舒家寨",地點不明。"傅德",是"傅友德"之誤,其間漏了一個"友"字。據《明史》卷一百二十九記載:"傅友德,其先宿州人,後徙碭山。元末從劉福通黨李喜喜入蜀。喜喜敗,從明玉珍,玉珍不能用。走武昌,從陳友諒,無所知名。太祖攻江州,至小孤山,友德帥所部降。"

[11]外間諸句:"間",《重慶卷》釋作"聞",諦視圖版作▊,從字形判斷應是"間"字。"外間",亦作"外聞"。外邊,外面。指《明史·太祖本紀》記載的至正

二十年(1360)閏五月,陳友諒將宋主徐壽輝誘騙至采石(今安徽馬鞍山西南)後,殺害奪位,改國號漢,改元大義。此後,陳友諒派使者至明玉珍部,明玉珍"乃斬使焚書,三軍縞素,爲宋主發喪,拊膺哀悼,殆不堪忍。"

[12]冬十一月句:據《玄宮碑初析》考證,此句繫年有誤,只要將"其年"梳理爲非天啓三年而是下一年,即可無疑。進圍九頂山(即今樂山市凌雲山)在至正二十年(1360)冬十一月,擒完者禿、趙成等在至正二十一年(1361)四月,而徐壽輝被害在至正二十年(1360)閏五月。九頂山,又名凌雲山、青衣山,在嘉州(今四川省樂山市)。《明玉珍傳》誤釋爲"鼎"。①宋范成大《吴船錄》卷上記載:"泊嘉州,渡江游凌雲。在城對岸,山不甚高,綿延有九山頭,故又名九頂。舊名青衣山。青衣,蠶叢氏之神也。"②"趙成",《明史》作"趙資"。

[13]鐵檠城:之後明玉珍又平成都、大慶、潼川,以及克向壽福在忠縣設置的"鐵檠城"之地。《元史·楊文安傳》:"(至元間)萬州既定,遣使招鐵檠、三寶兩城守將楊宜、黎拱辰降。"清咸豐《雲陽縣志》卷十:"曩未混一之時,有江州知郡楊宜,家木忠南墊江望族,捧檄修築鐵檠城,守衛鄉井,有年於兹。""向壽福",爲元軍將領,湖廣施州人。

[14]會兵三峽:"峽",《重慶卷》誤作"陝",圖版明爲"峽"。在三峽會兵的原因是討殺害徐壽輝的陳友諒。此事應是在至正二十一年(1361)。"移檄",古代官方文書移和檄的并稱。多用於征召、曉諭和聲討。明玉珍本打算四方征戰討伐陳友諒,被三峽父老豪傑挽留,并擁戴自立爲王。

[15]以其年句:明玉珍初立國位時間是至正二十二年(1362)十月十五日,此時"不易國號,不改元",仍奉"宋主"徐壽輝國號"宋"。墓誌載:"謚宋主曰應天啓運獻武皇帝,廟號世宗,猶舜之宗堯也。"令宋主徐壽輝死得其所。碑文中的"其年"在史料記載中多有爭議,如《明太祖實錄》《明史》均作"二十年",且與《平夏錄》《平胡錄》《罪惟錄》《元史》等舊籍同,稱明玉珍自立的封號爲"隴蜀王";但《元史·順帝紀》認爲是至正二十二年(1362)五月辛卯日

---

① 程衛國,樊友剛,吕雄輝編:《明玉珍傳》,團結出版社,2018年,第119頁。
② 范成大:《吴船錄》,載《叢書集成初編》,中華書局,1985年。

據成都自稱爲王;《釋玄宮碑》認爲"其年"是至正二十一年。

[16]逾月句:指至正二十年(1360)十一月,明玉珍有"平播南(今綦江縣以南至貴州遵義一帶),剋巴州(治今四川巴中),俘熊文弼於牛頭寨,剋長寧州(治今四川長寧縣南)。""熊文弼",史籍疏略。牛頭寨,據《嘉慶一統志》載,四川境內有兩個牛頭山,即昭化縣與三臺縣地;一個在梁山縣(今重慶梁平縣)地。本碑所指應是如《明玉珍傳》梳理的牛頭寨,又名赤牛山或赤牛城,在今梁平縣治西約十五里,係南宋淳祐二年築以抗元的寨堡。①

[17]郊望:即帝王祭祀之一種。《廣雅·釋天》:"望,祭也。"王念孫疏證:"望者,遙祭之名。"

[18]癸卯歲句:即至正二十三年(1363)正月初一,明玉珍正式稱帝,改國號爲大夏,改元爲天統,改曆爲先天。明陸深《平胡錄》:"癸卯,至正二十三年,其宋龍鳳九年、漢大義四年、蜀天統元年也。春正月,玉珍稱帝,改元天統。"②《元史·順帝紀》:"(至正)二十三年春正月壬寅朔,四川明玉珍僭稱皇帝,建國號曰大夏,紀元曰天統。"所記年月與碑文同。

[19]立太廟句:《禮記·祭法》載:"故立七廟,一壇,一墠,曰考廟、曰王考廟、曰皇考廟、曰顯考廟、曰祖考廟,皆月祭之"。孔疏:"曰考廟者,父廟","曰王考廟者,祖廟也","曰皇考廟者,曾祖也","曰顯考廟者,高祖也","曰祖考廟者,祖始也。"明玉珍家譜據本碑清晰明了家庭譜系,即父親旻學文,追爲宣武皇帝,母親趙氏,追爲貞淑皇后;祖父旻如海,追爲昭順皇帝,祖母朱氏,追爲慈寧皇后;曾祖父旻子成,追爲莊惠皇帝,曾祖母郭氏,追爲恭懿皇后。高祖只曰"郎",追爲欽憲皇帝,高祖母魯氏,追爲衍慶皇后。

[20]越明年句:即大夏天統二年(1364),元至正二十四年(1364),典立彭氏爲皇后,明昇爲太子。不久病逝時令其母子共同掌權,以繼王位。

[21]生于句:明玉珍生於元天曆二年(1329)九月九日,卒於至正二十六年(1366)二月六日。關於明玉珍的生卒年,墓誌作爲第一手的出土文獻所記應是無誤,但"壽三十八歲"與史書的"壽三十六"有兩年之隔。據《玄宮碑初析》分析,應是因年歲虛實而誤,實爲三十六歲,虛爲三十八歲。"在位六年"

---

① 程衛國、樊友剛、呂雄輝編:《明玉珍傳》,團結出版社,2018年,第75頁。
② 陸深:《平胡錄》,中華書局,1985年,第23頁。

是從至正二十年(1360)宋主徐壽輝亡歿後即獨當大政算起,不一定是從至元二十二年(1285)"即國王位"算起,正好六年。"以九月初六日葬叡陵",《明史》載爲"永昌陵",如《重慶江北明玉珍墓爲衣冠冢考析》所言,有衣冠冢和真正墓地的二處上稱謂不同,還是一地兩表而異名,因史料記載不明,需要考古再證。

[22]大夏句:最後的落款"大夏天統四年　月　日"月日處留空,應是未刻而入葬。據下葬時間"九月初六日"晚於卒年時間"二月六日"七個月,説明玄宫碑刻立在前,下葬在後。

重慶墓葬碑刻校釋

明

李實家族墓誌

收錄李實家族中其父李祥、母柯氏、妻王好善三通墓誌,以及其祖李祥墓碑文,但無碑志出土,而且李實本人墓誌也未出土。《重慶卷》在《李祥妻柯氏墓誌》下簡跋"墓主柯氏之子李實,《明史》卷一七一有傳。志記景泰初,李實奉使與瓦剌議和事,可與史載相印證。又記其家世,史傳不載,可補其闕"。《王好善墓誌》下簡跋稱"墓主王好善之夫李實,《明史》卷一七一有傳。墓誌載李實卒年,葬地,史傳不載,可補其闕。"但沒有打通三通墓誌之間關聯。本書將三通墓誌繫聯爲家族墓誌進行整理,并與李實祖父李祥的傳世墓碑文參校考證,可補史更詳。

其一:

李祥妻柯氏墓誌并蓋　明景泰六年(1455)正月六日卒

(明)江淵撰文,程南雲書丹,蕭維禎篆蓋,楊春鐫刻

合川區。1966年在合川縣城郊出土,石現藏於重慶中國三峽博物館。誌石高51厘米,寬50厘米,厚7厘米;誌蓋高51厘米,寬50厘米,厚7厘米;陰文篆書,題"大明封夫人李母柯氏墓誌銘"。誌文正書,32行,滿行34字。

【釋文】

故夫人柯氏墓誌銘。/

資善大夫、太子少師、兼工部尚書、同郡江淵撰。/

資善大夫、太子少保、兼都察院左都御史、廬陵蕭維禎篆。/

通議大夫、太常寺卿、兼經筵侍書、廣平程南雲書。/

景泰六年春正月六日,封資善大夫、都察院右都御史、合州李公世昌[1]之妻柯氏夫/人以疾卒于京師之官邸,其子右都御史實泣血狀其行,以告曰:先母懿德

淑善,唯/先生能知之,敢乞銘以垂不朽。余與實居同鄉,仕同/朝,義不可辭也。

按狀:夫人[2]姓柯氏,昭信校尉重慶衛百户鳳之女。生而慈慧,容止敦厚,/喜蠶桑,勤女紅。笄而適世昌。舅姑在堂,曲盡孝敬,躬薪水烹飪之勞,自甘澹泊,而二/親之養,常極豐美。宗黨中男女孤而無依者,撫育如己出;鄉人貧乏弗給者,每捐/所有以濟之,無吝色。實[3]生甫七歲,顧謂世昌曰:是兒氣質異常,必能顯大吾家。因白/舅姑,遣就社學。束脩之奉,躬織紝以供,而常倍於他人,曰:教子者,當如是也。及長,命/入郡庠,充弟子員。實奮勵於學,每讀書至夜分,夫人未嘗先寢處。其愛子之篤如此。/舅有疾,侍湯藥弗少懈。疾既危,世昌刲股和粥以進,而夫人泣禱北辰,求以身代。舅/疾頓愈,人以為孝感所致。又十有一年[4]舅歿。居喪哀毀,葬祭合禮。是固世昌公之能/子,而夫人蓋有以相之也。實由明經掇鄉舉[5],登名進士,擢官黃門[6]。夫人屢示書,勉以/忠孝大節,實奉承唯謹。景泰初[7],/太上北狩未旋,實以禮部侍郎奉使迤北,責虜以大義,虜衆悅服,遂奉鑾輿以歸。/朝廷嘉之,陞都察院右都御史,復推/恩及其親,夫人遂受褒錫之榮。實尋奉/命巡撫湖湘[8],因迎世昌與夫人就祿以養。

既/召還京,復奉迎以來。未周歲,而夫人竟委疾不起,雖甚劇,猶戒左右勿輕與實言,恐其驚/憂,廢政務也。家人請遺囑,曰:吾有子如是,復何憾。瞑目而逝。事/聞詔有司為營冢壙,復遣官諭祭。生榮死哀,可謂盛矣。夫人生[9]洪武癸亥三月初十日,/享壽七十有三。男一[10],即實,娶熊氏,封夫人。女妙緣,贅庠生熊秉中。孫女二[11]:長贅留守/衛鎮撫辭,早卒;次在室,實扶櫬歸,將以日葬于祖塋之次。為/之銘曰:/

世有賢母,子克有聞。斷機示學,和膽資勤。千載芳躅,夫人允蹈。/爰有令器,諄諄善教。發迹名科,登庸廊廟。推厥所自,/恩誥褒封。魚軒[12]錦衣,光貫始終。五鼎既陳,甘旨豐美。百禄方崇,/胡止於此[13]。鄉山之原,有隆其阡。勒銘貞石,垂千百年。/

宣義郎、工部營繕所正、吴郡楊春鐫。/

(《重慶卷》圖49/文231)

【簡跋】

　　撰文人江淵(1400—1473),字世用,重慶府江津縣(今重慶市江津區)人,宣德五年(1430)進士。授編修,正統十二年(1447)以侍讀入文淵閣。土木之變後,遷刑部侍郎。景泰元年入閣參預機務,官至工部尚書。英宗復辟,謫戍遼東。有《觀光集》。《明史》卷一百六十八有傳。墓誌載其歷官:明正二品資善大夫、太子少師、兼工部尚書。

　　篆書人蕭維禎(1406—1472),名兆,號廖陽居士,江西廬陵縣人。《國朝獻徵録》卷四十二詳細記載生平:宣德五年(1430)進士,授刑部主事。正統初年,升任郎中、大理寺丞。跟隨明英宗北伐,土木之變之後僥幸逃出,後擔任大理寺少卿、大理寺卿、加封太子少保、都察院右都御史、任刑部尚書等。因李實北使迎回明英宗,故有共事一主之情誼。墓誌載其歷官:資善大夫、太子少保、"兼都察院左都御史",而非《明史》所載的"右都御史"。

　　書丹人程南雲,字清軒,號遠齋。永樂中,以能書徵,預修《永樂大典》,授中書舍人。正統中爲南京太常卿,累官太常卿。精篆隸,爲時所尚。《明一統志》卷五十三、《江西通志》卷八十四有載。墓誌載其籍貫爲"廣平"與史籍中記載的"江西南城人"不同。"廣平",即今河北邯鄲市屬廣平縣。金大定七年(1167),析魏縣北鄙地區始置,屬河北西路洺州。"江西南城",即今江西省撫州市南城縣。《北京佛教石刻》收録的幾通碑刻落款均爲"廣平",如宣德七年(1432)《張安等題名》與正統二年(1437)《法華寺碑》的落款"奉政大夫、吏部郎中兼翰林侍書廣平程南雲篆額";正統三年(1438)《敕賜净明禪寺碑》"奉政大夫、修正庶尹、吏部郎中兼翰林侍書廣平程南雲書";正統八年(1443)《敕賜崇化禪寺藏殿碑記》落款"中憲大夫、太常寺少卿、兼經筵侍書廣平程南雲書"[1]。現藏於美國華盛頓弗利爾藝術館的《西湖清趣圖》,上題"西湖清楚趣"四個篆字,落款爲"吏部郎中兼翰林侍書程南雲書",有"廣平程氏"鈐印。故有"落款印章所稱廣平,指程姓郡望,并非籍貫"之說[2];又有稱其爲"河北廣平人,寄籍江西南城"之說[3]。本書認爲"廣平"是原籍貫,江西南城爲寄籍之說,比廣平是其郡望更合理。本墓誌載其歷官:通議大夫、太常寺卿、兼經筵侍書,可補其史書中晚期歷官的不足。

　　鐫刻人楊春,吴郡(轄境相當今江蘇、上海等地)人。明宣德十年(1435)九月十一

---

[1]佟洵主編:《北京佛教石刻》,宗教文化出版社,2012年,第224—226頁。
[2]包偉民:《中國城市史研究論文集》,杭州出版社,2016年,第463頁。
[3]史樹青:《書畫鑒真》,北京燕山出版社,2009年,第124頁。

月《劉通墓誌》署有"將仕郎工部營繕丞姑蘇楊春篆蓋",則楊氏亦精書法。明天順三年(1459)四月八日《永隆寺碑》、天順五年(1461)八月十五日《智光墓碑》皆楊春鐫字。墓誌載其歷官:宣義郎、工部營繕所正,說明墓主墓葬悉由官方派遣。宣義郎,亦作"宣議郎"。《明史·職官志一》載,宣議郎,文散階四十二階,正七品,初授承事郎,升授文林郎,吏材幹授宣議郎;營繕所正,屬工部營繕所,所正一人,爲正七品。

【校釋】

[1]李公世昌句:李世昌,即李祥,爲墓主之夫。《李祥墓誌》稱:"公諱祥,字世昌,世居合陽,爲士族。""合陽"即本墓誌的"合州"。墓主柯氏,爲李祥之妻。景泰六年(1455)春正月六日卒於京師。時其夫李祥因子功績卓著而封資善大夫、都察院右都御史,與其子李寶官右都御史相同。其夫生平履歷詳細見《李祥墓誌》。

[2]夫人句:柯氏爲昭信校尉、重慶衛百户柯鳳之女。"昭信校尉",始建於三國蜀,授予出使其他政權的使臣;明爲正六品武官初授散階稱號。"重慶衛",《讀史方輿紀要》卷六十九記載:"重慶衛,在府治西。洪武六年建,領左、右、中、前、後五千户所,隸四川都司。""百户",《明史·職官志五》載,明初置千户所,設正千户,正五品;副千户,從五品;鎮撫、百户,爲正六品。百人者爲百户。

[3]寶:即墓主之子李寶,字孟誠,號虚庵,合州(今重慶市合川區)人。《明史》卷一百七十一、《四川通志》均有傳。曾出使瓦剌,歸來後著有《出使錄》(又名《使北錄》)一卷。①著述一事因本人墓誌未出土,其家族三人墓誌中不載此事。《出使錄》是日記體,應當是李寶出使瓦剌的官方報告,或是根據官方報告修改刊行。但此書一出即被時任四川巡撫的黄溥作爲彈劾證據,被認爲是自吹自擂和虚構的記述,遭到禁毀。天順元年(1457)英宗復辟後不久,李寶再次遭到彈劾。但該書在籌備編撰《英宗實錄》時,也曾被作爲重要的參考文獻。現存有明萬曆四十五年(1617)陳于廷刻本一冊,藏於中國國家圖書館。

[4]又十有一年句:或如《李祥墓誌》所記,以李祥爲父割股做餌令其"語如

---

① 王小紅:《巴蜀歷代文化名人辭典·古代卷》,四川人民出版社,2018年,第225頁。

初,疾頓瘳"之後,又"加十一年卒",無法確定具體時間。

[5]掇鄉舉句:"掇",考取。前蜀貫休《聞友人駕前及第》詩:"世亂無全士,君方掇大科。"即李實由明經考中鄉進士。關於李實登進士的具體時間,本墓誌也未清晰指出。《明史》載其爲正統七年(1442)進士。其父《李祥墓誌》載李實"不二年,領鄉薦,登進士第",也無具體年份。其妻《王好善墓誌》載天順元年(1457),王好善"年二十有五,適先君右都御史李公諱實,登進士第,禮科給事中。"婚配當時李實已經四十多歲。李實中進士時則至少二十五歲。

[6]黃門:即黃門侍郎給事中。《後漢書·百官志三》:"黃門侍郎,六百石。"隋唐時,隸屬門下省,後改稱門下侍郎。金元時廢除;明朝改回黃門侍郎,官階爲從二品,初授中奉大夫,升授通奉大夫,負責協助皇帝處理日常事物和參議朝廷事物。實際是指李實中進士後所任官職,即《李祥墓誌》的"禮科都給事中"、《王好善墓誌》"禮科給事中"。二者相差一字"都",但官品不同。明洪武時按六部的建制,設立吏、户、禮、兵、刑、工六科,各置都給事中、左右給事中、給事中等官,共五十餘人。

[7]景泰初:"太上北狩未旋"之事,又稱"英宗北狩",即英宗遭遇的土木之變,被蒙古族瓦剌部落首領也先擄走北去的婉辭。王世貞《弇山堂別集》卷三十一:"英宗睿皇帝,諱祁鎮……正統十四年八月北狩,九月初六日尊爲太上皇帝。景泰元年八月還居南宫,凡七年。天順元年正月十七日復皇帝位。"《李祥墓誌》載:"正統己巳,英宗北狩,實以禮部侍郎兩使虜,動以大義,奉迎鑾輿以歸。尋陞都察院右都御史、資善大夫。推恩贈靜軒,封公如實官,妣史氏、配柯氏俱封夫人。"《王好善墓誌》載"正統己巳,英宗北狩。景泰改元庚午,陞禮部右侍郎,詣虜請和,捧鑾輿還京師,進都察院右都御史,誥封三代。"李實在景泰元年(1450)初擢禮部右侍郎,北使蒙古,景泰元年八月將英宗請回,十月即升都察院右都御史,推恩至親。其祖父靜軒封公;父李祥封官如其子之職,即墓誌起首處所載的李祥的官職"資善大夫、都察院右都御史";祖母史氏、母柯氏、妻熊氏,俱封夫人。如《王好善墓誌》所言"誥封三代"。

[8]湖湘:《明史》本傳記載:"巡撫湖廣。五年召還,掌院事。""湖廣""湖湘"

有一字之差,今據明代商輅撰《李實祖父李祥墓碑文》中所記"實巡撫湖湘"所證,《明史》的"廣"字爲"湘"字之誤。景泰元年至五年(1450—1454)李實一直在湖湘外任爲官,其他二通墓誌未載此事。在外任之際,接父母到身邊供養,後景泰五年(1454)被召還京後掌都察院事,一并將父親李祥與母親柯氏帶到京城奉養。

[9]夫人生句:根據《李祥墓誌》記載"柯卒于京,事聞,遣官諭祭營葬,給驛舟歸其喪。實以憂制去官之明年,改元天順。"《王好善墓誌》也載"乙亥春,祖母柯夫人卒于京,憂制歸。"則柯氏洪武十六年(1383)癸亥生,景泰六年(1455)乙亥卒。李實去官當在景泰七年(1456),下一年改元天順。

[10]男一句:墓主柯氏有一子一女。子即李實,婚配熊氏,封夫人。王好善爲其繼妻。柯氏女李妙緣,贅庠生熊秉中。《李祥墓誌》同。而在《李實祖父李祥墓碑文》中記載"孫女四:長贅熊秉中,次適王璠,次適何亮魁,皆郡庠生,次在室。""女"前脱一"孫"字,否則文意不通。記載孫女人數四人,多於其父母二人墓誌中的記載,其原因或均婚配後早卒而未算入。

[11]孫女二句:墓主有二孫女,即李實有二女,不載名諱,長女贅"留守衛鎮撫辭",早卒;次女,未出嫁。《李祥墓誌》載"孫女三:長春英,贅錦衣衛所鎮撫李辭;次春香,贅士人李繡。英、香俱先卒。春秀在室。"因李祥晚于妻柯氏而亡,所見後嗣明顯要多,名諱也清晰。《李實祖父李祥墓碑文》中記載"曾孫,男一女四,長贅留守鎮撫署,早卒,餘幼。"多出的人數或因年幼存在是否計入的差異。

"留守衛鎮撫辭"中"辭"字,圖版作 ▨,從構件看,左"備"字右旁,右"卒"旁。《重慶卷》釋爲"繡",且前衍文一"李"字。應是混淆了《李祥墓誌》中相同的記載"贅錦衣衛所鎮撫李辭""贅士人李繡"二人。"辭",非"繡"的異體字。李辭、李繡非同一人,也不太可能同名。

[12]魚軒:古代貴族婦女所乘之車,以魚皮爲飾。《左傳·閔公二年》:"歸夫人魚軒。"杜預校釋"魚軒,夫人車,以魚皮爲飾。"

[13]胡止:"止",《重慶卷》誤作"正",圖版明作 ▨,應改。

其二：

李祥墓誌銘并蓋　明成化二年(1466)正月十三日卒

(明)費廣撰文,趙傑書丹,曹輔篆蓋,楊春鐫刻

合川區。1966年在合川縣城郊出土,石現藏於重慶中國三峽博物館。誌石高72厘米,寬56厘米,厚8厘米;誌蓋高72厘米,寬56厘米,厚8厘米;陰文篆書,題"明故封資善大夫右都御史李公墓誌銘"。誌文正書,32行,滿行34字。

【釋文】

故封資善大夫、都察院右都御史李公墓誌銘。/

文林郎、知永寧縣事、前浙江道監察御史、同郡費廣撰。/

奉政大夫、雲南按察司僉事、古巴曹輔篆。/

文林郎、太常寺博士趙傑書。/

士之生際治平,樂有賢子孫,得安富尊榮,壽考令終于鄉者,非慶餘于家,善積于躬者,有不能致。徵諸/誥封資善大夫、都察院右都御史李公,可信焉。公諱祥[1],字世昌,世居合陽,為士族。考諱永恭,別號靜軒,隱德樂善。/

公其冢嗣也,天資淳厚,穎敏過人,不假問學,而言動有理道,質直好義,以勤儉起家,甚為父母所鍾愛。靜軒/嘗曰:克家之子[2],一不為少。性喜誦佛書,居家習禪學,心靜而明,事能前知,人有謂如昔蜀山人嵩山董五經[3]/者。郡歲大暵,官民久禱弗應。公絶飲食,齋沐露禱,誓三日,不雨;積薪自焚,明日,甘雨驟澍,境土霑足。尤能敬/老,尊禮賢士。隨其所有,即周貧恤孤,有負債不能償者,悉火其券,人多德之。靜軒嘗[4]遘疾,侍湯藥,衣帶不解/者幾三月。疾增劇,憂遑無措,禱于上下神祇,求以身代,復密割股肉,和粥飲以進。靜軒忽甦,徐曰:此味非嘗/餌也。益之復進,語如初,疾頓瘳。加十一年卒[5]。事母史氏[6]尤孝。史

有賢德,後靜軒[二十]年亦卒。公哀毀骨立,葬/祭以禮,躬負土封,人多以孝子稱。公子實,幼俊偉不凡,公嘗曰:"亢[7]吾宗、昌大吾門者,是兒也。"甫長,具禮弊[8],/遣充庠弟子員。不二年,領鄉薦,登進士第,累官禮科都給事中,聲名愈著。公屢示書,勉以盡忠報國,不及他/事,人謂公善訓其子。正統己巳,/英宗北狩,實以禮部侍郎兩使虜,動以大義,奉迎/鑾輿以歸。尋陞都察院右都御史、資善大夫。推恩贈靜軒,封公如實官,妣史氏、配柯氏,俱封夫人。柯卒于京,事/聞,遣官諭祭營葬,給驛舟歸其喪。實以憂制去官之明年,改元天順。會有忌其能而撓其功者,掇事斥坐[9],是得居/閒,與公歡聚于家鄉者,凡七年。天順癸未[10],鄉民有囂訟者,詿累實,偕妻子北徙,公獨留于家。一日微疾,召親/族集前,語曰:吾殆不起矣,吾壽逾古稀,身榮子貴,平生俯仰無怍,死固瞑目。雖父子南北睽違,然亦事有定/數。又曰:吾家世為善,/朝廷清明,實事當得理蚤脫,仍得官以歸,衆為我以勿改忠節。語之,是所願焉。遂沐浴更衣,冠帶端坐而逝,時天/順甲申[11]正月十三日也。公生洪武辛未十二月三十日,享年七十有四。

子男一,即實也。女一,妙緣,贅生員熊/秉中。孫男三:長赦孫,次回孫、壽孫,俱幼。孫女三:長春英,贅錦衣衛所鎮撫李辭;次春香,贅士人李黼。英、香俱/先卒[12]。春秀在室。成化改元,實荷/國恩,事果理,得復舊官。尋聞訃,匍匐而歸。將以卒之又明年丙戌正月六日,啟壙合葬[13]于鳳棲山柯夫人之左,背/亥向巳。

先期狀公行,詣廣拜且泣曰:實以不德,中罹憂難;不獲侍先大夫湯藥,備衣衾以斂。此情此痛,終天/無已。君與實游同學,居同里,知先大夫素行,惟君甚悉,請銘壙石,庶傳永久,以慰存没。廣義不可辭,遂按狀/次叙,為之銘曰:

維美之質,曷假于飾。維慶之餘,由善之積。公何問學,言動有理。公何教子,/功名蓋世。維公有心,靜虛而明。事能前知,寵辱何驚。維公有行,孝義而誠。/禱疾疾愈,禱雨雨傾。際時隆平,安享尊榮。齋考令終,有何憾云。墓碑亭亭,/褒封勒文。閟茲玄堂,名千祀聞。/

(《重慶卷》圖50/文233)

【簡跋】

關於李祥家族碑志，又有明代商輅所撰《贈資善大夫都察院右都御史李公合葬墓碑銘》（以下簡稱《李實祖父李祥墓碑文》），據校注說明，明鄭應齡編刻本與劉體元編刻本無載，茲據清張一魁編刻本補入。[1]商輅（1414—1486），字弘載，號素庵，浙江嚴州府淳安縣（今杭州市淳安縣）人。宣德十年（1435）鄉試、正統十年（1445）會試及殿試"三元及第"。景泰時入內閣，天順後被除名，成化三年（1467）再度入閣，官至少保、吏部尚書兼謹身殿大學士等。從時間上看，商輅與李實仕途有交集。但明代兩種刻本均未收錄，至清代才收入，原因不明。且此墓碑銘文無圖版，與《李祥墓誌》對比後發現，此李祥是李實祖父，而非其父。除了在一些基本史實與文字內容上有一些出入，其記載也比較詳細，有互校之處。

特別是《李實祖父李祥墓碑文》中明確記載為"按公諱祥，字永恭，別號靜軒。""子男三：長祥，以實貴……次崇，娶王氏；次瓊，娶申氏。"因此出現了父子同名的特殊現象。雖然早在明嘉靖朝學者王世貞《皇明奇事述》卷一中就列有"父子同名"條，記錄了永樂朝的一則故事："古有父子同名，余嘗記之矣。國朝唯劉忠武侯事尤異，忠武父名江，為戍卒死，忠武仍其父名不易，累戰功至左都督，佩大將軍印，猶與其父同名，後封廣寧伯，始更名榮，封未幾而卒。"後岑仲勉《續貞石證史》中有《父子同名例》條，舉《千唐志齋藏志》所目見者共7例繫之於後[2]；又王飛娜在《唐代祖孫父子同名考》中專門針對墓誌銘中"祖孫父子同名"現象進行了深入研究[3]。以上考證均反對將父子同名現象簡單歸納為書寫錯誤，但本書將墓誌與墓碑內容對比仍發現有文字錯誤問題。如"子男三：長祥……配何氏，封夫人"，"何氏"在《李祥妻柯氏墓誌》中明作"柯"，圖版作▉；又"大夫人史氏"的"大"字明顯為"太"字之誤。文集的文字錯誤或是因傳抄訛誤所致。又《李祥墓誌》載其葬地"鳳樓山"，其他二墓誌未記錄明確地名，《重慶卷》釋文"樓"字從文意上不如文集墓碑文的"棲"字準確。文集用字可校正出土墓誌之誤。但因出土墓誌圖版磨泐不清，祇能暫存疑。

本墓誌撰文人費廣，字孟博，合州（今重慶合川區）人，明景泰五年（1454）進士，曾任監察御史。萬曆《四川總志》卷九："費廣，合州人。以進士選御史。天順初，上疏劾

---

[1] ［明］商輅著；孫福軒編校：《商輅集》上，浙江古籍出版社，2012年，第4頁。
[2] 岑仲勉：《金石論叢》，上海古籍出版社，1981年。
[3] 王飛娜：《唐代祖孫父子同名考》，《首都師範大學學報》（社會科學版）2010年第1期，第137—143頁。

石亨擅權，謫知永寧，改貴池，卒於官。廣爲人秀偉嚴重，工詩文。著《約齋集》。"撰墓誌時歷官：文林郎、知永寧縣(今江西寧岡縣)事、前浙江道監察御史。知是其轉任貴池(今屬安徽池州市)知縣之前所撰。

篆額人曹輔，墓誌定其籍貫爲"古巴"人。仕履見《明英宗睿皇帝實錄》載，正統十四年(1449)十二月與王恕、曹輔等同爲大理寺右評事，天順元年(1457)夏四月由大理寺寺副升爲雲南僉事。《明實錄憲宗實錄》卷五十二，載其成化四年(1468)五月由雲南按察司僉事升爲廣東按察副使。墓誌載其歷官：奉政大夫、雲南按察司僉事，與史合。

書丹人趙傑，墓誌記歷官爲文林郎、太常寺博士。"博"，碑版字形作异體字"愽"。《正字通·心部》："愽，俗博字。"

【校釋】

[1]公諱二句：李祥，字世昌，世居"合陽"，即今重慶市合川區。李祥父，據《商輅集》中的《李實祖父李祥墓碑文》亦名李祥，字永恭，別號靜軒。

[2]克家之子句：指其子有能力養家。典出《易·蒙》："納婦吉，子克家。"孔穎達疏："子孫能克荷家事，故云子克家也。"

[3]董五經：北宋時居嵩山之隱者，能先知。《河南程氏遺書》卷十八《伊川先生語四》："問：'方外之士有人來看他，能先知者，有諸？'曰：'有之。向見嵩山董五經能如此。'"《河南程氏外書》卷十二《傳聞雜記》："嵩山前有董五經，隱者也。伊川聞其名，謂其爲窮經之士，特往造焉。"

[4]嘗：據碑版字形知，《重慶卷》此處和下一處"此味非嘗餌也"，均誤釋爲"常"字。從文意看，"嘗遘疾""嘗餌"均是過去之意，釋文可能是誤解爲平常之意。

[5]加十一年卒句：《柯氏墓誌》載"又十有一年舅殁"，應是從靜軒先生病愈後又過了十一年。《李實祖父李祥墓碑文》詳細記載靜軒公卒於正統元年(1436)丙辰十一月二十六日，二年十月初五日葬於鳳棲山。

[6]母史氏句：李祥母史氏，即《李實祖父李祥墓碑文》中的太夫人史氏，墓誌的"後靜軒十二年亦卒"時間不明，可用《李實祖父李祥墓碑文》"景泰六年(1455)乙亥七月二十日卒"補充，但由此應是後靜軒二十年卒，墓誌中的"十二"應是"二十"之誤。子李祥爲其母"躬負土樹"，即負土成墳。古人以

爲孝義。"樹",圖版作,爲异體字。《禮記·王制》:"不封不樹,喪不貳事。"疏:"不積土爲封,不標墓以樹。"

[7]公嘗曰句:"亢",庇護;保護。《左傳·昭公元年》:"吉不能亢身,焉能亢宗?"杜預注:"亢,蔽也。"宋葉適《朝請大夫沈公墓誌銘》:"有位有賢,相繼益章,然後無錫之沈始亢其大宗。"明宋濂《鄭楲墓銘》:"竊意其能亢吾宗,今不幸死矣。"此下所述均爲上承"公子實,幼俊偉不凡,公嘗曰……"而來,係李祥對其子李實的贊美之詞。《李實祖父李祥墓碑文》亦記載此語:"實方幼,公鍾愛之。每語人曰:吾家積善之報,其在是乎?是兒异日必能亢吾宗,但吾老病日侵,弗及見其成耳。"由此看應是祖父李祥對其孫李實所說。由此蛛絲馬迹可見墓誌與墓碑文一定互相參考後而成。

[8]禮弊句:即入學之禮,原爲古代用於饋贈之繒帛。"弊",通"幣"。"不二",没有兩樣;相同。即與"甫長,具禮弊"同年。《李實祖父李祥墓碑文》記載此事理詳細:"實甫七歲,即遣就外傅,比長,命入郡庠,受博士經。"

[9]掇事斥坐句:明英宗復辟後李實先升職,後不久即被免官,居家七年。原因如《明史》記載是"初,實使謁上皇,請還京引咎自責,失上皇意"。

[10]天順癸未句:即天順七年(1463)在家賦閑的李實又遇訴訟。此事墓誌中記載較《明史》簡單一句"後以居鄉暴横,斥爲民"詳細很多。"詿累",即貽誤;搞壞。《說文·言部》:"詿,誤也。"此事《王好善墓誌》載:"天順元年,被讒免官。成化九年癸巳,復職致仕。"說明從英宗天順復辟至憲宗成化九年(1473)李實一直賦閑,還被鄉里人訴訟。但碑志記載與史書記載的態度偏向不一。從《李祥墓誌》記載其死前說:"雖父子南北暌違,然亦事有定數。又曰:吾家世爲善,朝廷清明,實事當得理蚤脱,仍得官以歸,衆爲我以勿改忠節語之,是所願焉。"說明非自家暴横,而是被誣陷,以致李祥卒時其子李實未能守在身邊。又説:"成化改元,實荷國恩,事果理,得復舊官。"說明平反昭雪。

[11]天順甲申句:墓主李祥爲洪武二十四年(1391)生,天順八年(1464)卒,虛歲七十四歲。其父靜軒公洪武五年(1372)壬子五月二十七日生,壽六十五,正統元年(1436)卒,父子均較高壽。

[12]孫男二句：墓主李祥有孫男三人，即李實之子，李赦孫、李回孫、李壽孫，俱幼，都是小名。此三孫男《李祥妻柯氏墓誌》中未載，説明其卒時尚未有此三人，也説明了李實爲何多娶妻王好善等人，實爲傳宗接代，繁衍家族之需。

[13]合葬句：李祥卒後二年，即成化二年（1466）丙戌與夫人柯氏合葬，正與《柯氏墓誌》中所説的"實扶櫬歸，將以日葬于祖塋之次"的願望相合。合葬墓地《重慶卷》釋爲"鳳樓山"，據《李實祖父李祥墓碑文》實作"鳳棲山"，"樓"與"棲"因形似而誤，因圖版磨泐不清，但從文意應是"棲"字。且商輅爲同時之友人，所撰地理名稱用字應無誤。

附：

《李實祖父李祥墓碑文》 正統元年（1436）十二月十九日葬

（明）商輅撰

録文：

贈資善大夫都察院右都御史李公合葬墓碑銘

贈資善大夫、都察院右都御史李公永恭[1]，蜀合州人。今都御史實之祖，以正統丙辰[2]十一月二十六日卒，明年十月初五日，葬鳳棲山。後十五年，爲景泰辛未，以實貴，贈今官。配史氏[3]，封太夫人。乙亥七月二十日，太夫人卒。即[實]丁母夫人[4]憂還。以是年十二月十九日之兆，奉太夫人柩合葬，崇加土封域如制。實爲銘藏之。復走京師，屬予文其墓道之碑。

按公諱祥，字永恭，別號靜軒。先世[5]江右臨江之武陵人，代有仕籍。元季兵亂，公之父友政，始徙蜀，擇勝得合州居之。母劉氏，以洪武壬子五月二十七日生公。公性穎異，讀書明理，外方内仁，勇於爲義，雖家日益裕，而自奉恒儉約。言語侃侃，衆所敬服。鄉人有爭競，必求公直之。公以理開諭，剖析咸得其平。公視族中幼而孤者，撫育之；長而貧者，婚嫁之；疾病弗自療者，醫治之；死亡無所托者,斂葬之。鄰里有所假貸者,隨其人力所能償之。有弗償,弗以責於人,久之或并其券折之。由是賢名聞遠邇。州守[6]薛均、譚瑨、柳雄,皆延公至廳事,詢以民務。公爲條具甚悉。數人者力行公言,咸著政績。公擇善而交,有弗善,雖處富貴或親戚,弗與之往來,由是小人多側目欲害公。已而公被累。州耆老數百人,競至巡撫大臣訴曰:刑法本以勸善懲惡,若李公爲人善良而以誣坐遷,正謂玉石不分,吾鄉人何所取以爲法耶?當道則憐而釋之。而小人竟莫能害。公以德感人類此。

實方幼,公鍾愛之。每語人曰:吾家積善之報,其在是乎?是兒異日必能亢吾宗,但吾老病日侵,弗及見其成耳。實甫七歲,即遣就外傅,比長,命入郡庠,受博士經。公喻之曰:經史之外,宜兼通律意,蓋刑以輔治,不可忽也。實受命唯謹。公一日得疾,呼諸子及孫,勉以修身、治家、孝親、忠君之務。言畢,沐浴衣冠而逝,時壽六十有五。

太夫人史氏,本湖南人,合州守鍾仁之孫、處士汶傑之女,以壬子二月二十八日生,及笄歸,執婦道,敦孝敬,勤儉相家。公性嚴毅,太夫人以婉順濟之,閨門肅睦無間言。實巡撫湖湘,太夫人年八十餘,尚無恙,實嘗迎致之。實讞冤獄[7],全活八十餘人。太夫人教曰:爾心如是,庶幾不負爾祖之訓,吾無憾。未幾,還合州。實亦尋罷巡撫還京。逾年,而太夫人壽八十有四。側室牟氏,先公卒。

子男三[8]:長祥,以實貴,封資善大夫、都察院右都御史,配柯氏,封夫人;次崇,娶王氏;次瓊,娶申氏。女二[9]:長贅李恕,次適劉根。孫男二[10]:長即實,登壬戌進士,擢禮科給事中,遷都給事中,尋陞禮部右侍郎。使賊還,以功進資善大夫、都察院右都御史,娶熊氏,封夫人。次英,娶王氏。女四[11]:長贅熊秉中,次適王璠,次適何亮魁,皆郡庠生,次在室。曾孫,男一女四,長贅留守鎮撫署,早卒,餘幼。

《易》曰:積善之家,必有餘慶。李氏家合州,甫五世而衣冠蟬聯,聲華赫奕若是,豈非積善之報耶?觀於公及夫人,有足徵矣。敬用叙次其事,而繫之以銘曰:

李氏先世,家于臨江。代有仕籍,著稱鄉邦。自公先考,始徙居蜀。本大末茂,遂成令族。公性仁厚,力於爲善。惠周宗姻,德孚里閭。爰有善配,淑真慈良。克相君子,家由以昌。積善之報,徵於再世。篤生賢孫,聿躋顯仕。寵祿光大,聲華赫奕。推恩賜誥[12],賁於存殁。鳳棲之山,歸焉斯墳。何以昭德,視此刻文。

(《商輅集》,第294—296頁)

【校釋】

[1]李公永恭句:墓主爲李祥,字永恭,別號靜軒,爲"今都御史實之祖"。職官名同其子李祥、孫李實,係因其卒後十五年孫李實景泰年間升職後追封時所贈。李氏籍貫爲"蜀合州人",同其子《李祥墓誌》。

[2]正統丙辰句:李祥在正統元年(1436)丙辰十一月二十六日卒,後文又稱洪武五年(1372)壬子五月二十七日生,壽六十五歲,爲虛指。

[3]配史氏句:即後文中的"太夫人史氏,本湖南人,合州守鍾仁之孫、處士汶傑之女。"其中"太"字文集訛誤爲"大",不妥。李實祖母史氏,後追封爲太夫人。景泰六年(1455)乙亥七月二十日卒,晚於其夫李祥二十年而亡,壽八十四。史氏祖父史鍾仁,父史汶傑,史籍疏略。除了史氏之外,李祥還有側室牟氏先李祥而卒。

[4]母夫人句:即李實之母柯氏卒,李實從京城還鄉丁憂。"時"疑爲"實"之誤,作"即時"則文意不解。即李實在爲母親柯氏喪葬之時,順便亦將其祖父母行合葬之禮,"奉太夫人柩合葬,崇加土封域如制。"李實還京師後請商輅撰文爲其祖父母合葬寫墓道碑文。

[5]先世句:李氏祖先爲"江右臨江之武陵人",元代因兵亂李祥父李友政始徙蜀合州居之。母爲劉氏。"江右"即江西;"臨江",指北宋淳化三年(992)置臨江軍,後升爲府,明清沿用,至中華民國二年(1913)廢。"武陵",指武陵縣(今湖南省常德市武陵區),隋開皇九年改武陵郡爲朗州,并臨沅、漢壽、沅南爲武陵縣。

[6]州守句:李祥明理爲義,公直仁愛,深得民心,也得當道諸公敬重,常被請至縣廳堂諮詢。其中三位州守薛均、譚瑨、柳雄,萬曆《合州志·官迹表》均有相關記載。薛均,爲"永樂三年任,廉介勤慎……後升陝西行人太僕少卿。

譚珉,湖廣歸舟人,監生。宣德元年任。"①又《四川通志》卷六名宦下:"譚珉,宣德初守合州。平易近人,節財用,均賦役,州民賴之。"《湖廣通志》卷三十七選舉志下列爲明貢生。柳雄,《湖廣通志》卷三十四選舉志下"洪武十七年甲子鄉試"榜中有"柳雄,湘潭人,知州。"

[7]冤獄句:李實如祖父李祥一樣公正,上報冤案,使八十餘人得活。"讞",將案情上報,請示。此事發生在"未幾,還合州。實亦尋罷巡撫還京"之前,説明在其巡撫湖湘之時。

[8]子男句:即静軒公有三子,長子李祥,即李實之父,以實貴,封資善大夫、都察院右都御史,配柯氏,封夫人。"柯"字,《商輅集》中誤作"何"字。次子李崇,娶王氏;次子李瓊,娶申氏。

[9]女二:即静軒公有二女,長女贅李恕;次女適劉根。此二人作爲李實的姑母,李祥的姐妹,《李祥墓誌》《柯氏墓誌》均未載,可補李氏家族成員關係。

[10]孫男二句:長孫即李實,登正統七年(1442)壬戌進士,歷官禮科給事中、都給事中、禮部右侍郎、資善大夫、都察院右都御史,與《李祥墓誌》所載相同。"使賊還"後應是有敬空,爲明英宗諱。李實娶熊氏,封夫人。與《李實妻王好善墓誌》所載相同。次孫男李英,娶王氏。李英,爲《李祥妻柯氏墓誌》《李祥墓誌》等不載,或是早卒之故。

[11]女四:"女"前,《商輅集》無"孫"字,前文記"孫男二",此處係承上省略,與下文的"曾孫男一女四",上文的"子男三""女二"結構相同。即長子李祥與其他二子所生子嗣。

[12]賜誥:"賜"字,《商輅集》誤作"錫"字,"錫誥"不辭。"推恩賜誥",爲典籍常用語。

---

① [明]劉芳聲、田九垓等:萬曆《合州志》,載《中國地方志集成重慶府縣志輯》9,巴蜀書社,2017年,第27頁。

其三：

李實妻王好善墓誌　明嘉靖六年(1527)四月二十一日葬

(明)李睨撰文，阮成性篆蓋，雷敬書丹

合川區。石現藏於重慶中國三峽博物館。誌蓋佚。誌石高63厘米，寬60厘米，厚7厘米；誌文正書，29行，滿行35字。

【釋文】

大明故夫人李母王氏墓誌銘。／

將仕佐郎、西□縣教諭、瓊江阮成性篆。／

監學、增廣生員雷敬書。／

先妣[1]夫人李母王氏行五，諱好善，吾合青華里人氏。外祖[2]王公諱德玄，洪武初占□於／□□俱□□□□內溪。父諱道清，母孺人周氏。先妣生於斯。越三月，道清卒，孺人周居／霜苦節，殆□□□生三子三女，常謂人曰：吾小女生而聰敏，長而賢良。屢求親者咸弗／就焉，年二十有五[3]，適先君右都御史李公諱實，登進士第，禮科給事中。正統己巳，／英宗北狩。景泰改元庚午，陞禮部右侍郎，詣虜講和，捧／鑾輿還京師，進都察院右都御史，誥封三代。乙亥春，祖母柯夫人卒于京，憂制歸。丁丑[4]／□□□先妣熊夫人謀諸二、三夫人楊、唐曰：今大人年逾四十，我輩艱于嗣續，聞內溪／王□有女頗賢，可求之。先君聞曰：善。遂通媒，以禮往聘于歸。天順元年，被讒免官。成化[5]／九年癸巳，復職，致仕。先妣心性慈柔，不辭苦勞，凡中饋悉主之，處衆待下，各得其和，長／稚宗親，無一間言。十八年壬寅[6]，睨年二十，屢科未捷，隨先君赴京，陳使虜之勞，／上追思，特授睨官通政司經歷司知事。先君以睨妻幼，令先妣之京就養。乙巳春[7]，睨奉／詔歸省，候缺取用。至中途，聞先君凶訃。抵家，睨以事奏聞，朝廷差官葬祭。遷地于東曾／

祖塋側，與熊夫人合葬。覠以母孤難離，遂不復仕，得供[菽]水[8]四十餘年。先妣未嘗生疾，/年逾九十，耳目聰明，尤能補衲，齒落復生，髮鬢多黑。嘉靖五年正月初旬，偶減食力衰，/覠等侍側，請曰：吾不復起，汝盡孝養，生死無慮。又曰：你也笑，我也笑，這個消息誰知道。/是月[9]初十日未時，卒於享堂正寢。生宣德八年癸丑九月十七日卯時，壽九十有四。次/年[10]丁亥四月二十一日，窆于熊夫人之空穴，亥山巳向。

　　生子[11]一，即覠，配劉氏六，縣丞劉/公弘之女，再娶□氏五、劉氏八。孫男[12]三：曰芬，曰芳，曰菲。芬由生員娶馮氏。芬生弘治十/一年戊午十月初二日丑時，妣卒之年六月二十日午時，因錄蔭往成都，回至潼川州/鳥落灘□□覆舟而卒，壽二十有九。芳娶康氏，是年二月卒于成都，父諱安，任典儀官/所，再聘李氏[13]。菲娶張氏。孫女二[14]，皆適仕族。曾孫一：祈壽，芬之子也。噫，芬之歿，幸有子將/一周矣。卒日水泛，惜乎尸未得獲，無憑安厝，遂作像于墓中，庶靈魂有所依附。嗚呼！天/地有窮，痛恨無極。強以頑鈍鄙辭，述平日遺言事略，刻石以告諸後人。復為銘曰：/

　　夫人淑善，早配都憲。婦道母儀，閨譽無間。有子受/恩，銀臺作贊。上壽且康，孫庶彌昌。夫人告終，于斯歸藏。/敕營祖側，千載流芳。

　　孤哀子李覠泣血謹志。/

　　(《重慶卷》圖61/文245)

【簡跋】（因家族關係提前）

　　撰文人李覠，為墓主之子，史籍疏略。

　　篆蓋人阮成性，瓊江人，即銅梁安居縣舊名，因位於瓊江河南岸安居鎮內得名。明成化十四年（1478）割銅梁縣六里之地置安居縣，屬重慶府。墓誌載其歷官：將仕佐郎、西□縣教諭，官職不高。

　　書丹人雷敬，祇為監學、增廣生員。

【校釋】

[1]先妣句：墓主王好善，爲李覞之母，排行第五，籍貫是"吾合青華里人氏"。"吾"，《重慶卷》闕文，圖版作 ▨，從字形與撰文者自述角度判斷，應是"吾"字無疑。合州青華里，可補古地名。

[2]外祖二句：指王好善的祖父王德玄，此處因碑版泐蝕闕文較多，祇能判斷活動於明洪武初年，其他無法得知。"占"後一闕字，圖版作 ▨，應是與"占籍"之上報户口，入籍定居意思相同。籍貫是"內溪"，"內"字，《重慶卷》闕文，圖版作 ▨，今補爲"內"字因後文又有"聞內溪王□有女頗賢，可求之"。墓主父王道清，母周氏，封孺人。

[3]年二十有五句：墓主王好善年二十五婚配李實，根據後文的生卒年，推算時在明天順三年(1459)，此時李祥尚在。

[4]丁丑句：李實在經歷北使與母柯氏亡殁後，明天順元年(1457)丁丑回到家鄉，尚無子嗣。故其子追述："丁丑□□□先妣熊夫人謀諸二、三夫人楊、唐曰：今大人年逾四十，我輩艱于嗣續，聞內溪王□有女頗賢，可求之。先君聞曰：善。遂通媒，以禮往聘于歸。"知李實此時已經婚娶三人，原配爲熊夫人，其次爲楊氏、唐氏，而墓主王好善爲第四夫人。年逾四十的李實娶年二十有五的王好善。

[5]成化句：《重慶卷》作"成化八年癸巳"，但紀年干支有誤，成化八年(1472)干支爲壬辰，九年爲癸巳，年號與干支矛盾。原碑文泐蝕難辨，據"九年"而錄文。成化九年(1473)，因被讒免官在家鄉賦閑約二十年的李實"復職致仕"（"復職"，恢復原職；"致仕"，辭去官職）。説明祇是類似昭雪平反，之後仍是辭官回鄉。

[6]十八年壬寅：即成化十八年(1482)李實上京爲子李覞求官，李覞年二十得特授通政司經歷司知事。"上"字前面《重慶卷》衍一闕文符號，圖版中"上"字已敬上提一字，前并無闕文。

[7]乙巳春句：墓主王好善從家鄉來京與子李覞同住，而李實在家鄉。再過三年李實卒，即成化二十一年(1485)乙巳卒。天順元年娶王好善時逾四十歲，則生年至少在永樂十五年(1417)。李實(1417?—1485)，生卒年確定

後可以區別出同名者——明末清初的遂寧籍李實。李實葬地據"遷地于東曾祖塋側",與原配熊氏合葬祖塋,應是鳳棲山之地。

[8]菽水:《重慶卷》作"菽",圖版確作 ![字], 是"淑"無疑,但文意不符,應是誤刻或避諱。菽水,即豆與水。指所食唯豆和水,形容生活清苦。語出《禮記·檀弓下》:"子路曰:'傷哉! 貧也! 生無以爲養,死無以爲禮也。'孔子曰:'啜菽飲水盡其歡,斯之謂孝。'"後常以"菽水"指晚輩對長輩的供養。

[9]是月句:即接前文嘉靖五年(1526)正月初旬,正月初十日未時墓主王好善卒,又知宣德八年(1433)癸丑九月十七日卯時生,壽九十四。

[10]次年句:即嘉靖六年(1527)丁亥四月二十一日,墓主王好善葬於《重慶卷》所釋"熊夫人之空穴,亥山巳向"。"亥",圖版作 ![字],與"亥"不類;"巳",圖版作 ![字],從字形看,應是二字顛倒,應是"巳山亥向"。《李祥墓誌》也有相似記載李祥與柯氏合葬地是"背亥向巳",均爲二十四山向等堪輿學用語。

[11]生子句:墓主之子李覞,墓誌的撰文人。李覞娶妻三人:一婚配劉氏六,縣丞劉弘之女;再娶□氏五、劉氏八,均以排行代名字。

[12]孫男句:李覞有三男:長子李芬,弘治十一年(1498)戊午十月初二日丑時生,此處干支紀年《重慶卷》因未細核圖版而錯誤兩處:脫"一"字,將"戊"誤釋爲"庚",與圖版不符。"生員",即縣學生,娶馮氏。在王好善卒年,即嘉靖五年(1526)六月二十日午時,"因録蔭往成都,回至潼川州烏落灘□□覆舟而卒",壽二十九。其與祖母王好善同時附葬,文稱"卒日水泛,惜乎尸未得獲,無憑安厝,遂作像于墓中,庶靈魂有所依附。"李芬留下一子李祈壽,"祈"字,《重慶卷》因形旁訛混誤釋爲"析",覆核圖版作 ![字],"木""礻"形似常訛混,但"析"與"壽"義理不配,明顯有誤。且此一子即後文所稱"芬之歿,幸有子將一周矣"的嬰兒,名字也係後起,與其父李芬早亡有關。

[13]李氏句:李覞還有次子李芳,娶典儀官康安之女康氏,也與墓主王好善同年二月卒於成都,李芳再聘李氏爲妻。"李"字圖版作 ![字],從字形結構判斷是爲"李"。墓主還有一季子李菲,娶張氏。

[14]孫女二句:即李覞之女二人,未載名諱,皆出嫁。

楊景昭妻高嚴貞墓誌　明成化元年(1465)十二月二十四日葬

(明)丘陵撰文,謝祐書丹,祝顥篆額

江津區。江津區鼎山街道南安門附近出土,石現藏於江津區博物館。誌石高122厘米,寬61厘米。篆額書"大明敕封太孺人高氏墓誌銘"。誌文正書,27行,滿行54字。

【釋文】

賜進士、中奉大夫、山西布政使司左布政使、蘭陽丘陵撰文。/

賜進士、中奉大夫、山西布政使司右布政使、桐城謝祐書丹。/

賜進士、大中大夫、山西布政使司右參政、姑蘇祝顥篆額。/

山西布政司左參議、蜀人楊學奔其母太孺人喪,濱行,乃持太原郡博劉季禛所述狀來,求銘其墓。參議公,予同寅[1]也,不得以不文辭。

按/狀:太孺人[2]姓高,諱嚴貞,元處士仲祥女,妣劉氏。天性智慧,資質清淑。稍長,能孝敬,喜誦書詩,聞人嘉言善行可法者,輒記之。不忘女工,篆/組織紝,不煩姆教,父母最鍾愛。及笄[3],為擇配,得邑庠訓導彥之季子曰旦。景昭,訓導公後人。長子旭,貴贈奉訓大夫,禮部儀制司員外郎。/景昭秀美而好學,剛介而倜儻,遂以妻焉。

孺人之歸楊氏也,恪修婦道,相佐有方,事舅姑以孝敬,睦宗族以恩義,誠以奉祭祀,慈以撫卑/幼。御臧獲,寬而有惠,然必使□各治其事,不少怠廢,用是內外交譽,庭無間言。家益豐裕,且樂於施與,親鄰有寡孤貧乏者,必賙恤之不/吝。遣其季子學為邑庠生,未幾,□景昭没[4],益篤訓之。務底於成,以不墜家聲。遂領[5]庚午科鄉薦,登辛未進士第。俄以端謹,選擢戶科給事/中。孺人喜,語所親曰:"此子其父□言,必亢吾宗,今日果然,使其父有知,必含笑於地下矣。"仍屢書教戒,勉思報/國,毋徒食禄而已。乙亥歲[6],/朝廷以勞勤推/恩,封太孺人,景昭

贈徵仕郎、戶科給事中。孺人復喜甚,貽書曰:"/敕命之賜生死皆貴榮光,可謂至矣,汝宜益篤忠勤,毋隳厥念,是所望也。"逮天順[7]□□,升今職,為夫大參,固時之英俊,朝之重臣,向非受□之/嚴,蒞官之恪,未易至此。孺人得不謂之賢母乎?季禎時典教江津,知之為詳,竊嘆曰:"為女婦而宜於夫家,能豐殖其資產足矣,有能篤訓/其子於夫沒之後乎?能致其子顯榮幸矣,復有能致其忠勤之戒乎?而孺人獨能之,豈非女婦中絶無而僅有者乎?然今不可作矣,惜哉!"

/太孺人生[8]洪武甲子五月初七日,卒於天順甲申九月二十二日,享年八十有一。子男三:[9]長曰垣,娶龍氏。次曰坤,娶徐氏。皆克盡內助。季/則大參公,娶周氏,封孺人,賢慧尤著。女四:長適吳添鋑,由吏員入官;其三人則韓惟慶、莫子容、江永寧,皆士人。孫男十[10]:瑩、金、鈺、銳、銑。娶馬/氏、趙氏、鐘氏、鐘氏、馬氏。鉉、鍊、鑰、鈳、錡,幼。曾孫七[11]:宗淮、宗泗,餘俱幼。孫女七:鄭福寬、梁傑、夏時行,其婿也。曰蘭英,暨曾孫女六,嘉秀俱幼。

大/參公遠歸,將用令,乙酉十二月二十四日丁酉,奉太孺人柩合葬[12]於徵仕郎縣南聚寶岡祖塋之次,禮也。謹以狀請,陵讀狀之所云,弗覺/涕泗橫流乎,胸臆也,況大參公乎?

嗚呼!太孺人夙享懿德。隆/恩晚備,高年盛福,生榮死哀,始終無憾,世寧有幾人企及哉,乃為之銘。銘曰/:

懿德貞靜,媲儷時英。孝敬慈惠,謹飭儉勤。相夫有道,立產豐盈。篤於教子,高登科第。竭盡公忠,優崇顯仕。/敕封贈封,存歿光賁。修善行仁,五福兼備。視今思古,能幾何人。實/天脊注,迥出常倫。宜表族黨,宜式鄉鄰。夫卿合葬,縣治南阡。聚寶之岡,臣蟹之泉。泉深原阜,億萬斯年。/

成化元年歲次乙酉冬十有二月甲戌朔越二十四日丁酉孝子楊學/。

孝孫瑩、金、鈺、銳、銑、鉉等泣血立石/。

(文:《重慶市志1949—2012》,第672頁;圖:《〈大明敕封太孺人高氏墓誌銘〉考》,《長江文明》2018年第1期,第26頁)

【簡跋】

《重慶市志》中只録文與收録部分截圖。此墓誌圖文以《〈大明敕封太孺人高氏墓誌銘〉考》(《長江文明》2018年第1期①)爲準,并對明代江津楊氏家族的部分成員和當時社會的教育和習俗等進行了梳理和考證,稱"該墓誌未見於前人著述,可補史書之缺載并糾正地方志之錯訛"。

撰文人丘陵,蘭陽(今河南省開封市蘭考縣)人,史籍疏略,墓誌載其歷官中奉大夫、山西布政使司左布政使。

書丹人謝祐,字廷佐,桐城(今安徽桐城市)人,墓誌載其爲賜進士,歷官中奉大夫、山西布政使司右布政使。據《明憲宗實録》卷二十五記載:"成化二年正月壬子吏部奏黜浙江等十三布政司、按察司、南北直隸府州縣來朝并在任官一千七百八員。老疾布政使李瓚、謝佑,府尹王弼,按察使曾蒙簡、周文盛、夏裕等八百九十五員。"②布政使謝佑以老疾被罷黜,"佑""祐"常通用,此謝佑或爲墓誌書丹人。

篆額人祝顥,字惟清,長洲(今江蘇吴縣)人。祝枝山祖父。正統年間進士。授刑科給事中,歷任山西左參議,政績尤著,詩文典贍。有《侗軒集》③。墓誌載爲姑蘇(今江蘇蘇州)人,賜進士,歷官大中大夫、山西布政使司右參政,與史志有地方籍貫與歷官左右參政上的差異。今以墓誌爲準。天順四年(1460)十二月六日其任山西布政使司右參政時,其孫祝允明生於山西太原。

此墓誌三題署人均是墓主之子楊學的同僚,同官於"山西布政使司"。布政使司,全稱爲"承宣布政司",又簡稱"布政司""藩司",即元朝的行中書省。洪武九年(1376)撤銷,更改爲全國十二承宣布政使司,管轄國家一級行政區。十四年(1381)增設左右參議,正四品;各布政使司增設布政使一人,成爲左、右二布政使。楊學時官山西布政司左參議,正四品。

行狀撰書人劉季禛,職務爲"太原郡博",即"郡博士",指府學學官。墓誌後文又稱"季禛時典教江津,知之爲詳",知其時任教於江津。萬曆《吉安府志·選舉志》舉人榜中有此人。

---

① 張廷良、張亮:《〈大明敕封太孺人高氏墓誌銘〉考》,《長江文明》2018年第1期,第25—29頁。
② 胡建林主編:《太原歷史文獻輯要》第4册《明代卷》,山西人民出版社,2013年,第21頁。
③ 傅三星編注:《大同邊塞詩注析》,山西人民出版社,2010年,第175頁。

【校釋】

[1]同寅:猶同僚。

[2]太孺人句:墓主高嚴貞,其父爲元時處士高仲祥,母劉氏,史籍疏略。

[3]及笄句:墓主高氏所嫁爲楊旦,字景昭,爲邑庠訓導楊彥的季子。楊彥,字邦楨,號靜庵,成都金堂人。先姓陳氏,名智潮,元末偕兄智寶地來津,依楊翁居,翁見有學行,妻以姨,遂因其姓。洪武初,以明經薦爲本縣訓導。明太宗即位,召至京,以疾辭,賜《五經大全》《烈女傳》,以舊職致任。此墓誌未載之事見於乾隆《江津縣志》中,後道光《重慶府志》引用①。楊彥還曾在明隆慶六年(1572)撰文《處士福軒楊公墓誌銘》,即《楊廷瑞墓誌》,有1944年的拓片藏於雲南省大理市圖書館,後有《大理叢書·金石篇》收錄釋文②。楊旦有兄長楊旭,贈奉訓大夫,禮部儀制司員外郎。

[4]没:通"殁",後文"有能篤訓其子於夫没之後乎",同此。墓主之子楊學爲邑庠生,不久其夫楊景昭殁,全靠夫人篤訓其子。

[5]遂領句:指墓主子楊學在洪武二十三年(1390)中庚午科鄉薦,登二十四年(1391)辛未進士第,後選擢戶科給事中。

[6]乙亥歲句:洪武二十八年(1395)乙亥,墓主因其子推恩封太孺人,楊景昭贈徵仕郎、戶科給事中。

[7]逮天順句:"天順"後碑版泐蝕闕二字,應是某年,"升今職",即墓誌開頭所記載的楊學的官職"山西布政司左參議",撰文人稱"參議公,予同寅也","爲夫大參","爲"是動詞,"大參"是參政的別稱。墓誌最後有"季則大參公,娶周氏""況大參公乎?""夫大參",用職官代稱。

[8]太孺人生句:記載墓主高氏生洪武十七年(1384)甲子五月初七日,卒於天順八年(1464)甲申九月二十二日,虛歲八十一。

[9]子男三句:記載墓主子嗣有男三人——長子楊垣,娶龍氏;次子楊坤,娶徐氏;季子即大參公楊學,娶周氏,封孺人。有女四人:長適吳添鋑,其他三人依次嫁儒生韓惟慶、莫子容、江永寧。史籍疏略。

[10]孫男十句:即墓主有孫男十人——楊瑩、楊金、楊鈺、楊鋭、楊銑等五人嫁娶,依次娶馬氏、趙氏、鐘氏、鐘氏、馬氏;還有楊鉉、楊鍊、楊鑰、楊釘、楊錡

---

① 藍勇主編:《稀見重慶地方文獻匯點》下,重慶大學出版社,2014年,第556頁。
② 張公瑾主編:《中國少數民族古籍總目提要·白族卷》,中國大百科全書出版社,2004年,第127頁。

五人,年幼。最後落款處立石人有孝子楊學、"孝孫瑩、金、鈺、鋭、銑、鉉等",孫輩名諱前後不一。

[11]曾孫七句:即墓主曾孫七人——稍長的有楊宗淮、楊宗泗,餘俱幼。孫女七人,其中三人出嫁,其婿爲鄭福寬、梁杰、夏時行。還有一女蘭英,暨曾孫女六人尚幼。

[12]合葬句:楊學從山西回鄉,將其母高氏與父徵仕郎楊景昭合葬,時間在成化元年(1465)乙酉十二月二十四日丁酉,葬地在"縣南聚寶岡祖塋之次",即出土地江津南安門附近。

何公儉家族墓誌

收録《何公儉及妻程氏墓誌》《何公儉及妻程氏買地券》二通。何公儉,身爲處士,有才德而隱居不仕。史書疏略,碑志可補。

其一:

何公儉及妻程氏墓券　明成化十七年(1481)十二月十二日立

銅梁區。1987年在銅梁縣南郭八村雙山鄉仙女山下出土,石現藏銅梁區博物館。誌石高33厘米,寬33厘米,厚2.5厘米。上部委角。中部篆額書"地券"二字,兩旁刻雲紋,周外圈飾刻捲草紋,内圈刻八卦紋。券文正書,13行,行15字。

【釋文】

何氏考妣地券/。

顯考處士何公儉,字仲節。府君顯妣何/母程氏,第七孺人。以正告終,以禮殯葬/,成化十七年十二月二十一日卜宅兆/以安厝,地得太平里仙女洞下。山水回/合,風順地厚,地脉迤邐圍潰,青龍琬琰/,白虎蹲踞,後山屹鎮以玄武,前山翔舞/朱雀,中乃塋域,穴處形勢,環抱拱揖,乃/所卜得吉之地也。塋域既成,坐酉向卯/,維吉日將以禮歸窆。歲月無窮,市朝罔/有變遷;泉石無交侵,方良無致侵害。于/是書鐫地券,以昭千萬載不磨云/。

成化十七年十二月十二日鐫/。

(《重慶市志1949—2012》,第695頁)

其二:

何公儉及妻程氏墓誌　明成化十七年(1481)十二月二十一日刻

(明)周洪謨撰文,張純篆蓋

銅梁區。1979年在銅梁縣雙山鄉出土,石現藏於銅梁縣文物管理所。誌石高33厘米,寬56.5厘米,厚2.5厘米;四周鐫刻捲雲紋飾。額篆書1行,"約齋處士何公儉字仲節何母程氏墓誌";誌文正書,36行,滿行17字。

【釋文】

處士何公儉何母程氏墓誌。/

賜進士、刑部主事、致曲、府事、邑人張純篆。/

賜進士第、資德大夫、禮部尚書周洪謨撰。/

大明[1]皇朝成化十四年六月初四日午時,約/齋處士何公儉卒,尋孺人程氏以次年十/月初四日午時卒。處士以先始祖[2]至元,娶/竇氏肇基,由宋迄元,世居古巴川縣太平/社迓。續曾祖[3]智慧,配崔氏益篤。㫖慶延休,/至祖德彬,配喬氏,生厥考興誠,配聶氏。流/衍益盛,乃處士爰生[4]。處士[5]字仲節,性尚靜/逸,慎默寡嗜,心地光明,遇事平準。人近[6]逐/時,好財流波也;處士砥柱蕩潏,而挺雪松/於麗景也。配孺人程氏,性全于天,所以善/德好匹,順事彌謹,克夭其夭,政謂維德之/行,然從來者遠矣。故子生孕秀,處士尤恤/愛于勞,卒成德業。若主器太守,生而器識/宏遠,以賢科官大夫,縹纓鳴佩,振耀當時。/尚未已,復生孫,秀拔芹宫,又生窈窕於王/家,配稱淑媛,光奕史牒。

吁！處士之生,則必/紫誥榮褒,輝煌明世；及没,則必/金章寵贈,昭燭幽壤[6],皆可謂自求多福矣。惜/不待也,迺相繼以正告終,是乃天完其同/盟之願,而焚黃[7]有待也。

處士生子三[8]：堯中、舜中、禹中。太守堯中娶胡氏,接張氏。胡氏/生孫四：坦[9]為邑庠生員是已。墀、垠、塤,坦季/仲也。生孫女四：長適胡,次適/荆府都梁王,次適潘,次適晏。張氏生孫垓,/孫女一。舜中[10]娶郭氏,生孫三：均、墠、增。孫女/二：長適張,次適傅。禹中[11]娶姚氏,生孫四：圻亦/邑庠生員,地、坊、邛。孫女三：長適王,次適嚴。/處孫女一。生女五[12],俱適名族。處士生於[13]洪/武壬午年四月二十九日申時,孺人生於/洪武戊寅年二月初八日亥時,并遵禮葬/于[14]仙女洞山麓祖塋之後,坐西向卯。因志/以昭見者之憫,吊永久云。/

成化十七年辛丑十二月二十一日鑴。/

(《重慶卷》圖52/文235)

【簡跋】

何公儉及妻程氏的墓券和墓誌係同年刻立,一爲明成化十七年(1481)十二月十二日立；一是十二月二十一日鑴,相差九天。從各自用途上來看,墓券在先,墓誌在後,符合喪葬的基本順序。

墓券無題署人。墓誌撰文人周洪謨(1421—1492),字堯弼,叙州府長寧縣人(今四川省長寧縣)。明成化年間禮部尚書。《明史》卷一百八十四有傳。著有《南皋子集》《箐齋集》等。從墓誌首題"處士何公儉何母程氏墓誌"判斷,周洪謨爲何公儉之子而寫。墓誌載其歷官：賜進士第、資德大夫、禮部尚書,可與史互補。資德大夫,明置文散官正二品。禮部尚書,掌禮儀、祭祀、宴饗、貢舉等事。

篆書人張純,與墓主同爲銅梁邑人,墓誌載其爲賜進士、刑部主事、致曲、府事。"致曲",據《中國隱語行話大辭典》收録解釋爲："明清江湖社會謂榜眼。"實爲科舉致

仕。據光緒《銅梁縣志》記載，張純爲明正統九年(1444)舉人，十三年(1448)進士。"府事"，爲"知府事"簡稱。即重慶府的長官，掌一府之政。《銅梁縣志·藝文志》還收錄了明成化十二年(1476)張純撰文的佛教碑刻文獻《玉峰山瑞云寺記》，瑞云寺時在銅梁縣南一百三十里。

【校釋】

[1]大明句：墓主何公儉，字仲節，號約齋處士。墓券記載"顯考處士何公儉，字仲節。府君顯妣何母程氏，第七孺人。"其中"仲"字，《重慶市志》誤釋爲"仰"。程氏爲"第七孺人"，或是何公儉娶妻多名；或是程氏在其家族中排行第七。墓主何公儉在成化十四年(1478)六月初四日午時卒，十五年(1479)十月初四日午時其妻孺人程氏卒。此爲二人合葬墓誌，時在成化十七年(1481)。

[2]始祖句：何公儉家族中，宋代有始祖何至元，娶竇氏，籍貫爲古巴川縣太平社。巴川縣，爲唐開元時置，治所在今銅梁區東南。元初廢。"迓"，通"衙"，舊時官署之稱。由此知何氏家族歷代爲官。

[3]繼曾祖二句：曾祖何智慧，配崔氏；"卋"字圖版作 ▨，即"世"的異體字。祖父何德彬，配喬氏；父考何興誠，配聶氏。史籍疏略。

[4]爰："爰"字，圖版作 ▨，《重慶卷》誤釋爲"復"字。

[5]人近句：此句爲對比關係，世人是隨時俗而貪財隨波逐流，而墓主何公儉清高正直不同流俗。"財"，《重慶卷》釋爲"則"。諦視圖版作 ▨，左構件"貝"無疑，右構件模糊作 ▨，尚可見一些橫和撇的痕迹，那麼一定不是"刂"，應是"才"部。《宋故清河張氏夫人墓誌銘》第8行"公捐財以募少壯，御賊於境，衆賴以安"，有圖版作 ▨；《宋太夫人陳氏墓誌銘》第20行"輕於財利，而重於祭祀"，圖版作 ▨。若是"則"字表順承關係，就影響對比關係。

[6]幽壤："壤"字圖版作 ▨，應是構件"扌"與"土"的訛混。

[7]焚黃：舊時品官新受恩典，祭告家廟祖墓，告文用黃紙書寫，祭畢即焚去，謂之焚黃。後亦稱祭告祝文爲焚黃。

[8]生子三句：墓主何公儉有三子：何堯中、何舜中、何禹中。其中何堯中，爲

某地太守,娶二妻:胡氏、張氏。胡氏生男女各四人。胡氏四男依次是:何坦、何墀、何垠、何塡。四女依次婚配胡君、"荊府都梁王"、潘君、晏君,不載名諱。衹能據其他墓誌繫聯。何堯中繼妻張氏生一男,名何垓;女一人。

[9]坦:即何坦,爲何堯中長子,邑庠生員。正好與《巴陵主簿龍岩先生墓銘》的墓主何子□爲同一人,因墓誌稱"再傳至於堯中,登景太癸酉鄉榜,知湖襄之蘄州。生五子,長曰坦,爲國子生,未受官而卒。"如此知何堯中爲蘄州太守,爲景泰四年(1453)進士。《四川通志·選舉志》收錄其名,著籍爲銅梁人。

[10]舜中句:墓主何公儉次子何舜中,娶郭氏,生三男:何均、何墀、何增。二女:長適張君,次適傅君。

[11]禹中句:何公儉季子何禹中,娶姚氏,生四男:何圻,爲邑庠生員,何地、何坊、何邛。"邛"字圖版作"卭",异體字。孫女三人:長適王君,次適嚴君,還有"處孫女"一人,未出嫁。"處",指女子居家或未嫁。

[12]生女五句:墓主何公儉生子三人,又生女五人,"俱適名族"但未詳細記載。

[13]生於句:墓主何公儉洪武"壬午年"四月二十九日申時生,但查無此干支紀年,衹有五年壬子(1372)、或二十三年庚午(1390)等,應是有誤記。"午"或爲"子"的誤刻。妻程氏洪武三十一年(1398)戊寅年二月初八日亥時生。

[14]葬于句:即墓主夫妻合葬於"仙女洞山麓祖塋",與《買地券》中的"地得太平里仙女洞下"的風水寶地相符,應是墓誌出土地舊名。

其三:

何公儉孫何子□墓誌 明嘉靖二十三年(1544)正月二十九日刻

銅梁區。1990年在重慶銅梁縣白鵠鄉出土,石現藏於重慶銅梁區文物管理所。誌石高63厘米,寬54厘米;四周鐫刻纏枝卷葉紋飾。下邊左右兩角殘損。誌文正書,20行,滿行30字。

【釋文】

巴陵主簿龍岩先生墓銘。／

龍岩先生[1]，安居太平鄉人也，卒於官，歸葬於瓊。厥嗣[2]曰溥者，屬余以□□石。□/泫然曰：郁以狂斐辱婿於翁，受翁之愛多矣，釜屋[3]之銘，其曷敢辭。

按：先生之□/出於漢之何武[4]，徙居靡常，後裔曰某者卜宅於今之太平鄉焉，支汎[5]將□，族口/以蕃。至有宋之季，迺祖以勢豪於閭里，遂受紫泥之命[6]，為一方之鎮長。□□□/我明，閥閱益振。永樂之初，厥祖曰貝壽[7]者，以行辛官，至參知政事。再傳至於/堯中，登景太[8]癸酉鄉榜，知湖襄之蘄州。生五子[9]，長曰坦，為國子生，未受官而卒。生/七女，中女以懿淑，禮聘為荊王妃。何氏之族由是益顯。

先生名子□，字□□，/號靚岩，即坦之冢嗣也。少頗倜儻，□致堂胡子之風。年十八，始慨然[10]曰：生不□/群經，死不留芳薈，與蕭艾等耳。乃懸髻刲股，苦為誦咏，馳騖縱橫，文俊以□/宿儒老匠，自視以為弗若也。時好不投，屢困場屋。嘉靖丙戌[11]，以里辛貢虎闈。□□/之春[12]，注名銓曹，佐邑事於岳郡之巴陵焉。苞苴[13]絕獻，大有冰蘖聲，士民傳頌，□/擬掄擢[14]。蒞政未期，而竟以疾卒。輟春罷市，巷哭呷呷也。舟櫬[15]西歸，以甲辰之春/王正月卜葬於故里之阿丘焉。

先生娶姚氏[16]，生子二：長曰潢，早卒，有孫三人。次/曰溥。生女二，長適余，叨中庚子鄉榜；次適吳啟源。嗚呼！先生之為人□□□□/中直以通，求之古人，尚或難之。而官不至台鼎[17]，壽不至頤耆，惜哉。□求筆□□/強為之銘。銘曰：/

盤盤丘阿[18]，宅兆是基。金藏玉掩，萬古千□。/不成瑤碧，定產靈芝。堅珉載勒，靡□千□。/

嘉靖甲辰春王正月廿有九日。

辱婿李郁雪泪拜書。/

（《重慶卷》圖71/文258）

【簡跋】（因家族關係提前）

墓主何君，"名子□，字□□，號龍岩，即坦之冢嗣也。"因石面泐蝕一字，名諱不全。他文多題作"龍岩先生"，繫聯《何公儉與妻程氏墓誌》中子嗣部分，知二墓主係祖孫關係，家族譜系如下：何智慧—何德彬—何興壽（即墓主何公儉）—何堯中—何坦—何子□（即墓主龍岩先生）。本書以"何子□墓誌"題名。

撰書人為何子□女婿李鬱，史籍疏略。

【校釋】

[1]龍岩先生句：介紹墓主籍貫為"安居太平鄉人"，即今銅梁區太平鎮，時歸安居所轄。歸葬地"瓊"，所指即《王好善墓誌》撰文人阮成性籍貫"瓊江"的省稱。因瓊江為涪江的一級支流，涪江在銅梁區安居鎮納入右岸支流瓊江。古時有此地名。

[2]厥嗣句：即墓主之子何溥，請李鬱撰寫墓誌銘。"鬱以狂斐辱婿於翁……"表明自謙。狂斐，出《論語·公冶長》，原指立意高遠，文采斐然；後又指放浪。此取第二義。

[3]斧屋："釜"，同"斧"，"斧屋"指墳墓。語出《禮記·檀弓上》。

[4]何武句：追述何氏先祖，高攀遠祖至西漢何武，字君公，蜀郡郫縣（今四川省成都郫都區北）人。何武後裔遷徙不定，從而有太平鄉支系。與《何公儉墓誌》中所載"處士以先始祖至元，娶竇氏肇基，由宋迨元，世居古巴川縣太平社迄。"文意相合。本墓誌中"後裔曰某者"應是何至元及妻竇氏，或其子嗣，活動於宋元之際，將家族遷徙至太平鄉。

[5]支汜句："汜"，《重慶卷》釋作"流"，諦視圖版作 ▢，疑為"汜"字。"汜"下，《重慶卷》闕二字，第一字圖版為 ▢，疑為"將"字。與《幸光訓墓記》第5行"將謂高堂受樂，供保歲寒"中 ▢ 字形似。第二字無法釋讀。"族"字，《重慶卷》誤釋為"旅"，復核圖版作 ▢，與《宋故楊室人墓誌銘》第15行"親族美之"的 ▢ 寫法一樣。"族"下一字，《重慶卷》作闕字處理，復核圖版作 ▢，明為"口"字。"族口"指家族人口，與文意想表達的家族發源和遷移，乃至繁衍昌盛之意相合。

[6]紫泥之命：指詔書命官。古人以泥封書信，泥上蓋印。皇帝詔書則用紫泥。指宋時何氏先祖家族壯大。

[7]昗壽句："昗"即"興"，圖版作󰀀，异體字。"芉"即"舉"，圖版作󰀀，异體字。《重慶卷》釋文直接用本字代替，今還原墓誌的原面目。何公儉字號"興壽"未載於《何公儉墓誌》，可互補。且"官參知政事"也應是追封之職，何公儉爲處士，并無官職。

[8]景太句：何公儉子何堯中，"登景太癸酉鄉榜"，碑版中"太"字，應是"泰"字的誤刻，或避諱字，暫如舊不改；"景"字爲補刻，圖版作󰀀。何堯中爲景泰四年（1453）進士，"知蘄州"，即《何公儉墓誌》中的任太守之地，在今湖北省蘄春縣西南蘄州鎮。

[9]生五子句：《何公儉墓誌》簡略記載何堯中娶二妻胡氏、張氏。胡氏生男女各四人。胡氏生四男依次是：何坦、何墀、何垠、何塤。四女依次婚配胡君、荆府都梁王君、潘君、晏君，不載名諱。《何子□墓誌》記載可與《何公儉墓誌》互補。何堯中最終生五子、七女，其中一女聘爲荆王妃，即"荆府都梁王"。明王世貞《弇山堂別集》卷七十五記載成化年間的"荆府都梁王見溥"。從墓主何子□的卒年在嘉靖二十三年（1544）判斷，應是明世宗的妃嬪。墓主因姐妹嫁入皇家而家族更加顯盛。

[10]慨然句：即墓主表達自己治群經要成爲更有抱負的人。碑版中奮爲"譽"的异體字。"蕭艾"，即艾蒿，臭草。常用來比喻品質不好的人。

[11]虎闈：古時國子學的代稱。因其地在虎門之左，故有是稱。墓主何子□在明嘉靖五年（1526）丙戌被鄉里舉薦到國子監作貢生。

[12]之春句：墓主在某年春季入仕，任職巴陵縣主簿。"之春"前面闕二字，應是"明年"之類的時間點語。"銓曹"，主管選拔官員的部門。"巴陵"，明時爲岳陽郡巴陵縣，即湖南岳陽及湖北監利一帶。

[13]苞苴句："苞苴"，本指包裝魚肉等用的草袋，又可指代贈禮，引申爲賄賂。語出《荀子·大略》。賄賂之事因墓主任巴陵主簿秉公執法而杜絕。"冰櫱"，喻寒苦而有操守。

[14]掄擢句：墓主因聲名遠播，擬被提拔之際不幸病逝，百姓痛哭懷念。此

處《重慶卷》斷句誤作"□擬掄攉茬政，未期而竟以疾卒，輟春罷市，巷哭咿咿也"。"茬政未期"，即任職不滿一周年。

[15]舟櫬句："舟櫬"，指內棺，後泛指棺材。墓主在明嘉靖二十三年(1544)甲辰歸葬故里。"正月"前一字，《重慶卷》釋作文"壬"字，如表示天干，則缺地支相配。諦視圖版作![王]，疑為"王"字之誤。墓誌落款處"嘉靖甲辰春王正月廿有九日"，《重慶卷》同誤。"春王正月"，指周曆以建子之月為正月，即農曆十一月。語出《春秋·隱公元年》："元年春，王正月。"杜預校釋"隱公之始年，周王之正月也。凡人君即位，欲其體元以居正，故不言一年一月也。"清趙翼《陔餘叢考·春不書王》："《春秋》每歲必書'春，王正月'……以周月記事者，則孔子書'王正月'以別之，謂此正月乃王之正月，見其猶尊王也。"

[16]娶姚氏諸句：介紹墓主婚配姚氏，有二子：長子何潢，早卒；次子何溥，即墓葬的主持人。何潢有子三人，《重慶卷》釋文"三"下闕字，圖版作![图]，刻痕應是"人"字。何溥生二女，長適墓誌撰文人李鬱，次適吳啓源。李鬱"叨中庚子鄉榜"，即嘉靖十九年(1540)中鄉試舉人。"叨"，謙詞，猶忝。表示承受之意。

[17]台鼎：古稱三公為臺鼎，如星之有三臺，鼎之有三足。出自漢蔡邕《太尉汝南李公碑》："天垂三臺，地建五岳，降生我哲，應鼎之足。"

[18]丘阿：山丘的曲深僻靜處。《詩·小雅·緜蠻》："緜蠻黃鳥，止於丘阿。"陳奐傳疏："小鳥知止於丘之曲阿靜安之處而托息焉。"

陶進誠墓券　成化二十年(1484)十一月二日立

合川區。重慶合川區出土，出土時間不詳，石現藏於合川區文物管理所。券額題"永遠為照"。券石高27釐米，寬30釐米。券文正書，9行，滿行6字。

【釋文】

奉/天師之教旨/，遵郭璞之遺文/，鎮山水無恠异[1]之形/，蔭子孫有安塋之

兆/,成化二十年十一月初二日/乙酉,十全大吉/。右給付亡人陶進誠/正魂收執[2]。

(圖:《西南歷代石刻·四川重慶》,第111頁)

【簡跋】

據研究表明,明代四川地區流行的以"奉天師之教旨,遵郭璞之遺文,鎮山水無恠異之形,蔭子孫有安塋之兆"爲内容的鎮墓文,以重慶合川區出土最多。①

【校釋】

[1]恠异:"恠","怪"的异體。
[2]收執:收存。元秦簡夫《東堂老》楔子:"這張文書,請居士收執者。"

賈奭家族墓誌

收錄《賈奭繼妻王氏壽藏》《賈奭墓誌》二通。

其一:

賈奭繼妻王氏壽藏　明弘治三年(1490)三月二十六日記

渝中區。1984年2月在重慶市市中區(今渝中區)上清寺出土,石現藏於重慶中國三峽博物館。誌石爲横刻石,四周鐫刻纏枝卷葉紋飾,高55厘米,寬126厘米,厚17厘米;誌文正書,13行,滿行11字。

【釋文】

大明賜進士出身、嘉/議大夫、都察院右/副都御史,前廣西/等處承宣布政使/司左布政使,古渝/賈奭繼妻金臺王/氏壽藏。[1]

---

①黄景春:《中國宗教性隨葬文書研究》,上海人民出版社,2018年,第562頁。

經始於弘/治二年十月十一/日,畢功於次年三/月初三日,勒之藏/石,以告後之子孫/云。/

弘治三年三月二十六日記。/

(《重慶卷》圖54/文237)

【簡跋】

《賈奭繼妻王氏壽藏》《賈奭墓誌》同時出土,二者的區別在於壽藏是生前所立,墓誌是死後才立。

【校釋】

[1]壽藏:又稱"壽宫""壽廓"等,本指生時預先修建的墓壙。《後漢書·趙岐傳》:"年九十餘,建安六年卒,先自爲壽藏。"李賢注:"壽藏,謂冢壙也。稱壽者,取其久遠之意也;猶如壽宫、壽器之類。"墓主王氏,即《賈奭墓誌》中的"側室王氏",給賈奭生育子嗣四人,計三子一女。此時王氏尚在,非死後的墓誌,故題名爲"壽藏"。

[2]經始:開始營建。指弘治二年(1489)十月十一日建造墳墓,至三年三月初三日而成,刻石時間又晚至二十六日記。王氏早在其夫賈奭弘治七年(1494)卒前五年即立有此壽藏。

其二:

賈奭墓誌并蓋　明弘治七年(1494)十二月十七日葬

(明)江朝宗撰文,吳節書丹,劉岌篆蓋

渝中區。1984年2月在重慶市市中區(今渝中區)上清寺出土,石現藏於重慶中國三峽博物館。誌石高58厘米,寬58厘米,厚10厘米;誌蓋亦高58厘米,寬58厘米,厚10厘米,陰文篆書,題"都察院副都御史賈公之墓"。誌文正書,32行,滿行40字。

【釋文】

明故嘉議大夫、都察院副都御史賈公墓誌銘。/

賜進士、翰林侍讀學士、奉直大夫、經筵講官、兼脩國史江朝宗撰文。/

賜進士、嘉議大夫、都察院副都御史、前河南左布政使、眉山吳節書丹。/

賜進士、資善大夫、太子少保、禮部尚書、掌太常寺、涪陵劉岌篆蓋。/

弘治甲寅[1]孟冬月朔日,都察院副都御史賈公終于正寢。搢紳大夫奔走吊哭,莫不嗟悼,曰:賈都憲不/可得而見之矣。其諸子[2]衰絰,持通府王公好德所狀行實,匍匐泣請予銘。予於公生同里,居比鄰,仕同/朝,而且有親親之誼,雖不忍銘,而亦不容於不銘也。公諱[3]奭,字希召,姓賈氏,世為蜀之重慶府巴縣西/隅忠孝坊人。高祖[4]承事,曾祖進成,祖文富,祖母鄧氏,父珪,母王氏。

公自幼岐嶷异常,穎悟通達,立心制/行,求造高明,於人不苟合。既冠,補郡庠生。攻書經,刻苦問學,日有所進。正統丁卯[5],領鄉薦。明年戊辰會/試,弗偶。入賢關,友天下之名人碩士,薰陶漸染,是故德日以修,業日以進,而名譽丕播工都下。景泰甲/戌[6],登進士第,觀戶部政。丙子,擢浙江慈溪知縣。持身清白,莅政勤慎,而農桑、學校及分内當為者,盡心/力以圖報稱。數稔之間,風俗丕變。尚書王公來[7],祭酒陳公敬宗深敬服之,形諸詩文,以頌厥德。天順壬/午,被薦擢浙江道監察御史,迭按山東及蘇州等處。揚清激濁,赫赫有聲。/朝廷賜敕,有夙著才猷之褒,又推恩封其父如其官,母、室俱封孺人。成化丁亥[8],蘇州知府缺員,銓曹以/公巡按舊治,深得民心,乃疏于/上,命往治之,仍賜敕以重其委任。蘇州素號難治,公嚴教令,革宿弊,而昔之不經者,感化斂迹。時巡撫[9]都/憲邢公致其事,銓曹以為須得公代之,乃有濟方上章,而公適丁內艱,竟不果矣。成化甲午服闋,改知/平陽府,而政聲無异乎蘇州。戊戌[10],陞山西布政司左參政。尋丁外艱。癸卯服闋,改補江西。甲辰,陞廣西/右布政使;丙午,陞左布政使。益勤益慎,事無不集[11],招撫遠人,安靖邊民。往時農民參吏而輸白金於官/者,習以為常,公革其弊,凡遇缺,輒以善書無過舉者補之。是年秋[12],/廷議以公練達老成,履歷積久,/詔陞都察院右副都御史,巡撫陝西。適寇賊奸宄,乃

296

奮勇督師征剿之,而地方賴之以寧。/朝廷屢下敕獎諭,賞賚頻頻。丁未[13],五花誥下,有風裁凜然,聲光赫奕之褒。又推恩贈其父、祖為都御史,/祖母鄧、母王、室李俱淑人。顯貴光榮,夫孰尚焉。弘治戊申[14],以老致政還鄉,優游林泉,手不釋卷[11]。而撫按/藩臬[15]諸公之至渝者,皆禮其廬,而問德考業,公以愛民白之,而百姓陰食其惠。每鄉老過訪,酌酒聯詩,/以叙談孝弟忠信,其意固囂囂也。

孰意一疾竟至不起乎?春秋[16]六十有九,距其生宣德丙午十一月十/有四日也。配李氏[17],生子三:男一,麒;女二,長適官舍徐護,次適生員王徵。側室王氏[18],暨陳氏。王氏生子四:/男三,麟、鳳、鸞;女一,適儒士江寧。麒娶方伯蔣天章之女,生男一、女一;麟娶大尹賀公悅之女,生男一、女/一;鳳娶太守李質天之女;鸞尚幼小。以是年季冬月十有七日葬于巴縣通遠門外三里許石膏山祖/塋之側。銘曰:/

梗楠豫章兮,棟梁之備也。璆琳琅玕兮,珪璋之器也。猗歟賈公兮,殆類乎是也。壽臨古希,官登都憲。有/子有孫兮,五福咸萃也。猗歟賈公兮,而亦足遂其志也。/

(《重慶卷》圖55/文237)

【簡跋】

賈奭(1426—1494),字希召,巴縣人。明景泰五年(1454)進士。曾刻有天順二年(1458)陳敬宗的《澹然居士文集》十卷與成化七年(1471)元歐陽起鳴的《歐陽論范》二卷等①。《明史》無傳。墓誌的生卒年信息可補已有史料的不足。墓誌載歷官爲嘉議大夫,爲明正三品初授之階;又都察院副都御史等,可補史闕多處。又《重慶簡史和沿革》記載:"重慶府文廟在舊城西臨江門內,以夫子池名街;巴縣文廟在城東,以縣廟名街。"巴縣文廟規模比府文廟小點,但廟制相同,有鄉賢祠祀,其中有江朝宗、賈奭等42人。②説明賈奭死後被後世祭祀于原巴縣文廟鄉賢祠中。

撰文人江朝宗(1425—1506),字東之,號樂軒,巴縣人。《四川通志》有傳。景泰二年(1451)進士。預修《大明一統志》《英宗實録》,稱良史才。善書,富著述,有《紫軒

---

① 瞿冕良編:《中國古籍版刻辭典》,蘇州大學出版社,2009年,第678頁。
② 重慶地方史資料組編;鄧少琴等編:《重慶簡史和沿革》,1981年。

集》《重慶府志》《蜀中人物記》等。墓誌載歷官翰林侍讀學士、奉直大夫、經筵講官、兼修國史等,均與傳相合。從墓誌中所述與賈奭的關係是"生同里,居比鄰,仕同朝,而且有親親之誼",説明二人關係非常密切。

書丹人吴節,字行驗,景泰五年(1454)進士,眉山人。與兄吴中均有政聲。明·商輅《重建岳陽樓記》記載有"成化丁亥進士眉山吴節,以郎官有聲,出守兹郡。"①商輅,即《李實祖父李祥墓碑文》的撰書人,與成化三年任岳州府知府的吴節相交。又《謁二蘇先生祠墓四首》落款"大明成化十三年歲次丁酉夏四月八日,賜進士第、亞中大夫、河南右參政、眉山後學吴節頓首拜題"。墓誌載歷官嘉議大夫、都察院副都御史、前河南左布政使。

篆蓋人劉戩(1416—1501),涪陵人。景泰五年(1454)進士,歷任兩朝禮部尚書,加太子太保致仕。②劉氏家族也是涪陵當地的名聲顯赫的大家族。③墓誌載其資善大夫、太子少保、禮部尚書,掌太常寺諸職,應是還未升太保之前所贈。

【校釋】

[1]弘治甲寅句:即明弘治七年(1494)甲寅十月初一日賈奭卒,終官爲都察院副都御史。都察院爲明洪武十五年(1382)廢御史臺後置,設左右都御史與副都御史四人,及監察御史百人之多。

[2]諸子句:"衰絰",指居喪。墓主諸子在墓主賈奭卒後,持通府王好德所狀行實,向江朝宗請銘。"通府"即府通判的别名。明余庭璧《事物异名》卷上《君臣·知府》中記載:"通判,稱通府。"王好德,史載不詳。

[3]公諱句:賈奭,字希召,世籍爲重慶府巴縣西隅忠孝坊人。"忠孝坊",爲渝中區區境在明代所設八坊二厢之一。坊厢用以區别城中與城邊區域。至清康熙四十六年時改爲二十九坊,但已無忠孝坊在内。④

[4]高祖句:墓主賈奭家族譜系是高祖賈承事、曾祖賈進成、祖賈文富,娶鄧氏;父賈珪,妻王氏。後因賈奭"有凤著才猷之襃,又推恩封其父如其官,母、室俱封孺人。"之後"又推恩贈其父、祖爲都御史,祖母鄧、母王、室李,俱淑

---

① 紅森編:《岳陽樓詩文》,中國文聯出版社,2002年,第4頁。
② 黄森榮編:《涪陵地區書畫名人録》,1986年,第12頁。
③ 曾超:《〈劉氏宗譜〉與白鶴梁題名人考察》,《三峽大學學報》(人文社會科學版)2018年第6期,第7—10頁。
④ 向楚主編:《巴縣志選注》,重慶出版社,1989年,第74頁。

人。"先是贈爲監察御史,後又升級爲都御史。祖母鄧氏、母親王氏、妻李氏則由孺人升爲淑人。

[5]正統丁卯二句:正統十二年(1447)中鄉試,十三年參加會試,未中。即明清科舉制度中每三年會集各省舉人於京城考試。"偶",假借爲"遇",順利之意。

[6]景泰甲戌句:明景泰五年(1454)賈奭登進士第,占第二百六十二名,著籍爲"四川巴縣人,監生。《書》。"① "觀戶部政",即起官在戶部任職。"觀政"猶從政。七年(1456)丙子又擢浙江慈溪知縣。

[7]尚書句:尚書王來、祭酒陳敬宗,深敬服賈奭,而有詩文頌贊。王來、陳敬宗,皆慈溪人,《明史》卷一百七十二、一百六十三分別有傳。二人又在天順六年(1462)壬午,舉薦賈奭升官爲浙江道監察御史,巡按山東及蘇州等處。"迡"即"巡"字,圖版作 迡 ,爲异體字,與後面的"巡按舊治"的正體字圖版 巡 不同。

[8]成化丁亥句:明成化三年(1467)丁亥任職蘇州知府。素號難治的蘇州,在墓主嚴教令、革宿弊下,感化斂迹。"不經",即不合常法。據乾隆《蘇州府志》卷十四公署條下記載,明代有"西察院,在明澤橋西,即宋貢院舊址,紹定元年建吳縣學于其地。宣德七年况鐘遷學改軍器局。成化五年,賈奭改建以待監察御史巡歷。"② 説明成化五年(1469)仍任蘇州。

[9]時巡撫句:"巡撫都憲邢公",即邢宥,字克寬,文昌人。成化二年(1466)秋,被提拔爲都察院左御史。《湄丘邢公墓誌銘》中記載"庚寅年議事來京,上章乞致政,不允,章再上,始得請,時年五十有五。""都憲"是明都察院、都御史的别稱。"致事",猶致仕、辭官。邢宥請辭正在成化六年,應是此年,或至少在成化七年,上級本打算以賈奭代之,而此時賈奭因母亡需守喪未能成行。守孝三年後,成化十年(1474)甲午服闋,改知山西平陽府(今山西臨汾),政聲與爲官蘇州時一樣清嚴。

---

① 龔延明主編;閆真真點校:《天一閣藏明代科舉録選刊會試録上點校本》,寧波出版社,2016年,第230頁。
② [清]雅爾哈善、傅椿修:(乾隆)《蘇州府志》,載《中國地方志薈萃華東卷》第5輯,九州出版社,2017年,第434頁。

[10]戊戌諸句:成化十四年(1478)戊戌,賈奭升山西布政司左參政;約成化十六年(1480)賈父又亡,又守喪三年;成化十九年(1483)癸卯服闋,改補江西;成化二十年(1484)甲辰,升廣西右布政使;成化二十二年(1486)丙午,升左布政使。

[11]不集:即無成就;不成功。《詩·小雅·小旻》:"謀夫孔多,是用不集。"毛傳:"集,就也。"

[12]是年秋句:即成化二十二年(1486)秋,賈奭因功而詔升都察院右副都御史,巡撫陝西。"適寇賊奸宄"而征剿之事所指不明。

[13]丁未句:成化二十三年(1487)丁未,賈奭因平定陝西之功受"五花誥",并推恩整個家族。古代帝王封贈的詔書,因以五色金花綾紙製成,故稱五花官誥。

[14]弘治戊申句:即弘治元年(1488)戊申,辭官還鄉。《明督撫年表》據《實錄》記載,弘治元年正月宋琮等彈劾巡撫賈奭、左鈺二人素行不謹,詔致仕①。墓誌有諛墓成分,爲死者諱,不載被彈劾之事。

[15]藩臬:藩司和臬司。明清兩代的布政使和按察使的并稱。

[16]春秋句:墓主賈奭享年六十九,生于明宣德元年(1426)丙午十一月十四日,卒于弘治七年(1494)十月初一日,同年十二月十七日葬。"孟冬月"爲十月;"季冬月"爲十二月。葬地"巴縣通遠門外三里許石膏山祖塋之側",通遠門是至今重慶現存最完好的古城門。由墓誌知,門外三里原有石膏山。

[17]配李氏句:載墓主賈奭婚配,髮妻爲李氏。育有一子賈麒,娶地方官蔣天章之女,生一男、一女;還育二女,長適官舍徐護,次適生員王徵。"官舍",即官府的差役。

[18]側室:賈奭還娶王氏、陳氏。王氏,即前一通壽藏的墓主。生三男一女:三男爲賈麟、賈鳳、賈鸑;一女適儒士江寧。賈麟娶府縣長官賀悅之女,生男一、女二;賈鳳娶巴縣知府李賢天之女;賈鸑尚幼。

---

①《二十五史補編》編委會編:《宋遼金元明六史補編》貳,北京圖書館出版社,2005年,第84頁。

徐添用墓券　明弘治九年(1496)正月初二日立

合川區。2011年合川區銅溪鎮紗帽村出土,石現藏重慶市文化遺産研究院。誌石高27.4厘米,寬30.6厘米,厚1.6厘米。上端委角。正反面陰刻券文和八卦圖形。券體正面左右側和上端邊緣陰刻雙邊框綫,底邊單邊。券額右行,陰刻"永證之墓"4字;券背面頂額陰刻3個小圓圈,圓圈之間用波紋綫相連,右側竪刻"天圓地方律六九章",左側竪刻"神煞到此地券抵當"。中間刻八卦符號,卦中心刻一"囨"字。券文竪刻,正書,9行,行8字。

【釋文】

奉/天師之教旨,/遵郭璞之遺文,/鎮山水無异怪之形,/蔭子孫有安榮之兆。/券付[1]亡人徐添用/正魂收照/。

弘治九年丙辰歲正月初/二日辛巳十全[2]大吉立/。

(《重慶市志》第695頁)

【簡跋】

墓主爲徐添用,弘治九年(1496)正月初二日立石。

【校釋】

[1]付:《重慶市志》釋文前沂一"給"字。
[2]十全:完美無缺。

陶永恕墓誌　明弘治十年(1497)二月二十一日葬

(明)胡仕本撰文,蔡和書丹,袁實篆蓋

合川區。1987年在合川縣南屏鄉中南五社合川縣醫院地出土,石現藏於合川區文物管理所。誌蓋缺。誌石爲青砂石質,周飾卷曲花紋,高90厘米,寬80厘米,厚10厘米。誌文正書,29行,滿行36字。

【釋文】

大明故義官陶公墓誌銘。/

南京國子監助教、/敕階脩職佐郎致仕、前都貢進士銅梁胡仕本撰文。/

直隸真定府行唐縣儒學教諭、前鄉貢進士郡人袁實篆蓋。/

雲南雲南府晉寧州儒學學正、前鄉貢進士郡人蔡和書丹。/

公姓[1]陶氏，名永恕，字廷德，系出晉淵明之後，歷代以來，世多哲人。勝國時[2]，厥祖諱谷真者，居/湖廣之黃陂，罹季世兵燹，挈家徙蜀之合州南津家焉。迨入/國朝[3]，占籍為州之萬安廂長。谷真[4]生子必通。必通生子以禮。以禮生子濱，妻孫氏。生子四：長永/嵩，次永常，三即永恕，四永金。族人[5]若以寧及子贊，俱為郡庠生，以寧以春秋中永樂甲午鄉/試，贊□以春秋中景泰庚午鄉試，任雲南楚雄府推官，皆濱之從叔昆弟也。

永恕生於正統/丙辰十月廿八日，為人性仁厚，篤於孝友。幼讀書通大義，稍長，善幹蠱克家[6]，起為廂正，能不/事脂韋以媚上，恥立崖岸以絕人，雅有古君子風。居家庭未嘗私好惡、為喜怒，一門之中，尊/卑內外，雍雍穆穆，人無間言。處宗黨恩禮周洽，未始以親疏貴賤為趨舍。日督約家人力耕/墾，謹懋遷，致帑藏所積，陳陳相因。遇有乏則周濟之，力弗克償，取券還之，人感其惠，率稱為/長者。官道[7]經銅梁山麓約一里許，地多卑窪沮洳，一雨則泥淖沒脛，公為鳩工伐石，畚土築/堤，櫛比方石修砌之，道路遂平，行者稱便。他若名山福地，有所興造，輒捐資助力，以相其成。/其樂善好施又如此。弘治戊申[8]大旱，出白金若干兩，助官糴穀以濟民，奉例拜八品散官。闢/小齋[9]教子琢，朝廷儒雅，日相往來，以資麗澤，屨恆滿戶外，尊酒笑談，雅歌投壺以為樂。復約/致仕鄉耆秀士，效古洛社結文會，相宴樂，歌詠風雅，更相勸酬，共享太平。嘗作詩曰：齊著染/衣戴幅巾，分明真率會中人。終又曰：一觴一詠風流甚，應與耆英作後身。觀此則所樂可知/矣。

至是卒[10]，弘治丙辰十二月十六日也。距生年春秋六十有一。始妻鍾氏[11]，有士行,蚤世,葬於東山之原。繼妻朱氏,亦卒,別相地於厢之南垻,移鍾氏柩與朱合葬焉。鍾氏生[12]子一,即琢。妾洪氏,生女一,在室。擇曠氏女配琢,生子一,名禄壽;女二。琢以弘治丁巳二月廿一日舉柩合葬於先妣之塋,先期奉庠英李邦賢所爲狀來請銘。惟公資禀純篤,存心忠厚;富而尚義,以榮其身。子琢又能克己振立,不墜世緒。則平生所存可知矣。宜有銘以傳。銘曰:

吁嗟乎斯人,不禄兮而貴,正爵兮而尊。塞蹇兮奮忠義以圖報,皇皇兮拜衣冠之寵榮。其宅心也何愧乎。今之志士,其制行也,庶幾乎古之遺民,令名不朽兮,勒之堅珉。瘞之隧左兮,來者見之尚有考乎斯銘。

族人永明、永嘉、永昂、永奇、永崇,孤哀子琢泣血埋志。

(《重慶卷》圖56/文239)

【簡跋】

墓主陶永恕,首題載爲"義官",即一種編外官職。明朝時盛行由官府直接任命或採用其他獎勵形式向社會頒布,榮獲義官稱號後即在社會上擁有一定的地位,能直接參與當地官府、域内的管理事宜。因爲這些義官的家境富裕,不拿俸禄,把爲社會做貢獻視爲己任,各地志書多有"義官"的記載。

撰文人胡仕本,銅梁人,墓誌載歷官:南京國子監助教、敕階修職佐郎致仕、前都貢進士。光緒《銅梁縣志》藝文志中收錄其所撰《重建泰岳行祠記》,南京國子監助教、迪功郎[1]。《四川通志·選舉志》中收録其名。

篆蓋人袁實,"郡人",即重慶府人。前鄉貢進士。歷官爲直隸真定府行唐縣儒學教諭,"真定府",即今河北省石家莊市正定縣;"行唐縣",即今石家莊市轄行唐縣。"教諭",學官名。元、明、清縣學均置,掌文廟祭祀、教育所屬生員。

書丹人蔡和,郡人,前鄉貢進士,歷官爲雲南雲南府晉寧州(今雲南晉寧縣)儒學學正。"學正",學官名。掌執行學規,考校訓導。秩正九品。

據墓誌内文有"先期奉庠英李邦賢所爲狀來請銘",知還有行狀撰文人李邦賢。"邦賢"為虛指,名諱不知。

---

[1] [清]韓清桂修;陳昌篆:(光緒)《銅梁縣志》,載《中國地方志集成重慶府縣志輯》8,巴蜀書社,2017年,第469頁。

【校釋】

[1]公姓句:墓主陶永恕,字廷德,高攀遠祖至晋陶淵明,不可確信。

[2]勝國時句:"勝國",即被滅亡的國家,後因以指前朝。《周禮·地官·媒氏》:"凡男女之陰訟,聽之於勝國之社。"鄭玄注:"勝國,亡國也。""勝國"——"季世"——"國朝",時間上承接,"勝國",此即宋朝;"季世"即元朝;後文"國朝"即明朝。陶氏先祖中,宋朝時有祖先陶谷真,原居湖廣之黄陂,因宋末戰亂徙家至"蜀之合州南津家焉"。合州當時有南津街。據《重慶書院史》記載,嘉靖十年(1531)有御史邱道隆倡建合宗書院,設於合州南津街。

[3]國朝句:即明朝時,陶谷真入籍合州萬安廂。"占籍",即上報户口,入籍定居。"廂",城内外近城地區的基層行政區域。"萬安廂",據《合川歷史文化綱要》記載,雖然在洪武十四年(1381)全國推行里甲制度,但州縣治城仍以建立坊廂,形成里甲坊廂制度,保證賦役征調。合州當時有四坊一廂,即:仁愛坊(在州治東)、樂善坊(在州治西)、登雲坊(在州治北)、集慶坊(在州治南)、萬安廂(在州南津)。①"廂長",是舊時主管一廂行政之官吏。

[4]谷真句:陶氏家族譜系是高祖谷真—曾祖陶必通—祖父陶以禮—父陶濱,妻孫氏。至陶永恕,兄弟四人,排行第三。長兄爲陶永嵩,仲兄陶永常,弟陶永金。

[5]族人句:此處插叙了族人中進士者二人:陶以寧,擅長治《春秋》,中永樂十二年(1414)甲午鄉試;其子陶贊,中景泰元年(1450)庚午鄉試,任雲南楚雄府推官。陶贊與墓主之父陶濱爲堂兄弟。

[6]幹蠱克家句:語出《易·蠱》:"幹父之蠱,有子,考無咎。"王弼注:"以柔巽之質,幹父之事,能承先軌,堪其任者也。""幹蠱"是"幹父之蠱"的省稱。謂兒子能繼承父志,完成父親未竟之業。"克家"謂能承擔家事。《易·蒙》:"納婦吉,子克家。"孔穎達疏:"子孫能克荷家事,故云子克家也。""脂韋",本指油脂和軟皮,比喻阿諛或圓滑。"崖岸",矜莊;孤高。

[7]官道句:此處記載墓主陶永恕在銅梁任職時修官道,做出了重大貢獻。將經過銅梁山麓的多卑窪不便之地進行了築堤砌石,道路遂平,行者稱便。

---

①池開智:《合川歷史文化綱要》,重慶出版社,2009年,第214頁。

"沮洳",低濕之地。《詩·魏風·汾沮洳》:"彼汾沮洳,言采其莫。"孔穎達疏:"沮洳,潤澤之處。"

[8]弘治戊申句:記載了弘治元年(1488)旱災時,墓主出錢助官、買穀濟民,被賜予八品散官。據《中國灾害志·斷代卷·明代卷》記載:"弘治元年,南畿(南京)、河南、四川及武昌諸府乾旱。"①本墓誌是爲佐證。

[9]小齋二句:"齋",學舍。《宋史·選舉志三》:"太學置八十齋,齋各五楹,容三十人。"指墓主開辦私學教子,并每日延請儒雅之士相往來,并"效古洛社結文會",有舉辦詩社,傳播文化之功。"嘗作詩曰……"記載其詩作一首,此佚詩可收錄入藝文中。

[10]至是辛句:墓主陶永恕卒於明弘治九年(1496)丙辰十二月十六日,享年六十一歲,與前文記載的"生於正統元年(1436)丙辰十月廿八日"時間相合,葬年在弘治十年(1497)丁巳二月二十一日,由其子陶琢將陶永恕與妻鍾氏合葬。

[11]始妻鍾氏句:陶永恕原配鍾氏,有"士行",即用士大夫的操行説明妻品性。《詩·大雅·既醉》"釐爾女士"漢鄭玄箋:"予女以女而有士行者,謂生淑媛使爲之妃。"鍾氏不幸早死,葬在東山。又娶繼妻朱氏,卒後另外在萬安厢的南壩,并移鍾氏與朱氏合葬。又娶一妾洪氏,生一女,未嫁。所以墓主葬地即萬安厢南壩之地,即墓誌出土地舊址。

[12]鍾氏生句:墓主與鍾氏有一子陶琢,妻曠氏;曠氏育一子陶禄壽,還有二女。除了墓主家族子嗣,另外同時參與喪葬的族人有陶永明、陶永嘉、陶永昂、陶永奇、陶永崇,可以補充家族譜系。

---

① 張崇旺:《中國灾害志·斷代卷·明代卷》,中國社會出版社,2019年,第99頁。

劉福家族墓誌

收録《劉福妻余氏墓誌》《劉福墓誌》二通。

其一：

劉福妻余氏墓誌并蓋　明弘治十六年（1503）十二月十二日葬

（明）劉春撰文，張禎叔書丹，蔣雲漢篆蓋

九龍坡區。1981年3月在重慶市九龍坡區建勝鄉出土，石現藏於重慶中國三峽博物館。誌石高67厘米，寬67厘米，厚15厘米；殘泐嚴重。誌蓋高67厘米，寬67厘米，厚15厘米；陰文篆書，題"皇明敕封劉安人余氏墓誌銘"。誌文正書，25行，滿行31字。

【釋文】

劉安人余氏墓誌銘。/

進士及第、翰林院修撰、經筵官、同修國史、會典同郡劉春撰。/

進士出身、福建左布政使、正奉大夫、正治卿同郡蔣雲漢篆。/

進士出身、中憲大夫、都察院右僉都御史、改遼東苑馬寺少卿同郡張禎叔書。/

安人[1]姓余氏，重慶璧山人，今浙江按察使康村先生劉公配也。祖諱/旭，仕為湖廣桃源縣丞。父諱本剛，有隱德，鄉里稱為長者，號曰壁峰/處士。

安人生而端敏簡重，為父母所鍾愛。既長，擇所宜歸，遂適劉氏。/安人始歸，內外尊卑咸謂其能盡婦道，先生敬焉，而得以竭志畢力/於舉子業。始先生育德邑膠[2]，距家幾百里，乃假館於其母家。安人重/累舅姑，則盡脫簪珥，置買田僕，督耕織以給薪水。及先生舉進士，為/刑部主事，轉雲南僉事、山東副使，陞浙

明

江按察使,安人皆隨侍。所至/閉門靜處,約束童僕,絕通女嫗,閨門之治,井然有條。故先生揚歷[3]中/外三十年,無少內顧之憂,而英聲偉望,屹然為一時藩臬[4]賢臣,安人/助於內□多也。其尤所頌於人之不易及者,則撫愛庶子逾於己子,/門內親戚不覺有纖毫薄厚,雖□□亦但知其為安人所出而已。其/□官□人□,則執謙汰侈,□□□□□御寒,一□□補綴,餘二十/□□□□如此,亦非所□□也。□之古人所稱□德,安人蓋庶/□□。

　　□□□□而□□□□□□卒時[4]弘治□年二月十九日,享/年□十有□歲,於乎惜哉!□□□□□□□□子曰[5]川,□庶出者。/□□□□□女一,適□□□□□□□□□洋,□潮。□村之母/□先□為□□族娣□□□□□見安人問起居[6],其/□□□□弘治十六年□□□□□□□□□□君□之而乃為之銘/曰:

　　□□□□□□淑貞易□□□□□□□美安人□□光類世之/□□□□□□□□□夫□之道克成於官,有子誨之,/□□□□□不遹□□/

(《重慶卷》圖57/文240)

【簡跋】

《余氏墓誌》墓主是"今浙江按察使康村先生劉公配也",而《劉福墓誌》正好記其名號"公姓劉氏,諱福,字天祐,一字順夫,號康村居士。"知為夫妻墓誌。且兩通墓誌的下葬時間一致,又據《劉福墓誌》知余氏先劉福三年而卒。此二通墓誌為合葬時所撰。因《余氏墓誌》殘泐較甚,諸多信息不明;《劉福墓誌》較清晰,互證處以之為主。

【校釋】

[1]安人二句:墓主余氏籍貫為重慶璧山人,劉福之妻。祖父余旭,湖廣桃源縣丞;父余本剛,號璧峰處士,未仕。
[2]邑膠:"膠",古代大學之稱。此指縣學。《禮記·王制》:"周人養國老於東膠。"鄭玄注:"東膠亦大學,在國中王宮之東。"
[3]揚歷:指仕宦所經歷。《三國志·魏志·管寧傳》:"優賢揚歷,垂聲千載"。
[4]卒時:此處闕字較多,《重慶卷》釋文作"□□□□二月十九日,享□□□□□□□於乎惜□",《劉福墓誌》載"安人先公三年卒",劉福"壽六十有三歲,

弘治十六年十二月十二日卜葬",則余氏應是弘治十四年左右卒。諦視圖版,"時"下一字作"弘"字無疑,與"所"同位的疑爲"四"字。"二月"前是"年"字,無疑。"享"後也是"年"字,還可補出"有""歲"二字。具體壽數則不明。"惜"下是爲"哉"字,爲墓誌固定用語結構。

[5]子曰:此處記載子嗣名諱,《重慶卷》前後闕文較多,但"川"前一字據圖版補爲"曰"字。《劉福墓誌》載"次川,庶出"正與之合。

[6]起居句:"起居"前一字,諦視圖版作"問"字,可補《重慶卷》釋文闕略。"之"下闕字,圖版作[圖],是"乃"字。

其二:

劉福墓誌　明弘治十六年(1503)十二月十二日葬

(明)張禎叔撰文,陸經書丹,蔣雲漢篆蓋

九龍坡區。1982年7月在重慶市九龍坡區九龍鄉茄子溪出土,石現藏於重慶中國三峽博物館。誌石高64厘米,寬57厘米,厚13厘米。誌石、誌蓋合刻,第一石先陰文篆書,4行,行5字,題"明嘉義大夫貴州提刑按察司按察使劉公墓誌銘",然後續刻誌文;第二石全刻誌文。誌文正書,共75行,滿行43字。

【釋文】

(第一石)

嘉議大夫、貴州提刑按察司按察使劉公墓誌銘。/

賜進士出身、中憲大夫、都察院右僉都御史、改遼東苑馬寺少卿邑人張禎叔撰。/

賜進士出身、福建左布政使、正奉大夫、正治卿邑人蔣雲漢篆。/

欽差董治脩墳事、大理寺觀政、進士雲南陸經書。/

嘉議大夫、貴州提刑按察司按察使劉公死于盤江之難[1]，子申賫事實踵門乞墓誌銘，以予與公同年，而有子/女之姻，蓋知公者。嗚呼：予忍銘公墓耶？

按事實[2]：公姓劉氏，諱福，字天祐，一字順夫，號康村居士，重慶府巴縣德/義鄉白市裏人。其先[3]本麻城人，始祖諱必顯，元末入蜀，至重慶，因家焉。曾祖諱忠，曾祖妣王氏；祖考諱文富，祖/妣楊氏，俱不仕，世以積善聞於鄉里。父諱永寧，以公貴，封主事；妣周氏，封安人。

公以正統戊午十一月十七日/生於里第，自為兒時，岐嶷不群，見者咸謂劉氏有子矣。幾冠，以《春秋》游學四方，多所停蓄[4]。比還，補邑庠生。成化/五年[5]，領四川鄉薦。明年，登進士第。七年[6]，授刑部浙江清吏司主事。十一年，陞本司員外郎。公在刑曹，獄得其平/，人不稱冤，一時聲譽洋溢人耳。十四年[7]，陞雲南按察司僉事。十五年，往廣西府撫夷。先是，土酋爭恨，小故構兵/不釋。公提師至其境，語以利害，夷醜知畏，各罷兵歸。十六年，調軍往元江府撫夷。先是，土官爭職，往勘者因取/賂依違，以至夷人構亂不已。及公至，公道無私，處置得宜，夷人遂服。十七年，捧萬壽聖節表上京師。十八年/，還滇治事。十九年，蕁甸[8]有巨寇名師五者，結寨拒險，烏合大衆，大肆剽掠，戕害居民，上下震懼。鎮巡等官以公/智謀勇敢，人所信重，乃委公統兵，同參政周正、都指揮趙晟等往征之。公躬擐甲胄，為士卒先，殺獲甚衆，旬日/之間，平其巢穴，獲其子女、財物、牛羊馬匹不可勝數。惟賊首竄匿不獲，公廉知土官祿繼達、王俊知賊所在，乃/笞而擊之營中，約弗獲賊，以軍法從事。祿等扣頭，願縛賊以贖罪，僚佐亦為之請，因從之。閱五日，果獲師五。及/班師之後，當道又恐遺賊為患，公復自往招撫之，來降者數千人，皆俾之得所。事聞，賜紅織金衣一襲、黑綠/叚衣一襲。二十年，臨安兵備[9]何純物故，公代鎮其地。適交人[10]刀祝築室境上，意在窺伺。公先遣人諭以/朝廷威德，又整搠人馬，以為聲援。交人素聞公名，遂焚屋遁去。公因脩理城池，操練人馬，整飭器械，以備不虞。迄/公之還，交人不敢動。當道交章奏保為臨安兵備副使，下吏部，以業已除官，遂寢前事。明年[11]，公再與參政周正/提兵往威遠鎮沅撫夷。先是，土酋刀真、刀英爭襲仇殺，累撫累叛，邊鄙靡寧，積有年矣。而是土又艱險多烟瘴，/人皆憚往。諸當道特以托公，公亦不避難，率衆而往，隨宜處之，夷酋聽命，地方始寧。二十二年，公監雲南鄉試。二/十三

年[12],陞陝西按察司副使,整飭環慶兵備,承敕以行。因便道過家,適丁内、外艱。弘治二年,服闋入覲。三年[13],/除山東按察司副使,整飭天津兵備,陛辭,賜敕。六年,又賜敕分河間府為屬,并[鈐]束土達,委托愈重矣。/

(第二石)

初,天津無兵備,事多廢弛,朝廷乃用議者,特置今職,公首膺是選。受命以來,夙夜匪懈,創製立法,屢布大/政[14]。其一,脩城池。天津土城傾頹,不可為衛[15]。公先築四門,門上構樓,高可十丈,金碧輝暎,以次增城為高,甓而扄/之,浚池為深,環植萬柳,天津於是乎改觀焉。初公以財力不敷,乃奏准囚犯有力者納料,無力者做工,又/奏復豪右舊據城南官地一段,每歲出辦銀若干,多方區畫,始成厥功。學士李東陽為之記。其二,弭盜賊。公每/遇盜賊生發,躬率士馬,相機撲捕,所獲巨盜,有不騰數,居民安堵,河道晏然。初,公選部下有謀勇者充應捕將/士,善探聽者為番子手[16],又養官馬百餘匹,鞍轡、弓箭諸色咸備,每得警報,即時分遣,獲賊有功,必加賞勞,以故/賊始朝發,暮即成擒。其三,訓師旅。三衛正軍皆入京操,公乃清查出舍人[17]餘丁若干,著名簿籍,立教場,備戎器,/比什伍,時簡教。蔭襲舍人,皆送學讀書。暇則親為講説《孫子》,官舍以次集門下較射。自是將士操練精強,百倍/於昔。其四,興學校。衛學[18]歲久圮毁,公以脩城餘力,命工治理。若大成殿兩廡、戟門、欞星門、明倫堂、司教公廨,因/舊補茸;若講堂四齋、文昌祠齋房、神庫號房射圃,皆新創立。又祭器不足者,皆一時增置。由是,學校焕然一新。/其五,肅朝儀。公以習儀[19]涌泉寺蔽甚,且狹隘,講肄禮文多不能如式,方拓地若干步,命工改作。值他寺在令甲/當廢者三,悉撤而新之。既畢工,宏麓為一城壯觀。學士程敏政為之記。其六,治河道。境內衛河[20],每歲進鮮運糧,/船隻往來要路。公尤注意於此,不時巡視,河無淤淺,岸柳蔭庇,巡司、驛遞衛門無不修舉,兵夫、吏役人等無或/逃役,又築白羊等堤,以障河流之泄。至今賴之。其七,定徭役。公以三衛差使浩大,又無有司相助,乃清查户口,/著名版藉,均其差徭,各有定數。又奏准每軍一名,月出錢十二文,三衛一月錢共若干,收貯在官,每使客過,/應興夫者,即支錢雇人以應之,上下稱便。又因親王經過,用夫萬餘,三衛力不能支,又奏准附近各縣出/夫接濟,遂為定例。其八,通商賈。天津舊習遇貿遷,或攘奪,或負償,商旅不行。公至,律之以法,又增立市集十餘處,各立小坊為標,每五日一交易於此。自是,商賈輻輳,幾如淮安。其九,立義冢。城西有隙地五十餘畝,公築為漏澤園,凡貧不能葬者,悉聽入埋。其尚浮屠、崇奢麗、拘陰陽、久停櫬者,下令悉使安厝。其十,恤民隱。公每見天久不雨,卜日齋戒,丹誠疏懇,雨澤隨降,人以為精誠所致。及民間疫氣[21]流行,脩合聖散子無慮萬餘帖,一時分散,全活甚衆。九年,陞浙江按察使。公每旦理事,盡日方休,一事必自起稿,吏止謄寫。獄無冤滯,事無廢弛。二年之間,完消勘合百十餘起,清鮮贓罰二萬餘兩。又本司西墻外為囹圄,東墻外臨民舍,公恐吏胥因緣為奸,乃築重墻,合於大門,由是群下[歛]手[22],公門清肅。十一年秋,公監浙江鄉試,事竣入覲。十二年[23],吏部以浮議調公貴州。是秋抵任。冬,出撫都勻苗賊[24]。初,賊首張永慶[25]跳梁不服,當道欲用兵,委公往觀可否。公深以窮兵黷武為戒,至則撫之,夷寨皆來納款,獨永慶猶豫,尋為其下所執送官。是冬,巡按御史張淳具奏旌異。十四年春[26],都御史錢鉞、宣慰宋然皆交章奏保。夏,公提兵,會雲南軍夾攻霑益州,旬日擒其土酋。先是[27],普安賊婦米魯爭職仇殺,霑益州土官安民以兵助之,雲南都御吏陳金恐其過境為患,遣將撲捕,請兵貴州,故公往策應焉。八月,米魯與福祐又糾合賊徒,阻塞盤江河道[28],攻圍普安州城池;雲南布政梁方、貴州布政閆鉦俱被圍安南城內。地方危急,勢如焚溺。公與太監楊友協議督兵,至盤江下營。十月初三日,發兵出哨,殺獲蠻賊阿谷等二十餘人。初四日,乘勝過江,至地名寶甸下營,賊皆遁避。附近賊寨皆來聽撫,獨福祐等擁衆拒敵。十一日,又發兵,別開新路,直通安南,取出梁方等回,安南兩月之圍方鮮,城中生靈困而復蘇。二十四日,天未明,時不意賊來劫營,公帶甲假寐,急起巡視,勉衆禦敵,拔劍促之。賊勢益熾,有勸公去者,怒罵不從,衆皆奔潰,公獨挺身對敵,遂遇害。賊退[29],參議王杲、僉事龔嵩差鎮撫吳率查,城人朱洪、張聰過江收斂公遺骸。賴天祐忠義,一尋見之,鋒鏑所傷,體無完膚,弓矢委於身側,怒氣勃勃如生。

先是[30],長孫劉洋忽夢公回家,車馬旌旆,森列門下,逾月而訃音至。前歲五月內,貴州忽有大水入城市三次,漂流民居,溺死甚衆。未幾,一夕又有大風吹過學門,聲勢异常,詰朝視之,有黑書五大字於磚上,其字類古文,不可識,衆愈驚异,以為不祥。及公死,人乃知前事之應。

十五年冬[31]，申/詣闕，奏訴公之忠義，仰荷/聖恩，特賜卹典，遣四川布政司參議李瓚諭祭。其文曰：

惟爾性資通敏，才識優長。擢第甲科，拜官部屬。出僉外臬，/風紀是持。晋長群僚，賢勞益著。屬茲蠻寇，弗靖南荒。乃奮戎機，殞身鋒鏑。志緣忠憤，情足悼傷。特示殊恩，賜葬/與祭。仍蔭爾子，入監出身。爾如有知，庶克歆服。

公剔歷中外三十餘年，孜孜奉公，始終一日但知有國，不知有/身有家。政務寬恤，不事苛刻，聽訟務察其情，使人有所感化，平反冤獄，活人甚衆，雲南人號為劉明理。凡歷四省，/每去任，父老百餘攀送泣別，追思遺愛，久而不忘。天性狷介，不喜私交，不聽囑托，律己甚嚴，一毫不妄取與，所/至有冰蘗聲。一生忠義，出於天資[32]。嘗咏《冬菊》詩，有"何似向陽桃與李，等閒零落就蒼苔"/之句，其志概可見矣。遇/休暇，必肆弧矢，有中貴懸茄五十步外，與公較射，公一矢碎之。作詩清麓，人爭傳誦，所著有《南游北上稿》及《聯/句錄》藏於家。壽六十有三歲，弘治十六年十二月十二日卜葬白君山之原，高祖塋之左。

配余氏[33]，封安人。子男/二：長申，端謹習舉業；次川，庶出。女一，適予子均。孫男二：洋，一尚幼。安人先公三年卒，至是始得合葬焉。銘曰：/

惟公之生，資禀剛明。甫及弱冠，果毅超群。克弘文學，靡妙不研。既領薦書，國光以覲。得雋南宮，仰承天慶。筮仕/刑曹，外臺洊升。英名[34]藉藉，孰與之偷。高冥獨鵠，軒翥雲鵾。萬象昭然，天容方春。不負而官，敢愧而心。方大有作，/乃困浮言。及調貴臬，時寇為艱。矯矯劉公，緣義激衷。促我軍士，刈我此弗虔。劉公桓桓，即戎忘身。事聞/九重，卹典優存。為善獲報，允協者天。有永之譽，著之不泯。抆淚銘之，勒以堅珉。千百斯世，以詔後人。/

（《重慶卷》圖58/文241）

【簡跋】

墓主劉福，《明史》無傳，但有穿插記載。《明史》卷三百零四考證："汪直傳叅政劉福等皆無故被收，方煒按：'參政劉福，《明實錄》作浙江左布政使，與此异'謹識。"不載原因,或如《明史》卷三百一十六所載"貴州副使劉福,陰索賂于魯,故緩師,賊益熾,官兵敗于阿馬坡"。

《劉福妻余氏墓誌》與《劉福墓誌》題署者各三人,但有交叉。篆書人同爲蔣雲漢,《余氏墓誌》的書人與《劉福墓誌》的撰人同是張禎叔。《劉福墓誌》書人爲雲南人陸經,《余氏墓誌》撰文人爲劉春。《余氏墓誌》中將題署三人均記載爲"同郡",即重慶府人;《劉福墓誌》將張與蔣記載爲"邑人"。《重慶卷》中《余氏墓誌》的釋文將三人進士身份前均衍一"賜"字,作"賜進士及第""賜進士出身",但諦視碑版無此字;《劉福墓誌》也爲"賜進士出身",碑版有此"賜"字。據明代慣例,"進士出身"前多有"賜"字。本文推測因"進士及第"前多不用"賜"字,從而後面兩個"進士出身"用法與慣例不同,《重慶卷》不察而致衍文。"進士及第"前可以沒有"賜"字;"出身",則指科舉考試中選者的身分、資格,後亦指學曆。多需要加"賜"字。

劉春,在《明史》卷一百八十四有傳,本書也收錄了《劉春墓誌》。但劉福與劉春的關係,因《余氏墓誌》磨泐,《劉福墓誌》也未記載和劉春的關係,無法確定。但從《劉福墓誌》《劉春墓誌》記載的家族譜系判斷,二人非同一家族。撰《余氏墓誌》時劉春歷官"進士及第、翰林院修撰、經筵官同修國史會典"。

蔣雲漢(1434—1506),字天章,號渝渚,天順元年(1457)進士。弘治五年(1492)刻印過丘濬《瓊臺吟稿》十卷。①《蔣姓源流圖志》載其爲重慶巴縣人,曾"官璧山知縣,成化五年任興化府知府,成化十九年雲南大理知府,弘治三年升廣東布政司右參政,官至福建左布政使正奉大夫。"②著有《蔣雲漢文稿》。兩通墓誌所載職官一致,爲"賜進士出身、福建左布政使、正奉大夫、正治卿"。

張禎叔,巴縣人,兩通墓誌所載職官一致,爲"賜進士出身、中憲大夫、都察院右僉都御史、改遼東苑馬寺少卿"。"苑馬寺",職司同於行太僕寺,從三品。永樂四年(1406)置北直隸、遼東、平凉、甘肅四苑馬寺。五年增設北直隸苑馬寺六監二十四苑。各寺分設卿一人,少卿一人,寺丞無定員,各轄六監二十四苑,督各苑養育馬匹,聽命於兵部。張禎叔與劉福的關係,據《劉福墓誌》稱"以予與公同年,而有子女之姻""女一,適予子均。"是爲姻親。

《劉福墓誌》書人爲雲南人陸經,墓誌載爲欽差董治墳事、大理寺觀政、進士,應

---

① 瞿冕良編:《中國古籍版刻辭典》,蘇州大學出版社,2009年,第846頁。
② 蔣繼申,蔣大明:《蔣姓源流圖志》,江蘇鳳凰文藝出版社,2019年,第212頁。

是專門負責喪葬的官員。《雲南通志》卷二十一記載,郡人,弘治十五年(1502)壬戌進士,累官南兵部郎中。墓誌撰文時正值其中進士次年。

【校釋】

[1]盤江之難句:盤江鎮,今屬貴州省黔南布依族苗族自治州貴定縣。《重慶卷》簡跋稱,"志記其死於盤江之難事,《明史》卷一七二《王軾傳》有簡略載,弘治十三年督貴州軍務討普安賊米魯,按察使劉福在敵強我弱中與右布政使閻鉦等身亡。"墓誌後文有詳細記載此次戰事。

[2]按事實句:記載墓主劉福,字天祐,一字順夫,號康村居士,重慶府巴縣德義鄉白市裏人。

[3]其先諸句:劉福家族籍貫本爲湖北麻城人,始祖劉必顯,元末入蜀,爲湖廣填四川時遷入重慶者。曾祖劉忠及妻王氏;祖劉文富及妻楊氏,不仕。父劉永寧,以劉福之功而封主事;妻周氏,封安人。

[4]停蓄:亦作"停滀"。停留蓄積。宋何薳《春渚紀聞·泖茆字異》:"故江左人目水之停滀不湍者爲泖。"此處指墓主劉福因擅治《春秋》,在游學四方時不斷積蓄能力。

[5]成化五年句:劉福在成化五年(1469)還鄉,補邑庠生、領四川鄉薦,終登成化六年(1470)庚寅進士第。

[6]七年諸句:成化七年(1471),墓主任刑部浙江清吏司主事;十一年,升本司員外郎。"清吏司",是明代制度中中樞六部分司辦事,各司分別稱爲某某清吏司。刑部當時設十三個清吏司。各司之長官稱"郎中",副職爲"員外郎"。"主事"應是更低一級的職官。《明史·宦官傳》"汪直"條下記載,成化十三年(1477)左右,因受楊曄案牽連,"武清樂章、行人張廷綱、參政劉福等皆無故被收案"。《明史紀事本末》卷三十七也記載此事,其下獄之事墓誌爲死者諱未載,但中間缺略的成化十二至十三年正值其時。

[7]十四年句:成化十四年(1478),升雲南按察司僉事。十五至十六年,先後往廣西府、元江府撫夷。十七年,進京賀明憲宗壽。成化十八年(1482),還滇治事。"元江府"即"元江軍民府",雲南實行以土官爲主,流官爲輔的十三個府之一,以傣族那氏爲世襲土官。永樂三年(1405),傣族土官那榮赴

京朝貢後,由"元江知府"改升爲"元江軍民府"。

[8]蕎甸:在今雲南晋寧縣西。明萬曆《雲南通志·沿革大事考》:萬曆二年(1574)八月,"征蕎甸等夷平之,立營戍守,六郡乃安"。墓主劉福在成化十九年(1483)統兵,同參政周正、都指揮趙晟等征討。在賊首竄匿不獲之時,公利用土官禄繼達、王俊擒獲其首領師五,并招撫數千人。因功而被賜紅織金衣一襲、黑綠段衣一襲。周正,吉水人,進士,成化年間左布政使。趙晟,清平人,景泰年間任都指揮使。二人在《雲南通志》卷十八中有簡略記載。

[9]臨安兵備句:劉福因原"臨安兵備何純物故"而代鎮其地。"物故"即死亡。《漢書·蘇武傳》:"前以降及物故,凡隨武還者九人。"顔師古注:"物故謂死也,言其同於鬼物而故也。一説,不欲斥言,但云其所服用之物皆已故耳。"何純,《明史》無傳,《新纂雲南通志》據相關志書梳理出:"何純,字維一,江西新淦人。成化間,爲臨安副使。適寇盜充斥,純立哨堡,嚴捕逐,賊皆斂迹。復講經義,正文體,加意學校。卒於官。"[1]本墓誌詳細記載了何純卒年在成化二十年(1484)。"兵備",全稱"整飭兵備道",是明朝時在邊疆及各省要冲地區設置的整飭兵備的按察司分道。此年墓主劉福所在"臨安",非今杭州,而是滇越交界處的臨安府。《明代兵備制度》一書有詳細梳理[2],但因缺乏墓誌的補充,仍然有疏漏之處,此通墓誌可補其疏略。

[10]交人句:據乾隆《滇黔志略·雲南種人》卷十五記載:"交人,其苗裔出安南,即古交趾地。"刀祝潛居臨安之事,《明憲宗實録》有記載,成化二十三年(1487)三月,巡撫雲南右副都御史章律又因邊患上奏,此次乃因安南人刀祝潛居於臨安五邦之地,此五邦即成化二十年(1484)安南欲争奪之滇越交界處臨安府,并建水州所轄大小五邦之地。不僅如此,刀祝等人并侵擾邊地居民。三司守臣發現後即將其驅逐出境,并上奏希望移文安南,使明罪之以懲其後,且臨邊居民有與之私交者,一并治之。兵部答復既已逃還就不必追究。[3]本墓誌記載事件發生在成化二十年(1484),刀祝潛居於臨安五邦之地,劉福因使"交人不敢動"之功而被"當道交章奏保爲臨安兵備副使",吏部以已經"除官"之由止息。"寢",止息;廢置。

---

[1]江燕、文明元、王珏點校:《新纂雲南通志》8,雲南人民出版社,2007年,第20頁。
[2]王明孫主編;謝忠志:《明代兵備道制度》,花木蘭文化出版社,2011年。
[3]王晨光:《明清中越交通與越使朝貢問題研究》,巴蜀書社,2017年,第102頁。

[11]明年句:即成化二十一年(1485),劉福再與參政周正提兵往威遠鎮沅撫夷。《雲南通志》卷四中鎮沅府條載,其處滇西南極邊地,元憲宗時內附,立威遠州,屬威楚路。後改置按板寨,屬元江路總管府。明洪武三十年(1397)改置鎮沅州。永樂四年(1406)升爲府。因有土酋刀真、刀英累撫累叛,邊鄙靡寧,命劉福平撫,地方始寧。成化二十二年(1486),劉福監雲南鄉試。

[12]二十三年句:墓主劉福在成化二十三年(1487)升陝西按察司副使,"整飭環慶兵備"。但《慶陽縣志》所整理的明成化間的環慶兵備副使中缺收劉福,據墓誌可補。① 此時劉福便道過家,正好父母雙亡。三年後,即弘治二年(1489),服闋入覲。

[13]三年諸句:因天津原無兵備,弘治三年(1490)劉福除山東按察司副使,又被委以重任開創天津兵備,弘治六年(1493)下召"分河間府爲屬"。《畿輔通志》卷五十九"天津兵備道"下記載,弘治間設,此年間有四任主官:劉福,巴縣人,進士;陳嘉謨,富順人,進士;金獻民,岷州人,進士;施槃,黃岩人,進士。明正德《天津三衛志》記載,永樂初年(1404—1406)才設置天津衛和左衛、右衛的"天津三衛"這一軍事建制②,八十多年後,至弘治三年(1490)才創設天津兵備。天津三衛是軍事建置,"所轄之地,固錯綜於郡縣間",不屬地方,直屬北京後軍都督府。其中直沽地屬靜海、武清,海口地屬滄州、寶坻(今漢沽)。因武清、寶坻隸順天府通州,靜海、滄州隸河間府,故墓誌中記載"分河間府爲屬"。天津從設衛到派遣兵備道,實現由軍事據點發展壯大,地位日益重要,統治設施日漸加強,其中劉福的始創之功最大。但已有研究除了《畿輔通志》有略記劉福之功,其他均因未從墓誌這一第一手文獻獲取詳細細節。而本墓誌在後文一一列舉其開創天津兵備,爲天津衛的繁榮和發展立下了汗馬功勞,爲諸史所不載,墓誌補史、證史之用突顯。

"陛辭",意爲朝官離開朝廷。《重慶卷》所釋"鈐束土達"按文意,"鈐"應爲"鈐",但圖版作 ![字], 應是刻石之誤。"鈐束",即管束、約束。"土達",泛指本地土著之人。《明孝宗實錄》卷四十五收錄了弘治三年(1490)十一月十七

---

① 慶陽縣志編纂委員會編:《慶陽縣志》,甘肅人民出版社,1993年,第587頁。
② 卞僧慧:《天津史志研究文集》,天津古籍出版社,2011年,第6頁。

日乙未發給首任副使劉福的敕書,即墓誌據説"陛辭,賜敕"的詔書,其中有"因無上司鈐束,以致奸盜竊發,軍政廢弛,地方騷擾不寧"①,正作"鈐束"一詞。墓誌訛誤多刻一點劃。

[14]大政:劉福開創天津兵備最大的功績是"創製立法,屢布大政",立下十項豐功偉績:修城池、弭盜賊、訓師旅、興學校、肅朝儀、治河道、定徭役、通商賈、恤民隱。六年時間,爲天津衛的繁榮奠定了重要基礎。弘治九年(1496),升任浙江按察使。

[15]不可爲衛:"衛",圖版作□,應是"衛"字字形。與後文"三衛正軍"中"衛"字的圖版□、"衛學歲久圮毀"中圖版□,構件明顯不同。但宋代起即有"三衛"與"三衞"二字混用的現象。歐陽修《歸田録》卷一記載:"舊制,侍衛親軍與殿前分爲兩司。自侍衛司不置馬步軍都指揮使,止置馬軍指揮使、步軍指揮使以來,侍衛一司,自分爲二,故與殿前司列爲三衙也。"天津三衛,即由天津衛、天津左衛與右衛組成。據《明太宗實録》卷三十六、三十七與六十一記載,最早置天津衛於永樂二年十一月,并築城池;同年十二月設天津左衛;永樂四年十一月設改青州右衛爲天津右衛,時稱天津三衛。同年建天津衛城。②從永樂至弘治不足百年,但如墓誌所言"天津土城傾頹,不可爲衛",於是墓主劉福任上第一要事即修城池,讓天津改觀。此事墓誌稱"有學士李東陽爲之記"。李東陽,《明史》卷一百八十一有傳,但記載劉福之功的文章則不明所指。

[16]番子手句:即明清時捉拿盜賊的差役。《警世通言·金令史美婢酬秀童》:"江南人説陰捕,就是北方叫番子手一般。"劉福任人唯才,選有才能者擔當天津衛的捕將士、番子手。

[17]舍人:宋元以來俗稱顯貴子弟爲舍人。

[18]衛學句:即天津衛的官學。劉福上任後,命工治理,補葺大成殿兩廡、戟門、欞星門、明倫堂、司教公廨;創立講堂四齋、文昌祠齋房、神庫、號房、射圃,讓學校煥然一新。"號房",即貢院的號子。《明史·選舉志二》:"試士之所,謂之貢院;諸生席舍,謂之號房。"

---

① 卞僧慧:《天津史志研究文集》,天津古籍出版社,2011年,第7頁。
② 高鵬:《問津文庫·蘆砂雅韵長蘆鹽業與天津文化》,天津古籍出版社,2017年,第18頁。

[19]習儀句：即翻新演習禮儀的涌泉寺，位於今天津大任莊內。有學士程敏政爲之記。程敏之，《明史》卷二百八十六有傳。

[20]衛河句：劉福將境內的衛河水路要道、巡司、驛遞、衙門等全部修舉，又築白羊堤等。即使這樣勞苦的差役，但兵夫、吏役人等沒人逃役。"無或"，不要。

[21]疫氣句：劉福還爲民求雨，將合聖散子萬餘份分散衆民防治瘟疫。《蘇東坡全集·聖散子後序》曰："聖散子主疾，功效非一。去年春，杭州民病，得此藥，全活不可勝數。所用皆中下品藥。"

[22]斂手：弘治九年(1496)，劉福任浙江按察使時，將本司西墻外的囹圄與東墻外臨的民舍之間築重墻，防串通，讓"群下斂手，公門清肅"。"斂"字，《重慶卷》釋爲"剣"，圖版作 ，但"剣手"文意不通，應是"斂"字因形近而誤刻。十一年秋，劉福監浙江鄉試。

[23]十二年：弘治十二年(1499)，吏部以浮議外調劉福任職貴州。"浮議"，指沒有根據的議論。

[24]都勻苗：弘治七年(1494)，改縣，設都勻府，即今貴州黔南布依族苗族自治州，位於"九溪歸一"的劍江河畔。此地苗民簡稱"都勻苗"。

[25]張永慶諸句：都勻苗賊有張永慶叛亂一事，劉福以窮兵黷武爲戒，用招撫之策將其制服。弘治十三年(1500)冬，巡按御史張淳上奏"旌異"，即旌表、褒獎。張淳，《明史》卷二百八十一有傳。

[26]十四年春：弘治十四年(1501)因都御史錢鉞、貴州宣慰宋然一起交章奏保，劉福和雲南軍一起夾攻霑益州。《貴州通志·宦迹志》記載，錢鉞(1044—1507)，字大用，杭州人。成化二十三年(1487)爲貴州按察使，弘治十二年由太僕寺卿遷副都御史，巡撫貴州。①霑益州，即今曲靖市沾益縣，在雲南省東部、珠江上源。明初廢交水縣入霑益州，屬曲靖府。

[27]先是句：插敘劉福來雲南之因。弘治十四年(1501)，雲南都御吏陳金恐"普安賊婦米魯"得到"霑益州土官安民以兵助之"逐漸壯大，擔心其過境爲患，請兵貴州，於是劉福來雲南協助策應。"普安賊婦米魯"，是霑益州土官

---

① 貴州省文史研究館點校：《貴州通志·宦跡志》，貴州人民出版社，2004年，第103頁。

安民之女,普安司土判官隆暢之妾,彝族人。在其夫隆暢卒後奪權,在普安自稱"無敵大王",勢力日益發展。自弘治十三年(1500)起被多次征討,直至十五年才徹底肅清。《貴州通志·前事志》記載,弘治十四年(1501)有四次調播州兵、酉陽兵等兵力征討米魯之事。陳金,《明史》卷一百八十七有傳。

[28]盤江河道句:即墓誌開頭所言墓主劉福死於"盤江之難"之地。弘治十二年(1499)八月米魯與營長福祐阻塞盤江河道,攻圍普安州城池;同年十月才由湖廣布政司左參政升爲雲南右布政使的梁方、弘治十三年八月才由江西布政司右參政至貴州當右布政的間鉦,因米魯方炙,被圍困在安南城内。此時劉福與太監楊友一起督兵至盤江、寳甸、安南,先後打敗了阿穀等,令衆賊聞風而逃,八月十一日救出梁方等,解了安南兩月之圍。但不幸二十四日天未明時遭到突襲,因米魯與福佑等勢力益熾,劉福不願意臨陣逃跑,獨自挺身對敵,不幸遇害。

[29]賊退句:劉福戰亡後,由參議王杲、僉事龔嵩差鎮撫吴某,碑文未刻具體名諱,率查戰場,由城人朱洪、張聰過江收斂了劉福的遺骸。但《明史》卷三百一十八《貴州土司·安順傳》記載:劉福曾陰索賂於米魯,延誤戰機事。本墓誌不記。劉福是否有"索賂於米魯"之事,事關重大。因爲向敵人索賂與勇於戰死是相互矛盾的。從明蔣冕《剿平貴州夷婦米魯構亂事略》記載:"楊(友)謂賊兵寡弱,勢無能爲,兼利賊賄賂,百計需索。賊怒其索賂無壓,且偵其不設備也,一夜擁衆入其營,官兵不戰而潰,倉卒爲賊所殺戮及溺死者,不可勝計。領兵都指揮及布、按二司官以下,爲賊所殺者六七人。楊太監遂爲賊虜入山寨。"①知真正索賄賂的是太監楊友,而非墓主劉福。本墓誌真實地條列記載了墓主在天津的十件大政和其爲盡忠而爲戰死的英勇事迹,但《明史》并未爲其列傳褒揚其功,墓誌可從側面显露隱情。

[30]先是句:劉福死之忠烈,在其死前後均有不祥預兆。如死前一月有長孫劉洋忽夢見回家;又前一年五月内,忽有大水入城三次,溺死甚衆;又有大風吹過學門,磚上留下不可識的黑書五大字,"及公死,人乃知前事之應"。反映出當時對自然現象的曲解與對墓主的惋惜之情。

---

① [明]蔣冕著;唐振真、蔣欽揮、唐志敬點校;蔣欽揮主編:《全州歷史文化叢書·湘臯集》上,廣西人民出版社,2001年,第332頁。

[31]十五年冬句:弘治十五年(1502)冬,朝廷特派遣四川布政司參議李瓚諭祭。劉福卒年六十三歲,弘治十六年(1503)十二月十二日卜葬在白君山高祖塋左,與前文所述"公以正統戊午十一月十七日生於里第"時間一致。劉福一生剔歷中外三十餘年,歷任浙江、天津、貴州、雲南四省,一生忠義,孜孜奉公。

[32]天資句:墓主劉福不僅有政治才干,還文學修養深厚,勤於武藝。文學上有《冬菊》詩與著述《南游北上稿》《聯句錄》藏於家;武藝高強,以致於"有中貴懸茄五十步外,與公較射,公一矢碎之",堪稱有百步穿楊之術。"中貴"即朝中貴人、高官。"必肆弧矢","肆"字,《重慶卷》誤釋爲"肆"。

[33]配余氏句:劉福婚配余氏,封安人。其墓誌同時出土,惜磨泐過甚。余氏先三年卒,此時合葬。余氏生一男,劉申,習舉業;還有一庶出次子劉川。女一人,適撰文人同鄉張禎叔之子張均。有孫男二人,一爲劉洋,一尚幼。

[34]英名:"英"字,《重慶卷》釋爲"其",圖版作[英],字形上判斷也應是"英",而非"其"。《劉道脾初葬墓誌》第7行"一男,千英",字作[英];又《明玉珍玄宫碑》第5行"爲人英武有大志",作[英],字形完全相同。"藉藉",顯著盛大貌。"英名",杰出的名聲,美名。

陶琢墓券　明正德二年(1507)十月初九日立

　　合川區。1987年合川縣文物管理所楊旭德在南屏鄉中南五社采集,石現藏於合川區文物管理所。買地券立在獸柱石座上,略殘。券石高27.5厘米,寬32.5厘米、厚1.5厘米。委角。底座刻獅像及二柱,高22.5厘米,寬42厘米。券石邊刻捲曲紋及蓮瓣紋,上部左讀正書"永證之墓"四字。券背面頂額陰刻3圓圈,圓圈之間以波紋相連,右側竪刻"天圓地方六律九章",左側竪刻"神煞到此地券抵當"。中間刻八卦符號,卦中心刻一"囲"字。券額右行,正書,"永證之墓"四字。券文竪行左讀,正書,9行,行8字不等。

【釋文】

奉/天師之教旨,遵/郭璞之遺文,/鎮山水無怪异之形,/蔭子孫有安榮之兆/,券付陶琢正魂收照/。

大明正德二年歲次丁/卯十月初九日已卯金/雞鳴玉犬吠十全大吉。

(圖文《重慶市志1949—2012》,第695頁)

【簡跋】

墓主爲陶琢,生平不知,明正德二年(1507)十月初九日立此墓券。

高氏墓券　明正德六年(1511)十月二十六日立

合川區。2011年合川區合陽街道辦事處出土,現藏於重慶市文化遺産研究院。誌石高16.2厘米,寬17.2厘米,厚4厘米。紅褐色砂岩。上部委角。石券周飾順時針陰刻後天八卦圖:☰(乾)、☵(坎)、☶(艮)、☳(震)、☴(巽)、☲(離)、☷(坤)、☱(兑)。圖内刻券文,正書,7行,行48字。

【釋文】

奉[1]/天師之旨敕,/遵郭璞之[遺]文/,鎮山水以無恠[2]之危/,蔭後人有昃隆之兆/。

正德六年十月二十六日立/。故妣高氏三正魂[3]之墓/。

(圖文《重慶市志1949—2012》,第696頁)

【簡跋】

墓主爲高氏,排行第三,立石人爲其子,明正德六年(1511)十月二十六日立此墓券。

【校釋】

[1]奉:"奉……敕"應是一句,《重慶市志》斷句於"旨"字後,有誤。又"儀"字爲"遺"字的誤刻,本書所收多通買地券,文例相似多作"遺文",僅此例誤作"儀文",今訂正。

[2]恠:即"怪"的异體字。後文"㒱"是"興"的异體。

[3]正魂句:非落款句,疑是類似首題左置。

劉春家族墓誌

收錄《(劉春父)劉規墓表》《劉春墓誌》《(劉春弟)劉台妻寋氏墓誌》《劉台墓誌》,以及寋氏家族重要先祖《寋義神道碑》等五通碑志。劉氏與寋氏均是重慶歷史上重要的家族,爲重慶歷史文化的發展影響最大。向楚《巴縣志·諸劉傳》記載:"明史稱縣劉氏世以科第顯,……巴之世家,明初稱寋氏。成弘以後,澤寖微又年氏、曹氏科第亦號蟬聯,唯劉氏子孫則盤世彌衍……經獻亂後,寋及年曹邊流轉徙悉去,縣籍劉氏僅存復。"重返故里的劉氏家族人物也是爲重慶的發展做出巨大貢獻的偉人。①因劉氏、寋氏二家族聯姻,且只收錄寋氏家族碑刻一通,故置於同一家族内校釋,未單獨分列。

其一:

劉規墓表　明正德十二年(1517)立

(明)楊廷和撰文,陸完書丹,石玢篆額

九龍坡區。1987年7月在重慶市九龍坡區華岩鎮聯合村響堂岩出土,石現藏於重慶巴人博物馆。誌石高161厘米,寬60厘米,厚6厘米。石面殘泐比較嚴重,文字有殘損。額陰文篆書,題"贈資政大夫禮部尚書劉公墓誌",兩側鐫刻螭龍戲珠。誌文正書,29行,滿行59字。

---

①李果:《劉規墓碑》,載《九龍文史》第6輯,第103頁。

【釋文】

贈資政大夫、禮部尚書劉公墓表。/

特進光禄大夫、柱國、少師、兼太子太師、吏部尚書、兼華蓋殿大學士、知制誥、國史總裁、經筵官、新都楊廷和撰。/

特進光禄大夫、柱國、太子太保、吏部尚書、前兵部尚書、奉敕提督十二營軍務、侍經筵官、長洲陸完書。/

特進資政大夫、太子少保、戶部尚書、前都察院右都御史、侍經筵官、藁城石玠篆。/

封翰林院侍講學士劉公卒後七年,其配鄧宜人卒。子春仁仲時為禮部尚書,以訃聞,/上命工部遣官治葬事,禮部諭祭于其家。會/朝廷推恩,大臣二品以上未滿考者與誥,仁仲以喪不預給,特/命給之,加贈公資政大夫、禮部尚書,鄧夫人蓋異數也。於是,仁仲乘船歸[1]守制,以其年十二月二十四日,奉夫人柩與公合葬梁相村之原。先是,仁仲嘗屬/廷和表公之墓,未有以應也。至是,復遣人來速,乃按狀而敘之:

公諱[2]規,字應乾。其先湖廣興國州人。六世祖[3]珉一,元季徙重慶之巴縣。曾祖昇,丹陽縣丞。/祖克明,父剛,台州赤城驛丞,兩世俱贈禮部尚書,母楊贈夫人。公以明經[4]舉成化五年進士。明年,授餘姚知縣,丁外艱,改麻城縣。十七年,擢雲南道監察/御史,核湖廣、貴州軍餉,以祖喪承重[5]去。二十二年,改山西道,出按山東。劾參政之不法者[6],反為所中,謫鬱林州判官。明年,敘遷[7]新淦知縣,以母老乞終養,/例不可。會上/兩宮尊號推恩,乃就仁仲官,封翰林編修,階文林郎。復以/兩宮尊號推恩[8],進封侍講學士,階奉直大夫。

公為政以愛民節用為先務,在餘姚興利除害,勸學養士,不遺餘力。邑北瀕海,舊有石堤捍潮,歲久堤圮,公因而增/築之,遂以無患。里甲苦供役勞費,公度民所易辦者,令里日出米二石,應一日有餘,均於次日,不足則次補之,自是費省數倍。每賑饑,先期下令,參互審/核,户與一粟,至期親歷鄉落,分日驗票給之,

民無贅聚,各沾實惠。慎重刑獄,常誦歐陽崇公求其生而不得之言以自警,小事即時決遣,不輕械繫,曰:民/之繫獄,如吾骨肉就執也。□勢家請托,客至,延坐公聽,令群吏左右侍,皆莫敢出口以去,然亦無以怨也。在麻城亦然。暨為御史,所至摘發奸慝,而存心/平恕,不欲以是為威,虜囚多所平反。居常痛父早世,事母甚孝,弃官以養,每飯必親侍,務得其歡心。治生勤儉,米鹽細務,亦手自籍記,故仕宦以廉稱。而/居績饒裕,時以資給其子女,以散諸親戚鄉里之貧者。間語人曰:"往年遷新淦時,或謂是多堂餐錢,盍少就以為歸資?于時竊笑之。今則何假於彼也。"教/子□有法,既登仕,益加誨飭,時諭曰:鄉舉進士,學校中好人;孝于順孫與忠臣義士,則一家一國中好人也。汝輩但欲為學校中好人而已乎?公嫉惡嚴/甚,而樂道人善,在林下,見官府有十政之善,如己親被休澤,稱頌不□。或不善,則蹙額而言曰:何若視民如雠邪?

鄧夫人與公合德,多內助,亦公刑家之/效也。公卒於[9]正德三年九月十四日,春秋七十有三,夫人多七歲,其卒於十年六月七日也。

子男五[10]:長相,封戶部主事;次即仁仲,次台,雲南左參政。側室出/者二:耆、英。女六:長適舉人盧尚易,次適國子生胡□,次適陳嘉事。三亦出側室;長適徐伋,次適傅良弼,次在室。孫男九:鶴年,兵部郎中;彭年,戶部主事;大/年、嘉年、延年、光祖、繼祖、永年、長年。孫女六。曾孫男三:起宗、起元、起東。曾孫女三。

公直不為訐,善不近名,小試其蘊,已為良吏,為名執法,使究其用,必大有/所樹立,而適非其罪,竟以終身。至其子孫乃大發焉,天之報公亦厚亦。蜀故多名賢世家,前史所載可考也;入/國朝來百數十年間,視古盛時猶或有歉,今乃駸駸向盛。若公一門,行業文章,前啓後述。仁仲在禮部,屢有建明,為/聖上所眷注,參政及兩□部皆蔚有時望。其餘亦秀而文,所以昌人國[11]而大其族,以紹休鄉先正者,將在於是,率公之遺澤也。廷和嘗從公後,知公為深,公與/夫人之葬,大學士西涯李公、邃庵楊公先後為之銘,木齋謝公又為公作傳,行履述之祥矣,廷和故獨撮其大者表之,以告後之欲知公者。/

大明正德十二年[12]秋□□十□日立石。/

(《重慶卷》圖60/文244)

【簡跋】

  本墓表爲劉規卒後七年與其妻鄧氏卒時合葬的墓表。"其配鄧宜人卒",《重慶卷》誤"其"爲"繼",與圖版殘存字形和文意均不符。鄧氏卒於明正德十年(1515),當時劉規次子劉春(字仁仲)爲禮部尚書,獲得朝廷遣官治葬,諭祭推恩,加贈資政大夫、禮部尚書,故墓誌首題爲"贈資政大夫禮部尚書劉公墓表"。劉規事迹,見《明史》卷一百八十四其子《劉春傳》,然謹記官御史,遠不及墓表詳細。且其子《劉春墓誌》《劉台墓誌》本書均著録,可以互參以補史、證史。

  撰文人楊廷和(1459—1529),字介夫,新都(今屬四川)人,楊慎之父。其文簡暢有章法,曾參與修撰《憲宗實録》及《會典》等。《明史》卷一百九十有傳。本墓誌載當時歷官:特進光禄大夫、柱國、少師、兼太子太師、吏部尚書、兼華蓋殿大學士、知制誥、國史總裁、經筵官。"大夫"前《重慶卷》因碑版磨泐不清以闕字不明符號處理,圖版殘痕可見似"光禄"二字,又因其同撰《劉春墓誌》,時官爲"特進光禄大夫、左柱國、少師兼太子太師、吏部尚書、華蓋殿大學士、知制誥、兼知經筵事、兩朝國史總裁",可確定"特進光禄"四字無疑。

  書丹人陸完(1458—1526),蘇州府長洲(今江蘇蘇州)人,字全卿,號水村。成化二十三年(1487)進士。《明史》卷一百八十七有傳。墓誌載當時歷官:特進光禄大夫、柱國、太子太保、吏部尚書、前兵部尚書、奉敕提督十二營軍務、侍經筵官。"大夫"前闕字,同上補全。

  篆額人石玠,字邦秀,北直隸真定府藁城縣(今河北省藁城區)人。與弟大學士石珤同舉成化二十三年(1487)進士。墓誌載當時歷官爲:特進資政大夫、太子少保、户部尚書、前都察院右都御史、侍經筵官。

【校釋】

  [1]乘船歸句:"船",《重慶卷》作"傳",從殘存字形與文意看,應誤。"守制"即守孝,遵行居喪的制度。在守制期内謝絶應酬,不得應考,婚嫁,現任官則須離職。劉春在正德十年(1515)十二月二十四日歸鄉,將母鄧氏與父劉規合

葬在"梁相村之原",應是巴縣舊地名,與墓誌出土地"重慶市九龍坡區華巖鎮聯合村響堂巖"位置相近。

[2]公諱句:墓主劉規,字應乾,祖籍爲湖廣興國州人。"興國州",爲明洪武九年(1376)改興國府置,屬武昌府,治所即今湖北陽新縣。籍貫與《劉福墓誌》的"湖北麻城人"不同。

[3]六世祖諸句:劉規家族譜系爲六世祖劉珉一,元代時從湖北徙居重慶巴縣。曾祖劉昇,官湖北丹陽縣丞。祖劉克明,父劉剛,官台州赤城驛丞。因劉春時爲禮部尚書,雖然"大臣二品以上未滿考",即達到考查官吏政績的一定期限,但仍然破格特命給之,因此劉規與其父劉剛均加贈禮部尚書,劉規母楊氏,贈夫人。雖然劉規與劉福家族譜系不同,但有相似點是均爲元末"湖廣填四川"遷入重慶的。但劉福一支不如劉春一支顯赫,其曾祖劉忠及妻王氏;祖劉文富及妻楊氏,均不仕;父劉永寧,僅追封爲主事。

[4]明經句:成化五年(1469),劉規以明經舉進士;六年(1470)起官爲浙江省餘姚縣知縣,此時其父劉剛亡,丁外艱;後改知湖北麻城縣。《四川通志》卷三十四"己丑科"條下有巴縣人張禎叔,歷都御史;劉福,歷廉使;劉規,歷御史。說明三人同年中舉。

[5]承重句:指承受宗廟與喪祭的重任。《儀禮·喪服》"適孫"唐賈公彥疏:"此謂適子死,其適孫承重者,祖爲之期。"即其人及父俱係嫡長,而父先死,則祖父母喪亡時,其人稱承重孫。成化十七年(1481),劉規擢升雲南道監察御史,負責核湖廣、貴州軍餉。此時其祖父亡,因其父亡歿在先,祖父在後,故用"承重"一詞。

[6]不法者句:成化二十二年(1486),劉規由雲南道改山西道監察御史,出按山東。"劾參政之不法者,反爲所中",即《四川通志》卷八所載"劉規,巴縣人,成化中任御史,立朝有聲,以忤權貴罷歸。子春貴,贈尚書"。權貴或與當時宦官專權有關。《大清一統志》卷二百六十四記載,劉規是因"正德中,以忤劉瑾謫知麻城縣爲政,務以德化民"。劉規之後謫鬱林州判官,在今廣西玉林市。《廣西通志》卷五十五鬱林州州判條有載其成化間任。根據墓誌可以確定是成化二十二至二十三年,在任不足一年。《歷代詩話》卷六十五收錄

326

《正德中王守溪送劉規還蜀》詩句殘句："古柏祠前傷草色,浣花溪上覓楦栽。"

[7]叙遷:指按規定的等級次第授官職,或按勞績的大小給予獎勵。成化二十三年(1487),劉規短暫遷任新淦知縣(今江西省樟樹市),不久又變動。後文有"間語人曰:'往年遷新淦時,或謂是多堂餐錢,盍少就以爲歸資?于時竊笑之。今則何假於彼也'"。"堂餐",原是唐時政事堂的公膳。"盍",副詞。表示反詰,猶何不。"就",順便。此處指有人説可順便稍微假公濟私,被劉規以笑談否定。説明當時劉規家族尚清貧,而後其家族由弱變强。惜《重慶卷》不明文意,斷句有誤。今訂正。

[8]尊號推恩句:當時劉規"以母老乞終養",按例是不可以,但正好"會上兩宫尊號推恩",即弘治元年(1488)孝宗即位。劉規因其子劉春官職顯貴而封翰林編修,階文林郎;進封侍講學士,階奉直大夫,得以終老於家。

[9]公卒於句:劉規卒於正德三年(1508)九月十四日,春秋七十三;妻鄧氏卒於正德十年(1515)六月七日,同年十二月二十四日二人合葬。

[10]子男五諸句:劉規子嗣的記載,結合《明史》卷一百八十四載劉春家世:"春父規,御史。弟台,雲南參政。子彭年,巡撫貴州右副都御史。彭年子起宗,遼東苑馬寺卿。起宗子世賞,廣東左布政使。臺子鶴年,雲南布政使,以清譽聞。鶴年孫世曾,巡撫雲南右副都御史,有征緬功。皆由進士。"知劉規有子男五人,三子爲鄧氏出:長劉相,封户部主事;次即劉春,字仁仲;次劉台,雲南左參政。二子爲側室所出:劉耆、劉英。女六人,三爲鄧氏出:長適舉人盧尚易,次適國子生胡□,次適陳嘉事。側室出三女:長適徐伋,次適傅良弼,次在室。盧尚易、胡□、陳嘉事、徐伋四人,史籍疏略;傅良弼,《明武宗實録》卷一百六十七記載,有正德十三年(1518)工科給事中傅良弼劾論右副都御史吳廷舉一事。又孫男九人:劉台子劉鶴年,兵部郎中;劉春子劉彭年,户部主事;劉大年、劉嘉年、劉延年、劉光祖、劉繼祖、劉永年、劉長年。孫女六人。家族子嗣在家族墓誌中互見互證之處較多,可補諸史疏略。又曾孫男三人:劉彭年子劉起宗、劉起元、劉起東。曾孫女三人。

[11]人國:即國家。《史記·范雎蔡澤列傳》中有"徒亂人國"一句。

[12]十二年:碑石刻立時間在"正德十二年",晚於葬年兩年。因圖版泐蝕嚴

重,"年"前,從圖版殘痕看,確實不似"十年",而是中間有字,暫如《重慶卷》所釋爲"二"字;且"正德"前還有二字符,應補闕字符;"年"後,《重慶卷》釋文爲"次□□□□日",闕四字。諦視圖版殘痕,"次"應是"秋"字,後面爲月份與日期"十□日",暫補。

其二:

劉春墓誌并蓋　明嘉靖元年(1522)十一月三十日葬

(明)楊廷和撰文,毛紀書丹,蔣冕篆蓋

巴南區。1958年在重慶市巴南區鹿角鎮萬河村大坪社出土,石現藏重慶市巴南區文物管理所。誌石高70厘米,寬70厘米,厚6厘米;誌文正書,40行,滿行50字。誌蓋,《重慶卷》以爲遺失。但正好《西南石刻彙編·四川重慶》中收錄一拓本,題名爲"明禮部尚書兼翰林院學士劉文簡墓誌銘"。且誌石長寬均70厘米,誌文正書。也是同時間出土收集。誌文公有三行,有中題,上刻"明"字,下刻"之墓",右刻"太子太保禮部尚書兼翰林院學士劉文簡公/",左刻"誥封一品太夫人寋氏",實爲"明太子太保禮部尚書兼翰林院學士劉文簡公誥封一品太夫人寋氏之墓"[1],即《劉春墓誌》之蓋。但《西南石刻彙編·四川重慶》的題名讓人誤以爲是《劉文簡墓誌》,從而將其墓誌與墓誌蓋割裂。今合爲一通完整墓誌并蓋著錄。

【釋文】

明故掌詹事府事、資政大夫、禮部尚書、兼翰林院學士、贈太子太保、謚文簡、東川劉公墓誌銘。/

特進光祿大夫、左柱國、少師、兼太子太師、吏部尚書、華蓋殿大學士、知制誥、兼知經筵事、/兩朝國史總裁、新都楊廷和撰。/

光祿大夫、柱國、少傅兼太子太傅、戶部尚書、謹身殿大學士、知制誥、同知經筵事、/國史總裁、湘源蔣冕篆。/

---

[1] 重慶市博物館編:《中國西南地區歷代石刻彙編·四川重慶卷》第2冊,天津古籍出版社,1998年,第128頁。

光禄大夫、柱國、少保、兼太子太保、户部尚書、武英殿大學士、知制誥、同知經筵事、/國史總裁、東萊毛紀書。/

禮部尚書兼翰林院學士劉公以正德辛巳六月三日卒。訃聞,/上悼惜之,命工部治葬事,禮部諭祭者四,贈太子太保,諡文簡。仍蔭其季子延年為中書舍人,孫起東國子監生,皆異數也。伯子彭/年具述其行履,屬溫諭德民懷為狀,請予銘。予知公深,非予孰宜為公銘者?

公諱[1]春,字仁仲,別號東川,重慶巴縣人。大父諱剛,/台州赤城驛丞。父諱規,監察御史。俱以公貴,累贈資政大夫、禮部尚書。祖妣楊、妣鄧,俱夫人。公生之前一夕,臨媼夢大星實[2]於/舍,已而公生。弱冠從少傅木齋謝公[3]治三禮。成化癸卯[4]舉鄉試第一,丁未進士及第第二,授翰林院編修。弘治辛亥,/憲廟《實錄》成,陞修撰。明年,充經筵展書官。庚申,充東宫講讀官。又明年,直講經筵。秩滿,晋左春坊左諭德。癸亥,《大明會典》/成,轉侍讀學士。/武宗登極,晋學士。戊辰,丁外艱歸。辛未,陞吏部右侍郎,尋轉左。壬申,充經筵日講官,仍理部事。明年,遷禮部尚書。又明年,丁鄧夫/人憂;制終,即其家改南京吏部尚書。辛巳,改禮部尚書,兼翰林院學士,入內閣,典誥敕。尋掌詹事府事。

公在翰林,嘗教內/書館同考、會試主考、鄉試武舉及廷試掌卷、讀卷者各一,教庶吉士者二,皆勤慎自勵,供奉講筵,隨事規切。及佐吏部,太/宰邃庵楊公[5]特見稱重。在禮部時,西僧[6]欲奪民地建寺,公疏止之。占城世子失國,寓居邦都郎[7],來請封,議久不決。公曰:《春秋》公/孫青尚不辱命於衛,況天朝乎?使竟不遣。諸藩府請封及婚,吏多緣以得賕;公檢其可行者付所司,吏弗得逞。大臣恤典/奏為資格[8],不為干請所撓。四方上灾异,及貢獻非禮者,必反復辯論,期於感格。行人傅檝[9]出使道聞母病,乞歸視。公曰:是可以/勸孝,且無病於公,何法之拘為?覆奏,從之。其執而近人如此。南部[10]事殊簡,公亦不自逸,黎明即起視事,坐數刻乃退。每挾一帙/以隨,郎吏竊識視之,數日後必更易也。性簡重,門無雜賓。接人乃真率和易,人莫見其喜怒。至於義利所在,毅然爭之,莫能奪/。語門人後進,惓惓以不失秀才風味[11]為訓。聞忤意事,輒曰:士大夫存心行事,何乃爾。

事親孝,凡所得賜予,必先寄歸以獻。名香/异味,時□□之□。兄弟和而有容,怡怡無間言。尤重收族[12],世嘗修族譜,未成,公卒成之。擇老而有行誼者,人為之傳,以示勸。/鄧夫人葬,有遺貲,置義倉,積穀其中,族不給者取之,令秋熟納如數。鄉鄰求濟者,取息十之一,曰:此非求利也,欲以永太夫人/之澤耳。姑若姨之貧者,歲各有遺,以為常。自奉甚儉,食不兼昧,即有之,亦不舉箸,示不欲更進也。燕居布衣自適,如未貴然。/官三十餘年,家無贏餘,而急於賑施。取於人必以義,或饋一羊,察其非人,却之,委而去,命懸之外舍,任人取之。編修歸省時,有/司設鼓吹彩輿[13],迓於江滸,公徑自他途以歸。後有發有司承迎者,公獨不與。買田宅必厚其直,曰:彼既失業,又損之,可乎? 待諸/子慈而不縱,每書古人名訓示之,曰:汝輩宜及時事我,毋蹈我今日之悔也。著作[14]務師古人,晚亦簡勁,類其為人。有《鳳山稿》藏/于家。

公自入仕,榮遇為多。/孝廟耕籍[15]、視學、累朝纂述、講讀諸盛事,皆與御製詩文及金幣、宮錦、玉帶之賜,不一而足。素少疾,遇時事可憂者,每中夜/危坐以思。年甫艾,已衰。位雖顯,而未究其用。前年[16]典誥缺,予偕同官薦之,為權奸所尼,被旨詰問。今年再薦,乃得允。將/為參預政機之地,而公日向衰,廷試閱卷若憒憒然,予竊訝之。又數日,暴下,遂至不起。纔且屬,哭數聲乃絕。其用世之志,/蓋未衰也。

公配蹇氏[17],忠定公之族女,有賢行,封夫人。子男三[18]:彭年,舉進士,歷户、禮兩部主事,今為行部員外郎,次大年,先一年/卒;次延年。女一,適鄉貢士蔣弘仁。孫男三:起宗、起東、起明。孫女三。公生于[19]天順庚辰十一月二十九日,春秋六十有二。葬以嘉/靖元年十一月三十日。墓在榮恩山之原。銘曰:

重慶先達,曰蹇忠定;文簡[20]繼之,煒煒輝映。望于天下,豈唯重慶。忠定任久,而/又得政。既究其用,功烈斯稱。文簡雖貴,用之不專。其始從事,史局講筵。隨試自效,職業[21]罔懟。四銓三禮,秩亦屢遷。法守是慎,不/比于權。或謂我固,我道則然。聲績方起,遂以憂去。召自留都,司/帝之制。行將大受[22],參預政事。諧于庶明,以贊新治。命之不淑,竟至裔志。屬纊之哀,善類興喟。胡進之難,□□之易。葬有/渥恩,矧也美諡。尚論忠定,庶幾無愧。/

(《重慶卷》圖183/文361)

330

【簡跋】

此墓出土地信息《重慶卷》因音似記載誤作"六角鄉",今據《翰林墳考》[①]等文修正,一些出土信息也可參考該墓相關的論文。又據重慶市文化遺產研究院2020年最新的考古成果,劉春墓地位於今重慶市巴南區南泉街道。墓地從20世紀即遭受擾亂,墓葬及神道石像生多被原地破壞。2020年因渝黔復綫高速公路連接道工程對劉春墓地進行原址保護,并再次考古發掘與清理。《明朝劉春研究》[②]認爲巴縣劉氏家族顯赫,有"九翰十八都"之稱,并稱北碚區劉家漕中文星場曾有牌坊、劉氏祠堂等(文革中遭毁壞),其家族繁盛時,分布範圍較廣。誌文所記劉春事迹及其家世,較史傳爲詳,可補諸書記載與考證的缺略。

撰文人楊廷和,同撰劉春父《劉規墓表》。三位題署人均官職顯赫,同列於《明史》卷一百九十。

篆書人蔣冕(1463—1533),字敬之,號湘皋,成化二十三年(1487)進士。墓誌自稱爲"湘源人",《明史》本傳記載爲廣西"全州人",實爲一地兩表。湘源縣,爲隋開皇十年(590)廢零陵、洮陽、觀陽(今灌陽)三縣所置,縣治在今全州鎮柘橋村。撰本墓誌時歷官"光禄大夫、柱國、少傅兼太子太傅、户部尚書、謹身殿大學士、知制誥、同知經筵事、國史總裁",與史合。

書丹人毛紀(1463—1545),字維之,號峰逸叟,成化二十三年(1487)進士。墓誌自稱爲"東萊人",《明史》記載爲"山東掖縣人",一地兩表。撰本墓誌時歷官"光禄大夫、柱國、少保兼太子太保、户部尚書、武英殿大學士、知制誥、同知經筵事、國史總裁",與史合。

墓誌開頭記載"伯子彭年具述其行履,屬温諭德民懷爲狀,請予銘",由此可知劉春行狀爲其長子劉彭年所述,爲温民懷所撰。温民懷,僅見于零星詩作中,如《康對山先生集·寄温民懷》,楊慎的《升庵集·温民懷官諭許於浣别墅相招恐失佳約作此戲簡》、魯鐸《陵祀次温民懷見贈韵》、《王肅敏公集》中的《與温民懷》《答温民懷》等。"諭德",唐龍朔三年(663)始置太子左、右諭德各一人,正四品下,掌諭皇太子以道德隨事諷贊,分録左、右春坊。至明,左隸詹事府左春坊,右隸詹事府右春坊,規諫太子,從五品。温民懷或與劉春爲弘治十四年(1501)任"晋左春坊左諭德"同僚。

[①] 中國人民政治協商會議重慶市巴南區委員會文史資料委員會編:《巴南文史資料·第12輯·風景、人文專輯》,第179頁。
[②] 任世國:《明朝劉春研究》,西華師範大學碩士論文,2010年。

【校釋】

[1]公諱諸句:劉春,字仁仲,別號東川,重慶巴縣人。其祖父劉剛,台州赤城驛丞,祖母楊氏;父劉規,監察御史,母鄧氏。父祖二人"俱以公貴,累贈資政大夫、禮部尚書";祖母與母親封夫人。與《劉規墓表》記載同。但與之不同的是,未載祖籍爲湖廣興國州;且劉規家族譜系上至六世祖劉珉一,元代時從湖北徙居重慶巴縣;曾祖劉昇,官湖北丹陽縣丞;祖劉克明。又《重慶卷》在《劉春墓誌》中將其祖父釋作"劉翊"導致出現劉春祖父有"劉剛""劉翊"二異名,復核《劉春墓誌》圖版,不清晰;《劉規墓誌》圖版也磨泐作 ,從字形結構尚無法判斷,但多數史料均記載爲"劉剛",且有史志所載李東陽撰《贈禮部尚書驛丞劉剛神道碑》,原存梁相村①。惜未見圖文著錄。"翊",或爲"剛"字之誤。

[2]賈:墜落。《公羊傳·莊公七年》:"夜中,星賈如雨。"

[3]謝公:即謝遷(1450—1531),字於喬,號木齋,餘姚人。明成化十一年(1475)進士第一,授修撰,累遷左庶子。八年(1472)入內閣參預機務,累官太子太保、兵部尚書兼東閣大學士,與劉健、李東陽同輔政。武宗嗣位,屢加封少傅兼太子太傅。卒諡文正。有《歸田稿》。

[4]成化癸卯諸句:記載劉春初入仕的詳細過程,較本傳詳細。成化十九年(1483)癸卯鄉試第一;成化二十三年(1487)丁未進士及第第二,授翰林院編修;弘治四年(1491)辛亥參修《憲宗實錄》;五年(1492),充經筵展書官;弘治十三年(1500)庚申充東宮講讀官;十四年(1501),直講經筵。秩滿,晋左春坊左諭德;弘治十六年(1503)癸亥參編《大明會典》成,轉侍讀學士;正德元年(1506)武宗登極,晋學士;正德三年(1508)戊辰其父劉規亡殁,與《劉規墓誌》載其卒於正德三年(1508)九月十四日,時間相合。正德六年(1511)升吏部右侍郎,不久轉左侍郎。七年(1512),充經筵日講官,仍理吏部事。墓誌詳細記載劉春的仕途過程,在《明史》疏略爲一句。正德八年(1513)之後"又明年,丁鄧夫人憂",若嚴格承接則是正德九年(1514),與《劉規墓誌》載鄧氏卒年在正德十年(1515)不合。但自正德八年至十年劉

---

①重慶市沙坪壩區志編纂委員會編纂:《重慶市沙坪壩區志》,四川人民出版社,1995年,第872頁。

春正好在禮部任職三年。據清嘉慶《新都縣志·藝文》卷四十八記載有正德十年(1515)明武宗派禮部精膳清吏司署員外郎主事祝鑾諭祭楊春之文。墓誌中的"又明年"就是記載簡略而致與《明玉珍玄宮碑》中多以"明年"記述時間非準確承上紀年相似。劉春守孝三年後,約在正德十三年(1518)改南京吏部尚書。正德十六年(1521)辛巳,又改禮部尚書,兼翰林院學士,入内閣,典誥敕,後又掌詹事府事,至卒。

[5]楊公諸句:即楊一清(1454—1530),字應寧,號邃庵,明鎮江府丹徒人,祖籍雲南安寧。明成化八年(1472)進士。武宗時,歷任延綏、寧夏、甘肅三鎮軍務總制、華蓋殿大學士。

[6]西僧諸句:《明史》也詳細記載明武宗崇信西僧,二者可互參。《明史》記載,正德八年(1513)癸酉劉春代傅珪遷爲禮部尚書,即墓誌前文所言的"明年"遷禮部尚書之時。劉春在禮部時,有西僧欲奪民地建寺,劉春上表制止。《明史》詳細記載此事,可以互證。

[7]邦都郎:地名音譯,今越南藩朗一帶。明嚴從簡《殊域周咨錄》專門記載明代關於鄰近及有交往各國和地區以及邊疆民族狀況,卷七載:"國王先爲安南所逐,徙居赤坎邦都郎。"《讀史方輿紀要》卷一百十二引《外夷考》:"明成化中,復爲安南所逼,徙居赤坎、邦都郎,安南遂據其國都。其王古來,航海奔廣州申訴,尋得返國,仍都新洲港。"林堯俞《禮部志稿》卷五十三記載"占城世子失國,竄居邦都,即請封,春曰春秋公孫青尚不辱命於衛,況天朝乎? 疏上已之",將"郎"訛爲形近字"即";如此,墓誌中的"占城世子",即古來之子。墓誌記載了劉春作爲禮部尚書,以《春秋》記載的公孫青不辱命於衛的典故,拒絕明朝出使,於是"使竟不遣"。公孫青事見《左傳·昭公二十年》:"齊侯使公孫青聘於衛,既出,聞衛亂,使請所聘,公曰:'猶在竟内,則衛君也。'"

[8]資格諸句:"資",《重慶卷》闕,圖版磨泐不清。但根據前有"恤典"一詞,即帝王對臣屬規定的喪葬善後禮式中的相關規定。"資",指地位、經歷等;"格",指政府制訂官員除授或升遷所應依據的法令條例。文意相符。即《明史》簡略記載的"春掌禮三年,慎守彝典。宗藩請封、請婚及文武大臣祭葬、贈諡,多所裁正"。墓誌中詳細記載的幾件事:一在"諸藩府請封及婚"上杜

絶了賄賂,使其不能得逞;二在大臣卹典中,不爲請托所撓;三在"四方上灾異,及貢獻非禮者"上,反復辯論。"感格",即感於此而達於彼。

[9]傳檄句:明代設行人司,有行人之官,掌傳旨、册封、撫諭等事,即"傳檄"之事。"傳",《重慶卷》誤釋爲"傅"。

[10]南部:即明南京六部之略稱。因劉春一直在南京六部任職,故後文稱"南部事殊簡"。《洹詞記事抄·劉少傅傳》:"南部大率閑佚,居官者自名吏隱,俯禮瓦合,規撫削削。"

[11]風味:風度;風采。

[12]收族:出《儀禮·喪服》:"大宗者,收族者也。不可以絶。"鄭玄校釋:"收族者,謂别親疏,序昭穆。"

[13]鼓吹彩輿:明指鼓吹樂與彩轎,設置於江邊;暗喻有高官來時,劉春獨自選擇他途以歸,不承迎。

[14]著作句:此處爲動詞,指劉春自幼學三禮,撰文著述也務師古人,晚年有簡勁之風。有《鳳山稿》一書藏於家。"鳳"字,《重慶卷》因磨泐不清闕文。

[15]耕籍句:"孝廟",即明孝宗朱祐樘。"耕籍",亦作"耕藉""耕耤"。《禮記·祭義》:"耕藉,所以教諸侯之養也。"指古時每年春耕前,天子、諸侯舉行儀式,親耕藉田,種植供祭祀用的穀物,并以示勸農。歷代皆有此制,稱爲耕藉禮或藉田禮。清末廢。

[16]前年諸句:"前年"是從撰文時間"嘉靖元年"推,是在正德十五年(1520)。正德十六年(1521)典誥之職缺,楊廷和同僚推薦劉春,但因先"爲權奸所尼,被旨詰問。今年再薦,乃得允。將爲參預政機之地,而公日向衰",身體情况不佳,在廷試閱卷時煩悶不舒,"又數日暴下,遂至不起。纊且屬,哭數聲乃絶。""暴下",即急性腹瀉。"纊且屬",語出《禮記·喪大記》:"屬纊以俟絶氣。"鄭玄校釋:"纊,今之新綿,易動摇,置口鼻之上以爲候。"銘辭中"屬纊之哀",即此意。

[17]配蹇氏諸句:劉春妻蹇氏,封夫人,爲蹇忠定公的族女。"忠定公",即蹇義(1363—1435),本名瑢,字宜之,重慶巴縣人。明洪武十八年(1385)進士,明太祖朱元璋贊賞其"奏對稱旨、語言誠實",賜名"義",通達治國治軍之理,與户部尚書夏原吉齊名,時稱"蹇夏"。宣德十年(1435)病逝,明宣宗贈

太師,諡忠定。《明史》卷一百四十九有傳。又有神道碑出土,見於下文。

[18]子男三句:劉春有子三人:長子劉彭年,舉進士,歷户、禮兩部主事,今爲刑部員外郎。次子劉大年,"先一年卒",即正德十六年(1521)卒。其墓誌在新近的考古發掘中出土,但未見公布圖版等信息,暫闕;次子劉延年。還有女一人,適鄉貢士蔣弘仁。《四川通志》正德年間舉人條下收録,巴縣人。有孫男三人:劉起宗、劉起東、劉起明。有孫女三人。墓誌起首處載:"仍蔭其季子延年爲中書舍人,孫起東國子監生,皆异數也。"知劉春家族在其卒後給予特殊待遇,封其季子劉延年官中書舍人,孫劉起東爲國子監生。

[19]公生于諸句:劉春生於明英宗天順四年(1460)庚辰十一月二十九日,享年六十二歲。繫聯墓誌起首"禮部尚書兼翰林院學士劉公以正德辛巳六月三日卒。訃聞,上悼惜之,命工部治葬事,禮部諭祭者四,贈太子太保,諡文簡",卒年在正德十六年(1521)。諡號等均與史合。葬年在明世宗嘉靖元年(1522)十一月三十日,葬地在"榮恩山之原",即墓誌出土地巴南區鹿角鎮萬河村大坪社舊名,爲史傳所缺。

[20]文簡:即劉春的諡號,墓誌文中未出現,但首題中有説明。且本書將其墓誌蓋與墓誌相合,更能證其諡號分載於首題與誌蓋上。

[21]職業:即職分應作之事。此句將劉春任憑國家任用而貢獻出力量,在所作職分上無差錯的良吏清官形象扼要刻畫而出。

[22]大受:承擔重任;委以重任。《論語·衛靈公》:"君子不可小知,而可大受也。"朱熹集注:"受,彼所受也。蓋君子於細事未必可觀,而材德足以任重。"

其三:

劉台妻蹇氏墓誌并蓋　明嘉靖二十二年(1543)十月十八日葬

(明)劉台撰文,江中躍書丹,劉彭年篆蓋

九龍坡區。1972年5月在重慶市九龍坡區人和鄉新政村出土,石現藏於重

慶中國三峽博物館。誌石高78厘米,寬78厘米,厚10厘米;誌蓋高78厘米,寬78厘米,厚10厘米,陰文篆書,題"誥封宜人劉母蹇氏墓誌銘"。誌文正書,24行,滿行42字。

【釋文】

誥封宜人劉母蹇氏墓誌銘。/

賜進士、尚書考功郎、大中大夫、廣東布政使司左參政、前奉敕提督學校、廣西按察司副使夫劉台撰。/

賜進士、嘉議大夫、奉敕巡撫貴州等處、地方都察院右副都御史、侄劉彭年篆。/

賜進士、承直郎、兵部武選司主事、甥江中躍書。/

於乎!此予亡室蹇宜人墓也,胡忍銘耶?胡忍銘耶?雖然,婦人無外事,宜人懿德美行,匪予銘之,誰則知之。宜/人[1]曾大父太師忠定公。大父諱芸,國子生。父諱霆,監/察御史。母/封孺人尹氏。

宜人自幼簡重,寡言笑,甫十歲,即攻女紅,至忘寢食,不下樓者數載。比長,識字通算法,讀書了大/義,若日記、故事及小詞說,口誦如流。十七壬寅歸予。既弘治壬子,予發解[2],即攜之上京。既丙辰,登進士,授知/潛縣。既/召補儀制主事,既調吏部稽勳文選,陟考功員外郎。既適逆瑾擅權,以公錯註誤,左遷同知泰州,復南部舊物。/既督學廣右,參藩嶺南,歷中外巘阻,靡不隨任,同甘苦。

予歷官終始清白,宜人內助居多。既解官,宜人和以/睦族,義以教子,慈以御下。率婢子輩勤紡績,每抵夜分方休,門户必視鎖鑰總就寢,家法斬斬弗可犯。飲食/器皿不尚豐侈,而必精以旨;衣無故新,而浣濯縫紉必潔以完;所至官舍及居家庭宇,灑掃必肅以嚴。嗜種/植,每課園丁,治蔬圃,四時手自掐新,薦祠堂方自嘗,花卉則不惜也。懿德美行,崖略如此。

宜人生於[3]成化丙/戌二月十有八日,卒於嘉靖癸卯八月初三日正寢,是歲十月十有八日葬於鳳凰溝蟠龍山大地壩之陽。/卒之日,訃聞,遠近趨弔,咸哭之哀,蓋其德之所及者溥也。

子男四[4]:長嘉年,次官生,咸蚤逝;次永年,次長年。女/三:長緣姐,適聶尚書子舉子夢麟;次巧姐,適徐都指揮使銳;次安姐,適江參政子中上。孫男三:起莘、起渭、起/淶。孫女一,許聘牟知府子衍祜,尚在室。宜人病篤,時惓惓以未及見幼子文年成立為言,蓋酷愛庶子,及撫諸女/月姐、重姐、喜姐如己出。樛屈逮下[5],天性然也。

初,祖母太夫人楊氏在堂,年八十餘矣,台尚在諸生列,宜人蚤/暮必侍起居,話家常。及微時,辛苦典故,遵行唯謹,其飲食必躬必親必潔方進。其孝敬又如此。於乎!宜人以/太師為之祖,御史為之嬸與父,參政為之夫,匪賤也;子孫繞膝,匪獨也;逾七望八[6],匪夭也。第宜人自合卺及/兹六十二年,所以白首相守,相敬如賓,期偕老。一旦背弃,深思長恨,何時已耶?是故哽咽抆淚,序而銘之,紀/實也,懿德美行尚多也。銘曰:/

貴而不驕,嚴而不刻,女中丈夫儀不忒。蟠龍大地,寔維幽宮,億萬斯年我與同。/

(《重慶卷》圖70/文257)

【簡跋】(因家族關係提前)

關於墓誌出土地,劉春在"巴縣六角鄉萬河村出土",劉台在"九龍坡區人和鄉新政村出土";劉台夫妻二人的葬地在"鳳凰溝蟠龍山大地壩之陽",與弟《劉春墓誌》的"榮恩山之原"、劉規與鄧氏合葬墓誌的"梁相村之原"也不同,説明劉春家族人員墓地有多個。

墓主蹇氏之夫爲劉台,也是墓誌撰文人。劉台(1465—1554),字衡仲,號是閒,劉春弟,劉規第三子。弘治五年(1492)四川鄉試解元,弘治九年(1496)進士。曾任潛縣知縣、儀制主事、吏部員外郎、泰州知州、廣西提學、雲南參政、廣東布政使司左參政。善詩文,尤長小令,致仕後居林下四十年,優游巴縣山水間,著《是閒集》,與兄劉春合著《春台合》。附見《明史》卷一百八十四其兄《劉春傳》。江玠撰《劉台墓誌》已經出土,見

下文。撰蹇氏墓誌時,墓誌蓋與首題均爲"誥封宜人劉母蹇氏墓誌銘",係從其子角度而撰,此時劉台歷官:賜進士、尚書、考功郎、大中大夫、廣東布政使司左參政、前奉敕提督學校、廣西按察司副使等。

篆額人爲劉台侄劉春長子劉彭年,字維靜,號培庵。弘治十七年(1504)甲子科舉人,正德九年(1514)甲戌進士,官貴州巡撫、湖廣左右布政使、户部主事。見前《劉春墓誌銘》。此時歷官爲:賜進士、嘉議大夫、奉敕巡撫貴州等處地方都察院右副都御史。

書丹人爲劉台外甥江中躍,字峨東,陕西參政江玠子。嘉靖三十七(1558)、三十八(1559)連中進士。筆墨敏捷,多有向其乞詩文者。《江北廳志》卷五載其小傳。墓誌載歷官:賜進士、承直郎、兵部武選司主事。可補史籍職官疏略。

【校釋】

[1]宜人句:記載蹇氏家族譜系,曾祖父爲太師忠定公蹇義,也是《劉春墓誌銘》中其妻的族祖。雖然不知劉春妻一支與蹇義的具體關係,但劉台妻確定爲嫡系曾孫女。祖父爲蹇芸,國子生。父蹇霆,監察御史;母尹氏,封孺人。《萬姓統譜》卷八十一"十六銑":"蹇霆,字克遠,義孫。成化進士,歷御史,升僉事。剛方清儉,處事從容,民甚德之。"墓誌後文稱"宜人以太師爲之祖,御史爲之嫜與父",嫜,即丈夫的父親,説明蹇氏的公公與父親均是御史。

[2]發解:由州縣向京城報送應舉者的稱謂。唐制,明清襲用,以稱鄉試中舉。成化十八年(1482),蹇氏十七歲適劉台。至弘治五年(1492)劉台鄉試中舉,九年(1496)殿試中進士,一路跟隨劉台仕任各地。具體仕途在《劉台墓誌》中所載更詳。

[3]生于句:蹇氏生於成化二年(1466)丙戌二月十有八日,卒於嘉靖二十二年(1543)癸卯八月初三日,享壽七十八歲,葬於"鳳凰溝蟠龍山大地壩之陽",具體位置應是出土地。

[4]子男四句:記載蹇氏與劉台有子四人:長劉嘉年,次劉官生,二人早逝;次劉永年,次劉長年。有女三人、孫男三人等,與《劉台墓誌》記載略有不同。後文還有"宜人病篤,時惓惓以未及見幼子文年成立爲言,蓋酷愛庶子,及撫諸女月姐、重姐、喜姐如己出",説明有庶室所出一子劉文年,還有三女:月姐、重姐、喜姐等人。

[5]樛屈逮下：女子以賢惠，不嫉妒爲德，是爲"逮下之德"。語出《詩經·周南·樛木·序》："《樛木》，后妃逮下也，言能逮下而無嫉妒之心焉。"

[6]逾七望八：宜人蹇氏享壽七十八歲，故曰"逾七望八"。韓愈《祭竇司業文》："踰七望八，年孰非翁。""夭"，短命而死。

其四：

劉台墓誌并蓋　明嘉靖三十六年(1557)十二月十八日合葬

(明)江玠撰文，牟蓁書丹，陳謨篆蓋

九龍坡區。1972年5月在重慶市九龍坡區人和鄉新政村出土，石現藏於重慶中國三峽博物館。誌石高78厘米，寬72厘米，厚8厘米；誌蓋高78厘米，寬72厘米，厚8厘米；陰文篆書，題"明大中大夫廣東布政使司左參政是閒劉公志銘"。誌文正書，37行，滿行61字。

【釋文】

明大中大夫、廣東布政使司左參政是閒劉公墓誌銘。/

賜進士第、大中大夫、陝西布政使司左參政、邑人鐵峰江玠撰。/

賜進士第、奉政大夫、南京兵部武選司郎中、邑人南橋陳謨篆。/

賜進士第、文林郎、直隸含山縣知縣、邑人龍岩牟蓁書。/

嘉靖甲寅年十二月初五日，是閒公卒。其子劉永年等持狀請予銘。予雖耄且忘，不能為長語，然予二子皆為公婿，故愛我之深者，莫如公，知公之深者，莫如/我，而誼又不可辭。吾聞記曰，節以一惠[1]。謹按狀，掇拾大者序之，以為公銘。

公諱[2]台，字衡仲，號是閒，初號雙山，以蚤退取詩人意為今號。其先楚興國人。始祖珉/一,至正間始入蜀,居于巴郭南之柳市,子孫遂家焉。二世祖諱文綉,業儒,好儒服,人稱大袖劉氏。嗣後,族益盛,子孫益賢。三世祖諱昇,仕丹陽縣丞。曾祖諱克/明,為里隱君子,鄉人慕之。祖諱剛,仕台州府赤城丞,贈尚書。妣楊氏,贈夫人。父諱規,始以進士起家,仕至御史,有直聲,贈尚書。母鄧氏,封夫人,咸以兄文簡公/貴也。

公生于赤城宦邸,少英發警敏,嘗擊竹揶揄歌方外。赤城翁怒,置農器、書冊以試擇,公跪取書。翁口授書義,公即了了通曉[3]如成人,翁喜。聞者謂翁有/後矣。及省翁尹麻城,時公年十三歲,延名士段厶[4]者,授以《春秋》,日記萬言,試為文,即援筆立就。段奇,走白翁曰:三郎才如天馬,他日豈可量耶。益嚄嗼[5]誨不倦,/公益英發日盛。成化丁巳[6],補郡庠生,即有時名。翁遣精業于崇固僧舍[7],從鄉先達戴石峰游,一時如槐山王公、予伯兄江公都溪,皆樂與之交,為摘星會。

壬子,/督學山東王公[8]視考卷,驚曰:解元已許王孝忠,今得子,不知鹿死誰手。是秋,果大魁,全蜀試録梓經書論策表各一,旌殊才也。繼入成均,司成林公[9]試,/六堂第一,復梓文以試監士。丙辰,中會試十四名,梓經義,幸進士第。觀政[10]吏部,授大名府濬縣尹。先是,濬素號難治,縉紳多疑,弍[11]不樂行。濬大夫王公威寧伯/聞公名,懇久于太宰屠公,遂授濬尹,公亦毅然請往。既至,嘆曰:是豈不可為政耶。先守己愛民,勤簿書,剗奸剔蠹,尤嚴請托,胥吏惟奉唯諾,無敢舞文者。

丁巳[12]/夏,旱。公取《春秋繁露》作神龍狀,徒行去蓋烈焰中,果三日,雨如注,有秋。威寧伯有龍亦重賢才,頌焉。俗健訟,公听訟不立限,至則立遣,有重務,方發隸拘集,民/不擾。處賊盜,置重以法,輕者墨其門,使自化。算車輛,除宿弊苦,商旅稱便。設各集、郵舍、老人、平物、分訟、防寇、懷賓,有夜户不閉風。審編户口,民有劉青天之謡。/完城以備畿内回轅,其經理多取諸惡少不撿者,民忘勞而濬獲保障。其事備載五清劉太史志[13]中。

濬初無業《春秋》者,公首得鏡月[14]、王潢二子為講經義,由是/濬士争出公門下,至今以是經取科第者接踵,咸德公有造。三年課最,召拜禮部儀制司主事。

去之日，民擁輿脫靴，有泣下者。故瀋志以弘治以來吾邑稱廉能者，惟劉、郭為最云。分掌禮曹，多援成憲，參古禮為贊畫，宗伯倪公[15]倚重焉。如疏《春秋》、黜三傳及注箋，專主胡文定[16]命題課士，得賜允為定製，學者便之。未幾，轉稽勛。尋轉文選，滿考，陞考功員外郎，人服公明，有聲藉藉。明年，以奏止晋郡王[17]求恤典如藩王禮者舊牘，忤逆瑾，傳旨拏問。有說公可貨免者，公守義不屈，遂左遷太州[18]同知。時省翁家居，聞邸報喜曰：吾兒素有真氣，今果然矣。莅泰之明年，奔省翁訃，及制闋，瑾伏誅，時正德辛未，復補南京戶部員外郎。尋陞儀制司郎中。尋奉敕廣西提學副使，一遵聖諭，端士習，務實用，以必得真材，以不負我國家求賢之意。建書院，以育賢才，嚴規限，以勵不率。公雖平恕，尤明於知人，如鄭君琬、方君策、朱君鵬、李君高、余君勉學，咸自鄉試同標[19]。癸未，廣西在中數[20]中，亦異耳。憲部郎楊君琇[21]試初士時，一見即知為遠器；司業張君星，吳府倅瑤、岳兄弟，親授經，為文章；白判采、吳尹謨則出俸金擇配者。噫！公之嘉惠八桂人士亦厚矣。

甲戌夏，陞廣東左參政，遇事多議論凱切[22]，不為卷婁稽疑之態，故人多信之。會讞大辟，嘗活重典秦阿三等十三人。尤表章先哲，具題唐張九齡子厶賢行，得配食父側。時當軸有子傅俸錦衣，以侵錫場為不法，廣民赴奏于武皇，下觀風委勘，人多引嫌。公岸然承命，竟裁以法，識者為公韙。

丁丑[23]，歸守鄧夫人制。先是[24]，以同寅左轄方厶者之隙，飛語被論，報公鮮組，時年五十三，真未老得閒，乃是閒也。公雖坐廢退，祀先敦族咸有緒。春秋率族人祀先，舉三治以篤親，續義倉以贍族，惟恐一日不綴恩[25]以聯屬之也。公初年性簡亢，人以程伊川目之。平居里巷，未嘗詡詡強笑語，以接殷勤之歡。故人多不至公門，或有不知公者。至晚年，遂大肆閑闊，怡情詩酒，放浪山水間，構九友軒、萬香亭、老圃園，為行樂。風日佳時，偕賓士，惟意所適，無分童冠雅俗，笑語移日，皆得歡心。卓有同人于埜[26]之量，而興趣則亹亹焉。字遒勁，詞翰豪邁古雅，自成一家言。詩文[27]凡若干篇什，咸梓《是閒集》中，藏于家，有《續厚德錄》、《愧逸鐵樹田園雜具》、《漁樵唱和》等集及《器用官戢銘》，行于世。

公生于成化乙酉年[28]正月二十三日，壽登九十，忽無恙不起矣。公配宜人

蹇氏，先公卒。宜人子男三人[29]：長嘉年，早卒；次郡庠生永年；季長年。女三人[30]：長適舉人聶夢麟；次適都指揮徐銳；季適吾季子郡庠生中上。/側室[31]子一人，曰文年。女六人。婿：曰中曜，吾支子，兵部員外郎；曰丁時顯；曰施文事。在室幼者三人。孫五人[32]：起莘，郡庠生；起渭、起淶，縣庠生；起安、起亮，娟好靜秀，/瑤環瑜珥。女孫一人。曾孫女二人。以嘉靖丁巳年十二月十八日，合葬于柳市大地壩蹇宜人墓左。

嗚呼！古之人老于宦者，多以官為家，罷則無所於歸，歸或/早卒，或麥飯無主者，誰不鬱鬱泉下也哉。今公優游松菊，杖履近四十年，是真閒矣。惟閒故靜，靜故壽。使公當時不亟退，退或無田廬，或無賢子孫，未必高朗/令終，全歸牖下，有如此者。噫！天之篤佑于公豈少哉。知公含笑夜臺矣。銘曰：

嗚呼公也！秀鍾楚蜀，發靈閟也。文振巴渝，掞天機也。春風上林，觀國光也。中外揚/歷，藉政聲也。門多吉士，藹鳳鬢也。宦至金紫，炳虎變也。優游林下，綏福履也。遐不黃耈，徵仁厚也。子孫振振，裕後昆也。億萬斯年，為佳城者之孔安也。/

(《重慶卷》圖76/文263)

【簡跋】因家族關係提前

墓主劉台，為明禮部尚書劉春之弟，簡略附見《明史·劉春傳》。墓誌記載仕歷、家世甚詳，可補史傳之闕。

撰文人江玠，號鐵峰，巴縣人，明孝宗弘治十二年(1499)己未科倫文叙榜進士，官至陝西參政。卒年九十四歲。墓誌載其歷官：賜進士第、大中大夫、陝西布政使司左參政。因二子皆為劉台女婿，又同僚而相知，撰《劉台墓誌》。

篆額人陳謨，號南橋，巴縣人，嘉靖二年(1523)進士，姚淶榜。墓誌載歷官：賜進士第、奉政大夫、南京兵部武選司郎中。後文收其父母陳仲實及劉氏合葬墓誌。

書丹人牟蓁(1493—1552)，字以登，號龍岩，巴縣人。軍籍，治《書經》。嘉靖二十九年(1550)庚戌科第三甲第一百二十八名進士。曾祖牟永英，贈都察院左僉都御史；祖牟倖，都察院右副都御史；父牟正大，知州進階奉政大夫；母楊氏，封太宜人。妻陳氏，兄牟泰，牟春。康熙《含山縣志》有其記載。墓誌載歷官：賜進士第、文林郎、直隷含山縣知縣。

【校釋】

[1]節以一惠：意謂諡以尊名，人生雖有衆善，及其死則但取一以爲諡。語出《禮記·表記》："子曰：'先王諡以尊名，節以壹惠，耻名之浮於行也。'"

[2]公諱諸句：劉台，字衡仲，號是閒，初號雙山。家族籍貫是"楚興國人"，即《劉規墓表》的"其先湖廣興國州人"。始祖劉珉一元至正間始入蜀，居於"巴郭南之柳市"，"郭"即"廓"，指巴縣南的柳市之地，較《劉規墓表》"元季徙重慶之巴縣"的時間地點更具體。"二世祖劉文綉，業儒，好儒服，人稱大袖劉氏"，爲其他墓誌不載。三世祖劉昇，仕丹陽縣丞。曾祖劉克明，爲里隱君子，鄉人慕之。祖劉剛，仕台州府赤城丞，贈尚書。妣楊氏，贈夫人。父劉規，進士起家，仕至御史，贈尚書；母鄧氏，封夫人。以上均同于《劉規墓表》。台州府赤城，在浙江省天台縣北。台州府，隷浙江行省。"咸以兄文簡公貴也"，即因劉春贈官整個父祖輩，劉春諡號文簡公。

[3]即了了通曉："即"，《重慶卷》誤作形近字"既"。"了了通曉"，同義并用，"了了"即聰慧；通曉事理。

[4]段厶句："厶"本是"私""公"二字的古文。此處用古文以區別稱墓主的"公"字。段公，名諱不知。劉台年十三歲隨父劉規至麻城時，其父爲其延請名士教授《春秋》。

[5]嗹嘍：此處接"誨不倦"，應該是多言的樣子，非言語含混之意。

[6]成化丁巳諸句：成化年間無此紀年，應是碑文有誤。從下文接"壬子"，即弘治五年(1492)，則劉台在成化年間補郡學生，或在二十三年(1487)丁未，或在二十一年(1485)乙巳。"斈"即"學"，本墓誌通篇异體，後文不再出校。《重慶卷》用正字。

[7]崇固僧舍句：在劉台小有名氣後，其父劉規又讓其在崇固僧舍從本鄉先達"戴石峰"，結識了當時名士如王槐山、江玠長兄江都溪。"爲摘星會"，應是當時俗語，爲文人社團之意。

[8]山東王公諸句：從弘治五年(1492)壬子劉台參加鄉試科考看，是爲當時

主考官王某。此處《重慶卷》斷句誤作"解元已許,王孝忠今得子,不知鹿死誰手?"實爲劉台與王孝忠同時競爭,而劉台果然中舉,爲"全蜀試録梓經書論策表各一"。

[9]司成林公試:"司成",即國子監。唐高宗時曾改國子監爲司成館,祭酒爲大司成。林某,身份不明。劉台又得了"六堂第一",六堂即指明清國子監所設之率性堂、修道堂、誠心堂、正義堂、崇志堂、廣業堂。見《明史·職官志二》。弘治九年(1496)丙辰,劉台中會試第十四名,又中進士第。"㮚",即"舉",墓誌通篇用異體。

[10]觀政:即從政。任職吏部,起官爲"大名府濬縣尹",是因"濬大夫王公威寧伯"向"太宰屠公"請素有威名的劉台來相助。"濬"即"威寧伯",即王越(1423—1498),字世昌,濬縣(今河南省鶴壁市浚縣)人。《明史》卷一百七十一有傳。弘治七年(1494),年七十歲,以左都御史致仕,又結李廣行掌都察院事。弘治十年(1497)復設總制官。吏部尚書屠滽以王越名上詔起原官,加太子太保,總制甘、凉邊務兼巡撫,後卒於甘州。墓誌記載應是弘治十年(1497),王越以左都御史大夫巡撫濬縣之時。"太宰屠公"即屠滽。濬,圖版作 ,通篇用異體。濬縣,明正德時屬大名府。

[11]弐:此處《重慶卷》斷句誤作"縉紳多疑弐,不樂行","弐"同"貳",副官之意。與"正"相對。此處爲與"縉紳"相同的官員。

[12]丁巳諸句:劉台在濬縣政績頗多。先是明確記載弘治十年(1497)丁巳夏,遇旱災,劉台用《春秋繁露》中的舞龍祈雨之法祈雨成功。後有安民政策,讓百姓安居樂業。但此處《重慶卷》斷句誤作"設各集郵舍老人"。"各集",指各地集市貿易場所;"郵舍",即古代田官督耕居住的廬舍。"老人",與"平物、分訟、防寇、懷賓"并列,名詞動用,意爲尊長。

[13]劉太史志:結合後文的"故濬志以弘治以來吾邑稱廉能者,惟劉、郭爲最云","劉"指劉台,"郭"則不確定。"五清劉太史志"應是《明史》卷九十九《藝文志》所載的《五清集》十八卷的作者劉瑞。

[14]鏡月諸句:據《明清江蘇人年表》記載有明萬曆四十六年(1618)生人的

興化李瀅,字號爲鏡月,有《甓湖草堂文集》①。或是此人。王潢,曾撰《浚縣志》二卷,有明嘉靖八年(1529)刻本,是現存最早的版本。二人被劉台請來爲濬縣學子講《春秋》經義,於是參加科第者接踵。三年秩滿考查時,劉台因政績最好升禮部儀制司主事,離開濬縣。

[15]宗伯倪公:指倪岳,字舜咨,上元人。終南京禮部尚書,諡文僖。《明史》卷一百八十三有傳。

[16]胡文定:即胡安國(1074—1138),又名胡迪,字康侯,號青山,諡號文定,學者稱武夷先生,後世稱胡文定公。建寧崇安(今福建省武夷山市)人。北宋哲宗紹聖四年(1097)丁丑科趙昌言榜進士第三人。提倡修身爲學,主張經世致用,重教化,講名節,輕利祿,憎邪惡。一生潛心研究《春秋》,其所著《春秋傳》成爲後世科舉士人必讀的教科書。劉台在禮部時注疏《春秋》,修訂三傳及注箋,以胡文定公的《春秋傳》命題課士,得賜允爲定制,學者便之。後轉稽勳、文選等,升考功員外郎。"文選",指文官的銓選。

[17]晉郡王諸句:約在弘治十三年(1500)與正德初年之間,劉台"以奏止晉郡王求恤典如藩王禮者舊牘"一事忤逆宦官劉瑾,被捉拿問罪。

[18]太州:本是唐時對山西太谷縣的舊稱,是今山西晉中市,明時屬太原府轄。但繫聯後文有"莅泰之明年,奔省翁訃",説明"太""泰"同指一地,應是有一誤刻。"泰州",今江蘇省泰州市,明時屬揚州府。時任泰州同知的劉台突然聽到其父親劉規亡殁的消息,回鄉守孝。《劉規墓表》載其卒於正德三年(1508)九月十四日。劉台回鄉奔省也正好在正德三年(1508)。任泰州同知是在正德二年(1507)。三年制闋後,正德六年(1511)辛未劉瑾伏誅,劉台復補南京户部員外郎,不久又升儀制司郎中。

[19]同標:"標"即"榜"。"標榜",指中舉的告示牌。劉台後任廣西學副使,主要政績在建書院,育賢才。在鄉試中培養了鄭琬、方策、朱鵬、李高、余勉學等人同時中舉。

[20]中數:即中氣一周之數,即地球公轉一周的時間。《周禮·春官·大史》"正歲、年以序事"漢鄭玄注:"中數曰歲,朔數曰年,中、朔大小不齊,正之以閏,若今時作曆日矣。"孫詒讓正義:"《玉海·天文》引《三禮義宗》云:'歲者,依中

---

① 張慧劍編:《明清江蘇人年表》,1986年,第1618頁。

氣一周,以爲一歲;年者,依日月十二會,以爲一年'……《月令》孔疏云:'中數者,謂十二月中氣一周,總三百六十五日四分之一,謂之一歲;朔數者,十二月之朔一周,總三百五十四日,謂之爲年。此是歲年相對,故有朔數、中數之別。'"嘉靖二年(1523)癸未,廣西在中數中,有此多人中舉的异象。

[21]楊君琇句:劉台還親自選出賢才,如憲部郎楊琇,見於《四川通志》卷三十,爲明桂林舉人。親自教授《春秋》經給司業張星,吳府雜吏□瑶、□岳兄弟等。還爲白判采、吳尹謨拿出俸禄擇配娶妻。其中人名因多用職官名,具體名諱不可確定。但劉台對廣西民衆愛護有加,令八桂人士受益之實確鑿。"八桂",原指桂林市,後泛指廣西。語出《山海經·海内南經》:"桂林八樹,在賁隅西。"

[22]凱切諸句:指切實,切中事理。"卷婁",《莊子·徐無鬼篇》:"有卷婁者。"《釋文》:卷婁,猶拘攣也。指正德九年(1514)夏,劉台升廣東左參政。遇事多議論實際,不糾結懷疑,人多信他。具體有幾件要事:一是解除死刑犯秦阿三等十三人。"重典"指重法,即死刑犯。二是表彰地方先哲,如"具題唐張九齡子厶賢行",張九齡之子即張拯,因不受僞官而後被提拔爲太子贊善大夫。劉台推行教化,令其得配食父側。三是將"時當軸有子傅俸錦衣,以侵錫場爲不法"之人繩之以法。終將廣東民衆赴奏於武宗,諸多官吏"下觀風委勘,人多引嫌",不敢管之事,劉台秉公辦理,最終令人贊賞有加。"趩",同意,贊賞。

[23]丁丑諸句:即明武宗正德十二年(1517)丁丑,劉台爲母鄧氏歸鄉守制。據《劉規墓表》記載:"公卒於正德三年九月十四日,春秋七十有三,夫人多七歲,其卒於十年六月七日也。"其子劉春在正德十年(1515)十二月二十四日歸鄉,將鄧氏與劉規合葬在"梁相村之原",碑石刻立時間在正德十二年(1517)秋某月。

[24]先是句:記載劉台歸鄉的另一主要原因,即同僚"左轄方厶者之隙,飛語被論,報公解組"。"左轄方公",所指不明。"解組",猶解綬,即後文的"坐廢退",遭到黜退、貶黜。劉台時年五十三歲,賦閒在家,"真未老得閒",因此號"是閒公"。

[25]綴恩:謂聯絡親族感情。《禮記·月令》"(季冬之月)命樂師大合吹而罷",

漢鄭玄注:"歲將終,與族人大飲,作樂於大寢,以綴恩也。"孔穎達疏:"於此歲終,必族人燕飲,樂師之官,大合諸樂,管籥之吹,以綴恩慈之心。"劉台被貶黜在家時,祀先、篤親、贍族,祀先敦族非常有序。

[26]同人于埜:"埜",同"野"。語出《易·同人》卦辭。句意頌贊其胸懷、興趣廣。

[27]詩文句:劉台著書立作,有詩文收錄於《是閒集》中,還有《續厚德録》《愧巡鐵樹田園雜興》《漁樵唱和》等集及《器用官職銘》,行於世。"梓"後《重慶卷》衍一"公"字,今刪。"迊",圖版作遊,疑爲"苑"字的异體,園林之意。"戠","職"的异體。

[28]乙酉年句:劉台生於成化元年(1465)乙酉正月二十三日,卒於嘉靖三十三年(1554)甲寅,享壽九十歲。三十六年(1557)丁巳十二月十八日合葬於"柳市大地壩蹇宜人墓左"。劉台原配宜人蹇氏先劉台三年卒。《蹇氏墓誌》記載其生年爲成化二年(1466)丙戌二月十八日,卒年爲嘉靖二十二年(1543)癸卯八月初三日,享壽七十八歲,葬於"鳳凰溝蟠龍山大地壩之陽"。"柳市"與"鳳凰溝蟠龍山"應該是大小地名的關係。

[29]子男三人句:劉台與蹇氏有子三人:長子劉嘉年,早卒;次子郡學生劉永年;季子劉長年。與《劉台妻蹇氏墓誌》所載"有子四人""次劉官生"略有不同,未載劉官生。《明史·劉春傳》記載劉台官雲南參政,有子鶴年,任雲南布政使,以清譽聞。《劉規墓誌》載劉台爲雲南左參政,劉鶴年官兵部郎中。其他子嗣"大年、嘉年、延年、光祖、繼祖、永年、長年"中有三人爲劉台子。史傳中的劉鶴年或是後來改名。

[30]女三人句:蹇氏生女三人:長適舉人聶夢麟;次適都指揮徐銳;季適江玠季子郡學生江中上。《劉台妻蹇氏墓誌》載蹇氏有女三人:長劉緣姐,適"聶尚書"子聶夢麟。據《長壽縣志》記載參加正德八年(1513)科舉,爲刑部尚書聶賢子。《明史》記載:"聶賢,長壽人。爲御史清廉。奪官五年,用薦起工部尚書,改刑部尚書。致仕,卒。謚榮襄。"次劉巧姐,適徐銳,都指揮使;次劉安姐,適"江參政"子江中上。江參政,即陝西布政使左參政江玠,本墓誌撰文人。

[31]側室句:劉台側室出一子劉文年,和女六人。三女婿依次爲江中曜,兵部員外郎;丁時顯;施文事。還有年幼三女。《蹇氏墓誌》也同樣記載有側室

出劉文年,但未載六女婚嫁之事,説明蹇氏卒後側室子嗣逐漸長大并婚嫁。而江中曜,本無姓氏,墓誌記載爲"曰中曜,吾支子,兵部員外郎"。"支子",《重慶卷》誤釋爲"友子"。此處圖版明作**支**字。古代宗法制度以嫡長子及繼承先祖嫡系之子爲宗子,嫡妻的次子以下及妾子都爲支子。《儀禮·喪服》:"何如而可以爲人後?支子可也。"賈公彦疏:"支子,則第二已下庶子也⋯⋯支者,取支條之義,不限妾子而已。"江玠的嫡長子爲江中上,是蹇氏第三女之婿。江中躍應爲次子。本書收録了其書丹的《童蒙亨墓誌》,題爲"賜進士出身承德郎兵部武選清吏司主事郡人峨東江中躍書"。

[32] 孫五人句:《劉台墓誌》載孫男五人:劉起莘,郡學生;劉起渭、劉起涷,縣學生;劉起安、劉起亮。唐·韓愈《殿中少監馬君墓誌》對馬繼祖,北平莊武王之孫寫下"幼子娟好静秀,瑶環瑜珥,蘭茁其牙,稱其家兒也",贊其子嗣。本文引用。除此之外,劉台還有女孫一人、曾孫女二人。而《劉台妻蹇氏墓誌》記載孫男三人:劉起莘、劉起渭、劉起涷。孫女一人,不載姓名,尚在室,但已經許聘給"牟知府"子牟衍祜。據清光緒九年版《珙縣志》記載爲訓導。①

其五:

蹇義神道碑　明宣德十年(1435)十二月葬

(明)楊榮撰文,胡㵤書丹,程南雲篆額

渝北區。2008年2月,在重慶市北部新區大竹林鎮五云村新建公路旁發現,石現藏重慶中國三峽博物館。此處家族墓計有墓葬5座,但未見墓誌;地表存此神道碑1座,由碑額、碑身、贔屓座3個部分組成;另碑亭1座。碑石爲青灰色石灰岩質,碑陽飾草葉紋,通高370厘米,碑身高約238厘米,寬80厘米,厚30厘米。碑額篆書,已殘缺②。碑陽正書,37行,行字因碑版磨泐嚴重不明。

---

① [清]羅度等修;郭肇林等纂;珙縣地方志辦公室整理:《珙縣志》清光緒九年刊本,中央民族大學出版社,2012年,第169頁。
② 重慶市文物局:《重慶市第三次全國文物普查重要新發現》,重慶出版社,2011年,第74頁。

【釋文】

■□□□□榮禄大夫、太師□□□蹇公神道碑銘/

■榮禄大夫、少傅、工部尚書、兼/謹身殿大學士知制誥、國史總裁、建安楊榮撰/

■禮部尚書、昆陵胡濙書丹/

奉政大夫、吏部郎中、兼翰林侍書、廣平程南雲篆額/

天眷我/皇明,誕啓文明之運,必篤生彌綸參贊之臣,相與協恭,和衷用臻至治。揆之西蜀蹇公,概見之矣。

公世家[1]重慶之巴邑。曾祖繼祖、祖均壽、父源斌,以公貴,累贈封至榮禄大夫、少師兼吏部尚書,曾祖妣牟、祖妣雍、妣胡、繼母羅,俱一品夫人。

公生而穎異,首骨隆起,風鑑者咸[2]稱為國器。及就學,日/記數百言。郡守試,奇之,選補郡庠生,學業大進。尋領鄉舉,登洪武乙丑進士第[3],授中書舍人。初名鎔,聞母喪,請守制。/太祖高皇帝因問曰:"得非蹇叔[4]之後乎?"公叩首不敢對。/帝嘉其篤實,因更名曰義,字宜之,御書義字賜之。建文時[5]擢吏部右侍郎。太宗文皇帝入正大統,轉左侍郎,尋升尚書。永樂甲申兼詹事府詹事。戊子,命兼輔皇太孫。己丑,太駕[6]巡幸北京,留輔皇太子監國。適秩滿九載,賜璽書,宴勞之。公為宮僚長,皇太子禮遇尤厚,少有疾,遣人慰問[7]。嘗以公所居頗隘,特命有司增建庭事,每遇節日,必賜宴飲,賦詩,寵異之。己亥,聞父喪[8],上及皇太子皆遣祭,賜教寬慰,賻以白金。襄事畢,即命起復。辛丑,皇太子赴北京[9],留公輔導/皇太孫,尋侍從至北京,奉命巡撫畿內。明年還京。甲辰秋,仁宗昭皇帝踐祚,升榮禄大夫、少保兼吏部尚書,食二俸。升少傅,兼官如故,賜冠服、象笏、玉帶。尋升少師。嘗賜"繩愆糾繆"銀章,俾其有所匡正;又賜銀印一,文曰"蹇忠貞印[10]",并璽書,備言公忠勤之實,以示褒崇。/

宣宗章皇帝嗣統,命監修兩朝實錄[11]。宣德紀元,扈駕征武定州,賜人口、寶帶、金銀、文綺。丁未[12],扈從巡邊,還,上以公春秋既高,且師保職惟寅亮,詔輟公吏部之務。庚戌春[13],兩朝實錄成,賜鞍馬、白金、文綺。時元輔舊臣惟公為

首,上深眷顧之,嘗賜銀圖書,文曰忠厚寬弘。賜甲第於文明門[14]之西北,落成之日,/復賜宴器、鈔幣。凡節日,遣中官宴賜於家,秩滿,賜宴禮部,降詔褒諭。及公誕辰,賜鞍馬、鈔幣。今皇帝即位,賜賚特厚。公舊有心疾,至是復作,/上屢遣中官及太醫院[15]名醫往視之,復賜羊酒及鈔,以慰勉之。明日,疾劇,公泣謂太監范弘[16]曰:"我起自布衣,荷/列聖擢用,無所補報,/今皇帝新承大統,又不獲效忠,没,有遺恨。第自今,願率由/太祖皇帝舊章,庶幾天下生民受福。"復諭諸子孫和順孝敬,恪遵法度。遂終[17],寔乙卯正月丁亥也。

訃聞,/上為悼念,命有司治喪葬,贈特進光禄大夫,尚書如舊,謚忠定,官其長子英尚寶司丞,屬以國有大事[18]。停祭至百日,/命禮部尚書胡濙諭祭之,貽舟車歸其喪。公生元至正癸卯十二月乙卯,至是享年七十有三。配劉氏[19],加贈至一品夫人,繼室張氏封一品夫人。側室孔氏。子男四[20]:長即英,次芳、芸、荃。女二。適□□□誠。英、芳二女,皆劉出;芸,孔出;荃,張出。洪熙時擢尚寶司丞,蚤卒。孫男四:霖、震、霈、露,孫女一。

英率柩,將/以今年十二月某日祔葬[21]鄉之先塋。乃列序三代,并公履歷之詳,徵予銘其墓道之碑。惟公禀含弘和厚之資,出當/列聖,涖膺重任,獻納匡翼,功在國家;天錫之壽袞然[22]。為時元老,蓋蜀之山川清泙之氣鐘之,哲人者自尹吉甫佐周宣,致中興之盛,曠世鮮有其儔。若公之遭際、事業、聞望,足以繼休聲於千載之下。於戲盛哉。予與公相知既久,故於英之請不可辭,謹摭其要概,俾勒之石,用垂不朽。銘曰:/

天眷/國家,篤生材賢;光輔至治,夫豈偶然;維公之生,實鐘間氣;時為斯出,遭遇盛世;起自巍科,寓迹鳳池;擢貳天官,銓衡攸司;紀元永樂,為天官卿;繼兼宮僚,涖荷寵榮;洪熙更化,倚注尤厚;進秩三孤,厥績斯茂;迨及宣德,/寵優舊臣;不煩以政,左右自親;嘉謀嘉猷,夙夜入告;務底神益,孰曰言耄;玉帶厩馬,白金彩幣;寵賚自天,惟德之惠;祗承/聖皇,嗣位之初;惟恪惟勤,一致是圖;惟公在廷,五十餘年;恩榮終始,孰為比肩;蜀山蒼蒼,川流洋洋;公所存者,山川之光。

(圖文:《〈明吏部尚書蹇義神道碑銘〉校點及相關考釋》,《四川文物》2009年第4期,第79—80頁)

明

【簡跋】

　　蹇義（1363—1463），字宜之，初名瑢，明太祖朱元璋賜名"義"，重慶府巴縣（今重慶市）人。洪武十八年（1385年）進士，官至吏部尚書、少保、少傅、少師，卒贈特進光禄大夫、太師，謚"忠定"。歷事五朝（洪武、建文、永樂、洪熙、宣德）六帝（太祖、惠帝、成祖、仁宗、宣宗、英宗），曾經輔佐皇太子監國，明宣宗賜給其免死牌，死後追贈太師，《明史》有傳。太祖、太宗等四朝實録均有載。又據蹇氏族志《先祖墳墓圖》標記，位於神道碑後的龍凼山共有9座蹇氏家族墓，具體位置需要考古繼續勘探。目前有《明吏部尚書蹇義神道碑銘校點及相關考釋》（以下簡稱《蹇義考釋》）一文[1]利用道光《江北廳志》卷八"墓誌銘"[2]條下收録的楊榮撰神道碑文對出土碑石底本進行整理，對磨泐的碑版補充出較多闕字，個別文字的準確性仍有待提高；還對碑文內容進行相關考釋，對《蹇氏族志》中的若干錯誤訂正。因出土碑刻圖版不清，本書暫將道光《江北廳志》、民國《江北縣志稿》[3]、《蹇義考釋》三者對校，以碑版圖片爲底本再次校釋，并將《國朝獻徵録》中楊士奇撰《故少師吏部尚書贈特進光禄大夫太師謚忠定蹇公義墓誌銘》（以下簡稱《墓誌文》）附上，以同時資料互證，詳細校釋。

　　《蹇義神道碑》的三位題署人，在《江北廳志》中缺收，在出土神道碑中有記載，但職官有部分泐蝕闕字。《蹇義考釋》因參校本無，故對於題署人職官未補，本書補全。

　　撰文人楊榮（1371—1440），字勉仁，福建建寧府建安人。建文二年（1400）進士。歷翰林侍講、右諭德、右庶子、翰林學士、太常寺卿、太子少傅、謹身殿大學士兼工部尚書。宣德五年（1430），晋少傅。正統三年（1438），進光禄大夫、柱國、少師；正統五年（1440），卒。追贈光禄大夫、左柱國、太師，謚"文敏"。《明史》有傳。此神道碑載其歷官可與史傳相合。

　　又《墓誌文》撰文人楊士奇（1366—1444），本名楊寓，字士奇，號東里，吉安府泰和縣（今江西省泰和縣澄江鎮）人。楊士奇與楊榮同時，再加楊溥，并稱"三楊"，是明初重臣。

　　但《墓誌文》與神道碑爲如此相近之二人撰寫。今對比二文內容，發現同樣由蹇

---

[1] 方剛、袁均、朱寒冰：《〈明吏部尚書蹇義神道碑銘〉校點及相關考釋》，《四川文物》2009年第4期，第78—83頁。
[2] [清]福珠朗阿纂修：道光《江北廳志》卷八，載《中國地方志集成·重慶府縣志輯6》，巴蜀書社，2017版，第388頁。
[3] 江北縣縣志編纂委員會編纂；重慶市渝北區地方志辦公室整理：《江北縣志稿（溯源—1949）》上，2015年，第98頁。

義之子蹇英所請,没有明確撰文或碑石刻立時間,内容大意基本相近,但從文意結構安排、措辭上卻差異很大。具體原因待考。

書丹人胡濙,字源潔,諡忠安,武進(今江蘇省常州市)人,碑載"昆陵"爲武進舊稱。建文二年(1400)進士,授兵科給事中,終禮部尚書。《明史》有傳。

篆額人程南雲,前文有考證。據《贈榮禄大夫少保兼太子少傅户部尚書夏公夫人廖氏墓誌銘》,題署人信息爲:中順大夫詹事府少詹事兼翰林院侍讀學士廬陵曾棨撰、榮禄大夫少師兼吏尚書西蜀蹇義書、奉政大夫吏稽勳司郎中兼翰林侍書廣平程南雲篆。知其與蹇義有交集,碑文歷官可據《廖氏墓誌》補全。

【校釋】

[1]世家句:蹇義家族籍貫爲重慶巴縣人,又以"西蜀"蹇氏相稱。"巴邑",《江北縣志稿》同;但《江北廳志》作"江北",應是傳抄訛誤。蹇義家族譜系有:曾祖蹇繼祖、祖均壽,父蹇源斌,以公貴,累贈封至榮禄大夫少師兼吏部尚書。曾祖母牟氏、祖母雍氏、母胡氏、繼母羅氏,俱封一品夫人。"至榮禄",《江北縣志稿》訛作"正榮禄"字。

[2]風鑑者成:"風鑑",即相面術。宋吴處厚《青箱雜記》卷四:"余嘗謂風鑒一事,乃昔賢甄識人物拔擢賢才之所急,非市井卜相之流用以賈驚取貨者。"後可指談相論命爲職業的人。"國器",指可以治國的人材。《荀子·大略》:"口不能言,心能行之,國器也。""成",應是人名。

[3]進士第:蹇義登洪武十八年(1385)乙丑進士,後授中書舍人。《墓誌文》則記蹇義始從里社師中書左丞殷哲,後引充郡學弟子員;洪武十七年(1384)甲子,中四川鄉試;十八年(1385)中禮部會試,廷試賜同進士出身,擢中書舍人,授征事郎。基本相同,并有所補充。

[4]蹇叔:春秋時人,曾忠心輔佐秦穆公成就春秋五霸之業。見於《左傳·僖公三十二年》蹇叔哭師等事。因同姓,太祖朱元璋笑問蹇義是否是其後人,又見蹇義性篤實,於是賜姓,將其初名瑢改曰義,字宜之,并御書"義"字賜之。此時蹇義母胡氏卒。

[5]建文時諸句:建文時(1399—1402)蹇義擢吏部右侍郎。成祖上位,改元永樂之時,蹇義轉左侍郎,尋升尚書;永樂二年(1404)甲申,兼詹事府詹事;六年(1408)戊子,命兼輔皇太孫;七年(1409)己丑,明成祖巡幸北京,留輔

皇太子朱高熾監國。"適秩滿九載",即由永樂七年(1409)至十六年(1418)。在此期間,朱棣多次北巡,并長期住在北京,而以太子監國南京,蹇義作爲輔佐的重臣。《蹇義考釋》釋爲永樂十年(1412)二月蹇義先祖第一次贈封,與前後文意不接。而《墓誌文》中的"滿三載,吏部奏當調,特命終九載,朝夕左右",明顯在洪武年間;後文的"滿九載,賜敕有秉心正直,及淳良篤實,裨益國家之襃",才與神道碑此處的"九載"相同,即永樂十六年(1418)。在其"十七年,丁父喪歸"之前。

[6]太駕:《江北縣志稿》釋作"大"。"太""大"二字古時多可通用。"大駕",本指皇帝出行,指儀仗隊之規模最大者,在法駕、小駕之上。後泛指皇帝。此指明成祖。

[7]遣人慰問句:"遣人"前,《江北廳志》《江北縣志稿》均有一"趣"字,不知是否衍文。又"庭"字,均作"廳"。從文意看是修建居所庭院,《蹇義考釋》所釋"庭"字更準確。

[8]聞父喪:史傳與碑刻均記永樂十七年(1419)己亥蹇義父亡殁。《蹇義考釋》指正,《蹇氏族志》誤作永樂二十二年(1424)。

[9]北京諸句:永樂十九年(1421)辛丑,皇太子朱高熾赴北京,留蹇義在南京輔導永樂九年(1411)冊立的皇太孫朱瞻基。不久,蹇義也隨後侍從至北京,奉命巡撫畿内。自明成祖永樂元年(1403)改北平爲北京;永樂四年(1406年)依南京故宮遺址籌建北京宮城,至十九年(1421)正月告成并正式定都北京。但神道碑中的"明年還京"的"京"是南京。《蹇義考釋》指出據史傳"永樂十年朱棣征韃靼還,責怪蹇義輔佐太子不力,將蹇義下獄。次年春得釋。此處碑銘有意略過此事件"。"永樂十年"應是"二十年"之誤。永樂二十二年(1424)甲辰秋,仁宗昭皇帝朱高熾登基,改元洪熙。蹇義升爲榮禄大夫、少保兼吏部尚書,食二俸;後又升少傅、至少師,其他官職如故。此年命修《太宗實錄》。《墓誌文》稱:"時修《太宗皇帝實錄》,命公監修。"

[10]蹇忠貞印:仁宗嘗賜蹇義銀章銀印二枚,一文"繩愆糾繆",又一文曰"蹇忠貞印"。但《江北縣志稿》脫文作"忠貞"二字。《墓誌文》載"又念公侍從監國舊勞,特製'蹇忠貞印'賜之,而賜敕有'以善翊君,勞心焦思,二十餘年,夷險一節'之襃"可相證。又"璽書"前,《江北縣志稿》衍一"賜"字。《蹇義考釋》

353

指出,"繩愆糾繆"銀章在《明史·仁宗本紀》中記載爲永樂二十年(1422)八月同時賜給蹇義、楊士奇、楊榮、金幼孜四人,諭以協心贊務,指明闕失之用。將墓主與二撰文人同時同列。

[11]兩朝實錄句:洪熙元年(1425),即朱高熾即位第二年就暴逝,宣宗章皇帝朱瞻基嗣統,後改元宣德。命蹇義監修《仁宗皇帝實錄》,并隨駕親征"武定州,"平定漢王朱高煦造反。"武定州",又名樂安州、武定府,在今山東惠民縣城區。明永樂元年(1403)改棣州爲樂安州,宣德元年(1426)又改稱武定州,屬濟南府。宣宗朱瞻基擒漢王於樂安城而殺之。平定漢王之亂後,宣宗賞賜蹇義衆多。至此,兩朝實錄終成。《墓誌文》此處作"扈從征庶人高煦,還,寵賚尤厚"。

[12]丁未句:此干支非指宣德二年(1427)歲次"丁未"。《蹇義考釋》據《明史·本紀九》記載時間應是宣德三年(1428)八月丁未日,"帝自將巡邊"一事。九月辛亥次石門驛,與兀良哈戰於會州;乙卯,出喜峰口,擊寇於寬河。至甲子班師。此時蹇義隨從宣宗皇帝出巡征戰,但回來後宣宗以其年高位重,免其吏部之務。《墓誌文》記載宣宗敕諭詳細內容,可參考。"扈",隨從、護衛,後多指隨侍帝王。"師保",古時任輔弼帝王和教導王室子弟的官,有師有保,統稱"師保"。"寅亮",恭敬信奉。《書·周官》:"貳公弘化,寅亮天地,弼予一人。"孔傳:"敬信天地之教,以輔我一人之治。"

[13]庚戌春句:即宣德五年(1430),兩朝實錄成,又賞賜蹇義衆多。其中又嘗賜一枚"銀圖書",文曰"忠厚寬弘"。"弘"字,非《蹇義考釋》所言是碑銘錯誤,而是清代修《明史》時避諱用字。因《明史》於乾隆四年(1739)最後定稿,進呈刊刻。《墓誌文》用"弘"字,并記爲"賜銀章一"。"圖書"後《江北縣志稿》衍一"章"字。《費宏墓誌銘》中有"賜錫圖書一文,曰舊輔元臣",無"章"字。

[14]文明門:即今崇文門在元明時的舊稱,又俗稱"哈德門"。《蹇義考釋》考證,即史傳中記載的宣德"七年詔有司爲義營新第于文明門內",并稱洪熙元年(1425)時曾在南京爲蹇義賜第。

[15]太醫院:"院"後,《蹇義考釋》載碑銘有"名醫"二字,志書無此二字。因圖版不清,暫如《蹇義考釋》中碑銘所錄。

[16]范弘:"弘"字,《江北廳志》《江北縣志稿》均避清諱改爲"洪"字。蹇義對范弘所說之語,墓誌文與神道碑記載內容幾乎完全不同。對比兩者措辭用語,《墓誌文》更符合當時用語。又"荷列",《江北縣志稿》訛作"獲列";又前"生民受福",《江北廳志》《江北縣志稿》均作"生福"二字。又後一"諭"字,《蹇義考釋》訛作"論"字,今按二志書修訂。"没,有遺恨",《江北縣志稿》訛作"没有遺憾",不僅斷句讓文意相反,又有文字錯誤。《蹇義考釋》認爲是"没",通"歿",死亡之意。

[17]送終:神道碑記載蹇義卒年在宣德十年(1435)乙卯正月丁亥,但不及《墓誌文》"宣德十年正月十有五日,少師吏部尚書蹇公薨於位"更具體。又載蹇義生於元至正癸卯(1363)十二月乙卯,享年七十三歲,以宣德十年(1435)十二月某日樹葬鄉之先塋,較《墓誌文》更明確。

[18]國有大事句:因蹇義位高權重,宣宗以國事之禮爲其治喪。停祭百日,命禮部尚書胡濙諭祭之事,《墓誌文》作"遣某官某賜祭",未記名諱。又"貽舟車歸其喪",《江北廳志》《江北縣志稿》均作"賜舟車歸喪",認爲是"貽""賜"同義互用。暫如《蹇義考釋》。

[19]配劉氏句:蹇義妻原爲劉氏,加贈至一品夫人,或是劉春家族之先祖姑婆。繼室張氏,封一品夫人。側室孔氏。

[20]子男四:蹇義有四子,長子蹇英,次子蹇芳、蹇芸、蹇荃。還有女二人。"適□□□誠",二志書中未有此句。蹇英、蹇芳二女皆劉氏出;蹇芸,孔氏出;蹇荃,張氏出。"洪熙時擢尚寶司丞,蚤卒。"二志書前有一"芳"字。《蹇義考釋》認爲是衍文,并據族譜印證是蹇荃在洪熙年間擢升尚寶司丞,并尚仁宗公主,禮未成而雙雙夭折;非蹇芳。從神道碑後文有,蹇義卒時,"官其長子蹇英尚寶司丞",是繼承其兄弟之職。史傳中也同是蹇英,"有詩名,以蔭爲尚寶司丞,歷官太常少卿",非族譜所記的"蹇荃"。"蚤",《江北縣志稿》作同義字"早"。但從文意看,蹇英、蹇芳均早卒。蹇義有孫男四人:蹇霖、蹇震、蹇霑、蹇露。還有孫女一人。其中史傳記載蹇霆爲成化十一年(1475)乙未進士。

[21]祔葬:蹇義卒於北京城,其子蹇英率柩歸鄉,將其在宣德十年(1435)十二月某日葬於先塋之地,具體墓地即史志所載的鳳沱居。

[22]衰然:"衰",減少。指蒼天賜給蹇義的壽命減少,慨歎其逝去。《蹇義考釋》認爲是地位、聲望漸長,不可解。此處因文意誤解,斷句也有誤,今訂正。又銘文中文字多有不同,暫如實列舉如下,能明確有誤者則訂正錄文。"汧",二志書均作"淑";"吉甫"前,二志書無"尹"字;"千載之下",二志書有"乎"字;"於乎",二志書作"於戲",志書用字更合文例,今正之。"謹撮其要概",二志書均同,《蹇義考釋》認爲"概"爲增補字,或碑版無此字;"篤生材賢",二志書作"篤生才賢";"先輔至治",二志書均作"光輔至治",二字必有一字因形似而誤,"光"字更準確,今正之;"維公之生",《江北縣志稿》訛作"爲公之生";"紀元永樂",二志書均作"繼元永樂";"迨及宣德",二志書均作"迨續宣德";"寵及舊臣",二志書均作"寵優舊臣","優"字更合文例用法,今正之;"恩榮終始",《江北廳志》作"恩榮始終",必有一誤。

附:

《蹇義墓誌文》 明宣德十年(1435)十二月葬

(明)楊士奇撰

錄文:

故少師吏部尚書贈特進光祿大夫太師諡忠定蹇公義墓誌銘

宣德十年正月十有五日,少師吏部尚書蹇公薨於位。先四日,以疾聞,上遣太監范弘以醫來視,賜鈔萬緡。明日,范太監以眾醫偕來。又明日,疾革,范復來,問所欲言,對曰:"陛下初嗣大寶,義獨寡祐,不能效分寸裨益,然區區犬馬之誠,所望於聖明者,惟敬守洪武成憲,始終不渝耳。"言已而絕。訃聞,上深悼嘆,屬時國有大事,悉停諸祀,特賜鈔萬緡,敕工部治喪葬,贈公特進光祿大夫、太師,諡忠定,遣某官某賜祭,而官其長子英等奉襯歸葬有日,求余銘。余與公同朝三十有五年,而事仁宗皇帝,自登儲至大位,始終皆陪公。公國家老成人,所以啓益士奇蓋多,不敢辭。

蹇氏世家重慶之巴縣,宋以來多顯仕,自公高、曾而下,始隱居不出。以公貴,三代皆贈榮禄大夫、少師、吏部尚書,妣皆夫人。公諱義,字宜之,生而岐嶷,長端重,不好弄,而嗜學弗懈。始從里社師中書左丞殷哲,時郡守一見异之,引充郡學弟子員,語其師曰:"是兒將來遠到,非吾所及,當成就之。"而公不煩程督,日益有進。

洪武甲子,中四川鄉試,明年中禮部會試,廷試賜同進士出身,擢中書舍人,授征事郎,見重太祖高皇帝。每前奏事,率稱旨,而數見獎賚。初名瑢,一日奏事畢,問:"汝蹇叔之後乎?"親灑宸翰,書"義"字賜之,以易舊名。時丁羅夫人憂,賜道里費,且命馳驛歸,蓋特恩云。服闋,仍舊職。滿三載,吏部奏當調,特命終九載,朝夕左右,凡機密文字,必以付公,而小心敬慎,久而愈篤。

建文中,升吏部右侍郎,授嘉議大夫。太宗文皇帝入正大統,轉左侍郎。數月,升吏部尚書,授資善大夫。時政令制度,有非洪武之舊者,詔悉復之。公從容上言損益,貴適時宜,間舉數事,陳説本末。文皇帝以公忠實,悉從其言。小人有譖公不忘建文者,賴上聖明,不聽。有除官不得善地,訴公不公者,上皆斥之。永樂二年,册仁宗皇帝皇太子,命公詹事。時師傅皆以勳臣兼之,而輔導責任文臣,詹事蓋元僚也。上欲有諭皇太子,率諭詹事往導意,公亦委曲周悉。皇太子尤愛重公,所言靡不信用。滿三載,升資政大夫。

七年,車駕巡守北京,命皇太子監國,中外庶務,惟諸王及遠夷有奏請詣行在,余悉啓聞處分。公熟於典故,達於政體,孜孜無倦,不動聲色,而事賴以濟。賜誥以其官秩封贈二代。滿九載,賜敕有秉心正直,及淳良篤實,裨益國家之褒。數奉命兼禮部事,雖職務填委,處之裕如。十七年,丁父喪歸,上及皇太子皆遣官賜祭,有詔起復。公詣北京謝,上慰勞再三,賜鈔千緡,遣中官護送歸南京。明年,從皇太子朝北京,遂命公巡撫直隸、應天等府州,問兵民休戚及文武吏之賢否而升黜之。公謂國家多事之際,悉以法繩吏,人將不勝,特黜其太甚者數人,余多見寬假,而兵民利弊當建革者,具奏行之。

仁宗皇帝初嗣位,一切政議預者三四人,而公居首。進少保兼吏部尚書,二俸俱支,賜冠服、象笏及玉帶二。遂進少傅,又進少師,賜師傅之臣銀章各一,其文曰"繩愆糾繆"。公首被賜,上諭之曰:"朕有過舉,卿即具疏,用此封識進來。"

蓋望公等匡直也。繼賜誥授榮禄大夫,封贈三代及妻。於公數人誥詞,上特增曰:"勿謂崇高而難入,勿以有所從違而或怠。"所以望公等者甚切也。又念公侍從監國舊勞,特制"蹇忠貞印"賜之,而賜敕有"以善翊君,勞心焦思,二十餘年,夷險一節"之褒。時修《太宗皇帝實録》,命公監修。

宣宗皇帝嗣位,一切政議屬公數人,如仁考之初。繼奉命監修《仁宗皇帝實録》,書成,賜白金、文綺、鞍馬。扈從征庶人高煦,還,寵賚尤厚。復從征邊,既還,以公年老,不欲煩以有司之務,賜敕曰:"卿事祖宗,積效勤誠。朕嗣統以來,尤資贊輔,夙夜在念,圖善始終。蓋以卿春秋高,尚典劇司,優老待賢,禮非攸當。況師保之重,寅亮爲職,不煩庶政,乃副倚毗。可輟吏部之務,朝夕在朕左右,相與討論至理,共寧邦家。其專精神,審思慮,益致嘉猷,用稱眷倚老成之意。"賜銀章一,其文曰"忠厚寬弘",蓋以褒德云。賜新第於文明門内,寵錫游加,吏部言公歷少師九載,降敕褒諭,仍賜宴禮部。是歲生旦,賜鈔萬緡、廐馬一匹。今上嗣大位之日,賜白金、文綺。是夕齋宿,於公得疾。越五日,竟不起,享年七十有三。

公人沈深質實,和厚簡静,内有孝友之行。事君有誠,處人有量,無所拂逆,未嘗輕涉一語傷物。至於議法,亦不苟爲,包含必歸忠正。歷事五朝,凡五十年,所履坦坦,無一日顛躓之憂。退朝之暇,手不釋卷,貴而能謙,富而能約,上前所言,未嘗退以語人,蓋天下有陰被其利者矣。士奇嘗竊論之魯簡肅之忠實不欺,李文正之不傷人害物,張忠定之不飾玩好,傅獻簡之遇人以誠,范忠文之不設城府,公蓋兼有之矣。

(《國朝獻徵録》[①]第二册,第975頁)

辜氏墓券　明正德十六年(1521)十月二十五日立

合川區。2011年合川區銅溪鎮紗帽村出土,石現藏於重慶市文化遺産研究院。誌石寬26.8厘米,高23.3厘米,厚1厘米。上端委角,陽面周飾邊框綫,有界

[①] [明]焦竑:《國朝獻徵録》第二册,臺灣學生書局,1984年,第975頁。

格。券額右行隸書"永鎮之墓",陰頂額刻3個等距小圓圈,波紋綫段相連,中間刻後天八卦圖:按離南(上)、坎北(下)、震東、兑西、巽東南、艮東北、坤西南、乾西北。中間刻"囝"字,外右刻"天圓地方六律九章",左刻"神煞到此券抵當",均正書。券文正書,9行,行字數不等。

【釋文】

奉天師之教旨,遵/郭璞之儀文,鎮山水無/异恠之形,陰子孫有安/榮之兆/。右券給付亡人辜氏行[1]/正魂收照/。

大明正德十六年歲次辛/巳十月己卯朔二十五日,侯叩/金鷄鳴玉犬吠,十全大吉/。

(《重慶市志1949—2012》,第696頁)

【簡跋】

墓主爲辜氏,女性,立石人爲其同輩,明正德十六年(1521)十月二十五日立此買地券。

【校釋】

[1]行:下應有具體數字,即次行首字,但因敬空,導致墓主排行不明。

李永堅墓誌并蓋　明嘉靖二年(1523)立

(明)舒表撰文,段威武書丹,梁珠篆蓋

銅梁區。重慶市銅梁區出土,石現藏於重慶市銅梁區文物管理所。誌石與蓋均長47厘米,寬56厘米。蓋篆書4行,行4字,"明故義相李公邦固之墓誌銘"。誌文正書,25行,行23字。碑版底部每行約泐蝕4字。

【釋文】

明故義相李邦固墓誌銘。/

賜進士出身、貴州按察司副使、邑人舒表撰文。/

賜進士出身、雲南大理府知府、邑人梁珠篆蓋。/

鄉貢進士、陝西渭源縣知縣、邑人段威武書丹。/

公諱[1]永堅，字邦固。李氏始祖祖興湖廣麻城人，元季□□/入蜀，占籍銅梁積慶里為長民籍。歷祖文敬，取張氏，繁衍[2]□/盛，生父芳、茂，皆抱德弗試。芳取楊氏，不出。茂取王氏，而生□/，乃附芳室而繼其業。雖然孝養一致，未嘗以生養而二□□/，與兄太守邦貴公連業[3]共食，友愛尤篤。比壯，厚產豐□□□/歉即出所積以貸貧乏不能償者置之。弘治初，應召[4]□□□/例，榮以冠帶，光耀雖在，厥躬而相羊，自若不以為□□□□/好學于四書，群史貫誦無滯。正德壬申，群寇[5]殺其邑□□□/者衆，公見機於早，避長安之別墅，得無驚擾。由是，□□□□/德益修而聲愈遠。己卯春，二子及長孫更新邑居，比□□□/高且大，迎公還養[6]，迨壬午三月十三日戌時以疾卒，□□□/。公生于正統丙寅四月廿二辰時，得年七十有七。

配□氏，□/德具全，子男三[7]：長瑄，取楊氏，先卒；次瑤，取庚氏；季璜，取□氏/。咸克幹蠱。女一，適逸士馮彥奎。孫男六[7]：暉、杞，瑄所出；□□，瑤/所出；棣、楷、權，璜所出。皆穎异不凡，配以任、游、楊、李、郭氏之女，□/執婦道。曾孫二：化、佳，頭角嶄然，良足繼公者。孫女六：□□□/族。公雖歿，亦瞑目上賓[8]矣。卜卒之年[9]十二月廿五□□□□/之西，泉岁先塋之次。厥孤瑤等，以狀泣請於余。□□□□銘/。余恒□□□□行於此悼以之逝。故泣而為之銘，曰/：

青山白雲，疇與為群，峨冠博帶，□□□□，貴而不驕，富而不侈，墓石有文，瘞□□□。/

（圖：《西南石刻彙編·四川重慶》，第131頁）

【簡跋】

此墓誌《重慶卷》未收録,祇有拓本收録在《西南石刻彙編·四川重慶》中。本書將其釋讀并做出相關校釋,題名也據"公諱永堅,字邦固",改爲《李永堅墓誌》。"義相",借佛教詞彙指明其信仰道教。

三位題署人均爲"邑人",即銅梁人。撰文人舒表(1469—1528),字民望,又字國中,號月川。《弘治十八年乙丑科進士登科録》載其治《詩經》,弘治十八年(1505)二甲進士。《明武宗實録》卷一百三十八載,正德十一年(1516)由户部員外郎升任陝西按察司僉事;《明世宗實録》卷八載,正德十六年(1521),由陝西按察司僉事出任貴州按察副使,整飭威清等處兵備。即墓誌所載"貴州按察司副使"一職。家族譜系有曾祖舒志高、祖舒全、父舒道興;母高氏、妻楊氏;兄舒簡。道光《重慶府志》有載。

篆蓋人梁珠,弘治己未(1499)第三甲進士。由大理寺正出任大理府知府,廉正有幹濟。吏部考察官員,因忤逆使者,即曾正色喝斥閹宦劉瑾,被迫辭職歸鄉。正德年間劉瑾伏誅,升雲南巡撫,詔下而卒,追贈後職。據《大明武宗毅皇帝實録》卷一百四十二記載,正德十二年有梁珠、嚴永灌等共一千二百九十五員,又雜職一千二百一十四員,請如例令老疾者致仕之事。其卒年應在此時之後,後祀鄉賢。道光《重慶府志》有載。有孫名梁棟,字用隆,清嘉靖乙卯(1555)舉人。

書丹人段威武,銅梁人,弘治年間舉人。曾任渭源縣知縣。正德十三年(1518)撰《重修壽隆寺記》[①],寺在銅梁縣北。光緒《銅梁縣志·藝文志》收録此文。

【校釋】

[1]公諱句:墓主李永堅,字邦固,以字行。始祖李祖興,湖廣麻城人,"元季□□入蜀",占籍銅梁積慶里,爲長住居民。"季"下因碑版磨泐闕二字。

[2]繁衍句:墓主祖父李文敬,取張氏,生墓主之父李芳與兄弟李茂,不試科考。李芳取楊氏,不生育;李茂,取王氏,生子後將其一過繼給李芳,繼承其業。所以,墓主即過繼之子,有一兄李邦貴。

[3]連業:即連用經籍。《顔氏家訓·兄弟》:"兄弟者,分形連氣之人也;方其幼也,父母左提右挈,前襟後裾,食則同案,衣則傳服,學則連業,游則共方,雖有悖亂之人,不能不相愛也。"王利器集解:"業,謂書寫經典之大版;連業,謂其兄曾用之經籍,其弟又從而連用之也。"

---

① 龍顯昭主編:《巴蜀佛教碑文集成》,巴蜀書社,2004年,第313頁。

[4]應召句：接受徵召。弘治初，墓主接受何種徵召，因闕字不明所指，但墓主崇尚道教之風，或未入仕，從"相羊"一詞可見。"相羊"，漫游、徘徊。《離騷》中有"折若木以拂日兮，聊逍遥以相羊"。

[5]群寇句：指正德七年(1512)仍然熾烈的藍廷瑞、鄢本恕等人的起義事件。自正德三年(1508)在漢中宣布起義始，一直在巴蜀大地上興起動蕩。此時李邦固見機逃避至長安，才得安定。

[6]還養句：李邦固在正德十四年(1519)己卯春，因其二子及長孫更新邑居迎回鄉養老。至嘉靖元年(1522)壬午三月十三日戌時以疾卒。生於正統十一年(1446)丙寅四月廿二辰時，得年七十七歲。

[7]子男三諸句：李邦固配□氏，因闕字不明。育三子：長子李瑄，取楊氏，先卒；次子李瑶，取庾氏；季子李瓊，取□氏。"咸克幹蠱"，指能够勝任。典出《易·蠱》："幹父之蠱。"王弼注："幹父之事，能承先軌，堪其任者也。"還有女一人，適逸士馮彦奎，史籍疏略。

[8]孫男六諸句：墓主有孫子六人，繫聯三子名諱，知其中李暉、李杞，爲李瑄所出；還有一孫子名諱因闕字不明，知爲李瑶所出，但二闕字符是一個名字，才合六之數；還有三個孫子李棣、李楷、李權，爲李瓊所出。六孫子均娶妻，依次爲任、游、楊、李、郭氏。墓主還有曾孫李化、李佳。"頭角"，即梳在兒童頭頂兩旁的髮辮，是爲年幼兒童。還有孫女六人，未載名諱。

[8]上賓：道家稱羽化成仙之醉。陳子昂《續唐故中岳體元先生潘尊師碑頌》有"遂解形而遺世，乘白雲而上賓"。

[9]卜穸之年句：即卒年同年入葬，即嘉靖二年(1523)十二月廿五日，葬地因闕字不明，是其先塋之地。"泉穸"，指墓穴。據磨泐處殘痕推測釋讀。

王氏買地券　明嘉靖七年(1528)正月二十七日立

銅梁區。2013年銅梁縣少雲鎮漆寶村出土，石現藏於重慶市文化遺産研究院。誌石高39厘米，寬34厘米，厚3厘米。上端委角。正反面陰刻券文和八卦圖形。券陽周飾邊框，呈梯形，内刻細綫捲雲紋，中刻1個圓環、數圖，由5個小圓圈組成梅花點狀,內有"元亨利貞"4個字,券文正書。券陰上刻券文,9行;右下刻後天八卦圖,內豎書"墓制永鎮"4個字。

【釋文】
大明國四川道重慶府安居縣安居里茶船溪張家貴旁居住,故亡人王氏二,生年七十七歲,大限嘉靖四年八月初十日亥時故,今擇子山午向,山水利宜,用為安厝地穴,□使子孫永福安樂。一如女青詔書律令。太歲戊子年正月二十七日申時告下。

碑陰:

祝安石券云/:天地神祇,納此陰尸/。千載不朽,與天同齊/。天一生水,地六成之/。地二生火,天七成之/。天三生木,地八成之/。地四生金,天九成之/。天五生土,地十成之/。嘉靖戊子正月吉置/。

(圖文:《重慶市志1949—2012》,第696頁)

【簡跋】
墓主王氏,排行第二,女性。券陽記其籍貫為"四川道重慶府安居縣安居里茶船溪張家貴旁居住",即銅梁縣西北原安居鎮。享年七十七歲,卒於嘉靖四年(1525)八月初十日亥時,則生年在正統十四年(1449)。三年後,即嘉靖七年(1528)戊子正月二十七日才立此買地券。

董欽墓券 嘉靖八年(1529)十月五日立

合川區。1983年出土於重慶合川縣城關,石現藏於合川區文物管理所。券石高23厘米,寬27厘米。券文正書,8行,滿行6字。

【釋文】

奉/天師之教旨,遵/郭璞之[遺]文[1],鎮/山水無异形[2]/,蔭子孫之吉兆/,右付顯考董公欽準照。/嘉靖八年十月初五日未時/。葬卯山向[3]/。

(圖:《西南歷代石刻·四川重慶》,第140頁)

【簡跋】

從墓券文中有"顯考"一詞看,立券人爲其子。墓主爲董欽。

【校釋】

[1]遺文:"遺",墓券原刻誤作"儀",屬於同音字訛混。刻工誤刻的碑別字。鎮墓文中一般只用"遺文"。

[2]無异形:爲墓券文例中"無怪异之形"的省文。

[3]山向:爲墓券文歷史演變中增加的墓地朝向的部分。屬堪輿風水學用語。

任朝璉及妻張氏合葬墓誌并蓋　明嘉靖十五年(1536)閏十二月三日葬

(明)劉台撰文,江玠書丹,劉彭年篆蓋

巴南區。1949年以後出土,石現藏於重慶中國三峽博物館。誌石高67厘米,寬67厘米;誌蓋亦高67厘米,寬67厘米,陰文篆書,題"誥贈奉政大夫南京刑部郎中任公封太宜人張氏合葬墓誌銘"。誌文正書,31行,滿行48字。

【釋文】

誥贈奉政大夫、南京刑部郎中任公,封太宜人張氏合葬墓誌銘。/

賜進士、尚書考功郎、大中大夫廣東布政使司右參政、前奉敕提督學校、廣西按察司副使、同郡劉台撰。/

賜進士、大中大夫、陝西布政使司左參政、同郡江玠書。/

賜進士、中憲大夫、奉敕整飭漢中兵備、陝西按察司副使、同郡劉彭年篆。/

嘉靖丙申[1]六月五日，任母太宜人張氏終于正寢，享年八十，距其生天順丁丑也。仲子轍知大理府，聞訃奔歸，將以是歲閏/十二月三日，合葬/誥贈奉政大夫、南京刑部郎中任公所。先期[2]壘壘然衰服率弟軒持鄉進士劉子永吉狀，涕泣稽顙，請予志銘。予曰[3]：嘻！二子知/乎？而曾祖姑，台祖母姨也，一宜志；居同里，二宜志；同為諸生，同齋同饌食，三宜志；癸丑而翁之上海，予下第回岳，翁於檇李/舳艫相倚者數程，四宜志；吾兒永年與軒同窗，且有一日雅，五宜志。雖不吾請，將自志之，矧懇懇乎哉。二子迺再拜曰：幸哉！/存歿感哉！

按狀：其先[4]楚麻城人，元季有良郎公者，避兵至巴，愛柳市蟠龍山名逆平者，實任氏別祖也。四葉當/國初，有道先公者，彊毅諒直，服眾民。鄰患盜，道先公廉知，對眾面斥，且加禁論，盜魂飛膽落，弗敢動。里閭德之，到今祀于社。道/先生智，智生受金，咸有隱操。受金生公父，諱倫，敦樸□□，與物無迕，應接喜怒不避形，好周急，黽勉不計。娶同里白氏合德/者，別墅龜停七顆山傍，睦鄰族，不瀆不急，人咸宜之。

天順戊寅生公[5]，諱朝璉，字□□。比長，悃幅冲澹，對賓客無雜談，喜飲，雖/醉不亂。齠齓甞，毓于塾，日程外，尤克兼誦，師駭愕喜。甫冠，受三禮于從叔惟勤公[6]門，頭角日嶄然。惟勤曰：興吾宗者，其此子/耶。入郡校，惟勤嘗講漢史，尚未□，公偶歸省數日，返精舍，惟勤意其涉獵而已，詢以三策，則指摘隱奧，幾無遺意，且克□誦，/益奇之。同門者有歸義課[7]質於公，公開爽明悉，聆者□心頭開，咸□心頭地。中弘治己酉鄉試[8]，列名二十有七。時策問雲臺/諸將□則封悉甚，遂梓之。癸丑中乙榜，分教上海，□志也。既至，益□學績文，縣諸生淬屬，是故科第倍昔。辛酉，有發解若左/轄陸公深[9]者。壬戌，例試南宮，竟不偶，公曰：命也，何尤[10]。買舟歸，次瓜州，仲弟朝珍侍，忽動曰：雲思。是夕感疾，兼程復任，已不可/為矣。四月廿有六卒于官[11]，年四十有五。烏乎惜哉！

□□郡博蘇人張敬[12]數數少公，及公官上海，偶至訪公，公禮之如初，往/事不校也。疾革,謂仲弟曰:微祿固足以給諸子,先業願悉相讓。公之懿行如此。人咸惜其壽不遐,祿不多也。

太宜人之歸公/也,爲任家婦,性嚴而□,綜理家政,及□公衣履,歲時饋餉,咸及期在任。時翁媼具慶,公珠銀器數事,洎衣衾以奉,臨發,宜人/忽捧篋出,啓則巾櫛,色色畢具,公甚睒閃[13]。仲弟之任□公,宜人夕夕治其爲歡,製衾故廣幅尺,便公醉共寢。公□弃,諸子尚/孺,後事宜人躬勤經畫纖悉,了無後悔。既扶柩携孤歷險阻達家,以癸亥子月[14]廿一日葬公于龜停送峰山陽。襄事竣,治家/尤儉勤。以耕讀教諸孤,於讀更晝夜程課,以冀其成。睦親鄰以和,御臧獲[15]以□慈,其諸區處條別,動得其宜。轍登嘉靖丙戌/進士,有今日,暨軒勛業俱未艾,大抵宜人訓甚力也。

公側室無子,宜人□嫁□□者曰:可源源來也。宜人懿行如此。人交奇/其爲女丈夫,得眉壽[16]也。子男四[17]:長載,七品散官;次即轍;次軒,有聲郡庠;次輅。女適□□鄧良俊。孫男九:商衡、商英、商霖、邦政、/商楫、商□、商盤,其二幼,未名。女四[18]:一適鰥彭年,一適鄭輅,其二亦幼。長子暨女俱先宜人卒。狀懿行尚多,予撮其大用[19]爾。/

銘曰[20]烏乎!送峰嵒嵒,錦水洋洋。而有二美,寔爲壽藏。二美者何,憲部中郎。夙陶鑄士,琢磨珪璋。/設施未竟,强仕□亡。嗟嗟憲部,凡民盡傷。抑太宜人,淑慎貞良。拊摩諸孤,眉壽且康。錦衣霞帔,/閭里輝煌。和睦手足,春老萱堂。仁者有後,雙鳳翺翔。翺翔頡頏,衝天可量。蘭華茝萃,長善芬芳。/積德食報,言匪□□。我銘靈宮,千載耿光。烏乎□□,希□有云。先生之風,山高水長。/

(《重慶卷》圖65/文251)

【簡跋】

　　三位題署人均爲同郡人。

　　撰文人劉台,嘉靖三十三年(1554)卒,其墓誌前文已收錄入家族中。撰本墓誌時歷官:賜進士、尚書、考功郎、大中大夫、廣東布政使司右參政、前奉敕提督學校廣西按察司副使。此時已經在家賦閒多年,因其年五十三歲即被解組回家。

書丹人江玠,是《劉台墓誌》的撰文人,撰本墓誌時歷官爲:賜進士、大中大夫、陝西布政使司左參政。

篆額人劉彭年,即劉春長子,字維静,號培庵。正德九年(1514)進士,史載其歷官貴州巡撫。明嘉靖十五年(1536)撰本墓誌時歷官爲:賜進士、中憲大夫、奉敕整飭漢中兵備陝西按察司副使,可再補充職官部分。

【校釋】

[1]嘉靖丙申句:墓主張氏嘉靖十五年(1536)丙申六月五日卒,享年八十歲。張氏生於天順元年(1457)丁丑。嘉靖十五年(1536)閏十二月三日,在誥贈奉政大夫、南京刑部郎中任朝珲的墓地"龜停送峰山陽"與其夫合葬。

[2]先期句:規定的日數。墓主之子任轍率弟任軒,持鄉進士劉永吉寫的行狀向劉台請撰墓誌銘。

[3]予曰諸句:闡明了撰文人劉台與墓主家族的關係,總結出五條"宜志"的原因:劉台與任朝珲同輩,劉台子劉永年與任轍、任軒同輩;兩個家族還有親戚關係,墓誌稱"而曾祖姑,台祖母姨也";還有居同里、同爲一起任職的生員同僚;弘治六年(1493)癸丑任朝珲至上海,正好劉台下第回岳時,曾同船而行過數日等。此事可補與《劉台墓誌》未載之事。弘治五年(1492)壬子,劉台中解元,後"繼入成均,司成林公試,六堂第一,復梓文以試監士";至九年(1496)丙辰,才中會試十四名,舉進士。在成均館期間有此弘治六年(1493)落榜之事。

"回"字,《重慶卷》闕,圖版作 ,是"回"字。"檇李",古地名,在今浙江省嘉興西南。"舳艫",船頭和船尾的并稱,泛指船。

[4]其先句:祖先籍貫爲湖北麻城人,元有任良郎,避兵至巴地柳市蟠龍山逆平地安居。"實任氏別祖也",即任氏別出一支,成立新的氏族的開派祖先。語出《禮記·大傳》中的"別子爲祖,繼別爲宗"。四世後至明朝,明初有任道先,任道先生任智,任智生任受金,任受金娶妻白氏,生任倫,即墓主任朝珲的父母。家業"別墅龜停七顆山傍",與葬地"龜停送峰山"均是龜停鄉地,繫

聯下文的《陳仲實及妻劉氏合葬墓誌并蓋》知是同鄉,因龜停溪而得名。因此可定墓誌出土地同爲今巴南區跳磴鎮。

[5]生公諸句:天順二年(1458)任朝璡生,性情真誠澹泊。"字"後因圖版磨泐闕二字。"悃愊冲澹",即真誠、誠懇,冲和澹泊。

[6]惟勤公:是任朝璡"從叔",應是姓任,是否名任惟勤則不可確定。任朝璡自幼在學塾學習。"齠齔旹",即七八歲時。唐白居易《觀兒戲》詩有"齠齔七八歲"。"旹"是"時"的異體。通篇均用。二十歲跟隨其從叔惟勤公學習,日益長進。

[7]歸義課句:"歸義"指金代的一種考試名。宋岳珂《桯史·施宜生》:"虜有附試畔歸之士,謂之歸義,試連捷。"或是明代仍有此考試。

[8]鄉試諸句:弘治二年(1489)任朝璡中鄉試第二十七名;弘治六年(1493)癸丑又中"乙榜",分教上海。乙榜,即中舉人的別稱,亦稱一榜;中進士則稱甲榜或兩榜。

[9]陸公深句:任朝璡在分教上海後,激勵縣諸生爭相科第,令其數量較往年加倍,培養出了弘治十四年(1501)辛酉考中舉人第一名的陸深。陸深(1477—1544),初名榮,字子淵,號儼山,松江(今上海市)人。弘治十八年(1505)進士,累官至詹事府詹事,贈禮部侍郎。善文,著有《儼山集》等。墓誌可補其中舉人時在弘治十四年(1501)。

[10]何尤諸句:不必責備、怪罪。弘治十五年(1502)壬戌任朝璡在禮部會試失利,未中,以爲命運如此,無須抱怨,即買船乘歸家鄉。由南京水路,過瓜州時,知其弟任朝珍任職於瓜州,暫時停留,但不幸感疾而亡,後"兼程復任,已不可爲矣"。"瓜州",又稱瓜埠洲,在今江蘇省邗江區南部、大運河分支入長江處,是長江南北水運交通要冲。

[11]卒于官:即任朝璡弘治十五年(1502)四月二十六卒於南京刑部任上,年四十有五歲。首題稱"誥贈奉政大夫、南京刑部郎中",爲墓主最終歷官。

[12]張敬:蘇州人,明府學學官郡博士。史籍疏略。"郡博"前因圖版磨泐闕釋二字,但爲地名無疑。"張敬數數少公"的往事,發生在任朝璡官上海縣之前。後任朝璡在上海縣任職時,張敬拜訪,仍以禮相待,不記前嫌。"數數",

即屢次、常常。"上海",舊縣名,元置縣。原屬江蘇省,在今上海市中部。

[13]晱閃:光閃爍貌。是爲喜悅、開心的樣子。指太宜人持家有方,令其公婆長壽多福,夫君有賢內助。"媪具慶",謂父母俱存。宋濂《〈望雲圖詩〉序》:"人之壯年有大父母、父母俱存而號重慶者矣;下此,則父與母無故而號具慶者矣。"舊時填寫履歷,父母俱存者,書"具慶下"。

[14]癸亥子月句:弘治十六年(1503)癸亥農曆十一月二十一日,其子先將任朝璉葬在龜停鄉送峰山。

[15]臧獲諸句:古代對奴婢的賤稱。張氏在其任朝璉卒後育子有方,待下以慈,辦事有序合宜。"區處條別",同義并用。一指處理,籌劃安排;一指區分,辨別。將其二子培育成才,任轍登嘉靖五年(1526)丙戌進士,撰墓誌時其子任軒也功業在望。

[16]眉壽:長壽。《詩·豳風·七月》:"爲此春酒,以介眉壽。"毛傳:"眉壽,豪眉也。"孔穎達疏:"人年老者必有豪眉秀出者。"高亨注:"眉壽,長壽也。"

[17]子男四諸句:任朝璉與妻張氏生有四子:長子任載,七品散官;次任轍,登嘉靖五年(1526)進士,後知大理府;次任軒,學有名氣;次任輅。孫男九:任商衡、任商英、任商霖、任邦政、任商楫、任商□、任商盤,還有二幼孫。

[18]女四句:前文有"女適□□鄧良俊",雖闕字但指明是女兒,嫁某地鄧氏,而此處是指四個孫女,其中一孫女適"鰥彭年",即篆額人劉彭年。"鰥",圖版作,指成年無妻或喪妻的人。任、劉二家也是姻親關係。一孫適鄭輅,還有二幼孫。其中長子暨女俱先墓主張氏而卒。

[19]大用:"用"字,圖版作,可補《重慶卷》闕字。指最有用的東西。漢晁錯《論貴粟疏》:"粟者,王者之大用,政之本務。"

[20]銘曰句:"烏乎"二字,圖版作,可補《重慶卷》闕字。"送峰□□,錦水洋洋。"對舉行文,闕字處圖版作,疑爲"嵒嵒","嵒"爲"岩"的异體形容山高。《廣雅·釋詁四》:"岩,高也。"

陳仲實及妻劉氏合葬墓誌并蓋　明嘉靖十六年（1537）十月十五日葬

(明)毛衢撰文，朱良書丹，阮朝東篆蓋

巴南區。1964年在重慶市巴南跳磴鄉（今跳磴鎮）出土，石現藏於重慶中國三峽博物館。誌石高67厘米，寬66厘米，厚9厘米；誌蓋亦高67厘米，寬66厘米，厚9厘米，陰文篆書，題"誥贈奉政大夫南京兵部武選司郎中一齋陳公封太宜人劉氏合葬墓誌銘"。誌文正書，36行，滿行46字。

【釋文】

明贈奉政大夫、南京武選郎中、一齋陳公，封太宜人劉氏合塟墓誌銘。/

賜進士、朝議大夫、雲南布政使司右參議、吳江毛衢撰。/

賜進士、中憲大夫、奉敕整飭重夔兵備、四川按察司副使、慈溪朱良書。/

賜進士、中憲大夫、奉敕提督學校、四川按察司副使、麻城阮朝東篆。/

嘉靖乙未，予分按蜀東諸郡，乃廉德考俗，則曰："巴，文獻所萃也。治故望。"乃知一齋陳公[1]者，為予同年謨之父，有隱德。/惜不及見矣。惟其配太宜人劉在，有懿則。則曰：陳，禮儀所先也，族故令，故其有子。越明年，謨自岳州奔劉喪歸，乃奉/前右垣曹子自山狀來泣，且曰：謨少孤，葬未能銘，吾悔之。今以吾母，而不得吾情，恐遂沉泯，幸嘗獲私於夫子，敢請。/予遇其哀而涕曰：天不憖遺，典刑其邈。旌淑以昭訓，寔應銘法。

按狀：公諱[2]仲實，字信之，號一齋。其先楚孝感人。元季/有諱秀二者，避兵入蜀，居巴之官木崖天生壩；秀二子志明復徙巴龜停溪之坳，故陳遂籍龜停鄉，為巴人。志明生/友文，友文生文惠，文惠生帝，帝生公，傳四世，皆一子。世稱長厚，有先民風。

公幼穎秀强記，善屬文，握管能咄逼趙書，/於是陳帝公絕念之，令學《小戴禮》。學成再試，弗售，姑去為里塾師。里中長老曰：善，陳生之為師也。公由是知名里中。/久之，藩省辟書記，郡邑以公應，公方抗志[3]科名，弗樂也，然嚴弗敢請，姑就之。公故善書，貌又嶷然偉於，是翩翩書記，/故多優渥，然顧廉平，稱文無害。嗣以母喪去，歸其家，茹荼伏苦，秉禮當物[4]。及禫，或勸公出，公曰：匪志也。季子可教，幸/以先人之靈獲有尺組，吾無秩而有秩矣。於是謝迹杜門，手課謨學。謨既長，遣從同郡鄉進士李公堯卿[5]游。謨以此/切劘文義，補郡膠諸生。謨之為郡膠也，公時時從山中寓篇什勸學，無慮數千百言，大要期以光明遠大之業務，脫/去凡陋焉耳。蓋公有異才，顧不偶時，故其自負常弗卑，卑而屬意謨者獨㞵[6]。

太宜人為同郡劉處士禧[7]之女，生有貴/徵，性貞靜。處士最重攸字。既嬪于陳，周旋婦事，拮據家務，惟昏作勞罔攸遂，凡經厥慮者，整整有理，舅姑尤最重之。/公嘗謂太宜人曰：吾先世世德，後其宜昌，果然必謨。及謨學成，而公已卒矣。太宜人痛公之弗逮也，益恐隕厥問，課/謨學尤力，故謨之學得不隳於陳公在時。

謨既登嘉靖癸未進士，為長安令，乃迎養太宜人。太宜人嘗戒謨曰：毋淹/獄[8]峻刑，宣毒氓庶。故謨克慎官箴，卒以循良稱，進南京繕部主事。會/世廟成[9]，覃恩贈公如其官，階承德郎，封劉太安人，旹年八十有二矣。謨再進南京武選郎中。會/皇子生，加贈公復如其官，階奉政大夫，封太安人為太宜人，旹八十有四矣。及謨遷知岳州郡，念太宜人之弗就養，即戒/使馳黃蓋[10]，槖廩起居。太宜人至，則歲除。太宜人設帨之夕[11]也，於是仲子暨諸孫女子子錯進為壽。太宜人劇歡已，乃/泫然曰：未亡人何幸復有今日，可以從夫九京[12]矣。越三日，果不起[13]，寔嘉靖丙申正月四日也。先一齋公生以景泰乙/亥六月，卒以弘治甲子二月，享年僅五十。太宜人則先公五年生，後公三十三年卒，享年八十有七。脩短雖不齊，其/以正終一也。

生子男三人[14]：長恩，殤；次詔，次即謨。孫男十人：一言、邦言、邦儀、邦貢、邦寧為郡學生，邦政、邦制、邦奇、邦西、/邦陽。孫女五人：一適王鶴，一適卞官，一適牟承宗，餘在室。謨與詔謀，乃以丁酉十月十五日葬太宜人于巴之來龍/山[15]之原，合于陳公之兆，蓋禮也。始陳帝公役弗避重，貸亡責負，惟旹祝願多男子,至一齋公果多男子且昌。公平/生篤孝忠信,重然諾,愛禮賢士大夫,急人患難,居鄉以明禮教、善風俗為務,鄉人坚今稱之。故其贈大夫,/制辭有云:"迪德有恒,鄉評是重。"聞者泠然起曰:"此真陳公制也。"

公有側室子舜,公没時,舜才三年。太宜人拊舜過於己/子,俾克成立。太宜人尤樂施予,舍外有弛擔者,輒令僮輩問飢寒,時飲食之,途人感頌。正德初[16],有群盜及諸軍過門,/咸緝麾下,無令擾竊,曰:陳母素賢也。于今人咸稱異云。夫以一齋公之植德礪行,雖其志之所嚮,然所以"相之於始,/厥終勿替"[17]者,內助之功居多。故太宜人之享有遐壽諸福,公獨死亡乎哉?乃若岳州君者,豐功偉業,照耀方來,又孰/之遺榮也。銘曰:/

顒顒哲人,基熾在躬。厥脩思永,丕顯爾終。穆穆令人,銜恤[18]在疚。徽音孔昭,俾熾爾後。/於烈後賢,懋樹之勳。有寵自天,引其無極。來龍之岡,鬱鬱其宮。瘞兹雙璧,鬼神呵從。/

(《重慶卷》圖66/文252)

【簡跋】

三位題署人均任職過四川按察司副使,從而與墓主陳仲實有交集。撰文人毛衢(1495—?),明吴江六都人,字大亨,號六泉。毛壽南父。嘉靖二年(1523),姚淶榜進士。歷任浙江太平知縣、刑部主事、員外郎、四川按察司副使、雲南左參議、四川提學副使等。有《六泉詩文集》。撰墓誌時,爲賜進士、朝議大夫、雲南布政使司右參議。或由右升左,或必有一誤。

書丹人朱良,慈谿人。《浙江通志》卷一百三十二:"朱良,慈溪人,按察使。"《浙江通志》卷一百三十八"正德八年癸酉科":"朱良,慈溪人,甲戌進士。"本墓誌記爲:賜進士、中憲大夫、奉敕整飭重慶兵備、四川按察司副使,較志書詳細。

篆額人阮朝東,字子西,湖北麻城人。嘉靖癸未(1523)進士,十三年(1534)提督水利僉事,累官四川提學副使。光緒《麻城縣志》卷十八有載。《明憲宗實錄》卷一百二十七載:"嘉靖十年閏六月丙申,命戶部主事阮朝東於廣西……主考鄉試。"又《明世宗實錄》卷一百九十四載:"嘉靖十五年十一月庚午,升四川按察司僉事阮朝東爲本司副使,提調學校。"本墓誌記載爲:賜進士、中憲大夫、奉勅提督學校、四川按察司副使。

【校釋】

[1] 陳公：即巴縣隱德者陳一齋，太宜人劉氏之夫。嘉靖十四年(1535)乙未毛衢任蜀東諸郡時廉德考俗，知其即同僚陳謨之父。陳一齋當時已亡多年，其配劉氏尚在。一年後，即嘉靖十五年(1536)陳謨從岳州奔母喪歸家，奉"前右垣曹自山"行狀，向毛衢為父母合葬的墓誌請銘。"曹自山"，即曹忭，明湖廣江陵人，字子誠，號紀山。嘉靖二十年(1541)進士。選翰林院庶吉士，累官雲南巡撫。有《翰林集》。陳謨，即《劉台墓誌》的篆額人陳謨，號南橋，巴縣人，嘉靖二年(1523)姚淶榜進士。墓誌載歷官：賜進士第、奉政大夫、南京兵部武選司郎中。

[2] 公諱諸句：陳仲實，字信之，號一齋。其先湖北孝感人。元朝時有祖先陳秀二，避兵入蜀，居巴地官木崖天生壩；陳秀二生子陳志明，後徙至巴縣龜停鄉溪坳占籍；陳志明生陳友文，陳友文生陳文惠，陳文惠生陳希。"斋"，即"希"字，圖版作 斋，通篇用異體字。陳希，生陳仲實。四世單傳。

[3] 抗志：高尚其志，即不願意。指墓主陳仲實雖然在父親安排下學《小戴禮》，但屢次科考失敗，已經無心仕途，安心做鄉儒。但在"藩省辟書記"時，儘管不願意，也因父親嚴格而姑且去做。

[4] 當物諸句：謂符合客觀事物。陳仲實後因母喪歸家，居喪時受盡辛苦，但守禮如制。服喪結束後有人勸出仕做官，因非自己志向而拒絕，選擇在家親手教子，以"無秩"當"有秩"。"禫"，《說文解字》卷一："禫，除服祭也。""季子可教"，《重慶卷》誤釋"子"為"也"。"尺組"，即短的組綬，小官所係。

[5] 李公堯卿：同郡鄉進士，即巴縣人。《四川通志》卷三十五載，與段威武、舒表、劉彭年、夏邦謨行，同為弘治年舉人。陳仲實令子陳謨跟隨李堯卿學習，後補郡學諸生。"膠"，古代大學之稱。

[6] 獨坙：獨到。謂達到某種境界，與眾不同。"坙"，即"至"，圖版作 坙，通篇異體。

[7] 劉處士禧：劉禧，墓主劉氏父。未做過官的士人，史籍疏略。"攸字"，即長遠的教化。夫人劉氏生有貴徵，性貞靜，是"處士最重攸字"的果效。

[8] 淹獄句：案件久拖不辦。嘉靖二年(1523)，陳謨出任長安令，將其母劉

氏接去奉養時,被勸誡不要判案不决,嚴酷刑罰,擴大到毒害百姓。陳謨遵守母戒官箴,以循良之稱進升爲南京繕部主事。"毋",圖版作 ![母], 二字通用。

[9]會世廟成:"世廟",即嘉靖四年(1525)夏五月,明世宗朱厚熜爲其父興獻王朱祐杬所立之廟。《明史·睿宗興獻皇帝傳》:"明年修《獻皇帝實録》,建世廟於太廟左。"在適逢國家大典的賜封中,追贈陳謨父陳仲實和其子陳謨相同的"南京繕部主事"的職官,文散官階爲承德郎,正六品;封八十二歲的母親劉氏爲太安人。不久,陳謨再進升南京武選郎中,即"武選清吏司郎中"的省稱。明清兵部所屬武選清吏司之主官,掌司事。正五品。又"會皇子生",加贈陳仲實和其子相同的官職,階奉政大夫,此時八十四歲的劉氏也改封"太宜人"。"旹",即"時"字,通篇异體。

[10]黄蓋:黄色的車蓋,爲皇帝專用。陳謨任職岳州郡後,因劉氏未至,請使飛馳報信給老母親;年底,劉氏至。

[11]設帨之夕:女子生辰。語出《禮記·内則》:"子生,男子設弧於門左,女子設帨於門右。"鄭玄注:"帨,事人之佩巾也。"古禮,女子出生,挂佩巾於房門右。

[12]九京:指墓地、九泉。語出《禮記·檀弓下》。清胡鳴玉《訂訛雜録》卷二:"方氏曰:'九京即九原。指其冢之高曰京,指其地之廣曰原。'則九京、九原本通用。"

[13]不起諸句:指劉氏在嘉靖十五年(1536)丙申正月四日卒於岳州。陳仲實生於景泰六年(1455)乙亥六月,卒於弘治十七年(1504)甲子二月,享年僅五十歲。太宜人劉氏先於陳仲實五年生,後於其三十三年卒,享年八十七歲。

[14]子男三人句:長子陳恩,未至成年而死;次子陳詔,次子陳謨。有孫男十人:有陳一言、陳邦言、陳邦儀、陳邦貢、陳邦寧,爲郡學生;還有陳邦政、陳邦制、陳邦奇、陳邦西、陳邦陽,年幼。有孫女五人:一適王鶴,一適卞官,一適牟承宗,還有二孫女在室。陳仲實還有一側室子陳舜,弘治十七年(1504)其死時,才三歲;劉氏後來將其視爲己出,撫養長成。

[15]來龍山:陳謨與兄長陳詔將母親劉氏在嘉靖十六年(1537)丁酉十月十

五日,與其父陳仲實合葬於巴縣來龍山之原。具體位置應與墓誌出土地相同。

[16]正德初句:即正德三年(1508)藍廷瑞、鄢本恕等人在漢中宣布起義開始,持續多年的起義事件。

[17]厥終勿替:用典。語出《尚書·商書·仲虺之誥》:"慎厥終,惟其始。"

[18]銜恤:"銜",《重慶卷》誤釋爲"御",圖版明爲銜,今正。

劉耕母陳氏墓誌并蓋　明嘉靖十六年(1537)十月十六日葬

(明)曹敕撰文,曹汴書丹并篆蓋

九龍坡區。1949年以後出土於重慶石橋里馬氏山岡,石現藏於重慶中國三峽博物館。誌石與蓋均高62厘米,寬64厘米,厚12厘米;誌蓋篆書,題"明故孺人劉母陳氏大墓誌銘"。誌文正書,20行,滿行29字。

【釋文】

明故孺人劉母陳氏墓誌銘。/

賜進士出身、奉訓大夫、刑部署郎中、郡人曹敕撰文。/

賜進士出身、徵仕郎、禮科右給事中、侍/經筵官、前翰林院庶吉士、郡人曹汴書并篆蓋。/

嗚呼,余曷以銘斯墓!孺人從父孝父母,從夫順舅姑,和室人無違夫子,從/子成子及孫。三從允淑,閫德斯諒,銘有以也。

孺人姓陳氏,順天宛平[1]人。父/母生首善之地,觀四方之極,故居室稟訓,有行宜家,孺人蓋籍甚劉氏也。

夫翁[2]諱愛春,由儒就吏,通醫,善鍼灸,成化壬寅,除典直隸容城縣吏。初娶[3]/高氏，生一子潔。翁八年於官，政多遺愛，諸當路召醫不絕。嘗醫河南吳方/伯沈病，今家有紀述奇功藏稿。丁未[4]，孺人生耕。己酉，翁歸田里。壬子，耕甫/五歲，喪翁，母子更相為命，守志苦節。耕長，遣就醫師陳文粲，三年而/業精，乃孺人訓嚴，讀書通理，速哉子之肖也。今起家為郡上賢，田舍板輿，/奉娛孺人。孺人壽康，晚喜飲，日每醉，醉不妄語。臧獲內遜，族鄰外和，家雍/雍也。

乃嘉靖壬辰二月念四日，孺人無疾考終[5]，命矣。生為天順壬午八月/念七日，迄今卒年七十有一，癸巳十月十六日卜葬石橋里[6]馬氏山岡。孺/人嘗以翁與高葬金劍堎焦氏原，險遠百里，不欲祔入，成窆今葬，蓋遺命/云。

子男一[7]，即耕，娶羅氏。孫男四：孟皞，娶鄧氏，初生曾孫女一；孟明，聘苟氏；/孟昭、孟岐。女三，俱在室。余舅翁與耕舅翁兄弟也，因緣懿親[8]，交承素友，銘/不可辭。銘曰：/

德以心存曰義，事與時會曰富。義訓富有，孺人贊母。石橋永藏，孔木蔭茂。/

（《重慶卷》圖64/文250）

【簡跋】

撰文人曹敇，巴郡人，墓誌載其歷官：賜進士出身、奉訓大夫、刑部署郎中。與墓主的關係是"余舅翁與耕舅翁兄弟也"。據考證，"舅翁"一詞最早出現於宋代，自此在文獻中層出迭見，但清人《稱謂錄》、當下《漢語大詞典》和《漢語稱謂大詞典》等詞語工具書均未見收錄。"舅翁"從古至今主要有四種意思：一是舅爺爺或外祖父；二是舅舅；三是內兄（弟），即妻子的兄弟；四是女性的公公。①曹敇與劉耕同輩，關係應是同一外祖父陳某。

書丹并篆蓋人曹汴（1499—?），字子東，又字自山、子誠，曹敇之子。與前文《陳仲實及妻劉氏合葬墓誌》的行狀人為同一人。治《易經》，四川鄉試第八名，舉人。嘉靖八年（1529年）中式己丑科會試第二百三十六名，登第二甲，第四十四名進士。曾祖曹天華，贈征仕郎；祖父曹文德，贈刑部主事；父曹敇，曾任刑部員外郎。母羅氏，封安人。

---

① 劉洪強：《"舅翁"非"岳父"考》，《江海學刊》2018年第6期，第197頁。

曹汴與墓主之子劉耕同輩,墓誌載其歷官:賜進士出身、徵仕郎、禮科右給事中、侍經筵官、前翰林院庶吉士。

【校釋】

[1]順天宛平:即墓主爲明代北京人。"順天宛平",遼開泰元年(1012)改幽都縣置,治今北京城西南隅。明、清爲京師順天府治所。後文的"父母生首善之地",即最好的地方(指京城),籍貫比巴縣籍的夫君劉氏要優越。

[2]夫翁句:"翁",即舊時官場中的尊稱。明王世貞《觚不觚録》:"正德中稱謂尤簡,至嘉靖中始有稱翁者,然不過施之于三品九卿耳。其後四五品京堂翰林,以至方伯憲長,皆稱翁矣。今則翰林科道吏部,以至大參僉憲郡守,無不稱翁矣。又其甚者,部屬在外,及丞倅司理,亦稱翁矣。"從文意看,"翁"非指墓主的祖父、父親、公公之類,祇能是對夫君的尊稱。否則墓主只能是後文據説的劉愛春一子劉潔之妻,文意相違。且後文"翁八年於官,政多遺愛,諸當路召醫不絶",也表明"翁"是尊稱,並且較王世貞《觚不觚録》記載的"正德中""嘉靖中始有稱翁者"更早。墓誌可證明。劉愛春由儒就吏,擅長醫術針灸,在明憲宗成化十八年(1482)壬寅任直隸容城縣吏,即今河北省保定市北部容城鎮。

[3]初娶句:即劉愛春先妻高氏,生一子劉潔,因此劉愛春任職八年,政績被人稱頌,獲得了多個執政者邀請。墓誌記載了"嘗醫河南吳方伯沈病,今家有紀述奇功藏稿"。"河南吳方伯",所指不明。"父伯",爲殷周時一方諸侯之長,後泛指地方官。明清時多指布政使。"紀",《重慶卷》釋爲形近字"記"。

[4]丁未句:明憲宗成化二十三年(1487)丁未墓主陳氏生劉耕。明孝宗弘治二年(1489),己酉劉愛春歸家鄉,弘治五年(1492)壬子在劉耕五歲時,父劉愛春喪亡,母子相依爲命。劉耕後和醫師陳文粲學習,也算是世代爲醫之家。

[5]考終:即"考終命",享盡天年。《書·洪範》:"五曰考終命。"孔傳:"各成其長短之命以自終,不橫夭。"墓主陳氏生於明英宗天順六年(1462)壬午八月念七日,卒於明世宗嘉靖十一年(1532)壬辰二月"念四日",卒年七十一歲。"念",非誤刻,而是與"廿"同爲二十的俗稱。五代丘光庭《兼明書》卷五載:

"今人呼菘爲蔓菁……魏武之父諱嵩,故北人呼蔓菁,而江南不爲之諱也。亦由吳主之女名二十,而江南人呼二十爲念,而北人不爲之避也。"清顧炎武《金石文字記》卷三:"[開業寺碑]碑陰多宋人題名,有曰:'……元祐辛未陽月念五日題。'以廿爲念,始見於此。"

[6]葬石橋里句:嘉靖十二年(1533)癸巳十月十六日葬在"石橋里馬氏山岡",即明巴縣七十二里之一,今九龍坡區石橋鋪一帶。因其夫劉愛春"與高葬金劍壩焦氏原",相距百里,險阻遥遠,没有與其夫合葬,而"不欲拊入,成窆今葬"。"窆",挖地造墓穴。

[7]子男一句:墓主陳氏與劉愛春育有一子三女。子劉耕,娶羅氏。有孫男四人:劉孟皞,娶鄧氏,并新誕生曾孫女一人;次子劉孟明,聘苟氏;還有二子劉孟昭、劉孟岐。從子嗣看,此支系與劉春家族應是非同一支系,未列顯宦,史籍記載較少。

[8]懿親:至親。《左傳·僖公二十四年》:"如是則兄弟雖有小忿,不廢懿親。"

張格家族墓誌

收錄《張格與妻石氏合葬墓誌》、張格弟《張模墓誌》二通,可補此支張氏家族的衆多史實。

其一:

張格與妻石氏合葬墓誌 明嘉靖十八年(1539)二月二十日合葬

(明)張儒臣撰文,張舜臣書丹,張武臣篆額

墊江縣。1992年5月在墊江縣白家鄉(今白家鎮)永平村出土,石現藏於墊江縣文物管理所。誌石高77厘米,寬60厘米,厚8厘米;額陰文篆書橫一行,題"明故顯考妣張公石氏墓誌銘"。誌文正書,25行,滿行43字。

【釋文】

明故顯考妣張公石氏墓誌銘。/

陝西平凉府涇州儒學訓導、男儒臣泣血謹撰。/

湖廣長沙府攸縣儒學訓導、男舜臣泣血謹書/

郡學生、男武臣泣血謹篆/

考諱[1]格,字汝正,別號野航。先世祖壽一,湖之應山籍,辟元兵入蜀,遂家涪黑石里。及曾大父[2]雲庵君諱玄,中正/統辛酉亞元,官濟南教授,娶唐氏。生大父牧庵君諱善吉,登成化丙戌進士,官兵科都給事中。祖母馮氏。生子/三:長諱柱,登弘治壬戌進士,官戶部主事,次即考,天順壬午八月十三日酉時生,隱德弗耀,應/詔舉孝子官;次諱楫,由歲貢官遼府教授。庶祖母武氏。生子三:曰模,中正德己卯鄉試,為當陽令;曰檀、榜,俱待仕。/

妣,同郡長灘里石公跌[3]長女。公中天順壬午鄉試,為武昌府同知,娶徐氏,天順丁丑正月十一日卯時生妣,考/年十七親迎焉。生子三[4]:長即儒臣,娶劉氏;次即舜臣,娶曾氏;次即武臣,娶程氏。生女一[5],適庠生劉步武,司諫公/莅季子也。孫七:曰建邦、道、功、侯、宇,俱業儒;二尚幼。孫女四,俱適名門。

考以嘉靖癸巳八月十日卒,甲午十二月/十九日葬於其里鶴游坪;妣戊戌三月四日卒,以己亥二月二十日與考合葬[6]焉。儒臣將請志於鄉士夫之賢/者,恐文肆而葩,聲浮於情,翻為吾親累,因泣血直述吾考妣平生行狀,以告夫後之君子。

嗚呼!吾考賢良方正,完易之德;吾妣貞靜幽閒,光簡之道。考與妣事吾曾大父母二十餘年,能竭其力,有詩表之曰:吾孫孝順且勤/勞,以禮齊家百事高。吾牧庵祖有風疾,馮祖母有痰疾,考因學醫,遂精其業,吾妣同侍湯藥,衣不解帶,無寒暑/晝夜。

嗚呼!吾考、吾妣事吾兩大父母幾五十餘年,髮白而志不衰;至處吾伯叔父

母,更怡怡如,友愛天至,無毛/髮間隙於其間,統五十餘年,宗族稱孝,鄉黨稱弟。是故郡守黃公壽[7]大書孝友表其門,而修郡志者更采取以/垂範立教。

  考於路橋修補,殆無虛歲。喜施藥,不問人貧富親疎,乞即與,愈者竟不言謝,考亦無德色,有宋清/氏風[8]。喜埋骨,弘治初,旱疫薦作,道旁死無主者,見輒埋,力不給則以錢穀,致覓篙掩之,有文正公風。喜釣飲,遇紅/蓼沙汀,竟日投竿不肯去;遇佳期,輒秉炬高歌。南部主事孫鷺沙[9]詩云:酒醉沙頭不受呼。郡司諫劉鳳山詩云:/酒旗再莫惹東風。方伯夏松泉挽云:定知化鶴歸華表,千載令人羨羽儀。其為名流推重蓋如此。妣志高而心/慈,視富貴寧略之,見鰥寡孤獨困急者,輒太息下泣,裏肉鹽囊米,日給不暇。奴僕無大過不打罵,尤注意牧馬/牛小童,冬補衲,針綫不釋手,病察湯粥,摩頭腦探涼熱。

  噫!吾母之不憚煩庭訓,祗詩禮勤儉。兒輩老於場屋,每/致行惻,妣却不以色愠,曰:得不得有命,似得聖賢傳心要法。有和靖母[10]風。是故没之日,郡侯余通崖先生吊云:/曰婦之賢,在相厥夫。夫義且良,賢乃彰乎。曰婦之福,在有厥子。子多咸貴,福斯昌矣。其為鉅公稱道蓋如此。/銘曰:

  秉彝好德,人心同然。片石千載,見者賢賢。見之既賢,尚能毀焉。/

  (《重慶卷》圖67/文254)

【簡跋】

  從墓誌首題看,此墓誌實爲張格與妻石氏合葬墓誌,故本書題名略有修改。
  撰人爲墓主之子張儒臣,時官陝西平涼府涇州儒學訓導,即輔助州學的教職。平涼府,地處甘肅省東南部,明代屬陝西布政使司關內道;涇州,即今甘肅涇川北,州因涇水得名。
  書丹人爲墓主之子張舜臣,時官湖廣長沙府攸縣儒學訓導。長沙府,明洪武五年(1372)將潭州府改名爲長沙府,隸湖廣布政使司,府治長沙城。攸縣,即今湖南省株洲市轄縣,地處湘東南部。
  篆額人爲墓主之子張武臣,時爲郡學生。

【校釋】

[1]考諱諸句:墓主張格,字汝正,別號野航。先世祖有張壽一,避元兵入蜀,遂家於涪州黑石里。原籍貫爲湖北應山縣,即今湖北隨州廣水市。梁大同二年(536)置應州,又置平靖郡,領永陽縣。隨開皇十八年(598)改永陽爲應山縣。元隸隨州,并屬荆湖北路德安府。明仍隸隨州,并屬湖廣行省德安府。"涪州黑石里",在今涪陵李渡境内。

[2]曾大父諸句:撰文人張儒臣的曾祖父張玄,號雲庵君,正統六年(1441)辛酉鄉試第二名,官濟南教授;曾祖母唐氏。祖父張善吉,號牧庵君,成化二年(1466)進士,官兵科都給事中;祖母馮氏。馮氏生子三人:長子張柱,弘治十五年(1502)進士,官户部主事;次子即墓主張格,天順六年(1462)壬午八月十三日酉時生,"應詔舉孝子官",即由孝廉入仕途;次子張楫,由歲貢官湖北境内分封的藩王府之一的遼府教授。還有庶祖母武氏,生子三人:長子張模,正德十四年(1519)中鄉試,爲湖北當陽令。次子張檀、張榜二人,尚未官。下文收録墓主張格同父异母之弟《張模墓誌》,記載家族譜系略有不同,可互證。

[3]石公跌諸句:張格妻石氏爲涪陵長灘里石跌的長女。長灘里,可補古地名。石跌,史籍疏略。墓誌載其天順六年(1462)壬午鄉試,爲湖廣省省會武昌府同知,妻徐氏。張格妻石氏爲明英宗天順元年(1457)正月十一日卯時生。

[4]生子三諸句:石氏年十七歲嫁入張格家,生子三人:長子張儒臣,娶劉氏;次子張舜臣,娶曾氏;次子張武臣,娶程氏。有孫七人,曰張建邦、張建道、張建功、張建侯、張建宇,俱業儒;還有二子尚幼。孫女四人,俱適名門。

[5]生女一句:石氏夫人生女一人,適司諫公劉茝的季子庠生劉步武。

[6]合葬句:張格(1462—1533),明英宗天順六年(1462)八月十三日酉時生,於明世宗嘉靖十二年(1533)八月十日卒,嘉靖十三年(1534)十二月十九日葬於黑石里鶴游坪;石氏(1457—1538),天順元年(1457)正月十一日卯時生,嘉靖十七年(1538)三月四日卒,嘉靖十八年(1539)二月二十日與張格合葬。

[7]黄公壽句:在涪陵白鶴梁石魚題刻中有明正德五年(1510)黄壽所題詩

句,落款爲"涪守江西南城黄壽書"。還有同僚張瓛、劉用良、文行等和詩,并刻跋一則,雖然有殘泐,但比《明史》詳細,記録了黄壽,字純仁,號松崖,江右南城人。"博學六經,尤精術書。登京榜并仕判黄州,以异政擢爲涪守,尚儉革弊,期年而六事孔修,庚午元日渡江拜伊川先生祠,舟還次江心,觀石魚留題。……"①當時張格子張儒臣就職於黄壽門下,白鶴梁題刻中有明正德五年(1510)張儒臣聯句和黄壽詩記一則,説明當時一起留題之實。墓主張格與妻石氏以孝聞名,獲得郡守黄壽大書"孝友"二字表其門,并有修郡志者更采取以垂範立教。

[8]宋清氏風:宋清,記載於唐李肇《唐國史補》卷中:"宋清賣藥於長安西市,朝官出入移貶,清輒賣藥迎送之;貧士請藥,常多折券,人有急難,傾財救之。歲計所入,利亦百倍。長安言:人有義聲,賣藥宋清。"後因以喻指輕財好義者。墓主張格善醫術,喜施藥,不分貧富親疏,施治百姓,還爲弘治初年因旱疫連連死亡、死而無主的人埋葬,故稱其有宋清之風。"薦",通"洊",屢次;接連。

[9]孫鷺沙諸句:因張格一生重孝行善,嗜酒喜釣的真性情,在其卒後有諸多名流寫挽詩吊唁。如南部主事孫鷺沙,明《澹生堂藏書目》收録有《孫鷺沙集》一卷。方伯夏松泉,即夏邦謨。郡司諫劉鳳山,即劉春,因其曾官太子左春坊,任職司諫。郡侯余通崖,史籍所載不多。

[10]和靖母:以賢母之一的尹和靖之母,喻墓主石氏賢母之風。尹焞(1071—1142),字彦明,一字德充,洛陽人。靖康初年召至京師,不欲留,賜號和靖處士。伊川先生的高足,嘉遁涵養,志尚高潔。南宋隆興元年(1163),追封禮部尚書、太子太傅;元朝時又追封爲文正公;清雍正二年(1724),奉聖旨配享孔子廟庭。《宋史》有傳。今有其《和靖先生集》及《論語解》傳世。

---

①重慶市博物館編:《中國西南地區歷代石刻彙編·四川重慶卷》,天津古籍出版社,1998年,第121頁。

其二：

張模墓誌并蓋　明嘉靖二十七年(1548)五月四日葬

(明)夏邦謨撰文,夏國孝書丹,譚榮篆蓋

　　墊江縣。1988年6月在墊江縣白家鄉(今白家鎮)雲龍村出土,原石現藏於墊江縣文物管理所。誌石高76厘米,寬67厘米,厚10厘米;誌蓋亦高76厘米,寬67厘米,厚10厘米,陰文篆書,題"明階奉直大夫雲南晋寧州知州張公墓誌銘"。誌文正書,28行,滿行43字。

【釋文】

明階奉直大夫、雲南晋寧州刺史張公墓誌銘。/

賜進士出身、北户部尚書、郡人松泉夏邦謨撰。/

賜進士出身、南户部員外郎、郡人冠山夏國孝書。/

賜進士出身、浙江右參議、郡人少岷譚榮篆。/

公諱模,字汝立,別號月溪。公子正臣、余子棐爲姻家。余官南部時,聞公訃,流涕長太息者屢日,既爲詩以/挽之。今公子復具狀,遣人走京師,乞銘于余。余仰而嘆曰:余于公契交,且通家,其何辭。

謹按:公先世[1]本楚應山人。始祖諱壽一,元季徙蜀,遂籍於涪之黑石里家焉。曾大父諱德昱。生大父雲庵君,諱玄,正統辛酉科亞/元,任濟南教授,配唐氏。生牧庵君,諱善吉,丙戌進士,兵科都給中事,娶馮氏、武氏。馮氏生子三:曰柱,壬戌進/士,南京户部主事。曰格,未仕。曰楫,楚府教授。武氏生子三,曰模,即公。曰檀,爲都事。曰榜、郡庠生。

公生而穎异/,人品甚高,德器恢弘,而眉宇間多潤澤晬和之色,慷慨豪邁,通曉音律,其殆曲有誤,周郎顧者[2]耶。年十五[3],牧/庵君遣就郡庠,爲弟子員,師

解惑不煩,再即了悟。十九失怙恃,獨持家務,兄弟同居,有公藝風。詩賦文章,秀麗雄壯,叺以易領正德己卯科鄉舉。抱璞四上春宮,竟不遇識者,乃入選為當陽令。為政叺寬為本,而出之叺嚴,邑人母愛而師畏之。賢聲上聞,當道叠加獎勵。嘉靖己亥春,/聖駕南幸承天[4],當道謂公有大略,特委營辦御膳使。時論謂事莫有大且艱于此者,咸吊之。公徐徐曰:吾盡吾心/焉耳,禍福非所計也。既而豐儉適宜,甚稱/上意。是年秋[5],/皇上復南幸,奉梓宮葬承天陵。巡撫顧東橋[6]、巡按朱師齋知公有經濟,復委署鍾祥事。時百官執事恐甚,有畏威/自縊者,有望風逃去者。公獨意思安閒[7],指揮謀畫,事無巨細緩急,雖旁午于前,而應答如響。一時聲譽藉藉,/為賢能首稱,大被/朝廷旌賞,封其生母為孺人。給由北上[8],天官氏謂公賢勞,陞滇南晉寧州守。州遠而夷,公單騎攜二僕往,臨政厲/精如初。當道交章薦之,內補有日。

不幸天不假年,一疾弗起。以嘉靖丙午年七月初十日子時,卒于[9]州之正/衙。公未疾,堂之雲版不擊忽破;卒之夜,堂之大樹忽折為二。噫!無乃剛大之氣,散而為變,物遇之而俱碎耶,/异事也。公柩歸蜀,滇士夫如侍御陳表、唐錡、段承恩輩,縞素路祭十里外,兒童父老,頂香執紼擁靈輀,至不/得行。夫民心至愚而神公,既沒,人情如此,殆無所為而為者,可叺觀政矣。公事親純孝,兄弟怡怡,居鄉恂恂/如也。叺弘治己酉年五月四日午時生,享年五十有八。

妻劉氏[10],郡宗伯凌雲公之女;繼妻李氏。生一子,即正/臣,為郡庠。生女二:長適庠生樊玠,次適庠生夏棐。正臣娶楊氏,鄖都僉憲公子孟琳之女。孫女一,許余孫湛。/劉氏先公卒,殯黃溪。今叺戊申五月四日,合葬于黑石里吳山之陽。/銘曰:

崔嵬高丘,先生其藏。草木暢茂,土潤而光。奇峰排闥,鳳舞龍翔。神鬼護呵,地久天長。/

(《重慶卷》圖 72/文 259)

【簡跋】(因家族關係提前)

墓主張模(1489—1546),字汝立,別號月溪。為張格同父异母弟。

三位題署人均爲涪州郡人。撰文人夏邦謨,字舜俞,號松泉。據考證,同爲涪州黑石里人。①正德年間進士,授户部主事。歷任廣西、貴州布政使,進右副都御史,應天府巡撫。嘉靖二十六年(1547)官至户部尚書。二十八年(1549)改任吏部尚書。三十年(1551)致仕。賜進士出身、北户部尚書。與墓主關係是夏邦謨子夏棐與張模子張正臣爲姻親。墓誌起首處載:"公子正臣、余子棐爲姻家。"又後文記載墓主次女"適庠生夏棐"。第二個"棐"字,《重慶卷》誤釋爲"琴",前後不一。

書丹人夏國孝,號冠山。明嘉靖元年(1522)舉人,次年登進士第。墓誌載,賜進士出身、南户部員外郎。前有《重修冉仁才墓碑文》也是其書丹。

篆額人譚榮,字少嵋。墓誌載,賜進士出身、浙江右參議。

【校釋】

[1]公先世諸句:張模(1489—1546),字汝立,別號月溪。籍貫變遷與《張格墓誌》所記相同。祇是《張模墓誌》因撰文人夏邦謨和墓主平輩,記載家族譜系時較《張格墓誌》高一級叙述,且表述更明確。知張氏家族還有曾祖張德昱,而時兄張格未仕。弟張楫,官"楚府教授",《張格墓誌》記載爲"遼府教授"。據相關考證,明朝分封藩鎮,湖北境内藩王衆多,"有時間較長的4個親王府共繁衍郡王50個,其中楚府15、遼府20、襄府9、荆府6,將軍、中尉數量就更多了"②。白鶴梁題刻中有兩首明正德五年張楫的題詩,《匯考》認爲其由歲貢入關,曾任遼府、楚府教授。③弟張檀,此時任都事,爲地方官署秘書職。弟張榜爲郡庠生。

[2]周郎顧者:典出《三國志·吴志·周瑜傳》:"瑜少精意於音樂,雖三爵之後,其有闕誤,瑜必知之,知之必顧。故時人謡曰:'曲有誤,周郎顧。'"用典稱贊墓主張格通曉音律之能。

[3]年十五諸句:墓主張模年十五入府學;年十九失去雙親;正德十四年(1519)己卯參加鄉試,後不中進士科,只當選"當陽令"。當陽,今湖北宜昌市下轄市。"叺",即"以",通篇用异體。

[4]南幸承天:《明史·世宗本紀》記載嘉靖十八年(1539)春二月乙卯,幸承

---

① 冉光海主編:《涪陵歷史人物》,重慶出版社,2015年,第63頁。
② 祁金剛:《江夏溯源》,武漢出版社,2008年,第215頁。
③ 王曉暉:《梁題刻人物匯考》,天津古籍出版社,2017年,第215頁。

天,太子監國。"庚辰,至承天。辛巳,謁顯陵。甲申,享上帝於龍飛殿,奉睿宗配。秩於國社、國稷,遍群祀。戊子,御龍飛殿受賀,詔赦天下。給復承天三年,免湖廣明年田賦五之二,畿内、河南三之一。夏四月壬子,至自承天。"張模此時得以有服侍聖駕的機遇,被委辦御膳使。"承天",即明世宗南巡所至的承天府。明嘉靖十年(1531)升安陸州置,治鐘祥縣(今湖北鐘祥市),屬湖廣布政司。

[5]是年秋句:即嘉靖十八年(1539)秋,世宗又南幸,"奉梓宮葬承天陵"。"梓宮"指皇帝、皇后的棺材。即《明史本紀》所載"秋閏七月庚申,葬獻皇后於顯陵"一事。時有巡撫顧東橋、巡按朱師齋知張模有治理才幹,委辦料理世宗在鐘祥之事。

[6]顧東橋句:即顧璘(1476—1545),字華玉,號東橋,明蘇州人,寓居上元。仕至南京刑部尚書。有《浮湘集》《山中集》《憑几集》《息園詩文稿》《國寶新編》《近言》。朱師齋,不明所指。"鐘祥",今爲湖北省縣級市,西漢設縣,名郢縣。明嘉靖十年(1531)復立縣,取"祥瑞鐘聚"之意命名。

[7]意思安閒句:在百官逃避此事的關頭能淡定指揮,將繁瑣的事情處理得當,讓張模獲得了一片贊譽。之後旌賞生母武氏爲孺人。"旁午",也作"旁迕",指事情交錯紛繁。

[8]北上句:張模此時北上爲官,吏部推薦其升任滇南晋寧州守。晋寧,即今雲南省晋寧縣。"天官",《周禮》分設六官,以天官冢宰居首,總御百官。自唐光宅元年(684)改吏部爲天官,後世多用代指吏部,也泛指百官。

[9]卒于句:張模於弘治二年(1489)五月四日午時生,享年五十八歲,嘉靖二十五年(1546)七月初十日子時卒於滇南晋寧州。因妻劉氏先卒,殯於云南黄溪,嘉靖二十七年(1548)戊申五月四日其子嗣將其夫婦二人合葬於涪州黑石里吴山的南面。

[10]妻劉氏諸句:張模原配劉氏,爲"郡宗伯凌雲公之女",應是禮部尚書劉春之女,與墓主張模未有子嗣。但《劉春墓誌》只載其一女,嫁蔣弘仁。此女或後來所出。繼妻李氏,有一子二女:長子張正臣,爲郡學生;娶鄖都僉憲公子楊孟琳之女。長女適秀才樊玠,次女適庠生夏棐,即夏邦謨之子。而張正臣長女又許給夏邦謨孫子夏湛。各家族之間聯姻較爲複雜。

王彥奇家族墓誌

收錄《王彥奇墓誌》與其子《王孟昌墓誌》二通。無題署人信息,墓主《明史》均無傳,墓誌可補史傳之缺。《夔州府志》中有收錄王彥奇撰《雲陽縣新城記》一文,載爲雲陽人、都御史。史志可互證。

其一:

王彥奇墓誌并蓋　明嘉靖十八年(1539)四月十二日葬

雲陽縣。1983年在雲陽縣故陵出土,石現藏於雲陽縣文物管理所,地址張飛廟。誌石高126厘米,寬77厘米,厚18厘米;誌蓋高120厘米,寬88厘米,厚18厘米,蓋陰文正書1行,題"明故都察院右副都御史王公之墓"。誌文正書,10行,滿行33字。

【釋文】

都察院右副都御史王公諱彥奇,字庭簡,號五一翁,世系雲安人[1]。父諱景先,封南京/户部山西清吏司主事;母向氏,封安人。

[正統]丁卯[2]年九月初四日生,中成化丙午舉/人,登弘治庚戌進士。初授南京户部山西清吏司主事,陞本部員外郎,陞陝西延安/府知府,陞陝西布政司參政,陞應天府府丞,應北京都察院右僉都御史,奉/敕巡撫遼東等處地方兼贊理軍務。歷任二十餘年致政。嘉靖改元,進階右副都御史。/嘉靖甲午年[3]三月二十二日終,擇己亥年四月十二日葬於邑城東祖塋右,享年八/十有八。

先娶李氏[4],生男孟龍,任雲南白鹽井鹽課司提舉。繼娶王氏,生男孟齡,選貢/監生。娶陳氏,生男孟脩,中嘉靖戊子楊名榜舉人;次生孟昌,邑庠弟子員。孫[5]:萬化,選/貢生;弘化,例貢生;贊化,邑庠生;孟龍子也。德化、藝化、孟齡子也。敷化,孟脩子也。政化、/道化,孟昌子也。謹志。/

(《重慶卷》圖68/文255)

【校釋】

[1]雲安人句:墓主都察院右副都御史王彥奇,字庭簡,號五一翁,世代爲雲安人,也稱"雲陽縣人",即今重慶市雲陽縣雲安鎮人。父王景先,未仕,因子官職而追封南京户部、山西清吏司主事;母向氏,封安人。

[2]丁卯句:原刻作"天順丁卯年",但查無此干支,或因明英宗有兩個年號:正統(1436—1449)和天順(1457—1464),結合後文"歷任二十餘年致政",應是將正統之事誤記于天順之時。墓主實爲正統十二年(1447)丁卯九月初四日生,成化二十二年(1486)丙午約四十歲中舉,弘治三年(1490)庚戌進士。依次授南京户部山西清吏司主事、本部員外郎、陝西延安府知府、陝西布政司參政、應天府府丞、北京都察院右僉都御史,并奉敕巡撫遼東等處地方兼贊理軍務。二十餘年後致仕。最終歷官爲嘉靖元年(1522)的右副都御史。故其子《王孟昌墓誌》記載王彥奇官"巡撫遼東右副都御史",與左副都御史同爲都察院的佐官,秩正三品。

[3]嘉靖甲午年句:王彥奇在嘉靖十三年(1534)甲午三月二十二日終,十八年(1539)己亥四月十二日葬於邑城東祖塋右,享年八十八歲,正好是生於正統十二年(1447)。

[4]李氏句:王彥奇共娶三妻,育有四子。先娶李氏,生長子王孟龍,任雲南白鹽井鹽後課司提舉。繼娶王氏,生次子王孟齡,選貢監生。又娶陳氏,後封宜人,有二子:一是王孟脩,嘉靖七年(1528)戊子中舉,與楊名同榜。楊名(1505—?),字實卿,號方洲,四川遂寧人。嘉靖七年(1528)四川省鄉試第一名。王彥奇還有一子,即王孟昌,邑學學生,墓誌已出土,見下文。

[5]孫:《王彥奇墓誌》記載其子王孟龍有子三人:王萬化,選貢生;王弘化,例貢生;王贊化,邑庠生。王孟齡有子二人:王德化、王藝化;王孟脩有一子,王敷化;王孟昌有子二人:王政化、王道化。

其二：

王孟昌墓誌　明萬曆元年(1573)十二月二十七日立

雲陽縣。1949年以後出土，石現藏於雲陽縣文物管理所。誌石高86厘米，寬50厘米，厚7厘米；四周鐫刻雲水圖案。誌文正書，8行，滿行20字。

【釋文】

王公諱[1]孟昌，字主善，號夔門，雲陽縣人。考諱彥奇，號/五一翁，巡撫遼東右副都御史。母陳氏，封宜人。

正德/壬申[2]年七月初八日生，任湖廣岳州府/推官。隆慶五/年正月初六日終，享年六十，葬於古/靈之陽。娶冉氏[3]。/繼娶新寧縣熊氏，雲南按察司副使希古之女。生男[4]/道化，廩膳生員，承嗣伯父舉人孟脩；過化，儒士；選化，/童生。女二：長適梁山縣儒士馮甘雨，次女未聘。/

萬曆元年十二月二十七日志。/

(《重慶卷》圖85/文276)

【校釋】

[1]王公諱句：墓主王孟昌，字主善，號夔門。其父王彥奇，繫聯其出土墓誌，字號信息相同，籍貫有"云陽縣""云安"之异，實指一地。其母陳氏，爲王彥奇第三任妻子，後封爲宜人，爲《王彥奇墓誌》所無。

[2]正德壬申諸句：王孟昌於明正德七年(1512)七月初八日生，任湖廣岳州府推官。之後於隆慶五年(1571)正月初六日終，享年六十歲，葬於"古靈之陽"，即同其父一樣葬在云陽城邑東的祖塋之地，萬曆元年(1573)十二月二十七日立誌石。

[3]娶冉氏：王孟昌先娶冉氏，未詳家族譜系信息，或早亡。繼娶新寧縣熊氏，爲雲南按察司副使熊希古之女。熊希古(1460—1519)，字尚友，四川省夔州府新寧縣(今開江縣)人。《弘治六年癸丑科進士登科録》記載，軍籍，治

《春秋》,年三十四歲中弘治六年(1493)癸丑科第三甲第八十二名進士。曾祖熊志;祖熊震;父熊侃,監生;母趙氏等等。《大寧縣志》記載歷官郎中,出守臨江,官至雲南兵備副使。

[4]生男句:熊希古女熊氏爲王孟昌生子三人:長子王道化,廩膳生員,過繼給伯父舉人王孟脩。"承嗣",指繼承爲嫡長子。次子王過化,儒士;三子王選化,童生。《重慶卷》簡跋提及,《王彥奇墓誌》提到政化、道化是孟昌之子,而《王孟昌墓誌》只提到道化,是繼妻熊氏之子,後又與熊氏生過化、選化。故政化應爲王孟昌與冉氏之子。故《王彥奇墓誌》可補"過化、選化"之闕,而《王孟昌墓誌》可補"政化"之闕。熊氏還生女二人:長適梁山縣(即今梁平縣)儒士馮甘雨,史籍疏略;次女未聘。

向惠泉家族墓誌

收錄《向君墓誌》《向惠泉墓誌》祖孫二人墓誌兩方。據《銅梁文史資料》中親自參與文物徵集工作的葉作富記載,當時收集到"明向惠泉祖孫墓誌兩方。張佳胤爲向惠泉之妹夫,向惠泉墓誌是張佳胤所撰寫。向惠泉祖父的墓誌則是明嘉靖八年進士高懋所撰。高懋之子高啓愚與張佳胤又互爲親家,在當時的銅梁地區,張、向、高三家門第高大,他們互相聯姻……"[①]此說有誤。《重慶卷》因墓誌殘泐過甚,文字無法釋讀,沒有繫聯出人物之間關係。向氏與張氏、高氏家族的互相連姻關係,確實反映了巴渝大家族之間的士族聯合。

其一:

向惠泉祖父向君墓誌 嘉靖十九年(1540)卒

(明)高懋撰

銅梁區。1983年在銅梁縣大廟區圍龍鄉農神三隊向志福家徵集,石現藏於

---
① 銅梁縣政協文史資料研究委員會編:《銅梁文史資料》(第2輯),第80頁。

重慶中國三峽博物館。誌石高59厘米,寬58厘米;因石殘斷剥泐,文字嚴重缺損。誌文正書,26行,滿行30字。

【釋文】

■墓誌銘[并序][1]。/

賜進士、福建道監察御史、邑人鳳山高懋撰。/

□□□□喪之明年,大□欲□□,子三陽攜其弟姪[2]泣[而]請銘。按狀[3]:□君□□/□□□□□松德,先籍楚麻城。始祖仁可[4],/國初[5]來典□□,遂家□。□云□□賢。大父[志]高,□□□□終。父學,浙江[龍泉]教/諭,母張氏。

既君生[6][而]□□,通曉□□□□□□□□□□再。弱冠,以伯兄□□/字□□□家無庸□□□□□□□□□□□□□□。君以父所遺貲[7],□□□其在□□□□□□壯年□□□□□□□□□□始足迹山水,卜居□□/□未□□□責□于官,□□□□□□□□□以□有□/□□□稱□者,先□□□□□□□得貽□□□民□倉□□/□責其息□□□□之貸而不能償,□□□□□/□□□□,貧無□□□□□□□之束脩,供意不□□□□□□□□以□□□□□□□□倪,郵鄰里之昏喪[8],樹津梁之□□,□/□□□□閒者□□不然□□□□□□其義□□□作為歌詩,□□□□□以□□□公為□大□□□□□揮□□□□移之詩文,□□□□□/八年[9]□詔賜□□□□□□□□□召鄉飲[10],□不□隱。

君平生□□□□/□□□□□通□□□□□□□□即不復大亨時用,故于二□□終□□/□□□□□鞍□□□□□□疑其□,白之街方,以□歲期之,未幾卒于/□□□。嘉靖[11]庚子□□□□□□□□,距□□生於正統己巳十月九日,得年九/[十]。□□□□□□□□□□□□張氏、徐氏、徐氏、劉氏□前公卒,惟張氏/□公□□□□□□□□□□□□□前公卒。三陽[12],徐出;啓陽,徐出。朝陽,東陽/□□□□□□□□□□□□□□亦早逝。女一[13],劉出,適生員范□□。孫男[14]十□/□□□□□□□□□□□□□□□完,生員;

391

寰,參霜□,餘在繦褓。孫女[15]十二人/□□□□□□□□□□□□山、□山、□山、□山、崑山,餘在襁褓。□□□□/□□□□□□□□□□十一月九日□原□龍泉君[16]之側。■/■/□□□□□□□[銘曰]:

□□禮□,□位未□,于延□名,不道于大,君雖■/□□,□□□□,□□□□,□□□□,忘□□人,□山□□,澗水□□,□□宕□,□□□□,□□□□,□□□□。

子三陽、□陽、■/

(《重慶卷》圖69/文256)

【簡跋】

《重慶卷》簡跋稱"誌文損泐過甚,誌主姓名、葬年均無考。考知生於正統十四年己巳(1449),卒於嘉靖十九年庚子(1540)。"釋文也因墓誌殘泐過多,闕文與斷句有誤。《銅梁文史資料》稱當時出土的爲"明向惠泉祖孫墓誌兩方",對比兩通墓誌中記載的家族世系內容和本墓主子嗣信息中有"三陽,徐出;啟陽,徐出。朝陽,東陽/□□□□□□□□□□□□□□亦早逝。"確係祖孫二人,並且二墓主的卒葬時間相隔四十年。因《向惠泉墓誌》記載向學之後"生□,□□□奉/□□□□,配張氏。生東陽",正好在向東陽父親名諱處闕字,故僅題爲《向惠泉祖父向君墓誌》。

撰文人高懋(1492年—1551年),字惟德,號贏山,四川重慶府合州銅梁縣(今重慶市銅梁區)人。治《禮記》,嘉靖八年(1529)進士。曾祖高福源、祖高振、父高相;有兄三人高志;高慧;高愈。道光《重慶府志》載其歷官監察御史、湖廣副使、兵備辰沅,平定苗亂,解五砦之圍,晋貴州參政,之後辭歸故裏,淡然山水間。有子高啟愚,登嘉靖四十四年(1565)進士。《嘉靖二十五年順天府鄉試錄》載高懋曾任監試官,較墓誌歷官多出文林郎。①

【校釋】

[1]并序:此二字因墓誌泐蝕不別,但從殘痕來看繫有字,且本墓誌銘有序有銘,合乎完整的體例。

---

① 龔延明主編:《天一閣藏明代科舉錄選刊·鄉試錄·1》,寧波出版社,2016年,第511頁。

[2]弟姪:首句因泐蝕嚴重闕字無法補讀,但文意明了,知墓主亡殁的第二年有其子請墓誌銘之事。"三陽"爲墓主之子,"弟"下一字圖版作⬛,左部構件爲"女",形似"姪",從落款爲"子三陽、□陽、■"知,有多人爲墓主立石,均爲其子侄輩。

[3]按狀句:"君"前後多字不明,僅知其籍貫爲"楚麻城",即湖北麻城人。爲湖廣填四川之輩。

[4]仁可:此處複核圖版可爲"可"下以下爲敬空,《重慶卷》所釋於"可"字起行,後衍文出十三個闕字符。應删除。直接連下一行"國初來典"。

[5]國初諸句:指墓主祖輩有向仁可,遷於銅梁爲家。父祖輩姓名等闕字較多,需繫聯《向惠泉墓誌》的家族譜系記載"有祖仁可,授銅梁學/□□,遂占籍長子里家焉。生志高。高生學,浙江龍泉教諭,配張氏。生/□,□□□奉/□□□□,配張氏。生東陽,娶胡氏,仕爲山東茌山驛丞,生公。"故本墓誌中的"大父"即祖父,名向志高;父名向學,浙江龍泉縣教諭,母張氏。墓主本人的名諱二通墓誌均泐蝕不可識。

[6]君生:"生"字圖版作⬛,《重慶卷》釋爲"上",於文意不連貫。"生"下一字根據殘存字形與文意,可補爲"而"字,指墓主向君天生秉異。

[7]遺貲:猶餘財。《隋書·孝義傳·薛濬》:"濬性清儉,死之日,家無遺資。"明朱國禎《湧幢小品·薛滿八》:"而如岡收其遺貲,歸故居。"

[8]昏喪:昏亂而喪生。指明了當時社會生活中百姓的動盪。

[9]八年:從後文的卒年在嘉靖十九年(1540)年,此時的八年也應該是嘉靖八年(1529)。墓主在此時被召舉時不應,只願隱居,即墓誌所載"□不□隱"。

[10]鄉飲:古代嘉禮之一。指鄉飲酒禮。《後漢書·李忠傳》:"春秋鄉飲,選用明經,郡中向慕之。"指明代時以此爲推薦官職之由。

[11]嘉靖句:即墓主在嘉靖十九年(1540)歲次庚子某時卒,具體月日等均闕,距其生年明正統十四年(1449)己巳十月九日,得年九十。"九"後《重慶卷》均闕字,但從生卒年份可以推算爲九十不誤。"九十"之後闕十三字,後接"張氏、徐氏、徐氏、劉氏"爲其妻妾,并且有三人均"前公卒,惟張氏/□公",說明張氏與墓主相伴至老。張氏即向惠泉嫡祖母。

[12]三陽句:之前又有一"前公卒",此處應該指墓主子嗣中先墓主早亡的兒子。餘下的子嗣中有向三陽,爲其妻徐氏出;向啟陽,爲另一妻徐氏出;還有向朝陽、向東陽二人,其母姓氏因闕字不明。又接/□□□□□□□□□□□□□□。

[13]女一句:前有十六闕字加"亦早逝",即墓主女兒輩中先於墓主早亡者。餘下有有一女,妻劉氏出,適生員范□□,名諱不知。其餘女兒名諱均因闕字不明。墓主的子嗣輩名諱與歷官、婚配等需與《向惠泉墓誌》互參能知較多。

[14]孫男句:墓主有孫男十餘人,具體數量與名諱均闕。其中有名諱的祇有向完,爲生員;向寰。"餘在襁褓",均年幼。《向惠泉墓誌》中記載"持公弟完行狀請余銘",即説明向完與墓主向東泉爲同父兄弟,而向惠泉作爲本通墓誌中的孫子輩,因闕文而不知其排行所字爲何。

[15]孫女句:清晰有記載數量爲十二人,但名諱闕文,留有"□山、□山、□山、□山、崑山"五人,知排字爲"山","餘在襁褓"。

[16]龍泉君句:指墓主歸葬的時間與地點,前文記載墓主在嘉靖十九年(1540)歲次庚子某時卒,具體月日等均闕,此處又僅有"十一月九日",無年份,不知是同年下葬否。地點"□原□龍泉君之側",即其家族祖墳處。也是《向惠泉墓誌》中在萬曆十五年丁亥十月十二日葬於"祖塋之側"的地點。最後銘文前應是可補二闕字"銘曰",餘下不可補,闕如。

其二:

向惠泉墓誌　萬曆十五年(1587)九月一日葬

(明)張佳胤撰

銅梁區。1983年在銅梁縣大廟區圍龍鄉農神三隊向志福家徵集,石現藏於重慶中國三峽博物館。誌石高58厘米,寬65厘米,厚4厘米;誌蓋缺。誌文正書34行,滿行27字。

明

【釋文】

迪功郎、□□益陽縣主簿惠泉向公墓誌銘。/

此[系]□兄向公志也。公歿之三年,是為丁亥,余適/請恙回里。□弟家率公之子惟一,持公弟完行狀請余銘,乃據狀志之:/

□□□□,字子恭,別號惠泉[1],先世本楚麻城人。有祖[2]仁可,授銅梁學/□□,遂占籍[於]子里家焉。生志高。高生學,浙江龍泉教諭,配張氏。生/□,□□□奉/□□□□,配張氏。生東陽,娶胡氏,仕為山東茌山[3]驛丞,生公。

公生而/□□,有□□,長習辛子業[4],不成,弃而明農,任俠裘馬,翩翩如佳公子/也。嘉靖[5]辛丑,入貲承差,善中上人意指。隆慶[6]己巳,謁選,授湖廣醴陵/縣典史。其邑北界湖湘,東連吳楚,亡命大俠阻山負湖[7],剽劫郡縣,民/不安寢食者數十年矣。公自少善橫槊[8],工騎射,率力士若干人,躬冒/矢石,直探其巢,禽盜魁王庭武數十人,并其餘黨付諸理,咸磔於市,/一方四民夜戶可啓,而誦公之能。臺院監司相與交奬,政聲大著。陞/益陽縣主簿,偶感痰疾,致仕歸。居家篤厚宗族,業農課子,置立義倉,/以周貧乏,內外之親,待公牢火[9]者甚多,而公驩然自得也。

當公父之/歿也,遺兩幼弟:豪、密,其析[箸][10]既久,各有成業,獨兩弟煢煢在疾,立錐/無地。公父易簀[11]時,傷慨良深。公先意承志,誓以己業與二弟鈞,公父/太頷之而目遂瞑。二弟漸長,教養之、家室之,割田宅相讓,無幾微難/色。至今兩弟成立,若不知失怙也者。所謂孝弟君子,非耶?

公生[12]嘉靖/壬午十一月廿四日子時,卒于萬曆乙酉年三月廿二日卯時,享年/六十有四。公先娶[13]陳氏,邑憲副陳揆孫女,早卒;繼娶巴縣郭氏,生員/郭朝安女。公兄弟[14]六人,公為長。曰完,生員,例授儒官;曰憲,功授千戶,/俱伯父調陽子。公同父四人:曰察,娶嚴氏,庶母徐氏出;曰豪,娶蘇氏,/郡生員蘇奇女;曰密,娶安氏,郡生員安定女,俱庶母向氏出。同母姊/妹[15]二:長姊適巴縣傅先賜;妹適余,累封一品夫人。男二[16]:長惟一,娶張/氏,邑生員張傑女;次惟玄,聘郡生員劉練女。卜丁亥年十月十二日/葬于祖塋之側,又為之銘。銘曰:/

395

公之少也，鮮衣怒馬[17]，豪舉一時，人出胯下[18]。公之仕也，探丸赤白[19]，刁斗[20]/不鳴，盜賊斂迹。公之歸也，克承父志，割肥讓宮，乳哺二弟。任俠盡囗，庶德稱人。生有餘韵，歿有令名。志而銘之，萬古崢嶸。/

萬曆十五年九月朔日/

賜進士第、光禄大夫、太子太保、兵部尚書、/囗龍囗囗服食正一品、俸侍/■張佳胤撰。/

(《重慶卷》圖90/文282)

【簡跋】

《西南石刻彙編·四川重慶》第27頁中收録拓本。首題"[囗囗]迪功郎、囗囗益陽縣主簿惠泉向公墓誌銘。"

《重慶卷》簡跋稱："誌主向惠泉，《明史》不載。本志撰文姓名原缺，據所記官銜，以及史籍記載，知爲嘉靖七子之一張佳胤。張佳胤，《明史》卷二二二有傳。據志，誌主向惠泉妹適張佳胤。又據載，張佳胤卒於萬曆十六年（1588），本志撰於萬曆十五年（1587），係張氏晚年所作。"

撰文人張佳胤（1527—1588），字肖甫，號崌崍山人，銅梁人。嘉靖二十九年（1550）進士，除滑縣知縣，歷官兵部主事、都察院右僉都御史、兵部左侍郎，官至光禄大夫、太子太保、兵部尚書。卒諡"襄敏"。其詩才氣縱橫。著有《崌崍山房文集》。本墓誌首句表明與墓主的關係——"此[系]囗兄向公志也"，"系"字圖版作▨，殘存字形與文意均可通，《重慶卷》作闕字；又據《張文錦墓誌》中記載"次佳胤，生於丁亥，娶向氏。"可確定墓主向惠泉爲張佳胤室兄。在墓主卒後三年，到了萬曆十五年（1587）丁亥，正值張佳胤回鄉時由墓主之弟向家，帶領墓主之子向惟一，持墓主弟向完所撰行狀，向張佳胤請寫墓誌銘。當時張佳胤歷官爲：賜進士第、光禄大夫、太子太保、兵部尚書、"囗龍囗囗、服食正一品、俸侍囗"。

【校釋】

[1]惠泉句：墓主向惠泉爲其號，其字子恭，但諱則因闕字不明，但應該是"宀"字結構之字。其籍貫與其祖父墓誌相同，是楚麻城人。

[2]有祖諸句:墓主向惠泉的家族譜系較其祖父《向君墓誌》中記載的更清晰,其中有先祖向仁可,"授銅梁學□□,遂占籍[於]子里家焉","於"字圖版作 ▨,據殘存字形可補。《重慶卷》闕字。"子里"爲銅梁里甲之一。以十天干"子""寅"等爲名。墓主高祖向志高;曾祖向學,浙江龍泉(今浙江省麗水市代管龍泉市)教諭,曾祖母張氏;祖父向君,名諱與職官也因碑版泐蝕不別,祖母同姓張氏;父向東陽,母胡氏。

[3]荏山:向惠泉父親向東陽所歷職的山東荏山,地點不明;官職爲驛丞,職位不高。

[4]夲子業句:"夲"即"舉"字,指墓主科舉考試不中,轉而明農、任俠。"明農",盡力務農;勸勉農業。明,通"勉"。《尚書·洛誥》:"茲予其明農哉。""裘馬",輕裘肥馬。形容生活豪華。語出《論語·雍也》。"佳公子",才行出衆的貴家子弟。語出《史記·平原君虞卿列傳》。

[5]嘉靖句:即嘉靖二十年(1541)辛丑,墓主買官得到"承差"一職,即"承局",宋代屬殿前司的低級軍職。《宋史·職官志六》:"每都有軍使、副兵馬使、十將、將虞候、承局、押官,各以其職隸於殿前司。"《水滸傳》第七回:"兩個承局催得林冲穿了衣服,拿了那口刀,隨這兩個承局來。""中上人",居於上位的人。"意指",即意旨、意恉,謂意之所在,多指尊者的意向。

[6]隆慶句:即隆慶三年(1569)己巳,墓主應吏部選授爲湖廣醴陵縣的主管官吏"典史"一職。"謁選",官吏赴吏部應選。明何良俊《四友齋叢說·史四》:"壬子年秋,餘謁選至京。"

[7]阻山負湖:又稱"負山阻河",形容地勢險要。即湖南省醴陵縣(今湖南省長沙市)當時因"北界湖湘,東連吳楚",成爲匪盜據險而猖獗之地。"阻山",謂憑借高山的險阻。"負河",指依傍黃河。典出《管子·輕重丁》:"西方之氓者,帶濟負河,菹澤之萌也。"

[8]橫槊句:"槊",古代兵器。即長矛。"橫槊",即橫持長矛。指從軍或習武。《南齊書·垣榮祖傳》:"若曹操、曹丕上馬橫槊,下馬談論,此於天下可不負飲食矣。"此句稱贊墓主習武、工騎射,有勇有謀,主動出擊,平定了醴陵縣盜魁王庭武等數十人,并處理了餘黨,讖百姓安居,官府互相誇獎,名聲大振,并

陞職爲湖南省益陽縣主簿。"理",即掌刑獄的官署。漢司馬遷《報任安書》:"明主不曉,以爲僕沮貳師,而爲李陵游説,遂下於理。"

[9]爨火:即舉火,原意爲生火做飯。語出《禮記·問喪》;後引申爲生活;過活。《晏子春秋·雜下十二》:"國之閒士,待臣而舉火者數百家。"驩,通"歡"

[10]析箸:"箸",圖版作 著,從字形看爲"着","著"的簡體,或因與"箸"形似而連誤。"箸",筷子。"析箸",分家。明朱元弼《猶及篇》:"沈益川騰蛟者,憲副秦川公伯子也。憲副晚而更置室,生子騰龍,析箸別居。"墓主向惠泉之父臨終前曾將兩位年幼但已經分家多年的弟弟向家、向密,交托墓主照料。

[11]易簀:更换寢席。簀,華美的竹席。語出《禮記·檀弓上》。按古時禮制,簀只用於大夫,曾參未曾爲大夫,不當用,所以臨終時要曾元爲之更換。後因以稱人病重將死爲"易簀"。

[12]公生句:墓主生於嘉靖元年(1522)壬午十一月廿四日子時,卒於萬曆十三年(1585)乙酉三月廿二日卯時,享年六十四歲。

[13]先娶句:墓主婚配爲銅梁邑憲副陳揆孫女陳氏,陳氏早卒後又繼娶巴縣生員郭朝安女郭氏。

[14]兄弟二句:據其祖父《向君墓誌》知其子嗣衆多,本墓誌記載向惠泉的兄弟有六人,均年幼於墓主。其中有伯父向調陽子二人,其一即向張佳胤請墓誌銘的向完,生員,例授儒官;還有一弟名向憲,功授千户。還有同父異母兄弟三人:向察,娶嚴氏,庶母徐氏出;向家,娶郡生員蘇奇女蘇氏;向密,娶安郡生員安定女氏,俱庶母向氏出。

[15]姊妹句:墓主同母姊妹二人:長姊向氏適巴縣傅先賜;妹向氏適撰文人張佳胤,累封一品夫人。傅先賜,史籍疏略。

[16]男二句:墓主有二子:長子向惟一,娶邑生員張傑女張氏;次子向惟玄,聘郡生員劉練女。張傑、劉練,史籍疏略。

[17]鮮衣怒馬:"鮮衣",美服。《史記·劉敬叔孫通列傳》:"虞將軍欲與之鮮衣。"司馬貞索隱:"鮮衣,美服也。""怒馬",奮馬。《左傳·定公八年》:"林楚怒馬及衢而馳,陽越射之,不中。"

[18]人出胯下:"胯下",本指漢韓信受辱胯下之事,典出《史記·淮陰侯列傳》。此處用來表明墓主英勇令衆人跟隨。

[19]探丸赤白:"探丸"即"探丸借客"的簡省。《漢書·酷吏傳·尹賞》:"長安中奸猾浸多,閭里少年群輩殺吏,受賕報仇,相與探丸爲彈,得赤丸者斫武吏,得黑丸者斫文吏,白者主治喪。"後以"探丸借客"喻游俠殺人報仇。也省作"探黑白"。"赤白",紅色與白色。《博物志》卷三:"越地深山有鳥如鳩,青色,名曰冶鳥,穿大樹作巢如升器,其户口徑數寸,周飾以土堊,赤白相次。"此處形容墓主英勇平亂。

[20]刁斗:古代行軍用具。斗形有柄,銅質;白天用作炊具,晚上擊以巡更。

童蒙亨墓誌并蓋　明嘉靖二十一年(1542)二月一日葬

(明)李文進撰文,江中躍書丹,劉起宗篆蓋

渝中區。20世紀70年代由重慶市博物館歷史部在巴縣遺址發掘出土,現藏於重慶中國三峽博物館。誌石高60厘米,寬65厘米,有蓋。篆蓋題"明故鄉進士果泉童君墓誌銘",3行。誌文正書。

【釋文】

明故鄉進士果泉童君墓誌銘。/

賜進士出身、徵仕郎、吏科給事中、郡人同野李文進撰。/

賜進士出身、承德郎、兵部武選清吏司主事、郡人峨東江中躍書。/

賜進士出身、文林郎、浙江衢州府推官、郡人初泉劉起宗篆。/

嘉靖辛丑夏六月十四日,果泉先生卒。因弟冠峰所爲行狀問銘於余,余以果泉素以孝友稱,文辱友厚,則銘可辭耶?

按狀:君諱[1]蒙亨,姓童氏,字以中,別號果泉,世爲巴縣龍車里人。將以壬寅二月一日卜葬於雞冠龍居山,從吉兆也。

國初,君曾祖諱鐘,生子永貴,始卜居於郡城忠孝坊儒林街。君父諱益,號車山,生子四人。長蒙吉,次即君,次蒙貞,次蒙泰。車山公始從事舉子業,因屢不第,乃從賈業。遂遣子[2]亨、貞入府庠,一授《易》於户科給事中自山曹先生,一授《易》於刑部主事方洲趙先生。果泉體父志願,奮發有為,潛心《易》理,手不釋卷。前歲庚子,果登解元范希正[3]榜舉人。此其養志之孝有如此者,童氏書香,實君開發而歆豔之也。往歲壬辰[4],吉兄嫂氏為君室加笄,水游鰲背歸,值涌水,溺身。君率弟冠峰泣天禱神,坐江七日,誓死以候其兄嫂,果并獲安厝。夫以滔天之洶涌,木石俱移,剡獲雙尸於急流原溺地乎,員外郎平岡曹公贈賦曰:"鬼神可憑兮,起兄嫂於波洄。"此格天之友愛,有如此者。君名登天府,不可不謂孝友中來也。二弟冠峰,禄食府庠,咸出君教,行將入試大庭,事業未艾也。他如侄良知、良能、良性,子良謨,皆偉器也。君丕振文風,以倡厥後,何有窮耶?

　　君母潘氏,繼母余氏。配[5]自山先生兄子。繼江氏,鐵峰公侄子。妹二人,長適縣庠賀時和,次適府庫庠秦可變。女二人[6],長適李子正華,次己酉尚幼。

　　先是,庚子冬[7],君將赴禮部會試,患脾疾,乃謀諸弟曰:"余恐不堪驅馳。"越數月,竟以是疾卒,年僅三十有八,壽不滿德,惜哉!為之銘曰:

　　果泉先生,賦性溫純。深造有要,篤於人倫。天祐其德,庚子登雲。易經衍教,子弟繼榮。為邦之光,為世之珍。孝友家風,百世同馨。靈其呵護,賜福蒼冥。

　　(文:《重慶市志1949—2012》,第684頁)

【簡跋】

　　本墓誌只收錄於《重慶市志》,無墓誌圖版,祇有墓誌蓋圖版。校釋依據原釋文。

　　撰人李文進(1508—1562),字先之,號同野,巴縣(今重慶)人。嘉靖十四年(1535)進士,初授衢州府推官。本墓誌載其歷官:賜進士出身、徵仕郎、吏科給事中。

　　書丹人江中躍,號峨東,巴縣人,爲江玠次子。本墓誌載歷官:賜進士出身、承德郎、兵部武選清吏司主事。

篆額人劉起宗,字宗之,號初泉,巴縣人,爲劉春長孫、劉彭年長子。本墓誌載其歷官:賜進士出身、文林郎、浙江衢州府推官。四人均記載於民國《巴縣志》卷八中。

【校釋】

[1]君諱諸句:童蒙亨,字以中,別號果泉,世爲巴縣龍車里人。曾祖童鐘,祖父童永貴,後卜居於重慶郡城忠孝坊儒林街。父童益,號車山。"君母潘氏,繼母余氏",生四子二女。長子童蒙吉,次子即墓主童蒙亨,次童蒙貞,次童蒙泰。二女即後文的"妹二人,長適縣庠賀時和,次適府庠秦可變"。賀時和,秦可變,史籍疏略。

[2]遺子句:墓主父童益因屢試不第,弃儒從商,但仍遺其二子入府學學《易》。《重慶市志》補字"蒙亨、蒙貞",非碑版闕字,而是標注子嗣名諱。墓主童蒙亨與弟童蒙貞分別受教於户科給事中"自山曹先生"、刑部主事"方洲趙先生"。曹自山,即《陳仲實墓誌》中撰行狀人"奉前右垣曹自山"的曹忭,明湖廣江陵人,字子誠,號紀山,又作子山。趙方洲,即趙貞吉(1508—1576),字孟静,四川内江人。嘉靖七年(1528)二十一歲中舉,爲《易經》房魁;十四年(1535)中進士。楊廷和曾評價說:"是將爲社稷器,吾兒慎弗逮也。"與楊慎、任翰、熊過并稱"蜀中四大家"。《明史》有傳。有《趙文肅公文集》《趙太史詩抄》等傳世。

[3]范希正句:嘉靖十九年(1540)辛丑,即墓誌撰寫前一年,童蒙亨中舉,與鄉試第一名稱"解元"范希正同榜。與明刻本《嘉靖十九年四川鄉試會録》合。之後本將赴禮部會試時,不幸患脾疾,擔心性命,不過半年就亡殁。

[4]往歲壬辰句:指墓主兄童蒙吉,嘉靖十一年(1532)與妻一起溺水身亡。童蒙亨與"弟冠峰"一起歷經辛苦將尸體打撈并安厝。時有"員外郎平岡曹公"贈賦一首,稱贊其孝悌之行。曹公某,號平岡,所指不明。後文有"二弟冠峰,禄食府庠",此弟應是童蒙泰,字號爲冠峰。

[5]配句:童蒙亨原配曹氏,爲"自山先生兄子",即曹子山女;繼配江氏,"鐵峰公侄子"。"子",可兼指兒女,也可專指。此處專指女兒。《詩經·大雅·大明》:"鑽女維莘,長子維行。"毛傳:"長子,長女也。"明代也有此用法。陳與郊《文姬入塞》:"曹丞相因念令先君是絶代儒宗,夫人是名公愛子,不忍埋没

這白草黃雲之外。""江鐵峰",即江玠,號鐵峰。有兄江都溪,疑爲童蒙亨繼配江氏之父。江玠的嫡長子爲江中上,是劉台與塞氏第三女之婿;次子江中躍,即本墓誌的書丹人。

[6]女二人句:繫聯前文有"他如侄良知、良能、良性,子良謨,皆偉器也",知童蒙亨有一子童良謨;有女二人,長適李正華,次女尚幼。還有侄子童良知、童良能、童良性三人。

[7]庚子冬句:即嘉靖十九年(1540)冬,童蒙亨於赴禮部會試前患脾疾;二十年(1541)卒,年僅三十八歲。即墓誌開頭記載"嘉靖辛丑夏六月十四日,果泉先生卒……將以壬寅二月一日卜葬於鷄冠龍居山"。晚一年才下葬,葬地爲鷄冠鄉龍居山地,出土地舊名。

李第家族墓誌

收錄《李第妻丁氏墓誌》《李第墓誌》二通,因均有殘泐闕字,通過繫聯文字知李第即丁氏之夫。丁氏爲李第繼室,李巡之母。《明代石椁墓發掘清理親歷記》一文①(以下簡稱《石椁墓親歷記》)詳細記載了1973年至1980年間的考古發掘情況。李第家族二通墓誌與陳邦教家族二通墓誌約在同一地點出土。

其一:

李第妻丁氏墓誌并蓋　明嘉靖二十九年(1550)九月十六日葬

(明)楊慎撰

銅梁區。1973年2月在銅梁縣農場出土,石現藏重慶中國三峽博物館。誌石高68厘米,寬63厘米,厚6厘米;誌蓋亦高68厘米,寬63厘米,厚6厘米;陰文篆書,題"皇明故李母丁氏第壹孺人墓誌銘"。誌文正書,26行,滿行36字。

---

① 胡人朝:《明代石椁墓發掘清理親歷記》,載《銅梁文史資料》第10輯,2000年,第210頁。

【釋文】

明孺人李母丁氏墓誌銘。/

賜進士及第第一人、前翰林院修撰、成都楊慎撰。/

按：丁氏孺人，先祖出自楚南麻城邑，值普勝之亂，而徙於■□明/時曰森者，配黃氏，乃誕孺人[1]。幼受姆訓，動止合規，有古■，別號三溪[2]，□□丑，因/喪前室，而繼娶焉。三溪前室劉，克閑婦道，恭肅懿惠，興■翁姑悉□□□，父母/恒稱為孝婦，惜矣早逝，遺子女三人。

孺人自適三溪，媲美前室，繼有二子，相待[3]如一，□□孺人/其賢矣哉。矧值年飢，力為營辦，一一取給母宅，至盡，脫簪珥，不□□□矣。君具性穎敏善記，諸/凡錢穀瑣細之物，不勞簿書，其出入時日數目，逾年不忘。尤喜施興，為人之周[4]，量力而行，貧寠/咸賴以濟。是故，李君良配之譽，遍揚鄉井。每遇歲時祀享宗祧[5]，戀□成□。其於□子燃燈伴讀，/期掇巍科[6]，以宏大事業，是又性天之良，蓋有不容強者。歲辛丑中秋，□□鶴滿池，中有丹頂一/鶴，鳴舞相隨。尋有老嫗授之以子，果以是夜得冢孫[7]曰一貫者，夢寐之□，□此□多。

噫嘻！孺人/之志氣，亦既清且爽矣。方三溪畢業國學，銓遴天官，往來燕臺六稔，孺人未嘗輒出閨户，親/賓或至，必召諸郎於側後一見焉。孺人嚴於衛身，臨寢必躬扃户，執火遍照，然後就寢。正寐中/，稍有蟲晷微音，即惺然復覺。丁未冬，三溪適有滇南廣通[8]之任，孺人隨焉。朝夕規諫，惟欲廉靖/守己，惠愛臨民，效古循良，毋為今時俗吏儔也。三溪之所以不愧官箴，聲聞當道者，其功居多。/以戊申十月十有九日，卒於[9]宦邸。

觀其執子手，歸語郎孫，必先友於孝養，登科筮仕之時，不急/於肥身潤家，足為身後孝，真所謂女中人豪矣。嗚呼！在室也，行履端潔；於歸也，凛然婦師。三溪/子恫之緣居官守，弗還安厝，乃命冢子巡扶櫬馳驛而歸。以是年九月十六日寅時，卜葬於邑/城東隅鳳騰穴寅申域，特丐予銘。孺人生以弘治甲子十有七年五月十九日丑時，壽四十有/五。

403

子四[10]：前室巡，娶張氏；次還，娶胡氏。所出曰連，聘同邑福建運使童蒙正女；曰逑，聘邑庠生冷/紹元女。女一[11]，適舒副憲孫邑庠生九疇。巡、還俱芹宮弟子員。連、逑皆將聯芳維時。孫曰[12]一貫、一/致、一/言亦增競秀。孫女三，黃小未聘。是宜銘。銘曰:/

巴水之東，勝地鳳騰。後源鴻脈，前拱書屏。龍虎盤踞，山水鐘靈。孺人□□,/宅兆崢嶸。爵秩培蔭，永錫後昆。億萬年下，欲知孺人者，請考予文。/

嘉靖貳拾玖年玖月拾陸日哀子李巡、還、連、逑泣血。/

(《重慶卷》圖73/文260)

【簡跋】

撰文者楊慎(1488—1559)，字用修，號升庵，別號博南山人、博南戍史，謚文憲，四川新都縣(今成都市新都區馬家鎮升庵村)人，祖籍江西廬陵，爲內閣首輔楊廷和之子，正德年間狀元，官至翰林院修撰。與解縉、徐渭合稱"明朝三才子"。《明史》卷一百九十二有傳。著述甚豐，有《升庵集》《丹鉛雜錄》等傳世。墓誌載，賜進士及第第一人、前翰林院修撰。

【校釋】

[1]先祖句：夫人丁氏籍貫湖北麻城，有先祖"值普勝之亂，而徙於■"，具體地點闕字，但應是巴郡之地。"普勝之亂"，即明末的趙普勝起義。《明史》卷一百二十三有載。趙普勝，原爲驍衛將，號"雙刀趙"，後叛明朝去歸徐壽輝，爲陳友諒守安慶，往來虜掠，令明太祖患之。後遭到離間，被陳友諒所殺。説明丁氏先祖生活於明玉珍時期。丁氏父名諱丁森，配黃氏，生墓主丁氏。

[2]三溪句：丁氏所配關鍵信息殘泐作"有古■別號"，《重慶卷》"別"字未釋。據殘痕圖版作▨，左下是構件"力"，右邊是"刂"，應是"別"字。《李第墓誌》正好記載其名諱爲"公諱第，字道升，別號三溪"，字作▨。今補，且訂正標點。李三溪因前室劉氏早逝，遺下子女三人，而後娶丁氏。

[3]相待:《重慶卷》"相待"下闕四字,但圖版磨泐可見作 ▨▨,第一闕字左旁似構件"女",第二闕字明是"一"。與《張叔珮墓誌》第8行"迄今四十餘年如一日也",字作 ▨▨;《周守誠墓誌》第20行"數十年如一日",字作 ▨,字形均相合。又聯繫文意,孺人作爲繼室嫁給李三溪,視其前妻之子女三人如己出。"如一",一律、一樣。文意也可通。

[4]爲人之周:"爲"字下,《重慶卷》釋文缺一字,諦視圖版作 ▨,下文"周"字又釋爲"用"字,圖版磨泐作 ▨,下部實際上有個"口"字。《李鈇妻程氏墓誌》第15行"任用周於族姻",作 ▨,字形相同;而"用"字作 ▨,明顯無構件"口"。從文意看,是説孺人樂善好施,周濟別人,若誤釋則無此義。今正之。

[5]祀享宗祧句:"懋"字下,《重慶卷》第二個闕字圖版作 ▨,應是"成"字。與《李鈇妻程氏墓誌》第1行"皇五□□即庶作坊判官行成都府華陽縣尉李鈇故夫人□氏墓誌銘",作 ▨;《夏泰墓銘》第10行"嶷嶷成材",作 ▨,字形均相似。"懋成",大成。此處"懋×成×"是詞語活用。

[6]巍科:猶高第。古代稱科舉考試名次在前者。

[7]冢孫:即長孫。明嘉靖二十年(1541)辛丑中秋,丁氏遇祥瑞,得一孫,李一貫。此處《重慶卷》標點有誤,今改。

[8]廣通諸句:即云南廣通縣,夷名爲路睒,雜蠻居之。南詔閣羅鳳曾置路睒縣。蒙哥汗七年(1257),高長壽内附,立路睒千户。元至元十二年(1275)改路睒千户置,屬南安州。治所在今雲南禄豐縣西六十六里廣通鎮。明朝洪武十五年(1382)因之,後改屬楚雄府。丁氏在嘉靖二十六年(1547)冬,隨李第出任滇南的廣通縣。"鼡",即"鼠"字異體;"㣲",即"微"字異體。

[9]卒於諸句:丁氏不幸在嘉靖二十七年(1548)戊申十月十九日卒於雲南,生於弘治十七年(1504)甲子十七年五月十九日丑時,享年四十五歲。李第因公務原因無法將其妻安葬,祇能命其長子李巡等扶櫬而歸。嘉靖二十九年(1550)九月十六日寅時,卜葬在銅梁城東隅鳳騰穴寅申域的風水寶地,具體地點不明。

[10]子四諸句:丁氏有子四人,《李第墓誌》記載一生婚娶至少四人,子嗣部分與丁氏記載基本相同。其中李第原配劉氏育有長子李巡,先娶張氏;《李第墓誌》又載"繼韓氏",爲其母死後所爲。次子李還,娶胡氏;《李第墓誌》又載"繼金氏,早■卒"。闕字處就是丁氏生長子李連的部分。丁氏出二子:長子李連,聘同邑福建運使童蒙正女。童蒙正,不知與前《童蒙亨墓誌》中的四兄弟童蒙吉、童蒙亨、童蒙貞、童蒙泰是何關係。次子李述,聘邑庠生冷紹元女;《李第墓誌》又載"娶張氏"。冷紹元,史籍疏略。其中李巡、李還均爲舒芹的弟子。舒芹,是《李第墓誌》的撰文人。李連、李述,當時也小有名氣。

[11]女一句:丁氏還有一女,"適舒副憲孫邑庠生九疇",《重慶卷》"憲"後脫一"孫"字。《李第墓誌》作"女二:長適邑庠舒生九疇,次未許聘"。舒九疇,邑庠生,爲舒副憲孫、舒芹侄子。

[12]孫曰:丁氏卒時有孫子三人:李一貫、李一致、李一言;還有孫女三人,"黄小未聘"。"黄小",即年幼。古代用黄毛、黄髮,借指年幼的人。《李第墓誌》增補了《丁氏墓誌》未載的一些孫輩信息,即後文的"一致、一心、一仁、一清。孫女二:長聘邑庠生邢如龍"。邢如龍,史籍疏略。

其二:

李第墓誌并蓋　明嘉靖三十二年(1553)九月十五日合葬

(明)舒芹撰并書

銅梁區。1973年2月在銅梁縣農場出土,石現藏於重慶中國三峽博物館。誌石高72厘米,寬82厘米,厚4厘米;中間殘泐嚴重。誌蓋亦高72厘米,寬82厘米,厚4厘米;陰文篆書,題"皇明奉訓大夫雲南阿迷州知州三溪李公墓誌銘"。誌文正書,43行,滿行48字。

【釋文】

明奉訓大夫、雲南阿迷州知州、三溪李公墓誌銘。/

奉訓大夫、同守□□、眷生、■舒芹拜撰書。/

公諱[1]第,字道升,別號三溪。宗人嘗□吾系□□伯陽而根諸顓頊,裔孫繇,蓋昉諸□□□□□□□□□書傳疑也。始祖景/賢,避元季亂入蜀,占籍於銅。生麟,以選辟任兵馬指揮,封景賢如其秩。麟生儼。儼□相□□□□生光實,民獻德耆,乃娶熊孺人,生子四:長重,次泰,次山。翁皆延師,篤冀顯世,咸名於資力。

公其季也。甫誕而雅□□□□□□□□殊鍾愛,珍异之曰:/啟宗傳,酬夙願,此時□□會也。七歲入小學,形臞[2]而神熠,迥出凡儒,日誦千言,無煩再□,□□玩□,□□成童。補邑庠生,貫徹/六籍,博極群書,刊落枝葉,根究微奧[3],以知道為宗,而《易經》、四書、玄秘,□浩類多□於□□□□。又乃譏□典要,幼傳[4]家塾,肆今/華族,大闡文明。以文譽鳴時者,彬郁相麗,而肇啟率□,實自於公。弱冠[5]升□生,□□學輟□□□時盟□□示戚儒生,無或有/就外傳者。嗣復前後講學於副憲月川先君[6]、僉憲■慮十數人。歲戊子[7],翁/甫孺人元配劉氏,兩昆重、泰,相繼捐世,號慟毀■咨嗟感化焉。自癸酉/迄丁酉,咸以優异入試,不偶[8],時適有拔貢,例■入成均,朝俊盡交,聲/華颷溢。庚子,復試京闈,竣事西還。丁未,北■盤錯,□以志,/遂矢心冰蘗,旌善重農,請創儒學、祠宇,周■而大業[9]興。臺司有勇於/任事,廉以自持,脩學校而士論攸歸,省里□□□心■政事文章,兩無/所愧[10],科甲遺才,滇南良牧之詡。他如[11]勘□兩■役而歷其■。□成厥功□,□/膺顯譽;醒事則事聞,獎賞殊格。曰□通敏之才□曰治□□之■嚴■/民心率□兵事,則兩院[12]上其功,且薦纔可□■公才之妙以贈焉。□□凡□□上司□□□□/有以時事應徒通變處者,公澹然不以効念[13]。■邑之■/久□□道者。先是,茌任甫一考,民已陰□生□□□□及■/□□之以勵精,而重之以謹殷,仁□抗□□之□□□馬之■/□□□增親炙者高捷誠惻,以馴服蠻■/天資■公,卒以恩,□底平寧。撫臺[14]總鎮重幣交右■/文□方之張綱、龔遂焉。拒鑛廠之□竟以■/後□揚者、禮待者三千餘□。當■/上狀懇□,臺司壯其年力精鋭,不之許。■/欲明農教子,迫切肝脾,欣然拜■語■/宿望遺迹,益忧恂求■□閏月□□疾作[15],■喻/以孝友。少頃曰:此還造化時也。命焉。

□□□而逝,□□四月二十日■不/羈,剛柔適中,張弛妙運。事親竭力,尤以養志為先。□撫育婚嫁□□之■或/有求必曲副其念,樂道人善,勵翼後生,惟日不足。凡處□□□於時夷然■意/經紀者,至於開陳論議,辭旨英發明暢,聞者欽昇感動焉。

距生弘治□□二月十三日■丁氏、/張氏并先公卒,室倖[16]白氏。見存子四,俱邑庠生。巡,娶張氏,繼韓氏。還,娶胡氏,□金氏,早■卒。逑,聘/冷氏、娶張氏。女二:長適邑庠舒生九疇,次未許聘。育女,王氏出,劉孺人之妹,適醫士方■一致、一心/、一仁、一清。孫女二:長聘邑庠邢生如龍。

卜是年九月十五日午時,合丁孺人窆於東野之■惟公/嘗稽疑[17]於大中先公,芹時遭衯在肩,隨公囑其可教,作其痏怠[18],啟其聰明,劼其道藝,造詣有成,則過□以□□□□□伯昆,恩/實師丈。黔中同吏[19],負公誨勖,志業隳頹,無任使惡。方期[20]締盟山林,談玄殽霞,以洽脩之趣;顧乃聚首未幾,遂成永□□,凝望齡/而觖。真悰,尚忍言製銘哉,然誼不可辭也。於是展狀歷指,核其挺生秀起之與夙知合也,曰於异人哉;核其服寵興理之與親□/見合也,曰於异才哉;覈其徽淑器識之與素仰合也,曰於大賢哉。於是喜其可據以傳信也,乃攬涕而勉銘之曰:/

爐岳降神,巴水噴津。皇矣眷命,篤鍾异人。積慶栽培,仙源欲恢。岳爐巴水,爰孕奇才。帝謂玄元,遴簡列仙。暫下鈞天,抗乃/宗傳。岳崇巴浚,允也大賢。周仲山甫,中興碩輔。生稟之异,公其儔伍。漢之守令,龔黃卓魯。迹公才名,四而可五。成周三物,/德竹居前。漢家四科,賢良最延。計公義善,曷讓古先。公之蒞職,民用丕殖。欤焉委榮,民憶何極。公之歸憩,後生龜筮。溢然/厭生,誰撤蔽翳。雖兩堪悢,軌範在世。不朽不熠,何存何逝。巴山前鐏,巴水環沄。生也聚靈,没會一原。三而仍一,覆乾載坤。/一物一貫,何逝何存。/

（《重慶卷》圖74/文261）

408

明

【簡跋】（因家族關係提前）

本墓誌撰書人爲舒芹，《重慶卷》因磨泐而釋文闕，係根據文意聯繫補釋。本書還收錄了其撰文的明隆慶三年（1569）四月十八日葬《郭禄墓誌》，爲"滇徵守吏詔進朝請大夫邑人月山舒芹拜撰"；同年十二月又撰《李仕亨母李氏墓誌》落款爲"奉訓大夫、滇徵守吏、詔進亞中大夫邑人舒芹拜撰"。另外需要指出的是，因名諱多次與"拜撰"這一謙詞連用，《巴渝文獻總目·碑刻文獻類》及索引中產生了"舒芹拜"爲人名的訛誤，今一并在此訂正。

舒芹，號月山，銅梁人。《四川通志·選舉志》載爲嘉靖年間舉人。民國《騰冲縣志稿》記載有銅梁舉人舒芹，在嘉靖三十二年（1553）任職。① 撰墓誌時官奉訓大夫，又"同守□□"。繫聯文意，應是與歷官明奉訓大夫、雲南阿迷州知州的墓主李第同守雲南，具體地點因磨泐不知，闕字不明。"眷生"是古代兩家通婚後，尊長對姻親晚輩的自稱。《金瓶梅詞話》第三十八回有"自此兩家，都下眷生名字，稱呼親家"。李第及妻丁氏墓誌均記載有一女適舒副憲孫舒九疇。據考證舒九疇爲舒芹侄子，因此兩家是親家。并且墓主二子李巡、李還是舒芹的弟子。

墓主李第，雖然墓誌闕字較多，歷官部分未有詳細考釋，但據墓誌蓋、首題所載"明奉訓大夫雲南阿迷州知州三溪李公墓誌銘"，又《石樟墓親歷記》記載同時出土銘旌一幅，放於墓室後龕，長286厘米，寬33厘米，綾底，白粉楷書"奉直大夫雲南阿迷刺史三溪李公柩"，推測其官階應在四品以上。卒地雲南阿迷州，即今雲南省開遠市。元置阿迷萬户府，有彝族土官，至元十三年（1276）撤阿迷萬户府，置阿迷州。大德三年（1299）改隸臨安路。明洪武十五年（1382）復置阿迷州，授土知州。後改土歸流。

【校釋】

[1]公諱諸句：李第，字道升，別號三溪。《石樟墓親歷記》將"第"作"弟"、"升"誤作"生"。"宗人"以下闕字較多，是爲高攀遠祖至三皇五帝之時，概不可信。確定的是有始祖李景賢，在元代避戰亂入蜀，定居在銅梁。李景賢生李麟，補舉薦任兵馬指揮，後封其父李景賢同樣官秩。李麟生李儼。李儼生李光實，娶熊氏，封孺人，生子四：長子李重，次子李泰，次子李山，最後爲墓主李第。"選"下《重慶卷》闕一字，圖版作 ，應是"辟"字。"民獻"，即民之賢者。

---

① 李根源、劉楚湘主纂；許秋芳點校本主編：《民國騰冲縣志稿》，雲南美術出版社，2004年。

[2]形臞:"形"字,《重慶卷》誤釋爲"戒",并斷句有誤。諦視圖版作▨,應是"形"字。《賈奭墓誌》第12行"形諸詩文",字作▨;《郭珠墓誌》第11行"夜分形之夢",字作▨;字形均相似。且"臞"意爲消瘦,一般用來形容形體容貌,後接形容詞"熠"。"形"與"神"對舉,指墓主外表清瘦而神采奕奕。

[3]微奧:"微"字,《重慶卷》釋爲"徵",不辭。審核圖版作▨,與《勾龍中慶墓誌》第8行"世緒中微",字作▨;《李祥墓誌》第19行"一日微疾",字作▨,字形相似。

[4]幼傅:"幼",《重慶卷》闕,圖版磨泐作▨,是爲"幼"字。《陳邦教墓誌》第33行"相道、近道、仕道、修道、有道、體道,俱幼",字作▨;《胡堯臣母朱氏墓誌》第14行"中丞君兄弟且咸幼",字作▨,字形輪廓相符。且"幼"與"肆今"是兩個不同的時間概念,《重慶卷》中標點需斷開。

[5]弱冠句:墓主李第二十歲,升學之事因闕字較多,文意不明。《丁氏墓誌》記載:"方三溪畢業國學,銓遴天官,往來燕臺六稔。"六年間往返出入尋求官職。從文意判斷《重慶卷》斷句有誤;且"傅"字,《重慶卷》誤釋爲"傳"字,不辭。"就傅"是拜師之意。諦視圖版作▨,構件與"傳"的字形不同。《周守正墓誌》第8行"八傅曰良弼",作▨;右旁中間是一個"山";第10行"世號其門爲官傅",字作▨。《何儉母程氏墓誌》第29行"長適張,次適傅",字作▨。可以佐證。

[6]月川先君句:指墓主隨後又求學於多人。"月川先君"是撰文人舒芹之父,字號月川;"副憲",都察院副長官左副都御史的別稱。即《丁氏墓誌》楊慎撰文記載爲"舒副憲",墓主有一女配其孫。本文後文載"女二:長適邑庠舒生九疇"。如此,舒芹與舒九疇爲叔侄關係。"僉憲",僉都御史的美稱。明代都察院設有左右僉都御史。具體人名因闕字不明。

[7]歲戊子句:嘉靖七年(1528)其父李光實在李第元配劉氏孺人及其二兄長李重、李泰之後,相繼過世,對李第的身心打擊巨大。

[8]不偶句:明武宗正德八年(1513)至明世宗嘉靖十六年(1537),李第多次考取優異成績,但均未中進士,後文稱爲"科甲遺才"。後以拔貢身份,"例■入成均";嘉靖十九年(1540)又去京城考試,"竣事西還";二十六年(1547),"北■盤錯,□以□志,遂矢心冰蘖","冰蘖",指冰水與枝芽,爲飲食之物。喻寒苦而有操守。即墓主李第放弃科舉仕途,甘心清貧生活。

[9]大業句:"周"後,《重慶卷》闕字不明,但"業"前二字圖版作▣▣,是爲"而大"二字。"而大業興"後斷句,"大業"指代前文墓主所規劃的"重農,請創儒學、祠宇"等。"臺司"指御史臺職司。

[10]兩無所愧:《重慶卷》"兩"字後面闕一字,圖版作▣,是爲"無"字。《幸光訓墓記》第2行"運度克備,舉止無虧",字作▣;《王滿堂香墓誌》第8行"何期前定無差",字作▣,字形一致。"政事文章,兩無所愧",文意也通暢。

[11]他如句:"兩"字後,《重慶卷》闕字較多,諦視圖版作▣▣▣▣,是爲"役而歷其"四字。還有"厭"前面一字,圖版作▣,字形與《李鈇妻程氏墓誌》第1行"成都府華陽縣尉"之▣字相似。此處對舉行文,《重慶卷》標點錯誤。"醝",同"鹺",鹽。古代有主管鹽務的機構——醝院。墓主應是任過相關官職。

[12]兩院句:"兩院",指都察院和御史臺。"公才之"後,《重慶卷》闕一字,圖版作▣,左邊構件"女",右邊"少"尚存輪廓,是爲"妙"字。《張淑真初葬墓誌》第4行"妙奴,以疾卒之",字作▣,寫法接近,且與"薦才"的文意合。

[13]不以効念:"以"下,《重慶卷》闕一字,拓片作▣,應是"効"字。《沈忠舉墓誌》第2行"効力宣猶",字作▣;《周守誠墓誌》第24行"亟應報効",字作▣。字形構件相似。"効",同"效",模仿,師法。前文"有以時事應徒通變處者",但墓主不跟風隨俗,不效仿,澹然處之。

[14]撫臺二句:闕字不明之處大概可知是"撫臺總鎮"某人用重金賄賂,墓主

李第拒絕受賄之事。提及"張綱、龔遂"二人,史籍記載不詳,衹有《皇明進士登科錄》記載龔遂爲廣東番禺縣人。"礦廠"一詞說明此時當地的礦產資源有所開發。"三千",《重慶卷》釋爲"三十",諦視圖版作▨,應是"千"字。

[15]疾作諸句:因墓誌磨泐,無法確定其卒年。關鍵的信息點有:"益忱恂求■□閏月□□疾作""□□□而逝,□□四月二十日■""距生弘治丙辰七月十三日■""卜是年九月十五日午時,合丁孺人窆於東野之■"四條。《重慶卷》簡跋考證:"墓主李第卒年、葬年原殘。據前面著錄《丁氏墓誌》及本誌文,丁氏葬於明嘉靖二十九年(1550)九月十六日,李第卒葬在其後,具體爲:疾作於某年'閏月',卒於同年'四月二十日',葬於同年'九月十五日'。"知李第卒年四月前有一閏月。據陳垣《二十史朔閏表》,嘉靖二十九年(1550)之後,四月前有閏月之年,首爲嘉靖三十二年(閏三月)。姑將本志繫於是年。"《石樟墓親歷記》記載當時所見墓誌記李第"生於弘治丙辰,死於嘉靖庚申,享年65歲",即李第生於明弘治九年(1496),卒於嘉靖三十九年(1560),享年六十五歲。因出土時墓誌尚清晰完好,可判定無誤,《重慶卷》考證與原墓誌不合。惜未見更清晰的拓本爲證。合葬地"東野",即其妻丁氏葬地"邑城東隅鳳騰穴寅申域"。

[16]室倅:李第先有妻丁氏、張氏,均先公卒,後娶白氏,爲副。

[17]稽疑句:用卜筮決疑。"大中先公"指墓主父,"大中"爲字號。墓主向其父請教後,延請當時在家鄉守喪的舒芹爲師傅,教其二子。《重慶卷》不明文意,斷句有誤,應是"隨公囑其可教","公"指墓主,舒芹依據墓主的囑咐而教其二子。"遭"字,圖版作▨,《重慶卷》誤作"適";"祔",指祔祭。謂新死者附祭於先祖。《重慶卷》誤爲"附"。

[18]窳怠:懶惰;懈怠。"作",此處意爲改變。《禮記·哀公問》:"孔子愀然作色而對曰:'君之及此言也,百姓之德也。'"鄭玄注:"作,猶變也。"

[19]黔中同吏句:"勗",勉勵。《重慶卷》誤釋爲"最"。"恶",慚愧。《方言》第六:"恶,慙也……山之東西,自愧曰恶。"

[20]方期句:"顧乃",却;反而。"方期……顧乃"爲文意轉折。此處文意不明,《重慶卷》斷句有誤。"悰",歡樂。

張秉墓誌并蓋　明嘉靖三十二年(1553)八月十九日葬

(明)冷文煜撰

銅梁區。1949年以後在銅梁縣出土,石現藏於銅梁區文物管理所。誌石高54厘米,寬54厘米。誌蓋亦高54厘米,寬54厘米,陰文篆書,題"大明故邑庠生張篆溪墓誌銘"。誌文正書,23行,滿行31字。

【釋文】

明故邑庠生張篆溪墓誌銘。/

宿山子冷文煜撰。/

嗚呼!煜尚忍銘我篆溪也耶?篆溪自幼學於余,講習為文,乾乾不息,駸然有上/進意。嘉靖己酉,充邑庠弟子員,僉曰:鳳山[1]又儀一鳳矣。余下庚戌第歸,卒業公/署,篆溪復操觚相從,勤勵自覆,未嘗一日廢置。為文少不愜意,及余有訶斥處,/輒用是鬱鬱,雖寢食亦弗寧。乃翁督之頗嚴,甚至弗以面者。一日較藝,有□□/落名在後,而形毀骨立,神備氣沮,若弗能堪。識者知其疢鞠已防於此。然而□/止端詳,形貌蕭散,性氣恬澹,言語沉默,人皆以大用期之。余亦常曰:此張氏之/白眉也。壬子仲冬,余赴禮部試,戒嚴,與篆溪不相值者屢日,訊之,云:篆溪時且/伏枕矣。既余就道,乃力疾寢門[2]。與余為別,余且語以調攝之宜。不三月,余復下/第西還,至陝之岐山,而篆溪凶問至矣。嗚呼!煜尚忍銘我篆溪也耶?

篆溪[3]諱秉,/字性可,篆溪其別號也。先世汴之光州固始人。遠祖[4]張茂三,/國初避兵入蜀,籍於銅之中正里。茂三生原貴。原貴生必榮。必榮生嵩。嵩則余曾/祖母父也。嵩生曾大父翀,翀生大父元慶,俱游邑癢,潛德弗仕。元慶生世封,補/邑廩膳生員。以篆溪蚤喪之故,哀毀過節,幾不能存。母嚴氏。兄簡、策,俱生員;弟/朿,妹一。娶譚氏[5],生子一,名應鳳,篆溪卒之年方一歲有奇。篆溪生於[6]嘉靖壬辰/二月十四日，卒於癸丑二月初六日，俱辰時。諏吉以卒年八月十九日巳時，葬/於祖塋之左。

嗚呼！煜尚忍銘我篆溪也耶？古人有言：令名壽考，不可兼得。篆溪/劬書矢志，既未成厥名[7]，而復夭其天年，吾不能不致怨於真宰也。因繫之以銘。/銘曰：/

玄化冥默，孰尸其權；既畀其才，胡嗇其年。人猶有憾，司成或愆。/珠藏九隧，玉掩深阡。化碧耀光，產松凌烟。慰爾以此，問爾以天。/百世而後，靈爽炯焉。/

兄簡、策，弟束，刻石。/

(《重慶卷》圖184/文363)

【簡跋】

撰人冷文煜，號宿山子，重慶銅梁人，明嘉靖年間進士。《李第墓誌》載其次子李述，聘冷氏，或與其女有關。又明嘉靖三十七年(1558)正二十九日《張文錦墓誌》記載，張文錦長孫張叔琦，"聘邑舉人冷文煜長女"，即其女。萬曆元年(1573)任河南長葛縣知縣，歷任雲南馬龍府(今馬龍縣)知州。萬曆十一年(1583)，由南京戶部郎中升雲南僉事。後歷任雲南按察司、戶部員外郎，誥贈朝列大夫。冷文煜與墓主為師生關係。

【校釋】

[1]鳳山：墓主張秉嘉靖二十八年(1549)充邑庠弟子員，"鳳山"即以銅梁縣北部山名代指銅梁邑名。二十九年(1550)又學於落榜歸鄉在公署任職的冷文煜，勤勵自勉。"覆"，勉力。《尚書·洛誥》："汝乃是不覆，乃時惟不永哉。"陸德明釋文："馬云：勉也。"

[2]寢門：泛指內室之門。古禮天子五門，諸侯三門，大夫二門。最內之門曰寢門，即路門。此處喻為病情加重之意。

[3]篆溪句：墓主張秉，字性可，號篆溪。原籍是"汴之光州固始人"。"汴"，即汴京(開封市)。"固始"，元代屬河南江北行省汝寧府光州；明朝洪武四年(1371)隸南直隸鳳陽府，十四年(1381)改隸河南布政使司汝寧府。

[4]遠祖句:張秉家族譜系中,有遠祖張茂三,明朝初避兵入蜀,定居於銅梁中正里。張茂三生張原貴,張原貴生張必榮,張必榮生張嵩,即冷文煜的曾祖母父。張嵩生張翀,即張秉曾祖父。張秉祖父張元慶、父張世封,爲鄉邑的廩膳生員;母嚴氏。張秉排行第三,有兄張簡、張策,俱生員;弟張束,妹一人。

[5]娶譚氏:張秉娶譚氏,生一子張應鳳,其死時才一歲多。

[6]生於句:墓主張秉生於嘉靖十一年(1532)壬辰二月十四日辰時,卒於三十二年(1553)癸丑二月初六日辰時,葬於八月十九日巳時,享年二十歲。繫聯前文,墓主在嘉靖三十一年(1552)壬子十一月,與赴禮部考試的冷文煜分開後即生病,相別三月後亡。其父尚在,因喪子哀慟不已。葬于祖塋之左,應是墓誌出土地。"諏吉",選擇吉日。

[7]厥名:"厥",圖版作☒,《重慶卷》誤釋爲"其"字。《安子照妻李氏墓誌》第4行"厥後自皇祖考亢登元祐三年進士第",字作☒;《徐善龍墓記》第14行"厥嗣尚幼",字作☒,字形均相似。

陳邦教家族墓誌

收錄《陳邦教妻王氏墓誌》《陳邦教墓誌》二通。

其一:

陳邦教妻王氏墓誌并蓋　明嘉靖三十三年(1554)九月八日葬

(明)譚思撰

銅梁區。1980年7月在銅梁縣絲廠出土,石現藏於重慶中國三峽博物館。誌石高71厘米,寬68厘米,厚5.5厘米;誌蓋亦高71厘米,寬68厘米,厚5.5厘米;陰文正書,題"明故陳母王氏墓誌銘"。誌文正書,20行,滿行20字。

【釋文】

孺人姓王氏,隱士王月桂[1]仲女,邑庠生平洲陳君配/也。孺人性溫靖閑雅,事舅姑以孝聞,蠶績、織絍、縫剪、描刺,不俟假襲。平洲樂群取友,孺人殽核[2]、釀蔬、醯醬、鹽豉,有贈佩之誠[3]焉。儀貌儼默,肩內整肅,無嘻嘻聲,/人每敬憚之。平洲苦學致疢[4],孺人省榻和劑,竭力罄/志。教子耕讀,禁康敦瞿[5],遠邇咸法之。甲寅秋,會堂姒[6]/馮卒,孺人號顧[7]過慟,氣滯損食,體就腰瘠[8]。八月廿八/日停午[9],屬兒輩薰沐,結衾授囑,睜目視平洲,嗚咽泪/數行下,遂終,得壽六十有四。

君子曰:生而能貞,死而/能靈。居有田園,膝有子孫。儲未盡之福,衍慶緒於雲。/仍孺人之行亦烈矣。

子四:孟曰何,娶楊氏;仲曰付,娶/胡氏;叔曰佐,娶張氏;季曰仰,邑庠生,娶李氏。女一,適/賈仲。孫男四,孫女二。以是年九月八日卜葬宅後高/坪。仰生隱其太速,而泣留之。子曰:三月成壙,禮也。奈/何留之耶。仰生曰:腸蝕哉,願得君銘之。/

有都者嬪,亦慎[10]且仁。相夫訓子,善積慶凝。/耕有黃茂,讀有青雲。玉藏輝映,水秀山明。/安斯永斯,千古芳聞。/

縣學生眷晚譚思再拜謹撰。/

不肖哀何、付、佐、仰稽顙泣血勒石。/

(《重慶卷》圖75/文263)

【簡跋】

據《石樟墓親歷記》記載,此陳氏二通墓誌係與李第及其妻丁氏兩方墓誌同時出土,M5爲陳王氏墓,M6爲陳邦教墓。同時還有二墓室M3、M4,無墓誌,且因"從墓頂封土層觀察,M3打破M6的封土,可知M3、M4比M5、M6略晚"①。

墓主王氏卒、葬年,墓誌僅記作"甲寅秋……八月廿八日停午",因先其夫卒,根據

---

① 胡人朝:《明代石樟墓發掘清理親歷記》,載《銅梁文史資料》第10輯,2000年,第210頁。

其夫《陳邦教墓誌》卒於萬曆元年（1573）八月十九日，可推算出其卒於嘉靖三十三年（1554）。

撰文人譚思，銅梁人，明貢生，曾任武昌府訓導。明萬曆十年（1582）曾撰《重修計都寺記》，詠銅梁縣西的宋建普濟院。撰墓誌時尚爲縣學生，"眷晚"，係與"眷生"相對，偏重"晚"，是兩家通婚後，晚輩對姻親長輩的自稱。

【校釋】

[1]王月桂：因是隱士而史籍疏略。"桂"，圖版作[桂]，《石樟墓親歷記》誤作"柱"。墓主王氏，爲其第二女，爲邑庠生陳平洲妻。《陳邦教墓誌》載："公諱邦教，字惟正，別號平洲山人。""配王氏孺人，先公卒。"

[2]殽核："殽"，通"肴"。吃；食用。《詩經·魏風·園有桃》："園有桃，其實之殽。"朱熹集傳："殽，食也。"核，指有核的果品。

[3]贈佩之誠：《詩經·鄭風·女曰雞鳴》："知子之來之，雜佩以贈之！知子之順之，雜佩以問之！知子之好之，雜佩以報之！"

[4]疢：熱病，亦泛指病。

[5]禁康敦罜：意爲教子耕種，不讓土地荒蕪，多讓菜蔬成長。"康"，通"荒"。荒蕪，田地未加整治。《周禮·夏官·大司馬》："野荒民散。"鄭玄注："荒，蕪也。""罜"謂植物根、葉旁生橫出。《詩經·周南·芣苢》鄭玄注引《韓詩》："直曰車前，罜曰芣苢。"

[6]堂姒：堂兄弟之妻。嘉靖三十三年（1554）秋，墓主王氏因堂姒馮氏卒而悲傷過度，在八月廿八日亡，壽六十四，九月八日卜葬宅後坪。

[7]龥：同"籲"，呼告；呼求。

[8]朣瘠：瘦弱；消瘦。《文選·沉約〈齊故安陸昭王碑文〉》："若此移年，朣瘠改貌。"李善注："《爾雅》曰：'朧，瘠也。'與朣同。"

[9]停午："停"，通"亭"，正午；中午。

[10]亦慎且仁："亦"，《重慶卷》誤作"洲"。考圖版作[亦]，且文意對舉。

其二：

陳邦教墓誌并蓋　明萬曆元年(1573)十月十六日葬

(明)李景兆撰

銅梁區。1980年7月在銅梁縣絲廠出土，石現藏重慶市三峽博物館。誌石高71厘米，寬68厘米，厚5.5厘米；誌蓋亦高71厘米，寬68厘米，厚5.5厘米，陰文篆書，題"大明故逸民陳公平洲先生墓誌銘"。誌文正書，34行，滿行48字。

【釋文】

明故逸民陳公平洲先生墓誌銘。/

嗚呼，此我明儒平洲先生陳公墓也。余往年奉命來銅，首詢山林耆宿，而請益多士，同声賢陳公，云：年逾八裘，跧伏負郭，不/迹城市者殆三紀[1]於玆矣。余異之。及就，見公崔髩[2]霜髯，武中規矩，言根理要，望之若神仙中人。乃嘆曰：名下無虛士，公真逸民/哉！癸酉秋，倏聆公訃，偕寮友往吊，甚悲之。甫越月，季子縣學生仰持狀請銘於余，曰："先君謬見與于鄉評素矣，仰不德，乃今而/長逝也。聞之先人有美而弗揚，君子以為不孝，玆狀其行事，冀先生一闡幽光，以昭示不朽。"言既，涕泗交[頤][3]，余亦泣下。吾楚人/，簡玆司外史氏事，志之自我，夫復何辭。

按狀：公諱[4]邦教，字惟正，別號平洲山人，出江州義門苗裔。先有[5]諱省二者，元末避兵，自/河南光州徙蜀瀘。省二子文彬，國初自瀘遷銅之東平里家焉。文彬生志仁。志仁生思謙。思謙生瀾，為縣學生。瀾生琮，則公/父也。配鍾氏。生子四：伯邦珠，仲邦仕，叔即公，季邦直。屢葉畜德未耀。

公生不類凡子，賦性剛明質樸，孝友恭儉，讀書徹了大義。/父遣就鄉進士竹居譚公[6]治《詩》，遂補邑庠弟子員。自是益懋充養，慨然以聖賢實學自勵，力行孝弟。時有鄢、藍倡亂[7]，其父携家/亡命，屬伯子居守。公念兄，從間道歸，與寇值,寇曰:勿懼,汝有异質,弗汝害。至則居第已煨燼矣。盜息,稍事葺理。母鍾氏尋卒。公哀毀骨立,塋厝易戚備至。兇喪未歲,伯兄病且貧,仲兄弃妻子游學於外,季弟少未成立,更有孀姑同居,公皆獨任其養。父憐之曰:得無以家累,墮爾學業乎。公曰:學先於脩身治家耳,功名學之末事也。隨值歲儉,公預為備,親為糶於灌口,歸則殍者枕藉,米價十倍於常,有諷其乘急以要息者,公笑而謝之,兄弟子姓咸籍是以生。已而大疫,人畏相染,無敢近。公率一力,日殣鄰尸,遇可救者,則投以藥石,公家竟亦無恙。

本宗原隸戎伍,會屯田以歲久湮没,承役者甚苦之。公捐貲任勞,親赴督撫稽查,備歷艱辛,始得清復,未嘗責族人以償所費。無何,父遘病,公以身禱弗應,時家尚懸磬,殯葬皆如禮。緣過哀膺疾,服闋,即甘恬退。或勸以比例告養,尚可冀復身家,公曰:諱疾以告養,是枉上也。往役吾分,敢飾詐以避役哉。由是杜門謝客,適志經史,訓迪諸子,不以恩掩義。

自耕讀外,每嚴營利之禁,嘗曰:貧,美事也。甘貧,美節也。人子[8]好貨財,則不孝;人臣懷利禄,則不忠。士不甘貧,無適而可。至形諸講解,必先心學而後舉業,如講賢賢易色章,曰:四者恒性之大,不以學不學而有存亡也。先儒復訊子夏,流弊將至,廢學經傳,其胥失之乎?講君子异於人章,則曰:此甚有裨於初學,宜書之座右,可消客氣。議論弗泥章句,類如此。居家自奉極冲素,而養親雖菽水必盡歡,事繼母喻氏、淳氏,皆不异所生。鰥居廿載,義不畜侍媵。持己雅尚謙抑,絶口不言人過。遇鄉人惟勸以力本,而早輸租賦。一接賢士,則縱談古今得失,有倒浹懸河之風。自謝病後,屏迹不出,雖素厚穿顯者,頻訪亦不報,一時尚行之士,咸翕然争慕效之。

先是,邑侯應城陳公[9]博采輿論,欲隆以大賓,公上書力辭不德。侯令首領肩輿强超之,始應召。鶴慶,王侯繼至,具冠裳肉帛,率寮屬涖其廬。不得已,乃往謝,入城者纔至再旋,嘆曰:吾垂老以虛名取累如此。是歲值賓興,公志慮不衰而氣稍弱,仰遂不敢應試。延及中秋,目仰曰:可及此辰具酒饌,吾將與若叔叙手足誼。饌至,竟不能支。越三日,集子姓申命曰:吾平生無所建立,僅足安貧守拙耳。爾曹勉之,進則殫忠宣猷,追宗伊、吕;退則力田講學,尋樂孔、顔,庶無負爾男/子事也。吾即逝,殮予以布,葬以逾日,題吾墓以逸民,無及我平生志。泪下,遂屬纊。

嗟呼,述公之行,感愴可勝言哉!政衰俗弊,士/無實學,人鮮完德,若公之篤行清節,終始不渝,非絕無而竟有者耶。豈陳氏自胡公受封之後,敬仲、孟公、仲弓、仲舉,德衍祚蕃,/復蘊發于公若此/也,所惜隱而未試耳。然厥嗣方為名儒,而諸孫振振皆廟廊器,則公之福祚流衍,寔月恒日升之會也。天之/報公者/豈其微哉。余既志公之行,因誄而銘之。銘曰:

陳氏之先,長發共祥。中州徙蜀,瓜瓞益繁。偉哉平洲,矯矯亢宗。學先允蹈,/表正士風。惇德葆和,壽躋耆艾[10]。食報於天,光昭祚胤。鳳山之陽,巋然新阡。尚論幽貞,稽我珉編。/

距公生[11]弘治庚戌十月二十三日,卒萬曆癸酉八月十九日,得春秋八十有四。配王氏[12]孺人,先公卒。子四:長何,娶楊氏;付,胡/氏;佐,張氏,繼殷氏;仰,縣學生,娶李氏。女一,適賈仲。孫十二:長善道,娶朱氏;常道,聘某氏;中道,程氏;要道,洪氏;載道,洪氏;達道,/舒氏;相道、近道、仕道、脩道、有道、體道,俱幼。孫女二:長適石鳳鳴;次在室。以十月十七日與王孺人合葬鳳山之原,壬山丙向。

萬曆元年歲在癸酉十月既望銅梁縣儒學教諭、楚隕陽李景兆頓首撰。

孤哀子何、付、佐、仰泣血勒石/

(《重慶卷》圖83/文272)

【簡跋】(因家族關係提前)

撰人李景兆,籍貫是"楚隕陽人",即今湖北省十堰,古稱鄖陽,位於鄂、豫、渝、陝毗鄰地區,秦巴山區腹地,漢江中游。此時為銅梁縣儒學教諭。

【校釋】

[1]三紀:約三十六年。古代用歲星或太歲紀年,十二年為一個週期,稱為一

紀。繫聯前文稱"年逾八衮","衮"通"秩",即十年,墓主陳邦教年過八十,但約有三十六年在其家鄉"跧伏負郭",即踐伏於家門口,貧居於鄉田之中,不至城市。

[2]崔髻:碑版作异體「崔髻」,即"鶴髻"。白色的鬢髮。

[3]交頤:猶滿腮。宋陳亮《祭徐子宜內子宋氏恭人文》:"矧姑鍾愛,涕泪交頤。"圖版作"顧",文意不通,應是誤刻。

[4]公諱諸句:陳邦教,字惟正,別號平洲山人,籍貫"江州義門",即今德安縣車橋鎮義門村,爲陳氏家族的祖居地。與南朝陳氏皇族陳叔寶之弟宣王陳叔明有着密切聯繫。有宋咸平五年(1002)胡旦撰《江州義門陳氏碑記》,是陳氏修族譜的起點。宋嘉祐七年(1062)有奉旨將聚族同處332年之久的義門陳氏分莊天下州郡之事。後文載"豈陳氏自胡公受封之後,敬仲、孟公、仲弓、仲舉,德衍祚蕃,復蘊發於公若此也,所惜隱而未試耳"。胡公,或指胡旦。

[5]先有諸句:墓主陳邦教的先祖陳省二,在元末避兵"自河南光州徙蜀瀘",說明此支義門陳氏在分莊時遷往河南"光州"(今河南潢川縣),後此支陳氏再遷入蜀地瀘州。陳省二子陳文彬,明初自瀘州又遷到銅梁東平里定居。陳邦教的高祖爲陳志仁、曾祖陳思謙、祖父陳瀾、父親陳琮,母鍾氏。還有繼母喻氏、淳氏。有兄弟四人,排行第三,有兄陳邦珠、陳邦仕,弟陳邦直。

[6]竹居譚公:陳邦教被其父遣去就學於鄉進士譚竹居,補邑庠弟子員。譚竹居,鄉進士,治《詩》,史籍疏略。

[7]鄢藍倡亂:即鄢本恕、藍廷瑞在正德三年(1508)起事兩川,流及黔、楚。《明史》卷一百九十四《林俊傳》、卷三百一十《湖廣土司傳》均有記載。陳邦教父陳瓊携家逃亡,讓長子陳邦珠留守銅梁。

[8]人子:此處對舉。"子"前,《重慶卷》釋文脱一"人"字,未能與"人臣"相對,今補。

[9]應城陳公:即陳金,字汝礪,應城人。《明史》卷一百八十七有傳。前文有《劉福墓誌》記載,弘治十四年(1501)陳金任雲南巡撫都御史,有和貴州守臣合兵討普安米魯之事,并請劉福至雲南相助。

[10] 耆艾:老人的通稱。《漢書·武帝紀》:"然則於鄉里,先耆艾,奉高年,古之道也。"

[11] 距公生句:陳邦教生於弘治三年(1490)庚戌十月二十三日,卒於萬曆元年(1573)癸酉八月十九日,春秋八十四。十月十七日與王孺人合葬鳳山之原,比落款"萬曆元年歲在癸酉十月既望立石",早兩天。

[12] 配王氏諸句:陳邦教妻王氏,封孺人,早於其夫在嘉靖三十三年(1554)秋八月廿八日亡。《王氏墓誌》記載有四子:陳何,娶楊氏;陳付,娶胡氏;陳侁,娶張氏;陳仰,邑庠生,娶李氏。女一,適賈仲。有孫男四人,孫女二人,未記載名諱。陳邦教在喪妻後"鰥居廿載,義不畜侍媵"。記載子嗣時基本相同,又有補充。"子四","四",《重慶卷》誤釋爲"曰"字,圖版明作 ▨。陳邦教卒時,補充了子輩中陳侁,娶張氏,後繼殷氏;孫輩已經繁衍衆多,有十二人。長陳善道,娶朱氏;陳常道,聘某氏;陳中道,聘程氏;陳要道,聘洪氏;陳載道,聘洪氏;陳達道,聘舒氏。還有六孫:陳相道、陳近道、陳仕道、陳修道、陳有道、陳體道,均年幼。孫女二人:長適石鳳鳴;次在室。

張文錦家族墓誌

收錄《張文錦墓誌》、《張文錦及妻沈氏合葬墓誌》(以下簡稱《合葬墓誌》)、張佳胤子《張叔珮墓誌》三通。墓主張文錦之子張佳胤,《明史》卷二百二十二有傳,然不詳其家世、生年等。二墓誌所記甚詳,可補史闕。據《四川銅梁明張文錦夫婦合葬墓清理簡報》①(以下簡稱《張文錦墓葬簡報》)發布實物考證,張文錦卒時其子張佳胤任兵部職方司主事,後爲兵部主事,正六品;其母卒時,官階已升至都察院右副都御史,正三品,其父母墓葬中陪葬的兩套的儀仗俑可反映明代官員官階制度、隨葬制度等。

---

① 葉作富:《四川銅梁明張文錦夫婦合葬墓清理簡報》,《文物》1986年第9期,第16—26頁。

其一：

張文錦墓誌并蓋　明嘉靖三十七年(1558)正二十九日葬

　　銅梁區。1982年2月7日在銅梁縣巴川鎮修建巴川中學校舍時出土，石現藏銅梁區文物管理所。誌石高53厘米，寬74厘米，厚6厘米；誌蓋亦高53厘米，寬74厘米，厚6厘米；陰文篆書，誌蓋題"明故待封君南溧張公墓誌銘"。誌文正書，32行，滿行30字。

【釋文】

明故待封君南溧張公墓誌銘。/

　　張氏之先[1]，黃帝第五子青陽氏生揮，為弓正，主祀天弧星，因錫姓張氏。莊周□/七聖皆迷，有張若，偕隰朋前馬，允協青陽、天弧之證，何姓氏書不能原其初，而/以張孟談為始乎？孟談而下，歷漢唐而迨今，名賢總總，不可縷數矣。銅梁之張[2]，自楚/孝感而徙，名洪者，生子曰天性，偕室胡，避亂入蜀，樂銅梁之僻沃，家于呂奉里/而廬焉。天性生瑛。瑛生迴，娶于汪邑進士源之孫女、宋翰林學士浮溪公藻之裔/也。迴生曰巽，號守拙居士，娶劉氏，是生南溧公，諱文錦，字素卿。

　　初守拙公四裹[3]/未有嗣，禱于邑神威烈趙公之祠，是夕，夢空中有猛炬降其脊[4]，寤而占曰：火象/文明，位值丙丁，將以丙丁歲育子光後乎？果以丙寅生南溧公。公生穎拔，殊凡兒。/五齡善屬對，動止如老成人，鄉間咸異目之。邑宰武功吳公[5]，聞而召見，提抱中/觸景屬對，應聲如韻，曼不奇賞。八歲，授毛氏經，凡書，目所一見，輒誦于口，耳所/暫聞，不忘于心。肆筆為進士業，文思泉涌，一由衷發，不襲陳陳相因之言。後補邑/廪膳弟子員，凡董學政[6]諸鉅公，皆首列其名。邑之子弟若鄰壞，爭負笈以從，講/下成名輿為多焉。然性剛直負氣，恥與豪貴相徵逐。家政嚴若公府，遇事英論/霆施淑懸，黑白甚晢不苟合。重然諾，周急難,面折不能容人之過,每見時政不/協,輒瞋蹙咄咄不平,曰:吾恨命蹇,不能剪刷,若輩為國張義幟耳。挾策凡十上,竟/以賫志,亦不色愠,自卜天厄,非人事也。晚年,一丘一壑之志尤切。暇日携觴操/觚,吟咏自適,為詩刻尚風骨,有《南溧遺稿》[7]藏于家。尤輕財好客,一方名公,毋不/唱和往還。

配沈氏[8]。長宗胤,生于丙戌,娶謝氏。次佳胤,生于丁亥,娶向氏。時守拙/公毋恙,乃抱孫而語之曰:吾數十年前之夢,豈惟驗汝身,兼驗二孫,亦光吾祚/哉。宗胤始業儒,移以學醫,以例授太醫院醫官。佳胤舉庚戌進士,任兵部職方/司主事。

公生[9]正德丙寅四月二十三日,卒嘉靖丙辰三月七日,享年五十有一。/孫男五[10]:長叔琦,聘邑舉人冷文煜長女;次叔琈,聘邑生員向宰仲女;叔珮,聘邑/舉人舒九齡仲女;叔珊、叔瑾。孫女二:長許邑生員邢第仲子,次尚幼。

卜戊午正/月廿九日葬于城西飛鳳山之陽。職方君不遠千里,躬至江陽,來徵愚銘。愚雖/未識公,而公作《昭君曲三解》見寄,神交久矣,銘曷宜後。其辭曰:/

閬、白二水文且緻,曲折三回象巴字。巴川之岳矗而峙,蘅英孕秀迥以异。有美/南溧才且藝,含章括囊古藏器。叢蘭欲脩風雷實穗,井渫行惻竟賫志。非此其身/在其嗣,恩綸龍光幽室賁,靈陶深鍥詞匪愧。/

賜進士及第第一人前翰林院脩撰/經筵講官同脩國史成都楊慎撰并篆。/

孤子宗胤、佳胤泣血稽顙刻石。/

(《重慶卷》圖77/文266)

【簡跋】

撰文并篆蓋者楊慎,前文已有考釋。撰本墓誌時官:賜進士及第第一人、前翰林院修撰、經筵講官、同修國史等。

刻石人為張宗胤、張佳胤兩兄弟。

明

【校釋】

[1]張氏之先句：追述先祖之辭。"弓正"，古官名。掌製作弓箭。"天弧"，星名。亦稱弧矢，屬於南方七宿中的井宿。主兵盜。"莊周"，即《莊子·徐無鬼》："黃帝將見大隗乎具茨之山，方明爲御，昌寓驂乘，張若、諿朋前馬，昆閽、滑稽後車……"此處引《莊子》中的張若爲張氏之祖。"隰朋"，是"諿朋"的訛誤。"天弧星"，圖版作 [圖]，《重慶卷》誤釋"無弧"，形近誤。"張孟談"，戰國時趙國人，趙襄子謀臣。

[2]銅梁之張諸句：銅梁張氏原籍爲湖北孝感，有先祖張洪，生子張天性，妻胡氏，避亂入蜀，居於銅梁呂奉里。張天性生張瑛；張瑛生張迥，妻汪氏，爲邑進士汪源孫女，宋翰林學士浮溪公汪藻後裔；張迥生張日巽，號守拙居士，娶劉氏，生張文錦，字素卿，號南滦公，即墓主。《合葬墓誌》記載家族譜系相同，張文錦父張日巽，號守拙居士，係因"學舉進士業，不成乃罷之，躬耕"而得名。

[3]四袠："袠"通"秩"，"四袠"，即年四十歲。宋·王楙《野客叢書·開八袠》："以十年爲一袠，其說見白樂天集中。"

[4]降其脊："降"下《重慶卷》衍一"生"字。此處記墓主誕生的奇事過程，以喻其天降英材之意。

[5]武功吳公句："邑宰"吳公，即吳宏業。據光緒《銅梁縣志·職官》載，雲南人，進士，萬曆間任銅梁知縣。"提抱"，借指嬰幼兒。"觸景屬對，應聲如譻"，"譻"，《重慶卷》誤釋作"韵"，圖版作 [圖]，是爲"譻"，即"響"的异體字，漢《史晨碑》有此异體。應聲如響，比喻對答迅速，反應極快。出自《管子·任法》："然故下之事上也，如響之應聲也；臣之事主也，如影之從形也。"此事《合葬墓誌》記吳公稱讚之語："矯哉張童子，何如昌黎公所稱。"

[6]董學政：主持學政的高官們。祝允明《植本堂銘》有"或董學政，或資衡文"。

[7]《南滦遺稿》：是爲墓主文集。後文還有"愚雖未識公，而公作《昭君曲三解》見寄，神交久矣"，有佚作一首。《合葬墓誌》載："公有《南滦稿》《詩經說》，藏於家。"均未見史誌著錄。

[8]配沈氏諸句:即《合葬墓誌》中的墓主沈氏,爲張文錦育有二子,其中長子張宗胤,生於嘉靖五年(1526)丙戌,娶謝氏。由儒轉醫,以例授太醫院醫官。次子張佳胤,生於嘉靖六年(1527)丁亥,娶向氏,嘉靖二十九年(1550)庚戌進士。其父張文錦卒時,任兵部職方司主事。

[9]公生句:張文錦正德元年(1506)丙寅四月二十三日生,嘉靖三十五年(1556)丙辰三月七日卒,享年五十一歲。兩年後,即嘉靖三十七年(1558)戊午正月廿九日葬於城西飛鳳山之陽。《合葬墓誌》稱"南溧張公,卒嘉靖丙辰二月六日,升庵先生銘其墓","三月七日"與"二月六日",在具體日期上有出入,原因不明。

[10]孫男五句:除了張叔珊、張叔瑾二孫輩不合,其他均與《合葬墓誌》相同。或因夫妻二人卒年間隔二十年,孫輩記載不一,有此二孫屬于早卒者。

其二:

張文錦暨妻沈氏合葬墓誌并蓋　明萬曆五年(1577)十二月二十日合葬

(明)陳以勤撰文,曾省吾篆蓋,王世貞書丹

銅梁區。1982年2月7日在銅梁縣城關出土,石現藏銅梁區文物管理所。誌石高69厘米,寬69厘米,厚10厘米;誌蓋亦高69厘米,寬69厘米,厚10厘米,陰文篆書題"皇明誥贈中憲大夫都察院右僉都御史南溧張公暨配封太恭人沈氏合葬墓誌銘"。誌文正書,46行,滿行44字。

【釋文】

明誥贈中憲大夫、都察院右僉都御史、南溧張公暨配封太恭人沈氏合葬墓誌銘。/

賜進士第、光祿大夫、柱國、少傅、兼太子太師、吏部尚書、/武英殿大學士、知制誥、同知經筵、總裁國史、南充陳以勤撰。/

賜進士、正議大夫、兵部右侍郎、郢中曾省吾篆蓋。

賜進士、正議大夫、南京大理寺卿、吴郡王世貞書丹/

南溧張公,卒嘉靖丙辰二月六日,升庵先生銘其墓,越十七年,以子貴[1],贈中憲大夫都察院右僉都御史。又四年,/為萬曆丙子十二月六日,配沈太恭人卒。都憲君聞訃于官,援甲令請恤,/上特諭祭太恭人以及公,瑩哀矣。而奔歸道嘉陵,則手一編,詣余曰:是為兩尊人遺行[2],惟門下憐而賜之合葬之銘,/規信於世不朽也。都憲君後余升朝,余雅所重,敬好有年矣,于其托固不可辭。志曰:

公諱文錦,字素卿,南溧其自/號云,上世楚孝感人。元末曰天性者,避兵入蜀,三徙而始籍銅梁。天性生瑛,瑛生迥,迥生日巽,世以質行稱而不/顯。日巽娶于劉,學舉進士業,不成乃罷之,躬耕,號守拙居士。守拙公逾四十無子,禱于神,見异鳥翔姓上,曰:神命/之矣。筮之,為宜男之祥。劉乃遂腹公。公生而神宇秀苗,顧屬然骨立,五歲不能言,一日忽指大父像誰之。守拙公/曰:而祖也。公曰:奈何田舍家服耶？守拙公心异之。自是口授上古書記,輒誦不忘。邑令吴聞而延見,試以駢儷語,/占對如泉,□辭鏘美,吴令驚戲曰:矯哉,張童子,何如昌黎公所稱。守拙公為致塾師,則好發難,難其師,師不能當,/數謝去。守拙公持杖扶之曰:孺子何知,令而先生謹避。公曰:避者不師,師者不避也。守拙公笑,釋杖起,更令從胡/賓嶽[3]游。胡故以説《詩》為名高者,居久之,盡得其師授,文譽日葰。起補子弟員,食廩縣官,為學憲使[4]甬東□公、莆陽/顧公所藻賞,學者語曰:操觚英英張素卿。公既試,屢北[5],乃撫卷慨然曰:大丈夫磊磊,若此以一第械促何為。遂稍/厭訓詁家言,取《左》《國》《史》《漢》諸書,下帷俯首讀,務鈎潛抉精。為文衮衮千餘言,衍麗閎肆,不詭于道;詩歌瀟遠,有凌/雲意致。與升庵、方洲兩太史[6]友,論議相上下,兩太史每得公撰著,輒嘆:飛將軍無奈數奇[7]何？公居嘗挾策,誦古人/風義事,勃勃動顏色,恨不以身試。少讀書龍歸山寺[8],故為宋名臣度正墓基,度氏微而僧反宮之。公行業薄聞,見/石碣言甚具,乃帥諸生上書監司,得春秋祠。其後,夢一大人,擁衣冠,稱謝去。公為人廓落夷易[9],洞無城府,然豪俊/自喜,少所屈下。即儒者居約服食,鮮腆都雅,類穿貴人,橐中裝日削,以奉客為高會,酒酣,鼓掌盱衡[10],雄談霏雪。當/其得意,橫睨宇宙,氣岸軒軒,人莫之測。暇則放浪山水,狂歌孤咏,翛然氛埃鞁塵之表,視尊官富厚蔑如也。

其治/父母葬地,旁斥墓道,圖度甚壯,嘗謂:不可令有司他日無容車馬地,蓋所存綽遠矣。公始配張,避同姓,姑劉令其/大歸[11],而繼太恭人。太恭人父曰沈嶽[12]。少明慧有姱志,受《孝經》《女誡》,通大指,父愛之甚,曰:女當貴,必不妄予庸子。會/公來委禽[13],而沈之戚固靳之,謂:張氏姑難事也。父曰:非姑難,而婦者難,吾女能婦矣,況張生嶽嶽奇士哉。太恭人/歸,姑愈欲嘗之,則一切操檢押太恭人,蚤夜瞿瞿,爨燴糕糍,刀尺紉績,無銖髮不稱姑意,而姑乃更安之,謂新婦/賢善事我。太恭人既任家秉,幹理毛密,躬無重珥之玩,兼肉之御[14],浣滌蔬櫺以為常。既老矣,猶自辟纑[15],親米鹽事,/手皸肌瘃,不休也。其劬約出天性云。蓋都憲君所狀略如此,而君又謂余:不肖始受章句,公拊之曰:吾家世有隱/行,必子也,耀吾宗者,辟之服田,吾種之,子穫之矣。不肖稍奮力學,太恭人往往斥奩盍佐饘粥之不繼,夜則登機/擲杼,時顧之曰:子續業當如是。言琅琅在耳也。不肖之尹[16]滑也,當塗方以賄走天下。公貽書曰:士重始進,如好錦/裳,稍有點缺,補濯難矣,慎之哉。時太恭人就養治所,不肖出而理筐篋,入而奉潝瀡,太恭人必問獄平反幾何。屬/歲饑布賑,則日問糜活幾何。蓋不肖之少底于立[17],長而稍有績于官者,兩尊人教也。

嗟乎,以公材藝,允其受,青雲[18]/可契,取顧閔焉,以蓬藋終紲矣。然其醞籍菁華,植奇蹈義,雖于世晻汹,而潛輝內暎,倘亦楊仲柏、譙元彥之流[19]乎!/都憲君[20]光纂厥遺,陟于融廡,亡論已至,如語述作,則刻意師古,必欲引諸繩墨,所居官,建竪掀揭,不為纖趨,又大/類公操,無乃其淵源然哉。

太恭人于夫為良相,于子為嚴君,彬彬足稱女士之林矣。公生[21]正德丙寅四月二十三/日,卒年五十一。太恭人生弘治戊午九月十八日,卒年七十九。子二[22]:宗胤,例授太醫院醫官,張出,而育于太恭人/者也,娶謝氏,側室汪氏。佳胤,舉庚戌進士,任都察院右副都御史,巡撫保定、提督紫荊等關,功用未艾,太恭人出,/娶向氏,封恭人。側室趙氏、火氏。孫男七,孫女七。宗胤生叔瑆,生員,娶向氏;女二:長適生員邢如鶴,次適生員淳師/周,俱謝出,蚤卒。叔瑄,聘段氏;

428

女二：長許聘淳師皋，次許聘舒倪曾，俱汪出。佳胤生叔琦，娶冷氏；叔珮，娶舒氏；叔璽，/娶高氏，俱生員；女一，許聘高元之，俱恭人出。叔珂，聘高氏；叔環，聘氏；女一，許聘高任之，俱趙出。少女懷姐，火出。/曾孫男四，曾孫女五。叔琦生述哥、福哥；女三：長許聘邢文錫，次許聘童可益，次許聘高伯召。叔珵生補哥；叔珮生/女二，俱幼。叔璽生起哥。

公有《南溧稿》《詩經説》，藏于家。都憲君以萬曆五年十二月二十日，奉太恭人與公合墓[23]，在/飛鳳山之麓。銘曰：

冶有鑄匭，彼銍孰啟之，而識其為鏌鋣干將。和有璞韞，彼良孰治之，而名其為圭璧琮璜。固知/神物難隱，懿寶必光。無亦天靳其始，谿其後昌。耶！飛鳳之崗，有封若堂，蔚何蒼蒼。始惟儷德之藏，奕奕乎張。/

不肖孤哀子宗胤、佳胤等謹泣血刻石。/

(《重慶卷》圖87/文278)

【簡跋】(因家族關係提前)

撰文人陳以勤(1511—1586)，字逸甫，號鬆公，一號青居山人，南充(今南充市)人。嘉靖二十年(1541)進士。選翰林院庶吉士。二十二年(1543)授檢討，充太子講官、昇修撰、司經局洗馬兼侍讀、禮部尚書，吏部掌詹事府，兼文淵閣學士，累加少傅。有《青居山房稿》行世。《蜀明詩》録有其詩。《明史》卷一百九十三有傳。撰本墓誌時歷官：賜進士第、光禄大夫、柱國、少傅兼太子太師、吏部尚書、武英殿大學士、知制誥同知經筵、總裁國史。

篆蓋人曾省吾(1532—?)，字三省，號確庵，晚年自號恪庵。嘉靖三十五年(1556)丙辰科進士。隆慶末年，以右僉都御史巡撫四川。萬曆元年(1573)，四川敘州土司都掌蠻叛亂，曾省吾薦劉顯率領官兵十四萬出征。萬曆三年(1575)六月，升兵部右侍郎。曾撰萬曆十年《功宗小記碑》。《明史》有零星記載，但無傳，也無墓誌出土。本墓誌載歷官：賜進士、正議大夫、兵部右侍郎。

書丹人王世貞(1526—1590)，字元美，號鳳洲、弇州山人，吳郡太倉(今屬江蘇)人。明嘉靖二十六年(1547)進士，累官至南京刑部尚書。與李攀龍同爲"後七子"首領。有《弇州山人四部稿》等。《明史》卷二百八十七有傳。墓誌載：賜進士、正議大夫、南京大理寺卿。

【校釋】

[1]以子貴句：自張文錦嘉靖三十五年(1556)卒後，又十七年，至萬曆元年(1573)，因子張佳胤貴爲"都憲君"，追贈張文錦官職爲中憲大夫都察院右僉都御史。又四年，即萬曆四年(1576)丙子，張文錦妻沈氏卒。

[2]遺行：指死者生前的品行。"兩尊"，指父親、母親。

[3]胡賓嶽：銅梁人，約在明世宗時活動，善治《詩》。同治《東湖縣志》卷十二秩官志訓導下收錄①。

[4]學憲使：據明郭子章《重建儒學記》記載"兩京設提學御史，省設提學憲使"，即縣學中的學官。"甬東"，現浙江舟山市，在海中，爲春秋越地舊名。"莆陽"，即今福建省莆田市，位居閩中，古稱興化，又稱莆仙。□公、顧公，名諱不知，所指即《張文錦墓誌》中的"凡董學政諸巨公"。

[5]北：敗，敗逃。《左傳·桓公九年》："鬭廉衡陳其師於巴師之中，以戰，而北。"後借指科舉考試失利而落第。

[6]兩太史：指《張文錦墓誌》撰人楊慎(字升庵)與趙貞吉(號方洲)。前文有考釋。張文錦與此二人爲友，相互切磋。

[7]數奇：指命運不好，遇事多不利。《漢書·李廣傳》："大將軍陰受上指，以爲李廣數奇，毋令當單於，恐不得所欲。"顏師古注："言廣命隻不耦合也。""飛將軍"即李廣。喻張文錦運氣不佳，屢次科考失敗。

[8]龍歸山寺：原在銅梁是宋名臣度正墓地，後被寺院占用。據道光《重慶府志》記載，銅梁縣南龍潭子有宋禮部侍郎度正墓；在學署右，有明贈兵部尚書張文錦墓；在崌崍山有太子太保張佳允墓。"允"爲"胤"避諱用字。

[9]夷易：平易，平正。

[10]盱衡：揚眉舉目。

[11]大歸：謂婦人被夫家遺棄，永歸母家。《左傳·文公十八年》："夫人姜氏歸於齊，大歸也。"

---

①西陵區地方志辦公室等整理：同治《東湖縣志》續修本，宜昌雅江印務有限公司，2012年，第153頁。

[12]沈嶽：墓主太恭人沈氏之父，史籍疏略。其女即墓主沈氏，自幼明慧而有美好的志向。"姱志"，即美好的志向。

[13]委禽句：下聘禮。古代婚禮，納采用雁，故稱。《左傳·昭公元年》："鄭徐吾犯之妹美，公孫楚聘之矣，公孫黑又使強委禽焉。"杜預注："禽，雁也，納采用雁。""靳"，拒絕；阻攔。

[14]兼肉之御："兼肉"，二種肉食。語出《尸子》卷下："晋國苦奢，文公以儉矯之，衣不重帛，食不兼肉。""御"，使用。此句與前文"躬無重珥之玩"，即墓主沈氏無昂貴的飾物，對舉行文，說明沈氏持家有方，非常簡樸。

[15]辟纑：績麻和練麻。謂治麻之事。《孟子·滕文公下》："曰：'是何傷哉。彼身織屨，妻辟纑，以易之也。'"趙岐注："緝績其麻曰辟，練其麻曰纑，故曰辟纑。"

[16]不肖之尹諸句：指官場上爾虞我詐之事。張文錦屢屢告誡其子張佳胤不可學；其母沈氏也照顧里外起居，詢問其執政利民之績。"滫瀡"，本指古時調和食物的一種方法。用植物澱粉拌和食物，使柔軟滑爽。語出《禮記·內則》："菫、荁、枌榆，免薨滫瀡以滑之，脂膏以膏之。"後指柔滑爽口的食物。

[17]底于立：引致，達到。《左傳·昭公元年》："底祿以德。"杜預注："底，致也。"

[18]青雲：喻高官顯爵。與"蓬藋"對舉，蓬草和藋草。

[19]之流句：楊仲柏，即《華陽國志》所載馮景（字叔宰）少師事的楊仲柏。譙元彥，《文選》收錄桓溫撰《薦譙元彥表》。孫盛《晉陽秋》載："譙秀，字元彥，巴西人。譙周孫。性清，不交於俗。李雄盜蜀，安車徵秀，秀不應，躬耕山藪。桓溫平蜀反役，上表薦秀。"以此二人代指不仕之高儒。

[20]都憲君句：贊張佳胤繼承祖先遺志，走向光明的仕途。"纂"，繼承。《禮記·祭統》："子孫纂之，至於今不廢。""融"，顯明，昌盛。"膴"即膴仕，高官厚祿。《詩·小雅·節南山》："瑣瑣姻亞，則無膴仕。"毛傳："膴，厚也。"鄭玄箋："瑣瑣昏姻妻黨之小人，無厚任用之，置之大位，重其祿也。""亡論"，暫且不說，不必論及。

[21]公生句：張文錦生於正德元年(1506)丙寅四月二十三日，嘉靖三十五

年(1556)丙辰二月六日卒,年五十一歲;太恭人沈氏生於弘治十一年(1498)戊午九月十八日,萬曆四年(1576)丙子十二月六日卒,年七十九歲。夫妻相隔二十年先後而亡。

[22]子二諸句:記載張文錦子嗣後代至曾孫輩,較《張文錦墓誌》詳細很多。長子張宗胤,爲張文錦原配張氏所出,被沈氏養大,例授太醫院醫官;娶謝氏、汪氏。謝氏夫人生一子張叔理,生員,娶向氏,即《張文錦墓誌》中的"邑生員向宰仲女";二女:長適生員邢如鶴,次適生員淳師周。早卒。汪氏夫人生一子張叔琯,聘段氏;二女:長許聘淳師臬,次許聘舒倪曾。

張佳胤,爲沈氏出,嘉靖二十九年(1550)庚戌進士,早年其父卒時"任兵部職方司主事",此時已經升至任都察院右副都御史,巡撫保定、提督紫荆等關。紫荆關,在河北省易縣西北的紫荆山嶺上,又名五阮關、子莊關行。因位於居庸關與倒馬關二關之間,合稱"內三關"。"未艾",未盡,未止。《重慶卷》訛作"夫艾",不辭。圖版明作禾。張佳胤娶向氏,封恭人,又有側室趙氏、火氏二妻。向氏夫人生四子,俱生員。長子張叔琦,娶冷氏,即"邑舉人冷文煜長女";次子張叔珮,娶舒氏,即"邑舉人舒九齡仲女";三子張叔璽,娶高氏。還有一女,許聘高元之。趙氏夫人生張叔珂,聘某氏;張叔環,聘某氏,因"氏"前原刻未刻,姓氏不明。還有一女,許聘高任之。還有火氏夫人有一小女,名懷姐。張文錦夫妻的孫輩人數計有孫男七、孫女七。這還不包括張文錦卒時還尚在的二孫張叔珊、張叔瑾二人在內。

此時,張文錦夫妻的曾孫男四人,曾孫女五人。其中,張叔琦生述哥、福哥;女三人:長許聘邢文錫,即"邑生員邢第仲子";次許聘童可益;次許聘高伯召。張叔理生補哥;張叔珮生一女,俱幼。張叔璽生起哥。均爲小名。

[23]合葬:萬曆五年(1577)十二月二十日張佳胤將其母太恭人沈氏與張文錦合葬在飛鳳山之麓,即《張文錦墓誌》中所載的"城西飛鳳山之陽",在今銅梁區西。

其三：

張叔珮墓誌并蓋　明崇禎六年(1633)某月一日葬

(明)佘自強撰文，晏春鳴書丹，李長德篆蓋

銅梁區。1973年1月在銅梁縣土橋鄉出土，石現藏於銅梁區文物管理所。誌石與誌蓋均高112厘米，寬62厘米，厚12厘米；誌蓋右側陰文篆書3行，題"皇明鄉貢進士蔡蒙張老先生行弍府君墓誌銘"；左側邊款識2行，隸書，"孝子張繩孫、孝孫張心潛，李長德篆蓋。孝女張室馬，孝曾孫張驎之仝泣血立石"。誌文正書，40行，滿行101字。

【釋文】

明歲進士張公蔡蒙先生墓誌銘。／

賜進士第、中憲大夫、巡撫延綏、都察院左僉都御史通家弟佘自強撰文。／

賜進士第、中憲大夫、分巡冀北道、山西按察司副使、前廣東道御史通家晚生晏春鳴書丹。／

賜進士第、文林郎、江西撫州府推官、前禮部儀制司郎中、眷晚生李長德篆蓋。／

萬曆乙卯[1]春正月日，張蔡蒙先生捐館。時余方奉先大夫諱屏居墓田，不及訣，僅從二三友人後，一再哭先生於帷堂。越明年丁巳，余出，飭兵雲中，旋聞獲吉兆於六嬴山下牛角沱，以戊午春季掩玉矣。己未春，先生之坦君[2]馬翹思士驎、從子張德孺順孫／上公車[3]，遣書若幣來請志銘，謂余：知先生且不習諛墓詞，其可徵信永永。及冬仲，以先生弟墀諫叔珂[4]所為狀來。嗟乎，知余莫如先生最畜，則知先生宜莫如余最深者。

憶余應童子試郡中，稚而椎，文無從得指授，先生偶見所作帖括語[5]，輒大賞異，曰：若難童子試／耶，即博士弟子中，安能久若。時少保公以中丞休沐里居，問

訊先生:諸少年孰當僑盼？先生云:有余某者,雖鄉人子,未易才也。少保公頷之曰:名下無多士,是生乃當吾平子知耶。少保公者,先生父,光禄大大、太子太保、兵部尚書,贈少保,著殊勳南北,以文名嘉、隆/七子[6]間,海内所稱崛崍先生者也。是時,先生負名士聲,不輕許可,余竊自念,何由不負先生之目,以不辱少保公之耳,迄今四十餘年如一日也。

余故莊先生,不欲講鉤禮[7],而先生愛余特甚,杯酒過從,披肝濡首,幾同爾汝交。先大夫邑居可一載,先生起居之使與/分甘以餉者相屬也,寒暑之不戒,問藥餌於先生所,若取諸宫中。先大夫褥簀間,日得先生慰藉之迹一焉。此復何殊戚戚兄弟矣。是役也,安敢以不文辭,且有埋諫之狀在。

先生名[8]叔珮,字埋步,别號蔡蒙,少保公之元配封一品夫人向出也。生而秀穎,异凡兒,眉/目如畫。既長,長身玉立,白皙豐下,美髭髯,高視雅步,目屬者以為公輔器。自其就外傅時,日誦百千言,援筆破數紙,無凡語。少保公奇之,曰:是兒真能讀父書者。時邑中士所業,不過諸儒生言,少保公既以詩文闌入[9],王、李、杜中,即紛云簿牘,不廢丹鉛。家藏古文异/書甚夥,先生盡取讀之,每笑博士家習於塵腐餖飣[10],至謂古今文不相入,如枘鑿夫已,則無所取裁。乃以古人詬厲,故先生邃千古而益工于今。

初就有司試,督學使者管公[11]慕雲得先生卷,署牘尾曰:何物生,乃能作歸震川語？置高等。先是[12],歸公判順德,少保公按/察天雄,絶不以屬吏遇之,命先生北面請業,惟歸公亦謂先生我輩人也。歸公雅以制義[13],擅一世名,乃管公意,而中人皆服。管公得先生奇,先生為管公所得异。時督學[14]如五岳陳公、夢菊郭公、青螺郭公、近暘曹公,咸負人倫鑒,先後拔先生置第一。其在天雄,南樂/魏公崑溟方以文噪,先生與朝夕切劘,即魏公不能不推先生矣。而浙士[15]如錢公心卓、王公九逵,皆知名當世,先生與角藝不相下。徐公華陽、茅公鹿門目為三隽[16],乃膺選貢入太學,得盡交天下士,試輒詘士之在太學中者。時少保公佐樞政,大司成周公[17]每晤,語/曰:令子便當通籍金馬,恐終未應拜乃公後正須隔以屏風耳。其為通人賞識如此,然竟不第。當己卯秋,幾第[18]矣,又以初場一二字見謫,主者報罷。巴令芝陽張公,每舉先生表聯中語告人曰:風檐中有如此才而不逢世,吾不復言文。先生于文戰,即時有利鈍,少/保公諰諰慰勞[19]先生曰:吾終不以莫為莫致者望女。

　　自先生從少保公更中外,久益明習國朝掌故,凡時政張弛、人物權衡、以至兵戎利害,咸究極要領,而通識機警,有所決策,動中肯綮,少保公每遇大機務,心計已定,呼先生問:意所欲出？先生具以指白,少保/公未嘗不首肯也。兩浙兵變[20]起,少保公奉/中旨往撫之,單車疾驅,獨挾先生以從,曰:幕府即拔尤,竟安能逾吾子者。末入臺,而杭有市民亂,少保公以兵靖亂民,而徐誅兵之為亂魁者,詳具王弇洲先生《定變志》[21]中。當是時,亂民勢且燎原,而反側子匿刃在肘腋間,不能無自疑。如弇洲所云:速而能審,緩而能/密者,少保公;神略固然,顧於時無一人參帷畫者,獨先生耳。將行法之先一日,凡榜檄坐除諸主名,皆先生手書,甫訖事而揭之,通衢戟門內外,無一人知者。嗟乎,此亦速而審,緩而密之一端也。

　　少保公召還,理戎政,令先生歸曰:非爾不能使我无內顧。先生歸,/持家法斬然,戒舍中兒勿與戶外事,小不若,輒收治無所縱。少保公尋晉本兵[22],益貴重用事。先生謝絕一切,逸居間者,間有以莫夜之金來,先生遜謝之,曰:受國恩厚,不至虞朝夕無事,此且吾大人不家于官,而吾乃官于家哉,愧無以為子德。少保公聞而喜曰:/吾固知若之能安家於官也。少保公解組歸,公固壯武饒勝情,又邑中山水森秀,先生日侍杖屨,築圃疏池,時延二三老友,把酒命弈,談說少年時事。少保公每倚醉賦詩,顧謂先生曰:自吾為縣官,馳驅南北,擲身戎馬,即如浙之役,女親所見,何意復有茲丘壑,/乃今丘壑得女而成,其為我有,且二年所。少保公感末疾不起,先生痛不欲生,諸所為襄大事者,戚也,而衷于禮。先生念少保公病時,決脉進劑,惟醫之是聽,甚歉,于為人子,乃盡讀諸為軒岐氏書,輒妙得其旨,以當病,無不立起,乃益儲善藥物,待邑之不能具藥/者,謁方請劑,戶外履恒滿矣。先生事向夫人謹甚,恒恐以少保公見背故,傷夫人心,每風日清美,扳輿奉游,閒及微時操井臼[23]事,故為談詞,向夫人輒一破顏。夫人舊苦膝病,進一刀圭[24]而愈,先生曰:吾今愈悔向之不習醫也。向夫人後二年亦逝。先生瘠毀,有加於/喪少保公時。

先生孝友天植,内行淳備,事伯父母無異于父母,未嘗以少保之存没為隆殺。大母黨[25]沈、及母黨向,待以舉火者若而人。伯兄崑洞[26]以執金吾久京邸,家衆之留里中者,先生董以家法,如少保公官長安時,曰:所不没吾身,而使吾兄内顧者,先君子之/言在耳也。若仲弟鎮遠守墀信與墀諫,日夕團圞,兄酬弟勸,終身無間言。今鼎貴家比比相尤,以視先生何如也。先生既數躓場屋[27],歲丙午遂謝不就試,曰:凡吾所為,矻矻不休,冀得一當以無負吾父,而信知己者之目,事乃有不可致詰者已矣。今而後,益信莫為/莫致者之無如何矣,吾亦為吾所可為者耳。

居恒深念先君子之振吾張,應奉主于百世不遷之廟,今時享在寢弗稱,即有事昭穆,亦何殊被髮祭者。值朝議訪舉遺諡名賢,少保公袞然其中,先生乃捐貲創特祠[28]於鳳山之原,中堂三楹,南面被象龍之服而圍/玉者,少保公也。危樓後峙,妥四代之主,以春秋出享,自角屬之門,豐碑穹然,先後貤典之制詞,與獎勞褒美之綸誥,具勒焉。翼以兩廡,繚以周垣、籩豆之屬,靡不敕備,虛椁楔以待諡典之定,既落,而邦君大夫具牲牷拜堂下,如見師保,邑人士争祠香火,及見/少保公與未及見者,莫不欷歔感奮,低回不能去,無論先生奉蒸嘗其中,率子姓竭誠敬,為篤于禮矣。

先生故以博雅擅稱,既弃博士業,為古文詞,不事貂刻[29],而詳婉有力,工詩,有唐人風,凡守令之贈言,邑人之慶典,造請徵詞無虛日。邑俗日以凌誶,先生持身有/本末,析于世法,薦紳及子衿輩固耆蔡先生,即市猾惡少年,終不能以先生温然長者,而少移色於先生。邑矦[30]恒以甲第來,殊嶽嶽,顧獨傾倒先生,問過先生,商略時政,為劑情法,以告邑人,陰食其賜。如北地米仲詔[31],時時詩酒高會,黃岡鄒九一至,以不得長奉謦/欬,自愧為俗吏云。先生樂施予,務可喜事,終不為私。若新文昌閣於學宫[32]之左,佐少保公叠石水口作龍門堤,累甓巽方起文筆峰,皆為邑人取科甲勝地。歲大祲,僵殍載道,市地掩之,環邑無暴骨。它如佛廬之妝嚴,津梁之繕治,里黨之緩急,苟不夷于委壑,輒應/如響。

性嗜佳山水,隨少保公宦游,宇内名山,幾涉其半,若爐峰字水,固几席間物,先生獨能以詩筆酒杯酬之。生平門無俗客,所交皆邑中知名士。不嗜飲,遇知契如余輩,能實數舼船不亂,雄談雅謔,達丙夜無倦色。其鑑拔人物,每懸斷[33]數十年前。於群從中,獨謂/順孫必復亢宗,既捷壬子,先生大喜,若身有之。識馬翹思于髫時,曰:是真快婿。遂贅之。後捷戊午。此兩君殆非第以賢書酌知者?夫先生不難,一交臂而知余况情之所鍾,如兩君哉。

先生素壯,少疾病,又能以服食自持,忽胸臆間如有滯物,匕箸[34]頓削,按脉投劑不/復應,竟卒。嗟呼,得先生藥以起者多矣,終不能自起;先生知人奇驗矣,終不能使知先生者必驗,是皆事之不可解者。屬纊,言不及它,第屬撫嗣子,謹視祠堂,吾目待異名典就而瞑。此其没身,何嘗一刻忘少保公哉。先生生[35]壬子年十二月二十五日未時,殁於乙/卯年正月初十日卯時,享年六十有四。

配舒氏[36],邑孝廉兑岳公第二女,屢舉子不育,遺命以墀信之第六子繩孫嗣。繩孫補任子[37],入太學,娶諸生李一賓女,生男孫心潛、女孫□姐。女一,配戊辰進士馬士驊,封孺人,/生外孫馬明遠;外孫女一,配禀生馮德咏。馬孺人明慧有才,其謁墀諫之狀來也,甚哀懇,自王父而上,世系世德,具少保公志中,海內久有傳之者,不具論。墀諫既為狀,而不勝其痛也。曰:吾兄修文而文,修行而行,出入不悖於人倫,而卒無補于缺陷。余謂先生久不遇耳,不為無知者,缺陷則有之,抑遠不聞伯道,/近即七子中不見宗徐乎,且又烏在乎?同氣者之非離衷也。以少保公雄才大略,舉世無雁行者,膝前抵掌而得先生為政于家,無纖介之疵,以安少保公于官,雖履盛滿,當忮忌,而卒以功名終,先生不工於為肖子乎哉。往所稱平泉綠野,其人功業非不顯著,或/不一再傳,而高臺曲池,异葩奇石,僅想像于烟草迷離之中者,何也,托流風於適情之地,固易歇也。日余拜少保公祠下,愾然如復見公,夫余邑以公顯,亘千百年而里井日新,廟貌如故,登堂吊古人有同心,余知尸而祝之、社而稷之者之不特先生之後人也。先/生所為永慕,而托以不朽者,其在斯乎。銘曰:

是為蔡蒙先生體魄之所藏,神則無不之也;意其侍劍履於鳳山之堂,蓋千秋萬歲奉少保公而與之,俱不亡也耶。/

明崇禎陸年　月吉旦

於戲,泰山其頹已十九年,中丞先生之文撰於萬曆己未,竟鄉關多難[38],子女遠游,不獲登文於石,遂遲至今,中丞先生墓木拱矣,即亢宗如德孺[39]亦已成進士,修文天上矣。山河長邃,槐檟悲風,并虎賁貌,無復可求。兹因岳母[40]/之窆,始得啟墓,而藏銘不亦後乎。噫,余以髫歲,受知於岳翁二十年,甥館之誼,極禮極情,如師如保,竟愧不嫻於詞,不能一道生平,為吾岳翁存此不朽,乃僅以其姓名,附此一片石,九原有知,當笑余膏肓如舊,余滋惡矣夫。/

　　賜進士第、江西南城縣知縣、子婿馬士驊頓首謹識/。

　　(刻印)馬士驊印。戊辰進士。

(《重慶卷》圖102/文294)

【簡跋】(因家族關係提前)

　　墓主張叔珮,其父崌崍先生,即張佳胤,《明史》有傳,但不載其後人。本志所記,可補史闕。

　　撰文人佘自强,字健吾,銅梁人。萬曆二十年(1592)進士。歷任中憲大夫、延綏巡撫、都察院右副都御史,陝西巡撫等。著有《治譜》十卷。《四川總志》《順天府志》有載。自稱爲"通家弟",指彼此世交深厚、如同一家。據民國《應酬輯要全編》梳理,"對門生之父稱仁兄,自稱世愚弟,或稱通家弟"[①]。佘自强曾在童子試時被墓主賞异,輩分低于墓主張叔珮無疑。撰本墓誌時歷官:賜進士第、中憲大夫、巡撫延綏都察院左僉都御史。墓誌起首自述,萬曆四十四年(1616)在守父喪完畢後"飭兵雲中",即山西原平西南的舊稱"云中郡"。據《明光宗實錄》卷四記載,泰昌元年(1620)八月辛亥,升陝西右參政佘自强爲山西按察使。

　　書丹人晏春鳴,銅梁人。萬曆四十七年(1619)進士,歷官廣東道監察御史、山西副使、陝西右參政、大僕寺卿等。本墓誌題爲"通家晚生",說明與張氏家族關係親近;又歷官爲:賜進士第、中憲大夫、分巡冀北道山西按察司副使、前廣東道御史,可與史書互補。

　　篆蓋李長德,銅梁人。眷晚生,賜進士第、文林郎、江西撫州府推官、前吏部儀制司郎中。

---

① 石玉亭鑒定,茹克明、王紹文校閲:《應酬輯要全編》,新鄉修文印刷所,1932年,第117頁。

在落款"明崇禎陸年月吉旦"後有兩行題識,爲墓主女婿馬士驊識,時賜進士第、江西南城縣知縣。留有刻印二方:戊辰進士、馬士驊印。其稱"泰山其頽已十九年,中丞先生之文撰於萬曆己未",説明因鄉關多難,張氏家族子女遠游,未能刻石,余自强撰於萬曆四十七年(1619)的墓誌文,在崇禎六年(1633)才刻立。"中丞"爲明都察院副都御史在漢代時的舊稱。

【校釋】

[1]萬曆乙卯諸句:萬曆四十三年(1615)墓主亡殁;四十五年丁巳吉兆擇墓地於六嬴山下牛角沱;四十六年(1618)戊午春季入葬。"六嬴山",今地處銅梁區南城街道、侣俸鎮、土橋鎮交界處,因唐合州刺史趙延之集義兵於此,六戰六嬴而得名。《讀史方輿紀要·銅梁縣》、萬曆《合州志》均載。《重慶卷》作"赢",形近但意不同。

[2]坦君:即女婿。即"坦床""坦腹"。用典出於《世説新語·雅量》郗太傅求婿一事。後稱人婿爲"令坦"或"東床",均本此。

[3]上公車:即中舉。漢代以公家車馬遞送應征的人,後因以"公車"爲舉人應試的代稱。墓主女婿馬士驊,字翹思,與侄子張順孫,字德孺,後文中記載二人先後中萬曆四十年(1612)壬子科與四十六年(1618)戊午科進士。萬歷四十七年(1619)年己未,來向余自强請墓誌銘。

馬士驊,道光《重慶府志》記載於崇禎元年(1628)戊辰科劉若宰榜下。據《中國科舉制度通史·明代卷》考證,崇禎七年(1634)有庶吉士,任檢討。[1]九年又任編修。[2]

[4]叔珂:即張叔珂,字墀諫。"先生弟",即墓主之弟。據《張文錦與妻沈氏合葬墓誌》載,爲墓主同父异母弟,係趙氏夫人所生,妻高氏。

[5]帖括語:唐制,明經科以帖經試士。把經文貼去若干字,令應試者對答。後考生因帖經難記,乃總括經文編成歌訣,便於記誦應時,稱"帖括"。後泛指科舉應試文章。明清時亦用指八股文。

[6]嘉、隆七子:明嘉靖(1522—1566)、隆慶年間(1567—1572)的文學流派。

---

[1]張希清、毛佩琦、李世愉主編,郭培貴著:《中國科舉制度通史·明代卷》,上海人民出版社,2017年,第610頁。

[2]包詩卿:《翰林與明代政治》,上海古籍出版社,2015年,第294頁。

成員包括李攀龍、王世貞、謝榛、宗臣、梁有譽、徐中行和吳國倫。後謝榛與李攀龍交惡,被黜,余日德、張佳胤加入。張佳胤時任輔導太子的太子少保,光祿大夫、兵部尚書,贈少保,休假在家。"著殊勛",《重慶卷》誤作"着殊勛"。

[7]鈎禮諸句:"鈎禮",約束的禮節。《莊子·徐無鬼》:"使之治國,上且鈎乎君,下且逆乎民。"成玄英疏:"上以忠直鈎束於君,下以清明逆忤百姓。""爾汝",古代尊長對卑幼者的稱呼。後形容親近。語出《孟子·盡心下》。繫聯前文知墓主輩分高於撰文人,但二人關係親密。其先父在銅梁居住約一年之時,墓主常饋贈起居飲食之物等,生病時也照顧有加。"褥簀",即在病床上時。"簀",用竹片蘆葦編成的床墊子。《禮記·檀弓上》:"華而睆,大夫之簀與?"

[8]先生名諸句:墓主張叔珮,字埠步,別號蔡蒙,張佳胤元配一品夫人向氏生。"公輔器",即古代三公、四輔,均為天子之佐。借指命中注定會居高位,做大官。

[9]闌入:攙雜。即將詩與文一起學習。"王、李、杜中"所指應是唐代詩仙李白、杜甫等。少保公張佳胤改變了"邑中士所業,不過諸儒生言"的專八股文的現狀。

[10]塵腐餖飣:指當時儒生博士等所學的庸俗陳腐又雜亂堆砌之八股文。

[11]管公:管慕雲,即管大勛,字世臣,號慕雲。嘉靖四十四年(1565)進士,仕至福建布政使。有《休休齋集》《管光祿集》。管學使稱贊墓主的卷子,在卷末留題一句,并推薦為最優等。"歸震川",即歸有光(1507—1571),字熙甫,人稱震川先生。推崇唐宋古文,文筆樸素、情感真摯。"高等",指古代舉官選士,政績學業獲優良者。

[12]先是諸句:歸有光任順德(今河北邢台)通判,少保公張佳胤按察天雄(唐五代時方鎮名,今河北大名縣)。本來是"絕不以屬吏遇之",因為歸有光的唐宋派與前後七子思想不同,互相對立。但張佳胤仍令其子張叔珮去拜歸有光為師學習。歸有光稱讚張叔珮為"我輩人也"。"北面",面嚮北。古禮,臣拜君,卑幼拜尊長,皆面嚮北行禮,因而居臣下、晚輩之位曰"北面"。後謂拜人為師,行弟子敬師之禮。由此墓誌可知,歸有光與墓主張叔珮為師徒關係,同為唐宋古文派。

[13] 雅以制義:"雅",副詞。素常,向來。"制義",即八股文。《明史·選舉志二》:"其文略仿宋經義,然代古人語氣爲之,體用排偶,謂之八股,通謂之制義。""中人",指有權勢的朝臣。

[14] 督學句:"五岳陳公",即陳文燭,字玉叔,號五岳山人,明沔陽(今湖北仙桃市)人。嘉靖四十五年(1566)進士。萬曆二年(1574)升四川提學副使,五年(1577)升山東參政,十一年(1583)復除,任四川左參政,後升福建按察使,累官至南京大理寺卿。有《五岳山人集》《二酉園詩文集》行世。萬曆年間與張佳胤交游甚多。萬曆元年(1573),張佳胤作《萬曆仲春陳五岳學憲招游釣魚山未赴承枉篇章答之》一首。

"夢菊郭公",即郭棐,字篤周,郭大治子,郭槃兄。明廣東南海人。嘉靖二十八年(1549)鄉試,四十一年(1562)進士。夔州府知府、萬曆五年(1577)四川提學。前文有考釋其創建書院事。有《夢菊全集》、《廣東通志》十二卷、萬曆《四川通志》三十四卷、萬曆十七年(1589)自刻本《酉陽正俎》十卷等等。

"青螺郭公",即郭子章,名相奎,號青螺,又號寄園居士等。江西吉安府泰和縣人。隆慶五年(1571)進士。

"近暘曹公",曹近暘,生平不明。"倫鑒",品評鑒定。

後文"南樂魏公崑溟",即魏允中,字懋權,號崑溟。河南南樂(今河南濮陽南樂縣)人。萬曆八年(1580)進士。任太常博士、吏部考功司主事等。墓誌稱"方以文噪",墓主張叔珮與之切磋之事,應是在萬曆八年(1580)左右。

[15] 浙士句:"錢公心卓",即錢心卓,與高攀龍有交集。《高子遺書》卷八有《答錢心卓》一文。"王公九逵",王九逵,生平不明。

[16] 三雋句:"徐公華陽",即徐元太,《明史》作"元泰",字汝賢,號華陽、華陽子、華陽山人、華陽主人等,宣城人。嘉靖四十四年(1565)進士。萬曆十三年(1585)夏巡撫四川,鎮壓四川松潘地區少數民族起義。"茅公鹿門",即茅坤,字順甫,號鹿門。浙江歸安(今吳興)人。嘉靖進士。官禮部主事、廣西兵備僉事等。善古文,與王慎中、唐順之、歸有光等同爲"唐宋派"。有《鹿門集》。墓主張叔珮與此二人并稱爲"三才子",即"三雋",膺選貢入太學,令太

學中學子折服。"詘",折服;屈服。

[17]大司成周公:"周公",即"大司成",爲明國子祭酒的別稱,爲學官之長。"通籍金馬",指記名於門籍,可以進出宮門。後用來指做官。"金馬",指金馬門,學士待詔之處。出《史記·滑稽列傳》。

[18]幾第:幾乎及第。萬曆七年(1579)己卯張叔珮兩次考進士,仍未中。有巴令張芝陽爲其慨嘆不已。"風檐",指科舉時代的考試場所。"文戰",指科舉考試。

[19]慰勞句:"慰勞"前二字,《重慶卷》釋作"逛逛","往往"的異體。"吾終不以莫爲莫致者望女","女"通"汝"。

[20]兩浙兵變:指萬曆十年(1582)春,浙江巡撫吳善言奉詔減月餉,引發杭州兵變。張佳胤以兼右僉都御史,署浙江巡撫,奉命勘亂。依次將兵變與民變安撫與鎮壓下去。"徐誅兵",指徐景星,被張佳胤命令討伐民亂,屠城。明姚叔祥《見只編》有載此事。兵變與民變的細節,可參考《浙江通史·明代卷》①。又明王世貞親撰的《張佳胤墓誌文》附於下文,其中有詳細記載。

[21]《定變志》:上接"王弇洲先生",即王世貞。此書應是其所記之史,後文稱"如弇洲所云……"。據《蘇州通史·明代卷》考證,有許徽編《定變錄》六卷,六種,記載副都御史銅梁張佳胤事迹;而王世貞所作爲《定浙二亂志》②。《定變志》應是與《定浙二亂志》同書異名。"反側子",指懷有二心的人。《後漢書·光武帝紀上》有"令反側子自安"。

[22]本兵:指張佳胤因平定浙江之亂有功,獲明神宗傳詔嘉獎,賜飛魚服,遷兵部左侍郎,加右都御史。

[23]井臼:汲水舂米,泛指操持家務。

[24]一刀圭:"刀圭",爲古時量取藥物的用具。一刀圭,形容少量的藥。

[25]隆殺:尊卑、厚薄、高下。《禮記·鄉飲酒義》:"至於衆賓,升受、坐祭、立飲,不酢而降,隆殺之義別矣。"鄭玄校釋:"尊者禮隆,卑者禮殺,尊卑別也。"

[25]母黨:母族。《爾雅·釋親》:"先宗族,次母黨,次妻黨。""舉火",引申爲生活;過活。指一大家族的人需要依靠墓主而生活。

①陳剩勇:《浙江通史·明代卷》,浙江人民出版社,2005年,第522—526頁。
②《蘇州通史》編纂委員會編;吳建華主編:《蘇州通史·明代卷》,蘇州大學出版社,2019年,第575—576頁。

[26]伯兄崑洞：張崑洞，爲張宗胤子，此處只稱字，不明具體名諱。"執金吾"爲漢代舊稱。"仲弟鎮遠守墿信與墿諫"，其一即張叔珂，字墿諫；"墿信"，或是張叔璽或張叔瓛。鎮遠，即貴州鎮遠縣。"團圞"，即團圓。

[27]躓場屋："躓"，謂事情不順利，處於困境。"場屋"，引申指科舉考試。

[28]特祠：即家族傑出者的祠堂。"特"，《詩經·秦風·黃鳥》："維此奄息，百夫之特。"

[29]豀刻：苛刻，刻薄。語出《世説新語·豪爽》。與後文的"凌詬"同義，凌辱責駡。

[30]邑矦句："矦"，即"侯"，指來銅梁縣任職的官員們。"嶽嶽"，喻人位尊氣盛，鋒芒畢露。"傾倒"，心折，佩服。

[31]米仲詔句：即米萬鍾，字仲詔，米芾後裔，擅長行草。萬曆二十三年（1595）進士。因占籍順天宛平（今北京）人，墓誌中用"北地"，即北京，代指。"黃崗鄒九一"即鄒之易，字心元，黃岡人。萬曆中以進士除銅梁知縣。二人均載於光緒《銅梁縣志·職官》中。

[32]學宮句："學宮"，指各府縣的孔廟或學校。"宮"字，《重慶卷》誤作"官"。新文昌閣、學宮、龍門堤、文筆峰，這些銅梁原有的名勝，是當時邑人取科甲的勝地。惜今均不存。

[33]懸斷：憑空臆斷。此處爲褒義，指其在選拔人才上思維敏捷。

[34]匕箸：食具，羹匙和筷子。

[35]先生生句：墓主張叔珮生於嘉靖三十一年（1552）壬子十二月二十五日未時，歿於萬曆四十三年（1615）乙卯年正月初十日卯時，享年六十四歲。

[36]配舒氏：張叔珮妻舒氏，據《張文錦墓誌》載爲舉人舒九齡仲女。舒九齡，號兑岳，由邑孝廉而中舉。"屢舉子不育"，指生育兒子不成。在張叔珮卒時，遺命以弟張墿信之第六子張繩孫繼嗣。

[37]補任子："任子"，因父兄的功績，得保任授予官職。出《漢書·王吉傳》。張繩孫以蔭入太學，娶諸生李一賓女李氏。生男孫張心潛、女孫□姐。"姐"前一字爲碑版漏刻。舒氏雖然未生子，但有一女，配戊辰進士馬士驊，封孺人，生外孫馬明遠；外孫女一，配廪生憑德咏。本墓誌爲馬孺人持其兄張墿諫所寫行狀來向佘自强請銘。且"自王父而上，世系世德，具少保公志中"，

所指應是王世貞所寫《張佳胤墓誌銘文》。

[38]鄉關多難：當指天啓元年(1621)永寧宣撫使奢崇明反叛事。據《明史》卷二百九十《董盡倫傳》載：盡倫，合州人。天啓初，奢崇明反，率衆薄城。復率衆援銅梁有功。可知墓主家鄉銅梁亦遭叛軍圍攻，本墓誌可與史傳相印證。

[39]德孺：即前文所言侄子張順孫，字德孺，萬曆四十六年(1618)戊午科進士，在崇禎六年(1633)之時已死。"修文"，指文人之死。舊以"修文郎"稱陰曹掌著作之官，故稱。唐杜甫《哭李常侍嶧》詩之一："一代風流盡，修文地下深。"

[40]岳母：即舒氏。説明其亡歿較晩，是張氏家族中的長壽者。

附：

張佳胤墓誌文　明万曆十六年(1588)四月葬

(明)王世貞撰

【録文】

光禄大夫、太子太保、兵部尚書居來張公墓誌銘

太子太保、兵部尚書銅梁公之乞歸也，實在萬曆丁亥云。蓋三上而天子猶難之，最後不得已，乃許馳驛以行。而一時公卿大臣咸謂公甚壯武，即縣官有緩急，必召公。既歸，猶日徵公起居食飲狀，以爲國輕重。而至明年戊子，公卒得風疾不起。天子爲之震悼，輟朝，下宗伯、太宰、司空，議贈公少保，予祭九壇，俾工部郎馬魯卿治葬。於是公卿大臣西嚮咨嗟嘆息曰："國棟摧矣！"公既易簀，謂其子曰："葬我必以王元美志銘。元美，友兄弟也。而劉玄子爲兒時交，其必玄子狀之。"於是其子錦衣君叔琦等，卜以庚寅夏四月葬公于鳳凰山之賜塋，而先期奉玄子之狀以請。予從金陵得公訃，即爲位而哭，以些辭寓夏官之役於公里。即不能下從公，而又何敢辭？

公張姓，楚之孝感人。其先有天性者，避元季兵亂，竄于蜀，深入于瀘之銅梁係籍焉。再傳而爲迥，配汪；又傳爲巽，配劉；又傳爲文錦，是曰南澴公，配沈。自南澴公而上遡迥，皆以公貴，贈如公，而配皆一品夫人。

公諱佳胤，字肖甫。初自號瀘山，以其家在居、來兩山間，更之曰居來山人。沈夫人感異夢而生公。公少穎敏秀，俊異凡兒。七歲侍南澴公，舉古書傳語，即能談質如素習者，日誦書千餘言。十七爲諸生，義試輒冠諸生。時重慶太守光州劉公出行部，得公文而大奇之，使與其子游，即玄子也。劉公固以古文辭名，又好談兵，多奇文籍，盡以屬公。公間與玄子談英雄而嘆曰："夫英雄者，其吾家子房乎！當其動以無之用，當其靜以有之用，卒遇之而若素，忽斂之而叵測。若趙文子之談笑於衷甲，周條侯之安卧於攻壘，斯其亞矣。"玄子異其志，而公又益習先秦、西京言，下上於黃初、大曆之間，多所饜咀矣。二十三舉於蜀，明年遂成進士，出補大名之滑令。滑，故三輔岩邑也。公至，按宿牘讞决若神，而恒以情衷法而行之。兩造甫畢，各得意而去。吏民之嚴愛公若父母矣。

時緹帥挾上寵，張甚，其所遣詗事官校與詔旨并重。公一日晏坐，有弁而急裝者，一髯輔之，至邑門，門者戟之，叱曰："我官校也。"遂入。公下與語，徑前曰："縣官欲捕若。邑耿氏豪亦與若有連。"胥吏以下皆辟易，遂挾公入別室，出匕首交置於項。公心知所謂，曰："若何欲？"曰："予我萬金。"公陽驚曰："我何所得萬金？"髯者曰："某庫有萬金。"公復陽驚曰："庫金誠有之，苐上皆邑賦長名氏，若出十里外必敗。且今日予公庫金，法必死，不予亦死。死等耳，寧死國。"引其項曰："匕首胡不下？"髯者曰："我何忍下，弟欲得金耳。"公徐謂曰："邑郭中多富人，我出一紙授之，即不得萬金，可半致也。"呼一小吏前，命筆書紙應賦金者二十，曹曰："緹帥責金甚急，可人賦致二百金來予之。"時丞簿跼蹐儀門外，尚謂果官校捕公，既得公所賦金主名，乃皆賊曹游徼驍武者也，始知爲劫賊。亟集此二十人者，人奉二十金，而袖鐵椎前謁公，謂："民貧，所賦金止此矣。"公陽怒曰："賦汝人二百金，胡二十也？何以解二公橐？"復令一人前，忽躍而就之，髯者出不意，即自刎死。群縛弁者，訊之，名任敬；髯者，高章也。使游徼四迹郊外，有三四輕騎皆逸去，考問皆得其人，磔於市。公之初見劫時，從容若無事者，劫既解，鼾卧達旦，人以是知公可大受矣。

公居邑多暇,乃益爲歌詩,而李于鱗守德爲比壤。于鱗郎刑部時,與余及同舍郎徐子與、梁公實、宗子相及吳舍人明卿歌詩酬倡,頗傳於人人,公意艷之。乃謁于鱗,出其詩爲贄,于鱗大善之,與折節講鈞禮,然公益心儀于鱗矣。時歲大饑,而富民有故壅糴者,公請於臺,平價納諸倉,爲粥以食饑者,所全活數萬計。事聞,特賜金幣。公治理流聞,法當首垣省,以年未及格,擢戶部主事。命下,于鱗以書寄余,盟壇中有一當齊秦賦者,張肖甫也,公實不死矣。

公既入,遂與余比部,德甫同造我,而是時諸君子藝文翩翩,自肆相砥礪,爲高人之行,且飛觴染翰,卜夜無已,而公獨溫然其間,若巨源、濬沖,而年又最少,宗、吳頗跆籍公卿,而恒呼公張少保云。其後公加至宮保,而汪司馬伯玉書戲余:"少保今驗矣,足下得無亦沾沾乎?"亡何,出榷閩廣金帛,公洗手出入,毫髮無所私。道改兵部職方主事,蓋太宰建寧李公知之也。俄以南灄公喪歸,一切裁之古禮,而哀獨至。服除,至京師,時蜀當有吏部闕,而太宰嘉禾吳公難其人,聞公且至,曰:"此佳吏部郎也。"至則補故官,而少日以司勛郎請,時權相分宜子前已知之,風公賂而不得,乃睨謂吳公:"是子故太宰私人,今太宰亦私之耶?"吳公持之不得,乃遷公膳部郎以自解。而公故社中友皆徙謫,無在者,第與南海黎惟敬、汝南張助甫、濮陽李伯承、廬陵胡正甫多所倡和,側目者譖之,分宜子曰:"故王、李社中白眼而譏執政者,此子尚無他。"於是,假風霾變察諸官僚,而公得謫矣。謫而同知陳州。是時,子與守汝寧,而明卿由謫遷歸德司理,三人相會自愉快,然公獨不自處遷客,勤脩其干旘,盜奸惕息。中丞吳興蔡公嘗宴是三人者,備客主禮,時人稱之。

遷知蒲州。蒲,於晉最雄,其彊王貴家櫛比,而亟遭地震之變,廬舍畜牧無所賦,不時供。公委曲拊循之,而威亦不廢。若他所操攝,則游刃解也。銓部雅知公之屈,而得其政理。超河南按察僉事,飭穎上兵。公益得發舒,穎、亳之間謐如矣。尋改云南,爲提調學政。以經術文雅振諸生。昆明、點蒼之勝,皆以古文辭收之。自是公望益重。遷參議廣西;入飭大名兵備,爲副使;分守甘州,爲右參政;按察山西,爲使。所至有聲,實吏民所頌稱。

山西之未幾,而復超拜都察院右僉都御史,提督應天等處軍務,兼巡撫。公乘傳至九江，而安慶以兵變聞，道路洶洶爲梗。公夜趣潛山，屬九江兵使者，使郵報安慶軍門，且夕至矣。會叛卒前已就擒，餘黨謀外應者聲息不敢動。而公自桐城走金陵任，調得其實，則安慶之衛體宿重，與郡守抗，而守志隆。以故南兵部出，稍裁之，而又嚴核其占役。指揮馬負圖、張志學、張承祖忿，使其舍人挑悍卒故嘗爲盜江洋者吳錫等，張旗幟犯守。守跳，遂行，剽人財帛。守已與守備設策平之矣。公乃具疏上其事，請一切正法。而留守中貴人意惑之，謂守實激之變以搖公。公不爲動，詔逮指揮等論死，而以錫付公行法焉。守卒得白。公出，履行諸郡縣，務持大體，不屑屑期會，務以民瘼吏弊爲急。

時余強起大名，遷山西，皆得公代，不相及。余奉慈諱歸，而公來按部，相持而泣，歡甚。比余服甫除，公與郭御史之薦劾上矣。余起湖廣，入爲太僕卿，公猶在事，念太夫人老，欲奉之還蜀，上疏乞休。而太宰楊襄毅公，故蒲人，熟公賢而固留之，所以襃揚甚至。然公間嘗語余："必歸矣，吾之承乏茲土也，故相新鄭公實才我，而次相江陵公從臾之。吾以爲大臣一意爲國用才而已，兩無所報謝，二公乃兩疑我，以爲必偏有所厚。新鄭去矣，而江陵公方柄國，是且甘心我，而安慶倅王應桂者，故爲指揮孼守志隆者也。"公極論其狀，應戍，而南臺與之有連，曲庇之，得末減，因入其蜚語中公。江陵果信之，俾聽調用，公欣然奉太夫人歸蜀。公歸，而諸謂公冤，不蔽白簡者，謂公："吳可大用者籍籍。"江陵公不自安，又察知公實無他厚，乃大悔曰："吾幾失此人。"時江陵公雖忮，而尚能爲縣官急才，尋補南京鴻臚寺卿，公始獨身之任。未幾，遷南光祿卿，擢右副都御史，巡撫眞、保諸郡。

甫發江口，而太夫人之訃至矣。公噭號不欲生，括髮粥飲，晝夜馳歸，哀毀如失南澧。公強自力治葬，既襄事，推先人之產直千金者以予兄。服甫除，而召撫陝西，未上，改宣府之未幾，而敵別部長滿五擁鐵騎六百闌入獨石口剽掠，時久已通互市矣。公檄大帥麻錦伏兵邀之，生獲其副巴拉。滿五使求之，辭甚哀。公計以縱之則見狎，僇之則見讎，乃以屬大帥錦，俾建旗鼓縛巴拉，將斬而馳赦之。巴拉叩頭流血曰："微太師，身首异處矣。"公諭以威德，給之銀符。巴拉自誓不敢復闌入邊，然巴拉擾而滿五驕。明年，挾益賞，公下令有浮取一餅一肉者斬。滿五乃媾都訥台吉伊勒敦、塔布朗數千騎闌入邊，有所殺掠。公移文順義王，罰都訥台吉馬駝牛羊以償。然滿五、伊勒敦、塔布朗强,諳達不能制,於是廷議有稍益之賞以羈縻者。公上疏謂:"今日之勢與曩异。曩者權在彼,不得不中彼之欲以全吾之體;今者權在我,顧乃屈我之體以伸彼之欲乎哉?即欲有伸,漸不可長。彼苟叛而更大入,臣自悉一鎮之力制之,不效則治臣之罪,慎毋使彼輕我。"上曰:"善。敵既聞公治兵,互相恐,乃更還所掠人畜,獻馬百六十匹,牛羊橐駝稱之,求勿解互市。"上謂公處分能懾敵,勞賜金帛過當。是歲,公所減省緡錢以萬計,城七、堡一、城二,僅又城獨石、半壁、猫兒塔三城,脩南山邊墙萬六千九百四十尺,功倍而費省,復婁賜金帛,入爲兵部右侍郎。

未幾,而浙江有驕卒之警。督撫浙者吳中丞善言,故良吏也,而不習兵。嘗取中旨減卒月餉,卒訴之,不聽,遂噪而縛吳公車中,冠履俱破。至演武場,群罿吳公而數之,且甘心焉。會工部郎謙與二御史往,解譬百端,然猶責吳公狀,使復餉,而以二千金謝過乃已。吳公遂出,遜於吳興。當此之時,吳、楚、閩、越之卒皆驕,而督撫臣悸,至有穴垣以防不測者。事聞,江陵公曰:"孰能制之?"既而謂:"吾得人矣。"遂命公兼右僉都御史,出鎮浙,許以便宜行事。公馳至京口,約余出會。余方稱道,民謝不能出。公謂:"若何而可?"予謂:"不僇則廢法,多僇則生變,惟以時緩急,得其魁而已。"公頷之。時陸與繩以少司寇方里居,公過之,謀與余合。然公甫與吳公代,而市民之亂復起。始,杭城中諸栅俱有役夫,司干陬諸土著者募游手充之,其後必取身役。其人惰,多借貴勢以免。夫數益以狹,役益迫,而游手無所得食。僑客丁佐卿假利便言之,監司弗聽,意忿忿曰:"謂我曹無爪距耶?"寧營卒之,不若謀之。市猾相構訌爲亂。而會佐卿坐他法,郡囊三木以徇,市猾相與篡奪之。諸亡賴子益麋集,行焚貴勢家,謂庇其應役者,遂破兩臺使門,掠其衣裝以出。使者跳,與三司俱匿跡佛廬以免。事聞,公謂其人曰:"營兵哨海者發乎?"曰:"發矣,而二營留。"問:"留者不與市民合耶?"曰:"未也。"公喜曰:"吾知所以處矣。"速驅之。從吏惴惴無人色,公食飲談笑自若。既抵鎮,而民行剽愈甚,盡毀諸栅以快意。千餘人且抵臺門,公以輕輿出諭之,而從者材官劍客數十人,皆彀弓挾鳥銃以從。公直前臨橋而喻曰:"汝曹毋反,反則以天下兵孥僇汝矣。且汝必有所苦。"曰:"苦夜役耳。夫强有力之家,倚貴勢之家以免,而監司守令若弗聞也者。"公曰："易耳，奈何以汝一憤易汝族？"即下令除役，衆姑叩首退。既退，而行剽巨室，竟夜火光亘天。公夜草檄，質明，使一校馳喻之，衆裂其檄。公大怒曰："上命我誅亂卒，今乃見亂民而靡耶？"召游擊將軍徐景星，使呼二營之長入，而慰勉之曰："亂民之惡極矣。雖然，非爾曹比，易剪也。何不自以爲功贖曩罪乎？"咸踴躍聽命。公又呼點卒之首倡亂者馬文英、劉廷用曰："聞汝二人前自縛請死，壯士也。汝死法，胡不死義？且必不死。"二人亦踴躍聽命。公乃約束二營壯士，使景星帥而討亂民。凡四戰，大敗之，生獲百五十人。至轅門，而丁佐卿與焉。公擇其豪，得五十人，皆斬首梟轅門，餘悉下獄。其從亂者咸惕伏，或鳥獸散去，杭人若更生。公具疏以聞，且謂："邇來有司奉行太過，裁削太甚，徒務虛名，不究實禍，以至遠近離心，乘機竊發。始而兵變，繼而民變，誠見人心不固，戎首易生。若非仰藉明威，申飭法度，其接踵挾持，不知所終。"蓋陰以風喻江陵公也。江陵雖忮，而爲之少寬，言於上，優詔褒答，以公奮身犯難，定變俄頃，紀綱大振，忠績卓異，賜飛魚服、金二鎰、文綺四表裏。是歲，以追錄宣府功，又以考三載績後，先錄一子補胄子。

公私念兵且戢矣，寬之則廢法，急之則生變，乃陽好謂二倡亂者馬文英、劉廷用曰："罪可贖矣。"予之冠帶。二人意自得，洋洋群卒間，且有所侵侮。群卒大怨恨，謂："若倡我以亂，自爲功得官，而使我曹尚惴惴也。"公度是二渠者與衆心左，無能爲矣。乃與兵使者顧君養謙謀，俾發諸營之卒哨於海，而密以名屬徐將軍，下令縛之至軍門，并文英、廷用數而斬之，餘皆赦弗治。仍呼平亂者二營卒，語之曰："吾非不得若主名，以昔有微勛耳。且吾不欲食言。"群卒咸股弁唯唯，既而曰："吾曹始能食寢矣。"公復具疏聞。時江陵前死，而代執政者以公功請，上大悅，拜都察院右僉都御史兼兵部左侍郎，俾還部理左侍郎事。當是時，余里居，頗悉其事，爲志之，且謂："誅亂民，利用速；誅亂卒，利用緩。不佞竊或知之。速而能當，緩而能密。則非所與知也。"劉玄子聞之，亦曰："子房之籌，與趙文子、條侯之膽，少年時所自許，何若左券也？"公既得代，道拜兵部尚書，協理京營戎政。尋又改兼右副都御史，總督薊遼三鎮，兼理糧餉。

公之在浙也，蓋不獨兩定大變而已。所規畫十議，革保甲、間架、差稅不便者，皆奏而行之。浙人至今奉以爲絜令，而相與謳思公，不忘有生祀者。公既至薊門,申約束,蒐卒乘,信賞必罰,大將偏裨以下,凛若負霜雪,又似得春陽而嚮之也。時遼左與大敵土蠻近,而開原故屬徼外,其土蠻之黠者與敵通,數導之入邊。遼左之大帥李成梁者,素負勇略,麾下有強兵,公虛心寄之,以備土蠻爲急。成梁率精騎搗其營,斬其魁及偏裨四十五級,甲首一千五百六十三級,鹵馬一千七十三匹,駝羊弓甲稱是。捷聞,告郊廟,獻俘稱賀,加公太子少保,錄一子錦衣百戶世襲,予誥命金幣。土蠻三萬騎入寇,寧遠伯拒之,大有斬獲,賜蟒錦衣金三鎰,文綺四百戶之應襲者爲副千戶。公戒寧遠伯:"敵不得志,出必更入,善防之。"寧遠伯設伏以待,而身自搗其營,獲帥長十三級,餘衆八百三十七級。優詔進太子太保,百戶之進爲千戶者得世襲。

當是時,山海關外之部落曰董狐狸,部曲頗衆,而桀黠多詐。貪功者以遼兵之強也,謂薊兵夾而攻之,若振槁耳。公獨謂邊釁不可開,藩籬不可徹,得無行。而他所陳備邊諸策,俱報可。公當敵出入要害,督工築之,爲墩者百七十七,爲墻者六萬五千七百尺,營舍千八百楹,屹然金湯矣。兵部尚書缺,廷推公,上遲徊久之乃決。入理部事,當廷試,充讀卷官。歲決重辟,當廷審,秉筆者爲吏部,而上忽以屬公,蓋重公也。公爲人坦心大度,而性又愛客,有以藝文至者,無不延納。客氣益發舒,忽自詭能得公意,有所關說,公雖不之許,亦不問。而中貴人驕,故以兵部爲外藏,公多執不之應,以是怨公。臺諫乘而有齮公者,賴上知之。然公以盛滿自抑,恆曰:"功成名,遂身退。天之道也。吾家子房非師哉?"三上書乞骸骨,辭益懇,始得俞旨。歸而買田巴岳,玄天宮爲靖廬,延道士與共居。又謁潼川州雲臺觀玄帝像,曰:"先太夫人意也。爲文紀其勝,飄飄然有遺世志云。"將盡刻其詩文集,走書金陵,謂王:"子爲我悉序之。"前是已叙公詩及奏議矣,書至金陵之日而公卒。於乎!明興以來,稱文武才者獨王文成、楊文襄、王肅敏而已。肅敏小孫于武,而文襄疏於文,非公比也。公之就大矣,不當以一雕蟲之技與不佞還往之私潠公志,然公之精神實注焉。尋曹子桓所云云,可以已哉!公集若干卷行於世。

配一品夫人向氏,有婦德,佐公至貴老丈夫。子五:錦衣指揮僉事叔琦,娶冷恭人;鄉貢士叔佩,娶舒;中軍都督府都事叔璽,娶高。女一,曰蒲,適高元之。向夫人出也。國子生叔珂,娶高;恩生叔環,娶楊。側室趙氏出也。女一,曰潯。火氏出也,適高任之。諸孫男八人,女七人。元孫、宜孫、保同;孫女曰蕙、曰壽、曰芳,及未名者,叔琦出也。女曰孌者,叔佩出也。貽孫、振孫、明孫;女曰雲、曰葵,叔璽出也。蘭孫,女曰叔,叔珂出也。所婚字多名家。

銘曰:惟滑其邑,三輔西偏。公時為令,晢而少年。劫盜之雄,簒挾金錢。公色不動,授策外援。卒以身免,刦首遂駢。其帥上谷,網微猾寇。彼不自意,有所縱舍。綏之以德,振之以武。譬若驕稚,繫我掌股。或樸或乳,無敢齟齬。其最艱者,莫若錢唐。亂卒虎伏,民乃鴟張。公曰驅之,從吏樸僵。乃乘輕輿,示以周行。彼陽伏從,而更披猖。大勇赫然,呼此戎兵。留者二營,爾罪實輕。殲彼狡徒,雪爾版名。戎兵歡呼,公賜更生。受律賈銃,薄彼鴟狐。若掃敗葉,纍纍就俘。斬頭穴胸,流血為渠。餘黨遁巡,弭耳以逋。悍卒犯帥,胡可弗誅。司之彌歲,乃獲首渠。彼實不知,益縱以驕。縛之轅門,懾不敢嚻。曲赦二營,以全厥要。迅廷一收,白日昭昭。公之心儀,乃在子房。及其作行,實等汾陽。單騎走敵,我武孔張。收儚絳人,天威忽揚。歸從赤松,始得斂藏。猗公之武,不取攻鬭。猗公之勛,不在甲胄。仁心為勇,毅以弘就。造物私爾,胡不竟究。文士無用,敢籍公彀。

(《弇州山人續稿》卷一百二十三,文淵閣四庫全書本)

郭錄墓誌　明隆慶三年(1569)四月十八日葬

(明)舒芹撰文,郭大德勒石

銅梁區。1973年4月在銅梁縣東廓鄉出土,石現藏於銅梁區文物管理所。誌蓋缺。誌石高63厘米,寬57厘米,厚7厘米;誌文正書,24行,滿行40字。

【釋文】

明處士松雲郭公墓誌銘。/

邑者郭天爵氏,凤以隱德名世。余素慕其行誼,締為布衣交。適/天王[1]即

位之明年,以壽考終。至是主奧大德,謀將大藏,具狀請銘於余,顧余樗散,踈逖[楮]墨[2]久矣,然誼忍弗辭,/謹按狀銘之:

公諱[3]禄,别號松雲。高祖思哲,楚麻城籍,值胡元兵亂,乃徙居蜀之巴川。思哲生昇。昇生尚□,即公之考也,以易學應里選,任湖廣蘄藩府教授,卒於官。

時公方襁褓,太孺人撫公扶櫬歸葬。比稍長,出/就外傅,肄舉子業。無何,太孺人亦逝。公自傷孤特,遂輟進取,勉視家政,營產於爐崐山[4]麓,居焉。公姿容偉/秀,賦性柔嘉,豈弟[5]生平,與物無競,人有不韙之爭,至於忿言相加,輒温然含笑而退。待子姪若孫,莫不歡/忻怡愉,禮意油然,至年長者,即遇之如兄弟輩。其與接境地方人相往來,恒煦煦如春風,和氣益襲,諸里/人敬愛深入肝膈。至有土物市易,無論遠近,率皆投售。公以平值界[6]之,仍外有津助,故里人樂求交易。以/此居積巨富,每遇荒歉,即以諸處儲蓄及家之積貯,或薄息待償,或減價出糶,以濟困瘁。其平居清暇,尤/樂延邑之賢士大夫。苣族屬則雅重恩義。蓋其慈愛、敦厚、好與、樂施,得之生禀類如此。至於經史,雖未博/習,然於《四書》、小學、《少微通鑑》[7],則皆熟誦通曉。比自鄉居,則書史昬刻[8]不離諸目,故終身見聞談論,禮儀容/觀,雍然儒人君子焉。迨終之日,諸里長少卑尊,絡繹叢集,奔走悲哀,真如父兄親戚,凡數月未已。胤子[9]大/德,襲其嘉誼,臨財接物,一如翁家法,其謙冲和易,乃或過翁,人以為父子紹芳,行將益隆家道於未艾焉。/

公生於[10]弘治乙丑六月二十六日卯時,卒於隆慶戊辰三月二十六日辰時,享年六十四歲。配胡氏。生子[11]/大德,娶殷氏。女三:長許聘大姓馮珠男;次許聘舒副憲孫男九容;次適江正岳男,皆先公卒。孫男二:長曰/栻,娶周氏;次曰楷,聘盧氏。孫女二:長聘邑庠生舒九疇季子;次聘邑庠生冷文燭仲子。曾孫一,曰啟榮。兹/以己巳之四月十有八日,歸葬於巴山之原,因勒銘焉。銘曰:

巴山岩岩,岑巒插天。毓我人斯,敦厚不騫。巴川洋洋,源潔流長。鍾我人斯,/資澤無疆[12]。倚與郭公,韋布人龍。不負川岳,丕振仁風。清譽在人,芳躅盈庭。/豐德食報,允貽後昆。崟峨新阡,展矣牛眠。山河不改。我銘永傳。/

滇檄［徽］守吏、/詔進朝請大夫、邑人月山舒芹拜撰。/

孤子大德泣血稽顙勒石。/

(《重慶卷》圖79/文268)

【簡跋】

　　撰人舒芹,撰本墓誌時歷官爲:滇徽守吏、詔進從四品朝請大夫。較嘉靖三十二年(1553)撰《李第墓誌》時歷官"奉訓大夫、同守□□"要完整;又較同撰於隆慶三年(1569)十二月的《李仕亨母李氏墓誌》"奉訓大夫、滇徽守吏、詔進亞中大夫"官階有變化,升爲從三品。"徽守",指巡邏守衛。說明其此時仍在雲南任職。

【校釋】

[1]天王:指明穆宗朱載垕,隆慶二年(1568)即位,同年墓主亡殁。

[2]踈迩楮墨:指疏遠筆墨。"踈","疏"的异體,圖版作 ![踈]。"楮",圖版作 ![褚],是形訛字。"楮墨"即紙與墨。借指詩文或書畫。

[3]公諱句:墓主郭禄,別號松雲。繫聯首句"邑者郭天爵氏",知又名天爵。其高祖郭思哲,爲湖北麻城籍,元代兵亂時徙居蜀之"巴川"。巴川縣,爲唐開元二十二年(734)置,元初并入銅梁縣。郭思哲生郭昇。郭昇生郭尚□,即墓主之父,擅長易學,應里選,任職湖廣蘄縣的學官教授,後卒於官。

[4]爐崐山:又名巴岳山。據光緒《銅梁縣志·地理志》記載,在縣南十五里,其絶頂名香爐峰,此地爲墓主鄉居地,也是歸葬之地"巴山"的同地異名。

[5]豈弟:同"愷悌",和樂平易。出自《詩·小雅·蓼蕭》:"既見君子,孔燕豈弟。"

[6]畀:給予。《詩·小雅·巷伯》:"取彼譖人,投畀豺虎。"高亨注:"畀,給予。"

[7]《少微通鑑》:亦稱《通鑑節要》《少微通鑑節要》,是對《資治通鑑》的精簡提要。作者江贄,宋建州崇安人,字叔圭。初舉八行,游上庠。與龔深之以學《易》著名。後隱居,徵召不赴。賜號少微先生。

[8]晷刻:片刻。謂時間短暫。

453

[9]胤子:"胤",後嗣;子嗣。《尚書·堯典》:"胤子朱啓明。"蔡沈集傳:"胤,嗣也。"

[10]公生於句:墓主生於弘治十八年(1505)乙丑六月二十六日卯時,卒於隆慶二年(1568)戊辰三月二十六日辰時,享年六十四歲。配胡氏。

[11]生子句:墓主郭禄有一子郭大德,娶殷氏。有女三人:長許聘馮珠之子;次許聘舒副憲孫男九容,即《李第墓誌》中的舒副憲孫輩之一,其兄弟有名舒九疇者,爲李第長女之夫。次適江正岳之子。三女皆先墓主而卒。郭大德有男二人:長子郭栻,娶周氏;次子郭楷,聘盧氏。又女二人:長聘邑庠生舒九疇季子。次女聘邑庠生冷文燭仲子。"冷文燭"與明嘉靖三十二年(1553)八月十九日《張秉墓誌》的撰文者"冷文煜"應是同輩兄弟。墓主郭禄還有曾孫一人,郭啓榮。

[12]彊:圖版作󰀁,"彊"通"強"字。意爲不強制,順其自然。

李仕亨家族墓誌

收録《李仕亨妻淳氏墓誌并蓋》《李仕亨母李氏墓誌并蓋》二通。

其一:

李仕亨妻淳氏墓誌并蓋　明隆慶三年(1569)十二月十六日葬

(明)李仕亨撰

銅梁區。1985年5月在銅梁縣巴山鎮南門出土,石現藏於銅梁區文物管理所。誌石與誌蓋均高67厘米,寬58厘米,厚5厘米;誌蓋陰文正書,題"大明故李配淑人淳氏墓誌銘"。誌文正書,26行,滿行34字。

【釋文】

大明故李配淑人淳氏墓誌銘。/

哀夫李仕亨謹撰。/

室人[1]姓淳氏。先岳父諱嘉謨,少習舉子業,竟隱處不仕,邑士大夫雅重之。岳母孺人梅氏,/生子二、女三,室人其最晚也。吾岳父卒,室人甫生十有二歲,梅孺人撫育艱苦,訓戒諄切。/嘉靖丙辰歲,始歸于余。室人性純孝樸質,不事表飾,視富貴浮靡澹如也。

適余兩月許。余/老母一夕寢疾,即携衾卧榻下,疾瘳,方就室。每晨興必省,退即供中饋,雖菜羹微養,非親/調不敢以進。余母治家勤儉,動有準則,室人奉教惟謹,無替家節[2]。余母齊家整飭,不假聲/色,室人承顏順志,毋敢逸豫。余母敦于族戚,不吝施與,室人先意承志,咸得其喜。余母素/苦於病,每疾舉,室人數更日不食,憂形於色,願以身代,在內外咸以孝稱。其事翁,殆不異/于姑云。

余早年備庠弟子員,與師友習學遠所,室人經營供億[3]無缺。日用取給,惟謀諸室/人,余未嘗少干於心。余得專心經史,無惰職業,室人內助之功居多也。余每深夜伏案,室/人夜分不寢,常曰:君父母高年,止君一子,日夜望君顯達,以光前業,非努力自苦,何以仰/副親心。余聞其言,益肆力忘倦。辛酉秋[4],余赴試有司,倖而第,自是三試春官,不售,余始親/家事。室人每見余用財惓惓[5],以節省為勸,詢之,曰:大丈夫當立身揚名,無玷清節,惟窮居/不奢,即他日可為清吏。余深服其言。

室人卒之前歲,余有事蘭省[6],室人疾幾革矣。室人祝/云:妾為人婦,不求壽考,但少延旦夕,俟高堂有托,没無恨矣。後余北歸,竟逾年而卒。嗚呼!/室人之賢,不克終年,已足憫矣。越五月,而先孺人[7]乃亦長逝,令余失怙,進退無依,終天之/恨,莫可挽矣。豈余不德,延禍孺人耶。據室人生于[8]嘉靖丁酉六月十六日寅時,以隆慶己/巳五月初四日子時卒于正室。生子五[9],俱早卒。女二:長聘高從之,翰林檢討高啓愚長子;/次女亦夭折。卜是年十二月十六日巳時,窆于鳳凰山之陽。嗟呼!室人壽不滿德,淑行難/數,姑志其略,謹為之銘。銘曰:/

倚歟室人,爐嶽之英;君子述之,婦道攸貞。書云孝乎,百行之原;/有室人兮,孝哉無忝。宜爾室家,以順爲正;厥惟室人,必戒必敬。/在彼中饋,無乃攸遂;克儉克勤,家節弗替。南山之陽,龍鳳呈祥;室人之宮,萬古幽光。/

隆慶三年歲次己巳十二月上吉刻石。/

(《重慶卷》圖81/文270)

【簡跋】

撰文人李仕亨,爲墓主之夫。

【校釋】

[1]室人句:墓主淳氏,父淳嘉謨,母梅氏。史籍疏略。計兄弟姐妹五人,排行最小。其父卒時僅十二歲,嘉靖三十五年(1556)丙辰出嫁時年十九歲。

[2]家節:家庭的禮法。《易·家人》:"'婦子嘻嘻',失家節也。"

[3]供億:按需要而供給。

[4]辛酉秋句:前文有李仕亨自稱"余得專心經史,無惰職業",職業即事業,即以科舉考試爲業,終於在嘉靖四十年(1561)辛酉秋中舉及第,但之後"自是三試春官,不售",即未中進士。

[5]悁悁:煩悶,失意貌。

[6]蘭省:即蘭臺,指御史臺。漢御史中丞掌管蘭臺,故稱。

[7]先孺人:即其母李氏。晚于其妻淳氏幾天而亡。

[8]室人生于句:墓主淳氏生於嘉靖十六年(1537)丁酉六月十六日寅時,以隆慶三年(1569)己巳五月初四日子時卒,享年三十一歲。十二月十六日巳時葬于鳳凰山。因此,《重慶卷》所釋"隆慶三年■月上吉刻石",據碑版闕六字,又"月"前只能是"十二",故"年"後四字應是"歲次己巳"。

[9]生子五句:墓主生五子俱早卒,還餘女二人:長女聘高從之,翰林檢討高啓愚長子;次女夭折。高啓愚(1535—?),字敏甫,銅梁六寅里人,高懋子,明嘉靖四十四年(1565)第三甲進士。初授翰林院編修,累官國子祭酒、翰林院侍讀學士,遷禮部右侍郎。明隆慶六年(1572),主編第一部《銅梁縣

志》八卷,原流傳至吳興蔣氏傳書堂,後1931年歸前上海東方圖書館,1932年毀于"一·二八"戰役。[1]張佳胤稱其有良史才。

其二:

李仕亨母李氏墓誌并蓋　明隆慶三年(1569)十二月立

(明)舒芹撰

銅梁區。1985年1月在銅梁縣巴山鎮出土,石現藏銅梁區文物管理所。誌石與誌蓋均高74厘米,寬74厘米,厚7厘米;誌蓋陰文正書,題"大明故李母李氏孺人墓誌銘"。誌文正書,34行,滿行40字。

【釋文】

大明故李母李氏孺人墓誌銘。/

奉訓大夫、滇徽守吏、詔進亞中大夫、邑人舒芹拜撰。/

李孺人者[1],大德隱李君楷,別號竹庵之伉儷,而辛酉鄉薦李子仕亨之母氏也。余與孺人父家及隱君,皆/世講久要[2],故李子篤恫母氏捐養之邊,以奄岁之寄[3]見委焉。志曰:

孺人王大父[4]李公開,高潔清朗,鄉評推/重。父東山公光玉,濟美紹芳,益稱邑之望族。東山公五子:謙、恒、咸、揆、兑。謙、咸,皆有敦雅浚明之懿;兑,以英/义蚤卒于邑庠;而恒,尹奉新;揆,判永平。乃諸昆弟之子若孫,挺秀競芳于庠塾間者,椒繁蘭茁,未可以一/二數。故孺人之出,惟華族也。孺人有姊,其行在次。自嬰孺便諗飭[5]靈慧,東山公、陳孺人鍾愛逾常。稍長,言/德功容,咸即卓絕。故公、孺人必欲遴擇良奧[6],而竹庵公[7]家世,自父、祖來,實邑之巨姓聞人也。竹庵少文,以/茂異稱。爰遂許聘及結縭。

于歸,猶逮事王父母,孺人竭力承奉,朝夕之養,惟謹惟厚,大父母甚安以悅。

---
[1]駱兆平:《天一閣藏明代地方志考録》,載《天一閣研究叢書》,寧波出版社,2012年,第153頁。

及/奉舅姑,則衣服飲食必躬親,而尤時察志意所向,以成將順其大者。幹制家務,充拓貲產,皆暨竹庵協力/舉行之,不一一以煩翁姑。乃其督耕種,親紡績,尤執以為本業,無或豫怠。故家聲益弘,而孺人亦丕用譽/焉。

先是,太翁寢疾不起,值歲大旱,市裏遭喪者,皆不克襄事[8]。孺人出素辟織之積,營葬事,凡奠酹香蠟之/費,不少干之,叔伯鄉人僉然揚詡之。孺人曰:子孝婦順,生人常道也。太翁父大事,顧可與弟兄較計,為俗/侗[9]薄道耶。太姑母後翁十餘年卒,其敬養之誠,斂送之厚,不少減於太翁焉。孺人喜施與,見人凍餒衣食/不給者,輒憫郲周救之;其宗族歉於常業、艱於嫁娶者,孺人必大推惠助,俾克成遂焉。蓋孺人之於家政,/經畫籌算,皆中成度,用克饒於積貯,以獲遂周施之願,類如此。太翁祖常諭子孫曰:創業甚難,守成不易。/吾自少年艱辛至今,始成此業,汝曹念之哉。孺人聞教,惕然益勤以儉,以期若先訓。厥後分產析居,果有/喪其遺業者,孺人皆出資以收復之,所以仰副前志也。故自任家以來,躬自創立者,大倍于先所承受,親/疏甚稱嘉之。

孺人僅仕亨一子,童年遭受《易》於經師,戒之曰:汝家祖宗積德,汝父心行忠厚,汝若苦事經/書,後必昌大。若見汝成立,即瞑目無憾矣。每期日[10]課程,有因事廢缺者,孺人必躬督補完之,雖及深夜不/置焉。苟或以他游宴廢缺,則孺人嗔恚,連朝[11]劼毖恫惻,必計曰驗,有倍進之功,甫爾紓解。故仕亨德業遄/就,即以青齡蚤登賢科[12]云。

孺人以今九月十一日方忻忻[13]焉,為仕亨營納程氏婦事,偶疾作,就寢,至十四/日,遂卒,上距弘治辛酉三月十七日降誕,享年六十有九。諸凡親識,莫不以孺人壽未達于期頤,榮未膺/于封誥,為悲為憾。然余嘗稽諸列傳及詩書,所稱女道婦德,大都不逾貞、淑、溫、惠、勤、儉、孝、敬焉耳。是八物/者,孺人實優備之,而德譽閫範,垂諸罔極,則何榮如之,何壽如之。又以其細焉者推之,則孺人姊姒[14]六人,/而福壽延長,躬矚業隆子貴者,孺人一人而已。天於孺人寧無意乎?天既有意孺人,則其報之未愜人望/者,天必悠遠顯榮其嗣裔,以彰天人交與之必然也審矣。

仕亨娶[15]淳氏，先孺人卒。繼室以程氏。孫女一，出/淳氏，聘翰林檢討高啓愚長子高從之，將以今冬十二月十六日就窆于南郊南山之崗：前賓鳳山，孔佳/孔吉。余屬世誼，敬紀而銘之。銘曰：/

倚與孺人，婺星之靈。天孫[16]之精，誕育名門。曰嬪[17]名獻，允稱彥姊。孝隆祖禰，惠洽乏歉。惠之所錫，睦嫺/任郲[18]。宗族鄉間，無擇無斁。孝之和懿，養豐終飭。服訓啓業，孝斯臻極。經訓炯炯，義方凜凜。胄子夙榮，/陶母[19]齊等。母道焜煌，地道之光。婦順明章，六二直方[20]。嗟母福壽，未酬德厚。曰天詎迷，流芳昌後。後胤/綿洪，翔鳳騰龍。護茲玉匣，乾坤攸同。/

隆慶三年歲次己巳十二月上吉。/

哀子仕亨泣血稽顙刻石。/

(《重慶卷》圖80/文269)

【簡跋】

撰文人舒芹，見前文考釋。

【校釋】

[1]李孺人者句：墓主李氏，爲隱士李楷之妻，李楷別號"竹庵"；李仕亨之母，李仕亨中嘉靖四十年(1561)辛酉舉人。與《李仕亨妻淳氏墓誌》所載一致。

[2]世講久要："世講"，謂兩姓子孫世世有共同講學的情誼。語出宋·呂本中《官箴》："同僚之契，交承之分，有兄弟之義；至其子孫亦世講之。前輩專以此爲務，今人知之者蓋少矣。""久要"，舊交。即撰文人舒芹與墓主李氏與其夫家李氏均爲老交情。

[3]窆穸之寄：即墓誌銘的另一種說法。"窆穸"，埋葬，引申爲逝世。

[4]王大父句：墓主李氏祖父李公開，父東山公李光玉，爲銅梁邑之望族。李光玉有五子：李謙、李恒、李咸、李揆、李兌。其中，李兌，蚤卒；李恒，尹"奉新"，今江西奉新縣，五代南唐昇元元年(937)改新吳縣置。《郡縣釋名》江西卷上："南唐改奉新縣。李昇以國號唐，諱楊吳所稱，更新吳爲奉新也。"宋屬

隆興府,元屬龍興路,明、清屬南昌府。李揆,判"永平",今雲南保山市。三人均爲兄弟中的秀异人物,墓主爲其妹,并有一姊在上。

[5]飭:教誨;教導。《國語·齊語》:"令夫工,群萃而州處……論比協材,旦暮從事,施於四方,以飭其子弟。"韋昭注:"飭,教也。"

[6]良奧:善良的人。

[7]竹庵公:即李仕亨父李楷之號。李氏家世,自父祖以來也是"邑之巨姓聞人也"。從撰文人舒芹曾撰《李第墓誌》看,此李楷或與李第家族相關。

[8]不克襄事:"不克",不能。語出《詩·齊風·南山》:"析薪如何,匪斧不克。"鄭玄箋:"克,能也。""襄事",成事。語出《左傳·定公十五年》:"葬定公,雨,不克襄事。"杜預注:"雨而成事,若汲汲於欲葬。"後因以代指下葬。

[9]侗:幼稚無知。《論語·泰伯》:"狂而不直,侗而不願,悾悾而不信,吾不知之矣。"

[10]期日:約定或預測的日數或時間。《周禮·地官·山虞》:"令萬民時斬材,有期日。"孫詒讓正義:"有期日者,謂依其所用木之多少,爲其出山入山之日數。"

[11]連朝句:猶連日謹慎小心,一定計算檢驗好。"劼毖",謹慎。"騐",同"驗"。

[12]賢科:科舉時代對選拔官吏所分科目的美稱。

[13]忻忻句:"忻忻",欣喜得意貌。墓主本在隆慶三年(1569)九月十一日爲其子李仕亨準備繼娶程氏的婚事,但不幸偶發疾作,至十四日即卒。"就寢",此處指病倒在床。李氏卒時在隆慶三年(1569)九月十四日,其弘治十四年(1501)辛酉三月十七日生,享年六十九歲,同年冬十一月十六日葬於南郊南山之崗,即鳳山之地,至十二月上旬吉日刻石。

[14]姊姒六人:古時稱姊爲姒。指墓主共有兄弟姐妹六人,繫聯前文稱其父李光玉有五子,爲墓主之兄弟,又有一姊,加上墓主計有七人,或其姊早夭。

[15]仕亨娶句:李仕亨原妻淳氏,在隆慶三年(1569)五月初四日卒;繼妻程氏,娶於同年九月。淳氏生一女,聘翰林檢討高啓愚長子高從之。較《李仕亨妻淳氏墓誌》多出繼妻一事。

[16]天孫:星名。即織女星。

[17]嬪：婦人美稱。《周禮·天官·大宰》："七日嬪婦。"鄭玄注："嬪，婦人之美稱也。"賈公彥疏："此是國中婦人有德行故稱嬪。""姘"，美女。

[18]睦姻任卹：指六行。西周大司徒教民的六項行爲標準，即孝、友、睦、姻、任、卹。出自《周禮·地官·大司徒》。

[19]陶母：指晋陶侃之母湛氏。

[20]六二直方：正直，端正。出自《周易》坤卦六二爻，"直方大，不習無不利。"

襄氏買地券　明隆慶四年（1570）立

巫山縣。1988年出土，現藏巫山縣文物管理所。券石高25.7厘米，寬25.2厘米，厚0.7厘米。斷裂，微殘，有豎界格。陰爲田字格，內刻正書"長生富貴"四字。邊刻八卦及道教符號。券文正書，14行，行26字不等。

【釋文】

陰陽門下出給地券

維隆慶四年庚午歲十一月乙丑朔，越二十日甲申良旦，伏爲亡妣牛門襄氏大陽命，戊申年一月初十日未時，生於本縣東門外舊山川壇人氏，葬年八十三歲，大限亡於隆慶三年十月二十七日亥時分，故自辭陽世，未卜塋墳，夙夜憂思，不惶所厝，遂今日者，擇此高原，來去潮迎，堪爲宅兆，謹備冥錢一大包，買到墓地一坊[1]，東至甲乙震，南至丙丁離，西至庚辛兌，北至壬癸坎，左至青龍，右至白虎，前至朱雀，後至玄武。內坊勾陳管分坵丞墓佰[2]封步界畔，摽撥[3]明白，致使千秋百歲，永無殃咎，若有干犯，并令將軍亭長，縛付河伯，今備葷肴酒醴，凡信香饌，共爲信券，當日財地交明，各以分付工匠，修塋告安，已後永保吉兆，故氣邪精，不得干怪先有居者，永避寓里，若違此券，地府主吏，自當□□□取□，祭主存亡，悉皆安穩，急准玉帝使者女青天律故券。

右券奉賣地神人后土九壘高皇天帝，言下

知見人歲月主

已上四至在券，并不包占外人冢宅。

代保人今日直符[4]。

（圖文：《重慶市志·文物志(1949—2012)》，第697頁）

【簡跋】

墓主裏氏，夫君爲牛氏，故稱"牛門裏氏"，係立石人之母。弘治元年(1488)戊申一月初十日未時生，亡於隆慶三年(1569)十月二十七日亥時分，葬年正好八十三歲。隆慶四年(1570)庚午歲十一月乙丑朔之後，二十日甲申"大陽命"，不明。

【校釋】

[1]一坊："坊"，別室；專用的房舍。《文選·何晏〈景福殿賦〉》："屯坊列署，三十有二；星居宿陳，綺錯鱗比。"李善注："《聲類》曰：'別屋也。'""方"與"坊"古字通。此處指墓地一方。

[2]墓佰："佰"通"陌"。田間東西方向的小路。"内坊勾陳管分坵丞"是人名，即鄰近墓地的主人。"勾管"爲官職，前文已考釋。

[3]摽撥：標明調撥。摽，通"標"。

[4]直符：漢代官名。掌印信。

孟養浩女榮姑墓誌　明隆慶六年(1572)十二月□二日立

（明）孟養浩撰

武隆區。1985年3月在武隆縣土坎鄉獅子村出土，石現藏於武隆區文物管理所。誌石高57厘米，寬59厘米，厚16厘米；額正書橫1行，題"榮姑墓誌銘"。誌文正書，18行，滿行18字。

【釋文】

孟女榮姑墓誌銘。/

余始以宜賓訓,轉隆昌諭。未幾,遷兹邑,□隨任[1]。/

女曰榮姑,甫七歲,性聰慧,知孝養,凡飲食玩好,/先奉太母[2]及父母兩兄,然後及己,此蓋率孩提/之良也。且善書多記,惠下樂興[3],余竊喜其足以/光吾閭,而愛獨鍾焉者也。不意偶罹疽也[4],倏爾/云逝。嗟乎,嗟乎！朝單夕落,信不偶矣。時欲歸葬/於滇,太母以滇俗再三止慰[5],余乃奉命卜葬於/邑庠生徐自道先塋[6]之右。

女以[7]嘉靖丙寅八月/初七子時生於宜賓,以是年十二月初二日亥/時卒於武隆。余不忍舍去,乃抆泪登志而復為/之銘曰:/

有封斯土,貞玉於處。爾魄乃□,/我心良苦。爰勒諸石,以告□□。/

隆慶六年歲在壬申十二月初二日。/

武隆縣知縣、滇南晉寧父孟養浩撰。/

兄孟醇□。/

□□書。/

(《重慶卷》圖82/文271)

【簡跋】

撰人孟養浩,墓主父,滇南晉寧人。時任武隆縣知縣。據墓誌載"余始以宜賓訓,轉隆昌諭。未幾,遷兹邑,□隨任",知其先後任職於四川宜賓、隆昌、武隆。

還有二題署人"兄孟醇□。□□書。"因闕字不明。

【校釋】

[1]隨任:"隨"前有一闕字,圖版作 ,疑為"亦"字。

[2]太母:一作"大母",即祖母。

[3]樂興:"興",《重慶卷》釋作"與",圖版作 ![字], 明顯是"興"字輪廓。

[4]也:《重慶卷》本闕字,覆核圖版作 ![字],殘劃應是"也"字,表語氣。

[5]再三止慰:"再三",猶言非常,極其。"止""慰"同義并用。定居,止息。語出《詩·大雅·緜》:"迺慰迺止,迺左迺右,迺疆迺理,迺宣迺畝。"馬瑞辰通釋:"慰亦止也。《方言》:'慰,居也,江、淮、青、徐之間曰慰。'"因墓主之父想將其歸葬於滇,但祖母以雲南的風俗更加注重人死後入土爲安,故將其葬在重慶武隆地。

[6]營:通"塋",墳塋。"徐自道",史籍疏略。

[7]女以句:墓主嘉靖四十五年(1566)丙寅八月初七子時生於宜賓,隆慶六年(1572)十二月初二日亥時卒於武隆。據此,《重慶卷》落款的時間"隆慶六年歲在壬申十二月□二日"所闕字應是"初"字。

胡堯臣母朱氏墓誌并蓋　明萬曆元年(1573)十二月八日立

(明)黃華撰文,胡堯臣等刻石

銅梁區。1983年3月在銅梁縣安居鎮出土,石現藏於銅梁區文物管理所。誌石與誌蓋均高78厘米,寬78厘米,厚6厘米;誌蓋陰文篆書,題"明敕封太孺人胡母朱氏之墓誌銘"。誌文正書,34行,滿行50字。

【釋文】

明勅封太孺人胡母朱氏墓誌銘。/

太孺人氏朱[1],以子石屏啓任[2]評事,貤封爲太孺人。繼任僉事、任參議,俱奉迎太孺人就祿養於官邸者數年。太孺人念親戚聚會田/園□享之樂,竟思蜀,石屏君懇留之不遂。後累擢至大中丞,巡撫河南,咸以太孺人家食遠違,皆單車赴任。未久,亦自河南疏病歸。/□而爲右太孺人承顔朝夕,竭瀡髓斑斕[3]之奉者又逾年。太孺人卒[4],中丞君哀毀,躬親斂含,卜宅祠祭,悉如禮。既而中丞君手

464

述太/孺人之行略[5]為狀,紹介朱子景濂[6]走百里外,問銘于余。余遜謝再三,中丞君亟寓書于余曰:吾母窀穸之藏,必丐一言,垂不朽。竊念/□太孺人同邑人,有葭莩之交[7],往曾謁于里第,知忠德[8]頗詳。中丞君之堅欲余言者,或者此微旨也。不然,中丞君交游遍海內,名公/□筆,趨蹌□□,果鮮其儔儷[9]也。不逾時,余覽狀紬繹反復,乃作而言曰:嗟乎,物貴有本也哉。夫土膏沐則木蕃;水淵渟則魚字,此閟/宮□為之所為作也,神靈之托從古為然矣,母道之係於人大矣乎。

按:太孺人世居[10]遂之大安里。曾祖全[11],學耕羅灘山中,著隱德。祖/仲龍,以布衣倡道學,探本源,深契范經要旨,授徒射洪、西洲之間,四方士負笈而登門者,濟濟多成立,至今擅經學者,必稱授受有/□自云。父冕,鼎山先生,蚤服庭訓,為庠名士。應貢,授真定、曲陽司訓,以子軾望江知縣,贈如官。母劉,贈太孺人。太孺人生于羅溪,為/長承幼[12]端靜穎悟,仲龍公鍾愛之,常誨以詩對及《女訓》諸篇,輒記誦;女紅內則之事,交修而能盡美,姻親靡不稱其賢。比歸環溪公[13],/家務料理,閫壼整肅。時翁姑在堂,年□□,性嚴急,誠孝奉養,能得歡心。環溪公方策名鄉校,清苦嗜學,燈膏諸費,太孺人躬織紡以/助之。鄉賓祭宴享之資,亦黽勉酬副,至脱簪珥弗之惜。由是,環溪公義概日彰,取友游藝,資籍良多。環溪公因刻厲鑽研,至損心氣,/□□□風,足弗履户門。中丞君兄弟且咸幼,一切俯仰之計,太孺人獨任其勞,拮據塵劬,憂苦萬狀,歷十餘年,益砥志力,故環溪公/得以□心醫藥,而中丞君兄弟義方諄切,夙成大器,皆太孺人之功也。

暨中丞君舉進士,環溪公選貢授麻陽訓,不之官。太孺人乃/戒[14]其子而順夫之志,絕不以利祿相望也。及大理封綸[15]下,向中丞君嘆且泣曰:吾何德,濫被/天恩,獨恨汝父奄背,弗及眂[16]榮寵耳。又痛泣。其在浙中,見中丞君政事日繁冗,戒曰:汝作秀才無此苦,宜以自節,為國愛身也。又每/聞中丞君多顧慮故鄉甘旨之奉,數馳書往諭曰:汝弟輩能養吾,汝宜盡心公室,畢汝志,以終汝父欲為而未能為者,勿以我為念/也。享年八十四,無疾而終。

太孺人生平閑禮度,公直孝和,出於天性,終身慕親之心,未嘗忘。母劉蚤世,事繼母蒲無少异,厚二弟,恩/延子裔,問貽撫摩之念時篤。在家,妯娌和睦,卹卑幼,敬老長,幹蠱立業,毅然有丈夫志。自甘布蔬,不忮求於人。遇人有急難者,務拯/之,視窮乏隨意施與,雖乞夫亦罔厭。胸臆涇渭分明,臧獲之誠僞能周知,稱其微善,而否必嚴懲弗縱。子仲、季長靳一名[17],屬中丞君/圖之,曰:但不失衣冠足矣。遂遵例,仲以廩,季增廣生,品銜各有所授。居常于子婦、于諸孫、于諸孫婦,孜孜勖以協心志,勿蓄小嫌。佳/辰□會之際,一或未與,則慘然不樂久之,聞其一事一言善,則愉愉如也。慈德懿範,始終一致。純嘏上壽,遠邇頌揄,鄉人比之士雅/之母云。

子三人[18]:長郎中丞君堯臣,娶楊氏,封孺人,先太孺人卒。次舜臣,布政司都事,娶李,卒;繼周氏,副杜、楊。次禹臣,光祿寺署丞,娶/黃、郭,早卒;繼王氏,卒;續盛,副鄭。孫男十:如岱、如霍、如楠、如華,俱廩生;如恒,國子生;如陵、如川、如江、如漢,俱幼。孫女六:一適重慶任中/丞竹坡子周盤,一適劉憲副初泉子世科,一適同邑蘇署正木庵子萬川,一適銅梁李知縣一所子遠,一適同邑庠友李廉齋子見/龍,俱庠生;一許聘遂寧鄭典膳小川子岳。曾孫男十一,曰:嶠、崐、岣、峻、崶、峎、峨、崍、崧、岭、峀。曾孫女七。成化壬寅年[19]八月初七日生,嘉靖/乙丑年二月十二日卒,隆慶庚午年正月初二日葬于城東火峰山之麓,啓環溪公之窆而合焉,禮也。

夫中丞君功業位望,為當代/名臣,而貽穀之祥,自太孺人發之,竉樅[20]之基,汪濊之源,流愈光而植愈茂矣。母道之所係,果大矣哉。余既敘其行略,復繫之以銘曰:

起家之微,□基□□。厥胤之賢,義刑則母。二美克兼,曠世奚有。惟太孺人,如囊探取。一德允醇,百順斯受。麟趾關雎,樹風先後。嗟太/孺人,寔昌華胄。既惠既慈,克創克子。/綸綍[21]□夫,煒煌上壽。慶渾洪長,本支弁綬。火峰之原,水環山負。巀巀[22]雙阡,望之如阜。萬古聲光,銘詩瓊玖。/

賜進士出身通議大夫光祿寺卿遂寧梓谷黃華撰

萬曆元年歲次癸酉十二月初八穀旦。

孝子胡堯臣等刻石。/

(《重慶卷》圖84/文274)

【簡跋】

墓主朱氏,子胡石屏,即胡堯臣,爲墓誌刻石人。胡堯臣(1507—1581),又字伯純,嘉靖十七年(1538)進士。《明神宗實錄》卷一百一十六載其爲四川安居人,卒時爲巡撫河南右副都御史。還曾任南京大理寺丞、浙江布政使。《明史》無傳,誌文所載其生平履歷可補史傳之缺。又《巴蜀佛教碑文集成》收錄其撰文的《龍興寺碑記》,落款爲萬曆六年(1578),晚於其爲母所撰墓誌六年。

撰人黄華,字秀卿,號梓穀,明遂寧人,工部尚書黄珂次子、女詩人黄峨(適楊慎)之兄。嘉靖十一年(1532)進士,任户部主事,轉郎中,督餉有功,授松江知府。歷江西副使、升江西布政使、進光禄寺卿等。著有《梓穀文集》《麟經解義》等。《遂寧縣志》有傳。本墓誌載其歷官:賜進士出身、通議大夫、光禄寺卿。

【校釋】

[1]氏朱:即"朱氏","氏"字在前的用法相對較少。

[2]啓任諸句:即起官爲評事,掌評决刑獄;繼任僉事,即明代的都督、都指揮、按察、宣慰、宣撫等司;又任參議,後累擢至大中丞,巡撫河南。因母親朱氏遠在家鄉,在河南任上請辭歸鄉。

[3]斑斕:即"斑衣戲彩"的縮寫,謂身穿彩衣,作嬰兒戲耍以娛父母。喻孝養父母。典出《北堂書鈔》卷一百二十九引《孝子傳》言老萊子年七十,父母尚在,因常服斑衣,爲嬰兒戲以娱父母。

[4]卒:此處《重慶卷》脱文,"卒"前圖版上有"太孺人"三個字清晰可見。

[5]行略:記述死者生平概略的文字。"行略"前,《重慶卷》釋文脱一"之"字,圖版明晰。

[6]朱子景濂:"濂"《重慶卷》作形訛字"廉"。朱景濂爲墓主之子胡堯臣向撰文人請寫墓誌的中間人,史籍疏略。

[7]葭莩之交:喻親戚間的交情比較淡薄。"葭莩",蘆葦里的薄膜。

[8]忠德:《重慶卷》作"迪德",不辭。諦視圖版作忠,左邊一點應是石花,疑爲"忠"。《宋故劉氏夫人墓誌銘》第4行"右迪功郎忠州墊江縣令主管學事勸農公事桑叔倫隸額",迪和忠二字形截然不同。"忠德",謂忠正有德行的人。

[9]儕儷:同類的人物。

[10]世居句:墓主籍貫爲遂寧縣大安里,因遂寧有大安溪而名。《輿地紀勝》:"大安溪在安居衆水之關。"後文稱墓主朱氏生於"羅溪",同是遂寧山川之名,具體所指不明。

[11]曾祖全諸句:墓主的家族譜系是曾祖朱全,布衣,耕種在"羅灘山"。祖父朱仲龍,也是布衣,但擅長"道學",即《詩經》。"深契《葩經》要旨",語出唐韓愈《進學解》中"《詩》正而葩"。還授徒講學於射洪、西洲之間(二地屬今遂寧市)。父朱冕,號鼎山,爲庠名士。以貢生授真定(今河北正定)、曲陽(今河北晋州)司訓,後又以子朱軾任望江(今安徽省安慶市下轄縣)知縣,贈同樣官職。母劉氏,贈太孺人。

[12]爲長承幼:"幼"前《重慶卷》闕一字。復核圖版作,從字形判斷是"承"字,表其排行爲長。後文稱"母劉蚤世,事繼母蒲無少异,厚二弟,恩延子裔",説明其爲長姐。

[13]環溪公:即墓主之夫胡自明,字號爲"環溪"。在其子胡堯臣嘉靖十七年(1538)中進士之際,"選貢授麻陽訓","訓",即誤導。但"不之官"即不去上任,從後文的"獨恨汝父奄背,弗及視榮寵耳"看應是此時亡殁。

[14]戒:《重慶卷》闕字,從文意與圖版殘劃補。

[15]大理封綸:即官方下詔。"大理",掌刑法的官。秦爲廷尉,漢景帝六年(前151)更名大理,武帝建元四年(前137)復爲廷尉。北齊爲大理卿,隋唐以後沿之。"綸",指帝王的詔書旨意。《禮記·緇衣》:"王言如絲,其出如綸。"

[16]眡:觀看,察視。《周禮·天官·太宰》:"及執事,眡滌濯。"鄭玄注:"眡音視,本又作視。"

[17]靳一名句:"靳",取得。"子仲季長",繫聯後文的"遂遵例,仲以廩,季增廣生,品銜各有所授",説明其母朱氏向胡堯臣爲其年幼的兄弟二人請托在其權力内相助其升學之道。

[18]子三人諸句:墓主朱氏有三子:長子爲侍郎中丞胡堯臣,娶楊氏,封孺人。楊氏先墓主朱氏卒。次胡舜臣,布政司都事,娶李氏,也先卒;繼妻周氏,杜氏、楊氏等三妻。次胡禹臣,光禄寺署丞,娶黄氏、郭氏,早卒;又繼娶王氏,又卒;又續娶盛氏、鄭氏二妻。

468

孫男十人:胡如岱、胡如霍、胡如楠、胡如華,俱廩生;胡如恒,國子生;胡如陵、胡如川、胡如江、胡如漢,俱幼。孫女六人:其一適重慶任中丞竹坡子任周盤。任竹坡,見於明張嶽《張襄惠公文集》的《答貴州巡撫任竹坡》《祭任竹坡中丞文》,有其征貴州苗之事。其一適憲副劉初泉子劉世科。劉初泉,字起宗,又字宗之,號初泉,巴縣人,爲劉春長孫、劉彭年長子。爲《童蒙亨墓誌》的篆額人。其一適同邑署正蘇木庵子蘇萬川。其一適銅梁知縣李一所子李遠。其一適同邑庠友李廉齋子李見龍。其一許聘遂寧典膳鄭小川子鄭嶽。以上人物或字或號,在史籍多有疏略之處,靠墓誌的記載才存史留名。

曾孫男十一人,曰:胡嶠、胡崐、胡岣、胡峻、胡嶂、胡嵋、胡峨、胡峽、胡崧、胡岭、胡嵮。還有曾孫女七人。

[19]成化壬寅年句:即墓主朱氏成化十八年(1482)壬寅八月初七日生,嘉靖八年(1529)乙丑二月十二日卒,隆慶四年(1570)庚午正月初二日葬於城東火峰山,與夫胡環溪合葬。落款萬曆元年(1573)歲次癸酉十二月初八穀旦才立石,或與當時的戰亂有關。火峰山,據光緒《銅梁縣志》又名火盆山,在城東。此地有明河南巡撫胡堯臣胡宅,即墓主家宅。

[20]巃嵷:亦作"巄嵷",山勢高峻貌。"汪濊",亦作"汪穢",深廣。漢司馬相如《上林賦》:"於是乎崇山矗矗,巃嵷崔巍。"《漢書·司馬相如傳》:"威武紛雲,湛恩汪濊。"顏師古注:"汪濊,深廣也。"

[21]綸綍:《禮記·緇衣》:"王言如絲,其出如綸;王言如綸,其出如綍。"鄭玄注:"言言出彌大也。"孔穎達疏:"'王言如綸,其出如綍'者,亦言漸大,出如綍也。綍又大於綸。"後因稱皇帝的詔令爲"綸綍"。

[22]巌巌:形容高峻。

楊氏買地券　明萬曆十八年(1590)八月立

秀山縣。1974年重慶秀山縣清溪出土,現藏於秀山縣文物管理所。長28厘米,寬27厘米。券文行書,15行,每行11—20字不等。

【釋文】

天帝告下冢中五方旺炁[1]：今據大明國四川平茶長官/司官□□□□黃門楊氏[2]，本命[3]丁未年八月十一日辰時/生，不幸於萬曆十八年八月□日巳時亡，特告終正寢襄/事□□□□憑白鶴仙於本宅園內，拖取[4]□首/吉兆一所，點作壬山丙向，□□□藏□取十八年十月初五癸酉日午時安厝，明星黃道，上下不/呼。其地東至甲乙，□□□□西至庚/辛，北至壬癸，中央戊己，皆係亡者承/業。龍虎抱慰，主客相迎。□千年/□塋，生子生孫，世代富貴。□有衣衾/棺槨，□□□纏身□物，俱是亡者受用。□□□□/□伏屍，山魅魍魎，古廟精邪，妄行侵佔，如有/比□，許令執此。赴/軒轅黃帝告□，照依女青律令施行。/所有天券符契，須至出給者。

（圖：《西南石刻彙編·四川重慶》第2冊，第31頁）

【簡跋】

此買地券《重慶卷》未收錄。

【校釋】

[1]旺炁句："炁"即"氣"的古字。指人的元氣。此句爲墓券體例中的常用語，如宋《楊元甲夫婦墓》中的鎮墓文首句"天帝告土下冢中王氣五方諸神……"、元《何回娘墓券》"天帝有敕告下，土冢明堂，五方諸神……"等等。

[2]黃門楊氏句：即墓主楊氏的夫家爲黃氏。"黃"前爲"大明國四川平茶長官司官□□□□"，闕四字，但不影響文意。"平茶長官司"，爲明洪武四年（1371）到嘉靖二十九年（1550）秀山"百里四司"之一。《明史·四川土司傳》載，明洪武九年（1376）設置酉陽宣撫司，"置平茶、邑梅、麻兔、石耶四洞長官司，以楊底綱、楊金奉、冉德源、楊隆爲之"。平茶長官司，爲明代置官署名，掌管四川平茶洞一帶少數名族村寨政令。治所在今秀山縣西美妙鄉，舊名司城街，其他屬重慶渝州管轄，與貴州相接。楊氏在整個酉陽宣撫司爲著姓大族。①

[3]本命諸句："本命"指人生年干支。墓主嘉靖二十六年（1547）丁未八月十一日辰時生，不幸於萬曆十八年（1590）八月□日巳時亡，十月初五癸酉日午時安葬。

[4]拖取：即"拖取"，拉取之意。

---

① 張勛燎、白冰：《中國道教考古》，綫裝書局，2006年，第1088頁。

沈思恭墓誌　明萬曆四十六年(1618)五月九日立

奉節縣。1993年3月在奉節縣幸福鄉魚腹村出土,石現藏於奉節縣文物管理所。誌石高66厘米,寬60厘米,厚5.5厘米;誌文正書,34行,滿行48字。

【釋文】

中題:明顯考鄉學士沈公居庵諱思恭字惟收塋。/

父[1]沈輗,母周氏四生。[2]于嘉靖己未年十一月/十六日子時生。娶朱氏[3]二為妻。生長子/起龍,配王氏;次子躍龍,配杜氏。享年五十/六歲。亡于[4]萬曆甲寅年二月十七日巳/時,故于戊午[4]年五月初九日申時建墓。/

(《重慶卷》圖97/文289)

【簡跋】

從墓誌中題"明顯考鄉學士沈公居庵諱思恭字惟收塋",知墓主爲沈思恭,字惟收,號居庵,鄉學士。建墓人爲沈思恭子沈起龍、沈躍龍等。

【校釋】

[1]父:"沈輗"前《重慶卷》闕字,復核圖版作▨,應是"父"字。沈思恭父沈輗,母周氏排行爲"四",小字夾刻於行間。

[2]四生:"四"指母周氏排行第四,與下文中"娶朱氏二爲妻"刻字圖版體例相同,"二"也是夾刻小字,表行第。"生"爲動詞,指爲墓主母周四所生,正好下接出生時間"於嘉靖己未年十一月十六日子時生"。

[3]朱氏:墓主婚配排行第二的朱氏,有二子:長子沈起龍,配王氏;次子躍龍,配杜氏。

[4]亡于句:墓主沈思恭,享年五十六歲。萬曆四十二年(1614)甲寅二月十七日巳時亡,四十六年(1618)戊午五月初九日申時建墓。

重慶墓葬碑刻校釋

【清】

破山和尚塔銘及塔銘序、壙碑銘

梁平區。此處收錄雙桂堂碑刻中的塔銘類墓葬碑刻三通。雙桂堂,位於重慶市梁平區金帶街道萬竹山,始建於清順治十年(1653),被尊爲"西南佛教禪宗祖庭"。開山祖師破山禪師(1597—1666),號海明,俗姓蹇,名棟宇,字懶愚。明末清初重要禪宗大師之一,也是著名的詩人、書法家。目前雙桂堂保存文物237件,其中各類石刻、碑記70多塊。這批碑刻在2011年7月重慶大學建築歷史與理論研究所實地調查研究時被拍成照片,後與釋文一同公布著錄在《梁平雙桂堂》一書中。其中所涉墓葬類碑刻主要爲塔銘類。但因未著錄文物的行款尺寸等詳細數據,本書祇能據圖版核對錄文,區分行款,考釋整理。

題署人部分,《梁平雙桂堂》錄文時附在最後,與碑版在首題之下不符,本書遵照碑刻原貌調回。從《破山和尚塔銘序》碑版最後落款有"一九八六年孟秋"看,係翻刻碑;并在"其破山明禪師乎。師諱海明……"中"乎"字前衍"所以拈槌豎拂……其破山明禪師"一段文字。《梁平雙桂堂》在錄文時已經删除。由此可見,雙桂堂內所存碑刻,已非原貌。其弟子丈雪醉與蓮月正分別撰有《破山明禪師行狀》、門人耶湘印伊等編雙桂堂本《破山語錄》,增補至二十一卷,并附《破山年譜》一卷,均可參校。

其一:

破山和尚塔銘　約清康熙五年(1666)立

(清)劉道開撰,文李仙根篆額,劉如漢書丹

【釋文】

臨濟三十一代破山和尚塔銘

原夫江漢炳靈,岷峨毓秀,山川間氣,聖賢篤生。自少林西來,曹溪[1]纘緒,而南岳一馬[2],首誕什邡,是則宗門之盛,實吾蜀人啓之也。自時厥後,代有名宿,莫不家敷智蕊。/户燦心燈[3]。求其得髓弘宗,圓機應世,五公欽範,走卒知

名，本利生之慈心，運大人之作用，逆順莫側，游戲無方，不得不推我萬峰老人矣。

師諱[4]海明，號破山，俗藉渝城，移之大竹，元勛奕葉，及為蹇忠定之裔孫，古佛因緣，共說昭覺勤之轉世。生含明睿，質挺奇標，亦娶妻而生子，同耶輸與羅睺[5]。行年十九，忽厭塵凡，剃髮出家，挑包行脚，偶聽慧然法師[6]講《楞嚴經》，至"一切衆生，皆由不知常住真心，性靜明體，用諸妄想，此想不真，故有輪轉"，遂終日疑悶，乃閲古人公案，如銀山鐵壁，無隙可入。于是孤身出蜀，見數耆宿。不能决疑。俄住楚之破頭山，刻期取證，以七日為限，逼拶[7]至極，經行萬丈懸崖。自誓云："悟不悟，性命在今日了。'時交午未，忽見銀色世界，一平如掌，信步舉足，不覺墮于岩下，竟將左足跌損而不知，但覺從前礙膺之物，泮然冰釋，高聲叫云："屈！屈！'自此出山南行，參數員尊宿，末後至金粟[8]，機鋒上下，函蓋相投。粟書源流一紙，加以信金一緘，祗受下山，暫住苕溪。己巳冬，嘉禾紳衿請主東塔[9]，遠近學者歸之如雲。粟聆之云："花開檇李，果熟蠶叢。"壬申春回蜀，卓錫[10]于萬峰古刹，學者歸之，如于東塔之衆也。師主斯刹，凡十餘年，及至甲申，刀兵橫起[11]，殺人如麻。有李鷂子者，殘忍好殺。師寓營中，和光同塵，委曲開導。李一日勸師食肉，師曰："公不殺人，我便食肉。'李笑而從命，於是暴怒之下，多所全活。昔人以澄公之於二石，如海翁狎鷗，師不但狎也，而且化之矣。拯溺不規行，救焚無揖讓，次之謂也。壬辰、癸巳間，蜀難漸平，師歸梁之金城寨[12]，去寨半里，有舊紳別墅，尚餘老桂二株，師葺而居之，顔其堂曰"雙桂"，門曰"福國"，粗成叢林，而四方學者，至復如歸，師隨其一知半解。輒有囑付焉。或疑其傳法太濫，而不知師於此又有深心也。蓋佛法下衰，狂禪滿地，倘一味峻拒，彼必折而趨邪。師以傳法為衞法之苦心，甚不得已者也。

師之名，上自朝廷，下及委巷，近而中夏，遠而外國，罔不聞知。總制李公[13]，奠安全蜀，數遣使迎，師皆力辭。甲辰秋，再使敦請，師不得已，飛錫臨渝，盤桓九旬，相得甚歡。李公享師以牢醴，師閣箸[14]曰："山野昔遇惡魔而開齋，今逢替善友而止葷。從兹不御酒肉矣。遂辭而歸。丙午年正月[15]二十一日，壽臻古稀。道俗齊慶。萬有餘指。至三月初十日，師示微恙，預申没後之約：不用茶毗，内棺外椁，便服入殮，悉如俗人禮。至三月十六日亥時，盥漱搭衣，以手指燭，端坐而化。壽七十,坐臘[16]五十,九坐道場。《語錄》一十二卷,入嘉禾紫柏院[17],流通海內焉。

時有得法弟子丈雪醉公[18],將塔師全身於梁之艮龍山麓,影堂設於成都之昭覺,走書請銘於不佞。道開霍然曰:"余何言,師之道德在天下,天下之人能言之也。操履在叢林[19],叢林之人能言之也。必余欲言,亦言其甚不得已之苦心耳。"夫甚不得已之苦心,是馬祖之所難也!馬祖之所難,而師易之,雖謂是由為什邡之跨灶可也。爰系之銘,銘曰:

坤維禪宿,肇自馬祖,臨濟溈仰,兩燈并譜/。

濟下兒孫,楊岐獨盛,傳至天童,技端派正。

萬峰崛起,忠定後裔,矯矯人豪,堂堂法器。

十九辭家,廿七圓戒,不屑蹄涔,直操溟潞。

金粟老子,眼明手毒,一瓢惡水,洗腸換骨。

再振滹沱,旁起四宗,花開檇李,果熟鹽叢。

九坐道場,單提心印,魔與魔民,一戰而勝。

烹佛煅祖,補天立極,師於祖庭,實為勛德。

劫遭離亂,殺人無算,處劍戟林,如家常飯。

游戲神通,飲酒食肉,長鯨吸川,燒猪果腹。

但爾諸方,不當學我,伊尹之志,有之則可。

酒肉破戒,濫付招毀,原師之心,大不得已。

天子聞名,王侯願交,黃麻不羨,青山逍遙。

行年七十,化緣已畢,雙林雙桂,是一是二。

無偈可留,無法可説,獅子頻呻,指燭而滅。

遺令棺斂,法同縉紳,身後一著,猶是逆行/。

艮龍之麓,率堵堅好,八部天人,香花圍繞

只履已西,幻殼斯藏,我銘貞石,穭萬垂芳/

敕封征仕郎、翰林院庶吉士、癸酉科孝廉、巴縣劉道開撰/。

賜進士及第、内弘文院編修、遂寧李仙根篆額/。

賜進士出身、征仕郎、禮科給事中、前吏、兵、工、左右給事中、翰林院庶吉士、廣東道監察御史、巴縣劉如漢書丹/。

■佛成道日[20]立/。

(圖文:《梁平雙桂堂》248—249頁)

【簡跋】

碑石額橫題,篆書僅"臨濟三十一代"六字,係與首題"破山和尚塔銘"相連。下半截殘泐嚴重。

三位題署人,據現存碑版落款在後。撰文人劉道開(1601—1681),一名遠鵬,字非眼,號了庵居士,重慶巴縣人,崇禎六年(1633)舉人,著有《自怡軒詩文集》《蜀人物志》《痛定録》等。本塔銘載歷官:敕封征仕郎、翰林院庶吉士。

篆額人李仙根(1621—1690),字子静,號南津,四川遂寧(今遂寧市船山區)人。清順治十八年(1661)進士。歷任弘文院編修、國子監司業、秘書院侍讀、宣諭安南正使、禮部侍郎、左副都御史、明史纂修官、户部右侍郎、光禄寺少卿等。有《安南使事紀要》。本塔銘載歷官:賜進士及第、内弘文院編修。"第"字,《梁平雙桂堂》誤作"弟"。

書丹人劉如漢,字雙山,爲劉道開子。清順治十六年(1659)進士,曾任左副都御史、江西巡撫等。本塔銘載歷官:賜進士出身、征仕郎、禮科給事中、前吏、兵、工左右給事中、翰林院庶吉士、廣東道監察御史。

【校釋】

[1]曹溪:禪宗南宗別號。以六祖慧能在曹溪寶林寺演法而得名。唐柳宗元《曹溪大鑒禪師碑》:"凡言禪,皆本曹溪。"

[2]南岳一馬:即唐大寂禪師馬祖道一。馬祖道一,俗姓馬,謚號大寂禪師,漢州什方縣人(今四川什邡馬祖鎮)。幼年出家,曾受具於渝州(今重慶)圓律師,開元年間至南岳衡山,從懷讓禪師習禪。

[3]心燈:佛教語。猶心靈。謂神思明亮如燈,故稱。

[4]師諱句:碑主諱海明,號破山,又號萬峰老人。俗籍渝城,後移大竹(今四川達州市大竹縣)。爲蹇忠定之裔孫,據考證爲蹇宏之子,蹇宏爲蹇霆之子,蹇霆爲蹇義嫡孫。

[5]羅睺:梵語"摩睺羅"或"摩羅睺"的省稱。本爲八部衆中人首蛇身之神。

[6]慧然法師:爲明鄰水延福寺法師。據《破山年譜》記載,在20歲時受到慧然法師指點,前往湖北黃梅的佛教聖地四祖寺、東禪寺參禪,在破頭山清修苦行,閱讀大量佛經與高僧靳術,後終苦參開悟。即本塔銘中所講開悟經歷。

[7]逼拶:亦作"逼桚""逼匝",猶逼迫。

[8]金粟句:指海鹽金粟寺。據《密雲與破山》一文考證,破山海明在湖北黃梅縣破頭山四祖寺開悟後雲遊參訪。先後至江西、浙江、徑山、杭州、紹興等。終於在海鹽金粟寺接受了密雲付法衣。①"苕溪",即吳興郡(今浙江省湖州市)別稱。此指湛然法師處。

[9]東塔:指嘉興東塔廣福寺。崇禎二年(1629)嘉興士大夫等請破山主持於此。

[10]卓錫:植立錫杖。喻僧人外出。指破山在崇禎五年(1632)回蜀,自立於梁山縣萬峰山太平禪寺。《破山年譜》詳細記載其在廢墟之上重新修建,使百廢俱興,故自號爲"萬峰老人"一事。

[11]刀兵橫起:張獻忠在明末清初亂蜀之事。"有李鷂子者"令破山破戒止殺之事。據《破山年譜》記載,順治七年(1650),時破山五十四歲,夔東十三家之一的李立陽李總戎屯兵涪陵,延破山到軍中駐錫,并在軍營中傳播佛法。

---

① 王榮益:《密雲與破山》,載《天童禪寺禪文化交流會論文集2015》,寧波出版社,2016年,第477頁。

破山以破戒止殺,多所全活。

[12]金城寨:即梁平區金城寺所在地。順治九年、十年間(1652—1653),蜀難漸平,破山回到梁山縣(今梁平區)。據《破山年譜》記載,是九年冬季,受梁山縣地方武裝首領姚聖瑞將軍的邀請,住持金城寺并傳法,聲名遠播。因學法者越聚越多,只得在離金城寺半里遠的萬竹山新建佛寺。順治十年(1653)秋,漸成規模。因寺中有老桂樹二株,命名爲雙桂堂,福國門。此後破山在雙桂堂禪院傳法二十余年,令天下英靈雲集,直至其卒。

[13]總制李公:即李國英,字培之,漢軍正紅旗人,初籍遼東。順治三年(1646),從肅親王豪格下四川,討張獻忠,授成都總兵。五年(1648),擢四川巡撫。後又升兵部尚書、太子太保、陝西總督、四川總督。與破山同於康熙五年(1666)卒,諡號勤襄。據《破山年譜》記載,破山與李國英的交往始於順治十三年(1656)。時李國英爲太子太保,駐軍漢中,想讓破山勸姚聖瑞等豪杰歸服,但破山始持反清復明之態,不予理睬。

[14]閣筯:據文意前有"李公享師以牢醴",所以"閣"或爲"擱"之誤,擱置;"筯",即筷子。《梁平雙桂堂》誤釋作"筋",不辭。

[15]正月:《梁平雙桂堂》誤釋作"正周"。康熙五年(1666)丙午,破山壽至七十古稀,三月初十日微恙,十六日亥時坐化。

[16]坐臘:坐夏。唐玄奘《大唐西域記·印度總述》:"印度僧徒依佛聖教坐雨安居……前代譯經律者,或云坐夏,或云坐臘。""九坐道場",據《塔銘序》所指"卓錫西來,萬峰、中慶、佛恩、白兔,既振威音,鳳山、棲靈、祥符、無際,并撒布衣,集紳薦之皈依,受藩王之隆供,蓋九坐道場焉"。

[17]紫柏院:爲破山遺著《語錄》十二卷最早的編纂地。是其回川後所作,藏於嘉禾。據《塔銘序》記載"前《語錄》十六卷,乃丈雪醉公及新庵静主,東塔典客諸兒孫及諸皈依紳士信善已梓行,未梓行者,今嗣法院靈木綬公、雲嶠水公,將畢願焉。"證明了其時版本已有不同,也説明《塔銘序》是晚刻。"靈木綬公",即破山弟子靈木印綬,重慶豐都人。主持於成都昭覺寺、南浦大佛寺。"雲嶠水公",巴州人,主持於雙桂堂。

[18]丈雪醉公:即丈雪通醉,内江人。開法貴州新義禹門寺,中興成都昭覺寺。撰有《破山行狀》。

[19]叢林:佛教多數僧衆聚居的處所。
[20]佛成道日句:佛教中釋迦佛成道之日,又稱成道會、成道節、臘八,爲塔銘落款時間,即農曆十二月初八日。

其二:

破山和尚塔銘序　約清康熙五年(1666)立

(清)王文南撰文,鄭鳳超書丹

【釋文】

嗣初祖四十一代、嗣臨濟三十一代萬峰明禪師塔銘有序傳。

楚荆龍湖報庵氏、前辭職不拜、菉猗堂修行叟王文南季豹父小□撰文/

閩莆征仕郎、中書科中書舍人、兼翰林院編修、同修國史鄭鳳超巨掌氏書丹/。

原夫道無可道,止有涵天蓋地之人;禪無可禪,坐等絶後光前之漢。净[躶躶][1]者屬,人各一具,須貯之以峨雪心肝。赤條條者本,大共一身,貴開之以金牛蜀道。説是佛,則/人人是佛,何有帝釋凡夫？説無師,則系系須師,所以拈槌豎拂。半在他兮半在我,共湊個無位真人,不由我者更由誰會？有時全提正令,所以眼生棒際,直打着一界虛/空。雷震唱[2]聲,用振醒四天聾耳。初見者以為臨濟,真見者直是達磨[3],劍挂眉毛,鋒銛齒諸生之血,香含舌本,菡萏開火池之蓮。有時平地一步[為][4]殊險,如天路之不可階/升;有時大洋萬頃為至平,如獄地之游行無礙。説法堪累丸而不墜。承蜩也猶其掇之利生,如入井以援人,吐蜆乎誰其似者。總緣慧足照足,現兹能勇能仁。斯雄則大/雄,而忍無生忍,故能去來皆妙,而變化全彰。我儀鄙此,其破山明禪師[5]乎。

師諱海明,號破山,學人稱之曰萬峰和尚。渝州蹇氏子也。後徙大竹,則亦/稱大竹人。嚴慈净信,生有异姿,有識者謂其舒毫挺秀,相擬黄檗。初業儒讀書,淡然世務。年十九,祝髮于邑之大持庵[6]融光尊宿,旋因慧然法師講楞嚴有悟,遂發願南詢。飄笠出蜀,歷參雲門、博山諸大老[7],靡不以為獰龍生象者,欲得馴而服之,以為乘騎,奈如騎虎料頭。御師捉尾,極力縱奪,只覺磐控不下,因以收拾不住矣。撩衣而至天童[8],如地蓋天函,適合準則,曲收直放,只絕後先,遂得法于金粟。為第三子矣。今東震旦[9]國中,前代者尤不勝舉揚,即臨濟以來,興化、汾陽、楊岐、風穴,如馬駒踏人,接曹州之惡棒者,不無其人。然即寶藏天琦,門庭施設,尚存邊際,直至密雲老人,大死一生,斷頭覓路,喝既虛空粉碎,棒則大地平沉,慈遍躶虫隊里,風行天海邊頭,遂使濟宗光于冕日,然則為天童兒孫者難矣哉。師之超曠,既電照以風行,師之密因,又得骨而得髓。用是人天信向,雲覆雨施,自己巳以至壬申,東塔千期,大開爐鞲,東南緇白,所煅煉者為多。

繼則有蜀銓曹[10]馮君子與張大金吾,以師蜀所鐘靈,堅請還蜀,而師亦遂動峨鷲瓦屋之思矣。卓錫西來,萬峰、中慶、佛恩、白兔,既振威音,鳳山、棲[靈][11]、祥符、無際,并撒布衣,集紳薦之皈依,受藩王之隆供,蓋九坐道場焉。

譚梁生[12]司業,所謂花開檇李,果熟蠶叢者,真堪為臨濟之耳孫,天童之肖子矣。若乃入井救人,一蜆活渝城之百萬,身焚取報,佛圖消石勒以海鷗。佛魔全消于外道,象王却顧夫野千。師于佛法,詎直權實并顯,機用雙成者哉。

時值丙午,孟春念一,為師臘七旬,一時四衆人天,咸集雙桂者,不啻萬指,僉曰稱慶,而師以念五日示微疾。上堂辭衆,垂語云:"初開劫運九開爐,七十年來志不[13]輸。每見隙駒難度尾,常開老蚌易生珠。"云云。旋以源流拂子,分付眼耳鼻舌六人。先是付者前後八十餘人,可謂英靈之并集,而祖道之重光者矣。前《語錄》十六卷,乃丈雪醉公及新庵靜主,東塔典客諸兒孫及諸皈依紳士信善,已梓行,未梓行者,今嗣法院靈木綬公、雲嶠水公,將畢願焉。坐見龍桑化城,續標僧寶,山神定來禮足耳。是宜為銘,銘曰:

西來大意,實經峨峰,再踊鄰山,緇雲攸鐘。

有大英能,代挺其中,五祖綿產,經山梓橦。

師誕巴渝,二祖西東,生秉奇慧,昆吾之鋒。

向上一事,七征旋萌,發足南詢,諸老喁喁。

金鱗透網,鐵鷂騰空,鯤鵬大海,爰赴天童。

/惟此天童,萬法之宗,棒即痕現,喝即耳聾。

與師相見,草偃從風,是父是子,如雲如龍。

嫡骨十二,象天始終,師即三子,于衆為兄。

始焉倡道,檇李塔東,千日緣滿,選佛場空。

道應西土,/現化蠶叢,銓曹迎請,金吾趨風。

據獅子座,梁山萬峰,琉璃瓶口,八面玲瓏。

自此棲靈,鳳山攸同,昆盧頂上,芥孔針中。

祥符大竹,川北攸通,方山普照,江盧蟠龍。

金城開縣,千里同風,/白馬來處,弱水飛蓬。

烏鷄皂本,繡綫剛通,臨濟正脉,密雲鼓鐘。/

(圖文:《梁平雙桂堂》第250—251頁)

【簡跋】

從碑版看,底部因埋入地下每行均有損泐兩至三個字符,但錄文應是參校《破山海明語錄》所錄,十分完整,個別文字有異。

撰文人王文南,號季豹父,又號菉猗堂修行叟,楚荊龍湖報庵氏人。"菉猗堂",位於今珠海市斗門區南門村。始建於明景泰五年(1454),為南門趙氏所有。據《湖廣通志》卷五十七載:"王文南,字季豹,江陵人。懷宗己卯解元。學問該博,時人比之楊升庵。詩歌伯仲七子。交與多一時名宿。荊郡前志乃其增修。"《嘉興大藏經》中有"江陵報庵王文南薰沐拜書"的《荊州天王水鑒海和尚語錄序》;"康熙己未之仲冬月穀旦菉猗八十五法弟子報庵王文南敬題王言爲序"的《空穀和尚語錄序》;"經魁解元出身"撰的《芝岩秀禪師語錄序》。

書丹人鄭鳳超,號巨掌氏,閩莆(廣東潮陽人)。本塔銘載歷官:征仕郎、中書科中書舍人、兼翰林院編修、同修國史。有《鄭鳳超文集》。

【校釋】

[1]躶躶:《梁平雙桂堂》釋作"裸裸"。

[2]唱:《梁平雙桂堂》釋作"喝"。

[3]達磨:《梁平雙桂堂》釋作"達摩"。

[4]為:《梁平雙桂堂》脱此字。

[5]禪師:後碑版衍文多刻出"所以拈槌竪拂……其破山明禪師"一段文字,係翻刻時所誤。《梁平雙桂堂》錄文時刪除。

[6]大持庵:即破山十九歲出家的大竹縣姜家庵。其時禮大持律師爲師,大持律師以年事已高而難以承擔教化重任爲由,讓他跟隨融光法師學習。"融光",有訛作"容光"者。

[7]大老:此處指德高望重的高僧。"雲門",代指雪嶠大師,因其曾在天台偶見"古雲門"三字,豁然大悟。"博山",代指無异元來。萬曆三十年(1602)隱於信州博山(江西省廣豐縣)能仁寺。

[8]天童:即天童山,又稱天潼山。位於浙江鄞縣(今寧波市鄞州區)東。明代有天童禪寺,洪武二十五年(1392)册封此寺爲天下禪宗五山之第二山。時爲密雲圓悟禪師常住地之一。

[9]震旦:古代印度對中國的稱謂。《佛説灌頂經》卷六:"閻浮界内有震旦國。"

[10]蜀銓曹句:"馮君子與張大金吾",即丈雪《破山行狀》中的"適金吾振宇張諱大京,并銓部伯井馮公諱士仁,請師回蜀"的馮士仁、張大京。

[11]棲靈:《梁平雙桂堂》脱漏"靈"字。

[12]譚梁生句:即謂昌言長子譚孟恂,字貞默,一字梁生。譚昌言,字聖俞,嘉禾人。萬曆二十二年(1594)解元。創文社,後其子譚梁生命名爲駕社。"花開檇李,果熟蠶叢",一語雙關,將嘉興的古名"檇李"與古蜀國的古名"蠶叢"并包,可以説是破山開創於嘉興,成熟於巴渝的最好概括。《類篇·耳部》:

"昆孫之子爲耳孫。"後多以"耳孫"泛指遠代子孫。

[13]不:《梁平雙桂堂》作"未"字。

[14]踰:《梁平雙桂堂》誤作"渝"。

其三:

破山大師壙碑并銘　約清康熙五年(1666)立

(清)米之俊撰

【釋文】

夫古德耆宿,不緣文字傳,而三千八百,闡教揚宗,五恒河沙。百劫而愈永者非文字字傳也。予方飄衲五台[1],皈息蓮宗,是以傳破山大師,西蜀之名僧。輦望而南乎,巴郡禪教中天,自破山大師始也。遁迹養晦,中餅幽岫者恒多,而所在著聲,鉢中雲吐,杖底泉流,則破大師始也。

蜀之住宿,慧劍[2]相揮,披雲[3]聞笑者尤著。若繼黃蘗[4]而嗣音,聽楞嚴而得悟,惟破大師獨也。師之夙根慧悟,固秉性成,而苦行真參,全資猛力,肇自大持,演教東塔。既走吳越,歷名勝,遺參雲門、博山諸大老,證響無礙,而得道於密雲圓悟大師,中邊[5]悉徹,衣鉢流傳,為大師嫡嗣。七十年來,獅吼象竪,月皎波澄,宰官拜其座下,將軍奉其教律,慈筏接引,法鐸長鳴,關捩[6]恒開,齒髮咸戴。須菩提之低眉,秀鐵面之嚴喝,殆兼攝而善荷[7]之矣。其間善果雲集,祥慧霖沾,既迷悟以雙忘,亦鏡塵而并凈。譬之天鷄始旦,靈曜啟途,朗微幽明,其有禪於來茲,大矣。

予方奉詔出山,轄指就遭,偶遇燕石上人,道及破師圓寂,乃為緩轡,序其涯略。一片幽石,惟傳信不傳疑,或曰此亦史職也。師著述最富,其傳世《破山語錄》《山居詩》《雙桂草》諸集,幾盈尺,已壽梓[8]。惟辭世一偈[9],更為解脫。

師姓蹇氏,先籍渝州,中徙大竹,俗壽十九,僧臘五十二,其先期歡忭,屆期趺

484

坐而逝也。誠西方之珈瑜,南土之鳳麟也哉。一葦西渡,梯航[10]永別,靈蕊花凋,智芽[11]蘗萎。凡諸有情,能無隕涕,爰作銘曰:

有善知識,破山禪師。歷遍龍函,覽周象池。

口涌河沙,舌生潮漪。群石醒頑,衣禽登坯。

再緣旃林,重然慧脂。人天護持,士女[12]皈思。

寒潭月冷,翠筴風移。津梁夕倦,夏瞻朝辭。

革囊遽萎,心鏡長期。門人慘咽,弟子淒其。

塔閟巍然,錫杖何之。法雨高懸,解沛無時。

神光日杲,靈骨攸滋。永垂瓶鉢,用詔來茲。

賜進士第、内翰林編修國史、前盛京典試大主考、西河米之俊拜撰。

(圖文:《梁平雙桂堂》,第276—277頁)

【簡跋】

碑石剥泐嚴重。録文多據傳世文獻。

撰文人米之俊,西河(今山西汾陽市)人。唐上元元年(760)改隰城縣爲西河縣,爲汾州治。宋、金、元沿襲,明洪武初并入汾州。據《四庫全書·經部》收録有山西巡撫采進本《春秋纂》,爲其所撰;又有《周易纂》。本墓誌載其歷官:賜進士第、内翰林編修國史、前盛京典試大主考。可補史闕。

【校釋】

[1]五台:指山西五台山。"蓮宗",即净土宗,專修往生阿彌陀佛净土法門。因其始祖慧遠曾在廬山建立蓮社提倡往生净土,故又稱蓮宗。

[2]慧劍:斬斷一切煩惱的智慧。語本《維摩經·菩薩行品》:"以智慧劍,破煩惱賊。"

[3]披雲:撥開雲層。

[4]黄檗:唐斷際禪師希運的別稱。

[5]中邊:語出《四十二章經》:"佛所言說,皆應信順,譬如食蜜,中邊皆甜,吾經亦爾。"佛家因以"中邊"指中觀與邊見(包括空、假等)。天台宗認爲:"無空、假而不中,總中觀也。"借喻內外表裏。

[6]關捩:比喻原理,道理。

[7]苛:通"訶",查察,詰問。

[8]壽梓:指制版印刷。"壽",鐫刻使之長遠留存。梓,印書的雕版,多用梓木。指破山傳世的《破山語錄》《山居詩》《雙桂草》諸集已經出版。

[9]偈:指釋家雋永的詩作。指破山卒前所作偈語,見《破山塔銘序》。

[10]梯航:"梯山航海"的省語。謂長途跋涉。

[11]智芽:即智慧發芽。"智",爲梵語"般若"的意譯。佛教謂超越世俗虛幻的認識,達到把握真理的能力。

[12]士女:泛指人民、百姓。《梁平雙桂堂》誤釋作"土女"。

吕世千墓誌　清嘉慶十九年(1814)五月十二日後立

(清)潘鐸撰

渝中區。1982年3月在重慶市財政局原址出土,石現藏於重慶中國三峽博物館。誌蓋缺。誌石高39厘米,寬102厘米,厚8厘米;誌文正書,34行,滿行19字。

【釋文】

誥授奉政大夫、晋朝議大夫顯考吕世千字芝甫大人內墓誌。/

賜進士出身、欽命四川等處、提刑按察使司按察/使、寅再侄潘鐸頓首拜撰。/

先世籍[1]/湖北漢陽府黄陂縣雙廟店,乾隆卅年/來蜀。翁之曾祖時亨。祖景源,贈脩職郎;妣曹孺人。/父維藝,贈儒林郎;妣羅安人。俱葬陂邑祖塋。

公諱[2]世千,氏陳,生女一,適陂邑陳輝鳳。子五。長嘉馨,早逝。次嘉會[3],直棣同知,娶陳、鄭氏。生孫女一,適巴邑吏部員外郎周漢舒[4]。生孫五:長孫潮,庠生,生曾孫廷柄,州同。次鴻,庠生,生曾孫廷傑,庠生等。三淮,授江蘇撥藩掌印府[5],得邀封典,覆授四川布政使司參軍府,娶彭、劉氏,生曾孫女五,曾孫二。長廷樟,任四川大[足][6]鹽場、萬縣、通江;次廷栻,幼。淮長女,適巴邑進士、即用知縣、現任夔州府教授李成芳[7];餘女,幼。四孫淑,同知,夏氏,生曾孫女一,曾孫四。長廷楚,監知事;次榮、榮、枋,幼。五孫滇,任貴州荔波知縣、獨山知州,娶駱氏,生曾孫二。長廷棻,通判;次榕,幼。共二十餘人。

千公三子加祥,府經歷,氏萬,生孫二。長孫江,從九[8],生曾孫廷檢,監生。次濱,庠生,生曾孫廷校等。

千公四子加禮,從九,氏梅。生孫二。長孫河,貢元,生曾孫廷楮,庠生等。次澍,監生,生曾孫廷標等。

千公五子加肇,縣丞,氏任、夏,生孫四。長渝,貢生,生曾孫廷柏,監生等。次藻,監生,生曾孫廷槥,庠生等。三漢,從九,生曾孫廷榜等。四漳,從九,生曾孫廷杭等,元孫明遠等四房,共六十餘人,俱幼。

淮、滇于道光丁亥、酉,兩次恭逢覃恩,封世千公為奉政大夫,祖妣陳氏為太宜人。

公生[9]於雍正己酉年十月十五申時,卒于乾隆卅六年七月十二午時,葬巴邑學田,辛乙向,即茲吉壤也。陳太宜人生于雍正己酉年四月初八巳時,卒于嘉慶甲戌年五月十二申時,葬陂邑陳家塞山後,辰戌兼辛乙向,確有墓誌可考。惟公葬蜀,恐年遠難察,淮等深慮,爰請鐸為文,以志不忘。鐸于淮為同寅友,義不容辭,因歷述顛末[10],并為志曰:

德厚流光,其澤孔長。以文勒石,百代流芳。

(《重慶卷》圖106/文300)

【簡跋】

撰文人潘鐸(1793—1863)，字木君，號振之。江蘇江寧人。道光十二年(1832)進士，選庶吉士，散館改兵部主事，充軍機章京，升郎中，遷御史。二十年(1840)，出爲湖北荆州知府，擢江西督糧道。本墓誌載歷官：廣東鹽運使、四川按察使、山西布政使，署巡撫，官至雲貴總督。落款自稱"寅再侄"，因墓主吕世千孫吕淮與其同僚。

【校釋】

[1]先世籍：墓主籍貫爲湖北漢陽府黃陂縣(今武漢黃陂區)雙廟店，乾隆三十年(1765)乙酉來蜀。家族譜系是曾祖吕時亨；祖吕景源，贈修職郎，妻曹氏；父吕維藝，贈儒林郎，妻羅氏。

[2]公諱句：墓主吕世千，"氏陳"，"氏"做動詞，妻陳氏。生女一人，適湖北黃陂縣陳輝鳳；還育有子五人。長子吕嘉馨，早逝；次子名吕嘉會。此處排行用"嘉"字，但後面第三至五子均用"加"，或是刻碑時爲用字簡便計而改字。

[3]次嘉會諸句：墓主次子吕嘉會支系子嗣記載較詳，與其長子先卒有關。并且據後文可知，因吕嘉會第三子吕淮、第五子吕濵，先後"于道光丁亥、酉，兩次恭逢覃恩，封世千公爲奉政大夫，祖妣陳氏爲太宜人"，即道光七年(1827)丁亥、道光十七年(1837)丁酉追封其祖父官職，誥封祖母。

[4]周漢舒：重慶巴縣人，官吏部員外郎。史籍疏略。

[5]掌印府：即主管用印的機構。"揔"，即"總"的异體。江蘇總藩爲清沿用明朝舊置。

[6]大足：碑版"足"作"定"，但"大定"，即今貴州大方縣，康熙五年(1666)設大定府，非屬四川，且未有鹽場的記載。疑"大定"爲"大足"之誤。據《中國井鹽科技史》考證，古時四川的鹽場有大寧鹽場、大足鹽場、萬縣鹽場等[1]。且有將大足訛誤作"四川大定"者(《韋靖碑》)，羅振玉指出其誤。[2]

[7]李成芳：字桂山，重慶府巴縣人，道光二十五年(1845)進士，夔州府學教授。善詩，有《讀書法程》。

[8]從九：是從九品的簡稱。後文還有多次使用。

---

[1] 林元雄等：《中國井鹽科技史》，四川科學技術出版社，1987年，第492頁。
[2] 羅振玉著；羅繼祖主編；王同策副主編：《羅振玉學術論著集第5集·金石萃編校字記外十五種》，上海古籍出版社，2013年，第116頁。

[9]公生於諸句：墓主吕世千生於雍正七年(1729)己酉十月十五申時，卒於乾隆三十六年(1771)七月十二日午時，葬巴縣。其妻陳氏則生於雍正七年(1729)己酉四月初八巳時，卒於嘉慶十九年(1814)甲戌五月十二日申時。《重慶卷》所釋"十月十五日申時"衍一"日"字，後面"七月十二""五月十二"均同沂文。吕世千妻陳氏葬於湖北黄陂陳家塞山後，即吕世家族祖塋，夫妻二人分地而葬。且"確有墓誌可考"，表明陳氏已有墓誌。而本墓誌未明確記載刻立時間，故衹能是比嘉慶十九年(1814)晚，故暫附於其妻陳氏卒年後。

[10]顛末：本末；前後經過情形。

糜奇瑜家族碑志：

收録《糜奇瑜墓誌》《糜昌明家傳碑》二通碑志。今一併校釋。

其一：

糜奇瑜墓誌　清道光七年(1827)十二月十四日葬

(清)姚文田撰文，周作楫書丹

秀山縣。葬於縣治北三十里蓮臺山，出土信息不明，僅據《北京大學圖書館藏歷代墓誌拓片目録》[1]知有拓片存世。拓片爲帖式刻，分刻三石，其中二石拓片高31厘米，寬98厘米；一石高31厘米，寬21厘米。誌文正書，71行，行15字。

【釋文】

皇清誥授資政大夫、太僕寺卿，加三級、前河南、貴州布政使司布政使，署貴州巡撫秀山糜公墓誌銘

賜進士及第，誥授光禄大夫、經筵講官、都察院左都御史、南書房行走、禮部尚書、歸安年愚弟姚文田頓首拜撰。

---

[1]北京大學圖書館金石組胡海帆、湯燕、陶誠：《北京大學圖書館藏歷代墓誌拓片目録》，上海古籍出版社，2013年，第1012頁。

赐进士出身、翰林院编修、文渊阁校理、国史馆武英殿纂修记名、御史、前提督广西全省学政、愚侄周作楫顿首。

公讳[1]奇瑜，字象舆，号朗峰。先世由湖南迁四川秀山。曾祖[2]傅芳，优贡生，候选教谕；祖上选；父昌明，候选主簿，皆以公贵封赠如其官。曾祖妣周氏，祖妣王氏，妣苑氏，皆赠夫人。

公颖异，读书过目不忘。年十七[3]，补庠生，旋试优等，文誉籍甚。以乾隆五十四年己酉拔贡，任户部七品京官，迁主事中。嘉庆三年戊午顺天举人，充军机章京、方略馆纂修提调，累迁员外郎郎中。尝随托相国[4]谳狱两淮及南河[5]，奏当明允，无枉无纵。十六年，出为福建台湾道[6]，兼督学政。台湾地隔重洋，素称难治。公严捕盗、禁械斗，民气以靖，乃修城垣，设官渡，清屯饷，实仓储，诸政次第具举。尤重教化为亟，建书院[7]，立义学。集历代名臣事实为《政迹汇览》[8]一书，及所作劝士文刊刻遍谕之。每试士，拔其尤以示激劝士习，文风一时丕变。二十二年，擢福建按察使。公善听断。先使人尽其辞，而后徐察其情伪，遇当决罚者，示以罪所应得，未尝稍有怒容。仁慈所格[9]，有感激涕零者。二十四年，擢河南布政使。时河决[10]马营埧，次年又决仪封。公实力[11]抚恤，全活无算。念河南向多河患，各工应摊征民间者不下千余万，逐年并征，民力不逮。因谋於中丞[12]奏请展缓七年，分次带征，以纾民力。得旨俞允，公工次宣勤，备极劳瘁，而平恕不苛，使皆得以尽其才。工竣，蒙特旨赏戴花翎，盖异数也。道光二年，调贵州布政使。再署抚篆[13]，公以边地所要在培养苗人，使足衣食，约束流官[14]，使绝烦苛，筹画精详，敷奏[15]无隐。四年[16]，升太仆寺卿。公莅黔二载，整饬官方，凡不便於民之事，悉为革除。濒行时，攀辕卧辙者不可胜计。既不获留，乃於省垣建生祠，以志去思。公禁不能止，则公所以感民之心者可知矣。

公孝友性成。官户曹时，亲老不克[17]迎养，请假归省、封公，敦促入都始就道。兄弟六人，怡怡无间。官台湾道时，貤封[18]仲兄为中宪大夫，於湖南祖籍置祭田以赡，族人戚党有拮据者，辄分俸济之。秀邑[19]遇水旱灾，捐资施赈，及建立书院、考棚、改设学额，无不竭力襄成焉。公初[20]以部曹外任，监司复以方伯内擢同卿，扬历中外，几四十载。

道光七年[21]正月十六日卒于京邸。距生於乾隆二十五年正月初十日。年六十有八。配王氏。子四[22]：宣哲，山西候補知府。良哲，兵部職方司郎中、廣西柳州府知府，署右江道。聰哲，英哲俱幼。女四[23]：長，適原任少詹事汪潤之子，候選兵馬司副指揮陛恩；次，適前任通政副使徐如澍子庠生枚；次幼未字。孫三：升俊，蔭生，光祿寺署正；邦俊，監生；元俊。曾孫一，勝曾。

茲宣哲等於七年十二月葬公於蓮台山之新阡，乾山巽向，求志墓於予。予交公最深，不敢辭，并係以銘。銘曰：

蜀山疊疊，江水湯湯。秀靈鍾毓，蔚起賢良。揚歷中外，迹著旂常[24]。佳城屹屼，青松白楊。我銘其幽，懿行允臧。綿綿簪紱，似續其昌。

（文：光緒十七年《秀山縣志》刻本，台灣：成文出版社，1976年，第115—117頁）

其二：

糜昌明家傳碑　清光緒（1875—1908）立

北京市。此碑刻立於北京市宣武區龍泉寺。國家圖書館藏有拓本一張，從文字內容看係殘本，尾部內容缺失。拓本高31厘米，長92厘米。碑文正書，存35行，行15字。

【釋文】
皇清誥贈資政大夫、河南布政使加三/級秀山糜公家傳/

公姓糜氏，諱昌明，字遇春，先世自湖南/遷秀山。公性穎異，家貧耕而兼讀，過目/輒能闇解。老師宿儒皆謂掇高第如拾/芥。以薄田不足給饘粥，乃棄儒就賈，詎/運蹇不獲什一利，生計日困，長兄又病/歿，遂習刑名之學，曰吾人心存濟物，安/見法家必不可種德耶。於是，游幕者廿/餘年。公明敏而矜慎，有甲與乙爭地，久/不決，公廉得情言於當事宿廟中鞫之/直偽立辨，咸驚以為神。每定一大辟，必/求其生而不得，而後無恨。當盛暑嚴寒/之時尤加。意獄。因分別其罪之輕重而/省釋這。居鄉多義行。有鬻女以應追呼/售耕牛以償債者，公捐貲為贖還。成□/冤不得伸，忿極赴水。公奔救□洗冤錄/極□法治之得不死。□□怙惡久繫者/，公察其悔悟為緩，煩當道宥之，卒為善/士。公嘗曰□生平無他，長惟於煢獨，時/□□心耳。同里中往往以斗米隻雞泣/陳感德。自道姓氏，公亦不復記憶也。乾/隆乙卯黔苗叛，擾及秀山，公率義勇防/禦，閱月餘不少懈，賊知有備，潛遁去。時/大學士孫補山先生攝川督篆，統兵東/下，嘉公守城功，欲聞於/朝公力辭，因益重公，訪以利弊焉。

公教/子有義方。三子方伯初以拔貢，仕戶曹/旋登賢書，入直/樞禁，公愈勉以慎密。方伯請假省視，假/滿敦促入都，不以遠離為戚，且戒之/曰：古人謂儉可養廉，夫不儉則不廉。彼/世所謂貪污者豈果其本心哉？以不儉/故。遂訓至於不為此，而不能也。身敗名/裂，為天下笑矣。是有官不如無官之愈也。/則官箴當自儉始，其明大義類如此。後/■。

（圖：國家圖書館·中國國家數字圖書館·碑帖菁華）

【簡跋】

《糜奇瑜墓誌》在同治《增修酉陽直隸州總志》（下文簡稱《酉陽州志》）[1]、光緒《秀山縣志》中均收錄，個別文字略有差異，比較後確定《秀山縣志》文字更準確，或係錄自原墓誌。據《秀山縣志》記載，秀山縣邑有梅水，自牛市灘又北三里居邱盒崖處，有糜昌明墓，此地時名爲生發潭。由崖北行數里至壩芒，有糜奇瑜墓尚在。

本書覆核《糜奇瑜墓誌》拓本釋文，且指出《秀山縣志》《酉陽州志》的異文。《糜昌明家傳碑》收錄於《北京圖書館藏北京石刻拓片目錄》[2]，作爲家族碑志的一種，今將圖版釋文一并校釋考證。又《中國家譜資料選編·傳記卷》收錄墓主糜奇瑜子糜宣哲纂修的清道光二十九年刻本《四川秀山糜氏家譜》，其中的《糜奇瑜家傳》[3]在史實細節上相對更爲詳細，也可與墓誌和家傳碑互參。

《糜奇瑜墓誌》撰文人姚文田（1758—1827），字秋農，號梅漪，歸安（今浙江吳興）

---

[1] [清]玉麟飛等修，馮世瀛等纂：《中國地方志集成 重慶府縣志輯21·同治增修酉陽直隸州總志1》，第470—471頁。

[2] 徐自強：《北京圖書館藏北京石刻拓片目錄》，北京圖書館出版社，1994年，第476頁。

[3] 上海圖書館編，陳建華、王鶴鳴主編，王鐵整理：《中國家譜資料選編4 傳記卷》，上海古籍出版社，2013

人。清嘉慶四年(1799)己未科進士第一名。道光七年(1827)官至禮部尚書。同年病逝，諡"文僖"。墓誌首題下所載歷官更加扼要明了。

書人周作楫，字小湖，江西泰和人。道光年間進士。道光二十二年(1842)任貴陽知府，三十年(1850)任貴州布政使。擅書法。主修道光《貴陽府志》并爲之作序。

《糜昌明家傳碑》因拓本尾部殘缺一截，題署人信息不明，刻石時間推測在光緒年間。

【校釋】

[1]公諱句：墓主糜奇瑜，字象輿，號朗峰。《糜奇瑜家傳》載，糜奇瑜又字佩。祖籍爲湖南，後遷至四川秀山(今重慶市秀山土家族苗族自治縣)中和鎮。與《糜昌明家傳碑》所載籍貫同。

[2]曾祖句：墓主糜奇瑜的曾祖糜傳芳，優貢生，候選教諭，曾祖母周氏；祖父糜上選，祖母王氏；父親糜昌明，與先祖均因墓主而封贈，母親苑氏。又據《糜昌明家傳碑》記載，糜昌明字遇春，"乾隆乙卯黔苗叛，擾及秀山，公率義勇防禦，閱月餘不少懈，賊知有備，潛遁去。時大學士孫補山先生攝川督篆，統兵東下，嘉公守城功，欲聞於朝公力辭，因益重公，訪以利弊焉"。封贈應是與此平亂戰功有關。

[3]年十七諸句：據後文知糜奇瑜生於乾隆二十五年(1760)正月初十日，在乾隆四十二年(1777)年十七時，補庠生，旋試優等。"籍甚"，盛大。"籍"，《酉陽州志》作"藉"。以乾隆五十四年(1789)己酉拔貢，任户部七品京官，遷正六品户部主事中。又考中嘉慶三年(1798)戊午順天鄉人，充軍機章京、方略館纂修提調、累遷員外郎郎中。軍機章京，俗稱"小軍機"，早期也稱爲"司員"。自嘉慶四年(1799年)始，定軍機章京分滿、漢各兩班，各班設領班、幫領班章京各一員。方略館，爲清代編纂方略等官修書的機構，隸屬於軍機處，下設有提調官。"任"，《酉陽州志》訛作"仕"；且脱"主事"下一"中"字。

[4]托相國：即富察·托津，字知亭，滿洲鑲黃旗人，生於直隸省順天府大興縣(今北京市)。嘉慶十九年(1814)，官拜東閣大學士，爲名義上的宰相。"托"，《酉陽州志》訛作"託"。墓主糜奇瑜有跟隨其審理案件之事。"讞獄"，審理訴訟；審問案情。

[5]兩淮及南河:"兩淮",據《宋史·地理志》記載,宋熙寧後分淮南路爲東、西二路,簡稱淮東、淮西,後合稱其地爲"兩淮"(今江蘇省長江以北淮河南北的大部地區)。"南河",與"北河""東河"在清代特指運河的分段。《清史稿·職官志三·總督》記載,清雍正七年(1729)改河道總督爲江南河道總督,掌管防治江南(今江蘇、安徽兩省)境内的黄河、運河、洪澤湖、海口等。時稱總督爲"南河總督",所管理諸河爲"南河"。

[6]臺灣道句:指墓主糜奇瑜在嘉慶十六年(1811)出任福建省臺灣兵備道,兼督學政,將素稱難治的臺灣通過一系列捕盗禁械以靖民氣,再令修城實倉等諸多舉錯施治一新。十七年加授按察使銜。《酉陽州志》"督"前有一"提"字。"闢",作"鬥"。清朝提督學政又簡稱提學、學臺、督學,没有分級,管轄省級的科考和教育工作。復核拓本可以確定并無"提"字,也非"鬥"字。

[7]書院句:據《中國書院辭典》記載,奎樓書院在臺灣臺南。清雍正四年(1726)分巡道吴昌祚於府城關帝廳街道臺衙創建奎星堂,取名"中社"。乾隆時曾三次重修。嘉慶初增建惜字塔。十一年(1806)改建東西兩堂,修倉聖堂、魁星堂、朱文公祠、敬字堂。十九年(1814)按察使糜奇瑜改建魁星堂,并改名奎光閣。道光十三年(1833)董事陳泰階、黄應清等更名爲奎樓書院。①

[8]政迹匯覽句:糜奇瑜在教化上用力頗多,不僅有改建奎樓書院,興義學等政績,又彙集歷代名臣事實成《政彙匯覽》一書,及所作勸士文,刊刻教化民衆。"迹",《酉陽州志》訛作"刑";"文"前衍一"習"字。據《糜奇瑜家傳》載,書名是《名臣政績匯覽》,此外糜奇瑜著述還有《三禮訓詁》《周易圖説》《治臺要略》等刊刻行世,還有一些彙集的條例未能付刊。因各種政績,閩浙總督汪志伊上奏,譽糜奇瑜爲"閩越治行第一",嘉慶帝嘉其有功,頒授"學箴清漢"和"政箴清漢"獎狀。至二十二年(1817),擢福建按察使,在臺灣計五年。

[9]格:感通;感動。正接"有感激涕零者","激",《酉陽州志》誤作"極"。

[10]河決句:據《清史稿·河渠志》黄河條下記載,嘉慶二十年二月塞;二十三年六月,溢虞城;二十四年七月,溢儀封及蘭陽等,又決馬營壩,奪溜東趨,穿運注大清河,分二道入海。儀封缺口尋涸。那彦寶留督馬營壩工,後以不諳

---
①季嘯風主編:《中國書院辭典》,浙江教育出版社,1996年,第354頁。

河務辭。二十五年三月,馬營口塞,是月儀封又漫塌。至道光元年(1821)宣宗立,仍命璥及那彥寶赴工會辦,十二月塞。墓誌所載嘉慶二十四年(1819)糜奇瑜任河南布政使期間正遇黄河決口,次年又決儀封(今河南省開封市蘭考縣),正與史相合。

[11]實力:切實用力、著力。指墓主糜奇瑜盡心盡力撫恤灾民,挽救百姓生命。"全活",即保全救活。

[12]中丞句:據《糜奇瑜家傳》載,此處指河南巡撫姚祖同,字亮甫。其在嘉慶二十五年至道光二年間繼琦善和那彥寶二人後任職。"中丞",原指漢代御史大夫下設兩丞,一稱御史丞,一稱御史中丞。因中丞居殿中而得名。明、清兩代常以副都御史或僉都御史出任巡撫,因此"巡撫"也稱"中丞"。墓主糜奇瑜因河南出現黄河水患不絶,民衆攤征日益加重,無法負擔,而爲民請願,展緩分征,以紓民力;得允後,盡職愛民,使得工竣,後因奇功而被嘉賞戴花翎。"念河南向多河患",《酉陽州志》脱"向"字。

[13]撫篆:巡撫的職位。清道光二年(1822),糜奇瑜調貴州布政使,後又升職爲貴州巡撫。在安撫苗民上政績卓著。

[14]流官:明清時朝廷派遣到川、滇、黔等少數民族地區的地方官,因其有一定任期,非世襲土著,有流動性,故稱"流官"。

[15]敷奏:陳奏,向君上報告精詳的籌畫。復核拓本知《秀山縣志》誤"籌"作"籌",不辭。

[16]四年諸句:即道光四年(1824)糜奇瑜因升太僕寺卿,結束"莅黔"二年的貴州巡撫一職。"黔",即黔省。《清實録·宣宗實録》記載了道光十年八月糜奇瑜的多條奏章中均稱"黔省"①。因其有將不利民之事整改革除等愛民利國的功績,臨走時"攀轅卧轍"者不可勝計,挽留他,并在省城建立生祠以志去思。"攀轅卧轍",形容衆人挽留的樣子,有的拉住車轅,有的横卧車道。"志",《酉陽州志》作"志",又脱"所以"前一"公"字。

[17]不克句:"不克",不能。指墓主糜奇瑜孝敬父母,但因公事無法迎養,請假歸省時贈封加官封公,催促後才進京。《糜昌明家傳碑》記載"方伯請假省視,假滿敦促入都,不以遠離爲戚",正與墓誌合。復核拓本知《秀山縣志》中

---

①貴州省文史研究館古籍整理委員會編:《〈清實録〉貴州資料集録》,汕頭大學出版社,2010年,第438頁。

"數促"爲"敦促"之形訛。《酉陽州志》脱"孝友"中的"友"和"敦促"中的"敦"字。

[18]貤封：舊時官員以自身所受的封爵名號呈請朝廷移授給親族尊長。本墓誌後文載糜奇瑜兄弟六人，《糜奇瑜家傳》載其爲遇春公第三子。糜氏兄弟友愛無間，糜奇瑜官臺灣兵備道時曾給其仲兄糜奇瑾請封中憲大夫一職。今有嘉慶二十年(1815)誥封的聖旨爲證。此五彩雙龍絹的五色詔書，2015年在秀山一村民家中發現，滿漢合璧，共260字，長2.5米，寬0.3米。嘉慶帝因糜奇瑜功勞卓著，認爲是其父母教子有方，分別對胞兄、嫂誥封官職，其中糜奇瑾爲中憲大夫、嫂王氏爲恭人，落款爲"嘉慶二十年十二月十三日"。

[19]秀邑：即秀山。清道光二年(1822)，糜奇瑜調貴州布政使後，曾"準回籍省墓，至今靖秀兩地以爲美談。"糜奇瑜捐資施賑，及建立書院、考棚、改設學額，爲家鄉發展不遺余力。"資"，《酉陽州志》誤作"貲"。

[20]公初句："部曹"，泛指各部司官；"方伯"，漢以來之刺史，唐之采訪使、觀察使，明清之布政使均稱"方伯"。也泛稱地方長官。概括糜奇瑜一生約四十年的仕宦，是外任内擢，揚歷中外。《糜昌明家傳碑》記載"公教子有義方。三子方伯初以拔貢，仕户曹旋登賢書，入直樞禁，公愈勉以慎密。"以"方伯"代稱糜奇瑜。

[21]道光七年句：墓主糜奇瑜生於乾隆二十五年(1760)正月初十日，道光七年(1827)正月十六日卒於京邸，享年六十八歲。《糜奇瑜家傳》計爲周歲"享壽六十有七"，且没有明確下葬時間。本墓誌載，同年十二月葬於秀山的蓮台山。"距"，《酉陽州志》訛作"詎"；"蓮台山"的"台"作繁體"臺"；"并係"的"係"作"繫"。

[22]子四句：本墓誌載墓主糜奇瑜妻王氏一人。據《糜奇瑜家傳》還有側室同姓張氏者二人。所以糜奇瑜育有四子中衹有二子爲王氏所出，另二子爲二位張氏所出。長子糜宣哲，山西候補知府。次子糜良哲，兵部職方司郎中、廣西柳州府知府，署右江道。"右江道"，即廣西省壯族地區古行政建制。明置，清因之。治所在馬平縣(今柳江縣)。轄柳州、慶遠、思恩三府，清增潯州府。此二子爲王氏所出，王後封二品夫人。據《糜奇瑜家傳》記載王氏生於乾隆二十四年八月十一日，卒於道光十四年八月初九日，享壽七十三歲，

葬青雲疃。有碑記,但未見著錄。還有三子、四子名糜聰哲、糜英哲,均年幼。糜聰哲,即一張氏夫人之子,早卒;另一子名糜保哲,出繼爲另一側室夫人張氏之子。此張氏生於乾隆四十七年(1782)壬寅十月十五日,卒於道光二十年(1840)庚子八月初十日。本墓誌後文又載墓主有三孫,長孫糜升俊,廕生,光禄寺署正;次爲糜邦俊,監生;第三孫爲糜元俊,《酉陽州志》在其後有一"幼"字,《秀山縣志》無,拓本也無此字。還有曾孫一人,糜勝曾。不知所出支系。

[23]女四:墓主還有四女,説明了其聯姻家族均爲同僚之子。長女,適原任少詹事汪潤之子候選兵馬司副指揮汪陛恩。汪潤,工部主事,廣西左江道。其妻潘素心,字虛白,知州潘汝炯之女,浙江人。著有《虛白齋詩集》等①。次女,適前任通政副使徐如澍子庠生徐枚。徐如澍(1752—1833),字洵南,號雨凡、静然,貴州銅仁人。乾隆四十年(1775)進士,主撰道光《銅仁府志》十二卷。還有二女年幼,未出嫁。《酉陽州志》"幼未字"前脱一"次"字。

[24]旂常:王侯的旗幟。"旂"畫交龍,"常"畫日月。語本《周禮·春官·司常》:"日月爲常,交龍爲旂……王建大常,諸侯建旂。"明張居正《答應天巡撫孫小溪》:"先朝名臣,所以銘旂常垂竹素者,不過奉公守法、潔己愛民而已。"正好本文前接"迹著"一詞,指糜奇瑜一生功名著於旌旗、史册之上。"常",《酉陽州志》訛作"裳"。

李貞人墓碑　清道光十一年(1831)二月上旬立

(清)邵美璠撰文,申文衡書丹,蘇恒章,楊肇文立石

武隆區。碑石現立於武隆區江口鎮四平一社。碑石高95厘米,寬51厘米;誌文正書,14行,滿行28字。

【釋文】

江口[1]上溪梨子堡李貞人之墓,查縣志與碑文,貞人係前明洪化時人,乃/本

---

① 淡泊:《中華萬姓譜》,中國檔案出版社,2006年,第2894頁。

鎮故民李友松[2]之女也。未嫁夫亡，自刎不字，靈爽[3]且運乩[4]於渝。彼時川/東道王觀察題刻墓碑，以示嘉獎。後因風磨露洗，字體殘缺。康熙壬午，族/弟先春又付剞劂[5]，煥然一新，至今二百餘年，猶令人稱道不已，蓋貞人之/精神永之也。

貞人之志，爭光日月。同人蘇竹溪、楊曉峰募化鄉閭，重鐫/碑志。更餘錢八千文，存文昌宫。倣岐山唐長孫公[6]祀典，問予作序。予/雖不才，然微顯闡幽，固士君子所有事也，抑又何辭。/

署江口汛外委龍在雲，錢二百文；/

監生霍永培，錢二千文；貢生譚承宗、增生馬廷柱、監生向名著；

監生歐陽恬、邵美琦、楊萬舉、董洪遠；

彭恒昇、蕭國楚、邵之郁、曾姪縣文生李淑晟；

以上各錢一千文。

邑人邵美璠謹撰。/

古務申文衡敬書。/

邑博士蘇恒章、楊肇文謹立

道光十一年辛卯歲仲春月上浣吉旦/

(《重慶卷》圖107/文301)

【簡跋】
此李貞人墓碑爲第三次重修之碑。墓誌載"查縣志與碑文，貞人係前明洪化時人"，但"洪化"疑爲"成化"之誤，否則時間跨度不符。因"未嫁夫亡，自刎不字"而稱貞人。其時有川東道觀察某爲其題刻墓碑。後至康熙四十一年(1702)壬午，有族弟李先春再刻。至清道光十一年(1831)有同鄉人蘇竹溪、楊曉峰行募化鄉閭，又重鐫其碑志，并附刻了捐資人題名於其下。

撰文人邵美璠，應是彭水人。有《題黃山谷讀書處》一首，贊彭水萬卷草堂；又有

《雨後望摩圍山二首》,贊彭水摩圍山。

書丹人申文衡,"古務"人,即貴州人。

立石人蘇恒章、楊肇文,時爲"邑博士"。楊肇文,還是下一通清道光二十年(1840)十二月一日《楊君妻張氏墓誌》的一題贊者。

捐資人龍在雲,官職爲"署江口汛外委"。"汛",即塘汛,是明清時期水碼頭基層管理組織,負責交通秩序和治安等事務,負責管理汛役、汛兵。

【校釋】

[1]江口:即武隆區的長江口岸。"上溪梨子堡",爲舊地名。

[2]李友松:爲墓主李貞人父親。當時縣志與墓碑有記載,惜未見。

[3]靈爽:指神靈,神明。

[4]乩:旧时迷信者求神降示的一种方法。

[5]剞劂:雕琢、刻鏤。

[6]長孫公:即長孫無忌,其在顯慶四年(659)爲中書令許敬宗所誣,削爵流放黔州(今重慶市彭水縣),自縊而死。前文收錄其衣冠冢墓誌。從"倣……祀典,問余作序"看,兩碑志或同爲邵美璠撰文。

張文舉墓碑　清道光十六年(1836)五月葬

(清)陳瀚撰

九龍坡區。原刻立地點不詳,現收藏於重慶市九龍坡區三耳石刻博物館。誌石計兩塊,均高140厘米,寬87厘米,厚16厘米。現存完好,字口清晰。誌文正書,34行,行32字。

【釋文】

詔贈修職郎、太學生封翁張公墓誌銘/

太學生張公既葬之五年,其次君[1]桂元,余婿也。形家[2]謂,山向、年月俱合,乃諏吉/鳩工伐石營墓。適余自涪陵旋里,乞志於余。余忝以兩世姻戚,居同方,往來無/虛日,爰據見聞所及,且津津在人口者志而藏焉。

公諱[3]文舉,字文星,先世傳為/楚孝感鄉籍。自文斗公明時入蜀,居巴南之木蠟漕。避獻賊[4]蹂躪,走黔之遵義/。蜀平後,其子[5]福元仍復故里,生啟鵑,啟鵑生謙,謙生子魁、子來、子順。子來為公/父也。生子二。公居長,胞弟名文祥。其為人謹飭[6]嚴正,處事接人多存忠厚。少讀/書,屢應童子試,不售。旋嬰[7]血疾,遂廢學。始援例[8]入成均,以酬夙志。太尊人多隱/德,且樂善喜施,賑貧恤苦。族中有待以嫁娶者,捐修礄梁道路,不惜傾囊。尤篤/奉[9]太上感應篇、文昌陰騭文。孳孳以戒殺放生為務。境內白廟寺[10]隘狹傾圮,率/先倡修。由是殿廡輝榮,肖文武二聖於其中,更置畝十餘,以為歲時妥侑之費/。建字庫[11],施字簍,每年[12]倩老成人遠近遍拾焚化,滿即送之長江。太翁□壽終。公/理家政,其時僅有中人之產,兼以善累負欠家計幾於中落。而公性孝友,待弟/妹穆穆雍雍,毫無間言,尤克儉克勤,持籌有道。既償宿逋,益光前烈,迄今名播/於鄉里,非所謂積善餘慶者耶。

辛卯夏,公□閱五袠[13]不治,宴有欲為稱慶者□/辭之。是年冬,邀余至其家而謚之,曰:某年半百[14],鹿鹿無一善狀,非所以承先□/也。踐土食毛,而毫無益於鄉邑,非所以報昇平也。某欲於鄉設義學,□□□□/,設生童膏火,以補吾過可乎?余曰:難矣哉。此余平昔醇醇以勸富家巨族,而罕/有一應者,而不虞君之有是舉也。是忠也,孝也。忠孝一心,并可造福,區區補過/云乎哉?乃新買田,租三十石,擇老廠數百家,建兩義學[15],以訓其子弟焉。又於己/業中摘出細粗,凡十壹石,入邑之字水書院[16],而月設膏火,始不苦匱。是舉也。計/值金二千有餘,余為公舉於邑宰,申詳[17]大憲奏議,議余舉/,該部議奏,部議給公次子桂元縣丞職銜,八品頂帶。以公不欲沽名,故用其次子/以申報也。嗚呼[18]□□,有司後謂其後能□善之禱,不謂其後能繼善之事也。公/之善繼,其子已獲享善福。將來後嗣,方興未艾,此公兩世令行盛德所親得於/見聞者。如此,其必不至見弃於有道矣。吾故應其請而銘諸石焉,敢于志墓哉/。

公生於[19]乾隆辛丑年六月十五日,卒於道光壬辰五月初十日,享年五十有一/。配王氏[20],綦邑廩生世禎公之女。子三:長宗儒,從九職銜;次宗哲,即桂元,議敘縣/丞職銜;次□□,業儒。女二:長□現任江西安縣令李紹恭之子式,玉經歷職銜;次適楊公廷梁之子護。公以卒年卜葬羅家溝祖塋之側。銘曰:

何必仕宦/勳業煌,鄉□無忝即賢良。祥家兩世德流芳,積善從來天降祥,勒銘紀實事堪/揚,嗟爾後賢永勿忘/。

壬午科舉人吏部揀選候選知縣/

乙未科大挑二等即補儒學正堂姻愚弟陳瀚拜撰/。

(圖文:《九龍坡區碑刻墓誌匾額拓本》,第16—19頁)

【簡跋】

撰文人陳瀚,字蓮舫,涪陵人。《聽雨樓隨筆》記載其爲"壬午孝廉,司鐸郫縣。"[①]本墓誌詳細記載其爲乾隆二十七年(1762)壬午科舉人,吏部揀選候選知縣,此時應是郫縣知縣候選。至乾隆四十年(1775)乙未科大挑二等,即補儒學正堂,即教諭,正八品級官員。墓誌所載可補史志不足。有詩詞存世,如《涂山賦》等。其與墓主張文舉爲聯姻親家,自稱"姻愚弟拜撰"。

【校釋】

[1]次君:即墓主第二子張桂元,同時也是撰文人陳瀚的女婿。墓誌後文記載"部議給公次子桂元縣丞職銜,八品頂帶""次宗哲,即桂元,議敘縣丞職銜",說明張桂元爲張文舉次子,又名張宗哲,爲敘縣八品縣丞。

[2]形家:也稱堪輿家,風水師。指上舊時以相度地形吉凶,爲人選擇宅基、墓地爲業的人。

[3]公諱句:墓主張文舉,字文星,湖北孝感鄉籍。明代其家族先祖文斗公某,遷徙入蜀,定居巴南的木蠟漕。"巴南"應係今重慶市九龍坡舊屬地名,即張氏家族的故里。"文斗公"具體世系據下文譜系可知爲天祖,即五世祖。

[4]避獻賊:指張獻忠在明崇禎十七年(1644)進四川,建立大西政權後,遭

---

①[清]王培荀;魏堯西點校:《聽雨樓隨筆》,巴蜀書社,1987年,第263頁。

到清兵追殺和四川各地的明朝將領的反抗,於是大量殺戮屠城進行報復,以致無辜百姓慘遭蹂躪。此時張文舉先祖祇能避難至黔之遵義(今貴州省遵義市)。蜀難平定後有子嗣回遷故里巴南之地。

[5]其子句:"其子"系文斗公子,名張福元,生一子張啓鷗,張啓鷗生一子張謙,張謙生三子:張子魁、張子來、張子順。張子來即墓主張文舉之父。張文舉爲長子,其下還有胞弟張文祥。則張福元爲墓主高祖。

[6]謹飭:謹慎自飭。"飭"亦作"飾""勅",整敕。

[7]嬰:遭受;遇。

[8]援例:引用成例。即墓主年幼因病無法讀書,後來通過買官之潛規則入讀縣學之類。"成均",泛指古代的大學。

[9]篤奉句:表明墓主母太夫人信仰道教,信奉《太上感應篇》《文昌陰騭文》等勸善書,以戒殺放生爲務。

[10]白廟寺:時應在縣境内,今已不存。"妥侑",意爲備用。《詩·小雅·楚茨》:"以妥以侑。"毛傳:"妥,安坐也;侑,勸也。"

[11]建字庫句:"字",養育。《左傳·昭公十一年》:"(僖子)宿於薳氏,生懿子及南宫敬叔於泉丘人。其僚無子,使字敬叔。"杜預注:"字,養也。""窶",貧困。"建字庫,施字窶"即建養老院之意,將貧苦煢無依的老人集中贍養。

[12]每年句:"倩人"指雇請之人。指將年高而亡殁的老人尸體,從遠近四鄰遍拾到一起焚化,將滿了的骨灰撒入長江。

[13]五袠句:清道光十一年(1831)辛卯夏,墓主張文舉將五十歲壽辰,不打算興辦宴席,有人想來道賀而推辭不受。"閱",經過;經歷。"□閱",前一字因殘泐無法補讀。

[14]半百句:《九龍坡區碑刻墓誌匾額拓本》中所闕字根據文意與殘存字形殘劃暫補。"踐土食毛",指蒙受君恩。毛,泛指土地上生長的糧食蔬菜等植物。《左傳·昭公七年》:"封略之内,何非君土?食土之毛,誰非君臣?""鹿鹿",平凡。與對舉行文的文意相符。

[15]建兩義學:其一即《巴縣志》中所載的文峰場義學,還有一個名稱不詳。據《巴縣志》記載:"清道光六年(1826),知縣劉衡勸諭各鄉鎮捐設義學,歸

各鄉紳士管理,巴縣義學自此始。至同治年間,縣内創設有二聖場體恩義學、獅子場凌雲義學、木洞鎮崇文義學、荒草溝石鼓寺義學、雙勝場曇華寺義學(又名崇儒義學)、文峰場義學、長生場義學、龍潭寺義學、惠民場育材義學、蔡家場青峰寺義學和新開寺義學、迎龍場雲程義學、棟青場敦本義學、麻柳場培元義學、龍隱鎮寶輪寺龍山義學等。義學經費,或由民捐置産,以産養學,或撥寺廟田産租穀濟用。文峰場張文星捐田一契設義學,年收租穀30石。張九齡等釀金買田一股設育材義學,年收租穀22石,以12石作教師薪奉,餘作祭祀、修補之用。清光緒二十九年、三十年,義學盡改名學校。"[1]

[16]字水書院:據歷代重慶府縣志整理所得的《清代重慶各書院分布情況一覽表》知,字水書院,嘉慶年間建,地址在渝中區七星岡的蓮花池涵園[2]。光緒三十一年(1905)士紳劉焕彩、李晴汀等報請巴縣知縣傅松齡同意在通遠門處字水書院舊址上創辦巴縣醫學堂。墓主張文舉不僅建義學,還捐贈字水書院等,爲家鄉的教育事業不惜捐獻出大量財物。

[17]申詳:向上級官府詳細呈報。具體任職者名諱不載,只稱"大憲",即清代地方官員對總督或巡撫的稱謂。

[18]嗚呼:其後二字因碑版殘泐而闕字。後接"有司後謂其後能□善之禱,不謂其後能繼善之事也"一句,也語意模糊。

[19]公生於句:墓主張文舉生於乾隆四十六年(1781)辛丑年六月十五日,卒於道光十二年(1832)壬辰五月初十日,享年五十一歲,卜葬於羅家溝祖塋之側。

[20]配王氏:張文舉妻王氏,爲綦江縣廩生王世禎之女。王世禎,史籍疏略。張文舉有三子:長子張宗儒,"從九職銜",即文職從九品官;次子張宗哲,即張桂元,叙縣丞職銜。"議",選用。第三子名諱因闕字不明,"業儒"即還是儒學生。還有女二人:長女,適江西安縣令李紹恭之子李式,歷官爲"玉經歷","玉"或爲"御"的別字。"經歷",爲金元時所置,明清時都察院、通政使司、布政使司、按察使司等沿用此職官名。江西安縣具體地點不明。李紹恭,巴縣人,清同治十二年(1873)《江山縣志》載道光十四年(1834)曾任職江山縣

---

[1] 中國地方志集成編委會編:《中國地方志集成·重慶府縣志輯4·民國巴縣志1》,巴蜀書社,2017年,第554頁。
[2] 吴洪成、王培培、郭春曉:《重慶書院史》,知識産權出版社,2017年,第100頁。

（今浙江省衢州市江山廿八都鎮）。其據次女適楊廷梁之子楊護。楊廷梁，應不是同治《重修成都縣志·選舉志》同名者。①

楊漢三妻張氏墓誌　清道光二十年(1840)十二月一日立

（清）李裕棟，周地畬、周肇文撰

武隆區。1983年7月在武隆縣江口鎮羅州壩出土，石現存於武隆區江口鎮羅州壩。誌石高164厘米，寬66厘米，厚29厘米。誌文正書，17行，滿行46字。

【釋文】

墓誌勒銘。/

關之閨閣淑德，既著生前，巾幗賢声，當傅没後。/楊府張孺人[1]，誥授宣議郎張諱尚棟公之長女，嗣君邑庠文明先生之妹也。其適楊兄漢三，自乙亥至今，内助二/十五載，奉親而舅姑豫順[2]，持家而堂構肯成[3]。/生子[4]大觀，聘娶蔡府颶君之次女為室，幸庚子夏五月誕降一孫，命名/時太，斯誠四世一堂，皆淑範有以啟之矣。迹其生平，孝而且賢，而内外無异詞者，難以悉數。最足旌者，乙未秋，其良/人病劇，孺人乃默祝上蒼，刲股調於一臠，持斋矢於三載，沉疴頓起，救夫子[5]以養雙親，非孝心感格，焉能若是？是/誠古今罕覩，不可泯没不彰也。夫何孺人一病不起，其媳蔡氏亦刲股以盡孝，竟違願而長逝，豈天之不佑淑人乎？/寔命之脩短有數耳！夫孝德必昌，定卜龍章鳳誥；孝行獲福，應見子貴孫榮。閭里同人，未忍湮没，爰為之贊，以志不/朽。贊[6]曰：

閫範淵源未易頏，救夫救母兩增光。孝心篤，孝行長，德垂後裔豈尋常。他年鳳誥輝門第，女史留題翰墨/香。

遵義正邑歲進士李裕棟拜撰。/

---

①[清]李玉宣等修，衷興鎰等纂：《中國地方志集成·四川府縣志輯新編3·同治重修成都縣志》，巴蜀書社，2017年，第419頁。

周姜陶孟相頡頏,敬戒宜家倍有光。山之高,水之長,儀型千古建非常。坐觀桂馥幷蘭秀,他載重鐫玉字/香。

邑廩生周地畬拜撰。

婦道無虧孰頡頏,精神直與日争光。彝鼎重,金石長,肌膚不惜立綱常。他年烜赫垂丹史,千載應留姓氏/香。

邑庠生楊肇文拜撰。/

道光庚子二十年季冬月吉旦。/

(《重慶卷》圖109/文302)

【簡跋】

清末時志墓之風較前代衰微不少,墓誌文體例逐漸簡化,或有新的變化。本墓誌的首題"墓誌勒銘"未有墓主名諱,在末後還改以三人題贊聯語的形式代替原墓誌的銘文部分。李裕棟,遵義府正邑歲貢生,雅稱"歲進士"。周地畬,涪州武隆邑廩生,下文《楊文穆墓誌》的撰文人。楊肇文,涪州武隆邑庠生。三人史籍均疏略。

【校釋】

[1]張孺人:墓主張氏,爲宜議郎張尚棟長女、邑庠生張文明之妹。"嗣君",稱别人的兒子。張氏於清嘉慶二十年(1815)乙亥嫁於楊漢三,至卒年有二十五年。

[2]豫順:猶言安樂和順。

[3]堂構肯成:化用《尚書·大誥》"肯堂肯構"之語,比喻子克承父業。

[4]生子句:墓主有一子楊大觀,妻蔡颺次女,道光二十年(1840)庚子夏五月生一孫楊時太。

[5]夫子:此處指丈夫。語出《孟子·滕文公下》:"女子之嫁也,母命之,往送之門,戒之曰:'往之女家,必敬必戒,無違夫子!'"指道光十五年(1835)乙未其夫楊漢三生病,墓主悉心照料令其康復之事。

[6]贊:文體名。以頌揚人物爲主旨。與墓誌銘文相似。

宋世玉妻徐大雙墓誌　清咸豐三年(1853)十月一日立

(清)李忠龍刻并立

綦江區。1987年在綦江縣打通鎮發現,石現存於綦江區。碑爲三石:中石高102厘米,寬95厘米;左右二石均高109厘米,寬95厘米。碑題居中,1行,題"清時仙逝考宋世玉妣徐氏大雙壽墓前位"。誌文正書,30餘行,滿行20字。

【釋文】

中題:清時仙逝考宋世玉妣徐氏大雙壽墓前位

夫碑之爲義,探本溯源履歷也。想吾祖[1]自江西陵江/府新玉縣發派,入迹遵義魚溏白菜園,遷移綦江清/杠嘴落業,歷今八世。惜余前遭不造[2],乃於嘉慶十八/年失業,遷至六傳坪居耕。幸叨祖德蔭佑,苦耕苦積,/又於道光二十二年復業買置。雖非陶朱[3]是咏,僅乃/衣食頗充。無奈去日苦多,行年七十有六矣。原命/鳩工造立藏身之具,庶使後代子孫查考有自,拭目/彰耳:卓哉!一人建業,萬古垂光。代遠年湮,如同一轍。/詩曰:/

年來月去萬古同,無奈春秋不重封。/老景依然復舊業,死亦瞑目九泉中。/

弈福弈貴,愈遠愈昌,作福作威,佑子佑孫。

孝男:宋朝友,張氏、江氏,三;宋朝阡,余氏,一;宋朝萬,羅氏一;宋朝銀,徐氏一;

胞弟:宋世金,陳氏,一;宋世倫,王氏,三;

孝婿:李忠龍,宋氏、劉氏,一;姜志道,宋氏,穆氏,二;孫正紀,宋氏,幺。

孝孫:宋廷文,江氏,二;宋廷武,羅氏,一;宋廷顯,羅氏,一;宋廷達;宋廷華,羅氏,一;宋廷富,羅氏,一;宋廷貴;宋廷碧,羅氏,一;宋廷寶;宋廷瑾,張氏;宋廷槐;宋廷璉;宋廷聰。

胞侄：宋朝佐、張氏，四；宋朝位、羅氏，三；宋朝宣，喻氏，二；宋朝茂，喻氏，二；

孝孫女：宋存姑；宋卯姑；宋三姑；宋四姑；宋自姑；宋戌姑；宋申姑；宋寅姑；宋酉姑。

孝外孫；李光元；張氏；李光遠，徐氏；張氏；姜清瑾；姜清勤，孫茂揚，羅氏，茂長，楊氏；茂廷，林氏；茂官；茂海。

咸豐三年癸丑歲冬月上浣吉旦。匠師李忠龍立。/

(《重慶卷》圖112/文305)

【簡跋】

中題爲"清時仙逝考宋世玉妣徐氏大雙壽墓前位"，由此知墓主爲宋世玉及妻徐大雙。"墓前位"，屬於墓葬類碑刻中的一種，或爲墓誌的改變類型。銘文部分采用的"詩曰"的新形式。

此碑祇有"匠師李忠龍立"落款，但從文意看，係由其子率領子孫親屬所追立之碑。後有題名詳細子孫後代及親屬中的女婿、侄子等。

【校釋】

[1]吾祖句：墓主家族籍貫始自江西陵江府新玉縣，後再入迹遵義魚溏白菜園，最後遷移綦江清杠嘴落業。後又因嘉慶十八年(1813)失業，轉至六傳坪定居耕種。"清"，《重慶卷》釋作"青"，考圖版作 ，應是形似訛誤。

[2]不造：不幸。

[3]陶朱：即陶朱公，春秋時越國大夫范蠡輔佐勾踐滅吳後，弃官遠去，居於陶，稱朱公。以經商致巨富。

黃開基家族碑志

本家族收錄《黃開基墓碑》,侄子《黃麟元墓誌》二通。黃麟元父黃開第,與黃開基應是兄弟關係。

其一:

黃開基墓碑　清咸豐七年(1857)四月二十八日葬

永川區。1984年在永川縣五間鎮盤龍橋村發現,現藏於永川區文物管理所。誌石共兩塊,均高127厘米,寬62厘米,厚10厘米。第一塊正書6行,第二塊正書5行。

【釋文】

中題:誥授中憲大夫、欽加道銜、賞戴花翎黃公諱開基,字丕受,大人之墓。

左:皇清誥授中憲大夫、欽加道銜、賞戴花翎、候補知府黃公諱開基,字丕受,生於乾隆五十五年八月十六日戌時,歿於咸豐六年臘月初七亥時,丁巳年四月二十八日葬於獅子山之右。

另一石:皇清咸豐七年四月二十八日祀男同知體元、國學惠元、監生保元、教諭續元、生員樞元。

(圖文:《重慶市志1949—2012》,第693頁)

【簡跋】

墓主黃開基,字丕受,生於乾隆五十五年(1790)八月十六日戌時,歿於咸豐六年(1856)臘月初七亥時,七年(1857)丁巳四月二十八日葬於獅子山之右,享年七十二歲。道光《重慶府志》記載有道光二年(1822)壬午科舉人黃開基,永川人,任鄞化知縣。即《清史稿·裕謙傳》中記載的領導臺灣人民抗擊英軍的民族英雄黃開基。但《四川通史》記載,黃開基(1878—1845),字自堂,四川永川(今重慶永川)人,時任臺灣知州。[1]與本

---

[1] 陳世松、賈大泉、吳康零等:《四川通史》第6冊,四川大學出版社,1994年,第9頁。

墓誌的誌主黃開基(1785—1856)生卒年有出入，或係史料有誤所致。今以墓碑爲主。

本墓碑記載黃開基子嗣有同知黃體元、國學黃惠元、監生黃保元、教諭黃續元、生員黃樞元，可補史籍疏略處。繫聯同是永川籍貫的《黃麟元墓誌》，知爲家族侄子。

其二：

黃麟元墓誌　清光緒二十七年(1901)八月四日葬

(清)黃秉湘撰幷書，張正桂篆蓋，杜天塏刻石

永川區。1989年在永川市五間鄉出土，石現藏於永川區文物管理所。誌石高50厘米，寬31厘米；蓋佚。誌文正書，17行，滿行40字。

【釋文】

先漢川府君墓誌銘幷序。/

府君姓[1]黃氏，諱麟元，字兆瑞，四川永川人。曾祖文揚，贈福建臺灣府知府。祖天貴，贈福建建寧府知/府。父諱開第，東鄉縣教諭，贈工部主事。前母李，贈恭人。母陳，封恭人。兄諱熙元，中書科中書，贈/翰林院庶吉士。府君居次。同治七年[2]，補縣學附生。光緒元年，徵舉孝廉方正，召試録用直隸州州判。中/八年[4]順天鄉試副榜貢生，以捐輸議叙，選授湖北漢川縣知縣。

漢川大水[3]後，民未有居，府君詳於院司，發/官帑萬四千金，躬自振糶。益周量地勢，令民爲垸，以防後災，不逾時而成二垸，民稱之曰黄公垸、瑞豐垸，/蓋取府君之字，以志不能忘焉。府君時時巡灾區，嘗阻水入漢陽界，夜深失道，就荒寺宿焉。殘冬夜寒，不/得寢食所，忍饑茹勞而歸，則益頹頓。猶時諮延邑紳，詢灾民疾苦，縣人私相憂憐，至不敢以實對。府君病/益侵，二十二年五月朔乙未卒於[4]漢川官舍，凡在官十閱月，春秋五十有四。是年冬，迎棺反里，權厝縣南/石板田東鄉君墓側。二十七年八月丙申葬縣南六十里磨盤山麓呂家灣之原。

配下宜人[5]，江津舉人諱/澤官長女。子九人[6]：弟一男秉湘，出爲兄後，光緒十一年拔貢生，十五年順天舉人，二十年進士，歷工部七/品小京官都水司額外主

509

事,翰林院庶吉士,改江西廣豐縣知縣。弟二男秉溁,殤。弟三男秉瀁,光緒十九/年舉人,二十一年進士,內閣中書舍人。弟四男秉淮,國子監生,年十九而殀。弟一女,殤。弟二女,適瀘州附/生杜天埥。弟三女,殤。弟四女,適巴縣詹海濤。弟五女,幼。孤子秉湘,泣血而為之銘曰:/

哀哀府君,官於漢川。遇災而劼,壽以不延。罨如墳如[7],兹其息焉。嗚呼,無有後艱[8],永安億年。/

光緒二十有七年歲次辛丑八月甲午朔越四日丁酉。

出嗣子秉湘泣撰并書。

弟子張正桂書諱并篆/蓋。

子婿杜天埥刻石。/

(《重慶卷》圖151/文339)

【簡跋】(因家族關係提前)
關於出土信息,《永川文史資料選輯》第23輯載"1984年出土於永川五間鎮",時間有提前。

撰文并書丹人黃秉湘(?—1910),字楚楠,四川永川(今重慶永川)人。清光緒二十年(1894)甲午科進士,翰林院庶吉士。支持戊戌變法失敗後,以改革舊制、教育興邦爲志,光緒二十八年(1902)改錦雲書院爲達用學堂,成爲四川最早興辦的新型中等學校之一。自稱"出嗣子",即過繼之子。

書諱并篆蓋人張正桂,自稱"弟子"。

刻石杜天埥,瀘州人,附生,爲墓主女婿,爲其第二女之夫。清宣統二年(1910)與合川張森楷等五十人組織川漢鐵路研究會,爭取川漢鐵路自辦權。

【校釋】
[1]府君姓句:墓主黃麟元,字兆瑞,四川永川(今重慶永川)人。家族譜系中,曾祖黃文揚,贈福建臺灣府知府。祖黃天貴,贈福建建寧府知府。繫聯《黃開基墓碑》,因其任彰化知縣,道光三十年(1850)任淡水同知。因領兵抗英的功績而追贈其父祖官爵,其父黃天貴,祖父黃文揚贈官即由此而得。

墓主父黃開第,東鄉縣教諭,贈工部主事。"東鄉縣",即今四川達州市。清初屬四川省川東道夔州府,雍正六年(1728)改屬直隸達州。嘉慶七年(1802)升達州爲綏定府,東鄉仍爲所屬。黃開第原配李氏,贈恭人;又妻陳氏,封恭人。墓主黃麟元爲陳氏所出。又有同父异母兄黃熙元,爲李氏所出,官中書科中書,贈翰林院庶吉士。

[2]同治七年諸句:墓主黃麟元在同治七年(1868)補縣學附生;光緒元年(1875)舉孝廉方正科,任直隸州州判;八年(1882)中順天鄉試副榜貢生,捐官後任湖北漢川縣(今孝感市代管漢川市)知縣。

[3]漢川大水:《重慶卷》簡跋稱"志記光緒年間湖北漢川縣大水事,《清史稿》卷四〇《灾异一》不載,志可補史闕"。"垸",堤堰。

[4]卒於諸句:墓主黃麟元在光緒二十二年(1896)五月朔乙未卒於湖北,享年五十四歲。但光緒二十五年(1899)五月無"乙未",朔日干支爲丁未,"乙未"或爲"丁未"的誤刻。是年冬返鄉暫時葬在永川縣南石板田東鄉君墓側,又光緒二十七年(1901)八月初三丙申正式入葬縣南八十里磨盤山麓吕家灣之原。落款時間爲"光緒二十有七年歲次辛丑八月甲午朔越四日丁酉",即下葬後一日八月初四。

[5]配卞宜人句:黃麟元妻卞氏,封宜人,爲江津舉人卞澤官長女。

[6]子九人諸句:黃麟元有子九人。長子黃秉湘,爲其兄黃熙元之子,過繼名下。即墓誌撰書人"出嗣子"。黃秉湘爲光緒十一年(1885)拔貢生,十五年(1889)順天舉人,二十年(1894)進士,歷工部七品小京官都水司額外主事、翰林院庶吉士,改江西廣豐縣知縣。墓誌所載官職較史籍中詳細。

次子黃秉溪,早亡。第三子黃秉濰,光緒十九年(1893)舉人,二十一年(1895)進士,内閣中書舍人。第四子黃秉淮,國子監生,年十九而夭。

還有五女:第一和第三女,均早亡。第二女,適瀘州附生杜天塽,即本墓誌刻石人。第四女,適巴縣人詹海濤。史籍疏略。還最後一女,年幼。

[7]睪如墳如:"睪如",高貌。睪,通"皋"。《列子·天瑞篇》有子貢倦於學之問,子貢曰:"然則賜息無所乎?"仲尼曰:"有焉耳。望其壙,睪也,宰如也,墳如也,鬲如也,則知所息矣。"子貢曰:"大哉死乎!君子息焉,小人伏焉。"

[8]後艱:猶後患。《詩·大雅·鳧鷖》:"公尸燕飲,無有後艱。"鄭玄箋:"艱,難也。"

江含春墓誌　清咸豐七年(1857)六月七日葬

(清)王侃撰并正書,李嗣元篆蓋

江津區。出土信息不詳,葬地位於聖鍾山。重慶圖書館藏拓本一部(典藏號AC0218)。誌文正書。拓本爲帖式刻,尺寸爲高29厘米,寬15厘米,6.5開,半葉4行,行12字,計700餘字。

【釋文】

龍箐山人江君墓誌銘/

直隸州同銜、候選直隸州判、温江王侃撰并書/

雲南候補同知、前翰林院庶吉士、同里李嗣元篆蓋/

君諱[1]含春,字海平,初號靈生,江/津鶴山人也。先世[2]自粤徙蜀,祖/天吉,父義堂,養素邱園,詒穀孫/子。君有兄兮,痛無弟,徐行挺不昧[3]之靈根,率少成之天性。髫年[4]/失怙,事母氏黄,承志終身,廬墓/銜哀,手輯孝典,蒙求行世。學博/而天人共貫;才异則貢舉難收/。上嗣位[5]/,升祔禮成/,詔舉才品優長、山林隱逸之士/酌予録用。郡邑以君名達監司/,名士被徵,諸生召見,此其先事/也。而君上書陳志,却薦引身,結/廬龍箐山中,隱居弗出。豈不以/一官百里[6],莫酬國士之心;三略/六韜,難參幕府之計哉？當是時[7],楚氛方熾,黔孽將萌。縣大夫造/訪,即報鄉搢紳,屬望同切。君不/忘桑梓[8],論團練,論寨堡,論修城/,論鑄炮,規畫既定,浩然還山。然/蒿目時艱[9],常懷鬱鬱,憂不勝疾/,咸豐六年[10]六月初二日卒于龍/泉山館。

惜哉,才不用世,文僅被/身。所著[11]《史評》十二卷、《史貫》一卷、/《國朝名士録》二卷、《夏鼎録》八卷、《金石補録》四卷、《錦江雜記》四卷、/《古香雜記》四卷、《養花雜記》二卷/、《梓里叢談》四卷、《花下楮談》六卷/、《龍箐筆談》四卷、《兵法等言》一卷/、《衷言》二卷、《寨守方略》一卷、《孝典》/四卷、《醫論》一卷、《蜀語考》三卷、《訓/詁珠塵》四卷、《步天歌圖注》一卷、《楞園詩草》二卷、《楞園賦説》一卷、《楞園書話》二卷、《丹經疑》二卷、《丹/經悟》一卷、《蓉橋丹話》十六卷,共九十二卷,書二十五種,不以藏/冢,[當]一一梓行[12]。

淑配王[13],生[丈]夫子二,長管、次晏,均能繼志。以咸/豐七年六月初七日葬君聖鍾/山,禮也。嗚呼,子期[14]既死,伯牙遂/少知音;孝直先亡,孔明能無墮/泪。銘曰:

鶴山鍾靈,豪傑屹起。罔待而興/,邁越前軌[15]。世學不明,猥陋[16]自喜。/坐[井]小天[17],盍免訾毀。惟恨[不遇][18]/齎志以死。泡影電光,人生[如是]。/著書[堪]傳,崇封勿徙。千[秋之名],匪此伊彼。/

(圖:重慶圖書館藏拓本　文:《白岩文存》卷五,《清代詩文集匯編》第587,第749頁。)

【簡跋】

墓主江舍春(1804—1856),字海平,自號楞園主人、龍箐山人、孝典堂主人等,江津縣(今重慶江津區)人。

撰書人王侃(1795—1862),又號王遲士、棲清山人,溫江(今四川省成都市溫江區)人。曾任江津州判,晚年在江津度過。著述存留有十四部。其中有清同治四年(1865)光裕堂刻《巴山七種》。其中《白岩文存》六卷中收録其爲江舍春所撰墓誌。經過與拓本圖版對比,發現拓本經剪裱後有缺漏,或又是正式刻墓誌時被改動。詳細見校釋部分。本墓誌載其歷官:直隸州同銜、候選直隸州判,因清朝時直隸州與府等級相同,即是异名同表,即重慶府州同、州判。

篆蓋人李嗣元,字春甫,江津人。道光二十三年(1843)進士。本墓誌載其歷官:雲南候補同知、前翰林院庶吉士。

【校釋】

[1]君諱句:墓主江舍春,字海平,"初號靈生",僅見於本墓誌中。籍貫爲江津鶴山坪人。江津鶴山坪的石墻院,爲陳獨秀晚年寓渝的居住地。

[2]先世句:祖先原籍爲廣東粵地人,徙蜀時間不明。祖父江天吉,父江義堂,均未出仕。"養素",修養并保持其本性。"詒穀","詒"通"貽",指父祖的遺

蔭。語出《詩·小雅·天保》:"天保定爾,俾爾戩穀。"鄭玄箋:"天使女所福禄之人,謂群臣也。其舉事盡得其宜,受天之多禄。""孫子",疑爲"子孫"之誤。墓主江含春有兄無弟,不載名諱。

[3]不昧句:對舉行文。"不昧",不晦暗,明亮。"少成",指年少時養成的習性。

[4]髫年句:墓主幼年父親即亡殁,之後立志終身孝敬事奉母親黄氏。"事母氏黄",即母親黄氏。

[5]上嗣位:即咸豐元年(1851)即位的文宗。"升祔",升入祖廟附祭於先祖。清文宗祭祀先祖禮畢後,欲勵精圖治,詔舉賢才與隱逸高士等人録用,墓主獲得推薦後,上書推却,表明心志,引退結廬"龍箐山"中隱居。

[6]百里:借指縣令。"一官百里"均指官名,與"三略六韜"兩者均是古兵書名相似。

[7]當是時句:"楚氛方熾,黔蘗將萌"即當時的太平天國起義等各地反抗的勢力正在興起。

[8]桒梓句:"桒",即"桑"。桑梓借指故鄉或鄉親父老。指戰亂當前,縣令官紳來請墓主還山,商討"論團練,論寨堡,論修城,論鑄炮"等諸多保衛家鄉之事。

[9]蒿目時艱:"蒿目",極目遠望;"時艱",艱難的時局。形容對時局憂慮不安。語本《莊子·駢拇》:"今世之仁人,蒿目而憂世之患。"

[10]咸豐六年句:墓主於咸豐六年(1856)六月初二日卒於龍泉山館,因享年不明,無法推算生年。一年後,即咸豐七年六月初七日葬於聖鍾山。"惜哉"中"哉"在碑版作![字],有缺筆避諱。

[11]所著句:墓主不幸亡殁,但其遺留下衆多著述.誠如撰文人前文所言,是"才不用世,文僅被身"。"僅",几乎;接近。即著述等身之意。

據本墓誌記載,江含春撰述了《史評》十二卷、《史貫》一卷、《國朝名士録》二卷、《夏鼎録》八卷、《金石補録》四卷、《錦江雜記》四卷、《古香雜記》四卷、《養花雜記》二卷、《梓里叢談》四卷、《花下楮談》六卷、《龍箐筆談》四卷、《兵法等言》一卷、《衷言》二卷、《寨守方略》一卷、《孝典》四卷、《醫論》一卷、《蜀語考》三卷、《訓詁珠塵》四卷、《步天歌圖注》一卷、《楞園詩草》二卷、《楞園賦說一》卷、《楞園書話》二卷、《丹經疑》二卷、《丹經悟》一卷、《蓉橋丹話》

十六卷,共九十二卷,書二十五種,不以藏冢,一一梓行。現存者現存九種爲清抄本《楞園仙書九種》九卷,藏於上海圖書館,該叢書包含子目:《金丹悟》一卷、《金丹疑》一卷、《步天歌圖注》一卷、《龍山紀載》一卷、《楞園賦説》一卷、《訓詁珠塵》一卷、《解真篇》一卷、《試金石二十四咏》一卷、《楞園詩草》一卷。《巴渝文獻總目・古代卷》收録了其著述的部分目録。

[12]樣行:"……樣行"前《白岩文存》中有一"當"字,從文意看,墓主之作尚未能刑刻,語氣更嚴謹。

[13]淑配王句:江含春妻王氏,拓本作"生大夫子二",《白岩文存》中"大夫"作"丈夫","丈"字更確。即王氏爲江含春生子二人,長子江管、次子江晏。

[14]子期句:對舉用典。撰文人用春秋戰國時期的鍾子期與俞伯牙,三國蜀國的謀士法孝直(法正)與孔明(諸葛亮)之間的友誼關係,比喻自己與墓主間的情誼,悼念墓主的亡殁令人惋惜與悲慟。但此句《白岩文存》作"鍾期既死,伯牙難得知音。子厚必傳,退之不耻。誄墓爲之銘曰……"因多字不同,不知是否刻石時有所改動。今存疑待考。

[15]前軌:前人立下的榜樣。

[16]猥陋:用作謙稱。宋范仲淹《答安撫王内翰書》:"又詢及猥陋,某敢不罄其所見?""世學不明,猥陋自喜",

[17]小天:道家所稱洞天的别稱。南朝梁陶弘景《許長史舊館壇碑》:"大天之内,復有小天三十六所。""小天"前一字碑版殘泐作■,結合《巴山文存》確定爲"井"字。

[18]惟悵句:拓本脱"惟悵"下"不遇"二字。"齋志"謂懷抱著志願。"泡影電光",比喻時間短暫。又"人生"下拓本脱"如是"二字。"可傳",《白岩文存》作"堪傳"。"千"下因拓本闕三字,據《白岩文存》應是"秋之名"三字。

邱導岷墓誌　清咸豐八年(1858)九月立

(清)翁沅竹撰文,王慶云篆額

渝北區。1993年10月在重慶市渝北區人民醫院舊址出土,石現藏於渝北區文物管理所。誌石高122厘米,寬59.5厘米,厚9厘米。上及左右三邊鐫刻纏枝卷葉紋飾。額文4行,滿行4字,陰文篆書題"皇清誥授奉直大夫濟若邱府君墓誌銘"。誌文正書,20行,行50字。

【釋文】

兵部尚書、總督四川全省軍務兼糧餉、前翰林院編修、侍讀學士、國史館正總裁王篆額。/(刻印)王慶雲印,雁汀

公姓[1]邱氏,諱導岷,號濟若,世居閩江上杭縣來蘇里中都林塘鄉。父淳齋公,效計然之謀[2]起家,為里之巨室。艱於嗣母何太宜人,晚/歲始舉公。

公幼而穎异,讀書輒過目成誦。淳齋公擁素封[3],乏經紀,不獲已,命公弃儒而商,非公志也。時公方壯年,性既豪邁,量復恢/宏,嚴以律身,和以接物,雖貿易江湖,而左琴右書,恂恂儒雅,毫無市井習氣,故所在文人學士,樂與之游。邑有王文成公[4]祠,為土豪/所侵,進士藍君[5]一枝議修之,久不得舉。公聞之,慨然捐金,佐其事,不數月而工竣。後一枝令宿松,聘公榷漕務,公擘畫周詳,洞達要/害。一枝在皖,口碑籍籍,賴公襄贊[6]之力居多。

公往來吳楚間幾三十年,居奇積贏,億則屢中[7]。尤可异者[8];公客江南累年,逮去,而江南/城陷;客豫章亦累年,逮去,而豫章被圍;獨於蜀盤桓無去志,至今綏靖如故,殆亦有擇而蹈乎?夫自粵匪蔓延江漢,賊梳兵篦[9],幾無/完户,彼豪商大賈蓄積數十年之子母[10],悉聯檣轉轂[11],以資寇糧者,可勝數哉?獨公播還於烽刃烟燧之間,而能不矢[12]其富,論者謂陶/公三徙,皆以智免焉。而吾謂其涉波不溺,履虎不咥[13],皆忠信之德,煉達之學,足以勝之也。

終寓蜀之渝,江貨益聚,而家業益豐。權算/之暇,雅好交游,其尤敬慕者,如黃廉訪[14]毅甫、雷明府耳山。渝時公取交,後皆通顯,人咸服公知人之鑒。至於施綿衣、施棺、施藥、瞻親/族,邮無告[15],種種陰德,渝與杭之人,類能道其詳,猶公樂善之迹之小焉者耳。晚精術數之學,偶有所得,嘿然[16]不言。嘗登峨眉望雪峰、/流覽浣花溪、薛濤井諸勝,俯仰哀哀[17],如問嘆息,而人終莫能喻其故。蓋公

懷濟世之略,未能搏鵬騁驥,輔弼昌明,以竟其施,而終於/魚鹽[18],伍於販豎,徒以權輕衡重,居積貴賤,湮没其材,良足悲矣。

公生於[19]乾隆壬寅年六月初六日戌時,卒於咸豐乙卯年十一月十/八日亥時,享年七十有四。遵籌餉[20]例加五品銜,例授奉直大夫。元配[21]劉宜人,生子二:長文實,早歿。次文燦,出孫庭紹。庭智,爲文實出,/皆家於杭。文燦以江湘未靖,扶櫬爲艱,蜀省四境肅謐,風鶴不驚,將以丁巳年十一月二十六日葬公於重慶江北廳兩路口之原,/坤山艮向,并另置筵室[22]於渝,俾廣似績以奉公祀。因余與公交久而知深,以墓誌來請。余愧不文,乃撫公之行實,銘而窆之。/銘曰:

杭之峰嶙而岣,杭之川清且淪。緬彼碩範,足返樸而還淳。家之富,富以仁。德可延譽,譽集厥身。惟積德與積福,用長啓於後人。/

賜進士出身、/誥授中憲大夫署理四川通省鹽茶道事、成都府知府、前翰林院庶吉士、加三級紀錄八次、鄉愚弟翁　頓首拜撰/(刻印)沉竹,翁禎㧾印

大清咸豐八年歲次戊午季秋月上浣穀旦。/

(《重慶卷》圖115/文309)

【簡跋】

墓誌題署人未具名,然據下附"王慶雲印""雁汀"二印可知,篆額者爲王慶雲(1798—1862),字家鑭,號雁汀,清福建閩縣人,歷任編修,侍講學士,山西、陝西巡撫,四川、兩廣總督,工部尚書等官。卒謚文勤。《清史稿》卷四百二十六有傳。本墓誌載其歷官:兵部尚書、總督四川全省軍務兼糧餉,前翰林院編修、侍讀學士、國史館正總裁。

本志撰者亦僅記翁姓,缺名,據下附"沉竹""翁禎㧾印"二印,知翁禎㧾,字沉竹。"鄉愚",即同爲上杭人。墓誌載其歷官:賜進士出身、誥授中憲大夫、署理四川通省鹽茶道事、成都府知府、前翰林院庶起士、加三級紀錄八次。

【校釋】

[1]公姓句:墓主邱導岷,號濟若,籍貫爲閩江上杭縣(今福建省龍岩市轄)來蘇里中部林塘鄉。父邱某,號淳齋公,母何氏,封太宜人。

[2]計然之謀:"計然",春秋時期宋國葵丘濮上(今河南商丘民權縣)人。春秋時,越王勾踐用計然之策,十年而國富,後世用作發展經濟之典。

[3]素封:無官爵封邑而富比封君之人。語出《史記·貨殖列傳》:"今有無秩禄之奉,爵邑之入,而樂與之比者,命曰'素封'。""經紀",買賣、交易。

[4]王文成公:明儒王守仁,卒謚"文成"。

[5]進士藍君:藍一枝,明上杭人。本墓誌所論的修建王守仁祠堂一事,又見於《丘復集·念廬文存》卷五的《書清寧羌州知州升榆林府知府莫公軼事》一文中。當時告養歸鄉的上杭人莫洪,字巨川,與"時藍一枝先生桂,以知縣丁艱家居,呈前明察院行臺王文城公禱雨故址,相與募建時雨堂,護王公手書石刻。旋因諧謔故生意見,將所建讓這四鄉,在城改築陽明別業。而城鄉遂成水火。二公皆倔強性城,兩不相下,殆由所養之未純,而亦全縣之不幸也。同治續刊邑志,不爲立傳"①。藍一枝又見於《清代詩文集彙編·許鄭學廬存稿》中《與藍一枝書》②,時補授宿松(今安徽省安慶市),即本墓誌的"後一枝令宿松,聘公權漕務"之時前後正好相接。

[6]襄贊:輔佐幫助。

[7]億則屢中:料事能中。語本《論語·先進》:"賜不受命,而貨殖焉,億則屢中。"

[8]尤可異者諸句:"江南城陷""豫章被圍",均指後文所言的"粵匪蔓延江漢",即道光三十年(1850)由廣東花縣(今廣州市花都區)人洪秀全在廣西金田村興起的太平天國起義。咸豐三年(1853)太平軍攻下江寧(今南京),定都於南京并改稱天京,即"江南城陷";後溯江西征,先後攻下九江等之地,即"豫章被圍"。唯獨巴蜀有天險,而綏靖如故。但至咸豐八年(1858)仍"江湘未靖",以致墓主葬於重慶,未歸鄉居。

[9]賊梳兵篦:互文。"梳篦",即梳子與篦子。齒疏爲梳,齒密爲篦。指賊兵時多時少。

[10]子母:猶言本利。子,利息;母,本金。

---

① 丘復著;丘其憲點校:《丘復集》下,福建人民出版社,2013年,第1101頁。
② 《清代詩文集彙編》編纂委員會:《清代詩文集彙編463·許鄭學廬存稿》,上海古籍出版社,2010年,第6311頁。

[11]聯檣轉轂:"檣",指帆船或帆。"轉轂",載運貨物的車子。《漢書·貨殖傳》:"轉轂百數,賈郡國,無所不至。"顏師古注:"轉轂,謂以車載物而逐利者。"指商賈之財產被搶掠一空。

[12]矢:通"弛",毁壞。《詩·大雅·皇矣》:"無矢我陵,我陵我阿。"

[13]履虎不咥:典出《易經·履卦》:"履虎尾,不咥人。亨。"

[14]黃廉訪:"廉訪",按察使的通稱。黃毅甫,爲同治三年(1864)曾國藩奏稿中"金溪縣請旌恤民一千六百六十九名"之一;又見於《王文直公遺集》卷二中。雷耳山,長壽人,民國《長壽縣志·金石志》收錄其撰《培修五寶山大雄殿碑》。"明府",即縣令,又稱明府君。漢魏以來對郡守牧尹的尊稱。漢代亦有以"明府"稱縣令,唐以後多用以專稱縣令。

[15]無告:孤苦無處投訴。亦指無處投訴的人。《書·大禹謨》:"不虐無告,不廢困窮。"

[16]嘿然:沉默無言的樣子。《荀子·不苟》:"君子至德,嘿然而喻。"王先謙集解:"君子有至德,所以默然不言而人自喻其意也。"梁啓雄釋:"嘿同'默'。"

[17]哀哀:悲傷不已貌。《重慶卷》釋文"裴回",與圖版 哀哀 的結構完全不符。

[18]魚鹽:借指經營魚鹽的商人。與"販豎"(小販)同義并用。

[19]公生於句:墓主邱導岷生於乾隆四十七年(1782)壬寅六月初六日戌時,卒於咸豐五年(1855)乙卯十一月十八日亥時,享年七十四歲。咸豐七年(1857)丁巳十一月二十六日葬於重慶江北廳兩路口。

[20]籌餉例:籌集官兵餉的慣例。即加官、買官的理由之一。

[21]元配諸句:墓主妻劉氏,宜人。生二子:長子邱文實,早殁。有一子邱庭智;次子邱文燦,生一子邱庭紹。墓主邱導岷家人皆家於上杭。

[22]筵室:指祭祀所用的祠堂。因"筵席"可特指祭祀所設鬼神的席位。後文接"俾廣似績以奉公祀"正好相合。

余彥和墓誌　清咸豐十一年(1861)十月九日立

(清)余樹本撰并書

長壽區。1984年在長壽縣排花鄉出土,石現藏長壽區文物管理所。誌石高84厘米,寬46厘米,厚10厘米,題記居中1行,26字。誌文正書,10行,滿行26字。

【釋文】

中題:皇清敕授文林郎、山西長治縣知縣、顯考余公諱彥和老大人之墓。/

公諱[1]彥和,字葆恬,歲進士。大父魯門公冢子也。公秉性聰明,父/書克讀。道光丁酉,補博士弟子員;是秋,即以第八名領鄉薦。甲辰,/大挑一等[2],以知縣分發山西。壬子鄉闈,奉調該省同考試官,接知/長治縣事。

因時事不靖[3],解組歸田。養親課子外,即以詩酒文章為/事。生平性情軒爽,學識優長,行己端方,存心孝友,當道少干謁[4],足/不履城市,非公事不入公門,品行之高潔,實足為當代所欽重者。/

公生[5]嘉慶辛未年七月廿七日卯時,卒咸豐辛酉年八月十七日/辰時,享年五旬有一。卜吉本年十月初九日安厝宅左,壬山丙向,/兼子午三分。本恐歷久磨滅,敬述梗概,用泐青珉,以垂不朽。/

大清咸豐拾壹年辛酉歲孟冬月朔九日。

男樹本謹識并書。/

(《重慶卷》圖117/文311)

【簡跋】

本墓誌題署人,僅有落款有"男樹本謹識并書",據首題"皇清敕授文林郎山西長治縣知縣顯考□公諱彥和老大人之墓"看,"老大人"祇能是尊稱年老位尊的父親大人,而非他人撰文時尊稱對方的父親之意。而據圖版殘劃所補《重慶卷》闕文的"考"字,正好用"顯考"同義并證,確為墓主之子撰文。據道光《長壽縣志》卷八"舉人"中有"余彥和,府學,署長治知縣"。說明墓主即余彥和無疑。墓誌詳細之處可補史闕。

【校釋】

[1]公諱句：墓主余彥和，字葆恬，"歲進士"即貢生。爲魯門公冢子。"冢"，《重慶卷》釋作"家"，諦視圖版作▨，因石花干擾，確實相似。但無"家子"一詞，祇有"冢子"表示長子。出自《禮記·內則》："父没母存，冢子御食。"鄭玄注："御，侍也，謂長子侍母食也。"《左傳·閔公二年》："大子奉冢祀社稷之粢盛，以朝夕視君膳者也，故曰冢子。"從文意看，"冢"字更準確。

[2]大挑一等：清乾隆以後定製，三科以上會試不中的舉人，挑取其中一等的以知縣用，二等的以教職用。阮葵生《茶餘客話》卷二載："丙戌會試前，上念舉班久滯，命三科以前，均行大挑，一、二等用……一等用知縣，又借補府經歷，直隸州州同、州判，屬州州同、州判，縣丞，鹽大使，藩庫大使……二等以學正、教諭用，借補訓導。"墓主先後在道光十七年（1837）丁酉補博士弟子員，同年秋領第八名鄉薦；二十四年（1844）甲辰被挑取一等任用；咸豐二年（1852）壬子鄉試時，任山西省鄉試考試官，後任長治縣知事。

[3]時事不靖：當在咸豐二年（1852）壬子之後，繫聯前一通《邱導岷墓誌》，當指太平軍起義在咸豐三年（1853）占領南京，建立太平天國之事。當時祇有巴蜀相對綏靖，墓主歸鄉，以田園爲樂，品行高潔。

[4]干謁：對人有所求而請見。

[5]公生句：墓主生於嘉慶十六年（1811）辛未七月廿七日卯時，卒於咸豐十一年（1861）辛酉八月十七日辰時。享年"五旬有一"，但《重慶卷》因石花干擾，訛誤作"五旬有六"。諦視圖版作▨，應是"一"字。同年十月初九日葬於"宅左"，即落款的"大清咸豐拾壹年辛酉歲孟冬月朔九日"。

費志大等四人墓碑　清同治元年（1862）十二月二十日立

梁平區。1992年在梁平縣水電局舊址出土，現藏於梁平區文物管理所。誌石高110厘米，寬64厘米，厚10厘米；題記居中1行，24字，題"清故費君志大、楊君吉順、廓君成選、呂君潤周四人陣亡之墓"；誌文正書，3行，滿行12字。

【釋文】

中題：清故費君志大、楊君吉順、酆君成選、呂君潤週四人陣亡之墓。/

同治元年正月初九日與朱逆/於沙河鋪交鋒陣亡。名列于後。/

壬戌年十二月廿日立。/

(《重慶卷》圖118/文311)

【簡跋】

　　陣亡墓類型的碑刻，形同紀念碑，係多人同刻。四位陣亡人，在同治元年(1862)正月初九日與"朱逆"戰於"沙河鋪"，即今重慶梁平區西仁賢鎮。據《清一統志·忠州》記載，沙河鋪"在梁山縣西三十里。縣丞駐此"。"朱逆"，即朱洪英，又名朱聲洪、朱盛洪、朱世雄。咸豐二年(1852)起義於南寧；咸豐五年(1855)，謀與太平軍石達開部會師江西，後與湘軍激戰失利；咸豐七年(1857)攻克柳州又戰敗，轉入貴州古州(今榕江)；至同治十三年(1874)，朱洪英才於湖南宜章被俘。同治三年(1864)左右應是在梁平地有沙河鋪一戰。

方氏墓誌　清同治二年(1863)四月二十八日卒

　　武隆區。1984年4月在武隆縣土坎鄉出土，石現存武隆區紙廠。誌石殘，高94厘米，寬34厘米。誌文正書，8行，從生年時間與享年處所闕字判斷，首行均殘損兩字，滿行應存27字。

【釋文】

　　□□生以來，猶如水源[1]、木之有根也。我母方老孺人，乃是涪州長里[2]地/□□塝石垣子生長人，室陽命，生於[3]乾隆四十六年辛丑春三月二十一/日，享年八十三歲，殁於同治二年四月二十八日巳時，壽終。我外祖考方公/□□、方母韓氏，皆由賊匪擾亂[4]，逃躲小江[5]，在武隆守歸五陵或三從并/□□族稱孝[6]，鄉黨贊其賢。持家有道，勤儉當先，恭莊敬讓，溫和厚良，/□□力。

乃生我弟兄姊妹五人:大姊出閣在夏[7],二姊于歸□門,受盡/□□苦,尚久康强無恙,不幸同治元年三月被賊匪入境,一□兩代/□不盡訴,略表寸心,是以爲序。/

(《重慶卷》圖119/文312)

【簡跋】

撰文人爲墓主之子,志稱"我外祖考方公□□、方母韓氏"可表明。

【校釋】

[1]水源:《重慶卷》簡跋疑此處脱"之有"二字,與"木之有根"才完整對舉。但碑版實未刻。

[2]涪州長里:爲墓主方氏出生地,州里之制下應是具體小地名,今據道光《涪州志》載,周惺葬地爲涪州長里明家灣,且有其子周興嶂妻方氏封爲孺人。疑小地名即爲長里地明家灣,也就是"明家場"。

[3]生於句:墓主方氏生於乾隆四十六年(1781)辛丑春三月二十一日,享年八十三歲,殁於同治二年(1863)四月二十八日巳時。

[4]賊匪擾亂:繫聯後文的"不幸同治元年三月被賊匪入境",《重慶卷》簡跋指出,應是石達開率太平軍圍涪州,可與民國十七年(1928)涪陵縣《續修涪州志》卷二五《兵燹志》所載相印證。

[5]小江:地名,"在武隆守歸五陵或三從",是墓主居住地。

[6]稱孝:《重慶卷》簡跋指出"稱""孝"間缺一"其"字,但碑版實未刻此字。

[7]在夏:"夏",大屋、大殿。《楚辭·九章·哀郢》:"曾不知夏之爲丘兮,孰兩東門之可蕪。"王逸注:"夏,大殿也。"

楊文穆墓誌　清同治七年(1868)四月下旬立

(清)周地奇撰

武隆區。1974年8月在武隆縣江口鎮羅州壩出土,石現存於武隆區江口鎮羅州壩。誌石高165厘米,寬65厘米,厚14厘米。橫斷爲二,文字稍損。誌文正書,16行,滿行41字。

【釋文】

皇清例贈登仕佐郎楊公西臣墓誌銘。/

河東之南,有小溪焉,水秀山清,谷幽地僻,邑之列膠庠、登賢書者,類皆叠聚於斯。楊君自先祖移居在/是,已歷二百餘年矣。君諱文穆,字西臣。自少卓犖不羈。及壯,善經營,富甲一鄉。論者未聞,以爲貪,蓋利/以義取耳。然吾因君□有感矣。今天下握算□籌,擁倉箱[1]為已有,鄉鄰無以分其餘潤,戚族無由藉其/庇蔭者,豈少也哉!而君由困/而亨、塞而通,慷慨若性成。凡鎮中有善事,隨便量力樂助,或戚屬有喜事、/有急迫事可幫扶者,俱不過吝。其平日仗義疏財,類多如斯。至於敦親睦族一節,尤有大過乎人者。彼與/胞兄治齊所當共為之事,己獨為之。凡婚姻葬娶,用至百金,用至數百金,□不派及,亦無賬記為後累,/即兄所當自盡者,見兄力有不足,輒代為求全。大侄既教書聘訂,次侄延師課讀,未嘗有懈,至族中叔侄/兄弟,凡有事可盡力為之,無不為,亦未見其有德色,此吾所謂大過人者也。吾嘗譜其世家,聞先代俱以/忠厚留貽後商,令先君楊公慶鍾[2],猶為吾所親見。譜云積德者昌,報施固不爽耳。而君年五十/,竟以壽終,同治丁卯年八月卜葬小河故址[3]之原。

令嗣□五人,類皆磊落英多[4],年富力強。而長君學昌,尤/好讀書,久而不懈,其功名可立待也。由是觀之,楊氏之福,殆未艾歟。余不敏,承命撰志,他若博雅宏深之/□,皆□□□□懼誇□爰為之銘曰:

小溪之原,有峙且平。負幽嚮明,鍾和萃靈。德人斯藏,其後崛興。纘緒/□□,繼□□□。/

恩進士、候選學正、生周地畲撰。/

同治戊辰年又四月下浣穀旦敬立。/

(《重慶卷》圖123/文315)

【簡跋】

又名《楊西臣墓誌》。墓主楊文穆,字西臣,首題稱"楊公西臣墓誌銘",蓋以字行。

撰文人周地畬,《重慶卷》訛作"周地金",諦視圖版作☒,實爲"畬"字。前文有其撰道光二十年(1840)十二月一日立《楊漢三妻張氏墓誌》中的一條贊語,時爲"邑庠生";而本墓誌晚十八年,此時爲"恩進士,候選學正",職位有上升。"恩"字,《重慶卷》闕,但圖版作☒,從上部構件看是"恩"字。"恩進士"即恩科進士的簡稱,爲清代常用之詞。又"學正"下,《重慶卷》有一"堂"字,圖版作☒,疑爲"生"字之誤。"生",爲自稱。

【校釋】

[1]倉箱:喻豐收。語出《詩·小雅·甫田》:"乃求千斯倉,乃求萬斯箱。"鄭玄箋:"成王見禾穀之稅,委積之多,於是求千倉以處之,萬車以載之。是言年豐收入逾前也。"朱熹集傳:"箱,車箱也。"

[2]楊公慶鍾:即墓主之父。楊慶鍾,與墓主楊文穆,史籍均疏略。

[3]故址:即首句所載其家族世代居住已有二百餘年的"河東之南,有小溪焉,水秀山清,谷幽地僻"之地。墓主葬年在同治六年(1867)丁卯八月,同治七年(1868)戊辰四月下旬才立碑。

[4]英多:才智過人。《儒林外史》第八回:"表兄天才,磊落英多。"《重慶卷》因泐蝕未釋"多"字。其他闕字因圖版殘泐,無法釋法,闕如。

周朝琮墓誌　清同治十一年(1872)十一月十五日葬

(清)薛煥撰文,周多文正書,楊治文刻石

永川區。出土信息不詳,葬地位於永川區。重慶圖書館藏拓片一幅(典藏號A1792)。拓片高145厘米,寬47.5厘米。誌文正書,55行,行38字。

【釋文】

皇清誥授朝議大夫、晋封中議大夫周公玉峰墓誌銘/

公諱[1]朝琮,字玉峰。其系出於先賢周子。周子冢嗣,壽居德化守墓。再傳虞仲官,固始後。二世崇政公仕閩,僑居寧化縣石壁村。又二世仁德公宦嶺南,因家焉。公曾王父[2]諱茂發,始由粵遷蜀之簡州仁和鄉。世德作求,以恭儉孝謹稱鄉里。公父中議公贊,平英德教匪,邀叙布參軍。妣謝太淑人。生子三[3]。伯朝珍,以子道鴻秩封文林郎,復以公舊勛晋奉直大夫。季朝璋,以子道洪貴,封如伯氏。

公性沖和,敏而好學,就傅之暇,聞先輩論說默侍靜聽,偶有問難,輒出人意表。時據地畫山川形勢,夜則周步仰觀,若有所悟。比冠,家中落,中議公應聘赴粵。公與伯季奉王母夫人避亂省門[4]。伯季皆就市設肆,公獨肩家政,奉重闈色養[5],不能專舉子業。厭帖括,遂去而求有用之學、翻故篋得中議公所藏地理方藥諸善本,躍然曰:"拯生之危,莫如醫送死之安,莫如葬為人子者非當急務歟?"乃窮靈素[6],探葬經,闢朱張劉李之局,發楊曾廖賴之藏。名日噪,家口裕。王母似恩,倚閭[7]之切望焉。

嘉慶己卯[8],王母石太夫人卒。中議公星奔旋里,痛擗少定,見庭除几筵,備物如禮,以差慰。中議公性恬退,服闋後,即屏去俗務,登臨之餘,常偕蔡琨嚴舍人,楊靜菴觀察、王斗南武義諸老[9]結社唱酬,人稱為中隱先生。公瀞瀨豐潔,必敬必誠。中議公竟不知老之將至也。嘗語公曰:"蜀中山川秀傑,胚孕甚富,往哲罕游,蜀道後學,無所師承。余十數年間,東至海濱,南浮江淮,北極幽燕,西絕秦隴,名師遺迹,尋求幾徧。"每登山指示,證以先哲之弃取,詳辨真偽。惟公追隨左右,獨得心傳。凡中議公所識而未獲者,修德以俟之,卒如所願。其親友求葬者,必審存没行誼,決與否毫無所私。聞人疾病,常若痛苦在身。雖風朝雨夕,必往診視瘥面後已,貧苦者即慨予善藥,其急人之急如此。公為人精審,有識官僚,父老多就公決策。前成都邑侯白公星階[10]甫下車,首向公訪閭閻疾苦。時民病重徭糧銀壹兩輸夫馬錢盈萬,而實用不及三十。公請裁草浮濫設局,交紳舉辦。白公陳其議於大府。每兩只派錢三千,歲省民錢三萬緡。百年弊政一旦湔除,仁人之言其利薄哉。不然,李藍之亂[11],軍收旁午,莨楚之悲,何堪涉想。

灌口、都江堰為内外江,分水總樞。外江地勢較低,水易趨下;内江溉成都府屬十四州縣農田,數倍於外江。每歲立春時,發帑修堰,開挖河口。年久浸失前法,下流南北,兩河每患偏枯,農民爭訟不息。觀察俞公[12]憂之,委刺史白公詩橋偕公往勘。公言:"秦太守李冰'深淘灘低作堰'六字為千古不易之經。汶流澎湃,河口冲決靡常,宜因勢而利導之。"於是,疏淤塞,束橫渡,防決口。因地高下,測水淺深,酌定堰堤,丈尺繪圖,陳說瞭若指掌,利澤以均厥。後觀察孫公留心水利,復邀同遍閱内外水道,區畫悉當。公三至汶源[13]。廿餘年來,旱潦無憂,農民因之利賴者淺鮮[14]也。成都縣北昆橋河舊名九井河[15],其水奔放湍急。丙辰秋潦,水決而南。新舊兩河合趨並怒,驛路為梗。秋丁巳大無麥,當事議以工代賑。公以此工最要,而鉅於時勢為宜,陳之大府,遴員董其役,築堤束水[16],使歸故道。是秋,堤潰,河益南徙。田園成巨浸,廬舍逐波濤。公慊[17]於前志未伸,乃身任其事,偕成都、華陽、新都三邑官長及父老子弟募貲修復。公捐解千金購民田七十餘畝。浚上流以直其道,闢下壅以順其性。加木石於舊橋而寬高之。新河成堵決口,堤岸沙磧遍植檀柳,數年間,淤為沃壤,以備歲修行者利之。自粵匪[18]倡亂,南北驛騷,吾蜀奉旨團練。公隨周執庵銀。臺李西漚宮贊勷力者。[九]年已未[19],李永和之難作。庚申,省垣戒嚴,公日與官紳籌餉畫策。夜率子弟糾民伍授兵,登陴壘。因三次皆如之時,賊踪飄忽,大府欲洞悉賊情,嚴斥堠。公分遣健卒,絡繹偵探馳報節署,並圖畫山川險要,請分兵預為扼截。賊勢日蹙。大府屢上其功,薦至鹽運司運同賞戴藍翎,詔封三代,皆中議大夫,妣皆淑人。甲子,大祲[20],石米需白金一斤,前廉訪楊公賑糶兼施錢米餅粥,盈溢於道。公以貲佐費以身任勞,及建修府試院,公助柏木百株。邑芙蓉書院[21]膏火不足,課公六次。公請撥山租以增加錦江之額。復籌舊院之租餘作師課獎需近年多士奮興蔚然。翹楚者皆公之力也。

公喜賓客,凡文學經濟之士,不問其年,皆折節友之。聞有善喜若已出。至有所不可憂見於色,夜不能寐,如身任其責。然見親友貧之者施與不吝,橫逆之來人所難忍。公坦然容之,無頗色[22]。夫孝莫大於顯揚,德莫大於保惠,量莫大於樂善,功莫大於濟屯[23]。當今之時,有能履其一,君子以為人之所難,而公皆優為這。如今者信是以風矣。

余與公家世聯婚媾,知之頗詳。公少伯氏七歲,長季氏四歲。蒼顏白髮,肅肅怡怡,群子弟撰/杖,屨潔樽匜,依依環侍旁觀者,指為地行仙[24]。曾幾何時,風徽邈矣。人之云亡,心之憂矣。豈獨公家之/不幸哉。

公生於[25]乾隆壬子閏四月十三日戌時,卒於同治壬申八月二十二日子時。享壽八十有一/歲。配葉淑人,先二年卒。子道淵[26],候選同知;道鴻,國子監典簿銜,候選教諭;道溥,候選教諭,霖雨,候選/教諭。道洽、道灤、道泰,俱太學士。伯氏無子,以道鴻子之。女六,皆適名族。孫四人,啟柱、啟樞、啟構、啟柏/,將以十一月十五日葬公於永川縣屬之二郎父塋。卯乙揖酉辛。銘曰:/

穆穆周君,系出元公。率履不越,一其初終。喜士折節,藹然春風。恤貧行惠,廓乎姘嶸[27]。嶪嶪[28]南土,赤子/盜兵。兇焰彌亘,覆軍墮城。桓桓周君,謀壯勇沈。以勵以勸,贊助蕩平。有績斯書,有勞斯報。惟公謙退,/臣愚不肖,幸克有成。祖父之教,有命自天,於鑠[29]　詔三品崇封,薦於祖廟,公拜稽首,焚黃祭告,大/德既宏。細行亦謹。一藝之微,必究其隱。醫之賾奧。肱折者三。地之幽幻,掌運山川,既盡孝慈,人亦匀/霏[30]。多材多藝,有德有言,有德有言,而又有子。嗚呼周君,孰云其死。/

誥授光禄大夫、/欽差大臣頭品頂戴、工部右侍郎、歷任禮部左侍郎、江蘇巡撫、兼署兩江總督姻愚弟薛煥頓道拜撰/

誥封通議大夫、欽加按察使銜、前任貴州分巡貴水、古州等處地方兵備道愚弟多文頓道拜書/

成都楊治文刊。/

(圖:重慶圖書館藏拓片)

【簡跋】

撰人薛煥(1815—1880),字覲堂,號鶴濟,四川敍州府宜賓縣黎湯鄉古木灣(今宜賓市趙場鎮橋坎社)人。因其父與興文縣富安鄉薛氏聯宗通好,遂使薛煥入籍興文縣學,故相關史料皆稱薛煥為興文(今四川省宜賓市興文縣)人。道光二十四年(1844)

舉人。史志記載其在鎮壓上海小刀會起義、太平天國起義中用力頗多,對於蘇州、上海、天津、澳門等地有重要歷史功績。作爲重要的洋務大臣,曾創建洋槍隊,成功阻擊太平天國對上海的進攻;又興辦新學,改革晚清落後的教育方向,於光緒元年(1875)在成都文廟西側石犀寺舊址修建尊經書院,并擔任首任山長。本墓誌撰文時間在其被免職回籍之時,載其職官爲:誥授光禄大夫、欽差大臣、頭品頂戴、工部右侍郎,歷任禮部左侍郎、江蘇巡撫、兼署兩江總督。均與史相合。其與墓主的關係是"姻愚弟",即親家,有兒女聯姻。

書人周多文,誥封通議大夫、欽加按察使銜、前任貴州分巡貴水、古州等處地方兵備道。古州,清雍正七年置廳,治所即今貴州榕江縣,後廢。

刻工楊治文,成都人,應是當時有名的刻工。民國二年十二月的《柴作舟墓誌》也是其雙鈎上石。①

【校釋】

[1]公諱諸句:墓主周朝琮,字玉峰。高攀遠祖至"先賢周子",即北宋周敦頤(1017—1073)。元皇慶二年(1313)將其祀於孔廟,至明嘉靖九年(1530)更正祀典將改稱其爲"先儒周子",又崇禎十四年(1641)提高從祀地位,改稱"先賢周子"。周敦頤的嫡長子後裔世代居於德化縣(今福建省泉州市德化縣),守其祖先墳墓;傳至"虞仲公",官固始(今河南省固始縣);後二世"崇政公"仕閩,僑居寧化縣石壁村(今福建省三明市寧化縣石壁鎮);又二世"仁德公"因宦嶺南而定籍於閩。

[2]公曾王父句:記載墓主近祖世系中,先有曾祖父周茂發,由粵遷蜀地簡州(今四川省簡陽市)仁和鄉;父親周贊,封中議公,曾在平定廣東英德縣"教匪",即鎮壓太平天國起義,官至參軍。母親謝氏,封太淑人。

[3]生子三句:墓主父親的子嗣有三子:長子周朝珍,因子周道鴻秩而封文林郎,又晋升爲文散官從五品的奉直大夫。民國《簡陽縣志》卷十八載周朝珍曾撰光緒簡州《周氏族譜》的序文。季子周朝璋,以子周道洪貴封如長兄。墓主排行應是第二子。"伯氏",即其兄長。"秩",强盛,與"貴"同義。

[4]省門:指省治。即墓主成年後,家道中落,又因時局不定,兄弟三人在其

---

① 貴州省博物館編:《貴州省墓誌選集》,1986年,第192頁。

父應聘赴粵後,携帶其祖母等女眷至省城成都府避亂。

[5]重闈色養:即墓主在兄弟二人從商主外時,主持家政,孝養父母家人等,無法繼續學習參加科舉的學業。"重闈",舊稱父母或祖父母。"色養",語出《論語·爲政》:"子游問孝。子曰:'今之孝者,是謂能養。'……子夏問孝。子曰:'色難。'"朱熹集注:"色難,謂事親之際,惟色爲難也。"一説,謂承順父母顏色。

[6]靈素句:指墓主弃科舉之業,以求醫藥、地理等有用之學,學習《靈樞》《素問》等醫人活人之術,又探討偽託爲郭璞所撰的《葬經》等風水之書,拯救蒼生於戰亂危難之中,讓其能活得醫,死安葬。"朱張劉李",指唐宋金元時期名醫姓氏,具體人名説法不一;"楊曾廖賴"爲唐宋時期風水堪輿祖師楊筠松等四人的姓氏。兩句對舉,用以借代墓主所研究的醫學與風水學。

[7]倚間:謂父母望子歸來之心殷切,倚門而望。"似",繼承。指祖母等全家人承其恩澤。

[8]嘉慶已卯句:即嘉慶二十四年(1819)年祖母石氏太夫人卒,其父周贊回故鄉奔喪。"擗",撫心、捶胸。

[9]諸老:即墓主父周贊在喪事服闋後,屏去俗務,帶墓主與其僚友等人登臨交游,結社唱酬,被稱爲中隱先生。與之交遊的有:蔡琨嚴,官至舍人;楊静庵,官至觀察;王斗南,官至武義。墓主周朝琮此時孝敬奉養父親,使其安享晚年。

[10]白公星階:即白榆,長安縣(西安市)人。曾在初任成都邑侯到任時,向墓主諮詢民情。"閭閻",本義爲里巷内外的門,後多借指里巷,代指平民百姓。

[11]李藍之亂句:"李"即後文的"李永和之難作"中的起義者李永和;"藍",即同時而起義的藍大順(1826—1864)這一支起義軍。"旁午",四面八方、到處。"萇楚之悲",典出《詩·檜風·隰有萇楚》:"隰有萇楚,猗儺其枝。"喻因戰亂百姓流離失所。

[12]觀察俞公:觀察使俞某與刺史白某,字詩橋,邀請墓主一起勘查灌口、都江堰内外江的水利。因地勢問題導致的内江溉成都府屬十四州縣農田數倍於外江,兩河每患偏枯,農民爭訟不息之事,在墓主周朝琮以秦朝太守李冰

"深淘灘,低作堰"六字治水千古不易之經爲尊,疏導灌口、都江堰内外二江的水利後得以解决,反映墓主治水有方。

[13]汶源:即前文"汶流澎湃"的"汶",指汶井江。據《嘉慶四川通志》水利志記載,其在崇慶州北,源出汶井,下流入灌口的味江①。

[14]淺鮮:輕微;微薄。此句"廿餘年來,旱潦無憂,農民因之利賴者淺鮮也",根據句意應是"者"後有脱文一"非"字。

[15]九井河:墓誌載爲"成都縣北昆橋河舊名","昆"或爲"毗"之誤。據《元豐九域志》中記載,毗橋水源自灌口,流入新繁,名"九井河"。相傳李冰所鑿,因像九宫以壓水怪。《新都縣志》中有相同記載。本墓誌記載,咸豐六年(1856)丙辰秋因大雨九井河發生水灾,導致驛路阻塞。"梗",阻塞斷絶。咸豐七年(1857)丁巳造成饑荒,當權者商議讓百姓以工代賑。"大無麥",語出《春秋·莊公二十八年》,《經》:"大無麥禾",《傳》:"大者,有顧之辭也。於無禾及無麥也。"

[16]束水:"束",即"刺",插入、鑽進。即築堤插入水中。

[17]慊:遺憾。即前面築堤防水之事未成功。於是,墓主再次身任其事,和成都、華陽、新都三縣的官長及父老子弟一起募捐修復。

[18]粵匪倡亂:即太平天國起義自廣西全面展開,大江南北騷動。墓主周朝琮隨周執庵銀臺、李西漚宫贊一起合作,在四川奉旨團練。周執庵,即周廷授,"廷授"爲字。周煌長孫,周興岱長子。曾任貴西道員。本書收録其家族墓誌,但未見其本人墓誌。"銀臺",即銀臺司。宋門下省所轄官署。掌管天下奏狀案牘。司署設在銀臺門内,故名。李西漚,即李惺,字伯子,號西漚,墊江人。人稱西漚先生、西漚夫子。"宫贊",即宣贊舍人的省稱。

[19]己未句:記載李永和起義年份。李永和(？—1862),又名李短韃。清雲南昭通人。在昭通牛皮寨與藍大順(即藍朝鼎),藍二順(即藍朝柱)等結盟起義。本墓誌記載有誤,咸豐五年(1855)爲"乙卯",九年(1859)爲"己未"。後接咸豐十年(1860)庚申省城戒嚴鎮壓一事。墓主因功而薦至鹽運司運同,賞戴藍翎,詔封三代皆中議大夫,妣皆封淑人。

[20]大祲句:嚴重歉收,大饑荒。同治三年(1864)甲子,太平天國亡,此年

---

① 徐慕菊主編:《四川省水利志》第6卷,1989年,第31頁。

遇饑荒,墓主與前廉訪使楊公某,一起賑濟灾民。

[21]芙蓉書院:與後文中"請撥山租以增加錦江之額"的錦江書院同爲成都有名的書院,因膏火不足墓主屢次被請捐租。"課",索取;要求。

[22]頜:搖動。

[23]屯:艱難;困頓。語出《易·屯卦》。

[24]地行仙:佛典中所記的一種長壽的神仙,後因以喻高壽或隱逸閑適的人。

[25]公生於句:記載墓主生於乾隆五十七年(1792)壬子閏四月十三日戌時,卒於同治十一年(1872)壬申八月二十二日子時,享壽八十一歲。葬於十一月十五日,地點爲永川縣二郎山其父塋地。有妻葉氏,淑人,同治九年(1870)卒。

[26]子道淵諸句:墓主長子周道淵,候選同知;次子周道鴻,國子監典簿銜,候選教諭;因"伯氏無子,以道鴻子之",過繼給長兄周朝珍。第三子周道溥,候選教諭;四子周霖雨,候選教諭。還有身爲太學士的年幼三子周道洽、周道瀍、周道泰等。以及女六人,皆出嫁名族。有孫子輩四人:周啟柱、周啟樞、周啟構、周啟柏。

[27]帡幪:本指帳幕。後亦引申爲覆蓋、庇護。

[28]業業:高壯貌。

[29]鑠:通"爍"。光輝閃爍;明亮。

[30]匄霈:"匄",給予。"霈",受益。

周守正家族墓誌

收錄周守正、周守誠兄弟二人墓誌。《重慶卷》簡跋指出:"墓主周守正之曾祖周煌、祖周興岱,《清史稿》卷三二一均有傳,然均不記其家世。其高祖周珙,民國十七年(1928)涪陵縣《續修涪州志》卷四有《周珙墓誌》,稱其先楚之營道縣人,明初隱姓爲伏,遷於蜀之涪州,本志所載周氏遷徙事,可與史籍相印證,其後人事,亦可補史傳之缺。"道光《重慶府志》涪州下記載有周儼墓、周珙墓、周煌墓、周宗岐墓、周興岱墓等多个墓葬,但出土墓誌仍稀見。

其一：

周守正墓誌　清光緒三年(1877)正月十一日葬

(清)徐昌緒撰并書

涪陵區。1993年3月在重慶市涪陵區酒店鄉麻堆村出土,現藏於涪陵區酒店鄉麻堆村。誌石高103厘米,寬66厘米,額陰文篆書,題"皇清誥授資政大夫二品頂戴貴州補用道周公墓誌銘"。誌文正書,29行,滿行36字。

【釋文】
皇清誥授資政大夫、二品頂戴、賞戴花翎、貴州補用道周公墓誌銘。/

賜進士出身、賞戴花翎、文淵閣校理、國史館纂修、翰林院侍講學士、銜協辦院事編修/、鄮都徐昌緒撰并書。/

誥授資政大夫二品頂戴、布政使銜賞戴花翎、四川分巡川東兵備道、歸安姚觀元篆蓋。/

光緒二年正月八日,資政大夫周公,卒於重慶府城貴州轉運公局[1]。二月,歸殯於涪。將葬之前/一月,其子繼英泣再拜,价[2]劉子垣持公行狀,以禮乞銘於舊史氏[3]鄮都徐昌緒。昌緒於公為年/家子[4],公又忘年知厚,曷敢辭。書石志之曰：

公姓[5]周氏,諱守正,字養卿。先世自宋道國公濂溪先/生,八傳曰良弼,避明永樂靖難事,隱姓名,徙家四川涪州,遂世為涪人。又九傳曰儼,國朝旌/表孝子,康熙庚午舉人,儼子珙,康熙辛卯舉人,湖北巴東縣知縣,公高祖也。曾祖諱煌,謚文恭、/太子太傅、兵部尚書,勛德大顯海內,世號其門為宮傅。家祖,都察院左都御史,諱興岱。父,貴州/貴西道升通政司參議,諱廷授。

通政公四子,公次第三,生京宅。甫彌月,歸安姚文僖[6]見之曰：必/成偉器,特不由科目耳。幼慧,能文,試京兆,病數年乃瘳,遂弃帖括,讀律,究吏治。通政公致仕,命/公入貲[7],以知州分發貴州,歷官衝劇,有惠政。所至,民望旌旗輒歡曰:真宮傅家郎君也。補平遠州知州,時大定府屬之毛栗園奸民[8]謀不軌,衆數萬突州境。公計擒其渠,置諸法,衆悉散。咸豐/中,苗民不靖,公署古州同知益陽胡文忠[9]守黎平,日以羽書論軍事,文忠由是負重望,嘗與人/言,得公力居多。通政公卒於蜀,公得訃,哀毁不欲生。適省會戒嚴,大吏倚公如左右手,密奏請/留,强公以墨絰從戎[10],晝夜登陴,親冒矢石者幾三年,賊退而公亦病。病小愈,大吏[11]復委公清釐/庫款。黔自軍興,無暇會計,籍積如棼絲[12]。公昕夕[13]督吏,分條鉤稽,三閱月,算無毫忽爽,後官悉易/理無累,至今稱公德不衰。會仁懷[14]告警,大吏檄公署同知。至則賊麇集攻城,公籌策固守,城卒/無恙。嘗再署威寧州知州,值漢回互鬥[15],人心洶洶。當道聽或偏,幾釀鉅患。公力爭持平,全活甚/衆。後大吏益重公,而公亟請回籍補制。大吏不能留,乃奏請置局重慶府供轉運,以公總其事。/公歸涪,展墓神傷,歲輒病。顧念時艱,又世受國家厚恩,不敢自暇逸,遂力疾視事。當是時,貴/州兵勇數萬人,戰方亟[16],皆仰食於渝。公晝夜擘畫,以時轉輸,無少匱。事平,累功至道員,加二品/頂戴。

以積勞,病日劇,遂卒,享年七十有三。配邱夫人,先公卒。子七[17]:長繼善,邱夫人出;次繼德,側/室余宜人出。均先卒。次繼業,嗣伯兄,亦余宜人出。次繼聲、繼英、繼庚、繼芬,皆側室李宜人出。女/二:長適四川銅梁縣知縣、浙江鮑慶;次適候選同知、崇慶州歐陽益。孫四:長劭烈,繼善出;次劭/福,繼德出;次劭鎰,繼善出;次劭煥,繼英出。女孫五:繼善出者四,繼德出者一。以光緒三年正月/丁卯葬公於涪州長里[18]荆竹堡山莊之陽。銘曰:/

翳霄之木,其根蟄泉。長河徑地,其源自天。世祿由禮,其宗益綿。於氣佳哉,後有萬年。/

(《重慶卷》圖131/文321)

【簡跋】

撰書人徐昌緒(1816—1884),字遁溪,號琴舫,豐都(今重慶市豐都縣)人。清咸豐六年(1856)進士。歷任翰林院編修、侍讀學士等職,後因肅順案牽連而放歸終養。

晚年在重慶東川書院講學二十餘年。工書法,有《蠶神碑》行世。本墓誌載歷官:賜進士出身、賞戴花翎、文淵閣校理、國史館纂修、翰林院侍講學士、銜協辦院事、編修。

碑額篆書人姚覲元,字彥侍,浙江歸安(今湖州市)人。道光舉人,官至廣東布政使。曾編《涪州石魚文字所見錄》,將涪州白鶴梁題刻進行最早的系統整理,對巴渝石刻文化的發展奠定了重要根基。本墓誌載歷官:資政大夫、二品頂戴、布政使銜、賞戴花翎、四川分巡川東兵備道。

【校釋】

[1]公局:説明當時貴州轉運公局位於重慶府城,即後文中"乃奏請置局重慶府供轉運"的機構。光緒二年(1876)正月八日墓主周守正卒於官舍,享年七十三歲。卒官爲首題所載的"誥授資政大夫、二品頂戴、賞戴花翎、貴州補用道"。"補用道",即補用道員的省稱,候補道員。

[2]价:通"介",通過,憑借。《左傳·文公六年》:"介人之寵,非勇也。"杜預注:"介,因也。""劉子垣",據咸豐《遠安志》有湖北天門人劉子垣,字占五,舉人,道光二十年(1840)任遠安縣教諭。

[3]舊史氏:即太史。史官之稱。此處指撰文人徐昌緒。

[4]年家子:科舉時代稱有年誼者的晚輩。

[5]公姓諸句:墓主周守正,字養卿。其家族先祖可追溯至宋理學開山鼻祖周敦頤,封道國公,世稱濂溪先生。《周守誠墓誌》定爲"二十二世孫"。八傳至明初,有周良弼,避明永樂靖難事,隱姓名遷徙家於四川涪州定籍。《周守誠墓誌》細至八世祖周良弼"徙家於涪之北里"。又九傳至周儼,其爲康熙二十九年(1690)庚午舉人。《周守誠墓誌》表述爲"至十六世諱儼公"。周儼子周珙,康熙五十年(1711)辛卯舉人,湖北巴東縣知縣。周珙即墓主的高祖。曾祖周煌,諡文恭,太子太傅、兵部尚書。世號其門爲"宮傅",即太子太傅的略稱。祖父周興岱,都察院左都御史。父周廷授,貴州貴西道升通政司參議。《周守誠墓誌》載"妣氏趙太夫人"。有兄弟四人,墓主排行第三。生於京城宅第。《周守誠墓誌》載,其排行第二,有兄周松,知州銜,候選知縣;弟周守正,二品銜、貴州補用道;季弟周天錫,同知銜,候選知縣。較其弟墓誌詳細。周松、周天錫,史籍疏略,可補史闕。

[6]姚文僖：即姚覲元父姚文田（1758—1827），字秋農，歸安人，嘉慶四年（1799）己未科進士第一名，官至禮部尚書，卒謚"文僖"。

[7]入貲：納錢財以贖罪或取得官爵功名。先任貴州知州，後補平遠州（今貴州織金縣）知州。

[8]奸民：毛栗園時爲貴州"大定府"（今貴州大方縣）屬地，位於大定城西門下，今爲安順市平壩縣下轄村。"奸民"所指不明，又下文稱咸豐中有"苗民不靖"之事。從《皇清誥授昭武都尉周公景亭傳》一文知，咸豐十一年（1861）辛酉八月大定府土目安中和舉事①。墓誌所載應與此有關。

[9]胡文忠：即胡林翼（1812—1861），字貺生，號潤芝，湖南益陽人，道光十六年（1836）進士，官兩湖總督，卒謚"文忠"。墓誌載其時任"古州同知"，古州爲羈縻州地，北宋置，屬黔州，治所即今貴州榕江縣。後廢。"黎平"，今貴州黎平縣。"羽書"，書信。

[10]墨絰從戎：亦作"墨縗從戎"。古代居喪，在家守制，喪服用白色；如有戰事須任軍職者，則服黑以代，謂之"墨絰從戎"。此次"省會戒嚴"一事，所指從後文的持續"幾三年"才平息，應是太平天國起義之事。"登陴"，登上女牆，引申爲守城。

[11]大吏：所指不明。或爲避諱。後文同此諱。

[12]棼絲：亂絲。《左傳·隱公四年》："臣聞以德和民，不聞以亂。以亂，猶治絲而棼之也。"

[13]昕夕句："昕夕"即朝暮，謂終日。"毫忽爽"，細小之差誤。忽、毫均是微小之度量單位。

[14]仁懷句："仁懷"，今貴州省遵義市。墓主曾任仁懷同知，在戰亂中守城。

[15]漢回互鬥：此事發生在墓主任威寧州知州期間。具體可詳參《文宗咸豐皇帝實錄》卷二百二十二"咸豐七年三月丙子"諭："諭軍機大臣等：蔣霨遠奏威寧州漢回搆釁、分別剿撫一折。該州爲回、漢、夷民錯處之地，此次起釁本因滇省漢民報復回匪。致宣威之回將威寧所屬村房燒毀，境內回匪四起，竟至圖撲州城。署知州周守正雖經撤任，而匪勢未衰，漢、夷居民終懷疑忌。驟議用兵固恐勾結滇回釀成巨變，遽行議撫亦恐漢、夷民心不服，且黨與既多，良莠不一，未必輸誠聽命。"周守正在處理漢回爭端一事上，或有不當之

---

①周毅：《大定泰和街周氏文化》，三秦出版社，2016年，第453頁。

處,以致民心不服。徐昌緒撰志時,似有意迴護,還贊其"力爭持平,全活甚衆"。不過,疑因此事墓主有降職,故有"亟請回籍補制。大吏不能留,乃奏請置局重慶府供轉運"之説。"補制",補服制度。明清官員在章服上綴以區分等軼的補子徽識,其制有嚴格的規定和要求。

[16] 戰方亟句:"亟",危急。指貴州數萬的兵勇正在戰争的關鍵時刻,依靠重慶這里的貴州轉運局供應物資。墓主在局中籌劃管理有方,戰争事平後,累功至道員,加二品頂戴。

[17] 子七諸句:墓主周守正,原配邱氏,先卒,育有一子周繼善,有五孫女和二孫男:周劭烈、周劭鎰。還側室余氏所出:周繼德,有一孫女和一孫男周劭福、周繼業;其中周繼業過嗣給伯兄名下。還有側室李氏所出:周繼聲、周繼英,有孫周劭焕、周繼庚、周繼芬。還有女二人:長適四川銅梁縣知縣、浙江鮑慶;次適候選同知、崇慶州歐陽益。

[18] 長里:與清同治元年(1862)三月《母方氏墓誌》的籍貫爲一地。墓主周守正光緒二年卒於重慶府,後歸葬涪州,光緒三年(1877)正月丁卯葬於涪州長里荆竹堡山莊之陽。"長里""北里"均爲當時涪州里制之一。

其二:

周守誠墓誌　約清光緒七年(1881)卒

(清)張之洞撰文,戴彬元篆蓋,曹貽孫書丹

涪陵區。1989年8月在重慶市涪陵絲綢廠舊址出土,現藏於涪陵區文物管理所。石高50厘米,寬80厘米,石裂爲五塊,文字稍損。誌文正書,28行,滿行25字。

【釋文】

皇清誥授通議大夫、按察使銜、雲南補用道周公墓誌銘。/

賜進士及第、兵部侍郎、都察院右副都御史、巡撫山西等處、兼提/督事、加三級、世愚侄張之洞頓首拜撰。/

賜進士及第、翰林院編修、年再侄戴彬元頓首拜篆蓋。/

賜進士出身、翰林院編修、年再侄曹貽孫頓首拜書丹/

誥授通議大夫周公,卒於涪之潘家巷[1]本宅,是年十二月即卜葬/焉。越二年,時將營兆,其長子繼文遺伻以行狀乞銘於撫晉使者/張之洞。之洞於公為世家子,公與先大夫交尤厚,曷敢辭,爰/志之曰:

公姓[2]周氏,諱守誠,字春農,號敦□,為宋道國公濂溪先生/二十二世孫。自八世祖曰良弼,避明永樂靖難[3]事,徙家於涪之北/里,世為涪人焉。至十六世諱儼公,國朝旌表孝子,康熙庚午科/舉人。儼公子諱琪,康熙辛卯科舉人,湖北巴東縣知縣,公高祖考/也。曾祖考諱煌,諡文恭,太子太傅兵部尚書,勳德大顯於海內。祖/考諱興岱,都察院左都御史,正色立朝,國史列傳。父諱廷授,貴/州貴西道內轉通政司參議,楚、黔著績,功德在民。妣氏趙太夫人,/刲股療親,著稱賢孝。通政公四子:兄松,知州銜,候選知縣;弟守正,/二品銜、貴州補用道;季弟天錫,同知銜,候選知縣。

公其仲也。生而/穎异,秉性純真,持躬勤儉。以謹慎為一生之本,以早起為治事之/原。屢試不第,以通政公官貴西道事繁需助,乃就銓員外郎。公/私會計,悉心綜核,數十年如一日。通政公[4]每曰:余在官有年,公/項既無絲毫累,而婚喪諸事悉無遺憾,皆汝為也。其能得親歡心/如此。昆弟和樂最篤,白首相聚,歡若童年,其友愛又如是。通政/公解組,年已七十餘矣,時甚康健,乃為公改官知州[5],就銓,并諭曰:/吾家世受國恩,亟應報效。余以年老不獲,汝輩努力為之,以補/我所不逮。乃入都,銓授雲南晉甯州知州,歷署阿迷、陸凉、姚州各/知州,一遵嚴訓,以國計民生為急務。迨署寶甯縣及廣南府時,/值軍興[6],任勞任怨,力圖保全,誓不妄戮一人。閱三載,而全境安堵/如故,士民皆尸祝[7]之。通政公歿已四年,乃得請終制旋里。其居/■

(《重慶卷》圖134/文324)

【簡跋】

本墓誌只存一石,且爲五塊碎石拼綴而成;另一石散佚,内容僅殘存一半。無落款時間等,據首句中"誥授通議大夫周公,卒於涪之潘家巷本宅,是年十二月即卜葬"的時間關鍵點,也無法判斷其具體年代。《重慶卷》簡跋稱:"本志紀年殘缺。張之洞撰志時任山西巡撰,傳載張之洞於光緒七年(1881)授山西巡撫,同年即移督兩廣,故將本志繫於光緒七年。誌主弟周守正墓誌,可互參。"暫如其所言。

撰文人張之洞(1837—1909),字孝達,號香濤,別號壺公、抱冰,直隸(今河北省)人。同治二年(1863)進士。任授翰林院編修、湖北學政,至同治十二年(1873)起任四川學政,創辦尊經書院,著《書目答問》《輶軒語》等。歷任山西巡府、兩廣總督、湖廣總督等,督鄂十七年。本墓誌載歷官:賜進士及第、兵部侍郎、都察院右副都御史、山西巡撫等處兼提督事加三級。其與墓主的交集應是在其任職四川學政期間。自稱"之洞於公爲世家子,公與先大夫交尤厚",由此可知張之洞父親與墓主爲世交,故自稱"世愚侄"。

篆蓋人戴彬元(1836—1889),字君儀,號虞卿、漁青,河北順天(今北京)人。咸豐十一年(1861)拔貢、光緒五年(1879)順天鄉試舉人、六年(1880)進士。任翰林編修、江南鄉試副考官等。工書。

書丹人曹貽孫,字梓牟,湖南茶陵人。光緒六年(1880)庚辰科黃思永榜進士第二名,授翰林院編修。

【校釋】

[1]潘家巷:此地爲周守誠家宅第,民國時期仍有用舊名之地。據後文先祖"徙家於涪之北里",應在涪州北里。

[2]公姓句:墓主周守誠,字春農,號敦□。"敦"下因碑版斷裂而闕一字。排行第二。家族譜系部分與三弟《周守正墓誌》其本相同,可互補。

[3]永樂靖難:與《周守正墓誌》中的"靖難之役",同指明建文帝用齊泰、黃子澄之謀,削奪諸藩,觸及燕王朱棣利益,朱棣率"靖難軍",請求入朝廷清君側,從而奪取侄兒建文帝帝位之戰。

[4]通政公:"政"字後《重慶卷》脱一"公"字,圖版明晰作 ▨。本志中以"通政公"稱呼墓主之父周廷授計8次,係以官職"貴州貴西道内轉通政司參議"代指。

[5]改官知州：即後文的"乃入都，銓授雲南晋甯州知州，歷署阿迷、陸涼、姚州各知州"，爲其父解組歸田後，子嗣受蔭封職。

[6]值軍興：指墓主周守誠任職寶甯縣及廣南府時，與太平軍的戰事。"寶甯縣"，清乾隆元年(1736)置，治今雲南廣南縣，後爲廣南府治所。"廣南府"，爲明洪武以元廣南西路宣撫司改置。

[7]尸祝：崇拜。清錢謙益《趙叙州六十序》："（趙君）中蛮語，挂冠以歸，蜀人迄今尸祝之。"

附：

周煌墓誌銘文　清乾隆五十年(1785)四月卒

（清）彭元瑞撰

【錄文】

光禄大夫、太子太傅、兵部尚書、海山周文恭公墓誌銘

乾隆四十九年九月，左都御史周公以末疾請解職，得旨慰留，加攝。越三月，再請，諭俟千叟宴禮成。明年正月六日，盛典届期，公疾，不克入，加賚，賦詩如預宴例。翌日，以太子少傅、兵部尚書予告，有小心勤慎之襃。春寒，未果行。十一日，上行祈穀禮。三月二日躬耕耤田，公再掖拜於城闉，温詢再三，親解賜佩囊。四月朔，公薨於京師邸第。諭嘉其老成端謹，奉職克勤，晋贈太子太傅。派散秩大臣奠醊，賜祭葬，謚文恭。某年月日葬於其鄉之某山首某趾某小。門生彭元瑞謹按狀志墓：

公諱煌，字景垣，號海山，四川涪州人。其先世贈光禄大夫、工部尚書某，曾祖考也。康熙庚午科舉人，贈光禄大夫、工部尚書某，祖考也。康熙辛卯科舉人，湖北巴東縣知縣，贈光禄大夫、工部尚書某，考也。其歷官由乾隆丙辰科舉人，丁巳科二甲進士，翰林院庶吉士、編修，右春坊右中允，入直上書房，左春坊左庶子，

翰林院侍講學士，內閣學士兼禮部侍郎，刑部右侍郎，兵部左侍郎，工部尚書，兵部尚書，上書房總師傅，賜紫禁城騎馬。其司文衡，三為山東、雲南、福建鄉試考官，一為會試總裁，一為順天鄉試同考官，再為江西、浙江提督學政。其撰述有《應制集》《海東集》《豫章集》《湖海集》《蜀道吟》《海山存稿》《江右庠音選》《詩林韶濩選》，而《琉球國志略》旨命武英殿板行者也。

其配曰文夫人，贈一品夫人。繼方夫人，封一品夫人。今皆合葬。其後嗣曰子七人：翰林院編修宗岐；翰林院編修興岱，乾隆癸卯科舉人；興嶂、興岷、興嶽、宗華、宗峹。女一人。孫六人。孫女六人。公績學砥品，泊於榮利。翰林十九年，始晉一官。卒受特達之知，授學青宮，正位七卿。公儀體偉岸，聲如洪鐘，與人交無款曲耳語。遇有不可面折，無所避退，未嘗非毀人，合於君子三變之容。故望者或以嚴毅難犯，而天下之人鹹知其坦懷摯誼，孚信有素，以是益景附之。世或謂直道難行，非也。公以嚴氣正性，踐平履坦，終始一致。嗚呼！可謂正直大臣矣！銘曰：

中山之封，以榮海東。鸞章麟服，銜使惟公。臺颺告暴，舟礁姑米。忠信涉波，務持大體。明神昭昭，帝乃嘉潛。以篤簡在，洊陟巨任。三讞於蜀，持法允欽。告諭父老，宣播德音。在鄉言鄉，汝毋引嫌。命衛閭裏，一德堂廉。惟神所呵，惟帝所護。正直是與，千秋隧固。

（《恩餘堂輯稿》卷二，清道光七年（1827）刻本，//《續修四庫全書·集部·別集類》第1447冊，上海古籍出版社影印本，2002年，第460—462頁。）

吳光模墓誌　清光緒六年（1880）葬

（清）徐大顯撰文，徐景煌書丹

南川區。出土信息不詳，葬地位於重慶市南川區。重慶圖書館藏拓本一部（典藏號AC0651）。剪裱本，尺寸高14.5厘米，寬24.5厘米。誌文正書，10開，半葉4行，行7字，計600餘字。

【釋文】

宣德郎吴公楷堂先生墓誌名

鄉先生[1]吴公楷,明年其冢孫炳奎泣以狀授其友徐。烏呼,惟奎先王父!職是剛惪[2]荐飢,奉而獲輟,以終其身。惟是直道,不明地下。今將以某月日修王父墓,乞子名以内諸幽。謹按狀:

公諱[3]光模,字楷堂。有明中葉先世自江西徙蜀,南川代姓。考邦位公,生子五,公其菽也。幼學,壯改服賈,以直聲聞于外。儕輩[4]有不合,喑衆靡耳,聶愯不敢有所启,肰夫不怨。以此,於闤闠[5]富累萬,然卒以此得禍。嚴而少和,性疏簡,善負氣,益不善於起,又不屈於長官。内外機矢齊可遏,獄豖成矣。公子痛父冤,訴諸朝,解而家落。自是[6],守里宅,稍自与人言答。或舛轍色變聲屬。盖天性肰。又季,家漸如舊,而公子没。

公襁褓入壯而歸,歸而賈而罹禍。以出足迹半天下,日出入艱苦中。疛[7]患甫謐,後難又作。繼以獄,益肰弃人世事。晚歲日燔《金剛》《楞嚴》諸經。族戚[8]虀庀等,其親之;事當為者,任之,而不與其名。往歲未靖,逃亡者咸就公,飽而始奈介堂,題其堂曰"急公好善"。蓋資以不及見。公三弟猷[9]嘗謁公於家,迪後進嗣,色不少叚。烏呼,若公者可之遺直矣。

配鄧孺人[10],生子明道;繼室舉一女;再繼室魏。孫炳奎援,例按察司經歷;炳霖。公以光緒庚辰[11]十有一月朔日時卒于水潔尻宅,以嘉慶辛酉二月初二日已時生於邑城南之大坪。耆烋八一。葬于龍塘南山之陽,豕為名曰:

衆木或為斧柯[12],長流同靁或生激波。橫環機,豕成網羅,大阿[13]可斯。拳石[14]難磨,愈磨愈固;中心靡它,愈固愈磨。憂患孔多,天恔胡耇[15]。旛旛既喪,老成典荊[16]。云何我名,貞之來者之科。/

邑舉人、大挑訓徐大昌謹撰/

四川候補典史、元和徐景煌謹書。/

(圖:重慶圖書館藏拓本)

【簡跋】

首題爲"墓誌名",用"名"而非"銘",文中稱"惟是直道不明地下,今將以某月日修王父墓,乞子名以内諸幽",説明二字通假。本墓誌中用异體字、别字者多處。

撰人徐大昌,南川縣邑的舉人,史籍疏略。"大挑訓",爲其不入流的官職名分。六年舉行一次會試落第人員挑選制,意在使舉人出身的有較寬出路,名爲"大挑"。其中挑選的標準多種,"訓"即訓導的省略。

書人徐景煌,江蘇省元和縣人。時任四川候補典史。

【校釋】

[1]鄉先生句:"鄉先生"即墓主吴楷堂,又省稱"吴楷"。此句首先陳述其冢孫吴炳奎請其友徐大昌按行狀寫墓誌銘之事,行文有省略。"眀","明"字异體。"秊",即"年"字异體。

[2]剛惠:"惠"同"德";"旤",圖版作𦝁,即"禍"字;"䍐",即"幸"字,圖版作䍐。"荐",至;達到。墓主因在職務上過於剛德以致遇災禍,後幸而豁免撤銷,得以保全其身。具體未明所指,應是與官場不公有關。

[3]公諱諸句:墓主吴光模,字楷堂。先祖原籍爲江西人,明中葉先世自江西徙蜀南川(今重慶市南川區)。"代姓",猶世姓,指世族大姓。唐時避太宗諱,改"世"爲"代"。"世"字的异體圖版作𠀍。其父諱吴邦位,生五子。墓主吴光模排行第三。"朩"即"叔",排行爲伯仲叔季的"叔"。

[4]儕輩句:"喑",忍耐;忍受。"廗",順服。"譬",懼怕。愫,圖版作愫,即"慄"。"譬慄",恐懼。"肰犬",即"然亦"。關於墓主的性情描寫,生動地刻畫出其與衆人不敢有所衝突,小心謹慎之態。

[5]闤闠句:"闤闠",街市;街道。即墓主弃文從商後,積累家業,致富鄉里,却因此而得禍。因性情和人際關係問題而"内外機矢齊可遏,獄豕成矣",蒙受寃屈,後文稱"公子痛父寃,訴諸朝,解而家落。""遏",通"害"。傷害。"豕",即"遂"字的别字。

[6]自是句:"𡨄",即"寂"的异體。因牢獄之灾而家道跌落,寂守里宅,少交流,幾年後家道又漸恢復如舊時一樣富餘時,而墓主亡殁。

[7]岍:即"前"的古字。"岍患甫謐,後難又作",指其一生患難不止。於是厭弃人世事,晚年崇信佛法,燒《金剛》《楞嚴》諸經經文祈福。"猒",圖版作 ![猒], 即"厭"字。

[8]族戚諸句:"艱","艱"的古字艱難。"厄",圖版作 ![厄], 即"厄"。"艱厄",即窮困、灾難。指墓主在幫助有困難的親戚上積極擔當。"厺",即"去",離開。"介堂",即"階堂",廳堂。墓主家廳堂中題"急公好善",以表彰其事公忠,對人善的美德善行。

[9]公三弟猷句:即墓主之弟吳猷,具體排行應是其父的第四子,來拜謁兄長,但"迪後進"。"迪"作語助詞,用於句首或句中。嗣,即"辭",辭別。"叚","假"的古字。虛假。遺,即"遺"。遺直,指直道而行、有古人遺風的人。

[10]配鄧孺人諸句:記載墓主婚配與子嗣。妻鄧氏,生子吳明道;又娶一繼室,生一女;再繼室魏氏。孫輩中有長孫吳炳奎,援例按察司經歷;還有一孫吳炳霖。

[11]光緒庚辰句:記載墓主於光緒六年(1880)十一月初一日卒於水漈尻宅,享年八十一歲。生年在嘉慶六年(1801)辛酉二月初二日巳時,生於邑城南之大坪,葬於龍塘南山。"漈",即"滦",崖岸;水邊高處。《廣雅·釋丘》:"滦,厓也。""尻"即"居"的古字。"旾秌"即"春秋",年紀。

[12]斧柯:斧柄。《詩·豳風·伐柯》:"伐柯如何,匪斧不克。"毛傳:"柯,斧柄也。""厵",即"源"的古字。

[13]大阿:古寶劍名。相傳爲春秋時歐冶子、干將所鑄。"斯",即"折"的古字。

[14]拳石:指小石塊。以"拳石難磨,愈磨愈固;中心靡它,愈固愈磨。"形容墓主堅韌的品格。

[15]天恢胡耇:恢,圖版作 ![恢], 即"恢"字,弘大;寬廣。"耇",亦作"耇",年老。前接"憂患孔多",喻墓主一生憂患,天命如此。

[16]典刑:"刑"即"型"。同"典型",具有代表性的人物或事件。

釋心順墓誌　清光緒九年(1883)六月二十五日立

綦江區。1949年以後在綦江縣趕水鎮東岳廟出土,現藏於綦江區文物管理所。石高64厘米,寬91厘米。志題居中1行,23字,題"慈化弟卅五世圓寂恩師上聞下卿號心順老和尚之禪墓"。誌文正書,14行,滿行12字。

【釋文】

中題:慈化弟卅五世圓寂恩師上聞下卿號心順老和尚之禪墓。/

常聞墓誌云注原籍之由來。/師乃道光初年,入南平披剃[1],肖氏/之後;廿四年,即受歸戒[2]。參究/禪宗之昔,堅故辛勤而苦積重/新正果以儘心量而則皆然,指/證菩提果[4]。豈之遇疾而終,享壽/六旬有餘。恙近膏肓,壽惡圓寂。/故墓叙以垂後者矣。/

孝□元冠,侄元忠,孝侄孫自榮、自全、自山。/

嘉慶廿四年己卯四月廿二卯時,生于本縣/遒里八甲,地名觀□寺,舊回平生長人氏。/

光緒九年六月廿五日完。/

(《重慶卷》圖136/文326)

【簡跋】

墓主釋心順,俗姓肖氏。嘉慶廿四年(1819)己卯四月廿二卯時,生於本縣遒里八甲,地名觀□寺,"舊回平生長人氏","回"字據圖版補。道光(1821—1850)初年入"南平",即宋南平軍舊地,時轄南川(今綦江區)、隆化二縣。最後落款"光緒九年六月廿五日完",又前稱其"享壽六旬有餘",說明墓主卒年在光緒九年(1883),享年六十五歲。

【校釋】

[1]披剃:削髮出家。《景德傳燈錄·志閑禪師》:"姓史氏,幼從柏岩禪師披剃。"

[2]歸戒:歸依佛法僧三寶之戒法。

何得龍母馮氏墓位　清光緒十六年(1890)九月立

(清)馮開國撰文,彭元山刻修

綦江區。1983年在綦江縣石壕仙女洞發現,現存於綦江石壕仙女洞,誌石三方:一爲志題,高90厘米,寬29厘米,1行,25字;其餘兩方爲誌文,均高90厘米,寬76厘米。誌文正書,29行,滿行18字。

【釋文】

皇清欽賜都司何公印得龍誥封淑人何母馮氏晚享祀千秋墓位。/

墓誌小引。/

匠師彭元山堅修。/

何公得龍,字見田,安邦定國材也。祖籍自湖廣/麻城縣孝感村,入蜀落業崇寧縣[1]界牌,歷世皆/有盛德。公習武藝最精,自道光廿八年,投戀功[2]/協屬綏靖營[3],層次拔馬。廿九年,奉總督部堂[4]祁/征剿蠻夷,清平。咸豐元年,奉欽差大臣命,征剿/髮匪[5],復送藤兵[6]回蜀。又三年,防堵巫山,奉總督/部堂命征剿黔省楊逆[7],肅清。五年,奉總督部/堂命征剿耗匪[8],克服。轉赴得安府[9],感慨不已。憶公/連年苦戰,屢有大功,蒙欽差大臣保戴藍翎,又/保重慶中營[10]石礦實任。七年,平服漢陽、武昌及/湖北有功,蒙欽差大臣保賜千總。八年回蜀,征/剿川黔李、藍二逆[11],清平。蒙正縣[12]委署合州邑,又/蒙正縣蘇委署巴邑、桐梁邑、綦邑、湖州邑。同治/三年,又蒙正縣唐命征剿秀山賊匪,有功,兩補/都司。五年,轉賜石礦實授。公自蒞任三十餘載,/心忠於君,德被於民,可謂國家累世勛舊之臣/也。惜公榮膺顯秩,無意仕進,有將相公侯之功,/而竟末至夫將相公侯之位,世之人皆為公而/慨嘆之□也。

公娶[13]孺人氏吳,生二子,早逝,吳亦/逝。猶有二孫,秀骨天成。媳趙氏,守義撫孤,將來/獲報無窮。繼娶孺人氏馮。為百年計,茲者公建/石樟[14],問序於余。余考其德政,察其功烈,而使/天下後世能知公之行為事業也。於是乎書。/

媳女趙氏三。胞侄何永春、何永年。孫何正榮、何正華。/孫女何秀芝。

晋賢馮開國敬撰。/

皇清光緒拾有六年歲次庚寅季秋月穀旦立。/

(《重慶卷》圖143/文332)

【簡跋】

由三方碑石合刻一通墓誌者少見。不知最早出土時面貌如何。"墓誌小引"之例也是稀見。"小引",多指寫在書籍或詩文前面的簡短說明。但從內容看,"小引"即墓誌文無疑。

墓主何得龍,字見田,祖籍湖廣麻城縣孝感村,後入蜀定籍落業崇寧縣(今成都郫都區等地)。從其"茬任三十餘載"之地看,多與巴渝之地相關,如"防堵巫山""保重慶中營石礦""委署巴邑、桐梁邑、綦邑""征剿秀山賊匪"等等。同治五年(1866),記載最後的官職是"轉賜石礦實授",但未載卒年與葬地。從墓碑在綦江石壕仙女洞發現判斷,應是葬於最後的任職地綦江。

撰文人馮開國,晋賢(今爲四川廣元市下轄鄉)人。應是與墓主繼妻馮氏爲同族人。

《重慶卷》簡跋稱:"本志於清末貴州、雲南農民起事多有涉及。如所記耗匪,即號軍,又稱教軍,咸豐五年(1855)起事於貴州,見《清史稿》卷四九一《鄧玲筠傳》。又李、藍二逆,即李永和、藍大順(朝柱),咸豐九年(1859)起事於雲南,見《清史稿》卷四〇六《駱秉章傳》,又卷四二七《曾望顏傳》等。"但因此碑所刻別字衆多,影響釋讀,但仍以碑版用字爲主,不妄改,僅在校釋中指明。

【校釋】

[1]崇寧縣:北宋崇寧元年(1102)更名置。清嘉慶《崇寧縣志》輿地圖記載:"北至彭縣界十四里;東至新繁郫邑界二十里;南至安德鋪(今安德鎮)郫邑界十五里;西至桂花、豐樂場三十里,再至灌縣界十一里。"

[2]懋功:即懋功屯務廳。乾隆四十一年(1776)置縣,初名美諾直隸廳,後改。即今四川省阿壩藏族羌族自治州小金縣。

[3]綏靖營:清乾隆四十五年(1780)於綏靖屯置,屬四川提督。在今四川金川縣。

[4]部堂:爲明清時六部正堂官,即尚書、侍郎等的雅稱。凡各行省總督帶尚書頭銜者,亦自稱部堂。"祁",諱指部堂祁府君。據《清史稿》卷十九:"(道光二十九年二月)丙辰,四川中瞻對番工布朗結作亂,命琦善剿之。以裕誠兼署四川總督。……(閏四月)辛巳,琦善剿中瞻對番,敗之。""祁"或指琦善,刻別字。如"堅修"或爲"監修"之訛。

[5]髮匪:太平軍不剃髮,故當時人稱之爲"髮匪"。

[6]藤兵:指清初時專門訓練使用藤牌與大刀的特殊兵種,擅長抵御火器。

[7]楊逆:楊隆喜,一作龍喜,又名應龍,桐梓溱里九壩人。咸豐四年(1854)八月率衆起義,占領桐梓縣城,被推爲都督大元帥,建號"江漢"。咸豐五年(1855)三月兵敗自殺。

[8]耗匪:同治年間,白蓮教支派花燈教先後在四川組織發動了四次農民起義,由於用不同顏色的包頭,遂有"紅號""黃號""白號""青號"之稱。"耗"應爲"號"的碑別字。

[9]得安府:即德安府。"得"爲碑別字。宋宣和元年(1119)升安遠軍爲德安府,治今湖北安陸。前後存在約800年。

[10]重慶中營:《大清會典事例》卷五百五十三、《清宣宗實錄》卷三十三均記載,道光二年(1822)"設重慶鎮中營右哨千總一人,駐浮圖關"。"石礦",即實任之地石壕鎮,屬綦江。與後文的"轉賜石礦實授"相同。此處《重慶卷》斷句在"實任七年"後有誤。"七年"承前的"五年""又三年"等;下接"八年",均指咸豐年份,非任職時長。

[11]李、藍二逆:即咸豐九年(1859)雲南昭通府大關縣民李永和、藍大順爲首的"順天軍"起義勢力,後隨即進軍四川。

[12]正縣:指上級。後文還有"又蒙正縣唐命征剿秀山賊匪","唐"即上級正縣之姓,名諱不知。因上級委派,墓主先後於合州邑、巴邑、銅梁邑、綦邑、湖州邑、秀山等地任職。"桐"爲碑別字。"湖州",不解,相距巴渝之地較遠,或是"涪州"的誤刻的可能性更大。

[13]公娶諸句:墓主何得龍,先妻吳氏,并有二子,均早逝;繼娶馮氏。"孺人氏吳""孺人氏馮"等"氏"字在姓氏之前的用法與前《胡堯臣母朱氏墓誌并

蓋》中"太孺人氏朱"相同。存兒媳趙氏與二孫子：何正榮、何正華，還有一孫女何秀芝，以及侄子何永春、何永年，爲墓主立碑。

[14]石樟：石制的外棺。説明此即墓碑，而非埋入地下的墓誌。最後落款的"皇清光緒拾有六年歲次庚寅季秋月穀旦立"應是墓主的葬年。從光緒十六年(1890)倒推三十余年仕途，其出生在道光十年(1830)左右。

李惺神道碑　清光緒十六年(1890)十月立

墊江縣。1984年10月11日，在墊江縣城南郊桂溪二校(馮家灣)門前工地出土，石現藏於墊江縣文物管理所。碑石高250厘米，寬69厘米，厚20厘米。斷爲兩截，上部殘。左右兩邊刻飾雲紋。碑文正書3行。

【釋文】

皇清誥授奉政大夫五品卿銜、崇祀鄉賢、原任國子監司業李公諱惺老大人之神道。

光緒十六年歲次庚寅孟冬月穀旦。

(《重慶市志》，第660頁)

【簡跋】

李惺(1785—1864)，字伯子，號西漚，墊江城南郊馮家灣人。祖父李振音，乾隆時舉人，任井研教諭。父李如連，增廣生。李惺自幼好學，十四歲即進入墊江縣凌雲書院；嘉慶十三年(1808)中舉；嘉慶二十二年(1817)中進士。歷任翰林院檢討、國史館纂修、文淵閣校理、國子監司業、詹事府左春坊左普贊等職。同治三年(1864)二月二十三日病逝成都寓所，終年七十九歲；并遵其遺願葬於仁壽縣。有《西漚全集》十卷傳世。

此神道碑爲鄉人在其卒後約三十年之際追立。只簡列其官職與刻石時間。從落款時間光緒十六年(1890)十月看，與《清實録·光緒朝實録》卷二百六十五載，光緒十五年(1889)有"予故詹事府左春坊左贊善李惺、五品銜。訓導范泰衡宣付史館立傳。從四川總督劉秉璋請也"，只差一年，應是四川總督劉秉璋所請，之後其鄉人所立。

杜鍾嵋墓表　清光緒二十三年(1897)十二月撰

(清)許家楣撰文,彭聚星正書,何今雨鐫刻

萬州區。出土信息不詳,葬地位於萬州大壩。重慶圖書館藏拓本一部(典藏號AC0723)。剪裱本,尺寸高27厘米,寬14.5厘米。誌文正書,25.5開,半葉4行,行7字,計1500餘字。

【釋文】

誥授中議大夫、晋封通奉大夫、鹽運使銜、/賞戴花翎遇缺即選道杜公墓表

已酉科拔貢、本科舉人、前雲南宣威州知州、萬縣許家楣撰

戊子科舉人、國子監學正、奉節彭聚星書/

公姓[1]杜氏,諱鍾嵋,字峙三,又字少峨,夔之萬縣人也。曾祖[2]諱之楀,誥封中議大夫;祖諱文盛,附貢生,候選教諭,誥封中議大夫。父諱越,附貢生,直隸州知州,誥封中憲大夫,晋封通議大夫。公生二子[3],長德光,邑諸生,欽加四品頂戴,候補兵部郎中,次德嘉,三品銜,賞戴花翎,遇缺即選道。生女三。先世世有令德,至公尤名好善。吾鄉稱善人者,必首推公。朝廷以公急公好義,錫之恩命,褒封其祖考,里人榮之。同治癸酉[4]六月,以疾卒於里第,享年五十有四。以其年七月葬於大壩。公卒後[5]三年,予自黔中旋里,其伯子德光來訪,且泣而言,曰:"先君之葬也,既志而銘之矣,然非蓄道德而能文章者為之,表章其生平無以信。今而傳後,吾懼夫子孫之數典而忘,且懼歷世久而寂寞無稱也。吾子誼屬葭莩[6],又與先君齒肩隨行,事皆所親見,非子無以表先君者。敢載拜稽首以請。"予既以不文辭,不獲,謹按:

公先世[7]湖廣黃州人。始祖志深公,明季進士,官侍郎,由麻城遷蜀,遂家於萬。傳至涵公,寖大及公家,乃曰益起。公生而屹嶷,嶄然見頭角,性警敏,讀書穎悟過人。年甫七歲[8],母氏司太淑人即世,越二年,太翁越公又即世,弗克卒業。然家政之暇,輒披吟不輟,涉獵史傳,見大意有所疑,必虛心切問,談言微中[9]。好

為詩，別出新意，見風雲月露、花鳥蟲魚之可喜者，率形諸吟咏，以自寫其性情，不欲出而問世也。生平篤於友誼，而高曠不拘儀節，一時裹屐少年[10]皆樂與之游。及遇老成端士[11]，則敬而憚之。或微辭諷議，未嘗不聞過而喜。世說[12]"惟善人能受盡言"，公其有焉。故雖汎愛[13]兼容，與人若無所擇，而皮裹陽秋，要自判然見涇渭。天性尤樂善。凡貧煢孤窮老弱廢疾之顛連無告[14]者，歲周恤以為常。道光間，邑數被火災，公量[15]為拯濟，雖困苦不至失所。童試向無試院，眾議興修，費甚鉅，邑人難之，久不決。公慨然獨任緒用，乃成偉哉，其嘉惠士林遠矣。它如倡賓興、設義學、修津梁、闢道路、育人材，而宏利濟諸善舉，尤難更僕數[16]。蓋行愈久則善愈多，費亦夥，而家乃日益起。

《易》稱："積善之家，必有餘慶。"為善亦何負於人，人亦何憚而不為善哉？吾因之有感矣。語曰："為富者不仁，而為仁者不富。"以予所聞，富家巨室，多起於慳吝，而後世習為驕奢。彼其服食之美器，用之華車馬，宮室、園林、臺沼之富麗而快游，觀一時意氣自豪，可謂盛哉。無幾何，而華屋邱山，感慨係之甚。且數十年間，有子孫轉徙流離而不知其處者，而公先世至今，以令德獨存，嘗見割剝[17]致富之徒，語以利人濟物，為一二善行，惠僅毛髮，比皆悋之斷斷，然謝不逮。及至酒色徵逐，驕侈淫縱，浪費如泥沙，無復顧忌，而甘遺子弟以奢豪浮蕩之資。曾不知盛衰無常，悖入悖出，之為可懼也。方更持籌握算，較錙銖，日事朘削[18]，至於老死而不悟。聞公之風者，亦可以少愧矣。

今夫天道之變遷，草木之榮落，陽開陰閉，春生秋殺，四時之迭運，與夫人事之窮通，得喪忽往忽來，無足恃者。公獨操何術，而歷居常盛如此？而世之善居積挾厚貲者，於公詎復多讓，則即傳之後世，與公齊名而并盛。何獨不可？然而轉瞬零落，為當世笑者，何也？豈為仁果不富，而為富必不仁歟？抑為富不必皆不仁，而為仁不必果不富歟？毋亦富不足恃，以長保此富者，在此不在彼歟？聞公之修佛寺橋[19]也，費鉅萬，財用弗給，時公尚髫齡，庶祖母夏孺人暨庶母胡孺人傾私蓄助之，克藏事。而試院工尤浩大罄數，歲之入不足，又稱貸而益之。卒乃舉一邑之盛事，而眼前突兀，成巨觀也。兩孺人欣欣然色喜，以為能繼先人之志，斯先人為不沒矣。蓋其一家好善，雖婦孺有同心云。

吾聞之，韓子[20]曰："莫為之前，雖美弗彰；莫為之後，雖盛弗傳。"杜氏世有令德，繼公起者方興未艾。其將善繼善述，承祖功宗德于弗衰。信如《易》所云"積善之家，必有餘慶者"，雖百世流芳可也。二子勉乎哉。其它善行尤多，已載家乘，志銘於墓者不具表，表其大者、重者。

光緒二十有三年歲次丁酉冬十有二月。

孫運才、舒才、贊才皆工上石。遂甯何今雨鐫字。

（圖：重慶圖書館藏拓本）

【簡跋】

本墓誌因未見整拓本，行次暫闕如。

撰人許家楣，萬縣人，祖籍湖北。道光二十九年（1849）已酉科拔貢。同治《增修萬縣志》卷二十六載其由舉人任雲南祿豐縣知縣，升知州。本墓誌載其任雲南宣威州知州。《清實錄》載咸豐十一年曾有貴州威寧州知州鄭選士赴陝西催餉，而在西安府城設局開捐，其中有雲南提餉委員、龍州知州許家楣同在陝私自收捐收到查辦之事。

書人彭聚星（1854—1922），字雲伯，一字雲石，號綠筠庵居士，奉節城廂西坪（今雲陽縣）人。光緒十四年（1888）戊子科舉人，國子監學正，學部專門司候補主事。工書畫，一生好畫竹石，雲陽張飛廟前留下諸多石刻。

鐫字人何今雨，遂甯人。是清末民初的四川著名刻工。雲陽張桓侯廟現存的《前後出師表》也由其勾勒鐫刻。

【校釋】

[1]公姓句：墓主杜鍾嵋，字峙三，又字少峨，夔州府萬縣（今重慶市萬州區）人。

[2]曾祖諸句：墓主曾祖杜之橘，誥封中議大夫；祖父杜文盛，附貢生，候選教諭，誥封中議大夫；父親杜越，附貢生，直隸州知州，誥封中憲大夫，又晋封通議大夫。三代父祖均因其父杜越曾任正五品的直隸州知州而顯榮。直隸州與散州相對，但杜越所任的具體直隸州名不載。清末時，四川省直轄有十五府、九直隸州、四直隸廳，其中九大直隸州分別為綿州、茂州、邛州、眉州、瀘

州、資州、忠州、永寧州及酉陽州。而"府"與"直隸州"等級相同,又有代指互換之用法,更加不明。

[3]二子句:即墓主杜鍾嵋生有二子三女。長子杜德光,邑諸生,欽加四品頂戴,候補兵部郎中;次子杜德嘉,三品銜,賞戴花翎,"遇缺即選道"。"遇缺"即奉旨即用人員,吏部在銓選時,應不論雙月或單月,也不入一定之班次,遇有相應之缺出,即行選用。故也稱"即選"。"邑"字有缺筆,作 邑,或爲避諱。

[4]同治癸酉句:記載墓主杜鍾嵋同治十二年(1873)六月卒於里第,享年五十四歲,生年則在嘉慶二十五年(1820)。同年七月葬於邑里的大壩之地,具體地點不明。

[5]公卒後諸句:記載墓主卒後三年,即光緒二年(1876),撰文人許家楣自黔中返回故鄉,遇墓主"伯子"杜德光來訪,請重新寫一篇文辭更佳的墓誌文。據墓誌最後落款時間是光緒二十三年(1897)十二月,距離墓主卒年已經二十餘年,且由墓主孫子輩的杜運才、杜舒才、杜贊才督工上石。説明墓主卒時祇有撰墓誌文,未刻墓誌,刻石爲二十年後所建。

[6]葭莩句:"葭莩",本指蘆葦裹的薄膜,後用作新戚的代稱。此處形容撰文人與墓主的友誼關係中帶點親故,又與同僚爲官,"齒肩隨行",親見墓主生平之事。

[7]公先世句:記載墓主原籍爲湖廣黄州(今湖北黄岡市)人。有始祖杜志深,明朝進士,官侍郎,由湖北麻城遷至蜀萬縣地,傳至杜涵一代,家業逐漸壯大,墓主家族一支興起。

[8]七歲:由墓主卒年推算,七歲時值道光六年(1826),此時母親司氏太淑人卒,兩年後即道光八年(1828)其父杜越也卒。父母雙亡,年幼雖穎悟的墓主杜鍾嵋因家庭變故無法完成學業。

[9]微中:説話均合乎標準。"微",無,没有。

[10]裵屐少年:"裵屐"即"裙屐"。裙,下裳;屐,木底鞋。原指六朝貴游子弟的衣著,借指衣著時髦的富家子弟。墓主雖然家庭困苦,學業未成,但其才華令富家子弟等人跟隨。

[11]老成端士:"老成",指年高有德的人;"端士",猶端人。《大戴禮記·保傳》:"於是皆選天下端士,孝悌閑博有道術者以輔翼之,使之與太子居處出

入,故太子乃目見正事,聞正言,行正道,左視右視前後皆正人,夫習與正人居,不能不正也。"指年高有德、正直之士也敬重墓主。

[12]世説句:"惟善人能受盡言,齊其有乎?"一句出自《國語・周語下》。後世家訓中多引用。"盡言",即直言,與前文"聞過"意合。

[13]汎愛句:"汎",即"泛"。"雖汎愛兼容,與人若無所擇;而皮裏陽秋,要自判然見涇渭。"對舉,形容墓主品性既泛愛眾生,又分辨黑白。"皮裏陽秋",深藏在内心而不講出來的評論。"要自",應自;須自。

[14]顛連無告句:"顛連",困頓不堪;困苦。"無告",孤苦無處投訴。即前文所説的貧寡孤窮老弱廢疾的人,墓主因天性樂善好施,年年周恤他們,以爲常事。

[15]量:即"量",思量、考慮。道光間萬縣遇火災時,墓主盡力拯濟百姓,使他們雖然困苦但不至於没有住的地方。

[16]僕數:一一詳加論列。"叓",即"更"字異體字。指墓主善行眾多無法數清,墓誌列舉出給童試那試院、倡賓興、設義學、修津梁、闢道路、育人材等等。因行善又久又多,而花費也越來越繁,但家産却没有減少,反而日益增加。"緐"即"繁"的異體。

[17]割剥:侵奪,殘害。指剥削他人而致富之徒,墓誌以此種人的"語以利人濟物,爲一二善行……"等,與墓主的善行多而不求回報對比。"悋",即"吝",吝嗇;"龂龂",相爭的樣子。

[18]朘削:縮減;剥削。"錙銖",比喻微小的數量。

[19]佛寺橋:即清道光十一年(1831)杜鍾嵋所捐修的石平橋,後來又名分水橋。當時墓主尚年幼,由其庶祖母夏氏和庶母胡氏二人傾私蓄捐修幫助而成。其家族無論婦孺均熱心行善,家風代代相傳。"蕆事",謂事情辦理完成。

[20]韓子:即韓愈。其《與於襄陽書》曰:"莫爲之前,雖美弗彰;莫爲之後,雖盛弗傳。"意爲不要做在前頭,雖是好事却無人知曉;不要做在後頭,雖然盛大却不能流傳下去。喻杜氏家族的令德代代相傳。

竹禪和尚墓碑　清光緒二十七年(1901)二月一日立

方炳南撰文,涅清書丹

梁平區。碑石現立梁平區雙桂堂。碑石高166厘米,寬107厘米,磨泐嚴重。碑文正書,11行,滿行42字。

【釋文】

竹禪熹公老和尚,於一超老人法嗣[1]。性嗜書畫。咸豐年出山,住京師數載。回梁,仍住報國寺。越同治八年,朝/山[2]吳越,舛經三十餘載,書畫愈震中外。然猶戀戀祖庭矣。

堂中舍利、貝葉、破祖[3]墨迹等物,皆公苦心覓回。/且於光緒二十四年,匯銀千兩回堂,以添海衆[4]衣單之資,培補燈油之費。己亥春,堂衆派人至滬上[5]迎/公歸,公允之。庚子夏月,上海起程。除沿途費用,餘銀二千有奇。所帶回書畫,除沿途費用,估之可五六百/金,連前共計銀四千金之譜,均助常住[6]功果。又奉/部資承席方丈[7],改還大山門舊址,并觀堂方丈等處,布置一切,甚盛意也。常有舊債萬餘,以為公回,不難償矣。/

無如旋梓六月,溘然而逝,時年[8]七十有七。嗟乎！夏履西歸,公之幸也。抑即金帶生輝,堂之光明。我輩無□文,聊切實以志其顛末云爾。/

方炳南撰。/

涅清書。

光緒二十七年辛丑歲花月上浣吉旦。/

主持如一、監院湘山、知客正江/、維那崇禪典座照徹及兩序立。

(《重慶卷》圖150/文338)

【簡跋】

墓主釋竹禪(1824—1901),法名熹,又號主善、六八門人,俗姓王氏,梁山縣(今重慶梁平區)仁賢鄉桐子園人。經德玉法師引薦,拜梁山縣北的報國寺一超大和尚爲師,善畫蘭竹怪石、佛像,新創羅漢竹畫。其游歷國中各大名勝、古刹寺院,皆留墨跡。晚年歸梁山,終老雙桂堂。著有《畫家三昧畫譜》及《印譜》。事蹟散見《海上墨林》《韜養齋筆記》《益州書畫錄》。

撰文人方炳南(1841—1911),即方紹廉,自號種菊軒主,梁山縣金帶鄉人。善畫花卉。同治七年(1868)被竹禪在雙桂堂收爲繪畫弟子。事迹見《益州書畫錄》。

書人湼清,不明名諱,或爲竹禪弟子。

【校釋】

[1]法嗣:佛教語。禪宗指繼承祖師衣鉢而主持一方叢林的僧人。

[2]朝山:到名山大寺進香參拜。

[3]破祖:即破山海明,梁平雙桂堂的開山祖師。

[4]海衆:僧衆。宋陶穀《清异錄·釋族》:"道忠行化余杭,一錢不遺,專供靈隱海衆。"

[5]滬上:上海的別稱。

[6]常住:僧、道稱寺舍、田地、什物等爲常住物,簡稱"常住"。

[7]承席方丈:爲常用詞。"席"指稱所司職務。據統計,雙桂堂高僧輩出,從破山始,先後傳法15代,紹席方丈68任,以破山、竹禪最負盛名。

[8]時年:竹禪享年七十七歲,光緒二十七年(1901)辛丑歲二月亡。自二十六年(1900)庚子夏月回渝後,"無如旋梓六月",即至二十七年(1901)。

鮑祖齡墓誌　清光緒二十九年(1903)三月四日立

(清)岑春萱撰文,潘效肅書丹

奉節縣。1969年在奉節縣冉家坪出土,石現藏於奉節縣文物管理所。誌石高102厘米,寬73厘米,厚10厘米;上部鐫刻碑額,陰文"皇清誥授光禄大夫頭品頂戴承襲一等子爵加一雲騎尉世職原任浙江金衢嚴道鮑公祖齡之墓誌";10行,行4字。下部鐫刻誌文正書,22行,滿行25字。

【釋文】

公諱[1]祖齡,字鶴年,蜀東奉邑人也。公父春霆,為國朝中興名/將,以戰功封子爵,諡忠壯公。晚年生公,見其頭角崢嶸,骨相清/奇,有殊表,珍愛縈篤。嘗語人曰:能繼吾志而光大門閭者,必此子/也。

少時岐嶷穎异,純謹誠樸。束髮受書,儼具成童[2]氣象。及長,益自/刻勵。事父母順志承顏,鄉黨咸以孝稱。無何,忠壯公奉詔征越南,/凱旋即疾終。公以嫡長子襲爵,旋由海防報效,潭服[3]陛見。上追/念勛臣,特旨簡放浙江金衢嚴道[4]。莅任後,殫精竭慮,於地方興水/利、課農桑、開西學,靡不清慎勤能,克稱厥職。未幾,土匪叛[5],所屬江/常各地,概被占據,焚掠殆盡。屢請兵不果。公捐廉募勇,奮力前/敵,出奇制勝,剋復江、常兩邑。厥功甚偉,而當道反中傷[6]之。及被劾/發配新疆,猶能從容就議,冒雪遄征[7],因之抱疾不起。終於西安[8]旅/次。嗟乎!傷哉!孤忠誰諒,空教玉樹長埋;謫官歸來,竟使人琴俱渺[9]。/乃為銘曰:/

岳峙淵渟,篤生碩輔。載須世緒,克繼厥武。大鵬絕雲,鷃鵲焉知。駑/馬戀棧,驊騮載馳。猗□鶴年,志勵冰堅。忠貞克篤,見异弗遷。出綰[10]/浙水,政效龔黃[11]。逆匪肆虐,寔出倉皇。屈遭謫戍,心尤恬靜。剡章[12]屢/勝,厥職克稱。西安抱疾,□□□真。俯仰勿怍,惟天所旌。昔有先正/,如顏如張[13]。公繼厥成,行業彌光。世澤之長,沐浴高厚。易名司勛,千/秋永久。/

頭品頂戴、前任山西巡撫、署理四川總督岑春萱頓首拜撰。/

實授甘肅布政使司布政使、現任新疆巡撫潘效蘇頓首拜書。/

大清光緒二十九年癸卯歲三月初四日。/

(《重慶卷》圖152/文340)

557

【簡跋】

墓主鮑祖齡(？—1903)。其父鮑春霆，即鮑超(1828—1886)，字春霆，奉節人。行伍出身。初從廣西提督向榮，後隸湘軍水師，鎮壓太平天國運動，累擢至參將。咸豐六年(1856)後，改領陸軍，率所部"霆軍"，爲湘軍主幹之一。因先與太平軍轉戰多省，後與淮軍鎮壓捻軍，戰功纍纍，歷官湖南綏靖鎮總兵至浙江提督，封一等子爵加一雲騎尉世職。光緒十二年(1886)卒，諡忠壯。死後葬於奉節縣北冉家坪。後墓被毀不存，墓誌未見，僅存其子墓誌。《清史稿》卷四百零九有傳，然僅記"子祖齡，官浙江金衢嚴道"。墓誌所載，可補史傳之闕。

撰文者岑春萱(1861—1933)，字雲階，"萱"又作"煊"，號炯堂老人，曾用名雲靄、春澤，廣西西林人。雲貴總督岑毓英之子。舉人，恩蔭入仕。力主變法維新，歷官廣東布政使、甘肅布政使、山西巡撫。光緒二十八年(1902)，被任命爲四川總督，負責鎮壓義和團和哥老會起義。二十九年(1903)，被任命爲兩廣總督，兼督廣西軍務。本墓誌載其歷官：頭品頂戴、前任山西巡撫、署理四川總督。

書人潘效肅，原名潘德音，字重賢，"肅"訛作"蘇"，號少泉，湖南省湘鄉縣人。咸豐十一年(1861)二十三歲投身行伍，同治初隸於左宗棠下，平定太平天國起義、捻軍起義等。同治十年(1871)起任職於甘肅、新疆等地。光緒二十八年(1902)，因久任邊缺，熟悉民情，升任新疆巡撫。本墓誌載其歷官：甘肅布政使司布政使、新疆巡撫。

【校釋】

[1]公諱句：墓主鮑祖齡，字鶴年，蜀東奉邑(即奉節)人。父鮑春霆，爲清朝中興名將鮑超，封一等子爵，光緒十二年(1886)卒，又贈太子太保，諡忠壯。鮑祖齡作爲鮑超晚來所得子，襲爵。據《清實錄》載還有次子鮑祖恩、鮑祖祥。

[2]成童：年齡稍大的兒童。或謂八歲以上，或謂十五歲以上。《春秋穀梁傳·昭公十九年》："羈貫成童，不就師傅，父之罪也。"范寧注："成童，八歲以上。"

[3]潭服：即"禫服"，指禫祭至吉祭之間的喪期。舊禮，父母之喪，二十七月而禫。

[4]金衢嚴道：清代浙江四道之一。雍正十二年(1734)置，駐衢州府，領金華府、衢州府、嚴州府。

[5]土匪叛：指九牧起義。"所屬江、常各地"，即浙江省江山縣、常山縣等地。光緒二十六年(1900)春夏，因義和團運動席卷京津一帶，浙江江山人劉家福等組建的九牧紅巾軍在福建邊境起義，後連續攻陷浙江江山、常山等地，并在攻打衢城時，開展誅官殺教的鬥爭，史稱"衢州教案"。

[6]中傷：即光緒二十六年(1900)七月，衢州人民反教會鬥爭的"衢州教案"被清政府清算，爲取悦各帝國主義，以保護教會不力爲名，將浙江巡撫劉樹棠、金衢嚴道臺鮑祖齡等人革職查辦。其中，鮑祖齡充軍新疆，浙江巡撫劉樹棠革職永不敍用。

[7]遄征：迅速趕路。

[8]終於西安：表明鮑祖齡還未到新疆即病亡於西安。卒時在落款時間的光緒二十九年(1903)癸卯歲三月初四日之前某日。

[9]人琴俱渺：典出《世説新語·傷逝》："王子猷、子敬俱病篤，而子敬先亡……子敬素好琴，便徑入坐靈床上，取子敬琴彈。弦既不調，擲地云：'子敬子敬，人琴俱亡！'慟絶良久，月餘亦卒。"

[10]綰：控制；掌握。《史記·貨殖列傳》："北鄰烏桓、夫餘，東綰穢貊、朝鮮、真番之利。"司馬貞索隱："綰者，綰統其要津。"

[11]龔黄：泛指循吏。典出《漢書》卷八十九《循吏傳序》，爲漢循吏龔遂與黄霸的并稱。

[12]剡章：削牘寫成奏章。泛指寫奏章。

[13]先正：亦作"先政"，前代的賢臣。"如顔如張"，典出魯褒《錢神論》"使才如顔子，容如子張"。

郭仿卿妻趙氏墓誌　清光緒三十三(1907)十一月九日葬

綦江區。1987年文物普查時在綦江發現，石現藏於綦江區郭扶鎮橋壩。誌石高29厘米，寬161厘米。誌文正書，33行，滿行6字。

【釋文】

誥封宜人郭太/君墓誌。/

邑太學生郭公[1]/仿卿之配，誥封/宜人，趙□武生/子安公長女，文/生瑞生公嫡媳/也。歸時年十九。/今光緒三十二/年，壽七十二，以/六月初二日卒；後一年十一月/初九日，遷葬橋/垻河[2]。

嗟乎！死生/之際難言矣。方宜人來歸之二/年，舅逝[3]。十年，仿/卿公亦逝。惟嫡/庶姑胡、楊具存，/而姑之二叔三/女，并已之二子，/長方七歲，次方/五歲，迺以一身/乳育。婚嫁之勞/已，忽湖南石逆[4]/百萬賊洶洶由/川東出綦。亂平，/叔與之析產[5]。遘/嫡姑胡喪，宜人/罄釵梳佐之。

嗟/呼！士窮乃見節/義，宜人當此萬/難措置之時，毅/然[6]以一人□□/■

(《重慶卷》圖155/文343)

【校釋】

[1]郭公句：墓主趙氏，爲郭仿卿之妻，武生趙子安長女。嫁邑太學生郭仿卿。郭君父郭瑞生，文人；母胡氏、楊氏。

[2]橋垻河句：墓主趙氏享年七十二歲，光緒三十二年(1906)六月初二日卒，三十三年(1907)十一月初九日遷葬於綦江橋垻河。由此可知墓主生年在道光十五年(1835)。

[3]舅逝句：即墓主趙氏年十九入嫁，兩年後其其父郭瑞生亡逝，時間在咸豐六年(1856)；十年後其夫郭仿卿也亡逝，時在同治三年(1864)。

[4]石逆句：即太平軍領袖石達開由湖南攻入川東、綦江。

[5]析產句：即分割產業，指平定太平天國起義後，趙氏遇到家族分家、婆婆胡氏亡歿。

[6]毅然："毅"下《重慶卷》均闕字，但從圖版殘痕看，尚可補"然以一人"，4字，還有2字無法補。且從文意判斷應是還有一石散佚，所闕內容不明。今以不明闕字符號■代替。

蕭炳章及妻吳氏墓誌　清宣統元年(1909)二月刻

(清)蕭湘撰文,孫爾康書丹

彭水縣。葬地爲彭水縣,未見出土信息。據《北京大學圖書館藏歷代墓誌拓片目録》知①有拓本存世。拓片高34.5厘米,寬54.5厘米。誌石有界格,誌文正書,30行,行25字。首題爲"例授奉直大夫蕭子榮先生配吳孺人墓誌銘",因無法得拓本釋文,且未見方志中著録,故暫保留存目,以待考。

程世模母秦氏墓碑　清宣統二年(1910)四月立

(清)李稷勛撰文,趙世駿書丹

雲陽縣。1949年以後出土,具體時間、地點不詳,現藏於雲陽縣文物管理所。誌石爲二方,均高36厘米,寬60厘米,厚8厘米。碑文正書,65行,滿行16字。

【釋文】

皇贈一品夫人程母秦夫人墓碑銘。/

賜進士出身、資政大夫、前郵傳部左參議/翰林院編修秀山李稷勛撰。/

中憲大夫、內閣侍讀、充實録館國/史館校對官南豐趙世駿書。/

宣統元年夏五月,今奉天巡撫雲陽程公[1]/以書來,乞為其元室夫人墓上之文。余覽/其事狀而悲之。蓋夫人令德茂滋,邂逅時/屯[2],履危陟巇,至以死自矢,以勖其夫效命/行間,乃卒不得死。及巡撫公用牧令[3]被/殊知,起領節鉞,則夫人憂傷遘疾,歿已數/年,是可哀也,於法宜銘。

夫人姓[4]秦氏,祖光/常,父維申,世為雲陽人。年十八,來歸巡撫/公。程氏四葉同居,會歲饑,分口而爨,饔飧[5]/乏絶,耕無一壟之殖,居無一椽之覆。夫人/

---

① 北京大學圖書館金石組胡海帆、湯燕、陶誠:《北京大學圖書館藏歷代墓誌拓片目録》,上海古籍出版社,2013年,第1049頁。

穴岩結茅,躬任樵汲,紡磚績筐,戴星瀦霜[6],/給傭自食。叔娣姊妹屛穉一室,以養以誨,/惟夫人是依,人尤以為難云。姑病痰咳,劇/輒昏惘,夫人伺望扶持,日靡靡夕[7],雙目腫/赤。迄於姑歿,哀禮有加,里人至今矜誦焉。/

光緒二十二年,巡撫公以知縣分安徽,夫/人携子女先至懷甯[8],居約服勤,如在田間。/當是時,國家新受外創[9],國人憤恫,怨毒鬱深,爰生/妖孽。二十六年[10],拳民構衅,外兵侵軼/畿輔,所在糜爛,蔓延至六七行省。先是,巡/撫公奉調赴黑龍江,佐治軍府文書,夫人/從之卜魁[11]。居甫定而亂作,□問晨夕,俾/將軍壽公倚巡撫公主軍計,至相引重[12]。居/恒以道義生死相要,至是益憤慨,爭誓死/以報/國。夫人堅約同殉,命兒子世模間行入關,/歸報家人。世模泣不行,夫人哂曰:爾不樂/行,能死一處,亦大佳也。巡撫公奉檄赴軍/前覘敵[13],臨別,夫人謂曰:初約并命於此,今/彼此不知死所,使魂魄有知,願仍來此相/見。言已,悲不自勝,聞者酸愴。

時愛琿失陷[14],/敵兵逾内興安嶺,省城大震。將軍遺書屬/後事於巡撫公,堅乞毋死,家人更無死義。/夫人既求死不得,重為子女牽率,倉皇奔/迸。所在潰兵梗途,時遇山盗,既詢知為巡/撫公眷屬,輒帖然弭戢[15],或遣健兒[16]護行,以/此得生。見巡撫公於阿勒楚喀[17],然形神蕉/萃,伏疾盡發。二十九年春二月二十七日/奄逝於三姓[18]旅次,春秋四十有四。

子世模[19],/二品廩生;世安、世奎,皆夫人出。世撫、世臨,/皆繼室劉夫人出。女子子三:長適同縣塗/傅綸,次適余次子遜,三待字。三十二季,歸/葬夫人於雲陽大山坪之陽,禮也。越二年,/誥贈夫人,為正一品夫人。又二年,秀山李/稷勋始得甄叙事狀,刊銘墓石。銘曰:/

人生也有涯,死亦何哀?胡蘄於死而若或/尼之,蘄於生又若或擠之。謝褘翟[20]如遺蛻,/仵蓬藿之深悲。嗚乎天只,冥冥萬斯。返宅/雲陽之壤,是為程公元室令妻。/

宣統二年歲次庚戌夏四月建。/

(《重慶卷》圖156—157/文343)

【簡跋】

墓主程世模母秦氏，即程德全妻。據《重慶卷》簡跋記載："志記將軍壽公，即清黑龍江將軍壽山，《清史稿》卷四十六七、《清代碑傳集·補》卷三三均有傳。志記敵兵(俄軍)攻陷愛琿，入寇齊齊哈爾，壽山死之等事，可與史傳相印證。墓主之夫程公，誌文未記其名，但記歷官至奉天巡撫，曾在黑龍江將軍府'佐治軍府文書'，并與壽山'至相引重'；又曾奉檄赴軍前覘敵，壽山臨終，曾'遺書屬後事'。據《清代碑傳集·壽山傳》載："(俄軍)進逼齊齊哈爾，省城道員程德全往乞和。……壽山恥墜敵軍手，重辱國，以後事付德全。"志、史對照，知墓主之夫程公即程德全。"

程德全(1860—1930)，字純如，號雪樓、本良，四川雲陽(今屬重慶)人。廩貢生出身。光緒十四年(1888)，入三姓副都統文格幕；十六年(1890)，入國子監肄業；二十四年(1898)赴黑龍江入副都統壽山幕；至宣統元年(1909)始任奉天巡撫。《清史稿》卷二十五載："(宣統元年六月)丙戌，授程德全奉天巡撫。"據誌文是"宣統元年夏五月"，可知《清史稿》記載與事實略有出入。

墓主秦氏的墓誌銘爲其夫程德全當時所請。秦氏於光緒二十九年(1903)春二月二十七日病卒，享年四十四歲。三十二年(1906)歸葬於雲陽大山坪；三十四年(1908)誥贈正一品夫人；宣統二年(1910)，才刊銘墓石。

撰文人李稷勛，秀山人，賜進士出身、資政大夫、前郵傳部左參議、翰林院編修。

書人趙世駿，字聲伯，號山木，江西南豐人，光緒十一年(1885)拔貢，官內閣中書，擅長書法，工寸楷，亦善畫花卉。本墓誌載：中憲大夫、內閣侍讀充實錄館國史館校對官。

【校釋】

[1]程公句：即墓主秦氏之夫程德全，時任奉天巡撫。

[2]時屯句：即時世艱難。《宋書·劉穆之傳》："時屯世故，靡歲暫寧。""巇"，險惡；險峻。

[3]牧令：舊時稱地方長官。此處代指程德全。

[4]夫人姓句：墓主秦氏，祖秦光常，父秦維申，世爲雲陽人。均史籍疏略。

[5]饔饘：同義并用。"饔"，熟的食物。《詩·小雅·祈父》："胡轉予於恤，有母之尸饔。"毛傳："熟食曰饔。"常用"饔飧不繼"一詞指吃了早餐沒有晚飯，形容

窮困。"饘",泛指稀飯。《重慶卷》誤釋作"饗鐘",文意不辭。

[6]靧霜:用霜洗臉。"靧",洗臉。《禮記·內則》:"其間面垢,煩潘請靧。"陸德明釋文:"靧,洗面。"

[7]日靡靡夕:指一天天。第二個"靡"字《重慶卷》闕。從圖版殘痕與文意看,應是"靡靡",遲緩貌。《詩·王風·黍離》:"行邁靡靡,心中搖搖。"毛傳:"靡靡,猶遲遲也。"引申爲逐漸、漸漸。

[8]懷寧:即今安徽省安慶市。順治時,先後屬江南省安慶府、江南左布政使司安慶府;康熙六年(1667),改江南左布政使司爲安徽布政使司;乾隆二十五年(1760),安徽布政使司自江寧移治安慶府,懷寧屬安慶府。墓主隨夫程德全在光緒二十二年(1896)"以知縣分安徽",故來至此地。

[9]外釁:所指應是光緒二十年(1894)甲午戰爭。

[10]二十六年句:即光緒二十六年(1900),內有義和團"拳民構釁",外遭逢"庚子之變",八國聯軍侵擾京津畿輔重地,帝後西狩等內憂外患。

[11]卜魁:一作"卜奎""布魁"後稱齊齊哈爾,是清代東北邊疆的重鎮之一。墓主隨夫任職此地,"居甫定而亂作",即光緒二十六年(1900)六月下旬,俄國開始侵占中國國土屠殺中國人民。

[12]引重:標榜,推重。即壽山與程德全相互推重,壽山委以程德全主擔軍事重任。

[13]覘敵:窺視;偵察。實爲壽山將軍接到清廷議和的命令,派程德全三次赴俄營求和,企圖阻止俄軍前進,均遭拒絕。程德全祇能以死相求,俄國纔有所讓步。即後文稱"初約并命於此,今彼此不知死所"。

[14]愛琿失陷:"愛琿",又作"璦琿",今黑龍江省黑河市愛輝區。光緒二十六年(1900)八月,俄軍占領璦琿,全面嚮東北進攻。當時已經逾越黑龍江省東支山脉"內興安嶺",逼近省城黑龍江。"省城大震"之際,黑龍江將軍壽山自殺,遺書囑程德全安葬後事,令其不能死。

[15]弭戢:止息,收斂。

[16]健兒:軍卒、士兵。

[17]阿勒楚喀:海西女真屬地,富察氏世居地,京旗屯墾地。今黑龍江省哈爾濱市阿城區。

[18]三姓:一作依蘭哈拉。清康熙五十四年(1715)築城,即今黑龍江省依蘭縣。清薩英額《吉林外記》卷二:"三姓又名依蘭哈拉,國語(滿語)依蘭,三;哈剌,姓也。乃努葉葛、依克勒、湖西哩三姓赫哲也。"

[19]子世模句:墓主子嗣中,趙氏自出三子:二品廕生程世模和程世安、程世奎。還有繼室劉氏出二子程世撫、程世臨。有女三人:長女適同縣人塗傳綸,"傳"字,圖版作傳,《重慶卷》訛作"傳"字。次女適撰文人李稷勛次子李遜。三女,待嫁。

[20]褘翟句:對舉行文。"蓬藋",兩种野草名。"褘翟",兩種會蛻皮的動物。"褘",同"委",指蛇。《隸釋·漢衛尉衡方碑》:"夙夜惟寅,褘隋在公。"洪适釋:"褘隋,即委蛇。出《韓詩內傳》。"《詩經·召南·羔羊》"委蛇委蛇",清馬瑞辰通釋:"《爾雅》釋文'委,諸儒本并作褘……隋,古讀如它,故蛇或作隋,又作隨。'《說文》'委,委隋也',漢《唐扶頌》'在朝逶隨',《劉熊碑》'卷舒委隨',《衡方碑》'褘隋在公'是也。""翟",指長尾的野鷄。《尚書·禹貢》:"羽畎夏翟。"孔傳:"夏翟,翟雉名,羽中旌旄。"

重慶墓葬碑刻校釋

《碑刻文獻釋讀研究》

碑刻的釋讀，難易程度各不相同。一般説來，内容特殊、過於生僻、闕泐模糊、不成片斷的碑刻，釋讀比較困難。就内容而論，有的碑刻典雅凝重，釋讀理解比較困難；有的碑刻通俗直白，釋讀會容易一些。大體説來，釋讀六朝以前的碑刻難於六朝以後，因爲六朝以前的碑刻大多有不同程度的磨蝕、泐損，文字模糊殘缺。時代越久遠，碑刻殘損往往會越嚴重，釋讀就越困難。就保存方式而言，碑碣、摩崖裸露在外，其殘損程度會比墓誌嚴重，釋讀難度大得多；而墓誌由於製作好後便隨墓主埋葬在地下，保存要完好得多。比如昭陵墓碑，泐損十分嚴重，有的簡直不可卒讀；但是同一墓主的墓誌却比較清晰，有的墓誌出土時完好如初，釋讀起來就容易得多。祇有早期出土的墓誌，在社會上流傳一段時間，會有泐損；或者墓誌埋在地下，遭到水蝕，文字容易泐損；也有發掘時對石刻意外損傷的。特別是盗發墳墓，盗墓者對墓誌并不重視，因而也有破壞。不過其比例畢竟是少數。碑刻中有不同書體，异體字、俗訛字也比較多，會增加釋讀的難度，稍不注意，便會出錯。碑刻涉及的社會生活、禮樂制度相當廣泛，而且多用典故，對其内容的理解與把握，也有很大難度，在釋讀時也有一定困難。拓本的精粗也有重要的影響。同一實物，好的拓本清晰、完整，釋讀便容易得多；差的拓本模糊不清，失拓不全，釋讀就困難得多。

在《重慶墓葬碑刻校釋》一書中，以上整理的各種困難均會遇到。下面根據整理碑刻文獻的心得體會，做作一些規律性的討論，希望能爲整理研究碑刻文獻的方法提供一些有用的參考。

第一章　碑刻文獻整理缺誤分析

本章重點以《重慶卷》全書的整理成果面貌爲例，不限于重慶碑刻，重點揭示碑刻文獻釋讀存在的問題主要在哪些方面，以引起今後整理時注意，儘量避免不犯或者少犯錯誤，特別是一些淺顯的、常識性的、非學術性的錯誤。

第一節 釋文闕字

需要校勘的出土文獻，距今年代多已久遠，因自然或人爲的原因造成石面泐蝕缺損，闕字漏字不在少數。歷史上曾經出現的很多石刻，現今已無法看到全貌，已有釋文對石刻碑版的釋讀做了許多工作，應該是比較辛苦的，但是也會有遺漏；因此在碑文校勘中通過各種方法，還是可以補出大量闕文。下面分別舉例説明所補文字依據及注意事項。

一、字形模糊，辨認不清而闕字

這種方法相對説來比較簡單，但因漢字形近字干擾較大，碑版又磨泐難辨，若想準確無誤地將原始碑文的闕字補出也非易事，不能想當然據形推測。最好找些例證與之相印證，做到言之鑿鑿，增加可信度。比如：

《重慶卷》録宋《楊繹墓誌》：「公年四十。」

「公年四十」，内容不可解，覆查拓片，「公」字處爲 ▇▇，雖然泐蝕嚴重，不過可以看出此處對應於

釋文「年」字的上文，「公」略有殘痕，「公」下也還有一字，實應爲兩個字。根據墓誌的體例，應爲「公享年四十」。相同的表達方式，如《熊錫暨妻朱氏合葬墓誌》「享年七十有六」、《宋故秀才龔君墓誌銘》「享年四十有一」、《蹇修行妻藺氏墓誌》「享年五十有四」。

二、不注意考釋文意而闕字

拓片文字如果泐損殘缺，往往會造成釋讀的困難，如果没有耐心，隨意敷衍，注明闕字了事，其結果便使得本來十分重要、很有價值的文獻材料變得支離破碎，大大降低其價值。必須從文意入手考釋。

文字殘缺分兩種：一種是全缺，即拓片上無殘存字形，這時祇能靠聯繫上下文，推斷出闕字。如：

1.《重慶卷》録唐《李鈇妻程氏墓誌》第1行首題「皇五□□即庶作坊判官行成都府華陽縣尉李鈇故夫人□/氏」，原釋文「氏」前闕字補爲「程」，前後文都有驗證，是「程」無疑。

2.唐《李鈬妻程氏墓誌》第4行"有唐貞□十六年歲次庚辰六月戊辰朔十七日甲申,華陽□/","陽"字下缺一字據下文"廿有三日庚寅,窆於華陽縣昇遷里牛頭原之連崗",補出此字爲"縣"字。

另一種是字形部分殘缺,通過對碑文內容的分析理解,以殘存字形爲輔證,可以將殘缺的文字補出來。例如:

1.《重慶卷》錄唐《蹇修行妻藺氏墓誌》第6行"是以螽斯化行,□則百之美哉","則"字上闕一字,圖版作■,釋文未讀出。該字左邊"至"可以看清,右半邊模糊。根據上下文意推斷,此字爲"臻"。

2.《重慶卷》錄明《王瑄妻丘少清墓誌》第19行"王公瑄卒於天順八年十一月初□日,□於城東/之關","日"後一字,拓片上作■,上中下各餘數筆,上部"艹"下部"土"皆能看清,中間的左邊部分"夕",根據上下文,此字定是"葬"。

文史研究不能只是一條思路,校勘也不能只用一種方法。由於校勘材料的特殊性,在并無其他版本來做對校的情況下,沒有其他依憑,理校法是普遍使用的方法。根據上下文意校勘是行之有效的,也是應該貫穿始終的方法,這一方法在釋讀泐蝕碑刻時十分重要。

三、不明古代文化常識而闕字

文化常識包含很多內容,比如人名、地名、官名、典章制度、宗教習俗等等,運用得當可以收到事半功倍的效果。以下舉例說明:

1.唐《李鈬妻程氏墓誌》第4行"有唐貞□十六年歲次庚辰六月戊辰朔十七日甲申,華陽□/",前面第一個闕字可補爲"元",熟知唐代年號并且根據生卒年之間的時間差,很容易便可補出。《劉乘女劉氏墓誌》第4行"□熙九年四月初二日終","熙"字前所闕之字全泐,與前一條相同,也是對照宋代年號,并計算時間便可補出。這種方法很有用,後面有專題討論。

2.《重慶卷》錄明《徐孟起妻臧氏墓誌》第7行"明先聖之□道,破佛老之异端","之"字下一字圖版作■,石花斑駁,不容易看清,但是若知道儒家知識,即古代儒家稱其他學說、學派爲异端,再聯繫上下文,前面第5—6行提過"雅好周公、孔子之/□,孫、吳、司馬之術",可以知道墓主之夫徐孟起篤信儒學,故此處稱"佛老"爲异端也十分正常。與"异端"相對的"大道",是指正道、常理、最高的治世原則,包括倫理綱常等。故此字可以補出,應是"大"字。熟知古代文化常識在碑刻文獻校勘中具有高度的重要性,可以避免很多釋讀錯誤,并對已有的釋文做出科學的辨識。

四、不明成語、俗語和固定搭配而闕文

墓誌中常常見到很多成語、俗語和固定搭配,這樣即便一些文字模糊、殘缺,但祇要還有迹可尋,還是可以釋讀出來的。比如:

1.唐《李鈝妻程氏墓誌》第5行"嗚呼□/哉","嗚呼哀哉"是個固定搭配,尤其碑刻墓誌甚爲常用,隨處可以找到例證,不用過多說明理由。

2.《重慶卷》録明《薛廣妻張氏共窆銘》第6行"將厝□□傷■卒矣",第一個闕字圖版作 ,字形模糊,但也不是一點痕迹也沒有,知道"厝"的含義和用法後,即使後面缺幾字也可以判定第一字是"於",根據詞語用法的固定搭配,這時再找些同樣字形作爲例證,便可補出。

3.明《薛廣妻張氏共窆銘》第19行"薛公既■張氏■矣","張氏"後面的4個字缺泐,圖版作,根據模糊的字形先認出"三、四、德",而幾千年來被人們熟識的成語"三從四德"與墓誌銘聯繫起來,此處便完全可以補出了。

五、不明行文通例而闕文

關於行文慣例,最先想到的是行文書寫順序,比如墓誌的行文一般是從上到下、從右到左,墓主的姓名、籍貫、官職的排列問題以及墓誌內容的安排等。這其實是狹義的行文通例,廣義的行文通例涉及很多方面,甚至包含一些具體細微的問題,如前面所說的詞語搭配、用法等,都需要時刻關注。

1.唐《蹇修行妻藺氏墓誌》第11、12行"權窆松滋別業。□■/二年戊寅歲十月十二日",按照墓誌的行文通例以及下文的內容,可以推斷出所闕之字應爲"大中十"三字等具體劃定時間年限的詞語。

2.唐《蹇修行妻藺氏墓誌》第10、11行"……以大中十年九月七日□■/涪陵府諸宮鄉九思里之私第","日"字下文字已泐,但是根據行文慣例,再參考後面的地點,可以推斷出此處應爲"歿於"或"卒於"等類死亡動詞短語。雖然因碑版殘缺無法明確字形,但第二字爲"於"這一介詞,與墓誌用法相符。

3.《重慶卷》錄宋《楊秉元墓誌》第13—14行"曾祖、祖、□/之諱,曰廷獻,曰克文,曰拱之","之諱"上一字已泐,但是文意和行文慣例,後面是3個名字,對應前面由高到低的3個表輩分的詞,"曾祖""祖",下面一個闕字應該是"父"。雖然該字已泐,但是還是可以補出。

六、没有考慮音韻而闕文

墓誌銘文多是押韻的,如果發現某些句子押韻,模糊或者缺泐處又正好是韻脚的話,就可以初步判定是哪個字。然後再細審字形,儘量找到字形上的旁證,再佐以文意,判斷爲何字。比如:

唐《李鉥妻程氏墓誌》第24行"禮有從權兮兆於此,有歿萬恨兮何時□。其三/","時"字後圖版作 ,已經模糊。銘辭基本上都是押韻的,根據前文的押韻對仗情況加以釋讀。文中"此"與"已"協韻,補出此字應該是"已"。古文詩詞、銘辭通常都是押韻的,學好音韻學對文獻整理、校勘有極大的幫助。

七、不明重文符號而闕文

人們寫字時,若相連的兩個字是一樣的,後面一個字常常用一個特定符號代替,這個符號就是重文符號。碑刻上也常見這種符號,一般用"〻"表示。如果不仔細觀察,很容易漏掉。比如:

《重慶卷》錄民國《鄧璧壙碑》第13行"長男至誠;次男至誠,又名純棣;大妹岫霞,二妹嵐霞",原釋文"次男至誠"下面,墓誌上還有兩點"〻",圖版作 ,這兩點正是重文符號,代表下一個字與這個字相同是重複的,念的時候都要念出來,符號雖小,可是很重要,不可以忽略。這裹的意思是"次男至誠","誠"又叫"純棣"。將此處補全爲"長男至誠;次男至誠,[誠]又名純棣;大妹岫霞,二妹嵐霞"。

八、校勘不細緻而闕文

這種錯誤實際上祇能歸結於人爲疏漏,是最不應該犯的一種錯誤。

1.《重慶卷》錄明《陳邦教墓誌》第17行"自耕讀外,每嚴營利之禁,嘗曰:貧,美事也。甘貧,美節也。子好貨財,則不孝;人臣懷利祿,則不忠;士不甘貧,無/適而可",在"美節也"後面,還有一字作■,原釋文者粗心而脱。

2.《重慶卷》録明《胡堯臣母朱氏墓誌》第4行"□而爲右太孺人承顔朝夕,竭瀹髓斑斕之奉者又逾年。卒,中丞君哀毁,躬親斂含,卜宅祠祭,悉如禮",原釋文"年"和"卒"之間還有3個字,墓誌圖版作■,是"太孺人"三字。

九、不明干支而闕文

中國古代常用帝王年號加干支紀年,利用干支方面的常識可以解決釋讀很多問題。以《重慶卷》爲例,其釋文有關時間方面的處理,或闕字,或脱文,或錯誤。核對拓片,考察干支,參證中西曆日對照表進行考證,進而做出補正。舉例如下:

1.唐《李君鉢妻程氏墓誌》:"有唐貞□十六年歲次庚辰六月戊辰朔十七日甲申。"

"唐貞□十六年歲次庚辰"缺年號,核查拓片作■,"貞"字殘缺,右上角還可辨認,根據其筆勢走向,釋爲"貞"字無誤;"貞"下一字又不可辨。考唐朝以"貞"開頭的年號祇有"貞觀"和"貞元"兩個。唐皇帝年號使用16年以上共有3個:"貞觀"共歷23年,"開元"使用29年,"貞元"使用20年。從墓誌行文的體例方面看,用於墓主下葬時間方式之一爲"朝代+年號+年+歲次+干支+月+干支+日+干支",例如《幸光訓墓記》"乾興元年歲次壬午年十一月丁卯朔十六日壬午建立",《何杲繼妻韋氏墓誌》"貞元三年歲次丁卯十二月庚辰朔九日戊子",《崔彦崇妻鄭氏墓誌》"長慶二年壬寅歲十二月丁亥朔十五日庚申",《嚴穎再窆碑》"大唐貞元十七年歲次辛巳十一月己未朔十四日壬申"。"唐貞□十六年"的干支紀年爲"庚辰"。查《中西曆日對照表》,貞元十六年即800年,干支紀年爲庚辰;貞觀十六年即642年,干支紀年爲壬寅。"唐貞□十六年歲次庚辰",以"歲次庚辰"推算,應該爲"唐貞元十六年",闕字應補"元"字。

2.《重慶卷》録明《王好善墓誌》:"芬生於弘治十年庚午十月初二日丑時。"

"芬生於弘治十年庚午十月初二日丑時",查《中西曆日對照表》"弘治十年"的干支爲"丁巳",而非"庚午"。覆核拓片原文,"弘治十"和"年"之間應缺失一個

"▨"字,拓片泐蝕嚴重,無法辨認,應處理成"芬生於弘治十□年庚午十月初二日丑時"。釋文脱一字,使年份與干支不合。又,釋文把▨讀作"庚午",根據文字殘存輪廓筆勢考察,當作"戊午"。查《中西曆日對照表》,戊午年應是"弘治十一年"。故原釋文當爲"芬生於弘治十一年戊午十月初二日丑時"。

3.《重慶卷》録宋《夏泰墓誌》:"□□□年十二月初一日庚申,卜葬於石門山之原。"

"□□□年十二月初一日庚申",釋文缺年號。覆核拓片磨泐難辨,根據缺失的位置應是缺失共四字,即"□□□□年十二月初一日庚申",原釋文脱一個字。根據前文"政和六年丙午感疾不起,九月初二日卒於寢",後文所缺年份應和政和六年是同一年或者稍晚。查《中西曆日對照表》政和六年十二月初一的干支紀日正是庚申。因此原釋文當爲"政和六年十二月初一日庚申"。

4.唐《蹇修行妻藺氏墓誌》:"□□□二年戊寅歲十月十二日□□□黔州信守縣□□月十五日壬寅附於夫□□□塋。"

"□□□二年戊寅歲",釋文缺年號。覆核拓片已經完全泐蝕,連"二"也缺失,"年"殘缺爲▨。根據墓誌前文"以大中十年九月七日□於涪陵府渚宮鄉九思里之私第,權窆松滋別業",以及墓誌後文"凡喪事",可知藺氏去世應在唐大中十年(856)九月七日,故"□□二年戊寅歲"是喪葬的日期,時間也應與"大中十年"相近,而相近的年份祇有"咸通"和"大中"。查《中西曆日對照表》,"咸通"的干支紀年中没有"戊寅"。而"大中十二年"紀年的干支是"戊寅",即858年。所以應該爲"大中十二年戊寅歲"。

第二節　釋文誤讀

碑版釋讀出現錯誤,原因很多,最主要的原因之一是由於墓誌本身磨泐,字形似是而非。和前一節的"釋文闕字"一樣的是在這種情況下很容易錯認。下面先介紹這種錯誤類型,并探討正確識讀的方法。

一、字形模糊，審察不細緻而致誤

石質經不住風雨泐蝕，石皮脫落，造成銘刻文字殘損，使得整理碑版文字時出現誤讀。如：

1.《重慶卷》錄宋《姚安禮妻陳氏墓誌》第25行"請家人曰"原釋文"請"，拓片作 ▨，實爲"謂"。右半部分模糊，與"請"有幾分相似，如果不仔細辨認，又不從語義上深入推導，那麼這個字就可能會被識錯。

2.《重慶卷》錄明《李第妻丁氏墓誌》第8行"尤喜施興，爲□之用，原釋文"用"字，圖版作 ▨，實爲"周"字。這個字祇有輪廓可辨，裏面字形部分泐蝕，這個時候除仔細推敲語義之外，還需要認真辨認字形，充分尋找旁證，纔可證實。

二、不辨書法影響而致誤

書法講求奇詭獨特，突出美觀。書寫時總是隨意增減筆畫，變換構件，移動位置，產生大批文字异體，給碑文識讀造成困難，比如：

1.《重慶卷》錄《王瑄妻丘少清墓誌》第17行"相指揮僉事鄒均宇應襲子曰鄒律"，原釋文"宇"字，圖版作 ▨，其實是"字"。"字"與"宇"字形本來就極相似，再加上書寫時爲書法美進行的加工變化，如運用行、楷、隸、草等不同書體，同一個字便有了不同的表現，如果再加上自己的風格創造，這兩個字可以寫得似乎完全相同。如果不據文意判定，定然會出現釋讀錯誤。原文應作"相指揮僉事鄒均，字應襲，子曰鄒律"。

2.《重慶卷》錄明《何子□墓銘》第14行"壬正月卜葬於故里之阿丘焉"，原釋文"壬"，墓誌圖版作 ▨，實爲"王"。筆畫稍微變化一點角度或者筆畫長短略异，便是不同的字，而如果熟悉古代文化知識，這個錯誤便可以避免。

三、不明俗書异寫而誤釋

碑刻中有很多俗訛字，還有許多同形字，這些字寫得很隨意，會給釋讀帶來很大的困難。比如：

1.《重慶卷》錄明《李第墓誌》第8—9行"弱冠升□生□□學輟□□□時盟□□示戚儒生無或有/就外傳者"，原釋文"傳"字，拓片作 ▨，實爲"傅"字。"傳""傅"二字字形極像,并且很多傳寫將二者相混,不能單單從字形角度出發進行判斷,更重要的是還要看語意,前後文對照,正確釋讀。

2.《重慶卷》錄清《周守正墓誌》第13行"所至,民望旌旗輒懼曰:真宫傳家郎君也",原釋文"傳",圖版作▇,錯誤同上。

四、繁簡隨意轉換而失當

古人行文不一定都使用繁體字,有些也是用的簡體字,釋文却將之變成了簡體。或有將拓片上原本的簡體字變成繁體字,而繁簡之間有時候是不對應的,稍不注意,就會造成繁體轉換不當,使墓誌釋文失真。比如:

1.明《李第墓誌》第13行"遂矢心冰蘗,旌善重農,請創儒學、祠宇",原釋文"農",圖版作▇,是繁體,而釋文却將其譯成了簡體。

2.明《何子□墓銘》第15—16行"先生之爲人□□□□/中直以通,求之古人,尚或難之",原釋文"難",圖版作▇,本是簡體字,被釋文改成了繁體字。

把簡體字寫成繁體,或者把繁體寫成簡體,都不算錯誤,但是整理的時候没有尊重原材料,隨意更改,雖然意思并没有改變,但却改變了原材料的本來面目,也是不可取的。

五、釋讀粗心而訛誤

有些字形看來很清晰,語意理解也没有問題,偏偏釋文出錯,這種錯誤祇能是因爲釋讀者没有細心考察。比如:

1.《重慶卷》錄明《陳仲實及妻劉氏合葬墓誌》第13行"季也可教,幸/以先人之靈,獲有尺組,吾無秩而有秩矣",原釋文"也",拓片作▇,實際上是"子"字。這種錯誤很少,由於字形很清晰,祇是因爲人爲的主觀方面錯誤,一般是由於粗心大意造成的,稍微細緻一些,錯誤便可避免。

2.《重慶卷》錄明《陳邦教墓誌》第33—34行"子曰:長何,娶楊氏;付,胡氏;侁,張氏,繼殷氏;仰,縣學生,娶李氏",原釋文"曰",拓片作▇,明明是"四"字,字形清晰,實在不應該誤釋。

3.《重慶卷》録明《張大宏妻石氏墓誌》第4行"□□奉里□山之村麓",原釋文"山之村麓",墓誌拓片作 [圖] ,"村"字是釋文者妄加。

當然,還有一點需要說明:以上造成錯誤的原因可能不止這一種,不能都歸結到釋文者身上,也可能是刻工的失誤或其他原因。在這裏祇是想總結錯誤經驗,起到一點告誡或幫助的作用。

六、不明文例而誤釋

墓葬類碑刻行文有一定的規則,但這些規則又常常有變化。不明規則,不能掌握規律自然容易出錯;如果死守規則,不知變通,也會造成釋讀的錯誤。舉一個典型的例證。

《重慶卷》第200頁著録的唐咸通六年(865)二月二十四日《唐高陽夫人墓誌》實爲《許君妻戴氏墓誌》,因爲墓誌石面泐損比較嚴重。原刻從左起,向右書寫。釋文者不明,按照通常右起,左行,結果造成讀倒文字,自然文章就讀不通了,文章內容不明,自然又造成大量的文字釋讀錯誤,標點也出現很多錯誤,使原文完全不可理解。

經過本書整理,尋得精拓本,又校釋已有成果不足,如今墓誌的基本內容已經可以把握了。具體可參見墓誌校釋部分。

第三節　標點錯誤分析

標點是文獻整理的一項重要任務。傳世典籍的標點本來就不容易,而出土文獻文字闕泐比較多,文義往往不連貫,標點困難就更大一些。清代以前,甚至民國時期的碑刻録文,都沒有標點,使用很不方便。新出土的碑刻,在正書録文之後,有的仍沒有標點,比如《文物》《考古》等公布的新出土材料中的釋文,便有不少沒有標點。有的録文加了新式標點,但是由於碑版泐蝕,文字模糊,異體字、俗訛字太多,影響到對文章內容的理解,因此也存在大量的標點錯誤。本書重點以《重慶卷》《漢魏南北朝墓誌彙編》(以下簡稱《墓誌彙編》)、《遼寧博物館藏碑志精粹》(以下簡稱《遼博藏碑》)等幾部碑刻録文方面的著作,在標點方面存在的一些嚴重影響到碑刻銘文內容理解的問題爲例,具體分析一些導致標點錯誤的原因。

一、由於文字殘缺，斷句錯誤

碑刻文獻中，由於文字殘缺，對理解文意造成很大的影響，有些釋文圖省事，便不加標點，這種態度是不可取的。其實如果參照上下文意，整體把握，碑刻文獻一般還是可以斷開的。還有一種也是因爲文字殘缺，加之對文中字詞不甚理解，或者忽視字詞含義，將句子斷錯，這時更需要從整體上綜合把握，認真校正錯誤。例如：

1.唐《蹇脩行妻藺氏墓誌》："雖出自侄娣□■/□子之"，標點錯誤，正確的應該是在"侄娣"後斷開，即"雖出自侄娣，□■/□子之"。這個錯誤根源便是在於該句闕字較多，整理者不願意花上功夫去點斷。其實此句雖然闕字，但是聯繫上下文，其意義還是可以了解得到，進而加上正確標點。

2.唐《蹇修行妻藺氏墓誌》第7—8行"振□■/□垂休内範"，標點錯誤。如果知道了該句剩餘闕字之處字詞的含義，此句便不難標點。"垂休"，顯示祥瑞；降福。"内範"，閨範；婦德。前面"振□■/□"，應該是與"垂休内範"相對應的一個詞組，因此在中間應該點斷，即"……振□■/□，垂休内範"。原釋文這一錯誤便是不了解詞意，沒能正確標點的例子。

二、不明文意，破散詞語而誤點

書面詞語有固定的書寫形式，有確定的意義，在句子中有特定的語法功能和搭配規則。如果破散詞語，便會破壞語言的準確表意，打亂組詞成句的語法規律和規則，使文不可解。例如：

1.明《李第妻丁氏墓誌》第4行"有古■，號三溪"，前文已經補過"號"前一字是"别"，因未釋讀一字，便造成錯誤的斷句。同樣還有第6行"孺人自適三溪，媲美前室，繼有二子，相待如一□□，孺人/其賢矣哉"，補出"如一"，原釋文句讀便顯現出它的錯誤即二闕字應屬下，斷句於"一"字後。這種錯誤如果未補出文字，内容便比較隱晦，不容易被人發現。

2.明《李第墓誌》第7行"又乃讞□典要，□傳家塾肄今，/華族大闡文明"，標點錯誤。前文已經補全闕字，此句爲"又乃讞□典要，幼傳家塾肄今，/華族大闡文明"，那麼句意已經明了，而原釋文標點的錯誤也就顯現出來。"幼"與"肄今"是兩個不同的時間概念，不應該放到一起，在"肆今"前面便應斷開。這種錯誤在於時間先後關係未理清，一定要深刻理解文意將事件按先後順序穿綴成綫，纔會避免錯誤。

以上錯誤如果未補出文字，内容不連貫，意思就很隱晦，不容易被發現。讓此種錯誤顯現，實際上是補字的副產品。同樣的，還有釋文的錯字補充與改正，都可能讓人對原來的材料獲得新的理解。這一方面也説明了校勘的各種方法之間也是相輔相成、不能割裂的關係。

三、没有細緻分析句法結構而誤施標點

分析語法，弄清楚詞與詞之間的結構關係，對於理解文章内容，正確標點十分重要。如果忽略語法結構的分析，就會導致因不明語法而將句子讀破。因此，句法結構分析是正確理解文意的關鍵。如果句法結構没有理清，文意不明，標點自然錯誤。這就需要加強訓練，并且需要不斷地積累知識。下面舉例説明：

1.《重慶卷》録宋《姚安禮妻陳氏墓誌》第23行"公餘間燕有平反之門，一日□□色忤，同僚屈膝以免□□□□怒益亟"，標點錯誤，此處看似通順，但是和後文銜接起來便讓人困惑費解，後文"恭人曰：寧以罪/行，無苟容，爲搢紳羞也"，真相大白。正確斷句應該是"公餘間燕有平反之門，一日□□色忤同僚，屈膝以免□□□□怒益亟"。釋文斷句未找好主語，以及主動、被動的關係没有理解，如果上升到語法層面進行認真分析，問題便解决了。

2.明《王瑄妻丘少清墓誌》第16行"又次曰善聰，適致仕參政王均敞長嗣王恩，讀書期臍口仕者"，標點錯誤。事實上祇要搞清楚"善聰""王均敞"和"王恩"的關係，就不會出現這種錯誤。同樣第17行"相指揮僉事鄒均字應襲子曰鄒律"，也犯了相同錯誤，人物關係未搞清，導致了斷句錯誤。碑刻文獻中的人名如果很多，一定要先理順人物之間的關係，這樣理解文意纔不會出錯，斷句方面也不會出現類似的問題了。

四、對詞語含義理解不準確而誤施標點

詞語是構成句子的重要要素，正所謂牽一髮而動全身，對詞語的理解不準確，直接導致該句理解錯誤，斷句一定是錯誤的。比如：

1.宋《楊秉元墓誌》第7行"嘗謂儒、釋無殊,致均明化之本",標點錯誤。"殊致",异樣;不一致。如果對這個詞語把握準確的話,便不會出現將這個詞語切割開的錯誤。還有《李第墓誌》第36—37行"方期締盟山林,談玄餐霞,以洽脩之趣顧,乃聚首未幾,遂成永□□凝望齡/而缺真悰,尚忍言製銘哉,然誼不可辭也",標點錯誤。"顧乃",却;反而。將這個詞切割開了,那這個句子所要表達的意思也被扭曲了。

2.明《李實妻王好善墓誌》第12行"八年癸巳,復職致仕",標點錯誤。"復職"與"致仕"是兩個完全不同的概念,不了解這兩個詞的含意,將其放到一起,於是此句標點定然是錯的。

墓誌作爲一種特殊文體,往往大量使用成語典故,以與典雅凝重、婉轉深沈的碑銘文風相一致。有些典故由於時間相隔較久,或者出典隱晦,不易識別,於是影響對文獻的正確閱讀和準確理解,進而導致標點失誤。

3.《遼博藏碑》錄北魏《元悌墓誌》:"皇上嗟悼有加。傷慟故以悲結。朱鳥痛酸。黃鳥哀榮。既備寵贈。有章禮也。""朱鳥",原拓作"朱烏"。語出《後漢書·楊震傳》,楊震爲賢臣,被害死,後昭雪,"以禮改葬於華陰潼亭,遠近畢至,先葬十餘日,有大鳥高丈餘,集震喪前,俯仰悲鳴,泪下沾地,葬畢乃飛去"。"黃鳥"語出《詩·秦風·黃鳥·序》"《黃鳥》,哀三良也",詩中有"彼蒼者天,殲我良人"的句子。後世便用黃鳥之典,表示對賢才被害的哀痛。"哀榮"語出《論語·子張》"其生也榮,其死也哀",何晏集解:"故能生則榮顯,死則哀痛。"後來通過縮略造詞,成爲贊頌死者的套語。《遼博藏碑》釋文不明這些典故詞語,將句子全部點破,文不可讀。應標點爲"皇上嗟悼,有加傷慟。故以悲結朱鳥,痛酸黃鳥。哀榮既備,寵贈有章,禮也"。

4.《遼博藏碑》錄東魏《蕭正表墓銘》:"豈直弭獸。反風留犢。懸魚而已。""留犢",典出《三國志·魏志·常林傳》裴注引《魏略》載,壽春令時苗,少清白。到任時乘薄輪車,黃牸牛,布被囊。居官歲餘,牛生一犢。離任時,留其犢。謂主簿"犢是淮南所生有也"。"懸魚",典出《後漢書·羊續傳》:"府丞嘗獻其生魚,續受而懸於庭;丞後又進之,續乃出前所懸者以杜其意。"兩個典故的内涵分別成爲縮略詞語"留犢""懸魚",用以稱頌官吏居官清廉,纖介不取。《遼博藏碑》不明典故,將句子點破,文意不通。應標點爲"豈直弭獸反風,留犢懸魚而已"。

五、句子不嚴格切分而標點錯誤

有些斷句上的錯誤,如果放寬標準,并不算做錯誤。比如以下兩個例子,狀語與主句未切分,雖然對整個句子的理解影響不大,但是嚴格説來還是要切分開以求細緻準確。

1.明《李第妻丁氏墓誌》第25行"億萬年下欲知孺人者,請考予文",標點錯誤。"億萬年下"是狀語,應與後面分開。

2.明《李第墓誌》第19行"先是苊任甫一考,民已陰□生□□□□及■",標點錯誤。時間狀語應該用逗號隔開,即"先是,苊任甫一考"。

六、文字釋讀不當而誤點

碑刻文字,尤其是漢魏六朝碑刻多俗體、訛字,書體多樣,釋讀碑版,本來就有障礙,而石質容易缺損泐蝕,銘文往往有不同程度的缺脱模糊,給正確釋讀帶來不少困難,稍不注意,便容易出錯。而文字釋讀的錯誤,又直接影響對文句的正確理解,從而導致圈點的失誤。

1.《墓誌彙編》録漢《杜臨爲父通作封記》:"胤此陰陽,變化四時。小子□命□長,佃□才兮。""胤此"是"亂曰"的誤讀,"小子"當作"分兮","才兮"當作"存兮",文字多處誤釋,導致標點錯亂,殊不可讀。正確的釋讀和標點應爲"亂曰:陰陽變化,四時分兮。人命攸長,佃不存兮"。

2.《遼博藏碑》録北魏《元略墓誌》:"惠乃盡人。益不先損忠矣。清朗皛焉。永曰令問令望。誰黨誰比。""永曰",原刻實作"氷日",形近誤讀。由於文字釋讀錯誤,又影響斷句。"忠矣""皛焉",應分别下屬,而誤上屬;"氷日"應上屬,而又誤下屬,句子多處被點破。原文"忠矣"與"皛焉"對舉,"清朗"與"氷日"對舉,意義甚暢。正確的標點應該是"惠乃盡人,益不先損。忠矣清朗,皛焉氷日。令問令望,誰黨誰比"。碑文爲四字句,行文整飭,音韻和諧。

七、不明文體風格而誤點

墓誌行文,序辭爲散文,多用四字句,或四六對文,駢散兼行;銘辭則一般爲四字韻語。認識其特殊的文體風格,對於正確標點大有益處。如果不注意墓誌的這一文體特徵,就會誤斷文句。這個問題,前文已經涉及,這里再集中舉例。如:

1.《遼博藏碑》録北魏《元略墓誌》:"正光之初元昆作蕃。投杼横集濫塵安忍在原之痛事。切當時遂。潛影去洛。避刃越江。"以上一段敘述的歷史事件,是元略以兄元熙起兵討伐劉騰、元乂,失敗被殺,乃避禍逃亡江南。文章除虛詞"遂"起承轉作用外,其餘均爲四字格,行文整齊和諧。標點者或因没有讀懂原文,似乎也没有考慮其文體特徵,將句子多處點破,支離破碎,文不可讀。正確的標點應是"正光之初,元昆作蕃,投杼横集,濫塵安忍。在原之痛,事切當時。遂潛影去洛,避刃越江"。

2.《遼博藏碑》録北齊《高建墓誌》:"號比宋昌。轉不因於代邸位。方許褚遷。豈須於斬級。"此段碑銘本來是典型的四六對句,既整齊匀稱,又參差變化。"號"與"位"對舉,"轉"與"遷"對舉,邏輯層次清楚。釋文没有考慮到四六對句的特點,似乎也没有弄清"許褚"的意思,句子被點破,文意不可解。應標點爲"號比宋昌,轉不因於代邸;位方許褚,遷豈須於斬級"。

八、不明古代歷史文化而誤點

掌握古代歷史文化,對於正確閱讀、理解、標點古代文獻,是必不可缺的條件,釋讀碑刻顯得尤其重要。各書釋文中有些地方由於不明古代歷史文化,導致圈點失當。如:

1.《遼博藏碑》録北魏《元鑽遠墓誌》:"以其年龍集赤舊。若十一月乙酉朔廿五日己酉陪葬長陵之東崗。""舊"應是"奮"字,形近誤讀,"赤舊若",全不可解。"赤奮若",古代星歲紀年法所用的名稱,太歲在丑,歲星在寅之年爲赤奮若。《史記·天官書》:"赤奮若歲,歲陰在丑,星居寅。"《淮南子·天文》:"太陰在丑,名曰赤奮若。""太陰",即太歲。釋文不明此紀年法,將"若"字下屬,圈點誤。正確的標點應是"以其年龍集赤奮若,十一月乙酉朔,廿五日己酉,陪葬長陵之東崗"。

2.《遼博藏碑》録東魏《元融妃盧貴蘭墓誌》:"護軍將軍。領賞食典。御兼太尉公。"覆核原拓,"領賞",圖版作"領嘗",文字誤讀。"領"是兼領、兼任。"嘗",同"嚐"。"嘗食",官名,古代國君之食,膳夫先嘗而後進獻,君乃食,以後專置嘗食之官。釋文因文字誤讀,又不明古代職官,以"領"爲"領取",以"賞"爲賞賜,大誤。又,"典御",亦職官名,主掌內宮御膳。釋文不明此職官,圈點時誤將"典御"分開,

582

破散官職之名。將句子點破,誤矣。應標點爲"護軍將軍、領嘗食典御,兼太尉公"。

九、不明修辭而誤點

古代漢語修辭與現代漢語有同有异。一些特殊的修辭,應注意識別。如果不能識破修辭,便不能正確理解文義,自然亦會造成標點的錯誤。前面所論用典,本身也是修辭之一體。這里再舉一條別的例子。

《遼博藏碑》録北魏《元略墓誌》:"乃欲賞罰。賢諛用允群望。"文中"賞罰賢諛"即"賞賢罰諛",使用并題修辭格,意在使句子緊凑,文辭簡練而富於變化。標點者因不明修辭文例,也没有分析句法結構,以"賢諛"下屬,破壞了語法結構,將句子點破,使文意不可解。應標點爲"乃欲賞罰賢諛,用允群望"。

十、不明韵語而誤點

韵文、韵語是句子斷限的外在標志,除了極少數句中韵外,韵脚處必須斷開。碑刻敘述語多用散文,而間雜韵語銘辭則都用韵文寫成。不注意韵文韵語,標點也會出錯。比如:

1.《文學考釋》録魏《王基斷碑》:"寧民,用是息升,降順道德,讓靡忒曾,不愁遺我。""用是"是"是用"的誤倒,已經影響到對句子結構的正確理解,又加上前有闕文,没有對全文統一關照,句子全被點破,讓人莫明其妙。而且原文"息"與"忒"是押韵的,這樣標點亦失韵。正確的標點應是"■寧,民是用息。升降順道,德讓靡忒。曾不愁遺我■"。

相反,如果不是韵文,强以爲押韵,也容易造成標點錯誤。漢《許卒史安國祠堂碑》:"甘珍滋味嗛設,隨時進納,省定若生時。"趙超認爲"東漢碑刻中的習慣句式和韵律,一般多以四字句爲主,而且往往葉韵",故其釋文標點爲"甘珍滋味,嗛設隨時,進納省定,若生時"。將句子點破,不可從。

碑刻文獻的釋讀和移録十分重要,但各種移録的專書、論文,其圈點錯誤的地方很多,限於篇幅,不能一一指出。使用別人的録文從事研究,應該注意審核。同時,從事古籍整理絶不能把標點斷句視爲瑣碎小事,而不予用心。因爲標點的好壞,直接牽涉到能否對材料正確理解和有效利用。

第四節　文字誤衍

前面已經列舉校勘中常出現的錯誤類型，還有一些文字衍脱現象，也是碑版釋文中常見的錯誤。釋文衍字是指拓片上没有，而釋文衍。這種錯誤主要是由於研究者粗心或者出版校對不嚴所致。

1.《重慶卷》録明《劉台墓誌》第31行"咸梓公《是閒集》中，藏於家，有《續厚德録》，《愧遮鐵樹田園雜興》，《漁樵唱和》等集及《器用官職銘》，行於世"，墓誌拓本上并無釋文中的"公"，釋文衍。

2.《重慶卷》録明《張文錦墓誌》第8行"未有嗣，禱於邑神威烈趙公之祠，是夕，夢空中有猛炬降生其脊，寤而占曰"，原釋文"降生其脊"，墓誌拓本并無"生"，釋文衍。

這種錯誤對理解碑石銘文，一般問題不大，對文意產生的影響也很小，如果不對照原文的話，也不容易發現，但是却更改了文獻的本來面貌，即使問題不大也不能姑息。由於這種錯誤犯得很低級，只要多注意，反復校勘，就可以解決問題，這裏就不再展開。

第五節　石刻自身錯誤的處理

石刻文獻作爲同時文獻，真實性是其最主要的特色，也是碑版文獻價值之所在，但也不是完美無誤的。針對碑銘文字本身也可能出現的錯誤，有兩種辦法：

其一，將石刻銘文中的錯誤徑改，然後在下面加上注釋，予以詳細説明，有時還應該説明，判斷原文錯誤的理由。這樣可以讓使用石刻文獻從事其他的研究時候，直接使用，以增强石刻文獻整理的科學性。

其二，嚴格按照石刻原來的樣子過録銘文，以保證石刻文獻的原始面貌，然後在相應的地方加注釋，説明原刻的錯誤。由於有注釋，使用者可以在采用這些材料時，參考注釋，并且自己做出得失判斷。

遺憾的是，很多石刻銘文釋讀的著作，對原釋文中的錯誤不加任何説明，無論如何讓錯誤原封不動地擺在那裏，是不妥的。下面舉兩個例子：

1.《重慶卷》録明《李贶母唐妙定墓誌》第11行"生子六人：長曰贶，次曰覞，又次曰杓、曰睛、曰賒/曰卦"。

覆核原拓本,"六"原刻作 ▢,但這個"三"是錯誤的,因爲墓誌列舉出來的明明是六個兒子,當作"六"。這大概是刻工的錯誤。

2.《重慶卷》録明《劉福墓誌》第23行"由是群下劍手,公門清肅"。

原釋文"群下劍手",古書無此文例,上下意義也不可解。核實原拓本,確實作"▢",是"劍"的異體字。根據文意,其實應該是"斂"字。原刻錯了,釋文者未識別出,錯誤依舊,應予以糾正。

顯然第一個例子是直接改動原文,將原刻錯誤更正過來,對文獻的使用是有益的,但是釋文者沒有加任何説明,這就不對了,因爲無論原材料對與不對,都反映了文獻的本來面目,更正過來之後必須説明,態度才嚴謹;第二個例子是將錯誤原封不動地過録下文,的確保存了文獻的原始面貌,但是錯誤也同樣被忽視。

第六節　疑難問題處理不當

石刻文獻整理過程中會遇到不少疑難問題,有的通過考證可以得到解決,有的一時難以解決,就暫時擱置,尋找到新的證據或者得到新的啓發,也可能得到解決。有的可能始終無法解決,對這類問題應該怎麽辦？有一種辦法是把問題掩蓋起來,或者照録原文;或者乾脆用一個表示未知的符號,如以□代替。這兩種方法均不是最好的。遇到疑難問題,首先是不回避,當然也不強作解,隨意猜測,而是實事求是地把問題直接提出來,存疑待考;或者經過考證懷疑可能應該怎樣處理,也一并注出,爲他人研究提供思路和參考。這種以理據推測或保留問題綫索的方式也方便更多學術成果互相討論。本書在校釋時也多秉此法,以待後續討論校定完善,在此不贅述了。

第二章　碑刻文獻疑難字考釋方法

碑版釋讀中遇到的一些疑難字詞,這些字詞或者比較費解,或者是共通性的問題,需要深入考證才能得出可信的結論;也有一些個例,可以作爲特殊方法進行分析研究。本章通過舉出一些在整理重慶碑刻與其他一些石刻過程中遇到的實證,以實際問題揭示規律並探討方法,並提出一些個人看法,以提高碑刻文獻整理的水平。

一、識別俗訛字,異中求同

碑刻中有大量俗訛字,這從漢代就開始了;到南北朝時期發展出大量的碑別字,成爲正確釋讀碑銘的攔路虎。金石學家們在這方面花了很大的力氣,結果仍然在他們的著作中出現許多錯誤,留下許多的遺憾。比如:

1.東漢《衡方碑》:"君務在寬,失順其文,舉已從政者,退就勑巾。""寬"應是"寬"的俗字。《隸釋》闕,《山東金石志》作"寡",《漢魏石刻文學考釋》取之,又讀"退"爲"還",並誤。因文字誤讀,又標點爲"君務在寡失,順其文舉。已從政者,還就勑巾"。句子全被點破,使得文不成句。《平津讀碑記》卷一:"招先逸民,務在寬佚。"脱"君"字,又讀"失"爲"佚",導致斷句亦誤。

2.《考古》1991年第9期釋《元睿墓誌》:"蔫生夫子,是民之雋。""蔫生"不成詞,義不可解。細審原石,本作 ,應是"篤"的俗字。漢魏六朝石刻"艸"部與"竹"部常相混,"篤"作 ,俯拾皆是。如漢《孔宙碑》:"會遭 病,告困致仕。"南朝宋《爨龍顔碑》:"仁 顯於朝野,清名扇於遐邇。"北魏《穆亮墓誌》:"履順開祉,命世 生。""篤"義爲厚。"篤生",謂生而得天之厚。語出《詩·大雅·大明》:"篤生武王,保右命爾。"鄭玄箋:"天降氣於大姒,厚生聖子武王。"後世廣泛使用。

又"是民之雋"的"是"字也誤讀。原刻作"寔",通"實"。《正字通·宀部》:"寔,與'實'通。"《説文通訓定聲·解部》:"寔,假借爲'實'。"《禮記·坊記》:"寔受其福。"孔穎達疏:"寔,實也。""寔"在墓誌原文中做副詞,實在、確實的意思,表示强調和確認,而不是表判斷的係詞"是"。"雋"字亦誤。該字稍模糊,諦視之,應是"儁"字,構件"亻"在左上角。"儁",同"俊",謂才智超群的人。

3.宋《姚安禮妻陳氏墓誌銘》第10行:"恭人躬營度,首奉窀穸。""首奉窀穸",墓誌無此辭例。查核釋文的"首"字,拓片作 ,應該是"時"的隸古定字,"時"也可寫作"旹"或者"旹"。作"首"誤。

遇到俗訛形近之字要多留心,細緻分別,不要望形定字,隨意誤讀。多查閱碑別字書,多考察碑刻銘文相同、相近、相類的用法,多比對字形,异中求同,再結合上下文,看這樣釋讀是否合理,是否解釋通暢,可以儘量減少誤讀。

二、辨別形近字,同中求別

形音性質的漢字符號系統,字與詞之間有一定的對應關係,用什麼樣的字形去記錄語言中的詞在原初造字時的意思是有考慮的,在文字使用時又由使用該文字的社會成員共同約定俗成。這樣的文字體系,必然注定其字形數量繁多,而構成這套文字體系的筆劃、構件又是有限的,這就勢必形成嚴重的矛盾,使文字的分辨率降低。而且語言文字的經濟性原則,又要求記錄語言的文字工具不能太繁重,儘量簡潔實用。這就促使人們試圖用最少的筆劃,最簡單的構件,最便於書寫的結構去改造文字。再加上書體由篆而隸,由隸而楷,行書、草書,不斷改變着文字的筆劃、構件和組合結構。所有這些,都促使漢字產生大量的形近字。如何尋找漢字的區別性特徵,將漢字字庫中數以萬計的一個個具體形體區分開來,一直是漢字製造者、使用者、研究者長期追求的目標。碑銘文字屢多形近者,稍微泐蝕,釋文便容易出錯。

1.北魏《元睿墓誌》:"其弈葉連輝,纂戎繼德。"《考古》釋文作"纂戍",形近而誤。"戎"是大的意思。《尚書·盤庚上》:"乃不畏戎毒於遠邇。"蔡沈集傳:"戎,大。""纂戎",就是繼承并發揚光大先人的事功業績。《三國志·魏志·公孫淵傳》裴松之注引《魏書》:"淵纂戎祖考,君臨萬民。"如作"纂戍",則不辭。

2.明《薛廣及妻張氏共窀銘》第4行"迨考終,卜其窀兆"。"窀兆"亦成詞,但是覆核原拓片,釋文"窀"字作"[圖]",排除石花干擾,應是"宅"字,因爲字形與"窀"相似,釋讀者不察而誤。"宅兆",指墳墓。

3.《重慶卷》錄清《沈光岳墓碑》第4行:"所尤哥者,質極聰穎,性極溫和,"所尤哥者",殊不可解。覆核碑版,"哥"字圖版作"[圖]",其實這是"奇"字,即"奇"的异體字。

三、區分同形字,字詞對應

造字非一時一地,自然亦非一人,字形容易不謀相重,而所記的詞彼此毫無聯繁;漢字形體歷經演變,造成筆劃變形,構件混同,結構變異,結果又使得原本不相同的兩個漢字,訛變成同一個字。

1.北魏《封子繪墓誌》:"復爲通直常侍,又兼黃門侍郎。"《傅華墓誌》:"大功朕於前載,休祉被乎復昆。"此兩例中的"復",記錄的是音義均不相同的兩詞,前例"復",是"復"的古體,又、再之義;後例"復",則是後代的"後"字。不注意區分,便會出錯。北齊《薛廣墓誌》"地還城復",即"復"的俗字。《墓誌彙編》釋作"後",誤。後文"非復耆秋",也應是"復"字,《墓誌彙編》亦作"後",同誤。

2.有的字分別是不同字的異體,偶爾相重構成同形字。如"循",分別是"脩"和"循"的異體字,記錄的是兩個音義完全不同的詞,容易釋讀錯誤。《高顯國妃敬氏墓誌》"乃循家業"的"循",《墓誌彙編》誤釋作"循"。由於"循"形體相混,且較"脩"和"循"都更爲繁難,違背了文字表義的明確性和字形的經濟性原則,最終退出文字書寫系統,"脩"和"循"分別記錄各自原來的詞。

3.《重慶卷》録《明玉珍玄宫碑》第2行"金紫光禄大夫太傅中書左丞相録軍國重事臣戴壽填諱"。"傅"字,圖版作▨;第3行"金紫光禄大夫少傅中書右丞相録軍國重事監修國史臣劉楨撰文書丹","傅"字圖版作▨;第13行"擒李君誠於五面山,襲舒家寨,田成、傅德錯愕敗走","傅"字作▨。明《郭禄墓誌》第6行"比稍長,出就外傅,肄舉子業","傅"字作▨。清《張淳墓誌銘》第12行"五傳至諱富林公,府君其第二子也","傳"字作▨;清《程世模母秦氏墓碑》第2行"賜進士出身資政大夫前郵傳部左參議翰林院編修秀山李稷勛撰","傳"字作▨;第48行"長適同懸塗傅綸,次適余次子遜,三待字","傅"字作▨。從拓片上可以看到,"傅"和"傳"的字形一樣,都寫作"傅",成爲同形字。這就一定要借助上下文意理解分析,判定該字到底記錄的是哪一個詞,切不可輕易下結論。

四、關照前後文的相同用字,比對互勘

同一件碑刻,有的地方泐蝕,另外的地方却清楚,可以比勘互證。碑刻的序文與銘文兩部分便互有異同,其相同的文字可以互補。例如:

1.北魏《元隱墓誌》:"繼繼戎幃,徘徊莫府。"莫府,即"幕府"。"莫"字微泐。《墓誌選編》作"英","英府"不辭,誤。下文銘辭"運籌莫府",是其明證。

2.北魏《王君妻元華光墓誌》:"可謂暈峯獨秀,宵岫孤烸者也。""暈"是"暉"的構件位移。"宵",本是"霄"的俗字。文中"暈(暉)"與"宵"反義對舉,當通"宵",也可以視爲"宵"的訛混字。"暉峯"句寫白天,"宵岫"句寫晚上。"烸",字書不載,應是"棲"的訛字。孤棲,猶言"獨處"。《墓誌選編》釋作"煙"。"孤煙"也成詞,但放在本書中意義不相協,故不可信。下文銘辭"棲情雲峯",表義與此同,可作旁證。

五、利用韻文特點,注意押韻字

碑刻銘辭都押韻,或一韵到底,或换韵,這是由文體特徵决定的。韵腳字如果遇到俗訛字,或者文字模糊闕泐,可以通過審察押韵,初步確定是何字;然後細察字形,分辨劃痕,儘量在字形上找到一些有價值的證據;再根據上下文意義,判斷爲何字。

1.北周《元壽安妃盧蘭墓誌》:"渤河西枕,常山北峙。""峙",《墓誌彙編》作"崎",誤。"峙",聳峙、直立。若作"崎",則於義無取。又,銘辭"峙"與"始、趾、子"爲韵;若作"崎",也不協韵。

當然,這種方法要慎重,必須有字形依據,必須與内容相吻合,還應有儘可能多的旁證材料。因爲文字記錄語言是一種社會現象,大多數情况下,其使用不會是孤立的。

2.唐《李鉢妻程氏墓誌》第24行"禮有從權兮兆於此,有殁萬恨兮何時□□。其三"。前文"其一,令子賢女兮儼已行,保持家室兮宜延長,魄氣奄化兮如哀傷","行""長""傷"押韵;下面"其二,朔陰之北兮昇遷里,禮有從權兮兆於此,有殁萬恨兮何時□□"。"里""此""□"押韵,後面闕字處,原圖版作"",尚可見"已"的上半。無論從剩下的筆劃和押韵看都是"已",并且語義也通。後一個闕字符號"□"則多餘。此句應爲"禮有從權兮兆於此,有殁萬恨兮何時已"。

六、考訂名物典制,聯繫文化史

1.北魏《王君妻元華光墓誌》:"泒州榮之第二妹。""泒",《墓誌彙編》作"派",考古代無"派州",顯然有誤。細細揣摩,此處應是"瓜"的異體字,瓜州,古地名,因

其地前臨長江,故依義類推,加形旁"氵",成爲加形字"㲼"。元騰之子元榮曾作"瓜州刺史",亦是一證。

2.北齊《趙道德墓誌》:"加英雄城六州大都督。""英雄",地名。《墓誌彙編》作"其雄",義不可通,乃文字形近誤讀。《魏書·地形志》"南營州治英雄城",可以爲證。

3.《遼博藏碑》錄東魏《元融妃盧貴蘭墓誌》:"護軍將軍。領賞食典。御兼太尉公。""領賞食典""御兼太尉公",古書無此表述法,文不可解。覆核原拓,"領賞",圖版作"領嘗"。"領"是兼領、兼任。"嘗",同"甞"。"甞食",官名,古代國君之食,膳夫先嘗而後進獻,君乃食,以後專置嘗食之官。釋文因文字誤讀,又不明古代職官,以"領"爲"領取",釋"嘗"爲"賞",解爲賞賜,大誤。"典御"亦職官名,主掌内宫御膳。釋文不明此職官,圈點時誤將"典御"分開,破散官職之名,句子被點破。此例前文已有説明。

七、參考各種文獻,彼此互證

傳世文獻以楷書移録、文集保存、類書收録、筆記雜録等多種方式保存了各類碑刻文獻,由於已經不屬於一次性文獻,其真實可靠性無疑會受到影響。但是它文字清晰,可以作爲釋讀碑刻時的參考,幫助對碑銘文字做出判斷。碑刻文獻由於種種原因,大多有程度不同的泐損,給釋讀帶來不小的困難。如果有文集保存,便可以幫助對碑刻的釋讀。如《尉遲敬德碑》現藏昭陵博物館,碑面泐損嚴重。碑文收入《文苑英華》卷九百一十一,題《唐并州都督鄂國公尉遲恭碑》,《金石萃編》《昭陵碑考》等均據《文苑英華》刻本,補出碑版之闕文。對於釋讀泐蝕模糊的文字,可以提供綫索。《尉遲敬德碑》"公早參帷幕,思固宗祧","思"字模糊,《昭陵碑石》作"恩",但"恩固"文義不暢。《文苑英華》作"思",文從字順,可以確定。這也是本書將文集、縣志中所收録的傳世墓誌文作爲家族墓誌史料的一種而附録并引用和校釋的重要原因。史志互證纔是應用史料綜合解決歷史考證的重要且科學的方法。

當然,釋讀碑銘也要避免先入爲主。因傳世刻本書字清楚易讀,容易造成對傳本的過分依賴。如《尉遲敬德碑》"飾終之典,實屬於勛賢;追遠之恩,允歸於器望","允",《文苑英華》作"光",因石已磨滅,難以辨認,於是《金石萃編》《昭陵碑石》等釋文均取之。但進一步查閱《尉遲敬德墓誌》，發現不是"光"，而是"允"字。文中"實"與"允"對舉，表義相同，都有確實之義。又"器望"，《文苑英華》作"令望"，石已磨滅，無法判斷是非，《金石萃編》《昭陵碑石》等均取之。但《尉遲敬德墓誌》作"器望"。這段話是當時詔書，不會鈔錯。且作"器望"，文義更暢。墓誌更可信。

由此得到一條經驗，從晉代開始，一些重要人物，既有墓誌，又有墓碑，還有史傳文，志埋於壙，碑立於地，史傳傳鈔版刻流行於世，相輔而行，各有長短，正可以互相利用。如北魏有《賈思伯墓誌》，又有《賈思伯碑》，而且都已出土，《魏書》還有《賈思伯傳》。《賈思伯碑》泐蝕嚴重，釋讀時可以參考另兩種文獻，進行比勘。南北朝時期的墓碑保存下來的甚少。到了唐代，碑、志并設更加普遍。舉昭陵陪葬墓碑志爲例。今尚存墓碑42通，從20世紀60年代以來又先後出土墓誌45通，墓碑、墓誌兩存者不在少數，如長樂公主李麗質、牛進達、李思摩、尉遲敬德、程知節、越國太妃燕氏、阿史那忠、李勣、越王李貞、唐儉等，都既有墓碑，又有墓誌。一般來説，碑文長而誌文稍短，內容有部分重複，當然也有相當部分不同。

由於碑與志出土、保存的時間、方式等不同，其文字泐損的情況大不一樣。碑裸露在外，泐損嚴重，而墓誌埋於壙中，大都保存完好。需要將二者對讀，比勘，以保證釋讀的準確性。仍以《尉遲敬德碑》爲例。《尉遲敬德碑》"曾祖本真"，"本真"，《文苑英華》作"本貞"，到底誰是誰非？查《尉遲敬德墓誌》作"曾祖本真"。讀爲"真"，是也。再諦視原碑，"真"字尚隱隱可見，非以意度之也。"闡雄圖而兼濟"，"雄圖"，《文苑英華》作"雄林"，各本也均錄作"雄林"。碑拓雖已不可見，而墓誌作"雄圖"。毫無疑問，墓誌作爲一手資料的可信度更高。

八、結合時代，注意避諱字

就碑刻文獻而論，避諱改字始於漢代。《開母石闕銘》，"開母"本應是"啓母"，因避景帝諱改"啓"爲"開"。由於漢代臨文不諱，故漢碑避諱改字者甚少。直至南北朝，碑刻避諱改字也不多。隋唐以後，避諱轉嚴，因避諱改字者多起來，而且越往後越嚴，越嚴便越紛繁複雜，特別是宋代，連及同音字改字更加怪異。總結碑刻中避諱改字大體有五種情況：

1.同義詞替換。如上文"啓",避漢景帝諱改爲"開";隋《曹植碑》避楊忠諱,"黃中"改爲"黃内";唐人避高祖李淵父李昞諱,凡"丙午""丙申",均改爲"景午""景申";遼《慈悲庵大德幢記》"壽隆五年",避聖宗諱改爲"壽昌"等。

2.省去諱字。如唐《等慈寺碑》《永徽四年紀功碑》凡遇"王世充",均作"王充",乃避李世民諱,去"世"字。唐《興福寺殘碑》有"唐元年",紀年無此例,應是唐殤帝李重茂"唐隆元年",因避唐玄宗李隆基諱,省去"隆"字。

應該說,同義替換、省去諱字,可能會影響對銘文内容的理解,但並不妨礙對文字的釋讀。下面幾類要改變字形,情況就不同了,它可能會對釋讀碑版造成許多困難。

3.單字缺筆。遇諱字,缺筆以避之。或缺一二筆,或缺數筆不等。唐高祖名李淵,碑刻遇"淵"字,或改爲"泉",沒有文字釋讀問題。但缺筆爲"㴑"或"淠",不知其例,釋讀就有困難。

4.偏旁嫌名缺筆。以缺筆單字爲構件,類推之,所有同偏旁的字都一律缺筆。這樣就構成大量的缺筆字。唐太宗李世民,碑刻遇"世",缺筆作"卋"。以"世"爲構件的字,類推之,亦隨改。如"勩"作"勚","鍱"作"鎳";"棄"作"弃",省筆成"厺",於是"葉"作"苤","渫"作"浾"。

5.改變構件。唐《李英公碑》"贇哮龍騰","贇"字,因避諱太祖"李虎"諱,右上一"虎"字倒寫,並缺末筆。文字難讀。蘇文舉《開業寺碑》用字例同。

碑刻銘文中之避諱以國諱者爲多,也有私諱。如《王同人妻裴氏墓誌》,嗣子王涣撰文,因避父"同人"之諱,竟題爲"裴夫民"。避諱是一種特殊的文化現象,情況異常複雜。傳世文獻同樣存在,但不如碑刻之數量巨大,花樣百出,也不如碑刻真實可靠。故碑刻之避諱,值得專題研究。錢大昕《潛研堂金石文跋尾》、王昶《金石萃編》、葉昌熾《語石》都曾列舉大量證據,可以參考。

九、推測缺泐字,緊扣語境義

石質材料脆,易風化,石碑殘損,石皮脫落,刻劃泐蝕現象比較嚴重。有的字僅存部分筆劃,甚至僅存劃痕,文字處於隱約疑似之間。讀這類字首先應把握文字輪廓,細緻分析筆劃搭配,運筆走鋒,字形結構,初步確定爲何字。然後結合前後文内容,討論讀該字在文中是否順暢,再列舉碑刻文獻内證和其他文獻用例。衹要謹慎小心,缺泐字是可以得到確解的。王念孫精於此法,其《漢隸拾遺》讀出了不少缺泐字。現行碑版釋文於缺泐字,缺而不釋者有之,釋讀錯誤者有之,應該加强考釋。下面舉兩個例子。

1.《慧光墓誌》第8行原釋文"行表緇林之中"①,"行表緇"三字均誤。"行表",原刻作▨▨,部分泐蝕,尚存輪廓。根據殘劃,應是"德標",謂德行高標。"緇",拓本清楚作▨,應是"緇"的俗字。緇林,指佛教僧界,僧侣。《北齊書·杜弼傳》:"昭玄都僧達及僧道順并緇林之英。"

2.《墓誌彙編》録漢《杜臨爲父通作封記》:"胤此陰陽,變化四時。小子□命□長,但□才兮。"文不可讀。該石泐蝕嚴重,反復考察,發現"胤此"應是"亂曰"的誤讀,"小子"當作"分兮","才兮"當作"存兮"。由於文字誤釋缺脱,導致標點錯亂。正確的釋讀和標點可見前文。

十、利用考古成果,與出土文物相印證

有的俗别字一時不易斷定,可以借助出土文物來判斷。例如晋《潘氏衣物券》文字甚草率。其中有"故玉乇一雙"。《文物參考資料》1955年11期公布摹本并釋文,以"乇"字不可釋而缺文。史樹青文《晋周芳命妻潘史衣物券考釋》(《考古通訊》1956年第2期)認爲是"独"字,可取。"屯"作聲符,六朝碑刻常作"乇""毛"或"毛"。釋"乇"作"独",字形上可以找到證據。字又作"肫",《晋書·阮籍傳》:"食一蒸肫,飲酒二斗。"通作"豚"。《廣韵·魂韵》:"独",同"豚"。《莊子·德充符》:"適見独子。"陸德明釋文:"独,本又作'豚'。"訓詁材料也有據。玉独,即玉豚,俗稱玉猪。《潘氏衣物券》是隨葬品清單,以玉猪爲陪葬物,既是玩具,又是財富的象徵。再看出土文物。凑巧,潘氏墓出土了石猪一件。清單上是一雙,大抵是盗墓者已拿走一件。湖南省博物館文《長沙兩晋南朝隋墓發掘報告》(《考古學報》1959年3期),稱其地共出土石猪13件,多成雙埋葬。製作精細者是用一圓柱形白滑石雕成,兩猪緊貼,體態肥胖,簡單者衹是在方形石條上略刻數刀而已。石猪是晋墓中常見的明器。考古實物爲"乇"釋作"独"找到了最有力的證據。

---

① 趙生泉:《新出土東魏〈慧光墓誌〉考評》,《中國書法》2005年第3期,第28頁。

十一、審辭氣,通文法,析文例

讀古書需審辭氣,通文法。漢魏六朝碑刻中碑碣墓誌是主體,具有贊頌性、張揚性特徵,多用成語典故,形成典雅凝重,婉轉深沉的碑銘文風。銘文大分爲序辭、銘辭兩部分。序辭爲散文,多用四字句,或四六對文,駢散兼行;銘辭多四言韵語,也有五言、六言,雜言騷體很少。認識其特殊的文體風格,便於分析文例,正確釋讀銘文。

如《墓誌彙編》録北魏《元澄妃馮令華墓誌》:"易稱一人,得文詩著,三五在東。"初讀其文,意甚費解。復檢原拓,發現"文"本作"又",應是"友"字。《易·損》:"三人行,則損一人;一人行,則得其友。"表示"天地相應,乃得化醇,男女匹配,乃得化生"之義。又,《詩·召南·小星》:"嘒彼小星,三五在東。"表示"夫人無妒忌之行,惠及賤妾,進御於君"之義。墓誌取其二典,用以贊美誌主。《墓誌彙編》誤釋"友"爲"文",又不明其典,没有分析句法結構,結果將句子點破。應整理爲"《易》稱一人得友,《詩》著三五在東"。

碑刻文獻釋讀的複雜性,是前賢時人均會遇到的。《四庫提要》在介紹清乾隆十四年(1749)奉敕編撰的《西清古鑑》四十卷時評價道:"蓋著述之中,考證爲難,考證之中,圖譜爲難,圖譜之中,惟鐘鼎款識,義通乎六書,制兼乎三禮,尤難之難。"《西清古鑑》是對朝廷内府所藏古代彝器銘文的釋讀。鐘鼎款識屬於金石學,即古文字學,之所以"尤難之難",是因爲器物難得,器物上的文字難識,器物文字涉及的政治、經濟、歷史、典制、藝術、科技、文化等方面的内容太複雜,非博物君子博學多識,則很難貫通。這裏所説的對碑刻銘文同樣適用。葉昌熾《語石》卷十"校釋碑文"條也説:"校書如几塵落葉,愈埽愈紛。釋碑之難,又視校書爲倍蓰。墨本模糊,裂紋蝕字,豐碑巨幅,必卷舒而閲之,非如書册可以按葉摩挲。老眼昏燈,愈難諦審。故前人所釋之本,往往同一石刻,彼此舛馳。"[①]而越是複雜的東西,越是挑戰與機遇并存。本書在整理時難以做到完美呈現,祇能盡力去小心避免錯誤;梳理出的規律條目也不足以涵蓋所有碑刻整理的問題,祇能是盡力去在實踐中總結出真知。不足之處以俟更多學者與方家補充與指正。

---

① [清]葉昌熾撰;柯昌泗評;陳公柔、張明善點校:《語石 語石异同評》,中華書局,1994年,第561頁。

參考文獻與簡稱

石刻及相關研究類

［清］陸增祥撰：《八瓊室金石補正》，南京：江蘇古籍出版社，1998年。（《八瓊室》）

［宋］闕名撰：《寶刻類編》，臺北：新文豐出版公司，1982年。

［清］孫星衍、邢澍撰：《寰宇訪碑錄》，商務印書館，1935年。

［宋］歐陽修撰：《集古錄》，臺北：新文豐出版公司，1982年。

［清］王昶輯：《金石萃編》，北京：中國書店影印出版，1985年。

［宋］趙明誠撰：《金石錄》，中華書局影印宋龍舒郡齋刻本，1991年。

［清］顧炎武撰：《金石文字記》，文淵閣四庫全書影印顧亭林先生遺書本，1906年。

［宋］洪适撰：《隸釋·隸續》，北京：中華書局，1986年。

［清］錢大昕撰：《潛研堂金石文跋尾》，上海：上海古籍出版社，2020年。

［清］方若原著：《增補校碑隨筆》，王壯弘增補，上海：上海書畫出版社，1981年。

［清］汪鋆撰：《十二硯齋金石過眼錄》，《石刻史料新編》第一輯第十冊，臺北：新文豐出版公司，1982年。

［清］馮登府撰：《石經閣金石跋文》，上海：上海書店出版社影印，1994年。

龍顯昭、黃海德主編：《巴蜀道教碑文集成》，成都：四川大學出版社，1997年。

龍顯昭主編：《巴蜀佛教碑文集成》，成都：巴蜀書社，2004年。

魏靖宇主編：《白帝城歷代碑刻選》，北京：中國三峽出版社，1996年。

毛遠明著：《碑刻文獻學通論》，北京：中華書局，2009年。

北京圖書館金石組編：《北京圖書館藏中國歷代石刻拓本彙編》，鄭州：中州古籍出版社，1989年。（《北圖拓本彙編》）

張銀軒編：《長壽區碑刻拓片選》，重慶：重慶大學出版社，2016年。

胡戟、榮新江主編：《大唐西市博物館藏墓誌》，北京：北京大學出版社，2012年。

馬衡撰：《凡將齋金石叢稿》，北京：中華書局，1977年。

秦公、劉大新著：《廣碑別字》，北京：國際文化出版公司，1995年。

高文著：《漢碑集釋》，開封：河南大學出版社，1997年。

徐玉立主編：《漢碑全集》，鄭州：河南美術出版社，2006年。

毛遠明著：《漢魏六朝碑刻校注》，北京：綫裝書局，2008年。

毛遠明著：《漢魏六朝碑刻异體字典》，北京：中華書局，2014年。（《漢魏异體字典》）

趙超著：《漢魏南北朝墓誌彙編》，天津：天津古籍出版社，1992年。（《墓誌彙編》）

趙萬裏編著：《漢魏南北朝墓誌集釋》，北京：科學出版社，1956年。（《墓誌集釋》）

劉昭瑞著：《漢魏石刻文字繫年》，臺北：新文豐出版公司，2001年。（《石刻繫年》）

施蟄存著：《金石叢話》，北京：中華書局，2005年。

王綿厚、王海萍主編：《遼寧省博物館藏碑誌精粹》，北京：中國文物出版社、東京：日本中教出版珠式會社合作出版，2000年。（《遼博藏碑》）

劉智編著；重慶市合川區政協文史編輯委員會編：《龍多山碑刻選》，重慶：重慶出版社，2019年。

河南省文物研究所、河南省洛陽地區文管處編：《千唐志齋藏志》，北京：文物出版社，1984年。（《千唐志齋》）

韓理洲輯校：《全隋文補遺》，西安：三秦出版社，2004年。

陝西省古籍整理辦公室編；吳鋼主編：《全唐文補遺》，王京陽等點校，西安：三秦出版社，1996年。

新文豐出版公司編輯部編：《石刻史料新編》，臺北：新文豐出版公司影印，1977年。

楊殿珣編：《石刻題跋索引》，北京：商務印書館，1995年。

吳景山編著：《絲綢之路交通碑銘》，北京：民族出版社，1995年。

高文、高成剛編：《四川歷代碑刻》，成都：四川大學出版社，1990年。(《四川碑刻》)

吳鋼主編：《隋唐五代墓誌彙編·陝西卷》，天津：天津古籍出版社，1991年。

周紹良主編：《唐代墓誌彙編》，上海：上海古籍出版社排印本，1992年。

毛漢光編：《唐代墓誌彙編附考》，"中研院"歷史語言研究所，1982年。

周紹良、趙超編：《唐代墓誌彙編續集》，上海：上海古籍出版社，2001年。

趙文成、趙君平編：《新出唐墓誌百種》，杭州：西泠印社出版社，2010年。

羅新、葉煒著：《新出魏晉南北朝墓誌疏證》，北京：中華書局，2005年。

中國文物研究所、重慶市博物館編：《新中國出土墓誌·重慶》，北京：文物出版社，2002年。(《重慶卷》)

羅振鋆、羅振玉編：《增訂碑別字》，上虞羅氏石印本，北京：文字改革出版社，1957年。

重慶市博物館編：《中國西南地區歷代石刻彙編·四川重慶卷》，天津：天津古籍出版社，1998年。(《西南石刻彙編·四川重慶》)

高文、高成剛編：《四川歷代碑刻》，成都：四川大學出版社，1990年。

宗鳴安著：《碑帖收藏與研究》，陝西：陝西人民美術出版社，2008年。

《石刻史料新編》第一至四輯，臺北：新文豐出版公司，1982—2006年。

王其禕、周曉薇編著：《隋代墓誌銘匯考》，北京：綫裝書局，2007年。

章紅梅校注：《五代石刻校注》，南京：鳳凰出版社，2017年。

周阿根著：《五代墓誌匯考》，合肥：黃山書社，2012年。

王曉暉注：《白鶴梁題刻文獻彙集校注》，天津：天津古籍出版社，2015年。

曾超著：《三峽國寶研究·白鶴梁題刻匯錄與考索》，北京：中國文史出版社，2005年。

劉長久等編：《大足石刻研究》，成都：四川省社會科學院，1985年。

重慶大足石刻藝術博物館、重慶市社會科學院大足石刻藝術研究所編：《大足石刻銘文錄》，重慶：重慶出版社，1999年。

重庆大足石刻艺术博物馆、大足县文物保管所编；郭相颖主編：《大足石刻研究文集》，重慶：重慶出版社，1993年。

魏靖宇主編：《白帝城歷代碑刻選》，北京：中國三峽出版社，1996年。

史志及相關研究類

[唐]李百藥撰：《北齊書》，北京：中華書局，1972年。

[唐]李延壽撰：《北史》，北京：中華書局，1974年。

[宋]王欽若等編：《册府元龜》，北京：中華書局影印，1960年。

[唐]姚思廉撰：《陳書》，北京：中華書局，1972年。

[晉]杜預注，[唐]孔穎達疏：《春秋左氏傳正義》，北京：中華書局，1980年。

[清]徐松撰：《登科記考補正》，孟二冬補正，北京：北京燕山出版社，2003年。

[清]顧祖禹撰：《讀史方輿紀要》，北京：中華書局，2005年。

[清]郝懿行撰：《爾雅義疏》，上海：上海古籍出版社，1982年。（上海古籍出版社1982和2017兩個版本）

[晉]郭璞注、[宋]邢昺疏：《爾雅注疏》，北京：中華書局，1980年。

[唐]釋道世撰：《法苑珠林校注》，周叔迦、蘇晉仁校注，北京：中華書局，2003年。

[清]趙翼撰：《陔餘叢考》，北京：商務印書館，1957年。

[南朝梁]釋慧皎撰：《高僧傳》，湯用彤校注，湯一玄整理，北京：中華書局，1992年。

[宋]鄧名世撰：《古今姓氏書辨證》，上海：上海古籍出版社，1994年。

[北宋]陳彭年、丘雍編：《廣韻校本》，周祖謨校，北京：商務印書館影印古逸本，1936年。

[清]王先慎著：《韓非子集解》，鐘哲點校，北京：中華書局，1998年。

[宋]婁機撰；楊家駱主編：《漢隸字源》，臺北：鼎文書局，1978年。

[東漢]班固撰：《漢書》，北京：中華書局，1962年。

[南朝宋]範曄撰：《後漢書》，北京：中華書局，1965年。

[宋]佚名撰：《皇宋中興兩朝聖政輯校》，孔學輯，北京：中華書局，2019年。

參考文獻與簡稱

[唐]房玄齡等撰:《晉書》,北京:中華書局,1974年。

[后晉]劉昫等撰:《舊唐書》,北京:中華書局,1975年。

[宋]薛居正等撰:《舊五代史》,北京:中華書局,1976年。

[漢]鄭玄注、[唐]孔穎達等正義:《禮記正義》,北京:中華書局縮印,1980年。

[唐]姚思廉撰:《梁書》,北京:中華書局,1973年。

[魏]何晏集解、[宋]邢昺疏:《論語注疏》,北京:中華書局,1935年。

[漢]毛亨傳、鄭玄箋、[唐]孔穎達等正義:《毛詩正義》(全6册),北京:中華書局縮印,1980年。

[東漢]趙岐注、[宋]孫奭疏:《孟子注疏》,北京:中華書局,1912年。

[清]孫詒讓撰:《墨子閒詁》(全2册),孫啟治、孫以楷點校,北京:中華書局,2001年。

[南朝梁]蕭子顯撰:《南齊書》,北京:中華書局,1972年。

[唐]李延壽等撰:《南史》(全6册),北京:中華書局,1975年。

[清]趙翼撰:《廿二史劄記》(全2册),北京:中華書局,1963年。

[清]趙爾巽撰:《清史稿》,北京:中華書局,1977年。

[清]彭定求等編:《全唐詩》,陳尚君補輯,北京:中華書局,2018年。

[清]董誥等編:《全唐文》,北京:中華書局,1983年。

[晉]陳壽撰:《三國志》,[宋]裴松之注,北京:中華書局,1982年。

[清]孫葆田等編:《山東通志·藝文志·金石》,1915年鉛印本。(《山東金石志》)

[漢]孔安國撰、[唐]孔穎達正義:《尚書正義》,北京:中華書局,1957年。

[漢]司馬遷撰:《史記》(全10卷),北京:中華書局,1982年。

[北魏]酈道元撰:《水經注》,上海:上海古籍出版社,1990年。

[東漢]許慎撰:《說文解字》,上海:上海古籍出版社,1981年。

[元]脫脫等撰:《宋史》(全20册),北京:中華書局,1985年。

[南朝梁]沈約撰:《宋書》(全8册),北京:中華書局,1974年。

[唐]魏征等撰:《隋書》,北京:中華書局,1973年。

[宋]李昉等編:《太平廣記》(全10册),中華書局,1986年。

[宋]樂史撰:《宋本太平寰宇記》,北京:中華書局,2000年。

［宋］李昉等撰：《太平禦覽》，北京：中華書局，1998年。

傅璇琮主編：《唐才子傳校箋》，北京：中華書局，2000年。

［宋］宋敏求編：《唐大詔令集》，北京：中華書局，2008年。

［宋］王溥撰：《唐會要》，北京：中華書局，1955年。

［唐］李林甫等撰：《唐六典》，陳仲夫點校，北京：中華書局，1992年。

［清］勞格、趙鉞撰：《唐尚書省郎官石柱題名考》，徐敏霞、王桂珍點校，北京：中華書局，1992年。

［宋］計有功撰：《唐詩紀事校箋》，王仲鏞校箋，北京：中華書局，2007年。

［唐］杜佑撰：《通典》，王文錦等點校，北京：中華書局，1988年。

［宋］鄭樵撰：《通志·二十略》，王樹民點校，北京：中華書局，1992年。

［北齊］魏收撰：《魏書》，北京：中華書局，1974年。

［元］馬端臨撰：《文獻通考》，北京：中華書局，1986年。

［南朝梁］劉勰撰《文心雕龍注》，範文瀾注，北京：人民文學出版社，1958年。

［梁］蕭統編：《文選》，［唐］李善注，北京：中華書局影印本，1977年。

［宋］李昉等撰：《文苑英華》，北京：中華書局，1966年。

［宋］歐陽修、宋祁撰：《新唐書》，北京：中華書局，1975年。

［宋］歐陽修等撰：《新五代史》，徐无党注，北京：中華書局，1974年。

［清］張澎撰：《姓韻》，徐興海等點校，西安：三秦出版社，2003年。

［清］王先謙著：《荀子集解》，北京：中華書局，1988年。

［漢］鄭玄注，［唐］賈公彥疏：《儀禮注疏》，北京：中華書局，1980年。

［唐］段成式撰：《酉陽雜俎》，北京：中華書局，1981年。

［宋］王象之撰：《輿地碑記目》，臺北：新文豐出版公司影印，1983年。

［宋］王象之撰：《輿地紀勝》，北京：中華書局，1992年。

［宋］王存撰；魏嵩山，王文楚點校：《元豐九域志》，北京：中華書局，1984年。

［唐］李吉甫撰，賀次君點校：《元和郡縣誌》，中華書局，1983年。

［唐］林寶撰：《元和姓纂附四校記》，岑仲勉校證；郁賢皓、陶敏整理，中華書局，1994年。

［宋］郭茂倩編：《樂府詩集》，北京：中華書局，1979年。

參考文獻與簡稱

[西漢]劉向等整理:《戰國策》,繆文遠等譯注,北京:中華書局,2006年。

[漢]鄭玄注;[唐]賈公彥疏;疏彭林整理:《周禮注疏》,上海:上海古籍出版社,2010年。

[唐]令狐德棻撰:《周書》,北京:中華書局,1971年。

[宋]司馬光著:《資治通鑑》,鄭州:中州古籍出版社,2010年。

[清]常明等纂修:《四川通志》,揚州:揚州古籍書店,1986年。

[清]張廷玉等撰:《明史》,北京:中華書局,1974年。

岑仲勉著:《唐人行第錄·外三種》,北京:中華書局,2004年。

黃永年著:《唐史史料學》,北京:中華書局,2015年。

江北縣縣志編纂委員會編纂,重慶市渝北區地方誌辦公室整理:《江北縣誌稿(溯源—1949)》,2015年。

史念海著:《唐代歷史地理研究》,北京:中國社會科學出版社,1998年。

陳寅恪著:《唐代政治史述論稿》,上海:上海古籍出版社,1997年。

杜澤遜撰:《文獻學概要》,北京:中華書局,2008年。

王仲犖著:《北周地理志》,北京:中華書局,1980年。

陳仲安、王素著:《漢唐職官制度研究》,北京:中華書局,1993年。

劉文典撰:《淮南鴻烈集解》,馮逸、喬華點校,北京:中華書局,2017年。

上海書店出版社編:《明實錄》,上海:上海書店出版社,2018年。

蔣曉春著:《三峽地區秦漢墓研究》,成都:巴蜀書社,2010年。

四川省地方誌編纂委員會編:《四川省志·文物志》,成都:四川人民出版社,1999年。

中國地方誌集成編委會編:《中國地方誌集成·重慶府縣誌輯》,成都:巴蜀書社,2017年。

魯西奇著:《中國古代買地券研究》,廈門:廈門大學出版社,2014年。

熊篤、許廷桂編著:《中國古典文獻學》,重慶:重慶出版社,2000年。

臧勵和等編:《中國古今地名大辭典》,香港:商務印書館香港分館,1931年。

李崇智編著:《中國歷代年號考》,北京:中華書局,2001年。

譚其驤著:《中國歷史地圖集》,北京:中國地圖出版社,1982年。

萬國鼎編:《中國歷史紀年表》,北京:中華書局,1978年。

臧勵龢等編:《中國人名大辭典》,北京:商務印書館,1921年。

方詩銘、方小芬編著:《中國史曆日和中西曆日對照表》,上海:上海人民出版社,2007年。(《中西曆日對照表》)

毛漢光著:《中國中古社會史論》,上海:上海書店出版社,2002年。

重慶市地方誌辦公室輯:《重慶歷代方志集成》,北京:國家圖書館出版社,2020年。

杨如安、代銀主編:《重慶市少數民族碑刻楹聯》,重慶:西南師範大學出版社,2015年。

重慶市文物局編:《重慶市志·文物志(1949—2012)》,重慶:西南師範大學出版社,2019年。(《重慶文物志(1949—2012)》)

任競、王志昆主編:《巴渝文獻總目·古代卷·單篇文獻》,重慶:重慶出版社,2017年。

陳尚君輯校;陳尚君注解:《全唐文補編》,北京:中華書局,2005年。

黃征編:《敦煌俗字典》,上海:上海教育出版社,2005年。

中國地方誌集成編委會編:《中國地方誌集成·重慶府縣誌輯》(全35册),成都:巴蜀書社,2017年。

四川省地方誌編纂委員會編:《四川省誌·文物志》,成都:四川人民出版社,1999年。

後記

本書是在恩師毛遠明先生對重慶碑刻文獻的建樹與貢獻的基礎上完成的。

首先感恩先生將我們引入出土文獻研究之門,指導研究碑刻文獻,其功最多;季芳師姐在碩士論文時完成了《新中國出土墓誌·重慶卷》的校釋,提供了基礎文本;宋婷師姐又重新對大部分原碑底本文字詳細校勘;還有牛勇軍師弟、重慶中國三峽博物館楊婧師姐、内蒙古民族大學敖玲玲師妹也在前期給予相關支持。經過衆人通力合作,本書終得以出版面世了。在略感欣喜的同時,又多了一份忐忑。先生一生對學生照顧有加,生前曾明確説他做二作(第二位作者)即可。另外,本書較原項目刪改了很多,校釋内容多由我執筆、考證與統稿,龐搜引徵不足、考釋不當較多。誠是本書的不足之處讓我誠惶誠恐地擔起第一主編,讓先生居次;如有任何錯誤與問題,均是本人學識不精,非先生教誨不力。

在此,也特别感謝參與本書初稿審稿的三位評審專家:長江師範學院的王曉暉教授、西安工程大學的馬瑞副教授、西南大學漢語言文獻研究所的朱華忠副教授,感謝專家們的寶貴意見,讓本書減少了很多嚴重的錯誤。但肯定還有諸多問題未能改到,以待更多學者與讀者們批評指正,期待後續有所訂正。

本書的出版得到了重慶市委宣傳部、重慶市文化和旅游發展委員會,以及本人工作單位重慶圖書館的多方面幫助。感謝任競館長一直大力支持重慶圖書館的科研工作,努力打造更好的科研平臺。特别是前期我館出版的《巴渝文獻總目·碑刻文獻類》,爲本書的出版提供了強大的動力。感謝王志昆和袁佳紅兩位研究

員在"巴渝文庫"項目上的指導,爲先生未竟的遺憾提供了新機遇,讓本書得以在"巴渝文庫"中立項出版,讓重慶碑刻文化中的墓葬類碑刻文獻得以展示出其學術的魅力。感恩項目組的各位專家老師們、辦公室的各位老師們的幕後辛苦工作!

也特別要感恩我的家人們,將養育兩個孩子的責任與家務瑣事全部承擔,全力地支持我加班完成本書的撰寫,讓我減輕了很多焦慮的情緒。感謝家人在背後的陪伴。

最後,本書的編輯工作得到了西南大學出版社段小佳、李浩强副編審給予的大力支持,幫助聯繫審稿專家,在審稿、編輯過程中傾注心血,排版、校對等繁瑣的工作也全賴出版社的統籌協調。還有編輯部各位老師們的用心細心校對、協作等,才得以令本書精心呈現。在此向西南大學出版社的各位參與本書編審出版工作的老師們致以由衷的謝意。

張海艷
2021年7月於重慶圖書館特藏文獻中心